KB061546

평화의 여정으로 본 한국문화

세계평화를 위한
한국인의 지혜

평화의 여정으로 본 한국문화

초판 1쇄 발행 2016년 9월 1일

지 은 이 박정진
발 행 인 권선복
편집주간 김정웅
편　　집 김병민
디 자 인 최새롬
전 자 책 천훈민
인　　쇄 천일문화사

발 행 처 행복한에너지
출판등록 제315-2013-000001호
주　　소 (07679) 서울특별시 강서구 화곡로 232
전　　화 0505-613-6133
팩　　스 0303-0799-1560
홈페이지 www.happybook.or.kr
이 메 일 ksbdata@daum.net

값 25,000원
ISBN 979-11-86673-63-8 03150

평화의 여정으로 본 한국문화

세계평화를 위한 한국인의 지혜

박정진 지음

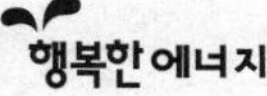

나는 이 책을 평화로운 삶의 구현을 위해 수많은 역사적 질곡을 넘어온
'아리랑의 민족'인 한민족과 미래 세계인에게 바친다.

목차

2

원시반본과 평화

3

종교와 문명의 벽을 넘어선 평화

4

평화의 길, 구원의 길

5

주체적 평화·통일을 위하여

6

삶의 생태로서의 전쟁과 평화

7

폭력과 평화의 이중성과 상징성

폭력의 근원에 대한 철학인류학적 해석

추천사

김형효(전 한국정신문화연구원 부원장)

인류학자이자 시인인 박정진 선생과 나는 공통의 상념을 갖고 산다. 그 공통의 상념은 곧 평화이다. 즉 박 선생과 나는 '평화의 철학'이라는 화두를 던져 오면서 한국에서 생활을 영위해왔다고 말할 수 있다. 내가 쓴 최초의 저서명은 『평화를 위한 철학』이다. 평화, 그것은 이 땅에서 철학 하기의 제일성을 의미한다. 평화, 그것은 외형적으로 전쟁의 부재를 가리킬 뿐만 아니라, 우리가 누리는 삶의 방향이 먼저 평화지향적 의미를 띠어야 한다는 것을 의미한다.

평화는 철학자 가브리엘 마르셀이 설파한 '가정의 신비'(le Mystēre Familial)와도 상통한다. 가정의 신비는 가정의 평화를 떠나서 구체화될 수 없다. 평화는 관념적인 개념의 의미로 해석되어서는 안 되고, 우리의 살과 피에 와 닿는 실존적 의미로 해석되어야 한다. 따라서 평화는 실존적 의미로 읽혀져야지, 개념적 관념의 차원으로 해석되어서는 안 된다. 살과 피에 와 닿은 실존으로서의 평화는 추상적 관념의 덩어리가 아니라, 구체적 현실의 힘이어야 한다. 여기에 언급된 현실적 힘은 현실적 생명의 도리와 같은 뜻이다. 구체적 생명의 힘으로서의 평화는 이미 우리가 강조한 바와 같이 막연한 개념이 아니고 구체적 생명의 힘으로 작용하는 것이다.

박정진 선생과는 이미 한 해 동안 집중적으로 철학적 대담을 했으며, 그 후에도 여러 제자, 지인들과 함께 방담을 이끌어온 처지이다. 나는 철학자로서 인류학에 관심이 많은 편이었지만, 그는 인류학자로서 철학에 관심이 많은 동지이다. 이것이 우리 두 사람의 접점이다.

내가 아는 한에서, 박정진 선생은 대단히 광범위하게 유식할 뿐만 아니라 대석학의 깊은 통찰력과 지성을 갖춘 인물로 우리에게 다가온다. 나는 그의 이런 향기 좋은 지성이 풍기는 까닭이 어디에서 연유하는 것인가, 가끔 생각해본다. 그는 매일 새벽에 일찍 기상하여 맑은 정신으로 독서삼매와 명상의 시간을 갖는다고 한다.

내가 박정진 선생에게서 놀라는 것은 특히 세계적인 프랑스 철학자인 자크 데리다를 비판하는 대목에서다. 나는 데리다의 철학을 이해하기 위해 수년 동안 힘들게 공부했으며, 그동안 신봉해왔는데, 그는 단 몇 가지 점을 예로 들면서 예리하게 데리다의 표절행위와 철학적 모순을 비판했다. 돌이켜 생각해보면 그의 설명에 일리가 있어 놀라울 따름이다.

박정진 선생은 또한 그동안 학계에서는 내용이 어렵다고 경원시해온, 내가 쓴 일련의 철학책들을 마치 소설책을 읽듯이 재미있게 읽었다고 하는데, '어렵다'고 평하여 나로 하여금 일찍이 실망을 안겨준, 이 땅에서 철학 하는 사람들을 생각하면, 그를 늦게 만난 것이 안타까울 따름이다. 그를 조금만 더 일찍 만났더라면 훨씬 더 용기를 얻어 활발하고 생산적인 철학활동을 했을 것이라고 미루어 짐작한다.

그가 나의 '평화를 위한 철학'을 계승하여 『평화는 동방으로부터』와 『평화의 여정으로 본 한국문화』라는 방대한 저술을 내게 된 것은 한국의 자생철학을 위해서도 다행스런 일이고, 실로 축하할만한 일이라고 하지 않을 수 없다. 그에게 학문적 행운이 있기를 기도해본다.

2016년 6월 25일

벗 심원(心遠)으로부터

추천사

김민하(전 민주평화통일자문위원회 수석부의장)

문화인류학자이자 시인인 박정진 선생이 이번에 『평화는 동방으로부터』와 『평화의 여정으로 본 한국문화』라는 방대한 저서를 세상에 내놓았습니다. 우선 엄청난 양에서도 놀랐지만 그 내용을 보고는 또 한 번 놀랐습니다. 힘의 논리가 지배하는 세상에서 먼저 그 힘을 자랑하는 "서양이 변해야 인류평화가 온다.", "서양철학과 문명에 대한 정신병리학적 보고"라는 부제가 말해주듯이 서양철학에 대한 깊은 이해는 물론이고 동서철학과 사상을 관통하지 않으면 결코 생산하지 못할 결과물입니다. 기독교, 유교, 불교, 그리고 천부경의 천지인 사상을 자유자재로 가로지르며 논리정연하게 풀어내는 그 인문학적 힘에 감탄을 금할 길이 없습니다.

처음에 책 제목을 보고 '서양에 대해 너무 세게 이야기하는 거 아닌가' 하는 저의 걱정은 기우였습니다. 박정진 선생은 지난 십수 년간 남 모르는 가운데 사서삼경은 물론 동서양의 다양한 고전들을 섭렵하였던 것입니다. 그동안 언론인이자 시인으로서의 삶을 통해 축적한 모든 지혜와 역량을 모아 최근에는 소리철학 시리즈 –『철학의 선물 선물의 철학』,『빛의 철학 소리 철학』,『일반성의 철학과 포노로지』 등 – 를 내놓아 한국의 주체적 자생철학의 새로운 장을 연 장본인이었던 것입니다.

『평화는 동방으로부터』는 제3세계 변방 국가 지성인의 자위적 외침이 아니라 아시아 · 태평양시대라는 역사 · 문명적 흐름을 읽고 그 흐름의 주체적 수용과 창조적 해석의 결과물입니다. 저자는 오늘날 新고립주의와 기후 변화 그리고 테러와 같은 수많은 글로벌 위기들의 밑바닥에는 서양철학과 문명을 지탱하던 동일성의 폭력이 숨어있음을 밝히고 있습니다. 따라서 진정한 의미에서 차이성과 여성성의 회복으로만이, 소유적 존재가 아닌 자연적 존재로의 깨달음만이 21세기 생명과 평화의 시대를 열어갈 수 있다는 철학적 통찰을 제시하고 있습니다.

『평화의 여정으로 본 한국문화』는 한국문화와 역사에 대한 해박한 지식과 해석은 물론이고, 한국 땅이 세계적인 평화철학이 탄생할 문화 풍토 지역임을 천명하고 있습니다. 더불어 오늘날 분단한국의 현실적인 글로벌 위기들을 해결하기 위해 국제연합(UN)이 앞으로 어떠한 방향으로 가야 하며 동시에 새로워져야(UN갱신) 하는가에 대한 탁월한 견해를 내놓고 있습니다. 정말 대석학으로서의 면모를 보여주고 있다고 생각합니다.

박정진 선생의 두 책을 읽으며 잠시 제 삶을 돌이켜 보았습니다. 그러면서 하나의 화두가 떠올랐습니다. 그것은 바로 평화! 제 인생의 화두도 역시 평화였습니다. 지난 2000년 평양에서 열린 남북정상회담과 2006년 통일부 장관의 북한 방문 당시에 저는 평화통일자문위원회 수

석부의장 자격으로 대표단의 일원으로 참여했습니다. 당시 북한 최고 지도자였던 김정일 국방위원장을 직접 만나볼 기회도 가졌습니다.

저는 이런 체험을 통해 남북관계 개선과 남북통일에 대해 많은 생각을 해왔습니다. 앞으로 남북관계를 어떻게 풀어가야 할지는 한반도의 미래와 연결되는 중요한 문제입니다. 현재 저는 세계일보 회장으로 있으면서 이 문제에 대해 계속 고민하고 있습니다. 세계일보는 지금까지 남북관계에 남다른 기여를 해왔다고 자부합니다.

그러한 세계일보의 창간이념과 역사를 계승하는 의미에서 세계일보는 지금 제5유엔 사무국을 한반도에 유치하기 위한 국제 활동을 벌이고 있습니다. 한반도는 물론이고 동북아시아와 세계평화에 기여할 의미 깊은 프로젝트입니다. 이번에 상재한 두 책이 제시한 평화사상이 남북관계 개선과 더 큰 대한민국의 미래를 열어가는 새로운 이정표의 역할을 하게 되기를 소망합니다.

우리 사회는 물론 전 세계적으로 어려운 시기에 동양적 가치, 특히 한국적 정신과 가치가 어떻게 평화세계 실현에 기여할 수 있는지를 밝혀준 노고에 다시 한 번 감사드리고 축하드립니다. 앞으로 생명을 살리고 평화를 증진하는 역사에 더 큰 성취와 행운이 함께하기를 기도합니다.

2016년 6월 30일

세계일보 회장 金玟河

추천사

공종원(전 중앙일보·조선일보 논설위원)

문화인류학자 박정진 시인이 이번에 역저 『평화는 동방으로부터』와 『평화의 여정으로 본 한국문화』 두 책을 출간했다. 매우 서술적인 책 제목에서 알 수 있듯이 "인류의 평화는 동방(동양)에서 구해져야 한다."라는 저자의 주장을 담고 있는 저술이다.

그러나 책의 제목만 보면 독자들은 이것이 저자의 평화에 대한 철학적 담론을 집성한 '평화철학' 저술이란 점을 쉽게 알아차리지 못한다. 그래서 저자는 책제목의 머리에 다시 '인류를 공멸에서 구할 깨달음의 철학'이란 말을 올려놓고 다시 제목의 끝에 '서양철학과 문명에 대한 정신병리학적 보고'라는 단서를 덧붙여놓고 있다. 상당히 친절하고 자상한 책 소개라 해도 과언이 아니다.

얼핏 보아도 서양철학과 서양문명은 정신병리적 문제를 안고 있기 때문에 인류가 진정한, 그리고 영원한 평화를 얻으려면 동양의 정신과 동양의 철학적 전승에서 해답을 찾지 않으면 안 된다는 것을 저자가 주장한다는 것을 알 수 있다.

저자의 이 같은 주장이 간단히 얻어진 결론이라고 보이지는 않는다. 저자가 이런 결론에 이르는 과정이 결코 순탄하고 간단한 것 같지는 않기 때문이다. 두 책이 각각 5백여 페이지에 이르는 대저라는 사실에서 그것을 감지할 수 있을 뿐 아니라 이 책의 전개과정 자체가 우원하고 방대하다는 것을 독자가 보아서 알 수 있겠다.

이 책에서 저자는 처음에 '화평을 위한 철학인류학적 탐색'에서 시작해서 '아시아 태평양시대와 평화체계' '여성시대와 인류평화'를 거쳐 '화쟁론에서 화평부동론으로'라는 주제설정을 통과하여 '평화의 여정으로서의 한국문화'를 분석한 후에 '파시즘과 피시즘'이란 기발한 대립논리를 전개하여 서구문명을 동일성의 철학으로 전쟁을 되풀이할 수밖에 없는 문명으로 보고 다시 '원시반본과 평화' '종교와 문명의 벽을 넘어선 평화' '평화의 길, 구원의 길'을 거쳐 결론적으로 '폭력의 근원에 대한 철학인류학적 해석'을 제시하고 있다.

저자는 '서양철학과 문명은 모든 것을 실체화해서 그것을 획득하려고 한다.'고 보고 '세계를 실체로 보는 것은 세계를 소유하겠다고 하는 소유적 존재로서의 인간을 드러내는 결정적 사건이다.'라고 규정한다. 그런 관점에서 저자는 서양철학을 '동일성의 철학'이라고 보고 '동일성의 철학은 결국 동일성을 보편성의 이름으로 남에게 강요하기 마련이고, 그것이 제국주의의 형태로 나타나고 결국 전쟁의 철학이 되고 있다.'고 주장하고 있다.

서양의 동일성의 철학은 결국 개인이나 국가 간의 전쟁을 초래하고 그것은 필연적으로 서양의 과학기술과 산업문명을 낳고 이는 결국 자연에 대한 폭력으로 작용하여 온실가스의 증가와 지구온난화를 야기하고 기후변화라는 심각한 자연의 보복성 환경문제를 표출하였고 서양의 패권주의는 가공할 무기의 전쟁은 물론 크고 작은 테러리즘을 양산하고 있다고 저자는 분석하고 있는 것이다.

그런 만큼 저자는 인류의 공멸 위기 앞에서 서양은 문명의 주도권을 동양에 넘겨주어야 인류공멸을 피할 수 있다고 본다. 서양철학이 자연을 대상화하고 지배하려 한다면 동양의 철학은 자연과의 공존, 하나 되는 기쁨과 행복의 삶을 추구한다고 보는 것이다. 도교의 '무위자연'이라든가 불교적인 '무아'와 '공'의 삶이 해답이라는 것이다.

"이 책은 절대유일신을 믿는 기독교와 우주를 항해하는 우주물리학의 자연과학과 세계를 금융자본주의로 통일하고 있는 서양의 문화·문명으로는 결코 인류가 평화를 달성할 수 없음을 증명해주려고 백방으로 노력한 책"이라고 저자는 서문에서 스스로 말하고 있다.

이 같은 저자의 말에서 느끼듯이 이 저서는 인류의 평화를 구축하는 정신적 바탕으로 서양철학의 유산인 소유와 동일성의 철학을 극복하고 동양적 정신의 표현인 일반성의 철학, 본래적 인간 회복, 공생의 정신으로 돌아가야만 진정한 평화가 구현될 수 있다고 결론짓고 있다.

이 같은 저자의 결론은 매우 독특한 것이다. 종래 평화철학 논의의 중심에 있었던 서양의 문제와 한계를 지적하고 이를 극복하기 위해 동양철학에서 평화철학의 논거를 구축하고 있는 것은 대단한 공헌이라 하겠다. 그리고 실제 과문의 소치이기는 하지만 지금까지 동양에서 동양사상을 기반으로 한 '평화철학론서'를 낸 철학자가 있었다는 소리를 듣지 못했다. 그 점에서 저자가 철학전공자도 아닌 문화인류학자이면서도 이 같은 방대한 저술로 평화철학 논리를 구축한 것은 하나의 경이(驚異)이기도 하다.

그렇지만 추천자로서는 엄밀한 논리구성을 요구하는 '철학논서'에서 이 책이 더욱 완비된 것이 되어야 한다는 의미에서 몇 가지 문제를 지적하지 않을 수 없다.

우선 저자가 내세운 동양철학의 무위자연이나 공사상이나 깨달음 같은 개념은 현실에서는 개인이 성취하는 것인데 이것을 인류 전체의 것으로 과연 확장하는 것이 가능한가의 문제이다. 깨달음이나 인간 본래 존재로 회귀하는 것은 개인이 성취할 수 있는 최고의 평화의 경지이겠지만 현실적으로 이 세계에 생존하는 인류 전체가 그런 평화의 경지를 다 함께 얻을 수 있다는 것은 잘 믿어지지 않기 때문이다. 혹시 석가부처님이 제시한 "모든 중생이 모두 불성을 갖추고 있다(一切衆生 悉有佛性)"는 근거를 바탕으로 인류 전체, 생명 전체의 평화 구축을 가능하게 할 수 있는 길이 찾아진다면 더없이 좋을 것 같다.

다른 하나는 저자가 동일성의 철학, 소유의 철학으로 보는 서양철학계에도 사실은 엄연히 평화철학의 논리가 아주 오래전부터 있었고 어떤 의미에서 현재 지구촌의 평화도 그런 저들의 평화철학과 평화논의의 산물로 불완전하나마 유지될 수 있는 것이라고 볼 수 있겠다는 온건한 서양사상 포용의 태도가 필요하다는 생각이다.

맥밀란사의 '철학백과사전(the Encyclopedia Of Philosophy)'을 통해 서구의 철학사를 간단히 돌아보아도 '평화, 전쟁 그리고 철학'의 문제는 유구한 역사를 가지고 있고 다양한 주장의 틀을 보이고 있다. 일반적으로 전쟁은 불가피한 것, 심지어 바람직한 것으로 보는 현실주의적 시각과, 선의나 개선된 사회적 통제로 지속적 평화를 유지할 수 있다고 보는 이상주의 사이에 편차가 큰 주장들이 얼마든지 존재한다는 것이다.

가령 고대 그리스에서는 전쟁이 자연질서이고 심지어 필요한 것이라고 보는 견해조차 있었다. 헤라클리투스는 '전쟁이 모든 것의 아버지이고 모든 것의 왕이다'라고 할 정도였다. 전쟁을 통해 자유인과 노예가 결정된다는 체념조차 있었다.

하지만 서양에서도 칸트의 '영구평화론' 같은 고뇌 섞인 평화모색이 있었기에 세계 1,2차 대전을 통해 국제연맹이나 국제연합과 같은 국제기구를 통한 평화 추구 노력이 가능해진 것이라고 할 것이다. 최근엔 종교기구를 통한 국제 평화 추구 노력이 경주되는 상황에 이르고 있지만, 결국 이런 인류의 평화 구현 노력은 박정진 시인의 평화철학 구축노력과 같은 정신적 기반, 근본적 기틀 형성이 충실해질 때 가능해질 것이라 생각된다. 살벌한 인간의 지구역사에서 동양, 여성, 가정과 같은 보다 원형적인 의미를 재조명하고 있는 박정진 시인의 노고에 박수를 보낸다.

2016년 6월 25일

우당(藕堂) 공종원(孔鍾源)

서문

철학자 김형효 선생님은 일찍이 벨기에 루뱅가톨릭대학교에서 박사 학위를 마치고 돌아와서 「평화를 위한 철학」이라는 글을 『문학과 지성』(1970년 겨울호)에 발표했다. 아마도 「평화를 위한 철학」은 선생님의 젊은 시절의 야심작이었던 것으로 보인다.

서양철학의 본고장인 벨기에에서 유학을 마치고 돌아온 패기만만한 시절의 첫 작품(?)은 그러나 주위의 무관심과 심지어 '어렵다'는 평과 함께 선생님의 실망으로 이어져 더 이상 발전하지 못하였다.

선생님은 그 후 동서고금의 철학적 소통을 위한 비교와 번안 작업의 일환으로, 서양철학에 대한 자신만의 이해를 바탕으로 서양철학의 주요인물인 하이데거, 데리다, 라캉, 그리고 구조주의에 대한 독자적인 저술을 펴내는 한편 동양의 노자, 성리학, 그리고 원효의 대승철학에 이르기까지 폭넓은 주유천하와 종횡무진을 감행했다.

그러나 선생님 자신의 진정한 철학이라고 할 수 있는 평화철학은 큰 진전을 보지 못했다. 아마도 시대의 요구가 부족했던 탓도 있었을 것이다. 돌이켜 생각하면 김형효 선생님의 「평화를 위한 철학」은 당시로서는 한국에서 '이 땅에서 철학하기'의 한 형태로 진행되었던 것 같다.

당시로서는 한국철학계, 혹은 한국인문학계 전체가 자기문화에 대한 인식과 자각과 자긍심이 부족했던 까닭으로 시대적 요청과 부름에 응답을 제대로 하지 못했던 것 같다. 시대는 바뀌어 이제 인류에게 그 무엇보다 평화의 필요가 증대되었다. 평화는 이제 인간의 선택사항이 아니라 선택하지 않으면 안 되는, 현실적으로 달성하지 않으면 호모 사피엔스 사피엔스의 멸종을 떠올릴 정도로 절체절명의 과제가 되고 말았다.

인류는 이제 패권국가의 등장 없이 평화를 유지하는 방법과 합의를 개발하여야 한다. 왜냐하면 패권국가를 결정하는 가공할 전쟁으로 인해 평화를 얻기도 전에 공멸할 수 있기 때문이다. 평화를 목적으로 한다고 평화를 달성할 수 있을까? 생명을 목적으로 한다고 생명(영생)을 얻을 수 있을까? 평화와 생명은 그것을 목적으로 한다고 얻을 수 있는 것이 아니다.

이에 필자는 평화를 지향하는, 혹은 평화를 목적으로 하는 '평화를 위한 철학'이 아니라 '평화를 결과적으로 실현하지 않으면 안 되는 평화의 의미'로 『평화는 동방으로부터』와 『평화의 여정으로 본 한국문화』를 내놓게 되었다. 서양철학과 문명은 모든 것을 실체화해서 그것을 획득하려고 한다. 과연 평화와 생명이 서양철학이 말하는 실체로 달성되는 것일까.

세계의 본래적 평화와 생명은 이미 세계에 부여되어 있는 것인지도 모른다. 도리어 그것을 목적으로 하는 자체가 이미 평화와 생명에서 멀어진 인류의 삶을 증명하고 있는지도 모른다. 세계를 실체로 보는 것은 세계를 소유하겠다고 하는 소유적 존재로서의 인간을 드러내는 결정적인 사건이다.

칸트를 비롯해서 수많은 서양철학자들이 시대적 요구에 따라 세상에 내놓은 서양철학은 지금에 와서 보면 '동일성의 철학'이었다. 심지어 '차이의 철학'이라고 명명되는 서양의 후기근대철학, 해체철학조차도 실체를 전제하는 '동일성의 차이의 철학'임이 밝혀지고 있다.

서양의 후기근대철학의 현상학 계열은 모두 헤겔의 정신현상학의 각주에 불과한 것이라고 말할 수 있다. 이는 서양철학 모두를 플라톤의 각주에 불과한 것이라고 말한 것과 같다. 플라톤부터 현상학이었다고 말할 수 있다. 본질을 이데아라고 말로써 규정한 것부터 현상학이었다.

동일성의 철학은 결국 동일성을 보편성의 이름으로 남에게(다른 문화권에) 강요하기 마련이고, 그것이 제국주의의 형태로 나타나고 결국 전쟁의 철학이 되고 있다는 것은 의심의 여지가 없다. 이제 인류는 역사적 사유와 철학적 사유, 즉 역사철학적 사유를 포기하여야 하는 시점에 도달한 셈이다.

자연은, 생멸하는 자연은 역사와 철학이 아닐뿐더러 자연과학의 대상마저 아닌 것이다. 인간 종이 필요에 의해 자연을 조작하는 능력을 가졌다고 하더라도 자연 자체를 훼손하면 이는 자신의 몸을 훼손하는 뇌를 가진 존재라는 존재론적 오명을 벗어날 수 없다.

인류의 철학과 문화·문명을 서양에 맡겨두어서는 결코 평화를 달성할 수 없다는 결론에 이른 필자는 '진정한 차이의 철학'인 동양의 천지인사상과 음양사상을 현대적으로 새롭게 해석함으로써 서양철학자들과 소통하는 가운데 인류의 미래철학으로서 발돋움이 되도록 고심하였다.

서양의 과학기술과 산업문명은 자연에 대한 폭력으로 작용하여 온실가스의 증가와 지구온난화를 야기하고, 기후변화라는 심각한 자연의 보복성 환경문제를 표출하였고, 서양의 패권주의는 가공할 무기의 전쟁은 물론이고, 크고 작은 테러리즘을 양산하고 있다.

이제 인류의 철학은 '평화통일철학'으로 집대성되지 않으면 안 되는 시대정신, 시대적 사명에 직면하게 되었다. 서양철학은 동양의 철학적 자산을 서양철학의 새로운 아이디어 제공과 영양분으로 사용하는 오리엔탈리즘(Orientalism)을 멈추어야 한다. 오리엔탈리즘은 서양이 동양의 정신으로 돌아오는 것이 아니라 동양을 서양화하면서 서양의 지배를 연장하는 것에 불과하다.

대부분의 비서구인, 동양 혹은 동방문명의 우리들은 거의 대부분이 '오리엔탈리즘의 환자'이다. '빛은 동방에서'라는 말에서 알 수 있듯이 인류문명의 발상지의 주민이면서 적반하장이 되어 거꾸로 현대물리학을 통해서 불교를 알고, 하이데거와 데리다를 통해서 불교를 배우며, 신은 기독교의 전유물처럼 느낀다. 물신숭배의 서양은 문명의 주도권을 동양으로 넘겨주지 않으면 결국 인류를 공멸시키고 말 것이다.

이제 서양은 근본적으로 평화의 삶을 추구하는 동양의 무위자연(無爲自然)의 도(道)와 불교의 무(無)와 공(空)의 삶으로 진정으로 돌아와야 한다. 그렇지 않고 자연과 스스로를 대상으로 여기는 한, 결코 자연과 하나가 되는 기쁨과 행복의 삶을 인류는 누릴 수 없다. 자연을 대상으로 삼는 자연과학은 자연을 여전히 사물(thing)로 보는 것이며, 결과적으로 사물 그 자체, 즉 존재를 외면하는 것이다.

이 책은 절대유일신을 믿는 기독교와 우주를 항해하고 있는 우주물리학의 자연과학과 세계를 금융자본주의로 통일하고 있는 서양의 문화·문명으로는 결코 인류가 평화를 달성할 수 없음을 증명해주려고 백방으로 노력한 책이다. 피스-메이킹(Peace-making)이라는 말이 있듯이 평화도 만들어가는 것이다.

세계를 소유하려고 하는 '욕망과 이성'의 철학, 즉 '소유의 철학'으로는 인류의 평화는 요원할 것이다. 인간은 본래존재로 돌아가야만 한다. 그러면 평화는 저절로 손에 들어올 것이다. 본래존재는 존재일반이고, 그것을 추구하는 철학은 일반성의 철학이다. 궁극적으로 끝없이 소유하려고 하면 인간은 미칠 수밖에 없을 것이다. 이제 인간의 정신이 정신병이 아님을 증명할 필요가 있다.

이제 인간은 소유와 의식의 짐을 때때로 내려놓을 줄 아는 깨달은 자가 되어야 한다. 니체는 거의 무한대에 가까운 자신의 의식과 욕망의 무게와 초월을 놓지 못해 미쳤던 것이다.

김형효 선생님은 이 땅에 존재하는 것만으로도 철학과 삶을 더욱 풍요롭게 만든 철학자로서 필자의 영원한 스승이다. 김형효 선생님이 '서양철학의 고고학'을 달성하였다면 필자는 그러한 성과를 바탕으로 '서양철학의 계보학'을 달성함으로써 서양철학의 굴레를 벗어나는 길을 엿본 입장이다. 그에게서 대철학자로서의 겸손과 묵언의 언어를 배우게 된다. 진정한 진리는 침묵 속에 있는지도 모른다. 한국의 자생 '평화철학'의 탄생을 누구보다 고대하고 있는 서석완 회장(소리철학 후원회 회장)의 격려와 지원에도 고마움을 표한다.

끝으로 세계일보에서 만난 조형국 박사(한국외대 대학원 철학과, 한국하이데거학회 전 편집위원)의 물심양면의 지원과 노력이 가세하지 않았더라면 이 책의 세련됨과 조속한 출간이 어려웠음을 밝히면서 고마운 마음을 전할 뿐이다.

최종원고를 탈고한 뒤, 몇 해 전 우리시대의 청담(淸談)을 실천할 것을 약속한 삼옥(三玉)의 은거지가 될 '불한티'(不寒嶺)를 다녀왔다. 삼옥은 시인 옥광(玉光) 이달희(李達熙), 동양철학자 옥석(玉果) 손병철(孫炳哲), 그리고 필자인 옥담(玉潭)을 말한다. 불한티는 괴산 청천과 문경 가은 사이를 동서로 연결하는 속리산 선유동천과 연결되는 '춥지 않은 고개'였다. '불한(不寒)의 인간'이 되는 것은 쉽지 않을 것 같았다.

2016년 6월 25일
휴전선이 코앞에 있는 통일동산에서 交河를 바라보며
心中 박정진

1

'평화의 여정'으로서의 한국문화

'평화철학'으로서의 네오샤머니즘(neo-shamanism)

한국이라는 땅에서 '이 땅에서의 철학하기'의 한 형태가 결국 인류를 위한 '평화철학'이 되는 이유는 무엇인가? 이는 한국의 지정학적 위치가 주변국으로부터 수많은 침략을 당하는 입장에 있었고, 어떤 민족보다도 평화를 갈망하지 않으면 안 되는 역사적 필연성, 역사운명적인 입장에 있었기 때문이다.

한국은 지금도 남북이 분단된 상태에 있으며, 이로 인한 정신적·물질적 불이익은 물론이고, 정신·심리적 강박관념이나 불안과 공포, 그리고 트라우마(trauma)에 시달리고 있다. 인류의 전쟁과 패권경쟁으로 인해 많은 상처를 받은 민족이 평화를 가장 갈망하는 것은 당연한 이치이다.

평화철학은 한국문화의 필연성

한국인이 평화를 위하는 철학을 구성하는 이면에는 평화를 사랑하는 문화적 바탕과 배경이 있었을 것임에 틀림없다. 한국문화의 여성성, 혹은 부성부재는 한국문화의 특징이자 역사적으로는 내홍이면서 오늘날 평화철학을 탄생하게 하는 문화적 힘으로 작용한다.

한국 땅에 면면히 흐르는 샤머니즘은 평화를 추구하는 문화적 원형으로서 이 땅에 지금도 숨 쉬고 있다. 샤머니즘은 미신이 아니라 궁극적으로 평화를 추구하는 조상종교, 원형종교였던 것이다. 인류의 평화를 위해서는 옛 샤머니즘이 네오샤머니즘(neo-shamanism)의 형태로 부활하지 않으면 안 된다.

'이 땅에서 철학하기'와 아울러 '우리말로 철학하기'를 할 경우 가장 핵심적인 키워드는 바로 몸과 마음을 하나의 단어로 표현한 '몸'(마음, 몸)에서 찾을 수 있다. 한민족은 예부터 마음과 몸이 하나라는 것을 체득하고 있었던 셈이다. 이것은 오늘날 심물일체(心物一體), 물심일체(物心一體) 사상으로 대변된다.

오늘날 인류의 철학이 보편성을 추구하면서 천(天)과 이(理), 천리(天理)를 중시하지만 한민족은 천리를 중시하면서도 동시에 지(地)와 기(氣), 즉 지기(地氣)를 중시하였다. 천리는 추상적이지만 지기는 구체적이다. 천리는 남성성, 지기는 여성성을 나타낸다. 필자가 주장하는 일반성의 철학이 왜 구체철학(소리철학)이고, 여성철학이고, 평화철학인지를 한국문화의 문화적 배경을 통해서 이해하게 될 것이다.

1) 고대조선, 원시샤머니즘, 평화민족

한국의 신화에는 왜 아버지가 없고, 할아버지와 할머니만 있는가? 예컨대 기독교는 '하느님 아버지' '성모(어머니) 마리아'를 부르는데 한국인은 '단군 할아버지' '마고(마고)할미'를 부르는가. 한국에도 하늘(天)신앙이 있음에도 불구하고, 일상생활에 익숙한 것은 단군과 마고이다.

아버지는 가부장-국가사회에서의 대표적인 호칭이다. 그런데 할아버지-할머니는 그보다는 이전 시대를 부르는 호칭으로서 역사를 적극적으로 개척하는 힘이 없다. 물론 역사를 하나의 세대를 부르는 호칭으로 대입할 수는 없지만 적어도 집단의식 혹은 집단무의식으로는 할아버지, 할머니를 부르는 것은 즉 상고시대나 원시시대에 어울리는 호칭일 것이다.

집단무의식 혹은 신화적으로 해석하면 한국인은 원시상고시대(모계사회 혹은 부족국가·부족연맹체)에는 제대로 정체성을 형성하고 역사의 무대에서 주역의 역할을 하였지만, 역사국가시대에 들어오면서 그러한 지위를 다른 민족이나 주변국에 넘겨준 것을 상징하는 것은 아닐까.

이는 또한 한국문화의 종교적 특징과도 관련을 맺는 것 같다. 정치권력은 '父系-父子(長子優待)관계적 특성'을 갖는데 반해 종교는 '母系-母子(末子優待)관계적 특성'을 갖는다. 전자는 권력경쟁이나 전쟁에 대비하는 것이고 후자는 평화시대의 자연스런 친족제도이다.

국가의 정치권력은 수많은 전쟁을 통해 형성되는 것이기 때문에 부계(父系), 특히 장자에게 넘겨주어야 권력승계의 불확실성에 대비하는 것이 되는데 반해, 종교권력(권위)은 평화공동체를 지향하는 것이기 장자상속을 굳이 고집할 필요가 없다.

제정일치사회	제정분리사회	기독교 비교
종교(제사)권력(권위)	정치권력	가인은 인류문명의 발전과정과 특성을 나타낸다.
샤머니즘(shamanism)	고등종교(유불선기독교)	
母系-母子(末子承繼)	父系-父子(長子承繼)	
아벨-평화공동체	가인-국가문명	

한국문화의 여성성은 신화종교복합적인 성격을 가지고 있다. 한국문화의 문화적 집단무의식이라고 할 수 있는 것은 샤머니즘이다. 샤머니즘은 인간과 인간의 평화는 물론이고 귀신과 인간, 신과 인간의 평화를

추구하는 원시고대종교이다. 샤머니즘은 북방시베리아 샤머니즘이 그 원류를 이룬다.

동북아시아에서 샤머니즘 사상을 토대로 부족국가 혹은 부족국가연맹체를 운영한 나라가 동이족이 건설한 나라 '고대 조선(朝鮮)'이다. 단군(檀君)이라는 군왕의 칭호를 가진 고조선의 시기는 전반적으로 인류가 모계사회에서 부계사회로, 모계의 원리에서 부계의 원리로 바뀌는 시기였던 것 같다.

단군신화에는 여성신화와 여성 신의 잔존이 남아있고, 단군의 전통을 계승한 적통인 한국문화는 아직도 여성성의 특성이 집단무의식으로 강력하게 남아있다. 단군에게는 웅녀(熊女)로 인해서 모계적 특성이 남아있음은 주지의 사실이다.

그래서 한민족에게는 단군신화보다는 삼신(三神, 産神)신화, 마고할미신화가 더 친숙하다. 따라서 필자는 단군신화는 시니피앙이고, 그것의 시니피에는 마고신화라고 주장하는 편이다.[1] 단군신화는 위로는 인류 최초의 여신인 마고(麻姑)신화[2]로 연결됨으로써 '한민족 신화체계의 완성'을 이룬다.

단군은 국조신이면서 무교(巫敎)의 신이다. 무교(巫敎), 혹은 신교(神敎), 신선교(神仙敎)는 같은 것으로 고대 유라시아 대륙 전역에 '샤머니즘 제국'을 형성했던 종교로 보인다. 다시 말하면 오늘날 고등종교라고 하는 유교, 불교, 기독교가 생기기 이전에 인류를 지배한 종교는 무당·무격(巫覡)을 사제로 하는 신교(神敎)였던 것이다.

유라시아 대륙의 중심부(파미르고원, 천산산맥 일대)에 있었던 샤먼제국

1 박정진, 『단군신화에 대한 신연구』, 한국학술정보, 2010 참조.

2 박정진, 『지구 어머니, 마고麻姑』, 마고북스, 2014 참조.

들의 무교는 서쪽으로 가서 기독교가 되고, 남쪽으로 가서 불교가 되고, 중국으로 들어가서 유교가 되었다. 물론 샤먼제국의 주류세력(하나의 세력)은 동쪽으로 이동하여 고대 조선을 이루었다. 단군은 몽골의 텡그리, 중앙아시아의 튼리, 만주의 탁리, 불가리아의 탕그라, 수메르의 딘그르, 티베트의 탕라에 이르기까지 전세계적인 용어이다. 당시의 무당은 샤먼-킹으로서 제정일치 시대를 통치했던 것이다.

그러한 무교가 그 후 고등종교에 밀려서 퇴락한 형태로 남은 것이 오늘날의 무속(巫俗)이다. 식민사학자들은 무교를 비하함으로써 단군을 비하하는 효과를 동시에 누리기 위해서 아예 무(巫)를 속화(俗化)하여 무속(巫俗)이라고 천시했던 것이다. 일본은 그러면서도 일본의 무교라고 할 수 있는 신도는 오늘날까지 발전시켜왔다.

일본은 자신의 무교는 섬기고 남(한국)의 무교는 비천한 것으로 매도하는 이율배반을 보였다. 자신의 국조신인 아마테라스 오미가미는 신격으로 섬기면서 한국의 국조신인 단군은 매도했던 것과 맥을 같이 한다. 일본인의 이중성은 여러 곳에서 발견된다. 그들에게 한국은 조상의 나라이면서 동시에 정복의 대상이 되는 나라이다.

일본의 민속학자들은 한국의 무를 겉으로는 천시하면서도 자신의 신도의 원류라고 알고 있었던 까닭에 이에 대한 철저한 민족지조사를 병행했다. 총독부가 실시한 무속자료조사를 집대성한 아카마쓰 지조(赤松智城)·아키바 다카시(秋葉隆)의 역저『조선무속(朝鮮巫俗)의 연구』[3]는 오늘날도 이를 능가하는 보고서가 없을 정도이다.

고대사는 자료가 부족하기 때문에 사소한 자료와 편린이라도 소중하

---

3 아카마쓰 지조(赤松智城)·아키바 다카시(秋葉隆),『조선 무속의 연구(상, 하)』沈雨晟 옮김, 동문선, 1991.

게 다루어야 한다. 입에서 입으로 전하는 민담이나 전설, 들판에 흩어진 금석자료들도 소중한 자료이다.

구비전승도 활용해야 하는 판국에 '환단고기(桓檀古記)' 등을 위서(僞書)로 치부해버리고 아예 거들떠보지 않는 것은 큰 손실이 아닐 수 없다. 최근 발굴되어 상한연대가 6천 년 전경까지 올라가고 있는 중국 요령성 홍산(紅山)문명의 발굴성과도 고조선문명과의 관련성을 조심스럽게 타진해보는 전향적인 자세가 요구된다.

환단고기 뿐만 아니라 모계창세신화를 담고 있는 '부도지(符都誌)' 등도 활용하면서 민족의 신화를 적극적으로 복원해야 한다. 신라시대 내물왕(17대)~눌지왕(19대) 때의 충신 박제상(朴堤上, 363~419)이 쓴 『부도지』는 『마고』[4]라는 여신을 중심으로 모계창세신화를 담은 '신화역사복합문'이다.

한국의 마고신화는 여신을 중심으로 하는 완벽한 신화체계를 보여주면서 세계의 관심을 모으게 하기에 충분하다. '마고'는 그 자체가 '여신'이라는 뜻이 된다. 부도지의 마고신화는 기독교창세신화와 대결할 수 있는 '모계적 창세신화'로서 세계적인 자료임에 틀림없다. 한국은 신화의 보고이다.

유라시아시대의 역사관 다시 열어야

우리는 역사적으로 대륙사관의 정립과 함께 미래 후천세계의 지도국가로 부상하기 위한 세계적인 안목, 즉 유라시아적·동북아시아적 관점에서 역사와 철학을 완성하여야 하는 시대적 사명과 과제를 안고 있다.

---

4 박정진, 『지구 어머니, 마고』, 마고출판사, 2014.

역사는 시대정신이라는 맥락과 고금을 소통하는 맥락의 연결이며, 이를 통한 인식의 해방이며 반성적 인식이다.

역사는 가부장-국가제국의 산물이다. 그래서 시간을 거슬러 올라가면 인류의 공통조상을 만나겠지만 역사적 현재에서 '내 아버지' 혹은 '나의 하나님'을 찾고 그러한 역사와 신화를 계속해서 기술하는 집단이나 민족만이 주인이 된다. 그러한 집단이나 민족, 국가만이 역사의 승리자가 되고, 승리하는 담론을 구성하게 되는 것이다.

고대의 신화를 역사로 풀어내지 못하거나 오늘의 역사를 내일의 신화로 만들어내지 못하는 민족은 결코 세계사에 남을 수가 없다. '나의 아버지' 보다는 '우리 어머니'를 찾는 한국문화의 여성성이 이런 사대식민지성을 허용했다고 말할 수 있다. 그래서 단재 신채호는 '아(我)와 피아(彼我)'의 사관을 주창했을 것이다. 역사에는 '아(我)'와 '아버지(할아버지)'를 찾는 것을 피할 수가 없다. 국가라는 것이 남성중심의 계통, 아버지의 산물이기 때문이다.

그렇기 때문에 우리 민족은 단군신화를 잃어버리면 우리의 역사적 정체성을 포기하거나 잃는 것밖에 되지 않는다. 역으로 일본이 아마테라스 오미가미를 잃어버리면 마찬가지로 일본의 정체성을 잃어버리는 것이 된다. 그래서 일본은 신도를 통해 아마테라스 오미가미를 줄곧 섬기고 국조로 삼는 것이다.

인류의 역사를 끝없이 거슬러 올라가면 결국 인류는 하나(하나의 뿌리)라는 것에 이른다. 그런데도 역사라는 것은 그 도중에 자신의 잠정적 정체성을 찾는 것이기 때문에 자신의 민족과 국가가 세계의 중심이라는 것을 주장하지 않을 수 없다. 이는 역사학의 편견이나 민족주의나 국가주의가 아니라 역사라는 것이 바로 그런 것이기 때문이다. 역사는 기술하는 자에게 주인의 자격을 준다. 그것이 바로 역사이다. 역사의 중심과 주인은 생성되는 것이고 만들어가는 것이다.

이러한 역사학의 대 진리를 모르면 결국 어떤 집단이나 민족, 국가도 사대와 식민사관에서 빠져나올 수 없게 되는 것이다. 한국의 역사가 사대와 식민의 올가미에서 빠져나오지 못하는 이유는 바로 문화대국이나 제국을 중심으로 자신의 역사를 서술하는 자아부재, 주체부재 때문이다. 주체라는 것도 백성을 잘 먹고 잘살게 할 때 부여되는 것이다. 말로만 하는 이데올로기적 주체는 결코 성공하지 못한다. 그러한 점에서 북한의 주체는 실패한 주체인 것이다.

인간의 정체성 확인 작업은 특정의 어느 시기, 어느 영역을 거점으로 기술되어야 한다는 표준적인 정답이 없다. 그래서 각 민족이나 국가는 자기 나름대로 기준을 정하고 기술하는 것이고, 대체로 패권과 권력을 잡은 자를 중심으로 기술되기 마련이다. 역사에서 주인이 되려면 자신(자아, 집단자아)의 관점에서 부단히 기술하고 그것에 익숙해지는 체질이 되어야 한다. 그렇지 못하면 자신도 모르게 사대식민체질이 되는 것이다.

전통적인 중국사는 진시황이 춘추전국시대를 통일한 뒤 북방민족의 침략에 대비하여 축성한 만리장성 이남이라는 관점이 유효하다. 또한 한국사의 전개를 동북아시아와 유라시아적인 관점에서 전개함으로써 지구촌이 하나 된 오늘의 시점에서 바라보아도 한국사를 중국이나 일본 이외의 제3의 다른 나라에게도 유의미한 것으로 설득할 수 있어야 한다. 그러기 위해서는 높은 역사적 안목과 인문정신(휴머니티)을 필요로 한다.

예컨대 삼국 이전의 고조선과 부여, 그리고 발해는 한민족이 이룬 만주(동북지방), 그리고 멀리는 중앙아시아(파미르고원)의 알타이 투르크, 알타이 스키타이로 명명되는 북방민족의 정복과 이주와 연결된 대륙의 역사라는 것을 증명해야 한다.

이렇게 대륙사관을 정립하기만 하면 식민사관에 결박되어 있는 한국사를 회생시키는 것은 물론이고, 한민족의 통일에도 기여할 수 있을 것이다. 동시에 동아시아의 역사의 흐름과 문명의 이동을 역류시키고 있는 일본의 고대사 조작을 방어하고 견제할 수 있을 것이다.

인류는 바야흐로 지구촌 시대를 맞고 있다. 그동안 세계 각국은 국가단위로 국사를 기술하는 한편 서양사나 동양사, 세계사 등을 독자적으로 저술해왔다. 고고학과 인류학의 발달은 세계사를 종래와 다르게 바라볼 수 있는 시각을 주었다.

특히 신화시대의 역사는 비록 신화체로 쓰였지만 인류의 역사로 편입되기에 충분한 자료를 가지고 있으며, 특히 고고지질학은 인류가 제4기 빙하기 이후 빙하의 녹음으로 인해 해수면이 올라감에 따라 낮은 지역에 있던 문명이 바다에 잠기고 높은 고산지대에서 인류가 다시 시작했을 것으로 짐작되고 있다.

민족사학자들이 주장하는 단군조선과 이에 앞선 환국(桓國)과 배달국(倍達國)의 역사는 바로 중앙아시아의 파미르 고원 일대의 고원지대에서 인류문명이 다시 시작하여 지구 전체에로 퍼졌던 고대사를 기술한 것으로 짐작케 하고 있다. 이와 관련하여 볼 때 단군신화는 『삼국유사』에도 기록하고 있지만 이에 앞서 유라시아 전역에 걸쳐 유행한 신화이며 한민족이 종주국으로서 신화를 전래한 것으로 해석된다.

전쟁의 시대에서 평화의 시대를 이끌어야

고대사는 독립적이고 웅활하고 대륙적인데 오늘의 역사학은 사대식민을 정당화해주고 있다. 역사는 없고, 현재의 의식만 있을 뿐이다. 한국인은 왜 주체적인 해석을 하지 못하는가에 이르면 절망할 수밖에 없다. 결국 현재의 의식이 세계를 압도하지 못하면 사대식민지가 될 수밖에 다른 방도가 없는 것이 역사학의 현실이다.

역사는 단순히 물리적 사실이나 사건을 쓰는 것이 아니기 때문에 실증사학이라는 것은 단지 하나의 역사기술 방법이나 태도에 지나지 않는 것이다. 실증이 마치 요지부동의 역사를 만드는 것처럼 주장하는 것은 그야말로 한국만을 대상으로 하는 일본 식민사학만의 주장이다.

콜럼버스가 아메리카 대륙을 발견하기 전, 구석기 후기 빙하기에 수많은 몽골리언들이 얼음으로 뒤덮인 베링해협을 걸어서 이주해서 살았던 것인데 근대서양사는 서양인의 시각에서 콜럼버스가 1492년에 발견한 것으로 말한다. 역사는 승자의 기록이면서 동시에 기록자의 승리이다. 역사학은 사실의 학이 아니라 관점의 학이다.

지금은 서구중심의 정복전쟁의 시대가 아니고 평화공존의 시대로 나아가고 있다. 가부장-국가(제국)사회가 거의 끝나가고 지구촌이 하나가 되어 함께 평화로운 공동체를 만들어야 하는 까닭에 모계-여성중심의 평화사상을 간직해온 한민족이 인류의 미래를 이끌어갈 시점이다. 역학적으로 볼 때도 지금은 '지천(地天)시대'이다. 땅의 시대, 여성의 시대이다. 과거 천지(天地)의 막힐 비(否)자의 시대가 아니라 통할 태(泰)자의 지천시대이다.

우리선조인 동이족이 고대 동이문명을 일으켰던 진방(震方)의 시대가 다시 돌아왔다. 이는 현실적으로 바로 아시아태평양시대의 전개를 말한다. 여성시대, 평화시대의 전개를 앞두고 한국인이 세계사의 전면에 나서야 할 때이다. 지구촌시대, 글로벌 시대를 맞아 한국이 세계사를 선도하기 위해서도 민족사관의 회복이 절실한 것이다.

인류는 이제 가부장-국가(제국)사회의 긴 터널을 지나고 있다. 가부장사회는 전쟁과 정복으로 얼룩졌으며, 평화는 말뿐인 것이었다. 지구촌 시대와 더불어 이제 진정한 인류의 평화의 시대, 한 가족시대를 이룩하는 데에 한민족이 기여할 때가 되었다.

낙천주의와 평화주의

한국문화를 구조적으로 보면 가장 무의식의 심층에 낙천주의(樂天主義)와 신(神)바람이 깔려있다. 흔히 한국민족을 '한(恨)의 민족'이라고 하는데 이는 선후가 바뀐 것이다. 한국인은 낙천하기 때문에 가무(歌舞)를 좋아하고 풍류를 즐겨왔다. 한국인은 금수강산인 자연과 더불어서 함께 사는 '선(仙, 善, 鮮)한 민족'이었다.

이것이 역사시대의 전개와 더불어 수많은 외침을 많이 받으면서 부정적으로 바뀌게 된다. 특히 고려 후기 몽골과 조선 후기 일본의 침략을 받으면서 자기부정의 콤플렉스에 빠지게 된다. 그렇지만 고려조까지는 신(神)과 멋(맛, 美)을 유지하면서 세계적인 예술을 자랑했다.

"이 한·멋·신은 언제나 한국인의 생활과 정신에 씨와 날처럼 짜여져 왔고, 역사적으로도 起伏하고 있는 듯하다. 新羅人의 하늘에는 '한'보다는 '멋'과 '신'이 顯在하고, 高麗人의 생활에는 '멋'보다 '한'과 '신'이 드세며, 그리고 朝鮮朝의 백성은 '멋'보다는 '한'과 '신'으로 현실을 달래어 온 듯하다."[5]

'신(신바람)'은 어떤 형태로든 한국인의 심층에 있게 된다. 세계 최대제국이었던 몽골의 부마국이 되었을 때까지만 해도 민족적 자존심을 가

---

5 金宅奎, 『韓國民俗文藝論』, 一潮閣, 1980, 4~5쪽.

지고 있었으나, 다시 조선 개국 후 중국(明)에 철저히 사대를 하면서 국가독립성과 자기정체성을 잃게 된다. 조선의 선비들은 당쟁을 일삼았으며, 후기에 들어오면서 당쟁은 백성의 생활을 전혀 돌보지 않을 정도로 국론분열에 빠져든다. 결국 국력의 쇠퇴와 더불어 일제의 식민지가 되고 한(恨)의 민족이 되었다.

그렇지만 낙천적인 민족은 기본적으로 매우 정(正), 긍정의 정신 위에서 있다. 말하자면 한국인의 심리적 심층에는 낙천적인 기질이 숨어있다는 말이다. 그렇지만 역사적 표층에는 반(反), 부정(否定)의 정신— 반체제의 정신과 저항주의, 비관주의, 패배주의가 표출되어 있다. 이 심층과 표층 사이의 반전이 한국문화의 특징이라고 감히 말하고 싶다.

한국인은 조금만 의식주가 해결되면 낙천하면서 즐겁고 흥겹게 사는 것을 좋아한다. 따라서 철학적이고 축적적(蓄積的)이지는 않다. 그러다가 어려움을 맞이하곤 하는데 그것의 역사적 전개가 한(恨)을 만들어내고 그것의 극복이 신(神)바람에 의해서 달성된다. 한국에서 신바람을 일으키지 못하면 어떤 것도 결코 일어설 수 없다. 한국의 신바람은 무섭다. 그 신바람의 역사적 고형이 풍류도(風流道)이다.

한국문화의 특징을 통시적으로 보면 신라를 비롯, 삼국시대에는 멋(美)을, 고려시대에는 신(神)을, 조선시대에는 한(恨)을 그 특징으로 한다. 이중에서 특히 신(神)은 삼국과 고려, 조선과 한국에도 면면히 흐르며 관통하고 있는 공통요소이기도 하였다. 우리가 종교문화가 성한 것은 비단 옛 문헌에 의해 증명되는 것만은 아니다. 현재에도 총 인구보다 종교의 신자수가 더 많다. 한 사람이 여러 종교에 등록되어 있기 때문이다. 제사와 종교적 전통이 면면히 내려온 때문인지 우리나라는 세계의 각종 종교 전시장을 방불케 한다. 이는 그만큼 종교적 심성이 토양처럼 깔려 있다는 얘기가 된다.

기독교, 불교, 유교 등 고등종교가 번창하고 있는 오늘날이지만 원시 종교의 사제인 무당(무교)도 아직 우리 주변에서 보기 힘들지 않는 일이고 보면 한국은 아직도 종교의 원형과 변형을 모두 가지고 있는 셈이다. 심지어 한국의 모든 종교는 기독교이든 불교이든 유교이든 모두 무교적 요소를 습합(褶合)하고 있다는 주장도 만만치 않다. 그래서 기복불교, 기복기독교, 기복유교 등에 깔려 있는 무교적 요소를 비판하는 예도 적지 않다.

그러나 무교야말로 교리로 무장되지 않았다는 점에서 인류의 가장 소박한 종교적 본능이 아닐까. 물론 기복(祈福)만을 추구하는 세속화되고 타락한 무교의 겉모습만이 아니라 무엇을 신앙하는 심성 그 자체로 볼 때 말이다. 무교가 한국 땅에 성행한다는 것은 문화에서 합리성의 측면이 떨어진다는 말도 되지만 동시에 종교적 감정은 가장 많이 보존하고 있다는 뜻도 된다.

한국인은 왜 종교적 심성이 강할까? 이러한 특징은 앞으로 유리하게 작용할까, 불리하게 작용할까? 적어도 이성의 발달을 기초로 한 근대문명에서는 이러한 종교적 심성은 긍정적이라기보다는 부정적으로 작용하였다고 하는 편이 옳을 것이다. 합리성을 근간으로 하는 근-현대에서 우리나라 국민이 살아가는 것은 많은 시행착오와 혼선을 불러왔다고 해도 과언이 아니다.

역사의 과거지향, 맹목적인 기복신앙, 부정부패, 그리고 각종 불합리한 사회적 관습 등은 이런 종교적 심성하고도 무관하지 않은 것 같다. 특히 한풀이하는 습관은, 한풀이로서 역사적 반성이나 성취를 다했다고 생각하는 경향은 인류역사에서 한 번도 주역이 되지 못하는 원인이 되고 있다. 역사는 과거의 잘못에 대한 반성과 새로운 것에 대한 도전의 산물이다.

특히 근대에 들어 한(恨)의 역사는 언제나 한풀이로 끝나는 경향이 없지 않다. 겉으로는 근대의 정신이라고 할 수 있는 정치적 민주주의와 과학주의를 표방하고 있지만 그 이면에서는 항상 비민주적이고 비과학적인 일들이 숨어서 횡행하고 있다. 삶의 실천에서 전반적인 계획과 성실성의 부족도 여기에서 기인한다. 이런 개인적-사회적 현상을 '무당적 신드롬'이라고 해도 과언이 아니다.

이런 무당적 신드롬은 서양의 역사에서는 비주류가 된 '디오니소스-돈키호테-라틴문화'(유럽 남부) 커넥션에 해당한다. 이는 '아폴론-햄리트-게르만문화'(유럽 중북부)의 주류와는 다르다. 우리나라는 위도 상으로도 보면 대체로 디오니소스 커넥션과 같은 위도에 있다. 말하자면 이탈리아, 스페인, 프랑스와 같은 위도 상에 있다. 문화에서 위도는 기후와 민족성을 결정짓는데 결정적 역할을 한다. 차가운 이성을 갖기에는 너무 따뜻한 것인가.

유럽의 라틴문화는 그래도 유럽 여러 나라가 기본적으로 통과한 이성주의를 깔고 있기 때문에 이성과 감성이 상호보완이 되면서 부작용이 덜하지만 한국은 합리성의 부족으로 인한 역사적 폐해가 두드러진다. 한국문화의 부성(父性)부재 현상은 그 대표적인 것이다.

한국문화는 전반적으로는 이성적이라기보다는 감성적이다. 풍류문화의 전통이 어디 가겠는가. 그런데 종교 문명적 특징을 강하게 보이는 어떤 나라가 예컨대 그 문명의 내용을 외래종교로 계속 채워왔다면 이데올로기적 경직성을 보이는 것은 특별한 일이 아니다. 스스로 생각하고 스스로의 이데올로기를 생산하는 힘이 부족하기 때문이다.

어떤 외래종교의 경전도 도입초기에는 토착화에 어려움을 겪지만(순교와 박해) 일단 들어오기만 하면 서서히 뿌리를 내리게 된다. 어쩌면 외래적인 것이기에 더욱더 종교적 심성에 신비감을 유발하여 외래종교의 선교(宣教)와 토착화(土着化)에 유리한지도 모른다.

한국문화의 종교적 특성

한국에서는 예컨대 인문적 학설이나 서적들이 들어오면 합리적인 논의와 토론의 대상이 되기보다는 신념체계나 숭배의 대상이 되고 만다. 조선조의 성리학이 그렇게 되었고, 근현대의 서구철학도 그렇게 되고 있다. 칸트, 헤겔, 마르크스, 니체, 하이데거, 데리다, 들뢰즈의 철학은 철학적 토론의 대상이 되기보다는 그 철학을 전공하고 배운 사람들의 신앙이 된다. 외래 철학과 이데올로기 종속은 오늘날도 맹위를 떨치고 있다.

한국 역사의 내홍이라고 할 수 있는 정치적 당쟁과 영토의 분단은 바로 이데올로기 종속의 산물이다. 한국에 수입된 외국의 철학들은 철학 숭배집단을 거느리면서 정통과 이단을 나누게 한다. 자생철학을 생산할 수 없으니 남의 철학으로 정통과 이단을 나눌 수밖에 없다. 남의 잣대에 의존하면 결국 그 잣대로 자신을 잴 수밖에 없다.

그렇게 되면 자연스럽게 문화의 중심(자아, 주체)는 없어지고, 외래문화의 대상으로 전락하게 된다. 인류의 고전을 배우는 것은 좋은 일이지만 그것을 배우고 난 뒤 스스로의 힘으로 자생철학이나 자생종교를 만들어내지 못하면 문화적 식민지를 벗어날 수 없게 된다. 이런 종속적·식민지적 문화풍토에서 합리적이고 계획적인 역사발전을 기대하기는 어렵다.

외래종교인 불교가 삼국통일의 철학적 뒷받침이 되고, 그 후에도 호국불교의 길을 걸었던 것은 그나마 다행이었다고 하지 않을 수 없다. 국가가 종교를 위하여야 하는가, 종교가 국가를 위하여야 하는가? 집단의 영속을 위해서는 종교가 국가를 위하여야 하지만 개인의 평안을 위하여서는 국가가 종교를 위하여야 한다. 그래서 나라가 강대하면 국가가 종교를 위하면서도 종교가 또한 국가에 정신적 도움을 주고 나아가서 세계경영에 긍정적인 피드백을 한다.

반대로 나라가 약소하면 외래종교가 국가를 분열시키고, 정신적 정체성을 훼손하면서 결국 나라를 망하게 할 수도 있다. 강대국, 제국(帝國)의 특징은 바로 강력한 무력을 바탕으로 하지만 동시에 다른 제국(諸國)을 거느리기 위한 종교적 치리(治理)도 게을리 하지 않는다. 사람을 칼로서만 다스릴 수 없고 설사 다스릴 수 있다고 해도 그것은 비용이 너무 많이 들고 한계가 있다. 피정복민으로 하여금 스스로 예속적인 위치로 들어오게 하는 데는 종교만한 게 없다.

인류문명사는 국가가 없이 종교만 가지고 훌륭하게 살아간 큰 집단이 없음을 보여준다. 오히려 종교가 국가에 의해 융성한 많은 역사적 사실들을 보여준다. 이는 마치 전쟁에 의해 과학이 발전하는 것과 마찬가지 현상이라고 할 수 있다. 전쟁을 위해서 과학이 있는 것도 아니고 국가를 위해 종교가 있는 것도 아닌데도 말이다.

호국불교는 비단 국가를 위하는 것일 뿐 아니라 호국(護國)함으로써 종교를 발전시키고자 하는 우회적인 호교(護敎)전략일 것이다. 호국불교가 우리에게서 자주 거론되는 것은 우리나라가 약소하였기 때문이다. 국가경영에서 종교적 신념은 결코 일차적인 원리가 될 수 없다. 국가경영은 어디까지나 과학이나 이성을 근간으로 하여야 하고 종교적 신념은 이를 뒷받침하는 것이다.

외래사상의 경우 그것을 토착화하지 못하면(완전히 소화하며 자신의 것으로 만들지 못하면) 역사적으로 공리공론의 당파싸움을 야기하기 쉽다. 외래사상을 자신들의 풍토나 역사에 맞게 토착화하지 못하고, 자신의 문화체계(제도)로서 재생산해내지 못하고 신념의 수준에 머문다면 이는 마치 종교적 신념이나 신앙의 차원에 머문 것이라고 말할 수밖에 없다.

예컨대 우리의 경우 민주주의조차도 교조적 경전인 것이며 자기 풍토에 맞게 수정·보완되는 것이 아니라 무조건 이행하여야 하는, 외래 이데올로기로서의 신념인 것이다. 한국문화의 특성은 합리적인 이해와 토론과 조화를 통해 문화를 운영하기보다는 언제나 종교적 희생이나 순교, 그리고 축제를 통과해야 하는 일종의 '수난사'를 드러낼 뿐이다. 이것이 한국문화의 종교적 특성이다.

혼돈과 굿, 푸닥거리

우리 역사는 한마디로 이성이 결여된 특성을 보인다. 무교의 종교적 경전이 고등종교의 인문적 경전으로 승화하기에는 이성이 너무 척박한 풍토라고 하지 않을 수 없다. 오랜 외세의 침략 속에서 우리의 고유경전은 멸실되고 남의 경전만 집집마다 빼곡하게 쌓여 있다. 말하자면 남의 신을 자신의 신으로 섬기는, 남의 조상을 자신의 조상으로 섬기는 어리석은 일을 하고 있는 것이다. 이것은 종교적 식민지인 것이다.

이것은 또한 일견 같은 종교문명적 특성을 보이는 유대민족과도 다른 것이다. 유대민족은 수많은 수난 속에서도 자신의 경전을 잃지 않았지만 우리는 거꾸로 우리의 경전을 버린 민족인 것이다. 하물며 외래종교의 천국이 되어 있는 우리의 실정을 볼 때, 더욱이 단군을 버리고 민족경전을 버린 우리의 민족적 자아상실을 볼 때 우리가 역사에서 수난을 당하는 것은 사필귀정이다.

한국문화는 언제나 혼돈의 연속이다. 차라리 혼돈이야말로 한국문화의 특성이다. 질서인가 싶으면 이미 혼돈이고 혼돈을 벗어나고자 하면서도 혼돈으로 스스로 들어가는 것이 한국인이다. 한국사회가 다종교 사회인 것은 신앙의 자유라는 점에서 매우 다행이지만 시대마다 주도하는 종교가 다른 것은 문화의 심층에 도사린 이무기의 여성성과 모성성의 결과인 것 같다.

혼돈이야말로 우주의 진정한 면모가 아닐까. 만약 그렇다면 한국인은 집단적 무질서에 단련이 된 셈이다. 흔히 무교의 가장 큰 특징은 귀신을 섬기는 '푸닥거리=굿'이라고 말하는데 더 정확하게 말하면 귀신을 섬기는 것이 아니라 귀신과 인간의 조화 혹은 평화를 도모하는 것이라고 말할 수 있다. 다시 말하면 무교의 가장 큰 특징은 바로 조화(調和)—평화(平和)의 달성에 있다. 신 혹은 귀신과 인간의 평화만큼 중요한 것이 어디에 있겠는가. 그 조화의 추구가 푸닥거리라는 의식을 매개한 것이다.

조화의 추구, 푸닥거리는 흔히 혼돈, 무분별로 나타난다. 특히 무교적 특징을 보이는 제 종교현상은 현재보다는 과거, 과거보다는 미래를 중시한다. 현재에서 합리적인 길을 찾기보다는 과거를 푸닥거리하고 미래를 성급하게 예축(豫祝)하는 혼돈과 그 혼돈으로부터 벗어나기 위해서 굿판을 벌이면서 심리적 빙신(憑神)과 엑스타시를 추구한다. 엑스타시도 절정에 이르는 한 방법이다.

신화가 신바람과 절정을 일으키지 않고 텍스트로 있으면 그것은 '죽은 신화'이다. 텍스트(신화든 성경이든 다른 경전이든)는 본질적으로 죽은 것이다. 그러한 죽은 텍스트가 생명력을 얻으려면 살아있는 인간에 의해 현재적 입장에서 새롭게 해석되고 의미부여가 되어야 한다.

굿판은 합리적·축적적으로 연결되는 판이 아니다. 단지 귀신이 징검다리를 놓아야 연결된다. 귀신이 과거의 한(恨)과 미래의 환상(幻想)을 이어주는 단절적 역사를 보이는 것이다. 〈내일에의 환상은 바로 오늘의 혼돈(混沌)이 되고 오늘의 혼돈은 어제의 한(恨)이 되는〉 거꾸로 돌아가는 필름과 같이 과거지향적 속성을 보이는 것이다. 그래서 종교조차도 무교적 속성을 버리지 못하는 것이다.

서구의 근대 이성문화의 문제점이 여기저기서 드러나고 있는 지금, 우리의 감성문화가 빛을 볼 날이 올지 모르겠다. 인류학자들은 미래 정보화 사회의 인터넷문화가 이동성을 중시하기 때문에 기마민족적 속성이 유리할 것이라는 예상을 하고 있다. 우리 민족은 바로 기마민족의 속성을 가지고 있고 기동성과 즉흥성 등 감각적 대응에 소질이 있는 편이다. 그런 점에서 우리 민족이 다소 유리할 것이라고 보여 진다.

다행히 인류학자들은 또 인터넷 문화는 이성보다는 감성을 중시한다고 예상하고 있다. 감성조차도 감정 즉, 느낌을 형식화한 것이라면 인간 본연의 감정을 중시한다고 하는 편이 더 정확할 것이다. 이것도 무교문화적 특징을 보이는 우리 민족에게 유리한 것이다. 인터넷 문화가 아니더라도 오늘의 인간에겐 어차피 '느낌(feeling)'을 회복하는 것이 급선무이다. 그러나 느낌에 너무 의존하다보면 천한 감각주의나 선정주의에 빠지기 쉽고 즉흥주의에 안주하기 쉽다.

이성의 역사는 우리 민족에게 너무 잔인하였다. 도대체 우리는 그것에 제대로 적응을 하지 못하였다. 이성을 종교로 바꾸어버린 것이 우리 민족의 종교적 심성인 것이다. 우리 민족은 태생적으로 당골 무당을 중심으로 오순도순 살아가는 마을 단위의 '당골적 연출사회'라는 이상향을 지향하였던 것 같다.

이는 국가사회, 혹은 제국주의의 사회에 부적합한 특성을 가지고 있다. 가부장의 확대재생산의 제국은 그들의 종교를 강요하고 그들의 씨앗을 뿌리며 우리 민족으로 하여금 일종의 씨받이 역할을 요구하였던 셈이다. 중국, 혹은 일본으로부터 수많은 외침을 받은 것으로 보면 단일민족이라는 말은 일종의 허구에 불과하다. 그렇게 볼 때 무교의 자리에 다른 종교가 계속 대체되면서 살아온 연줄사회의 성격이 강하다.

연줄사회는 신부의 택호를 부르며 모계사회처럼 오순도순 살아간다. 연줄사회에서 당골무당은 삶의 중심이듯이 그것이 현대사회로 넘어오면서 겉으로는(제도로는) 근대의 모양을 갖추었지만 속으로는(심성으로는) 아직도 모계적 가부장사회에 살고 있는 셈이다. 당골을 중심으로 살아가는 작은 마을 단위의 사회적 속성으로 인해 현대에서도 작은 우두머리를 중심으로 하는 '교감(交感)의 사회', '인정(人情)의 사회'를 유지하고 있다. 이러한 사회가 앞으로 현대판 노자(老子) 식의 소국과민(小國寡民)을 지향하기에 적당한 사회인지도 모른다. 이것이 잘못 표출되면 그저 '당파(黨派)의 사회'에 그치고 만다.

돌이켜 보면 우리 민족은 왜 대국을 만들지 못했던가. 왜 국력이 신장되었을 때도 한 번도 남의 나라를 침략하지 못하고 보복도 하지 못하고 평화주의를 지향하였던가. 정복을 하고서도 도로 내어주는 속사정은 무엇인가. 그 이면에는 겉으로는 부계이면서 속으로는 모계적 성격이 매우 강한 나라이기 때문이다. 또 여자들의 강인함이 아니면 결코 나라를 유지하지 못하였을 지도 모른다. 부계사회가 경쟁하는 지정학적 위치 때문에 부계 국가사회를 만들고 반도의 통일을 하긴 했지만 그 속내는 결코 부계사회에 적합하지 않았던 것이다. 부계는 겉모양이다. 그런 점에서 같은 맥락으로 단군은 일종의 모계사회의 기둥서방과 같은 것이다.

실제로 우리 민족은 단군을 신앙적으로 거의 믿지 않는다. 민족적 위기 혹은 정체성의 위기가 닥치면 단군을 외치고 부활시키지만 곧 단군을 잊어버린다. 단군의 자리에 계속 외래종교가 대체되어 왔다. 이것은 우리 민족의 여성적 성격을 드러내는 결정적 상징이다. 남의 나라의 부계 신앙이 단군의 자리를 대신하고 있다. 더구나 단군을 미신이라고 여기고 민간신앙이라고 여긴다. 이를 두고 태생적 모계사회, 모계적 성향의 국가라고 하지 않을 수 없다.

자신들의 부성(父性)은 버리고 남의 부성에 의존해 있음은 물론이고, 단군조차도 삼신할머니 속으로 들어가 버렸다. 삼신할머니는 태모신(太母神) 자격으로 산신(山神)할머니인데 산신(産神)할머니가 되어버렸다. 환인, 환웅, 단군, 즉 삼신(三神)인 하나인 단군은 산신(産神)에 매몰되어버렸다. 웅녀(熊女)-단군(檀君)-산신(産神)으로 이어지는 연쇄는 국가시대에는 불리한 코드이다.

우리 민족에겐 북방의 기마민족의 피와 남방의 농경민족의 피와 문화인자가 섞여있다. 겉모양은 기마민족이고 속내는 농경민족이다. 그 비율로 보면 농경민족의 속성이 강하다. 기마민족에겐 이성이 강하고 농경민족에겐 감성이 강하다. 이성적이지 않으면 결코 기마민족을 유지할 수 없다. 기마민족은 계속되는 이동과 목축, 식량의 확보를 위해 준비하고 전쟁에 대비하여야 하는, 불안에 대비하는 문화인자가 있다.

그 기마민족의 속성 때문에 한반도에서나마 국가를 유지하는 독립성을 보였지만 결국 역사적·문화적으로는 중국화 되는 '사대주의적 제후국 성격'을 벗어나지는 못했다. 어쨌든 우리 민족에게 기마민족의 속성이 남아있는 점은 다행이다. 우리 민족은 평화주의자면서 동시에 문화적으로 적응할 때는 발빠른 행보를 보여 왔다. 감성과 이성을 겸비한 셈이다. 농경민족의 감성과 기마민족의 이성, 평화와 적응의 양면을 가지고 인터넷-정보화사회에 적응하여야겠다.

'이성의 재앙'과 치유로서의 네오샤머니즘

근대 이후 인류는 전반적으로 과학문명이 주도하는 시대에 살고 있다. 다시 말하면 과학–이성 중심의 문명이 인류를 이끌고 있고 우리 민족도 이 대열에서 낙오하지 않기 위해 안간힘을 쓰고 있다. 그러나 인터넷이라는 매체가 생기고부터 이성보다는 감성이 더 삶에 있어서 주요한 덕목으로 부활하고 있다. 감성에 맞는 것을 찾고 감성이 편하지 않으면 사람들은 싫어한다. 그만큼 인류는 그동안 이성의 억압, 혹은 이성의 폭력에 염증을 느낀 탓이다. 왜 인간은 느낌대로 살지 못하는가. 왜 인간은 남에 의해 관리당하면서 살아야 하는가. 인간은 사물처럼 대상이 되어 소외되어야 하는가. 이성중심의 문명에 대해 회의를 가지기 시작했다.

과학이라는 것이 인간의 삶에 편의를 제공하는 수준이면 되었지, 왜 과학이 인간을 좌지우지 하느냐, 전쟁이 삶을 왜 좌지우지 하느냐에 대한 문명적 반성을 하게 된 셈이다. 전쟁으로 인한 피해와 낭비, 비인간적 상황은 인류를 파멸의 구렁텅이로 몰아넣고 있다. 이성은 도덕을 주었지만 그 도덕은 남에게 강요하는 것으로 둔갑하고 이성은 과학을 주었지만 그 과학은 인간에게 침략과 지배를 위한 전쟁을 선물하였다. 이성과 과학은 결국 객관의 명목으로 다수의 인간 주체의 개입 없이, 다시 말하면 소수의 독재자나 폭력자 등에 의해 여지없이 수단화될 수 있는 위험한 것이기도 하다.

이성이 개입되면, 다시 말하면 생각이 가미되기 시작하면 결국 느낌의 세계에서 점점 멀어지는 '느낌의 형식'의 세계가 되고 그것은 인간을 세계로부터 소외시키는 결과를 초래하고 결국 세계를 도구적 세계로 만들어버리게 된다. 근대 이후 인류는 서로를 도구적으로 대하게 되고 스스로 고립을 자초하게 되었다. 이는 도덕적으로, 정신적으로 많은 문제를 발생시키지만 그보다는 더 집단생활을 통해 지금까지 종족을 번성시켜온 인간 종에게 생존의 근본을 뒤흔들어놓는 엄청난 재앙을 초래하는 것이다.

세계는 지금 〈이성(理性)의 재앙〉 속에 있다. 다시 말하면 세계는 지금 자본주의라는 욕망의 기관차를 탄 이성의 사냥꾼인 과학자가 인간의 모체였던 자연을 마구잡이 훼손하여 결국 스스로의 생존마저도 위협하는 순간에 와 있는 것이다. 그런 점에서 하늘(天)은 저주스러운 것이다.

땅(地)은 이제 황폐화되어 점차 인간이 머무를 조건이 되지 못하고 있다. 이성이란 하늘의 것이고 감정이란 바로 땅의 것이다. 서구문명이 세계를 압도하고부터, 이성이 감성을 압도하는 문명이 되어버렸고 '이성의 문명'이란 간단히 말하면 '세계를 대상으로 만들어 버리는', '세계로부터 스스로를 소외시켜버리는 대장정'이었다고 말할 수 있다. 이것은 어쩌면 '경전적 문화체계', 그 중에서도 '종교적 경전'에 대한 '도구적 문화체계'의 승리라고 하지 않을 수 없다. 느낌은 없고 이제 느낌을 담는 양식(형식)인 캡슐만 있는 셈이다.

이에 인간은 이 같은 캡슐에서, 이성에서 해방되어야 하는 중대한 위기에 몰려있다고 해도 과언이 아니다. 서구문명이 동양정신에 큰 관심을 기울이며 탐색하는 것도, 동양의 선(禪)에 큰 관심을 보이는 것도 실은 모종의 위기탈출을 위한 문명적 노력의 일환이라고 보여진다. 이것도 인간의 문명적 균형잡기의 일환일 것이다. 우리나라는 기마민족적 속성과 감성을 동시에 가지고 있으니 유리할 것 같다. 하지만 세계는 근대적 기반을 가지고 미래에 대처하고 있는데 우리는 그런 기반이 취약한 상태이니 결코 희망적인 것만은 아닌 것 같다. 생각 같아서는 근대적 이성도 잡고 원시적 감정도 잡는, 두 마리 토끼를 잡고 싶지만 세계가 이를 그냥 두지 않을 것이 분명하다.

전반적으로 우리 민족의 근대문화에의 적응은 결코 우수한 성적인 것 같지는 않다. 일제 식민을 당했고 지금도 남북분단으로 냉전상태에 있다. 이런 것이 다 이성적 사고의 부족에서 기인하는 것이다. 이성적인 사고에 조금만 더 훈련이 된다면 미래에의 적응이 더 빛날 것 같다. 온통 우리사회에서 벌어지고 있는 혼란과 아수라의 핵심을 쳐다보면 바로 귀신들이 날뛰는 무당 판과 같다는 생각이 든다. 나라의 대통령부터 그 아래의 크고 작은 기관단체의 수장까지 큰무당, 작은 무당 같은 생각이 든다.

무당의 혼돈은 때로는 세계를 하나로 만드는 환영을 보여준다는 점에서 유리하지만 때로는 무엇이 무언지, 구별을 하지 못하게 한다는 점에서 불리하다. 그래서 그런지 우리나라 사람들은 대체로, 지식인의 경우에도 개인과 집단내부에서는 '도덕이라는 예(禮)의 룰'이 성립되고 집단 밖에서는 생존경쟁에서 이기는 '적자생존이라는 게임(game)의 룰'만이 성립된다는 사실을 잘 모르는 것 같다. 물론 여기서 집단이라는 것은 그 준거가 매우 역동적이고 또한 임의적이다. 우리나라는 분명히 적자생존의 게임의 룰, 전쟁의 룰이 적용되어야 하는 대외적인 곳에 도덕이라는 룰을 적용하고 반대로 도덕의 룰이 적용되어야 하는 곳에 적자생존의 룰, 게임의 룰을 적용하는 경향이 있다.

이는 분명 구조적으로 밖으로부터는 지배를 당하면서 안으로는 생산성의 부족으로 인해 소모적 생존경쟁(이것이 당쟁이다)을 하지 않으면 안되게 되어 있다. 그래서 안으로는 항상 쉽게 혼란에 빠져서 무질서하고 밖으로는 항상 침략을 받아 곤경에 처하는 것이다. 밖에서 싸워야 할 때 싸우지 않는 것은 평화애호가 아니고 비겁이고 위선이며 이는 필연코 안으로 내분에 빠지지 않을 수 없게 된다.

우리나라는 밖으로부터 철저히 문화식민지를 당하고 있다. 우리는 이것을 미련하게도 보편성이나 국제성이니 하면서 자화자찬하거나 자위하고 있다. 차라리 우리 민족은 감성의 시대를 맞아서도 모자라는, 결핍되어 있는 이성이라는 비타민이나 영양제를 보완하는 것이 오히려 급선무인 것 같다. 귀신(鬼神)에서 신(神)으로, 신(神)에서 신인(神人)으로, 신인에서 인신(人神)으로 향한 종교문화의 대장정에서 우리는 아직도 귀신의 단계, 즉 샤머니즘의 문화적 특징으로 문화를 운영하고 있다. 우리의 모든 문화활동에서 저 옛날 무당이 굿판을 벌이던 환영과 환상을 본다. 이것은 특성이기 때문에 우리 민족의 장점이기도 하고 동시에 단점이기도 하다. 문제는 그 특성을 삶에 유리하게 운영하느냐, 그렇지 못하느냐에 있다.

무당의 특징은 신주(몸주신)로부터 공수(말)를 받아야 제 기능을 한다는 데 있다. 이것은 귀신의 말, 즉 남의 말이 있어야(혹시 자신의 무의식의 말인지 모르지만) 신이 나고 풀이도 할 수 있다는 데 있다. 이는 신에게 의존적이다. 토론보다는 축제를 좋아하고 일보다는 술을 좋아하고 계획적이기보다는 즉흥적이고 산문적이기보다는 시적이고 순차적이기보다는 범형적이다. 여기에 조금만 모자라는 것을 보완하였으면 한다.

어쩌면 우리 민족에게는 당골적 연출사회가 가장 편한, 적합한 사회일지도 모른다. 다시 말하면 우리 민족의 이상향은 당골적 연출사회이다. 그렇기 때문에 이성을 보완하여 국가를 운영할 체제(제도)를 만들고 관념이 아니라 유기적으로 움직일 수 있는 국가체계를 갖추어야 한다. 적어도 현대에 살아남기 위해서는 가부장과 모계적 속성을 잘 보완적으로 사용하여야 할 것 같다. 우리 조상들이 그렇게 하여 왔듯이 말이다. 그렇다고 부계적 속성이 필요할 때 모계적 속성을 쓰고 모계적 속성이 필요할 때 부계적 속성을 쓰는 우를 범해서는 안 된다.

이 땅에서 무당은 물러가야 하는가. 아니면 다시 돌아와야 하는가. 아니면 제대로 몸주를 가진, 문명신의 몸주를 가진 한 사람의 무당을 필요로 하는가. 우리는 어쩌면 큰 무당을 기다리고 있는지도 모른다. 한국인은 아직 남의 존재태에 자신들의 생성태를 가두고 살고 있다. 그런데 남의 신화조작에 의해(남의 경전에 의해) 살아가는 사람들은 바로 남의 존재태에 의해 자신의 생성태를 바꾸어버린 족속이다. 그래서 이들은 스스로 정복도 못하고 스스로 창조도 못하고 스스로 만족도 못하는 것이다. 예컨대 밖으로 경쟁(전쟁)하지 못하는 남자를 남편으로 둔 아내는 필연적으로 자신이 경쟁에 뛰어들던가 아니면 가난과 작은 빵에 만족하지 않을 수 없는 것이다. 끝내는 자신의 몸을 팔지 않을 수 없는 것이다.

우리는 우리의 아름다운 몸, 금수강산과 아름다운 우리의 여성을 팔아왔던 것이다. 자신의 몸의 순결을 지키지 못한 민족이 어떻게 큰 나라가 될 수 있는가. 창녀들의 몸은 자신의 것이 아니다. 수시로 바뀌는 손님의 것이다. 〈몸과 땅〉의 주인이 되지 않고서는 결코 〈마음과 하늘〉이 진정한 우리의 것일 수 없다. 우리는 우리의 〈몸과 땅〉을 버렸기 때문에 우리의 〈마음과 하늘〉마저 거짓과 위선으로 변해버리고 말았다. 언제나 남의 〈마음과 하늘〉을 섬기며 살고 있는 것이다. 우리는 이러한 장기지속의 거대한 역사적 질곡에서 역류하지 않는 한 결코 금수강산을 금수강산으로 보존할 수 없을 것이다. 남의 〈마음과 하늘〉은 언제나 우리를 국제촌놈으로 살게 할 것이고 위선적으로 살게 할 것이다.

큰무당이, 큰 문화영웅이, 우리 시대의 원효가 탄생하지 않는 한, 이러한 현상은 계속될 것이다. 귀신(鬼神)에 잡히는 무당이 아니라 신(神)을 마음대로 부리는 무당이, 원효가 탄생하여야 한다. 신(神)은 진정 생성태이다. 존재태가 되면 이미 신(神)이 아닌 것이다.

그런데 한국인은 지금 존재태의 신을 믿고 있다. 생성태의 신이 실지로 바로 옆에 나타난다고 해도 인정하려들지 않을 것이다. 사문난적(斯文亂賊), 이단(異端)이라는 이름으로 매장하려고 들 것이다. 우리 문화의 주기적(主氣的) 전통은 생성태의 신을 만들 수 있는 문화적 저변을 가지고 있다. 그런데 왜 남의, 외래의 종교에 빠지거나 외래의 무슨, 무슨 주의를 맹신하면서 세계를 창조적으로, 스스로 세계의 주인이 되어 바라보지 못할까. 그 까닭은 외래의 이데올로기에 우리의 주체성을 상실한 때문이다. 다시 말하면 우리의 기운생동이 외래의 이데올로기에 주눅든 때문이다. 그러나 언제라도 신에 오르는 기술자인 우리 민족은 너도나도 무당이다. 무당이기 때문에 자신의 몸주신에 충실하고 그러기 때문에 당파싸움을 하게 된다.

한국인은 축제와 운동으로 문화를 이끌어가는 경향이 강하다. 또 외래 종교나 이데올로기를 도그마화 하는 경향이 강하다. 이것은 아마도 무교적 원형에서 연원하는 것 같다. 한국문화의 무교적 특성은 역사적으로 순기능을 하기도 하고 역기능을 하기도 한다. 동시에 그것이 강점이기도 하고 약점이기도 하다. 종교와 정치가 생산에 기여하지 못하고 타락함으로써 망국(亡國)을 재촉하는 가하면 반대로 무교적 신바람이 생산을 일으키고 흥국(興國)의 길로 안내하기도 한다.

무교적 에너지, 신바람을 흥국의 길로 사용하는 지혜가 한국인에게 절실하다. 축제를 좋아한다고 선진국이 되는 것은 아니다. 그러나 축제적 열정과 에너지를 흥국의 원동력으로 사용하면 선진국이 될 수 있다. 오늘날 한국은 세계 종교의 백화점과 같다. 이 종교의 에너지를 생산성 향상에 사용할 줄 아는 자야말로 한국의 구세주이고 한국의 큰무당이라고 할 수 있을 것이다.

문화는 프로그램이다. 어떤 문화적 양상도 반드시 프로그램의 과정이 있다. 우리에게 문화적으로 익숙한 단어들이 있다. 때로는 구태의연한 것이기도 하고 때로는 미신적인 것으로 취급당하기도 하는 것들에 대해 이해를 하는 것이 우리의 전통문화를 이해하는 첩경이 된다. 바로 이 전통문화라는 우리 문화의 주춧돌 위에서 새로운 문화를 건축할 때 그 문화는 튼튼한 구조를 가졌다고 할 수 있을 것이다.

2) 한국의 전통문화와 샤머니즘

한국문화의 전통문화 가운데서도 가장 심층에 숨어 있는 원형은 역시 무교(shamanism)일 수밖에 없다. 이는 한국의 국가기원과 고대 한국문화를 연구하는 글과 책들의 대부분이 무(巫) 혹은 무교(巫敎)를 언급하고 있기 때문이다. 고조선과 단군은 고대 한국문화를 연구하는 첫 머리를 장식한다. 고대뿐만 아니라 오늘날의 한국문화를 설명하는 틀 가운데 가장 설득력과 호소력을 갖춘 것은 무(巫)를 바탕으로 문화를 바라보는 태도와 방향의 승리라고 할 수 있다. 한국 사람은 어쩌면 저마다 크고 작은 무당인지도 모른다. 쉽게 신이 오르고 쉽게 신이 꺼져버린다. 한국인은 또 술은 왜 그리도 좋아하는가. 술은 신을 오르게 하는 마약과도 같다. 노래는 또 왜 그리 좋아하는가. 한민족이 가무(歌舞)를 좋아한 것은 일찍이 옛 문헌의 머리를 장식한다.

한국문화를 원형론의 입장에서 고찰하면 가무와 술을 좋아하는 '주기형(主氣型) 문화'라고 할 수 있다. '주기형 문화'는 바로 감정교류와 감정이입을 통해 산다. 주기형문화는 정기신(精氣神)을 중시하는데 기(氣)의 그릇인 정(精)을 중시하고 기(氣)의 승화인 신(神)을 추구한다. 정기신(精氣神)에서 정신(精神)이 나오고 상당기간 기(氣)는 실종되었다가 다시 오늘날 부활하고 있다. 기(氣)의 부활과 함께 정령(精靈)도 부활하고 생기론(生氣論)과 물활론(物活論)이 고개를 들고 있다. 이제 기(氣)는 물질로도 가고, 정신으로도 가게 되어 물질과 정신의 가역성을 담보하는 개념으로 등장하게 되었다. 기(氣)가 우주의 본질적 개념이 된 셈이다.

물활론은 거시적 생태체계(ecosystem)의 관점에서 그 의미를 더하고 있다. 배타적 유일신관이 정령을 버림으로써 자연을 지배와 정복의 대상으로 만들어버린 과오를 생기론이 다시 치유할 것이 기대된다. 정(精)-기(氣)-신(神)은 오늘날 물질(物質)-기(氣; 에너지)-정신(精神)이 된다.

서양에서 물질이라는 개념이 도입된 뒤, 정(精)과 신(神)은 정신(精神)으로 한데 묶어졌으나 다시 에너지 개념의 도입으로 에너지 개념이 기(氣)의 자리에 있게 됐다. 이렇게 보면 기(氣)에 대칭되는 이(理)는 기(氣)를 담고 형태화하는 그릇에 해당한다. 기(氣)를 전제하고 보면 물질과 정신은 이(理)에 해당한다. 이성(理)이란 기(氣)를 담는 일종의 캡슐과 같은 것으로 본질이 아니다. 이성이라는 것은 언어에 의해 조립되기 때문에 '주기형(主氣形) 문화'와는 거리가 멀다.

이성(理)이라는 것은 환경과 사회의 압력(stress) 혹은 억압(pressure)의 산물이다. 이성이라는 것이 절대적 혹은 보편적으로 존재하는 것으로 알지만 실은 문화적 압력이나 억압에 의해서 형성되는 것이다. 고등종교가 탄생하고 과학적 법칙이 발견되는 것은 그것이 필요하기 때문이고 그러한 압력과 필요에 대응하는 소수의 창조적 인물들이 여기에 반응하는 것이다. 그 창조적 소수에 무당(shaman)과 군왕무당(巫王shaman king, 神王: 司祭王priest king이 중심이다)과 성인(saint)과 과학자(scientist)가 포함된다.

이들은 서로 매우 이질적인 인물 같지만 실은 각 시대와 역사적 단계에 따라 나타난 압력에 대한 반응자들이다. 지금은 과학자들이 많이 나와야 세계를 지배할 수 있다. 그러나 중세만 하더라도 종교적 성인들이 그 역할을 하였다. 또 그 이전인 고대와 원시시대에는 군왕무당과 무당들이 그 역할을 하였다. 이성이 발달한 민족이나 국가일수록 어려운 자연적 환경과 문화적 여건 속에 살아왔다고 할 수 있다.

주기형 문화는 이성적으로 살아가는 데에 불리하다. 주기형 문화는 바로 그 이성(이데올로기)을 남의 것으로 쓰는 경향이 있다. 기(氣)는 상황마다 상징을 찾고 상황마다 상징을 바꾼다. 주기형 문화는 궁극적으로 '신(神)-신령(神靈)을 찾는 문화'(종교문화)이다. 주기형 문화는 신을 찾는 방법과 기술을 터득하는 것을 삶의 목적으로 삼는다. 참고로 말한다면 주리형(主理型) 문화는 '법(法)-법칙(法則)을 찾는 문화'(과학문화)이다. 주기형 문화를 서양의 문화유형에서 찾는다면 디오니소스형이라고 할 수 있다.

한국문화가 주기형 문화라는 관점에서 역사적 기록을 살펴보자.

삼국지위지동이전(三國志魏誌東夷傳) 부여(夫餘) 조에 보면 다음과 같은 구절이 있다.

"은나라 역으로 정월에 하늘에 제를 지낸다. 이때는 나라 안이 크게 모인다. 며칠씩 먹고 마시고 노래하고 춤춘다. 이름하여 영고(迎鼓)이다. 이때에 형벌을 중단하고 죄인들을 풀어준다."

(以殷正月祭天 國中大會 連日飮食歌舞 名曰迎鼓 於是時斷刑獄 解囚徒)

또 같은 책 마한(馬韓) 조에 보면 다음과 같이 나와 있다.

"항상 오월에 파종을 하고 걸립을 하여 귀신에게 제사를 지내고 여러 무리를 이루어 노래와 춤을 추고 술을 마시면서 밤낮으로 쉬지도 않고 춤을 춘 사람이 수천 명이었다."

("상이오월하종 걸제귀신 군취가무음주 주야무휴기무 수천인: 常以五月下種 乞祭鬼神 群聚歌舞飮酒 晝夜 無休其舞 數千人)

동양의 고전적(古典籍)들에 우리나라를 지칭하는 말인 소위, 동이족(東夷族) 사람들의 특징으로 우선 '제사와 가무와 술을 즐긴다'는 것을 들고 있다. 이것은 바로 종교적-예술적 태도의 원형인 것이다. 그리고 M. 엘리아데를 비롯, 샤머니즘 연구가들에 따르면 고대 동북아시아 종교적 특징으로 '샤머니즘'을 들고 있다. 샤머니즘에서 섬기는 귀신(鬼神)이야말로 인신(人神) 가운데서는 신(神)의 앞선 형태이다. '신'(神)자가 귀신(鬼神) 신(神)자인 것은 이를 증명하고 있다. 귀(鬼)와 신(神)은 음양관계에 있는 것이다. 귀의 개념이 먼저 있었기 때문에 신의 개념이 있는 것이다. 따라서 처음에는 귀신(鬼神)을 신(神)이라고 하였다. 그러던 것이 신(神)의 개념이 새롭게 되면서 역으로 귀(鬼)가 귀신(鬼神)이 되어버린 것이다.

귀신에게 제사를 지내는 것은 귀(鬼)의 기운(氣運)을 전제하는 기적(氣的) 세계관의 산물이다. 다시 말하면 음기(陰氣)와 양기(陽氣)를 전제한 것이다.

우리 조상들에게는 세계가 음양의 기운으로 가득 찬 것이었다. 귀(鬼)와 신(神)도 음양의 한 변형일 따름이다. 이러한 주기형(主氣形)의 문화적 원형이 합리성을 강화하게 된 것이 바로 신라와 삼국의 풍류도(風流道), 즉 화랑도(花郎道)일 것이다. 우리가 흔히 고대 우리의 토착종교를 말할 때 국선도(國仙道), 신선도(神仙道), 화랑도(花郎道)를 많이 예로 든다. 이들은 대체로 샤머니즘과 같은 뿌리를 가지고 있는 것으로 연구되고 있고 특히 신선도는 흔히 샤머니즘과 같은 뜻으로 쓰이기도 한다. 또 화랑과 샤머니즘의 관계는 현재적으로도 굿판이나 놀이판에서 쓰이는 화랑(화랭이, 파랭이, 화래기)의 용어에서도 엿볼 수 있다. 또한 신라 향가의 명가수들 중에 이름난 승려가 많았고 이들 중에는 화랑 출신들이 많았음도 불교와 화랑도와 샤머니즘과의 관계에 대해 어떤 암시를 주고 있다.

최치원(崔致遠)이 쓴 〈난랑비서(鸞郎碑序)〉에는 다음과 같이 쓰여 있다.

"나라에 현묘지도가 있는데 그 이름은 풍류이다. 그 교의 원천에 대한 설명은 선사에 잘 준비되어 있다. 실지로 삼교가 포함되어 있고 많은 민중과 접하여 교화하였다."

(국유현묘지도왈풍류(國有玄妙之道曰風流) 설교지원비상선사(說敎之源備詳仙史) 실

내포함삼교(實乃包含三敎) 접화군생(接化群生))

《삼국사기(三國史記)》에 의하면 신라 33대 성덕왕 때 김대문(金大問)이 쓴 《화랑세기(花郞世紀)》에는 분명히 "화랑자(花郞者) 선도야(仙徒也)"라고 명시되어 있다. 물론 화랑은 바로 선도라는 얘기다. 화랑도는 신라 24대 진흥왕 때 창설되었으며 그 이름은 국선도(國仙道), 풍월도(風月道), 풍류도(風流道), 낭도(郞道), 단도(丹道) 등으로 불렀다.

위에서 '가무를 좋아하는 것'과 '화랑도'는 원천이 같은 것으로 보인다. 후자가 좀 더 이성적으로 발달한 종교-도덕적 형태일 것이다. 종교적 경전에서 인문적 경전으로 발달한 인류사의 보편적 과정으로 보면 결코 군자(君子)라는 '깨달은 인물'이 종교적인 성품과 멀다고 할 수 없을 것이다. 우리나라를 '도인(道人)의 나라' '은자(隱者)의 나라'라고 부르는 문헌은 적지 않다. 여기에다 동이족과 친연성이 큰 은(殷)나라의 경우 바로 '제사문화'를 가장 특징으로 보이는 고대문화인 것이다.

공자도 조상이 은나라의 후예인 송나라 출신이고 이 때문에 제사나 의례에 관심을 많이 보였다는 것을 잘 알려진 사실이다. 공자의 원시유교는 차라리 예(禮)와 악(樂)의 문화였다고 하는 편이 옳다. 그렇다면 바로 고대의 샤머니즘을 토대로 하여 인문학적으로 승화된 것이 유교일 것이다. 유(儒)라는 것이 바로 예악(禮樂)을 기초로 하면서도 천문과 점을 치는 무리였다. 그렇다면 군자(君子)라는 것이 제사문화와 이질적인 것만은 아닐 것이다. 더 정확하게는 군자라는 개념은 상대적으로 보면 과학문명보다는 종교문명에 가까운 인물이다.

인류에게 있어서 '종교-축제 문명'은 '과학-이성 문명'보다 더 근본적인 것이고 문명의 저층(底層), 무의식에 깔려 있는 것이다. 따라서 종교문명을 바탕으로 하지 않고는 과학문명이 그 힘을 발휘할 수 없는 게 사실이다. 이는 마치 이성이라는 것이 상상력의 힘을 빌리지 않고는 제대로 원활하게 작동하지 못하는 것과 같다. 이들은 보이지 않는 혈연관계를 가지고 있는 것이다.

이성과 과학은 인간에게 수단과 목적을 제공한다. 그러나 이성과 과학이 발달한다고 해서 저절로 인간이 행복해질 수 있는 것은 아니다. 그렇지만 감정이나 종교적 심성은 이성과 과학의 힘에 의해 자신의 틀을 만들지 않으면 안 된다. 그 틀은 시대와 장소에 따라 다를 수밖에 없으며 그렇기 때문에 주기적으로 변화하여야 하고 새로운 보편성을 만들어가지 않으면 안 된다.

흔히 인간은 이성과 과학의 그 수단성과 기술성을 보고 그것이 목적인 양 착각하기도 하는데 목적은 그것이 아니고 행복한 삶이다. 행복한 삶은 종교에서 나온다. 그 종교라는 것이 딱히 특정 종교이어야 할 이유가 없다. 물론 시대마다 지배적인 종교가 있고 때로는 국교도 있지만 그것이 아니어도 종교로서의 기능만 하면 문제는 없다. 종교는 진보나 발전에 의미가 있는 것이 아니라 문명의 가장 원시적인 숲속에 신비로 남아있다. 이성과 과학이 남성이라면 종교는 여성과 같다.

3) 한국의 효(孝)사상과 심정(心情)문화

한국문화의 특징 가운데 가장 두드러진 것은 바로 자연친화적 성격이다. 자연과 더불어 사는 한국인의 삶의 태도는 유불선(儒佛仙)의 선(仙)사상에서 가장 잘 엿볼 수 있다. 같은 한자문화권에 속하는 중국은 유불도(儒佛道)라고 한다. 선(仙)보다는 종교적인 성격이 가미된 도(道)는 도교(道敎)로 발전하여서 중국의 기층종교이자 사상이 되었다.

우리 조상인 동이족의 선(仙)사상이 중국에 전해져서 도(道)가 되었다고 주장하는 학자도 있다. 한국문화의 자연주의 전통은 충효사상에서도 효(孝)를 강조하는 문화적 특성을 보인다. 충(忠)은 나라가 성립되고 본격적인 가부장–국가사회로 들어가면서 강조된 사상이다. 효는 충보다는 시기적으로 앞선 사상이다. 말하자면 효사상은 가족이 구성되는 것과 함께 형성된 사상이다.

부모와 자식 간에 형성되는 효사상은 문명의 발달과 더불어 충효사상으로 동시에 거론되면서 동양 유교사회의 대표적인 사상으로 발전하였다. 충(忠)사상을 집약한 '충경(忠經)'은 없지만 『효경(孝經)』은 따로 있다. 효경은 유가(儒家)의 『십삼경(十三經)』 중 하나이다. 공자와 제자인 증자(曾子)의 문답 중에 효도에 관한 것을 주희(朱熹)가 모아 효경을 만들었다.

효사상이 한국에 얼마나 뿌리 깊은 사상인가를 발견하는 것은 어렵지 않다. 과거에 급제하여 조정에서 벼슬한 선비들도 막중한 책임을 짊어지고 있지만 항상 부모와 조상에게 효도하는 것을 제 일의로 삼고 있었을 뿐만 아니라 부모상을 당하면 고향에서 3년간 시묘(侍墓)살이를 할 정도였다.

효사상을 가장 극적으로 보여주는 대목은 이순신 장군이 임진왜란 중에 모친상을 당하자 고향에 내려가서 시묘살이를 한 것에서 확인할 수 있다. 선조는 칠전량 해전에서 원균이 전사하자 상중에 있는 그에게 삼도수군통제사를 제수한다.

선조가 이순신에게 내린 교서인 '기복수직교서(起復授職敎書)'는 나라의 필요에 의해 상복을 벗고 벼슬자리에 나오게 하려는 임금의 간곡한 청이 담겨있다. 국가존망지추의 왜란을 맞아 장수로서 전장에 나가는 일은 당연한 일이지만 상중에 있는 이순신에게 선조는 최대한의 성의로 청하고 있다. 효는 임금도 거스를 수 없을 만큼 압도적인 도덕의 덕목이었기 때문이다.

세계에서 가장 과학적인 소리글자인 한글을 만든 성군(聖君)인 조선의 4대왕 세종대왕(1397~1450, 재위 1418~1450)은 유교의 경전은 물론이고, 음악과 농학, 의학과 과학 등 통하지 않는 분야가 없었다. 요즘으로 말하면 인문학과 자연과학에 두루 달통하였다. 세종은 강력 범죄로 흉흉해진 민심을 바로잡고 글자를 모르는 백성들에게 유교윤리와 의례를 가르치기 위해 글과 그림이 함께 있는 『삼강행실도(三綱行實圖)』(세종 14)를 발간하여 '효와 예의 나라'의 기틀을 닦았다. 이 책에는 효자(孝子), 충신(忠臣), 열녀(烈女) 등 각각 35명씩 105명의 사례를 모았는데 특히 효자를 먼저 소개토록 했다.

세종은 효(孝)야말로 천륜(天倫)으로서 인간의 최고덕목으로 여겼기 때문이다. 효가 뒷받침되지 않는 충(忠)은 부실한 것이다. 말하자면 효는 충(忠)과 열(烈)로 통하는 도덕의 일반적 기반으로 평가된다. 생각해보면 효란 인위적인 교육을 통해서 주입되고 실천되어야 할 덕목이기에 앞서 당위적으로 실천되어야 할 인간의 도리로 여겨진다.

그렇다고 효도를 하는 것이 결코 쉽지는 않다. '내리사랑, 올리효도'라 말이 있듯이 부모가 자식을 사랑하는 마음은 물이 아래로 내려가듯이 자연스럽게 이루어지는 것이지만 부모에게 효도를 하는 것은 마치 물을 거슬러 올라가는 것과 같아서 노력이 필요하다. 그래서 효는 일종의 '수양으로서의 효'가 된다.

한국인은 효를 가장 큰 덕목으로 삼아왔다. 효(孝)자는 노(老)자의 사람 인(人)의 자리에 아들 자(子)자를 넣은 상형으로 자식의 도리를 나타내는 글자로서 자식의 가장 근본적인 도덕이 효도임을 말하고 있다. 한국인으로 태어나서 출세를 하고, 큰 업적을 낼 수도 있지만 효자가 되지 못하면 후세에 칭송받는 인물이 될 수 없다. 요컨대 한국인에게 충신은 아니 될 수도 있지만 불효자가 되어서는 안 되는 것이 한국의 미덕이다.

한국은 '효의 나라', 일본은 '충의 나라'

한중일 동양 삼국 가운데서 효를 가장 중요하게 여기는 나라는 한국이다. 그래서 흔히 한국은 '효의 나라', 일본은 '충의 나라'라고 한다. 중국은 그 중간에 속한다. 한국에서는 '불효자'라는 말이 가장 나쁜 덕목에 속한다. 그래서 한국 사람이면 누구나 자기반성을 할 때 스스로 불효자라고 하면서 개과천선을 하는 전통이 있다.

충의 나라인 일본은 나라에 충성하는 것이 가장 큰 덕목이다. 그래서 '천황폐하 만세'가 가장 큰 덕목이다. 무사(武士)의 나라인 일본에서 충성을 한다는 것은 특히 중세에 영주에 해당하는 번주(藩主)에 충성하는 것에서부터 발전되어왔다. 번주에 충성하지 않으면 살 수 없는 일본은 그래서 철저하게 수직사회를 이루었다. 이러한 전통은 오늘날 그대로 계승되어 흔히 일본사회를 '다떼(縱的)사회'라고 한다.

일본은 나라의 상징인 천황을 중심으로 결속되어 일사분란한 국가체계를 자랑하고 있다. 이것이 제2차 세계대전 때는 군국주의로 나타나 태평양전쟁에서 패전의 멍에를 안게 되었고, 오늘날까지도 세계에서 유일하게 원자폭탄을 맞는 불행한 나라가 되었지만, 여전히 일본은 국가중심의 충의 나라이다.

이에 비해 한국은 효의 나라이다. 그런 까닭에 국가에 충성하는 마음이 일본에 비해 부족한 게 사실이다. 국가라는 것은 실은 패권경쟁과 전쟁의 산물이다. 그래서 평화보다는 전쟁을 우선하고, 강대국은 약소국을 강제로 복속시키고 지배하고 약탈하는 것을 일삼아왔다. 국가보다는 가정에 중심을 둔 한국은 효의 나라인 까닭에 예로부터 평화롭게 살기를 기원했다.

한국인은 대체로 국가보다는 그 하위집단이라고 할 수 있는 가족이나 문중, 지역, 회사, 학교 등 혈연·지연·학연을 중시하는 경향이 있다. 그래서 현실적으로는 당파싸움을 하는 경우가 많았다. 그렇지만 구체적인 삶의 영역이라고 할 수 있는 마을공동체에 침략이 미치면 민중이 하나가 되어 의병을 일으키며 저항하는 경우가 많았다.

임진왜란 때 임금이 한양을 비우고 의주로 달아나고, 나라가 거의 망하게 되자 전국적으로 의병이 일어났으며, 일제 때 나라를 일본에 빼앗기자 만주일대를 중심으로 끈질기게 독립운동을 전개한 사실은 좋은 예이다. 이에 비해 태평양전쟁에서 패한 일본은 천황의 항복 방송으로 중국과 한국, 동남아시아, 남양군도에 흩어져 있던 모든 일본군과 일본인은 일시에 항복하고 일본으로 돌아갔다. 말하자면 일본은 충에 살고 충에 죽는 나라라고 할 수 있다.

일본은 국가는 부자이고, 개인은 가난하다고 한다. 이에 비해 한국은 개인은 부자이고, 국가는 가난하다는 말이 있다. 충의 나라인 일본은 잘못하면 군국주의로 나아갈 위험이 있지만, 한국은 잘못하면 무정부주의가 될 공산이 크다. 충효의 장단점이 있는 것도 사실이지만 오늘날 강대국의 패권주의와 물질문명으로 인해 인류가 공멸할 위기에 직면한 시점에서는 효가 더 중요하게 느껴진다. 효사상이 보다 더 근본적인 사상이다.

국가를 영위하는 면에서는 한국인은 그동안의 역사시대에서 불리하였다고 할 수 있다. 세계가 이제 국가경쟁시대를 지나서 하나의 '평화의 지구촌'을 건설하여야 하는 시대적 사명으로 볼 때 한국의 효사상과 가정을 중심으로 하는 사상은 주목할 가치가 있다. 세계평화를 이루어야 하는 지구촌시대에는 한국인은 유리하다고 할 수 있다. 그래서 미래 후천개벽·여성시대에는 한국이 선진국으로 부상하고 세계를 이끌어가게 된다는 예언이 있게 되는 것이다.

효정(孝情)문화의 한국인

한국인은 추상적이고 논리적인 것에는 약한 편이다. 그래서 외래 사상이나 철학, 문화가 들어오면 종교처럼 되거나 맹목적으로 추종하는 경향이 있어왔다. 이러한 문화적 경향을 두고 '사대주의'라고 말한다. 그 대신 구체적이고 정감적인 면과 예술에서는 타의 추종을 불허한다.

한국인은 풍류도라는 전통에서도 알 수 있듯이 술과 가무(歌舞)를 좋아하는 민족이다. 세계적으로 춤추면서 동시에 노래를 잘 할 수 있는 민족은 그리 많지 않다고 한다. 그 중에서도 한국이 으뜸이다. 오늘날 K팝이 아시아는 물론이고, 세계 대중음악시장에 떠오르고 있는 것은 그러한 전통과 DNA 덕분이라고 할 수 있다.

한국인과 한국사회를 두고 흔히 '정(情)의 사회'라고 한다. 그만큼 인정이 풍부한 나라가 한국이다. 중국이나 일본에서도 마음, 즉 심(心)이라는 말은 많이 사용하지만 심(心)과 정(情)을 합한 '심정(心情)'이라는 말은 한국인이 유난히 즐겨 쓰는 말이다. 한국인에게 정이 없으면(통하지 않으면) 존재가 없는 것이나 마찬가지이다. 한국인은 존재감을 정을 주고받음에서 찾는다.

한국인은 공통의 법이나 규칙을 지키는 법(法)의 정신이 약하다. 그래서 재판에서도 법정서나 법 감정을 거론하기 일쑤이다. 말하자면 인정에 따라 법의 해석과 적용의 사례가 다르게 나타나기도 하고, 때로는 법의 형평성과 공평성 문제를 야기하기도 한다. 법과 정은 대립적인 위치에 서고, 인정은 사회적으로 부정적인 측면으로 나타나기도 하지만 인정 자체를 나무랄 수는 없다. 인정은 심정(心情)에서 비롯된다. 나날이 인정이 메말라가는 자본주의-산업사회에서 인정의 덕목은 새로운 가치로 정립될 필요가 있다.

그동안 한국의 효사상과 심정문화가 국가적으로는 불리하게 작용하여 최근세사에서 나라의 기강이 흩어져 일제의 식민지가 되는 수난을 겪기도 했다. 하지만 미래 여성시대에는 효사상과 심정사상, 즉 효정(孝情)사상으로 인해 한국이 세계를 이끄는 선진국으로 발돋움하게 될 가능성이 높다. 이들 사상에 대한 주목과 복원이 절실하다.

서양문명권에서는 개인(자유, 평등)과 국가(국력)가 중요하지만 동양문명권에서는 가족이나 가정이 상대적으로 중요하다. 그래서 수신(修身)의 핵심은 효사상이고, 만약 효사상이 없다면 동양문명체계는 전체적으로 붕괴될 수밖에 없게 된다. 동양문명체계에 효가 없다는 것은 마치 서양문명체계에서 자유와 평등이 없는 것에 비할 수 있다.

동아시아 유교문화권에서는 선비나 사대부의 도리로 수신제가치국평천하(修身齊家治國平天下)를 말한다. 이는 수신을 한 뒤에 순차적으로 집을 가지런히 하고 나라를 다스리고 천하를 평정함을 말한다. 수신에 이어 동심원적으로 확대되는 세계관을 천명하고 있다. 그러나 수신에서 평천하는 단계적으로 실천해야 할 덕목이 아니라 동시에 실천해야할 덕목이다. 말하자면 평천하하는 사람이라도 수신을 게을리 해서는 안 된다.

세계가 하나의 네트워크 체계로 변해 지구촌이 된 오늘날, 인류는 이제 확대보다는 본질로의 수렴이나 환원을 요구받고 있다. 가장 본질적인 것으로 다시 돌아가서 스스로를 수양해야할 필요성이 대두되고 있다. 유교의 덕목은 역시 『중용(中庸)』이나 『대학(大學)』에서 그 원리를 잘 설명하고 있다. 중용은 '중(中)'과 '성(誠)'을 중시하고, 대학은 '명덕(明德)' '지선(至善)' '정(正)'을 중시한다.

이런 복귀의 시대에는 천하보다는 가정이 더 중요하다. 수신에 앞서 전제되는 몸과 마음가짐이라고 할 수 있는 성리학의 격물치지성의정심

(格物致知誠意正心)의 '성의(誠意)'와 '정심(正心)'이 더 본질적인 덕목으로 다가오고 있다. '성의'와 '정심'은 바로 유교의 최고덕목인 '중정(中正)'을 의미한다.

'심정(心情)'이란 바로 성의와 정심을 대변하는 오늘의 말이다. 천하를 다스림으로써 인간을 다스리기보다는 가정을 다스림으로써 인간을 다스리는 것이 훨씬 더 효과적이며, 현대의 문제를 해결할 수 있는 첩경이다. 효(孝)와 심정(心情)의 복합어인 효정(孝情)은 물질만능시대의 인간을 보다 인간답게 치유할 수 있는 본질적 윤리라고 할 수 있다.

4) 한국문화는 종교적·여성적·예술적

한국문화의 문화적 특징이 종교적·여성적·예술적인 것은 다분히 샤머니즘과 관련이 깊다. 인간이 우주와 관련을 맺는, 생사의 출입구(出入口)에 해당하는 여성은 처음에 제정(祭政)의 중심역할을 하지만 점차 그 권력을 남성에게 양도한다.

이는 남성에 비해 여성이 '몸의 존재'인 까닭이다. 한자의 '몸' 신(身)자도 여자가 아이를 밴 모습을 상형한 것이다. '비로소' 시(始=女+台, 胎)자도 여자의 뱃속에서 아이가 생기는 것이 세계의 시초라는 데서 여자가 들어갔고 '성씨' 성(姓=女+生)자도 여자에게서 태어나는 것과 어머니만 알게 되는 모계사회가 반영된 것이다. 여자는 또 자연의 변화를 반영하는 월경(月經=肉+經)을 함으로써 몸 자체가 우주의 운행주기와 질서를 표상하는 '몸의 경전'을 가진 셈이다.

몸은 바로 우주와 통하는 매체이다. 이 몸을 말로 바꾼 것이 남성이다. '말의 존재'인 남성은 감성보다는 이성을 발달시킨다. 그러나 한국은 비교문화론적 입장에서 보면 여전히 감성체계에 문화의 중심을 두고 있다.

우선 '몸의 존재'가 과학(科學)-이성(理性)보다는 제정(祭政)을 우위에 두고, 제정 가운데서도 정(政)보다는 제(祭)를 우위에 둔다는 사실을 상기할 필요가 있겠다. 제(祭)가 바로 종교이고 종교란 바로 과학적인 입장에서 보면 도그마(dogma)를 말한다. 한국의 정치가 흔히 제(祭: 犧牲祭)를 올리면서 발전하는 것도 이 때문이다.

한국의 정치는 논리적 토론으로 발전하지 않는다. 현대의 민주주의조차도 도그마로서 우리 앞에 있다. 그런 점에서 민주운동권의 민주화 과정은 바로 희생제를 지낸 셈이다. 민주주의 이론은 바로 서양에서 도입한 바이블에 의존하고 한 발치도 발전하지 못하고 있다. 현대의 정치가들은 저마다 색깔이 다른 현대판 크고 작은 무당이고 정치판은 무당의 굿판인 셈이다.

외래종교나 이데올로기에 쉽게 지배를 당하고 그것을 도그마화하는 것은 바로 한국문화의 여성성을 의미한다. 그런데 이 여성성은 또한 종교성의 근본이지만 동시에 예술성과 본질적인 교감을 갖는다. '몸의 존재'인 여성이 형상의 추구인 예술과 밀접한 관련을 갖는 것은 장황한 설명을 할 대목이 아니다. 여기에 한국문화의 종교성·여성성·예술성이 성립한다. 이들 삼자는 내밀한 관련을 맺는다.

물론 종교 이외에 다른 문화적 요소가 다 갖추어져 있지만 그 대표성을 따진다면 역시 우리나라 사람들은 사물을 대할 때 과학적(학문적)인 태도보다는 종교적인 태도를 먼저 취하고 그렇게 취하는 사람들이 다수를 점한다. 물론 종교적인 태도는 여성적인 태도이며 동시에 예술적 태도에 매우 가깝다. 왜냐하면 종교는 예술의 형상화(우상화)가 없으면 실질적으로 그 실체를 가지기 어렵기 때문이다.

M. Eliade는 반 데르 레에우가 쓴 "종교와 예술—성과 미의 경계에 대한 현상학적 이해"의 서문에서 이렇게 말한다. "종교는 형태와 형상 없이는 존재할 수 없기 때문에 언제나 예술을 필요로 한다. 반면에 예술은 '그 속으로 흘러 들어갈 더 넓고 더 깊은 강'으로서의 종교로 들어오기 마련이다."

예술은 보이지 않는 마음을 재료(물질)의 몸으로 표현함으로써 마음과 몸의, 정신과 육체의 합일을 창조로서 보여준다. 이데올로기는 예술에 의해서 형상화되고 육화된다. 말하자면 종교와 예술은 불가분의 관계에 있고 서로 피드백하고 있다. 종교뿐만 아니라 과학의 진리도 결국 감각적으로 확인할 수 있어야 일상(실생활)의 생활에 들어올 수 있다.

예컨대 인류의 문화는 아무리 단순하고 원시적이라고 하더라도 종교와 예술을 가지고 있다. 물론 사물을 다루는 최소한의 기술도 가지고 있다. 이것을 과학의 범주에 넣을 수도 있을 것이다. 그렇더라도 과학이 없는 문화는 생각할 수 있어도 종교와 예술이 없는 문화는 볼 수 없다.

무교의 굿은 확실히 종교와 예술이 미분화된 상태의 원형이다. 이것은 지극히 감성적인 것이다. 예컨대 감정교류——하늘과의 교감이나 사람들과의 감정이입이 없는 굿은 생각할 수 없다. 그럼 점에서 굿은 매우 현장적이고 즉흥적인 요소가 많다. 굿——축제에 의해 살아가는 집단은 필연적으로 이성(理性)에 의해 밖으로부터 강요되는 틀을 거부하기 쉽다.

굿은 신지핌에서 황홀경을 거쳐 엑스타시에 이르는 기술이다. 이것은 동시에 예술이며 퍼포먼스이다. 어쩌면 무당은 상상력을 통해 상상계에 들어가서 자신이 설정한 신을 만나서 자기최면에 의해서 신(몸주신, 귀신)의 말을 듣고 짐짓 전하는 듯한 의례과정을 거친다. 실지로 이러한 과정은 실체적인 측면에서 거짓부렁일 수도 있다. 그러나 이것은 모든 예술이 그러하듯이 픽션의 설정이며 허구의 진실로 받아들여질 수도 있다. 한국인은 이런 수작이나 연기에 능숙할 뿐만 아니라 프로그래밍에 탁월한 능력을 발휘한다.

한국인의 대뇌(大腦)는 우뇌(右腦)가 더 발달하였다. 이는 매우 여성적인 특징이다. 좌뇌가 더 발달하면 이성적(합리적)이고 우뇌가 더 발달하면 감성적(감각적)이고 상상력이 풍부하다. 우뇌가 더 발달한 특징은 또한 여성적 특성이기도 하다. 종교가 기(氣)의 산물이라면 예술이란 기(氣)를 감각적으로 전환하여 형태화(형상화)하는 것이기 때문이다. 그래서 한국인은 결국 종교적-여성적-예술적 태도가 높은 편이라고 할 수 있다.

한국인은 역사를 의례화해 살고 있다고 하는 편이 옳을 것이다. 이는 동시에 한국인은 의례를 매일 생활화하고 있다고 해도 과언이 아니다. 의례에는 반드시 몸이 따라가야 한다. 몸이 따라간다는 것은 감각을 통해 느끼고 이해하고 수용한다는 말에 다름 아니다. 그래서 몸이 직접 느끼지 못하는 것을 한국인은 믿기 어렵다. 이것은 이성의 보편성과는 거리가 멀다. 종교와 도덕은 문화에서 상부구조에 속한다. 기술과 과학은 하부구조에 속한다. 어떤 문화도 상부구조와 하부구조를 가지고 그것이 적절하게 균형을 얻을 때 문화로서의 생존자격이 있다.

한 문화를 내부의 구조로 보면 문무(文武)구조로 볼 수 있다. 물론 문무는 균형을 이루어야 문화능력이 안정적이면서도 확대재생산이 가능하게 된다. 문(文)은 종교-도덕으로 커넥션을 이룬다. 무(武)는 산업-과학과 커넥션을 이룬다. 문무구조로 볼 때 한국은 문(文)이 성한 나라이고 무(武)가 약한 나라이다. 이를 숭문(崇文)정신은 강한데 상무(尙武)정신이 약하다고 할 수 있다. 이러한 문화구조의 경우 대체로 밖으로 사대(事大)하고 안으로 분열하는 특성을 보인다. 동시에 외래문화에 의존하는 경향이 높다. 물론 겉으로는 문화주의, 혹은 교양주의가 득세를 하지만 이는 외화(外華)에 속하고 결국 문화적 독립성과 자주성의 결여로 끝내는 의식주를 걱정하는 내빈(內貧)으로 빠지게 된다.

문사(文士)를 지나치게 높이는 나라는 인문주의에 빠지면서 산업과학 입국에 등한함을 보인다. 동시에 정치에 참여하는 인구는 필요이상으로 많고 생산에 참여하는 인구는 적어서 결국 전도되게 된다. 이를 문화의 '역삼각형 구조'라고 할 수 있다. 문화가 안정적으로 되려면 먹이삼각형 구조처럼 삼각형 구조가 되어야 한다. 상부구조로 갈수록 볼륨이 적어야 한다. 그러나 한국인은 문화구조로 볼 때는 하부구조(과학-산업적 기반)보다는 상부구조(종교-도덕적 기반)에 의지하는 비중이 크다.

한국의 역사에서 볼 때 적어도 삼국시대까지는 문무가 균형의 모습을 보여주었다. 그러나 고려시대 무신정권은 이미 문(文)이 무(武)와의 관계에서 균형을 잃고 상대방을 서로 포용하지 못한 것을 드러낸다. 이것은 이미 문무의 갈등과 나라의 분열을 일으켰고 급기야 나라가 망하는 수순을 밟게 한다.

원(元)나라에 대해 부마국이 된 것은 오늘의 관점에서 보면 식민지와 같은 것이다. 원에 복속당한 것은 약 1백년간(1259~1356년)이다. 문(文)은 대체로 고등종교에서 비롯되는데 고대와 중세에는 종교(宗教: 큰 가르침)가 글자 그대로 대학(큰 배움)의 역할을 대신하였다. 종교는 대학과 다르게 가르치는 자에게 권력과 권위가 주어지는 반면 대학은 점차 배우는 자에게 그것을 넘겨주는 것이 된다. 종교는 고문상서(古文尙書)의 편이고 대학은 금문상서(今文尙書)의 편이다.

문무가 균형을 잃어버리는 현상은 근대사에도 있었는데 구한말과 일제가 그것이다. 나라가 망할 때는 항상 문무가 균형의 달성에 실패한다. 이런 경우 외래종교도 문무균형의 실패와 분열에 한몫을 한다. 결국 강대국은 정교(政教) 양면에서 약소국을 식민·경영하게 된다. 일제에 식민을 당한 것은 36년간(1910~1945년)이다.

일제 식민 상태에서 독립운동을 하면서도 우리 민족은 당파성을 벗어나지 못했으며 해방 후 필연코 남북분단을 가져왔고(이것은 외세가 남북을 갈라놓은 것이 아니라 외세가 우리의 당파성을 이용한 것이다) 동족상잔을 하였고 지금도 주체적으로 통일을 달성하지 못하고 있다.

한국사에서 예외적으로 문무가 균형을 이루고 발전을 한 시대는 세 번 있었다. 백제와 고구려가 망한 후 10여 년 간의 대당투쟁에서 당나라를 압록강 이북, 요령성으로 안동도호부를 몰아냄으로써 실질적으로 한반도의 지배권을 확보하고 한민족이라는 공동체를 만들어낸 통일신라가 그것이고 한글을 창제하는 것을 비롯하여 대마도정벌, 육진(六鎭)과 사군(四郡)을 개척하고 과학입국을 드높인 세종대왕 시대가 둘째요, 세 번째가 바로 근대 산업화에 성공한 박정희 시대가 그것이다. 박정희 시대는 물론 민주주의라는 기준으로 보면 독재라는 정치적 암울함도 있었지만 우리 문화의 특성이면서 약점인 산업·과학 입국을 이룸으로써 일찍이 없었던 국가적 번영을 이루었다. 한국인들은 자신들의 문화적 특성이라고 할 수 있는 숭문(崇文) 취향의 내부적 눈--다시 말하면 종교적·도덕적 특성으로 보면 독재라고 하지만 실은 외부의 눈으로 보면 극동의 작은 나라, 동족상쟁의 최빈국이었던 한국이 가장 눈부신 문화의 확대재생산을 이룬 시기였다.

앞에서도 언급했듯이 한국인은 외래 종교와 이데올로기에 취약한 편이다. 그렇다면 그러한 경향은 역사적으로 어느 시기를 기점으로 잡을 수 있을까. 거시적 입장에서 보면 동아시아에서 중국이 중심세력으로 등장하여 문명의 주도권을 잡기 시작한 시점이라고 할 수 있다.

말하자면 북방민족=동이족(東夷族)이 역사의 주도권을 잡다가 농업기술의 향상과 생산의 증가가 이루어지면서 서이(西夷)에서 출발한 중국이 점차 대륙에서 패권을 잡기 시작하는 전후이다. 이어 춘추전국시대를 종식시키고 중국을 처음으로 통일한 진나라의 형성과정에서 반도로의 이주민이 발생하였으며 진나라를 이은 한나라에 고조선=부여가 밀리다가 다시 고구려가 만주벌판에서 중국의 수당(隋唐)과 쟁패를 벌이긴 했으나 결국 삼국통일과정에서 고구려의 멸망과 더불어 대륙에서 우리의 조상들은 완전히 밀려난다.

반도의 역사지정학적 입장이라는 것은 두 가지 중 하나를 택하지 않을 수 없다. 첫째 대륙을 정복하고 바다의 주도권을 잡은 뒤 대제국을 건설하던가, 반대로 대제국에 정복을 당하던가 하는 것이 있고, 둘째 완전히 정복을 당하는 것도 아니고 그렇다고 제국을 만들기 위해 쟁패를 한 것도 아닌, 중간상태가 있을 수 있다. 한반도의 경우 바로 후자에 속한 경우라고 할 수 있다.

이러한 한반도의 입장을 중국과의 사대(事大)-조공(朝貢)관계에서 찾아볼 수 있다. 한반도는 인종적으로는 북방족과 남방족의 결합으로 이루어졌고 문화적으로도 북방문화와 남방문화의 습합으로 형성되었다. 또한 대륙문화와 해양문화가 만나는 교차점이어서 산업이 발달하였으면서도 동시에 무역이 발달하지 않을 수 없는 위치에 있었다. 종합적으로 볼 때 북방족이 주도한 우리나라는 서서히 남방화=농업화되면서 농경민족으로 변해갔으며 그 토착성이 강화되면서 한반도에 점차 갇히는 쪽으로 역사가 전개된다.

특히 신라의 삼국통일 이후에 그러한 경향이 강화되게 되는데 그렇다고 신라가 반도에서 갇혀서 살았던 것은 아니다. 적어도 다른 나라에 침략을 시도하는 공세적 입장은 아니었지만 무역을 통해 국가의 생산력을 높였으며 중국에 못지않은 문명을 이루고 이를 일본에 전하는 데에 인색하지 않았다. 다시 말하면 정복사업을 하지 않았지만 완전히 정복을 당하지도 않았다.

이상하게도 농경민족의 배타성이 강화되면서 완전히 정복되거나 복속을 당하는 것을 본능적으로 싫어하였다. 한반도를 완전히 정복하려던 국가 치고 망하지 않은 나라가 없다. 다시 말하면 한국은 항복을 모르는 끈질긴 저항과 투쟁정신이 강하였으며 중국에 완전히 정복당하지 않은 것은 국가존망의 막다른 골목에서는 역시 북방족의 이동성과 도전적 피가 간헐적으로 솟아오르기 때문이다.

우리 민족이 '평화와 저항'을 생존전략으로 택한 것은 일종의 반도적 특성이라고 할 수 있다. 그 반도적 특성에는 문명적으로는 북방과 남방, 대륙과 해양에서, 인종과 문화의 결합이 이루어진 교차점이라는 사실에서 수립된다. 이는 전반적으로 우리 문화의 '여성주의와 민중주의'와 통한다. 이는 국제적으로는 '밖의 시각'에서 자신과 남을 보는 객관적인 입장이 아니라 '안의 시각'에서 자신과 남을 바라보는 주관적인 입장의 경향을 드러낸다.

또 인성적으로는 자신과 남을 다스리는 이성적 입장이 아니라 자신을 표현하는 감성적 입장을 드러내는 것과 맥을 같이 한다. 한국은 결코 제국을 형성하지도 않았지만 완전히 정복을 당하지도 않으면서 면면한 역사를 이루어왔다. 이것이 '여성성과 배타성'으로 특징지어지는 한국 문화가 형성된 이유이다. 이 같은 문화적 특성은 가부장제-제국이 주도하는 인류문명사로 볼 때 결국 생존전략으로서 사대주의를 하지 않을 수 없게 된다. 이는 정치적, 종교적, 문명적인 것을 아우르는 종합적인 특성이다.

삼국 시대에 불교의 전래를 보더라도 처음엔 토착신앙과의 마찰로 인해 이차돈과 같은 순교자를 발생시키지만 결국 외래 종교의 온상이 된다. 불교가 그랬고 유교가 그랬고 오늘의 기독교가 그랬다. 다시 말하면 종교적이기 때문에 순교를 발생시키고 순교를 발생시키기 때문에 역설적으로 동시에 외래종교가 도그마가 되는 상황에 빠지게 된다.

종교나 이데올로기가 도그마가 되면 이는 문화의 경직성--문화적 폐쇄나 쇄국에 빠지게 된다. 그러면 괜히 불필요한 정통과 이단의 싸움인 당쟁(黨爭) 혹은 불필요한 예송(禮訟)이나 일으키면서 문화의 실질을 확보하지 못하고 관념적 유희에 빠지게 된다. 사대주의와 배타성은 겉으로는 서로 반대인 것 같지만 실은 동전의 양면과 같은 것이다.

중국의 실용주의 사상인 유학(주자학)이 들어오면 관념적인 것이 되어 결국 관념적인 유희나 허례허식의 형식주의에 빠져 나라를 망하게 하였고, 오늘날 영미의 민주주의가 들어와도 결국 민주주의의 바탕을 이루는 시민정신이나 상공업의 발전, 자유와 평등과 박애의 구체적 실현은 멀리한 채, 민주주의 도그마에 빠져 비생산과 비능률과 혼란상을 노출했다.

이는 전반적으로 사대적 관념주의에 순치된 문민들의 절대적 도덕주의와 위선과 비실용성에 기인한다. 조선 시대의 조광조의 지치주의(至治主義)와 현대의 절대적 민주주의는 바로 그 대표적인 예이다. 자기모순에 빠진 한국인들, 특히 지식인들도 절대주의의 도그마에 빠져 나라를 양극단으로 몰고 가기 일쑤다. 그래서 반정(反政)과 자기부정이 근대사의 특징이 되어버렸다.

이렇게 되면 당연히 의식주를 걱정하게 되는 것이 뒤따르게 된다. 의식주를 걱정하게 되면 안으로 민란(民亂), 반정(反正), 혁명(革命)에 빠지고 밖으로 외침에 시달리는 내우외환에 직면하게 된다. 문화는 밖으로 정복과 확대재생산의 길로 접어드는 것이 아니라 안으로 분열과 축소재생산의 길로 접어든다. 문화능력은 떨어지고 결국 망국의 길로 접어들게 된다.

고대에는 무교가 상부구조에 자리잡고 있었지만 그것이 계속 불교와 유교로 대체됨으로써 한국은 주체성이 없는 문화가 되어버렸다. 물론 외래의 불교와 유교를 다시 샤머니즘화하는 과정을 통해 주체성을 일정부분 회복하기는 하지만 그것은 문화의 하부구조와 맞아떨어지지 않거나 시간적으로 성급하게 외래 이데올로기의 도입과 토착화를 실현시키려고 하기 때문에 사회적 혼란을 겪게 된다. 역설적이게도 이 혼란(혼돈)으로 인해서 한국문화는 변동과정에서 더더욱 무교적이 되기도 한다.

무교적 전통의 나쁜 점은 바로 과거에 속하는 귀신(鬼神)을 필연적으로 섬기면서 미래의 신(神)을 섬기지 못하는 데에 있다. 우리의 역사는 언제나 과거가 현재를 지배하고 미래는 현재의 되풀이에 지나지 않는다. 이는 문화가 매우 원형적인 모습으로 보이게 한다. 그래서 시간적으로 발전이라는 의미보다는 과거, 현재, 미래가 한통속이 되어 두루뭉수리로 넘어가는 경향마저 있다. 일본은 자신의 샤머니즘인 신도(神道)를 중심으로 외래종교를 들러리로 포진하고 있다. 그런 반면 우리는 언제나 외래종교를 중심에 놓고 그 종교를 샤머니즘화하는 경향이 있다. 어느 것이 더 강력한 샤머니즘인지는 사람에 따라 다를 것이다.

‘뜻으로 본 한국역사’의 창조적 계승발전

낙천(樂天)과 평화(平和)의 이중성

한민족은 예부터 낙천(樂天)의 민족이요, 평화(平和)의 민족이다. 세계 어디에 내놓아야 손색이 없는 ‘금수강산’과 ‘인정’(人情)으로 아름다운 공동체를 이루어왔다. 그러나 이러한 성격은 역사에서는 매우 불리하게 작용하기 쉽다. 역사란 투쟁의 역사이고, 전쟁의 역사이기 때문이다. 한민족은 남의 나라를 먼저 공격한 적이 없다. 도리어 1천여 회의 외침을 받았다. 진정한 평화의 민족이다. ‘평화의 왕’이 탄생하기에 이만한 조건의 나라가 지구상 또 어디에 있을까.

한민족은 중앙아시아에서 시작하여 ‘해 뜨는 살기 좋은 땅’을 찾아 계속해서 동쪽으로 이동하여 유라시아 대륙의 동쪽 끝, 한반도에 정착할 때까지 여러 종족과 민족의 좋은 유전자 DNA를 물려받았다. 역사적 수난은 인류의 좋은 유전자를 선물 받은 반대급부가 되었던 셈이다. 그래서 세계 어느 민족보다 혈통에 민감한 민족이다.

한민족은 스스로를 천손족(天孫族)이라고 부르고, 예부터 ‘하늘’(하나님, 하느님, 한울님)신앙을 가지고 살았고, 어려운 역사적 곤경 속에서도 온갖 지혜와 은근과 끈기로 살아남았다. 한민족은 81자로 된 인류의 최고(最古)경전, ‘천부경(天符經)’을 지니고 있다. 이러한 역사적·인종적·문화적 전통과 융합 속에서 오늘의 한국인이 있는 것은 이 땅에서 성자탄생의 가능성을 함유하기에 충분하다.

한국의 기독교는 처음부터 서구문물과 사고방식을 받아들이는 문호가 되었지만, 한국의 근대화는 동시에 일본의 식민지 정책으로 인해 외세에 저항하는 성격을 갖게 했다. 이는 한국으로 하여금 '동양의 이스라엘'이라 불릴만한 성격을 갖게 한다. 한민족과 유대민족은 상통하는 데가 많다. 유대민족은 '선민사상'을 가진데 반해 한민족은 '천손족'이라는 사상을 가졌다.

한민족은 전통과 단절된 채 새로운 근대 문명을 맞게 된다. 식민지적 상황에서 근대화의 길에 들어선 것은 민족적 불행이었다. 근대화가 된다고 해도 전통문화가 일방적으로 왜곡되었을 뿐만 아니라 민족적 자주성이나 자긍심이 망각된 채, 심지어 나라의 독립과 해방이 이루어질지 알 수 없는 상황이었기 때문에, 저항적 성격의 근대화가 불가피하였기 때문이다. 조일병탄이 일어난 해는 1910년이지만 일본은 이미 1870년대부터 침략의 야욕은 보였다. 즉 대원군의 실각(1873)과 개항(1876) 이후 한국은 거의 일본의 영향권에 있었다. 아이러니컬하게도 일본은 병자수호조약의 1조에 '조선은 자주국으로 일본과 평등권을 갖는다.'라고 명시하고, 종래 중국 사신을 맞았던 영은문(迎恩門)의 자리에 독립문(獨立門: 1897년)을 짓게 한다. 이는 실지로 조선의 독립을 원하는 것이 아니라 청나라와의 사대관계를 단절시키고, 그런 후에 병탄을 할 목적이었다.

청일전쟁(1894~1895)과 노일전쟁(1904~1905)의 승리로 일본은 조선에 대한 독점적 지배권을 확립하게 된다. 1905년에는 을사보호조약으로 외교권을 박탈하고, 이어 행정권, 사법권, 경찰권을 빼앗아간다. 임오군란에 이은 조선군대의 해산(1907년)은 독립국으로서의 위상을 결정적으로 빼앗아간다. 무(武)를 천시하던 사대주의의 마지막 응보였다.

기독교가 이 땅에 들어온 것은 가톨릭을 기점으로 하면 약 2백30여 년(천주교는 1784년: 이승훈 북경 영세기점)이고, 개신교를 기점으로 하면 1백30여 년(1887년: 새문안교회, 정동교회, 1885년: 북한 소래교회)이 된다.

그럼에도 불구하고 역사적으로 계속해서 큰 문화의 부근에서 문화접변(acculturation) 현상에 시달려온 한국인은 자신도 모르게 그것이 체질화되어 외국에서 선교사가 전해준 성서해석을 기초로 한국기독교를 운영해왔다.

기독교에 한국적 목소리가 담기는 것은 문화적 풍토로 볼 때 거의 불가능한 시절이었다. 여기서 '한국적 목소리'라고 하는 것은 서양과 동양의 '천지관(天地觀)'이 다른 데에 기인한다. 서양의 기독교의 하늘신은 절대적인 신인 반면 동양의 하늘신은 어디까지나 천지조응적(天地調應的) 관점에 따라 땅(地)과 상호조응하게 되어있다.

서양에서는 '하늘(天)'이라고 하면 하늘만 가리키지만 동양에서는 '땅(地)'이 생략된 채로 하늘만 표기되어 있어도 '하늘땅(天地)' 혹은 '자연'을 가리키는 것으로 해석하지 않으면 틀리는 경우가 많다.

그런데도 한국인은 종래의 순환론적인 천지관(天地觀)을 무시하고, 서양의 절대적 하늘신앙을 표시하는 것으로 하늘을 사용해오면서 이 땅을 기독교화 하는 전략으로 이용했다.

하늘(天)신앙은 동양에서는 도(道)로 발전하였고, 서양에서는 기독교의 절대유일신(神)으로 발전하였다. 서양의 '신'을 한국에 토착화시키는 노력의 일환으로 '하늘=한울님=하늘님(하느님=하나님)'이 적당한 번역어로 채택되었다.

기독교 인물 가운데 가장 두드러지는 인물인 함석헌(咸錫憲, 1901~1988)의 '씨ᄋᆞᆯ(알)'사상은 이 땅을 기독교화 하는 데에 크게 기여한 사상이다. 특히 그의 『뜻으로 본 한국역사』는 한국의 역사를 기독교 사관에 의해 해석한 책이다.

함석헌은 이렇게 말한다.

"이 민족이야말로 큰길가에 앉은 거지 처녀다. 수난의 여왕이다. 선물의 꽃바구니는 다 빼앗겨버리고, 분수없는 왕후를 꿈꾼다고 비웃음을 당하고, 쓸데없는 고대에 애끊어 지친 역사다. 그래도 신랑 임금은 오고야 말 것이다."[6]

이 책은 특히 자신의 독특한 사관을 가지고 역사를 기술한, 한국에서는 몇 안 되는 역사책인 까닭에 한국기독교인들과 청소년들에게 큰 영향을 미쳤다. 그는 이 책으로 일약 당대 최고사상가로 자리 잡기에 이른다.

함석헌은 "역사는 사랑에서 나왔고, 사랑에 이끌려 사랑으로 돌아가고 말 것이다. 그 '아가페'를 공자는 '인'(仁)으로 보았고, 노자는 '도'(道)로 보았고, 석가는 '빔'(空)으로 보았다. 노자의 말대로 억지로 붙인 이름이다. 그 자리에 들어가려는 운동을 믿음이라 해도 좋고, 통일이라 해도 좋고, 영화(靈化)라 해도 좋고, 영원으로 돌아간다 해도 좋다. (중략) 동양은 명상적인데 서양은 활동적이요, 동양은 종합하길 좋아하는데 서양은 분석하길 좋아한다. 동양의 역사는 복종의 역사, 통일의 역사, 되풀이의 역사, 지킴의 역사인데, 서양의 역사는 반항의 역사, 자유의 역사, 발전의 역사, 진보의 역사다. 동양심과 서양심은 서로 정반대인 듯이 보

---

6 함석헌, 『뜻으로 본 한국역사』, 한길사, 2015, 110쪽.

인다."[7]고 동서양문명을 비교한다.

함석헌은 한민족의 고대와 중세의 역사에 대해 해박한 것은 아니지만 대체로 근세사, 즉 조선과 일제를 중심으로 한민족사를 기술하면서 객관주의적 기독교사관으로 일관하고 있다.

"우리는 큰 민족이 아니다. 중국이나 로마나 터키나 페르시아가 세웠던 것 같은 그런 큰 나라는 세워본 적이 없다. 또 여태껏 국제무대에서 주역이 되어본 일도 없다. 애급이나 바빌론이나 인도나 그리스같이 세계문화사에서 뛰어난 자랑거리를 가진 것도 없다. 피라미드 같은, 만리장성 같은, 굉장한 유물이 있는 것도 아니고, 세계에 크게 공헌을 한 발명도 없다. 인물이 있기는 하나 그 사람으로 인하여 세계역사에 큰 변화가 생겼다고 할 만한 이도 없고, 사상이 없지 않으나 그것이 세계사조의 한 큰 조류가 되었다 할 만한 것은 없다. 그보다도 있는 것은 압박이요, 부끄러움이요, 찢어지고 갈라짐이요, 잃고 떨어짐의 역사뿐이다. 공정한 눈으로 볼 때 더욱 그렇다. 그것은 참으로 견딜 수 없는 슬픔이다."[8]

그의 기독교사관은 여기서 잘 드러난다. 그는 기독교를 믿음으로서 한국사의 고난의 의미를 깨달았다고 고백하고 있다.

"성경은 그러는 가운데서 진리를 보여주었다. 나를 건진 것은 믿음이었다. 이 고난이야말로 한국이 쓰는 가시 면류관이라고 가르쳐주는 것이었다. 그리고 그것은 세계의 역사를 뒤집고 그 뒷면을 보여주는 것이었다. 그리하여 세계역사 전체가, 인류의 가는 길 그 근본이 본래 고난이라 깨달았을 때 여태껏 학대받은 계집종으로만 알았던 그가 그야말로 가시 면류관의 여왕임을 알았다. 이제 우리는 마치니와 한가지로 '그

---

7 함석헌, 같은 책, 78~ 79쪽.

8 함석헌, 같은 책, 95쪽.

녀의 할 일은 아직이다.'라고 용기를 낼 수 있다. 과연 그녀의 일은 이제 부터다."[9]

함석헌은 기독교사의 입장에서만이 아니라 지리결정론의 입장도 한국사를 해석하는 탁월함을 보여주고 있다.

"우리나라는 삼천리가 다 들판이라고 하더라도 크다 할 것이 못 되는데, 그 중에도 8할을 산이요, 들이라고는 김제평야가 기껏이다. (중략) 우리는 지도를 좀더 넓게 해주고 좀더 큰 눈을 뜨고 보아야 한다. 주의해보면 반도의 북쪽 옆에는 우리와는 반대의 이상한 꼴이 있는 것을 알 수 있다. 막막한 만주 평원에 도무지 문이 없다. 이 두 사실을 한데 맞추어 생각해보면 만주와 한반도는 서로 돕는 관계에 있다는 결론을 내리지 않을 수 없다. 대륙은 밥 먹는 곳, 힘 기르는 곳이요, 바다는 힘내 쓰는 곳, 재주 부리는 곳이다. (중략) 한옛적(太古) 일을 보면 한민족이 자라난 보금자리는 한반도가 아니고 만주였다. 장백산 기슭 송아리얼의 언저리 여기는 늘 나라들의 까나오는 보금자리였다. 우리 단군조선이 나오고, 부여가 나오고, 고구려가 나오고, 그 다음 금도 청도 여기서 나왔다. 그러나 하늘과 땅을 만드신 하나님 생각은 이상하였다. 송아리얼을 남쪽으로 흐르게 아니 하고, 얼음과 눈이 쌓인 북해로 돌려놓았다. 하필 북으로 흐르게 했을까? 북으로 흘렀기 때문에 그 보금자리에서 까나와 가지고 남으로 내려오면 발전이건만도 그만 그 밑뿌리를 내버리게 되고, 남으로 내려온 가지만이 남아 간신히 전체를 대표해 명맥을 부지하고 있게 되었다. 송아리얼의 벌과 반도가 만일 한 자리 단원에 들어있게 되었더라면 남으로 내려온 한민족이 요렇게 간들간들해지지는 않았을 것이다. 제 근본을 잊고 되는 물건이 어디 있더냐? 이 모든 것이 때

---

9 함석헌, 같은 책, 96쪽.

가 올 때까지 잠깐 고난의 짐을 지우기 위한 것이라고 밖에 해석할 길이 없다."[10]

특히 그가 집중적으로 비판한 '우리 민족의 결점'은 참으로 타당하다고 하지 않을 수 없다.

"'한국 사람은 착하다'고 했는데 지금 착한 것이 어디 있나? '평화를 사랑한다' 했는데 어디 평화가 있나? 사회는 시기, 음해, 날치기, 소매치기로 가득하고, 우리에게야말로 세계평화는 눈썹에 불같이 긴급한 문제건만 평화운동 소리는 한마디도 나오지 않고 남의 삯 싸움이나 하는 것을 무슨 국민의 대사업이나 되는 양 미치고, 가다 혹 중도주의, 제3세력 소리 하면 나라 도둑이나 되는 듯 미워하기도 한다. 이조 일대가 당파 싸움으로 그친 것은 또 그만두고 그 때문에 나라를 몽땅 도둑맞고 종살이하기를 몇 십 년을 하다가 그래도 하늘이 무심치 않아 해방이라고 왔는데 건국운동이랍시고 3파, 4파로 싸우다가 종내 통일정부를 세우지 못하고, 남의 나라 세력 싸움 때문에 한때 우연히 일어난 물결인 듯하던 38선은 점점 마음의 38선으로 굳어만 가고 있다."[11]

"우리는 이제 신화도 없어지고 민족의 영웅도 없어졌다. 감격도 없고 흥분도 모르는 민족이다. 약아빠진 것은 국민적 이상이 없기

---

10 함석헌, 같은 책, 101~103쪽.

11 함석헌, 같은 책, 124~125쪽.

때문이다. 이러고도 나라를 할 수 있을까? (중략) 고구려 사람의 핏줄 속에 뛰고, 신라 사람의 머릿속에 솟고, 백제 사람의 가슴속에 울리던 착하고 너그럽고 곧고 굳고 날쌔고 의젓하던 정신은 그만 사막으로 흘러드는 냇물 모양으로 어느덧 자취를 감추어버리고 말았다."[12]

"한국사람은 심각성이 부족하다. 파고들지 못한다는 말이다. 생각하는 힘이 모자란다는 말이다. 깊은 사색이 없다. 현상 뒤에 실재를 붙잡으려고, 무상 밑에 영원을 찾으려고, 잡다 사이에 하나의 뜻을 얻으려고 들이파는, 컴컴한 깊음의 혼돈을 타고 앉아 알을 품는 암탉처럼 들여다보고 있는, 운동하는, 생각하는, brooding over하는 얼이 모자란다. 그래 시 없는 민족이요, 철학 없는 국민이요, 종교 없는 민중이다. 이것이 큰 잘못이다."[13]

"종교가 없지 않다. 그러나 그것은 다 남에게서 빌려온 종교지 우리에게서 나온 것이 아니다. 유교가 그렇고 불교가 그렇고 기독교도 그렇다. 근래에 오다가 동학이요 천도교요 하나, 요컨대 밖에서 들어온 남의 사상을 이리 따고 저리 따서 섞어놓은 비빔밥이지 정말 우리의 고유한 것이 아니다. 대종교까지도 이러한 잘못에 눈이 팔려 이미 다 식은 화로에서 불꽃을 찾자는 그러한 마음은

---

12 함석헌, 같은 책, 125쪽.

13 함석헌, 같은 책, 126쪽.

갸륵하지만, 과연 어느 만큼 졸가리 있는 것인지가 의문이다."[14]

"고유한 종교가 있다. 무언가? 길가에 앉은 점쟁이요, 명태 대가리를 들고 춤을 추는 무당이요, 줄을 넘는 광대요, 활량이다. 이것은 원시종교다. 샤머니즘이다. 고구려에 선인이 있었고 신라에 화랑이 있었고, 고려 때까지만 해도 국선, 국사 소리가 있었다. 그것이 정말 우리나라의 고유한 종교요 사상인데, 내려오다가는 그렇듯 타락해버리고 말았다. (중략) 우리 고유한 종교가 타락하고 만 것은 그 힘씀이 부족하였기 때문이다. 그것이 위에서 말한 파고드는 생각, 생각하는 힘이 부족하다는 것이다."[15]

"중국의 교만, 만주의 사나움, 일본의 영악, 러시아의 음흉이 다 견디기 어려웠지만, 그것이 아니더라면 언제 망했을는지 모른다. 우리가 고난의 길을 걷는 것은 살고자 하기 때문이요, 살고자 함은 살아있기 때문이요, 살아 있음은 살려주시기 때문이다. 살려두시는 것은 할 일이 있는 증거다. 우리의 맡은 역사적 사명을 다하기 위하여 고난의 초달 (楚撻)을 견뎌야 한다."[16]

함석헌은 단재(丹齋) 신채호(申采浩)의 역사적 낭만주의를 비교적 따르

---

14 함석헌, 같은 책, 126쪽.

15 함석헌, 같은 책, 126~ 127쪽.

16 함석헌, 같은 책, 130쪽.

는 것 같다. 특히 신채호가 고려 인종(1127년)에 발생한 '묘청의 난'을 '조선 역사 1천 년 이래의 제일 큰 사건'이라고 한 것에 동감하고 있는 것에서 그렇다.

"유파(儒派) 대 불파(佛派), 한학파 대 국풍파의 싸움으로 보는 것은 꿰뚫어 본 관찰이요, 이 싸움에 묘청이 패하고 김부식이 이긴 것은 한국 역사가 보수적·속박적 사상에 정복된 원인이라고 하는 것도 옳은 말이다."[17]

그렇지만 함석헌은 "묘청의 혁명은 이미 시기를 놓친 것이라 할 것이다. 그 때는 벌써 금이 요를 멸한 지 20년이 넘었다. 그러므로 묘청파가 이겨 서울을 옮기고 황제라 하였다 하더라도 북벌을 과연 할 수 있었겠냐 의문이다. 북벌의 시기는 그전에 벌써 놓쳐버린 것이다. 그러나 설혹 그 당장 북벌은 못하더라도 만일 묘청파가 이겼더라면 적어도 사상적 종살이는 좀 면했을 것이다."라고 다소 편차를 보인다.

역사를 가정적으로 보는 것은 낭만적 사관에 속한다. 역사의 반성을 위해서는 때로는 낭만적 사관도 일정 부분의 역할을 하지만, 그것이 역사의 주류가 되는 것은 '현재적 역사'를 진행하게 하는 것이 아니라 역사를 '과거의 볼모'로 잡게 하거나 아니면 '현재적 정치적 상황'에 역사를 이용당하는 역사적 소급의 어리석음을 범하게 되는 것이다.

함석헌의 역사를 보는 눈이 매우 예리하다는 것은 윤관에 대한 새로운 평가를 한 '윤관의 원정'부분에서 잘 드러난다.

"만주는 고구려 사람이 민족통일인 큰 사명을 띠고 말을 달리던 곳이요, 싸우다 못해 그 순전(殉戰)의 뼈다귀를 묻은 곳이다. (중략) 과연 숙종 때에 이르러 북으로 가자는 소리가 또 일어났다. 그 때 동북 방면에 여

---

17 함석헌, 같은 책, 210쪽.

진의 장난이 자주 있으므로 이때 철저한 토벌을 하여 아주 북으로 돌아가야 한다는 주장이다. (중략) 윤관은 함경남부고 지방을 평정하여 아홉 성을 쌓고 남쪽 지방사람 6만 호를 옮겨 식민을 하고, 두만강을 건너 지금의 간도지방까지 쫓고 돌아왔다. 이때 역사의 바늘은 또다시 대조선 부흥 쪽으로 놓인 듯하였다."[18]

함석헌은 당시 북벌을 주장하는 '윤관의 꿈'이 좌절된 것은 애석해하고 있다.

"윤관은 아직 진지에서 싸우는 중이었다. 신하들을 모아 놓고 의논하는데, 온 조정의 신하가 다 돌려주자는 의견이었다. 그만이면 또 좋겠는데, 썩은 선비 한 패는 이 기회를 놓칠세라, 윤관파를 거꾸러뜨리는 운동을 일으켰다. 그리하여 윤관 등이 이름도 없는 군사를 일으켜가지고 나라를 해하고 군사를 패하였으니 그를 벌해야 한다는「상소」가 연달아 들어왔다. (중략) 임금(예종)도 할 수 없이 그 벼슬을 깎고 아홉 성을 여진에게 돌려주고 말았다."[19]

함석헌은 때로는 기독교조차도 외래종교라고 주장하고, 만주 지방을 우리 겨레의 발생지라고 보는 민족사관을 가지긴 했지만 그에게서도 결국 그가 비난하는 선비의 전통이 숨어 있는 것은 막을 도리가 없었다.

함석헌의 숭문주의적(崇文主義的)인 경향과 관념적이고 비실용적 태도는 해방공간과 6·25 전쟁과 5.16혁명에 대한 평가에서 잘 드러난다.

"5천년 역사에 이런 환난은 없었다. 임진란·병자호란을 끔찍하다하지만 여기 비할 바가 못 된다. 그렇지만 우리는 죽지는 않았다. 나무가 상처를 입으면서도 자라듯이, 우리도 타격을 받고 통일을 이루지 못하

---

18 함석헌, 같은 책, 201~202쪽.

19 함석헌, 같은 책, 202~203쪽.

고 실패는 하면서도 새 시대와 국민으로 자랐다. 대구사건, 여수·순천 사건, 제주도 사건 때만 하여도 아직 국민의 생각이 흔들리고 더듬는 형편이었는데, 6·25를 지나고 나서는 대체로 통일의 틀이 잡혔다. 아직 남북통일에까지는 못 갔으나 민중의 생각은 방향을 잡기 시작하였다. 씨ᄋᆞᆯ이 깨기 시작하였다. 이승만 정권, 자유당, 4.19, 5.16, 거듭거듭 파란이 쉬지 않으나 그 가운데서도 빙하의 걸음처럼 느리기는 하지마는, 자라고 있는 것은 민중이다. 그런 파란 그 자체가 민중이 깨는 증거다. 그 과정에서 6·25는 큰 한 걸음이다."[20]

이 대목에서 '씨ᄋᆞᆯ'은 '민중'을 뜻함을 알 수 있다. 함석헌 사상의 특징은 기독교와 민중사관이다. 이 둘의 합성은 상호 모순되는 점이 적지 않다. 민중에는 어떻든 계급사관이 숨어 있는 것이고, 계급사관과 민중의 결합은 결국 민중기독교의 뿌리가 되는 터전을 마련한 셈이다. 민중기독교라는 것은 결국 '마르크시즘 기독교'의 성격과 맥락을 닿게 된다.

함석헌의 사상을 보면 결국 식민지 치하의 지식인과 백성(국민)들은 '노예생활'을 거쳤기 때문에 그것에 대한 울분과 원한으로 인해서 결국 마르크시즘에 경도되기 쉽다는 것을 알 수 있다. 그의 '씨ᄋᆞᆯ'사상에서 식민주의를 비판하면서도 그것을 극복하지 못한 노예적 관점을 읽을 수 있다. 노예적 관점에서 완전히 주인적 관점으로 전환하여야 함에도 불구하고 마르크스의 계급투쟁과 같은, 모든 권력체계에 대한 부정적인·반체제적인 관점을 깔고 있다.

식민지는 바로 '정신적·사상적 늪'과 같은 것이라는 것을 알 수 있다. 그것에서 빠져나오려고 하면 할수록 그것으로 빠져들어 가게 되는 것 말이다. 그에게서 잘못된 선비정신(문숭상주의)의 극치가 바로 5.16혁명

---

20 함석헌, 같은 책, 429쪽.

에 대한 평가에서 잘 드러난다.

“4.19 후에 5.16이 온 것은 비극이다. 그것은 무슨 뜻인가? (중략) 5.16이 4.19 이후에 온 것이 우연이 아니요, 필연이다. 필연적인 선이란 말이 아니라, 필연적인 악이란 말이다. 그전의 잘못으로 그럴 수밖에 없었다는 말이다. 한마디로 요약해서 4.19는 무엇이고, 5.16은 무엇이냐? 4.19는 지성의 발로요, 5.16은 물성(物性)의 발로다. 4.19 후에 5.16이 왔다는 것은 지성과 물성의 충돌이다. 그리고 물성이 한때 지성을 덮어 누른 것이다. 지성·물성의 충돌이라니 다른 말로 하면 이상주의와 현실주의의 충돌이다. 5.16 이후 많아진 서구식 민주주의에 대한 시비, 민족적 민주주의, 정계 안정론, 실리 외교의 주장은 다 이것을 말하는 것이다. 뜻이 중요하냐, 먹는 것이 중요하냐 하는 싸움이다. 또 다른 말로 하면 정신 대 물질 싸움이다. (중략) 힘의 숭배는 이렇듯 시작되었다. 그리하여 승승장구의 형세였다. 군정, 학원 난입, 정치교수 축출로 내려왔다. 그럼 지성이 완전히 죽었나. 죽을 수 있는 것인가? 절대로 아니다. 위에서 말한 절대 진보의 신념이 필요한 것은 여기서다. 지성이야말로 불사조다. 지성의 패배는 결국 덕이 무너진 것을 말한다.”[21]

함석헌은 ‘윤관의 꿈’에서는 북벌과 함께 국가의 힘을 강조하였지만 정작 자신이 살아가고 있는 현재의 역사에서는 예의 ‘사대적 숭문주의’에 빠져있음을 보여준다. “4.19는 지성의 발로요, 5.16은 물성(物性)의 발로다.”라는 말이 상징하듯 숭문주의에 빠져있음을 볼 수 있다. 단지 마르크시즘의 등장으로 민중적 성격이 가미되었을 따름이다. 그의 사상이 국민생활의 실질적 증진에는 아무런 도움이 되지 않았으며 단지 이데올로기 투쟁이 가열되게 만들었을 따름이다.

---

21 함석헌, 같은 책, 493~494쪽

함석헌은 지성과 진보의 신념을 말하지만 조선조에서 내려온 현실을 도외시한 관념론자, 즉 기독교적 관념론자, 성리학을 절대 신봉하면서 당쟁을 일삼은 조선조 성리학자들과 비슷한 측면을 보인다고 할 수 있다. 이런 그의 약점은 바로 '뜻'을 너무 강조하다 보니 빚어진 것일까?

말하자면 함석헌에서 우리는 지독한 관념론의 건재를 읽을 수 있다. 여전히 국민의 일상의 삶은 도외시한 채 이념투쟁의 깃발을 높이 든 그에게서 '변종 성리학자'를 읽을 수 있다. 성리학이 기독교로 바뀐 것은 아닐까 의심되는 측면이 있다.

광의로 해석하면 오늘날 진보니 평등이니 하면서 목소리를 높이는 민중적 성향의 이념투쟁가들도 '기독교 성리학자'의 측면이 있다. 오늘의 '좌파(마르크스주의자)'들은 당쟁을 일삼던 조선조 성리학자의 연장선상에 있다.

그는 1961년 『사상계』에 「5.16을 어떻게 볼까」를 발표하면서 박정희의 군사쿠데타를 정면 비판한 데 이어 1970년부터 잡지 『씨올의 소리』를 발간하면서 박정희 정권에 맞선 것과 관련이 있을 것이다. 그는 당시 세계 최빈국에서 있으면서도 굶주림과 실업에 허덕이는 백성(국민)의 삶은 돌보지 않고, 나라가 제대로 만들어지지도 않은 상태서 서구가 제공한 단순한 '민주/독재'의 이분법으로 저항한 '조선조 숭문주의'의 나쁜 선비전통, '관념주의'와 이데올로기 투쟁의 면모를 보였기 때문이다.

말하자면 그들은 근대의 산업과학주의를 멀리한 채 '기독교주의와 민주주의'라는 서구의 '성서와 법전'만을 추종한 함석헌은 박정희 정권의 경제·산업주의의 긍정적인 면은 보지 않고 '서구의 민주주의'만을 부르짖는 대열에 참여하였던 것이다. 이는 전형적인 사대적 선비주의의 전통을 답습하는 측면이라고 하지 않을 수 없다. 결국 그는 그토록 비판한, 외래사상에 기울어져서 '한국의 기독교화'에 봉사한 '관념적 지성'에 불과하였음을 보여준다. 이는 조선조에 '조선의 성리학화'에 기여한 선비들과 무엇이 다르다는 말인가.

함석헌의 행보는 잘못된 선비의 전통을 비난하면서도 정작 현실에서는 그러한 전통을 다시 계승하는 입장에 있었으며, 당시 그가 살고 있던 시절의 '기독교라는 외래종교'와 '서구화와 외세의 물결'이라는 삶의 조건을 거스를 수 없었던 정황만을 확인하게 될 따름이다. 한국에서 역사는 말을 '진보'를 떠들지만 '답보'였다.

단순히 문(文)과 무(武)를 가르는 문치주의자(文治主義者)들은 항상 외래사상에 약한 면을 드러내 보인다. 인류의 문화문명은 '문(文)과 무(武)의 균형' '이상(理想)과 과학기술(科學技術)의 균형'이라는 것을 언제부턴가 한국의 선비들은 잃어버렸다. 함석헌도 여기서는 예외가 될 수 없었다.

사대적 기독교를 벗어나야

그의 '씨ᄋᆞᆯ'의 사상은 겉으로 보면 매우 주체적인 것 같지만 실은 '기독교사상+조선조선비주의+마르크스주의(민중주의)'의 문화복합성이다. 조상을 비판하면서 닮는다는 말이 있다. 결국 그는 기독교판 성리학자의 수준에 머물렀다는 평을 면하기 어렵다. 박정희 치세의 산업화·과학화 덕분으로 한국이 세계 10대 경제대국으로 성장한 것을 보면, '만주를 회복'하는 것에 그치는 것이 아니라 시대에 맞게(현대는 물리적 영토보다는 경제영토가 중요하다) 경제발전으로 세계경제대국으로 성장시킨 박정희야말로 현대판 '윤관의 꿈'인 것을 그는 몰랐던 것이다.

함석헌의 '뜻으로 본 한국역사'는 세계, 민족, 국가라는 집단적 개념보다는 개별적 인간의 지성과 덕성에 기초하고 있다. 역사 추동의 힘을 결국 '깨달은 개인'에게로 돌린다. 그 깨달은 개인이 바로 '씨ᄋᆞᆯ의 민중'이다. 함석헌은 많은 시대적 한계에도 불구하고 좌우대립의 이데올로기로서는 그를 죄다 담을 수가 없다는 점에서 탁월한 근대 사상가였음을 부인할 수 없다.

함석헌의 사상은 앞에서 말한 관념주의자·이념투쟁가의 면모도 있지만 한민족의 '고난의 역사'에 대해서는 남다른 기독교적 해석을 보여주기도 했다. 이 말은 함석헌을 단선적으로 이해해서는 부족함을 의미한다. 함석헌의 특이한 역사관은 '8.15 해방'에 대해서 이렇게 기술하고 있다.

"이 해방에서 우리가 첫째로 밝혀야 하는 것은, 이것이 도둑같이 뜻밖에 왔다는 것이다. 해방 후 분한 일, 보기 싫은 꼴이 하나둘만 아니지만, 그중에도 참 분한 일은 이 해방을 도둑해가려는 놈들이 많은 것이다. 그들은 자기네만은 이 해방을 미리 알았노라고 선전한다. 그것은 그들이 이 도둑같이 온 해방을 자기네가 보낸 것처럼 말하여 도둑해가려는 심장에서 하는 소리다. 그러나 그것은 거짓말이다. (중략) 도둑같이 왔으면 주인 없는 해방이기 때문에 당연히 그것은 씨ᄋᆞᆯ의 것이 된다. 둘째로 알아야 할 것은, 이 해방은 하늘에서 온 것이라는 것이다. 아무도 모른 것은 아무도 꾸민 사람이 없기 때문이다. 사람이 꾸미지 않고 온 것은 하늘의 선물이다. 이것은 하늘에서 직접 민중에게 준 해방이다."[22]

그는 특히 유엔의 미래에 대해서도 선견지명이 있었다. 그는 6·25에 개입한 유엔의 승리를 이성의 승리라고 말하고 있다.

"이 전쟁(6·25)이 주고 간 큰 선물 가운데 하나는 유엔의 힘이 자란 것이다. 사실 이 전쟁은 국제적으로 하면 유엔의 실력을 시험해본 것이다. 제2차 세계대전 후 유엔이 생겼다고는 하나, 파키스탄 같은 것을 조금 해결한 일이 있다고는 하나, 과연 세계의 질서를 유지해가는 데 얼마

---

22 함석헌, 같은 책, 393~395쪽.

만한 실력이 있느냐는 문제였다. 즉 참가국들이 세계 문제를 얼만큼 성의 있게 다룰 것인가가 아직 의심스러웠다. 제1차 세계대전 후 맹렬하게 일어나는 평화사상으로 국제연맹이 생겼고, 거기 큰 기대를 가졌었으나 이른바 큰 나라는 나라들의 옛날 국가지상주의가 그대로 있는 정책 때문에 얼마 못 가서 깨어지고 만 것을 우리는 잘 알고 있다. 또 그렇지나 않을까? 그런데 6·25가 터지자마자 유엔은 이것을 유엔군의 힘으로 해결할 것을 결의하고 한국에서는 먼 여러 나라가 모두 그 군대를 보내어 전에 못 보던 큰 규모의 싸움을 하여 완전한 해결까지는 못 갔으나 아무튼 침략자를 내쫓는 데 성공은 하였다. 이것은 세계 역사에서 전해 못 본 크게 뜻있는 일이다. 나라 사이의 문제를 세계적으로 해결한 큰 본보기이다. 이 앞의 시대를 표시하는 것이다. 유엔은 인류 이성의 표지(標識)이다. 완전은 못 되나 아무튼 유엔이 이긴 것은 이상이 이긴 것이다."[23]

『뜻으로 본 한국역사』는 책의 부제 「성서적 입장에서 본 조선역사」가 밝히고 있듯이 성서적 관점에서 한국사를 해석한 책이다. 말하자면 그 '뜻'은 '하나님의 뜻'이다. 물론 기독교의 절대적 신관에 의한 해석이다.

함석헌의 '뜻으로 본 한국역사'의 '뜻'은 기독교 '하나님의 뜻'임에는 틀림없다. 이는 결국 기독교를 한국 땅에 토착화하는 과정상에 일어난 사건이자 도리어 기독교에 정복당하는 꼴이지, 결코 한국의 토착종교를 다른 나라에 심은 것은 아니다. 종합적으로 말하면 기독교의 토착화 과정의 의례적 사건이다.

이는 그의 스승인 다석(多夕) 류영모(柳永模, 1890~1981)에서도 마찬가지이다. 이 말은 유영모의 사상이 높거나 낮다는 것을 말하는 것이 아니라

---

23 함석헌, 같은 책, 430~ 431쪽.

전반적인 방향(현상학적인 지향)이 기독교를 받아들이기 위한 지적 토양으로서의 한국전통 문화에 대한 재해석이라는 점에서 그렇다.

"다석은 우리의 있음의 경험으로서는 도저히 잡을 길이 없는 절대 공간과 무한 시간을 이름할 수는 없지만 억지로 이름하여 한늘(절대 공간인 '한'+ 무한 시간인 '늘'), 하늘, 한아, 하나, 한얼, 하느님, 하나님, 한얼님, 한나(大我), 한 님이라 불렀다. 다석에게는 이러한 온전한 것, 깨지지 않은 것, 모든 것을 담고 있는 것, 어떤 것도 그것을 벗어날 수 없는 것이 거룩하고 성스러운 신적인 것이다."[24]

함석헌은 류명모의 제자 중에 출중한 제자였으며, 사회활동이나 운동 면, 그리고 시대적 감각에서는 도리어 스승보다 더 활발하였다. 류영모가 한국의 전통사상과 고유의 말에 대한 분석과 회복을 통해 하늘(한늘)사상을 설명한 것은 결국 한국의 '하느님(ᄒᆞᆫ)(하늘, 한얼, 한울)을 서양의 기독교의 하느님인 '여호와'와 같은 것이라는 점을 설득한 것에 지나지 않기 때문이다.

류영모의 '없음의 하느님(없이 계신 하느님)' 혹은 '없음의 신(神)'은 동양의 '무(無)'나 '도(道)', 그리고 불교의 '공(空)'사상을 서양기독교의 절대유일신의 '신(神)'사상으로 번안하는 과정에서 생긴 말이다.[25] 즉 '신'이라는 말을 쓰면서도 동양의 사상에 근접케 한 말이다. 서양의 신은 실체적인데 반해 동양의 '무' '도' '공'은 실체가 없기 때문에 결국 '없음의 신'이 된 것이다. 최근에 유영모의 '없음의 하느님'사상은 이기상에 의해 하이데거의 사상과 통하는 것으로 해석되고 있다.

인류문명사로 보면 서양문명에서는 기독교의 영향으로 신(神)이 중요

---

24 이기상, 『지구촌 시대와 문화콘텐츠』, 한국외국어대출판부, 2009, 237쪽.
25 이기상, 『다석에게 길을 묻다(2015년 씨알사상 강좌 주제강연)』, 재단법인 씨올, 2015, 99~100쪽.

한 반면, 동양에서는 유교의 영향으로 천(天), 노장철학의 영향으로 도(道)가 그것에 대응하고 있다. 근대에 들어 서양 기독교의 신(神)과 하느님은 동양의 천(天)과 천주(天主)로 번역되기도 했다. 이에 앞서 격의불교 시절에는 불교의 공(空)과 무(無)는 도가의 도(道)로 번역되기도 했다.

류영모는 기독교의 신과 동양의 유불선사상에 정통한 나머지 양자를 서로 소통시키기 위해서 '없음의 신'이라는 철학용어를 개발하였는데 이는 독일의 하이데거와 동시대적으로 '평형적(가역적) 입장'에 있었음을 증명하는 것으로서 놀라운 철학적 깊이를 보이고 있는 셈이다. 동서양의 사상가가 서로 반대방향에서 다가와 합점(合點)을 이룬 것으로 평가된다.

물론 이때의 '없음'은 동서양의 소통을 위해 표현한 것이지만 서양적 의미의 'nothing'이 아니라 동양적 의미의 'nothingless'의 의미이다. 즉 승조(僧肇)의 조론(肇論)의 '부진공론(不眞空論)에 해당하는 것이다. 말하자면 있기는 있지만 실체로서 잡을 수 없는 존재라는 뜻이다.

하이데거는 서양의 기술문명을 비판하는 입장에서 '존재와 무'를 주장했지만 류영모는 당시 서양의 기독교사상을 수용하고 이해하기 위해서 '없음의 신'을 주장했다. 류영모(1890~1981)와 하이데거(1889~1976)의 생존시기가 거의 일치하고 있음은 세계사적으로 재미있는 '평행이론'에 해당하는 사건이기도 하다.

성리학과 기독교의 대체효과

앞에서도 지적했지만 그의 한국사해석이 조선조 성리학자들의 주자학에 바탕을 둔 사대주의의 위상과 유사한 측면이 있다. 말하자면 '주자학에 기독교와 민주주의'를 대입한 것이라는 뜻이다. 이는 중국 중심의 조선조 세계와 서구중심의 오늘날의 세계만 다를 뿐이다.

성리학자들도 당시 선진문물인 외래 주자학을 바탕으로 하였고, 함석헌도 새로 들어온 외래 서구사상인 '성서(기독교)와 민주주의'를 바탕으로 한국사를 해석했다는 주장이다. 기독교가 단순히 성리학을 대체한 것이라면, 또 한국의 기독교가 성리학처럼 '정통/이단(사문난적)'의 싸움에 그친다면 이는 사대적·종속적·노예적 역사의 반복일 뿐이다.

함석헌의 '뜻으로 본 한국역사'가 단지 '한민족의 역사'를 기독교 성경의 역사관에 따라 한국의 역사를 해석한 것에 그친다면, '주자학의 세계관'보다 '기독교의 세계관(19~20세기)'이 넓어진 데(세계사의 넓이와 깊이가 다름) 따른 것일 뿐이라고 해석도 가능하다.

함석헌의 한국사해석은 보다 기독교 성경적 역사관을 바탕으로 하였으면서도 단군의 역사, 고구려만주 일대의 역사를 다루는 등 한민족의 시원에서부터 시대를 관통하는 의미가 있음이 분명하다.

"우리 조상들이 고구려 만주벌판을 누빌 때 홍안령을 넘기 전부터 가슴 깊이 간수하고 길러온 '선한 품성', 착한 바탕이다."라는 구절에서 알 수 있듯이 '고구려사 중심의 대륙사관'과 이에 바탕 한 '선한 한민족'이라는 역사이해를 전제하고 있음을 볼 수 있고, '한민족의 입장'에서 한국사를 바라보고 있음을 알 수 있다.

그러나 고구려보다 시기적으로 올라가는 상고사의 고대 조선에 대한 자세한 언급은 없다. 아마도 그가 고대 조선에까지 관통하는 고대정신에는 정통하지 못했음을 짐작할 수 있다. 물론 그는 단군사상이나 풍류정신이나 샤머니즘에 대해서 언급하지만, 대체로 타락한 형태의 부정적인 것만을 부각시키고 있다.

"그러나 거기 깊은 정신적인 것은 없다. 아마 밖에서 온 종교가 있었기 때문에 거기서 정신적 요구를 만족시키고, 그 때문에 종교는 유치한 원시형태대로 남고 말았을 것이다. 그러나 스스로 깊이 파고들지 못하는 그 성격 때문에 그 받아들인 종교도 정말 내 것을 만들지 못하고 말았다. 이것이 우리나라 유교, 불교, 기독교가 다 민중을 건지지 못하고 마는 근본 원인이 아닐까? 종교가 그렇게 된 다음에는 철학이나 시는 말할 것도 없다. 그래 우리는 어지간히 문명인의 옷을 입고 다니기는 하나, 제 철학, 제 시를 가지지 못한 민족이 되고 말지 않았나."[26]

함석헌의 '뜻으로 본 한국역사'와 한국문화 '창녀론'은 한국문화의 '주체성 찾기(자아 찾기)'를 주장하면서도 결국은 기독교라는 '씨'를 받아들이는 '알'의 입장, '씨알'의 입장이 되는, 철저히 서구기독교에 여성적 입장(자궁의 입장)이 되는 자기모순에 빠지게 된다. 이는 우리역사의 창녀성(여성성)에 대해 울분을 토하면서도 결국은 성리학의 자리에 기독교를 대체한 것에 지나지 않음으로써 한국문화의 여성성을 역설적으로 증명하는 꼴에 지나지 않음을 의미한다.

그러한 점에서 '기독교의 토착화'는 '기독교의 자생화'를 통해 자생기독교가 되지 않으면 결국 주체성(남성성)을 찾기 어렵다는 결론에 이르게 된다. 말하자면 '기독교 자생화' 노정에 있어서 절반의 성공에 지나지 않는다. 단순히 기독교를 이 땅에 심는 것이 아니라, 이 땅의 전통 속에서 기독교의 의미가 왜 천부경과 연결되는 것인가, 말하자면 성경이라는 것이 왜 천부경의 아류인가, 천부경의 한 변형인가를 증명하는 데에 이르지 못하면 주체적인 종교의 달성에 실패하는 것이 되는 것에 지나지 않는다. 이는 이 땅의 수많은 철학자들과 학자들이 서구의 '오리엔탈리즘의 종'이 되는 것을 극복하지 못한 것과 같다.

말하자면 기독교를 통해 단군사상의 진정한 의미를 현대적으로 해석하였다면, '기독교의 종' '종의 기독교'가 되는 것이 아니라 '주인의 기독

---

26 함석헌, 같은 책, 127쪽.

교’ ‘기독교를 천부경의 종’이 되게 하는 경지에 도달하였으면, 그는 보다 더 충실한 ‘뜻으로 본 역사’를 전개하였을 것이라는 아쉬움이 남는다. 한국의 기독교는 ‘하나님의 종’에서 출발하여 ‘종의 기독교’라는 중간과정을 거쳐서 ‘주인의 기독교’로 발전하여야 한다.

만약 어떤 누가 “내가 신이다. 내가 메시아다.”라고 하는 경지에 이르지 못하면 기독교의 주체화는 물론이고, 모든 사상과 철학의 주체화가 이루어지지 않을 것이다.

에머슨(Ralph Waldo Emerson, 1803~1882)은 “우리는 우리 안에 담겨 있는 신의 형상을 깨달아야 함에도 불구하고 전통주의는 우리 안의 신의 형상을 파괴해 예수라는 역사적 인물 안에서 발견되는 신을 경배하고 섬겨야 한다고 말한다.”고 비판하면서 예수의 미션을 “신이 인간이 된 이유는 반대로 모든 인간이 신이 될 수 있다는 사실을 증명하기 위해서다.”[27]라고 새롭게 정의한다.

종교학자 배철현은 에머슨의 신관이 ‘인간=신’임을 소개한다.

“에머슨은 신은 2000년 전에 예수에게 직접 말한 것처럼 우리에게도 자연을 통해 지속적으로 말하고 있다고 전한다. 예수라는 한 인물에게만 특별한 계기가 온 것이 아니라 인간 모두에게 그런 계시를 받을 그릇을 선물해주었다는 것이다. 이것은 예수만이 특별한 사람이라 여기고 특별한 신으로 섬겼던 전통적인 신앙에 정면으로 도전한 것이다. 그는 한걸음 더 나아가 인간은 신과 닮은 것이 아니라 인간은 신적이라고 주장한다.”[28]

결국 에머슨에 따르면 신은 자기 문화풍토 속에서 찾아야 하는 것이

---

27 배철현, 『신의 위대한 질문』, 21세기북스, 2015, 466쪽 재인용.

28 배철현, 같은 책, 466~467쪽.

고, 결국 자기내부에서 발견하는 자신(自神)이어야 함을 의미한다. 마찬가지로 함석헌의 '뜻'이 좀 더 한국의 전통과 토착문화에 뿌리를 두는 자생적인 것이 되었으면 종래 서구기독교의 한계를 비판하고 새롭게 해석하는 자생기독교의 탄생으로 연결되었을 것이라고 생각된다.

만약 그가 『천부경』 등의 경전의 내용과 의미에 관심을 가졌다면 기독교의 문제점을 적시하고, 기독교에 내재한 동일성주의(정복주의와 패권주의)와 같은 것도 회의적으로 볼 수 있었을 것이다. 그렇게 되면 당시에 이미 '기독교사관'을 넘어설 수도 있었을 것으로 생각된다. 결국 기독교사관에 대입하여 한국사를 해석함으로서 기독교사적 의미만을 밝힌 채 '기독교의 전파'에 공헌한 것이었다.

한 가지 특이한 점은 그의 스승인 다석(多夕) 류영모(柳永模)의 영향을 받은 까닭으로 우리말로 철학하는 힘이 있다는 점이다. '씨올'(民)이라는 말도 스승 류영모의 영향에서 찾아낸 말이다.[29]

함석헌은 한국문화의 특징을 다음과 같이 말한다.

"이 나라는 큰 나라는 될 수 없고, 외따로는 살 수 없게 된 나라다. 세계의 행길이기 때문에 늘 관계하며 살게 되어있지, 모든 것을 혼자서 하는 나라는 될 수 없다. (중략) 한마디로 이 나라는 아름다움의 나라, 곧 시의 나라, 그림의 나라, 음악의 나라가 될 운명이지 정치의 나라, 군사의 나라가 될 곳이 아니다."

"예로부터 현실계를 떠나 영원 무한에 접해 보려는 신선사상이 자주 등장했고, 중국 사람도 삼신산(三神山)이 여기 있고, 죽지 않는 약이 여기

---

29 다석(多夕)이 즐겨 쓰는 우리말에 〈얼〉과 〈알〉이 있다. 〈알〉은 변화 가운데 '있음'을 드러내는 것이다. 〈씨올〉은 모든 변화의 가능성을, 온갖 가능성의 씨를, 모든 변형의 속알을 자신 안에 품고 있는 상태를 보여준다.

에 있다 해서 찾았다."[30]

함석헌은 우리 민족의 고갱이를 '착함'이라고 했다.

"함석헌은 우리 민족의 성격의 고갱이는 착함이라고 말한다. 한마디로 평화의 사람이다. 본래 현실주의와 폭력주의가 한가지로 짝해 다니듯이 신비주의와 평화주의도 짝해 다닌다."[31]

"고난은 인생을 하나님에게로 이끈다. 궁핍에 주려보고서야 아버지를 찾는 버린 자식같이, 인류는 고난을 통해서만 생명의 근원인 하나님을 찾았다. 이스라엘의 종교는 애급의 압박과 광야의 고생 가운데 자라났고, 인도의 철학은 다른 민족과 사나운 자연과 싸우는 동안 브라만에 이르렀다. 지옥으로 가는 길이 선의로 포장되어 있다면 하나님에게로 나아가는 길은 악의로 포장이 되어 있다. 눈에 눈물이 어리면 그 렌즈를 통해 하늘나라가 보인다. 사람은 고난을 당해서만 까닭의 실꾸리를 감게 되고, 그 실꾸리를 감아 가면 영원의 문간에 이르고 있다."[32]

"고난이 곧 생명의 원리이다. 온갖 부대낌과 충돌 속에서 물질은 자기 안에 생명의 틈새를 틔우고, 고난과 시련 속에서 생명체는 자기 안에 정신의 씨올을 영근다. 정신은 알이 드는 알음(앓음)을 통해 자기 몸과 마음 속에 우주생명(하늘)의 뜻을 결과 무늬로 수놓는다. 따라서 생명의 역사는 생명이 맞춤(적음)과 대듦(거부) 그리고 지어냄(창조)을 통해 자기주장을 펼치면서, 생명체 속에 하늘의 뜻을 씨올로 새겨넣는 앓음의 역사이다."[33]

---

30 함석헌, 「우리 민족의 이상」, 『함석헌 전집 1, 뜻으로 본 한국역사』, 한길사, 1993, 364~365쪽.

31 함석헌, 같은 책, 365쪽.

32 함석헌 , 『뜻으로 본 한국역사』, 한길사, 2015, 464쪽.

33 함석헌, 「뜻으로 본 한국의 오늘」, 『함석헌 전집 11 두려워 말고 외치라』, 387쪽.

함석헌은 이렇게 말한다. "너는 씨올이다. 너는 앞선 영원의 총결산이요, 뒤에 올 영원의 맨 꼭지다. 지나간 5천년의 역사가 네 속에 있다." "장차 오는 새 역사에서 우리의 사명을 다할 수 있는 자격자가 되기 위하여 고난은 절대 필요하다. 보다 높은 도덕, 보다 넓은 진보적인 사상의 앞잡이가 되기 위하여, 우리가 가진 모든 낡은 것을 사정없이 빼앗아 가는 고난의 좁은 문이 필요하다."

함석헌은 역사적 미래를 필연적·당위적으로 이렇게 그리고 있다.

"이제라도 우리가 나아갈 길은 중도를 지키는 데 있다. 한을 붙잡고 밝히는 데에 있다. 비폭력주의·평화주의·세계국가주의·우주통일주의에 있다. 6·25를 겪어봤으면 무력으로 아니 될 줄을 알아야 할 것이요, 전쟁 즉시로 그만두어야 할 줄 알아야 할 것이요, 국경을 없애고 세계가 한 나라가 되어야 할 줄을 알아야 할 것이요, 우리의 생명이란 곧 우주적인 것임을 알아야 할 것이다. 그러나 그것은 믿음 없이는 못할 것이다."[34]

물질을 무시하는 함석헌의 '뜻'은 관념적 성향으로 인해 많은 결함을 지니고 있지만 그래도 한국의 미래에 대한 기독교사상가로서의 창조적 비전을 비치고 있다.

"우리가 인류의 장래를 결정하는 것도 우리에게 능력이 있어서가 아니다. 섭리가 그렇게 명하기 때문이다. 역사적 필연이라는 말이다. 세계 불의의 결과가 우리에게 지워졌으니, 우리가 만일 그것을 깨끗이 씻지 못한다면 다른 사람은 할 자가 없다. 그러므로 우리의 사명이다. 사명은 우리가 아니고서는 할 수 없는 것이다. 영국도 그것을 할 수 없고 미국도 그것을 할 수가 없다. 그것을 하기에는 그들은 너무 넉넉해졌고 너무 높아졌다. 이것은 세계의 하수구요, 공창(公娼)인 우리만이 할 수 있

---

34 함석헌, 『뜻으로 본 한국역사』, 한길사, 2015, 435쪽.

는 일이다. 하지 않으면 안 되는 일이다. 저들이 너무 부하고 귀해졌다는 것은 저들은 채무자라는 말이다. 물질적으로 채권자인 저들은 정신적으로는 채무자이다. 저는 우리에게 빚진 자다. 그러므로 빚 청장(淸帳)은 우리만이 할 수 있다. 지난날에도 새 역사의 싹은 언제나 쓰레기통에서 나왔지만 이제 오는 역사에서는 더구나도 그렇다. 그러므로 한국인도 유대흑인들이 그 덮어누르는 불의의 고난에서 이기고 나와서, 제 노릇을 하면 인류는 구원을 얻는 것이요, 그렇지 못하면 이 세계는 운명이 결정된 것이다."[35]

함석헌은 최종적으로 '한국사의 의미'를 이렇게 말한다.

"인생이 물질의 종 아닌 것이 우리에 의하여 증명되어야 한다. 권력이 정의 아닌 것, 종내 권력이 정의를 이기지 못하는 것이 우리로 인하여 증명되어야 한다. 불의의 세력이 결코 인생을 멸망시키지 못하는 것이 우리로 인하여 증명되어야 한다. 사랑으로 사탄을 이기고 고난당함으로 인류를 구한다는 말이 거짓 아님을 증거해야 하고, 죄는 용서함으로만 없어진다는 것을 우리가 천하 앞에 증거해야 한다. 온 인류의 운명이 우리에게 달렸다는 것은 이 때문이다."[36]

함석헌의 역사철학에 대해 철학자 이기상은 이렇게 말한다.

"함석헌의 역사철학에서 고난의 의미는 핵심적이다. 그가 세계가 하나로 된 지구촌 시대에 한민족이 세상에 평화와 화해를 가져올 메시아의 구실을 해야 한다고 말했을 때, 한민족이 대단한 민족이라서 그렇게 말한 것이 아니다. 오히려 한민족이 5천년의 역사를 통해 고난 받은 민족이고 지금도 고난과 시련의 짐을 지고 있는 민족이기에 새 시대의 평

---

35 함석헌, 같은 책, 482~ 483쪽.

36 함석헌, 같은 책, 483쪽.

화의 군대가 될 수 있다고 말한 것이다. 그 까닭은 한민족이 세계평화를 위해 바쳐질 희생제물이고 이 한반도가 평화로운 '하나의 세계'를 위한 희생제단이기 때문이다."[37]

이기상은 함석헌의 사상 중 평화를 위한 '희생제물'이라는 데서 한국사의 미래적 의미를 발견한다. 한 가지 아쉬운 점은 함석헌이 한국문화를 가부장-국가사회의 관점에서 '세계의 하수구' '공창(公娼)'이라고 풍자한 것을 한국문화의 '여성성'으로 철학적으로 승화하지 못한 점이다. 한국문화의 여성성이야말로 평화민족과 연결되는 민족성의 요체이다.

지금까지 말한 한국의 종교와 철학의 사태를 보면 다음과 같은 결론에 이르게 된다. 조선과 한국을 통틀어 보면, 가장 종교적인 나라이면서 정작 자신의 종교가 없고(무시되고), 가장 철학적인 나라이면서 정작 자신의 철학이 없는 나라였다. 이는 '자신의 씨는 없고 알만 있는 나라'였던 것이다. 남(외래)의 씨를 배기 위해 혈안이 된 나라였던 셈이다. 이는 한국 종교와 철학의 여성성을 말하는 것이다. 그런 점에서 한국의 여성성은 한국의 참 본성이면서 동시에 한국의 남성성 부재(결손)를 말하고 있다.

다시 말하면 한국은 종교와 철학이 없는 나라가 아니라 주체적이고 자생적인 종교와 철학이 없는, 혹은 그것이 있더라도 주체적이고 자생적인 종교와 철학이 힘을 쓰지 못하는 나라였던 것이다. 이제 그러한 사대적 전통을 버릴 때가 되었다. 전래의 자신의 종교와 철학의 전통이 다시 부활해서 힘을 쓰는, 자신의 종교와 철학이 다시 새로운 옷을 입고 세계를 선도하는, 한민족(동이족)의 동방문화의 원류다움을 회복해야하는 역사적 운명에 처해 있다고 말할 수 있다.

---

37 이기상, 『지구촌 시대와 문화콘텐츠』, 한국외국어대학교출판부, 2009, 210~211쪽.

한민족사 복원을 위한 현재적 '다물(多勿)'정신

1) 동아시아사와 문명의 원시반본(原始反本)

'다물(多勿)'사상은 '다물홍방'(多勿興邦)사상의 준말이다. '다물(땅물림)'은 고구려의 건국정신이다. 말하자면 고대 한민족이 경영한 옛 영토(고조선의 영토)를 회복한다(되물린다)는 뜻이다.

'다물'이라는 말은 『삼국사기』「고구려 본기」유리왕 2년 조에 나온다. 이에 따르면 "송양왕이 항복하므로 그 땅을 다물도라고 하고, 송양을 다물도주로 삼았다. 고구려말로 옛 땅을 회복한 것을 다물이라고 한다." (宋讓以國來降 以其地爲多物都 封宋讓爲主 麗語謂復舊土爲多勿)고 되어있다.

'홍방(興邦)'이라는 말은 『고려사(高麗史)』열전(列傳) 김위제전(金謂磾傳)「신지비사왈(神誌秘詞曰)」 조에 "이곳에서 70개 나라들의 조공을 받고 땅의 덕과 신령의 보호를 입을 것이며, 저울이 앞과 뒤가 균형이 이루어지듯 나라가 융성하고 태평이 오래 보장된다."(朝降七十國 賴德護神精 首尾均平位 興邦保太平)에 나온다.

'방(邦)'의 의미는 국가연맹 혹은 연합과 같은 의미이다. 중국 후한(後漢)의 학자 유희(劉熙)가 저술한 『석명(釋名)』이라는 주석서에 따르면 "나라가 작으면 '국'(國之小曰國)이라고 하고, 나라가 크면 '방'(國之大曰邦)이라고 한다."라고 하였다.

한민족의 고대사는 오늘날 중국 중화사관과 일제 식민사관의 샌드위치가 되어있는 형국이다. 동북아시아를 기준으로 볼 때 중국은 대륙에 거점을 두고 있기 때문에 영토를 기준으로 찾을 수밖에 없고, 이주세력인 한국이나 일본은 혈통을 기준으로 찾을 수밖에 없다.

오늘날 동아시아의 역사적 상황은 영토주의에 대 혈통주의의 대결임을 잘 말해준다. 중국의 동북공정은 노골적으로 영토주의를 드러내고 있고, 일본은 다시 내선일체를 숨기고 군국주의 부활을 시도하고 있다.

이러한 상황 속에서 한국은 일종의 역사적 포로가 되어있다. 그러나 동아시아가 과거의 제국주의적 역사해석을 되풀이하는 한 절대로 아시아태평양 시대를 이끌어갈 수가 없다. 한국이 중국과 일본의 사이에서 주도권을 잡아야 하는 이유가 여기에 있다.

한국은 현대사의 흐름에서 고대 조선(朝鮮)·발해(渤海)문명의 영광을 회복해야 하는 시대적 상황과 소명에 처해있다.

일제 식민지통치로 인해 삼국사나 삼국유사를 불신하고, 오늘의 삼국사나 삼국유사 같은 독자적(독립적)으로 기술된 '조선사'가 없기 때문에 우리는 중국이나 일본의 사서나 주장을 토대로 그것이 틀렸느니, 맞았느니 하면서 남의 장단에 춤을 추고 있다. 한국의 사학을 대표하는 대학과 연구기관들이 일본과 중국을 대변하는 기관처럼 될 수밖에 없는 처지는 여기에 있다.

역사학자 이덕일(한가람역사문화연구소장)은 '우리안의 식민사관'이라는 저술을 통해 조선사편수회의 식민사관(총독부사관)과 최근에 중국의 동북공정에 대항하기 위해 설립된 동북아역사재단의 모화사관이 매국(賣國)매사(賣史)를 되풀이하고 있다고 비판하고 나섰는데 이는 결국 우리의 주체적 사관이 없는 당연한 귀결이다.

사대식민사학에 대항하는 길은 민족주의대륙사관 연대를 구성하는 길이다. 민족주의·대륙사관의 내용은 대체로 다음과 같이 구성되어야 한다.

첫째 한국사가 고대 조선 때부터 만리장성 이북의 동북아시아와 한반도를 무대로 전개되었다는 점이다. 이것이 바로 고대 조선과 삼국(고구려, 백제, 신라)의 역사, 즉 삼국사기와 삼국유사의 전통을 이어가는 일이며, 전혀 새로운 일이 아니다.

김부식의 삼국사의 사관을 유교적 사대주의로 폄하할 필요도 없고, 일연의 삼국유사의 사관을 불교적 윤색이라고 매도해서도 안 된다. 물론 신라의 삼국통일을 폄하해서도 안 된다. 모든 역사적 관점은 당대의 시대정신과 개성의 표출이고, 그렇기 때문에 역사인 것이다. 이들은 모두 한국사의 전개를 삼국의 바탕 위에 굳건히 두고 있지 않는가.

한사군의 위치비정은 대륙사관의 핵과 같은 것이다. 한사군이 중국대륙에 있었다는 사실을 민족사학자들은 모두 알고 있었다. 그런데도 식민사학자들은 한사군이 한반도에 있었다는 것을 증명하기 위해서 '서에서 동'(중국의 지형)으로 흐르는 강을 '동에서 서'(한국의 지형)로 흐르는 것을 잘못 기록한 것이라고 지리까지 조작하는 것도 서슴지 않았다.

예컨대 중국의 역사지리서인 '수경(水經)'은 "패수는 낙랑(樂浪)군 누방(鏤方)현에서 나와서 동남쪽으로 임패(臨浿)현을 지나 동쪽으로 흘러 바다로 들어간다."[38]라고 하고 있다.

한사군의 중심지라고 할 수 있는 낙랑군의 위치는 중국의 1차 사료에 따르면 일관되게 요동에 있다고 말하고 있다. 사기(史記), 한서(漢書), 후한서(後漢書) 등 중국문헌들은 모두 요동에 있음을 증명하고 있다. 특히 '후한서(後漢西)' '광무제(光武帝) 본기'는 "낙랑군은 옛 조선국이다. 요동에

---

38 『水經』권 14,「패수」

있다."라고 명기하고 있다.[39]

둘째 동아시아문화와 문명의 흐름으로 볼 때 고대에서 근대 이전까지는 문화와 사람들이 대륙과 중국에서 한국으로, 한국에서 다시 일본으로 흐르는 것이 주류를 이루었다. 고구려, 백제, 신라, 가야의 중추세력은 모두 북방에서 흘러간 세력들이고, 일본은 다시 한반도에서 2차적으로 이주한 세력들이다. 일본은 왕가의 혈통에서부터 한반도 세력과 인연을 끊을 수 없으며, 일본의 고대·중세 문화는 한국문화가 '일본화된 것'이라고 말할 수 있다.

따라서 고대 조선과 고구려 강역의 한반도설은 어불성설이며, 임나일본부나 전방후원분도 일본의 한반도 진출을 의미하는 것이라고 보는 것은 역측(逆測: 거꾸로 추측)에 지나지 않는다. 일본의 역사서인 '서기(書記)'나 '고사기(古事記)'의 사관은 역사의 흐름을 거꾸로 돌려 세운, 역(逆)식민지적 방식의 정체성 찾기의 기술이다. 말하자면 식민을 당한 자가 식민을 한 것처럼 위장하고 조작하는 '복수의 역사학'인 것이다.

일본인의 DNA를 분석하면 한국인보다 더 한국인의 특성이 많다는 사실은 무엇을 말하는가. 이는 일본의 고대·중세문화뿐만 아니라 일본인의 구성이 한반도에서 이주한 세력들로써 주류를 이루고 있음을 웅변하고 있는 것이다.

임나일본부는 역사흐름의 적반하장

세계적인 동양미술사학자이면서 일본문화통인 존 카터 코벨(1910~1996)은 일본의 고대문화가 모두 한국에서 전래된 것이라는 사실을 뒤늦

---

39 이덕일, 『우리 안의 식민사관』, 만권당, 2014, 303쪽 재인용.

게 알고 만년에 한국문화를 연구하다가 돌아갔다. 코벨은 일본이 한때 가야를 지배했음을 주장하는 임나일본부는 사실을 뒤집어놓은 것이라고 역설했다.

"컬럼비아 대학 개리 레저드(Gari Ledyard) 교수 학설에 따르면, 가야는 바다 건너 일본을 정벌하고 369년부터 505년까지 100년 이상 일본의 왕위를 계승했는데 이 가야를 지배한 것은 부여족이었다. 부여족들은 일본을 정벌하러 떠나기 전인 360년 경 부산 부근을 일종의 기지로서 활용한 것이다. (중략) 일본의 지배층이 된 부여족들은 부산에 일종의 분실황가로서 남겨두고 온 가야의 귀족층과 국제결혼을 했다. 일본이 『고사기』나 『일본서기』를 편찬하면서 그들이 한반도 남동지역 한 부분을 다스렸다고 하는 주장은 완전히 그 반대인 것이다. 그런데 근대 들어 일본의 한국 식민 지배로 인해 이 사실은 매우 미묘하면서도 긴장된 사안이 되었다."[40]

고대에 한반도 세력의 식민지가 된 일본은 돌연 근대에 이르러 신장된 국력을 바탕으로 제국주의를 하기 위해 거꾸로 고대에서부터 한반도에 식민지를 경영하였던 것처럼 날조하는 심리적 도착·자기 속임수를 일으켰던 것이다.

---

40 존 카터 코벨, 김유경 엮어옮김《한국문화의 뿌리를 찾아서−무속에서 통일신라 불교가 꽃피기까지》, 42~43쪽, 1999, 학고재. 더 자세한 내용을 알고 싶은 분은 존 카터 코벨, 김유경 편역《부여기마족과 倭》(2006, 글을 읽다) 참조바람: 일본 역사가들은 369년 가야 부여족의 왜 정벌 이래 700년까지 한국이 정치·문화적으로 일본을 전적으로 지배했다는 사실을 완전히 감춰버렸다. 일본 사가들은 역사를 뒤집고 가야에서 온 부여족이 왜를 정복한 게 아니라 왜가 가야를 정복했다고 썼다. '일본에서 건너와 가야와 신라를 정복했다'고 알려진 유명한 신공(神功)왕후는 사실은 선단을 이끌고 왜를 침략해 정벌한 강인한 의지의 한국왕녀였다. 369년의 오진왕부터 게이타이왕 이전까지(또는 일본역사에 등장하는 15대 천황부터 25대까지)는 전혀 일본인이 아닌, 순수 한국인 혈통의 왜왕이었다. 일본 건국자로 알려진 초대 일왕 진무(神武)는 4세기 부여인들이 일본을 정벌한 사실을 반영할 뿐이다. 해의 여신인 천조대신(天照大臣)은 무당이며, 그녀의 오빠 스사노오노 미코도(素尊)는 신라인이다. 그러나 8세기 역사가들은 이 두 인물에게 일본 옷을 입혔다.

일본의 한국에 대한 '고대사 열등콤플렉스'는 돌연 '근대사 우월콤플렉스'로 반전되어 정한론(征韓論)으로 발전했다. 임나일본부는 고대사 전체의 흐름을 역전시키는 역사왜곡이다. 근대의 일본문화는 '신격화된 천황'을 숭배하는 신도(神道)와 사무라이 전통이 통합된, 일본특유의 군국주의적 색채를 아직도 극복하지 못하고 있다.

고고인류학의 주체성 확립 절실

일본에서 박사학위를 딴 역사학자과 수시로 일본의 연구소를 들락거리면서 연구를 해온 실증사학자들은 완전히 일본의 주구가 되어 돌아온다. 일종의 먹이연쇄인 것이다. 이들은 일본의 관점에서 역사를 보는 것만이 역사학인 줄 안다. 그러니 한국의 주체적인 사관이라는 것은 처음부터 기대할 수도 없다.

예컨대 풍납토성의 축조연대를 확인하는 과정에서 식민사학자들은 또다시 역사왜곡을 감행했다. 2000년 10월까지 수습된 목탄, 목재, 토기 등 13점에 대한 방사성동위원소 측정을 한 결과 서기전 199년에서 서기 231년으로 나타났다. 이 유적을 처음 발굴한 고고학자 김원룡은 당시 이 유적을 서기전 1세기부터 공주 천도 시까지 5백년간의 유적으로 보았다. 이것은 일본의 '삼국사기 초기기록 불신론'을 불식시킬 수 있는 자료였다.

그런데 나중에 이병도 사단의 압력을 받은 김원룡은 이를 철회하고 말았다. 국립문화재연구소는 '유적 보존 정비'를 이유로 풍납토성 일대를 재발굴하여 '백제의 성장과정에서 3세기이후부터 본격적으로 확인되는~ 물질문화의 요소'라는 보고서를 내면서 3세기로 후퇴하고 말았다. 말하자면 4백년을 뒷걸음친 것이다. 슬픈 역사·고고학의 현실이다.

과학적 역사학이라는 고고학이 실증사학의 이름을 쓴 식민사학에 무릎을 꿇은 것이다.

경주의 나정(蘿井)과 조양동(朝陽洞) 고분과 구정동(九政洞) 고분의 발굴 결과는 삼국사기 초기기록이 옳다는 것을 뒷받침하고 있다. 문헌실증을 앞세우면서 문헌의 의미왜곡과 자의적 해석을 일삼고 있는 식민사학보다는 고고학적 결과에 우리는 더 기대할 수밖에 없다.

한국 고고학은 이병도 식민사학의 굴레를 벗어나서 과학적 역사학자다운 태도를 보여야 한다. 세계고고학계의 편년에도 없는, 삼국사기 초기기록 불신을 고고학적으로 조작하여 뒷받침한 '원삼국시대'라는 용어도 빼버려야 한다.

중국 홍산(紅山)문화의 발굴은 앙소(仰韶)문화와 용산(龍山)문화에 의존하던 중국의 고고학계와 역사학계를 매우 당황케 하고 있다. 고대사의 중심이 만리장성 이북의 요하로 이동하고 있기 때문이다. 홍산문화의 편년(6~7천 년 전)은 동북아시아가 찬란한 고대문화를 형성했음을 증명하고 있기 때문이다.

최근 중국 요하일대에서 발견된 신석기만기의 홍산(紅山) 우하량(牛河梁)문화(기원전 4000~기원전 3000년)에서 발견된 여신묘의 두상은 많은 것을 상징한다. 홍산문화의 주도세력은 곰 토템족이었는데 '웅녀족(熊女族)=단군=모계'에서 부계로의 전환을 나타내는 고고학적 자료로서 주목된다.[41]

홍산문화는 고대 조선의 문화와 밀접한 관련이 있는 곳이다. 홍산문화는 찬란한 '옥(玉)문화'를 건설한 것으로 고고학적으로 밝혀지고 있다. 참고로 동양철학의 이기(理氣)철학 혹은 이치(理致)을 표시하는 '이(理)'라는 글자도 『설문(說文)』에 따르면 "리(理), 치옥야(治玉也: 옥을 다스리는 혹은

41 우실하, 『요하문명론』, 소나무, 2007, 170~194쪽.

옥을 결 따라 다루는 것)'에서 연원한 것으로 보고 있다.

이제 고고학과 더불어 한국사의 새로운 전개를 뒷받침하는 유물자료가 증대되고 있다. 고고학은 거짓말을 하지 않는다. 한국의 대륙사관을 확립하기 위해서는 고고학의 주체성 확립이 무엇보다도 절실하다.

"단군은 신화냐, 역사냐" 식민사학의 첫 족쇄

"단군은 신화냐, 역사냐?"

20세기에 이보다 인문학적으로 어리석은 질문은 없을 것이다. 그럼에도 우리는 일제식민사관의 '잘못된 질문'의 덫에 빠져 단군신화는 신화가 아니라 역사라는 데에 총력을 기울이며 힘을 낭비했다.

신화학과 역사학이 무엇인지도 모르는 인문학적 무지와 망발이 우리 학계를 지배했던 셈이다.

"신화는 역사이고, 역사는 또한 신화이다."

시간을 거슬러 올라가면 신화와 만나지 않는 역사는 없다. 일본의 역사도 아마테라스 오미가미(天照大神) 신화와 만난다. 역사는 또한 오늘의 신화로서 인식되지 않으면 죽은 역사이다.

신화는 인류가 개발한 상징복합의 역사이다. 역사가 인간(개인과 민족과 국가)의 삶을 합리적으로 기술한 산문(텍스트)라면 신화는 그 이전에 역사를 압축하고 은유했던 집단적 시(詩)와 같은 것이다.

일제 식민사학은 단군을 마치 픽션(소설)처럼 매도하면서 저들의 국조신인 아마테라스 오미가미는 하늘처럼 떠받든다. 일본의 학자들과 식민사학자들이 단군을 매도한 까닭은 단군의 자리에 아마테라스 오미가미를 넣어 '한국인의 혼'을 빼버리자는 수작이었다. 신화는 민족혼이다.

일본의 신도(神道)는 오늘날도 '신격화된 천황'을 '살아있는 신'으로 섬기면서, '신과 천황과 국가'의 일체를 부르짖고 있다. 이것이 일본 군국주의의 정체이다. 일본에는 보편적인 신이 없다. 일본 사람들은 세계의 모든 종교가 저들의 '신도'의 한 양태라고 생각한다. 저들의 특수성(국가주의)에 세계적인 보편성을 가둔다.

단군신화는 창조신화와 건국신화가 융합된 신화

승려 일연이 '삼국유사'를 쓰면서 '고기(古記)'에 전해오던 단군신화를 기록한 것은 분명, 우리 민족의 정체성을 확인할 필요와 의도에서였을 것이다. 우리 민족에게 창조신화가 없다고 생각하는 것은 잘못이다. 단군신화는 전반부의 창조신화와 후반부의 건국신화가 융합된 신화이다.

"환인(桓國帝釋桓因)의 서자 환웅이 천부인(天符印) 세 개를 가지고 태백산에 내려와서 (중략) 인간의 360여 가지 일을 주관하고 세상을 다스리고 교화하였다."는 전반부 줄거리는 창조신화에 속한다. 그 후 곰과 범이 사람이 되고자 통과의례를 거치는 이야기, 그리고 웅녀와 환웅의 사이에 단군이 탄생한 이야기는 건국신화이다.[42]

단군기사에서 가장 중요한 부분은 정체성 확인 대목이다. 즉 단군이 건국한 시기를 두고 다음과 같이 말한다.

"당고(唐高: 堯임금)가 즉위한 지 50년 경인년(庚寅年)이다."

왜 건국신화를 쓰면서 '요임금이 즉위한 지 50년'이라고 '요임금'을 의식했을까. 말하자면 중국에 요임금이 들어서면서 그것과 구별되는 조선의 정체성을 확인할 필요가 있었던 것이다.

동아시아에서 가장 먼저 찬란한 고대문명을 이룬 동이족은 농업기술

---

42 박정진, 『단군신화에 대한 신연구』, 한국학술정보, 2013 참조.

의 발달과 농업생산량의 증대로 인해 제후국이던 요(堯)가 본국에 대해 반란을 일으킴에 따라 점차 문명의 중심권에서 벗어나게 되고, 주도권을 빼앗긴 동이족은 자신의 정통성을 재확인할 필요가 있었던 것으로 보인다. 말하자면 문명의 주도권을 잃은 고대 조선이 동북아시아에 전해 내려오던 단군신화계통을 정리하면서 정통성을 확인했던 것이다.

『사기(史記)』「오제본기(五帝本紀)」에 따르면 "황제헌원(黃帝軒轅, BC 2692~2562년경)의 때에 신농(神農)씨의 치세는 쇠미해 있었다. 제후들은 다른 부족을 침략하여 포악하게 서로 죽이는 것은 일삼았다.(중략) 제후들은 모두 황제에게 귀의하였다. 그러나 치우(蚩尤)는 끝내 포학하여 끝내 정벌하는데 실패하고 말았다."[43] 고 한다.

배달국 14대 치우천황과 황제헌원의 갈석산(碣石山) 전투는 단군 이전에 벌어진 동이족과 화하족 간의 최대전쟁으로 두 족속이 갈라지는 배경역사로 이해할 수 있다. 갈석산은 만리장성의 동쪽 끝이기 때문에 만리장성 이남의 중국과 이북의 고대 조선의 경계로 맞아떨어진다. 황제를 이어 신흥세력으로 부상한 중국의 '요'는 상고시대 삼황오제 신화를 중국역사의 머리에 올렸다.

일연은 고려후기 충렬왕 7년(1281)경에 몽고의 침략으로 나라가 위기에 빠졌을 때 고대조선의 존재를 확인하는 단군신화정리를 통해 정체성을 강화했던 것이다. 지금 중국은 동북공정식 '시조(始祖)공정'에 의해 당시 적이었던 황제와 치우, 그리고 염제를 삼성상(三星像)으로 조성해 그들의 공동조상으로 모시고 있다.

---

43 박선식, 「동북아 상고시기 技術權力層의 强大邑落 經營과 王儉朝鮮 初期執政勢力의 技術文化主導 樣相」『恩鄕』(제 12호, 은평향토사학회 간), 2015, 182쪽, 재인용.

곰은 어디로 가고 범만 남았는가

단군신화의 곰과 범은 곰을 토템으로 하는 부족과 범을 토템으로 하는 부족을 의미한다. 곰과 범은 동굴에서 마늘과 쑥을 먹으면서 사람이 되기 위한 통과의례에 들어갔는데 여기서 곰은 승리하여 사람이 된다.

아시다시피 쑥과 마늘을 먹으면서 햇빛을 보지 않고 삼칠일(21일)을 견뎌낸 곰은 웅녀(熊女)가 되어 마침내 환웅과 혼인하여 아들을 낳으니 그 이름이 단군왕검(檀君王儉)이다. 이는 물론 북방이주세력인 환웅세력과 곰 부족과의 결혼동맹으로 새 나라를 건국함을 의미한다.

단군신화는 토테미즘(곰, 범)과 샤머니즘(shaman-king으로서의 단군)이 혼합된 제정일치시대의 정치신앙 복합신화이다. 토테미즘은 원시신앙이면서 부족구성원들이 자신의 소속이나 정체성을 확인하는 원시분류체계이다.

단군신화에서는 곰이 승리하여 웅녀가 되고, 단군을 낳음으로서 우리 민족의 조상이 되었는데 오늘날 우리에게 곰과 관련한 전설이나 민담은 도무지 전하지 않는다. 기껏해야 "미련 곰탱이 같은 놈" "곰이 재주부린다" 등 부정적인 내용이 전부다.

이에 반해 곰에게 패한 범(호랑이)은 전설과 민담의 주류를 이루고 있고 우리 삶에 친근하다. 호랑이이야기는 골마다 다른 버전으로 널려있고, 오죽하면 '까치호랑이'로 희화화되어 그림으로까지 전하는가.

문화상징체계로 볼 때 곰은 시대적으로는 구석기 시대, 지리적으로는 북방(북극), 범은 청동기 시대, 곰보다는 훨씬 남쪽지방(툰드라 타이거지역)까지 생태범위가 넓다. 문화심리로 보면 곰은 심층에 있고, 범은 표층에 있다. 그래서 곰(감, 가미)은 신(神)과 통하고, 범은 '불함(밝)문화'와 연결된다.

그렇다면 곰은 어디로 갔는가. 호랑이에게 승리한 곰이 그 후에 호랑이 토템부족에게 인구·문화적으로 흡수되었는가. 웅녀의 아들인 단군은 왜 또 죽어서 산으로 가서 호랑이로 상징되는 산신령이 되었는가. 이는 적어도 한민족의 민족이동과 생태환경의 변화, 이에 따른 문명사적 변화를 내포하고 있는 듯하다.

좀 더 남쪽에 있던 범 부족이 인구를 흡수함을 물론이고 문화를 확대재생산하여 문명을 주도했다고 하지 않을 수 없다. 그것이 소위 '밝'문명이다. 지배를 당한 부족이 도리어 문화를 확대재생산하거나 토착화하는 논리로 설명될 수 있을 것이다. 이것이 범 토템이 나중까지 생존해 우리에게 회자되는 이유이다.

한민족은 중앙아시아에서 남동쪽으로 이동한 민족이다. 남동쪽으로의 이동은 호랑이 생태에 가까워진다는 말이다. 지금까지 고고학적 조사결과에 따르면 단군조선과 결부시켜볼 만한 것으로 중국 요하일대의 홍산(紅山)문화를 지목하지 않을 수 없다. 홍산문화를 이룩한 한민족의 조상들은 다시 동남진하여 한반도에서 본격적인 철기시대를 맞았을 것이다.

웅녀에게서 태어난 단군은 죽을 때는 산으로 들어가서 '산신령=호랑이'가 되었다.

"뒤에 돌아와서 아사달(阿斯達)에 숨어 산신(山神)이 되었다."(後還隱於阿斯達爲山神)

단군의 시기는 전반적으로 인류가 모계사회에서 부계사회로, 모계의 원리에서 부계의 원리로 바뀌는 시기였던 것 같다. 단군에게는 웅녀로 인해서 모계적 특성이 남아있다. 그래서 단군신화보다는 삼신(三神, 産神)신화, 마고할미신화가 우리에게 친숙하다. 단군신화는 위로는 마고신화로 연결되어야 '한민족 신화체계의 완성'을 이룬다.

단군신화와 마고신화의 부활은 한국문화 전체를 선진국으로 견인할 것이다.

"신화란, 사실에 입각한 정보를 주기 때문이 아니라, 유효하기 때문에 진실인 것이다. 그러나 우리에게 삶의 한결 깊은 의미에 대한 새로운 통찰을 주지 않는다면 그 신화는 실패작이다. 신화가 제대로 기능한다면, 그러니까 우리들로 하여금 생각과 마음을 바꾸도록 요구하고, 새로운 희망을 주고, 더 알찬 삶을 살게 만든다면, 그것은 '유효한' 신화이다. 신화는 우리가 그 지침을 따르는 한에서만 우리를 변화시킨다. 신화는 본질적으로 안내자와 같기 때문이다. 신화는 더 풍요로운 삶을 살기 위해서 어떻게 해야 하는지 알려준다. 신화를 자기만의 삶에 적용시켜 실재하는 것으로 만들지 않으면, 신화는 아득하고 이해하기 어려운 것으로 남아 있을 것이다."[44]

무(巫)·무격(巫覡)은 속(俗)이 아니다

단군은 국조신이면서 무교(巫敎)의 신이다. 무교(巫敎), 혹은 신교(神敎), 신선교(神仙敎)는 같은 것으로 고대 유라시아 대륙 전역에 '샤머니즘 제국'을 형성했던 종교로 보인다. 다시 말하면 오늘날 고등종교라고 하는 유교, 불교, 기독교가 생기기 이전에 인류를 지배한 종교는 무당·무격(巫覡)을 사제로 하는 신교(神敎)였던 것이다.

유라시아 대륙의 중심부(파미르고원, 천산산맥 일대)에 있었던 샤먼제국들의 무교는 서쪽으로 가서 기독교가 되고, 남쪽으로 가서 불교가 되고, 중국으로 들어가서 유교가 되었다. 물론 샤먼제국의 주류세력(하나의 세력)은 동쪽으로 이동하여 고대 조선을 이루었다. 단군은 몽골의 텡그리,

---

44 카렌 암스트롱, 『신화의 역사』, 이다희 옮김, 문학동네, 2005, 16~17쪽.

중앙아시아의 튼리, 만주의 탁리, 불가리아의 탕그라, 수메르의 딘그르, 티베트의 탕라에 이르기까지 전세계적인 용어이다. 당시의 무당은 샤먼-킹으로서 제정일치 시대를 통치했던 것이다.

그러한 무교가 그 후 고등종교에 밀려서 퇴락한 형태로 남은 것이 오늘날의 무속(巫俗)이다. 식민사학자들은 무교를 비하함으로써 단군을 비하하는 효과를 동시에 누리기 위해서 아예 무(巫)를 속화(俗化)하여 무속(巫俗)이라고 천시했던 것이다. 일본은 그러면서도 일본의 무교라고 할 수 있는 신도는 오늘날까지 발전시켜왔다.

일본은 자신의 무교는 섬기고 남(한국)의 무교는 비천한 것으로 매도하는 이율배반을 보였다. 자신의 국조신인 아마테라스 오미가미는 신격으로 섬기면서 한국의 국조신인 단군은 매도했던 것과 맥을 같이 한다. 일본인의 이중성은 여러 곳에서 발견된다. 그들에게 한국은 조상의 나라이면서 동시에 정복의 대상이 되는 나라이다.

일본의 민속학자들은 한국의 무를 겉으로는 천시하면서도 자신의 신도의 원류라고 알고 있었던 까닭에 이에 대한 철저한 민족지조사를 병행했다. 총독부가 실시한 무속자료조사를 집대성한 아카마쓰 지조(赤松智城)·아키바 다카시(秋葉隆)의 역저『조선무속(朝鮮巫俗)의 연구』[45]는 오늘날도 이를 능가하는 보고서가 없을 정도이다.

구비문학, 환단고기, 부도지 등 총동원해야

고대사는 자료가 부족하기 때문에 사소한 자료와 편린이라도 소중하

---

45 아카마쓰 지조(赤松智城)·아키바 다카시(秋葉隆),『조선 무속의 연구(상하)』, 沈雨晟 옮김, 동문선, 1991.

게 다루어야 한다. 입에서 입으로 전하는 민담이나 전설, 들판에 흩어진 금석자료들도 소중한 자료이다.

구비전승도 활용해야 하는 판국에 '환단고기(桓檀古記)' 등을 위서(僞書)로 치부해버리고 아예 거들터보지 않을 것은 큰 손실이 아닐 수 없다. 최근 발굴되어 상한연대가 6천 년 전경까지 올라가고 있는 중국 요령성 홍산(紅山)문명의 발굴성과도 고조선문명과의 관련성을 조심스럽게 타진해보는 전향적인 자세가 요구된다.

환단고기 뿐만 아니라 모계창세신화를 담고 있는 '부도지(符都誌)' 등도 활용하면서 민족의 신화를 적극적으로 복원해야 한다. 신라시대 내물왕(17대)~눌지왕(19대) 때의 충신 박제상(朴堤上, 363~419)이 쓴 『부도지』는 『마고』[46]라는 여신을 중심으로 모계창세신화를 담은 '신화역사복합문'이다.

한국의 마고신화는 여신을 중심으로 하는 완벽한 신화체계를 보여주면서 세계의 관심을 모으게 하기에 충분하다. '마고'는 그 자체가 '여신'이라는 뜻이 된다. 부도지의 마고신화는 기독교창세신화와 대결할 수 있는 '모계적 창세신화'로서 세계적인 자료임에 틀림없다. 한국은 신화의 보고이다.

2) 유라시아적 관점에서 본 역사학과 인류평화

민족사관의 계보학

E. H. 카는 역사학을 '역사란 무엇인가'라는 저술에서 "현재와 과거간

---

46 박정진, 『지구 어머니, 마고麻姑』, 마고북스, 2014 참조.

의 끊임없는 대화"라고 말했다. 그러나 더 정확하게 말하면 과거라기보다는 실은 기록이고 기억이며, 현재와의 대화라는 것은 실은 역사학자의 머릿속에서 이루어지는 인식론적 구성 혹은 반성론적 인식일 뿐이다. 역사학도 역사학자가 세계를 바라보는 하나의 맥락일 뿐이며, 맥락과 맥락의 연결을 통해 인식론적 해방이나 인식적 지평의 융합과 확대를 꾀하는 것일 뿐이다.

우리에게도 주체적 사관이 있다. 종래의 '민족주의 사관'이 그것이다. 민족주의 사관의 계보는 김교헌, 박은식, 이상룡, 이시영, 신채호, 김승학, 정인보, 그리고 최근에 윤내현, 최재석으로 이어진다.

만약 한국의 주류사학계가 지금과 같이 흔히 '이병도 사학' '조선사편수회 사관' '총독부 사관'으로 명명되는 식민사학으로 이어져간다면 일본은 다시 한국을 침략할 때(독도를 일본영토로 조작하는 까닭은 재침략의 빌미를 만들어놓는 데에 있다), 다시 역사조작을 하는 수고를 하지 않아도 되는 셈이다.

일본은 태평양전쟁에서의 패배로 한반도에서 물러갔어도 일본제국주의는 식민사학에 그대로 남아있다. 결국 식민사학의 원흉은 일본이 아니라 한국의 역사학자였던 것이다. 따라서 진정한 역사학의 독립이 이루어지지 않는다면 나라의 진정한 독립, 혹은 정신적인 독립은 달성되지 않음을 의미한다. 식민사학의 논리에 따르면 한국은 처음부터 자주독립국가가 아니다.

일본은 고대중세사(조선 초까지)에서 한국으로부터 문화적 시혜를 받은 콤플렉스를 근대에 이르러 근대화·산업화에 먼저 성공한 힘을 바탕으로 반전시키면서 정한론을 앞세워 대동아공영권이라는 제국주의를 경영했는데 이를 정당화한 것이 바로 식민사학이다.

중국도 한국사를 변방국(조공국, 식민지)으로 몰아가기는 마찬가지이다. 엄밀하게 말해서 중국사의 시작은 주(周)나라이다. 삼황오제를 비롯해서 주나라 이전의 역사는 동이족의 역사이다. 식민사학은 일본보다 중국이 먼저 한 셈이다. 중국사에서 서기 전 3천 년 가운데 2천 년은 신화시대라고 해도 과언이 아니다.

중국과 일본은 역사가 결국 현재의 '살아있는 신화'를 계속 쓰기 위한 것이라는 점을 알면서 자신의 현재적 신화를 암암리에 구축하고 있으면서도 한국의 역사는 역사가 아니라 신화라고 매도하거나 사료가 부족한 것처럼 왜곡함으로써 역사적 식민지나 노예로 만들고 있는 것이다. 이 때문에 역사와 함께 신화를 잃어버린 한국은 정체성 상실의 위기에 직면하게 되는 것이다.

일제 식민사학에 의해 우리는 단군신화를 '역사가 아닌 신화'라고 매도당함으로써 우리는 신화를 잃어버리는 것과 함께 역사를 잃어버렸다. 신화를 잃어버리는 것은 살아있는 역사를 잃어버리는 것이고, 그 자리에 다른 나라의 신화가 대신 들어왔다. 그것은 '신화로 탈바꿈된 기독교'이다. 기독교인들은 기독교를 역사라고 하지만 그것은 이미 신화화된 기독교로서 예수의 역사적 사실과 관계없이 신앙인(개인)에게 실존으로서 작용하는 것이다. 단군 하느님 대신에 기독교 하나님이 들어온 것이다.

일본은 단군신화를 죽여 버렸고, 그럼으로써 한국사 전체를 식민지로 만들어버렸고, 서구문명은 그 자리에 하나님을 주입했다. 일제식민사학으로 인해 돌아갈 고향(신화)을 잃어버린 한국인은 정체성을 찾지 못하고 방황하지 않을 수 없었고, 그 악영향은 지금도 한국 땅에 식민지 상황을 연출하고 있는 것이다. 여기에 서구의 이데올로기는 기름을 부어 동족상잔의 6·25 전쟁을 겪게 하고, 지금도 분단상황을 벗어나지 못하게 하고 있다.

역사는 신화-축제가 되어야 현재적 완성으로서 살아있는 역사가 되고, 신화는 다시 역사-철학으로 쓰여 져야 여러 세대를 걸쳐서 전승되는 것이다. 이것이 신화와 역사의 살아있는 역동적 관계인 것이다.

한국만이 한국의 전통적 사학, 고대에서부터 면면히 내려오는 주류사관이 없다. 물론 이런 역사왜곡과 수모를 당하는 것도 실은 한국인의 인식능력, 즉 반성적 인식의 부족함에 기인하는 것이지만, 결국 역사와 철학에서 스스로의 로직(logic)을 구축하지 못하는, 비논리적(non-logical)인 한국인의 특성과도 무관하지 않다.

우리는 언제부터인가 스스로의 독립된 텍스트를 만들어내지 못하고 사대식민의 순환론에 빠져든 것이다. 한국에서는 학문도 종교가 된다. 말하자면 한국에서는 정신이 신이 되는 셈이다. 외국에서 들여온 책은 바로 바이블(경전)이 된다. 외국의 저명학자들은 바로 교주 혹은 선교사가 된다. 식민사학은 식민종교가 되어 오늘날 한국 사학계를 쥐고 있다. 이는 대한민국이 외래종교의 천지가 된 것과 같은 사회현상이다.

역사적 사실이라는 것은 기록과 기억을 기초로 그리고 역사학자의 개인적인 혹은 집단적 사관에 의해 좌지우지된다. 엄밀하게 말해서 역사학에서 기록이라는 것도 신빙성이 적다. 그래서 역사학에서 진정한 사실은 없고 또한 어떠한 사실도 보는 관점에 따라 다를 수 있고, 때로는 정반대로 해석할 수도 있는 것이다. 일제 식민사학은 그 대표적인 것이다. 역설적으로 식민사학도 하나의 관점의 사학인 것이다.

일본의 근대화와 식민사관에 대한 종합적 회고

우리의 역사를 제물로 만들어버린 일본의 식민사학조차도 실은 자신의 국학(일본국학) 완성을 통해서 출발하였음을 명심할 필요가 있다. 이 말은 우리의 식민사학 극복이 말만으로 되는 것이 아니라 우리의 국학

(한국국학)이 완성되어야 가능한 일임을 반면교사로 삼게 된다.

근대 이후 서양의 근대산업과학문명을 가장 먼저 제대로 받아들인 일본은 문명의 흐름을 역전시켜 동아시아의 패자로 군림하게 된다. 일본이 근대에서 동아시아를 지배하고 서구열강과 어깨를 겨룬 것은 바로 그들의 인문학인 국학을 정립한 힘 때문이다.

일본의 근대철학이라고 할 수 있는 니시다 기타로(西田幾多郞)의 '선(善)의 연구'가 출판된 것이 1911년이다. 우리는 그 한 해 전(1910년) 9월 28일에 일본으로부터 강제병합을 당하는 경술국치(庚戌國恥)를 맞았다.

한 나라의 침략과 피침이 단순히 선악의 문제가 아니라 문화능력과 주체성(정체성)의 확립과 관련되어 일어나는 사건임을 알 수 있다. 일본은 단순히 무력이 앞서서 한국을 침략한 것이 아니다. 그들의 문화능력인 문력과 무력이 대동아공영권을 감당할 수 있다고 생각했기 때문이다. 물론 그러한 생각은 궁극적으로 실패하였지만 말이다.

일본은 이에 앞서 일본의 근대적 국학이라고 할 수 있는 리가쿠(理學: 주쯔), 코지가쿠(古義學: 진사이), 그리고 코분지가쿠(古文義學: 소라이), 노리나가가쿠(宣長學)를 완성시킴으로써 근대적 국가를 완성했다.

여기서 이들 학문의 내용을 상술할 수는 없지만 종합적으로 보면 결국 일본지식인들이 동양문화를 서양적 기준으로 자기 나름으로 집대성하고 해석한 것을 토대로 서양의 근대로 들어간 '탈아입구(脫亞入歐)'를 위한 준비적 정황이라고 말할 수 있다. 니시다철학의 '절대무(無)'는 동양의 선불교의 무(無)사상을 서양철학으로 해석한 것이었다.

전반적으로 통칭되는 일본의 고학(古學)은 주자학의 관념성을 탈피하고 고전의 뜻을 되살리는 것이었는데 합리적인 천도(天道)는 비합리적인 천명(天命)으로 대체되었고, 궁리(窮理)는 능력 면에서 성인과 일반인이 구별되게 되었다. 규범과 자연의 연속성은 끊어졌으며 주자학적 엄격주의를 폐기하여 치국평천하(治國平天下)와 수신제가(修身齊家)도 서로 독립적인 것으로 나누었던 것이다.

일본은 종교적으로도 노리나가가쿠(宣長學)가 신도(神道)를 중심으로 다른 종교와 이데올로기를 다 포용하면서 '그것은 모두 그 때의 신도(神道)'라고 결론내림으로써 일본이 종교적 주체성을 갖게 했다. '신도는 마음(心)의 바깥에 다른 신(神)이 없으며 다른 이치(理)도 없다' '인격신을 말하고 있더라도 그것은 비인격적인 이(理)와 연속적으로 파악되고 있다'고 말하며 동서양문화를 통합함으로써 일본이 자연스럽게 근대에 진입할 수 있도록 뒷받침하였던 것이다.

물론 신도는 나중에 일본 군국주의를 뒷받침하게 되어 일본 패망의 원인이 되기도 하지만 그러한 패망은 미국과의 패권경쟁에서 비롯된 것이지 신도 자체의 패망은 아니었다. 일본이 전후에 빠른 시일 내에 복구된 것도, 세계경제를 선도하는 경제대국이 된 것도 근대에 이룩한 일본문화의 힘에서 비록된 것이다.

주자학의 궁리(窮理)의 제한된 성격은 진사이에 있어서 '사람의 길'을 '하늘의 길'로부터 분리시키는 것으로 나타났으며 소라이에 있어서 정치의 경험적 관찰을 낳게 해주었다. 이것은 성인(聖人)에 대해서 조상신을 대치시킨 노리나가에 있어서도 그대로 발전하였다. 노리나가의 비판의 대상이 되었던 것이 주자학 및 불교, 노장사상의 형이상학적 범주 음양오행, 인과응보였다.

일본의 고학(古學)은 일반적으로 자연과학적 인식을 손쉽게 받아들일 수 있는 마음의 길을 열어주었다. 일본 고학의 이러한 일반적인 경향은 맹목적으로 공맹(孔孟)에 의존한 우리나라보다는 훨씬 근대 과학문명의 대세에 쉽게 적응할 수 있는 기반을 형성했다.

오늘의 입장에서 일본이 당시에 이룬 국학과 철학을 평가한다면 서양의 과학문명과 민주주의에 적응하기 위한 '가교적인 국고정리사업'이었다고 규정할 수 있을 것이다. 그러한 인문학적 통합노력은 정치적인 집단과 급기야 군국주의세력에 의해 도구로 이용된 측면이 있지만, 동시에 그들의 인문학 자체에도 서구문명이 내재한 제국주의와 파시즘을 제외시키기에는 역부족이었음을 볼 수 있다.

일본은 도리어 서구제국보다 더 야만적인 군국주의 파시즘을 생산했던 것이다. 이것이 사무라이 전통의 일본문화의 한계이자, 대동아공영권을 실패로 몰아가게 된 문화적 원인이 되었다.

그렇다면 선비전통의 한국문화는 어떤가. '잘 살아보세'라는 염원과 '하면 된다'라는 실천철학으로 '한강의 기적'을 이루고, 경제개발에 성공하고 중선진국에 도달하였지만 아직도 서구의 좌우이데올로기의 종속성에서 탈피하지 못하고 있다. 즉 주체적인 몸통, 민족주체의 전통을 확립하지 못하고 좌우날개에 의해 흔들리면서, 즉 반체제와 국론분열과 무질서의 이상기류 속에 국가에너지를 낭비하면서 제대로 비행을 하지 못하고 있다.

우리나라는 아직도 주자학의 공맹(孔孟)을 극복하지 못하고, 이에 더하여 서구 이데올로기의 종속상태에 머물러 있다. 이는 조선후기 실학의 실패에 이은 피식민지로의 전락에서 완전히 벗어난 독립국가, 주인나라의 국민이 되는 문화능력, 선진일류국가의 수준에 도달하지 못하고 있다.

한국이 아직도 성인(聖人)을 이상적 목표로 교육을 하고 있거나 관념적으로 완전무결한 인물을 정치적 이상형으로 설정하고 있다는 것은 과학문명의 시대에 매우 불리한 여건이 된다고 하지 않을 수 없는 것이다. 이러한 안이한 사대적 문화운영을 계속한다면 결코 현실은 이러한 목표와 이상을 달성할 수 없을 것이다. 성인을 목표로 하는 것이 아니라 보통의 시민을 목표로 교육하고 정치적 인물을 키워가야 할 것이다. 그렇지 않기 때문에 한국은 필연적으로 시민을 목표로 한 선진국보다도 훨씬 '질 나쁜 시민', '위선적인 정치인'을 키우게 될 확률이 높다.

일본이 19~20세기 초에 국학과 철학의 정립을 통해 근대화를 달성하였다면 오늘의 한국은 어떤가. 아직도 한국의 국학은 고금이 소통되고 있지 않으며, 남북분단 상황과 마찬가지로 이데올로기적으로도 좌우대립의 와중에 있으며, 한국인과 한국문화의 정체성, 한국사의 정체성은 확립되지 못하고, 사대식민사관의 논쟁 속에 휘말려있다.

철학에서도 서양철학과 동양철학이 백가쟁명하고 있지만 아직도 동서철학과 고금의 철학이 회통된 자생철학이 없다. 따라서 한국은 자생철학의 완성과 함께 사대식민사관 탈피라는 과제를 안고 있는 셈이다. 결국 자생철학의 완성과 그것에 따른 역사서술만이 모든 문제를 풀어줄 실마리가 될 것으로 짐작된다.

일본은 아시아태평양 시대의 전개와 더불어 탈아입구(脫亞入歐)에서 탈구입아(脫歐入亞)를 위한 국민적 과제로 안고 있다. 이러한 때에 동아시아에서 영토분쟁을 일으키고, 중국과 한국으로 하여금 일제만행을 떠올리게 하는 일본은 현명하지 못하다.

중국도 세계 제2경제대국으로의 부상과 함께 자신의 문화적 정체성을 찾기 위해 '공자부활운동'을 전개하는 것은 문화적 정체성을 찾기 위한 노력으로 볼 수 있지만 역사적으로 '동북공정'을 하는 것은 현명하지 못하다. 한중일 삼국은 그야말로 역사전쟁, 문화전쟁에 돌입하고 있다.

이에 한국은 아시아평화의 정착과 지구촌 시대의 보편적 역사를 위해서 유라시아적 관점에서 한국사를 기술할 필요성이 증대되는 것이다. 이는 새로운 영토전쟁이 아니라 한중일 삼국이 공유하는 고대문화에 대한 이해를 높임으로써 아시아평화를 달성하고자 함이다.

동방문화의 원류를 새롭게 회복해야

종합적으로 한국문화는 동방문화의 원류로서의 자부심을 가져야 하는 것은 물론이고, 원시반본(原始返本)의 시대를 맞아서 세계를 선도할 세계평화체제를 구축하고 실현하는 데에 앞장서야 할 사명을 가지고 있다. 고대조선(고조선)의 국가체제는 부족국가연맹 혹은 연합과 같은 '연맹체적 성격'의 국가였다. 그러한 연맹·연합체적 성격의 국가운영을 통해 고대조선은 일찍이 동아시아에서 평화를 오랫동안 유지했다. 그런 점에서 평화로운 '지구촌 국가연합'을 구성해야할 역사적 운명에 처한 인류에게 고조선은 좋은 아이디어를 제공할 가능성이 높다.

지구촌의 시대, 여성시대를 맞아서 한국은 지구 네트워크에 어떻게 여성철학과 여성적 역사관, 그리고 여성적 세계관으로 세계평화를 이룰 것인가에 골몰하여야 한다. 이것은 또한 평화적으로 남북통일을 이루는 지혜가 될 것임에 틀림없다. 세계는 남성적 권력경쟁과 제국주의로 말로만 평화를 달성하는 것이 아니라, 여성적 사랑과 배려로 실질적인 '지구촌 국가연합'을 구성해야 인류의 염원인 평화를 실현하게 된다. 그러한 인류문명사적 사명을 가진 나라가 한국이다.

예로부터 동방은 '신선(神仙)의 나라'였다고 한다. 신선이 타락하여 그 후 유불도와 기독교가 되었다. 신선사상을 오늘의 입장에서 말하면 바로 신과 인간이 하나인 신인(神人)이 되는 것이다. '신인'은 인신(人神=人間神)된 현대인처럼 권력과 욕망의 경쟁을 하는 것이 아니라 '함께 사는, 함께 사랑하는 지구촌'을 만들 역량을 갖춘 '신인류'를 의미한다.

‘평화의 여정’으로서의 한국문화 특징

1) 평화를 사랑한 한민족

고대에서부터 평화를 사랑한 한민족은 자연에 순응하는 삶을 사는 ‘축제적 삶’을 즐기는 선(仙)사상의 종주국이었다. 그것이 가장 잘 집약되어 전해진 것이 바로 한국의 풍류도(風流道)이다.

풍류도는 흔히 유불선(儒佛仙) 삼교가 통합된 것이라고 말하지만, 보다 정확하게 말하면 선(仙)은 유불선의 원류(源流)로서 존재론적인(ontological) 의미를 지닌다. 다시 말하면 선(仙)은 유불선 삼교의 바탕이면서 동시에 그 중 하나로 발전해온 셈이다. 따라서 선(仙)사상은 한국사상의 존재론적 위치에 있다.

흔히 한국의 선(仙) 사상은 중국의 도(道) 사상과 같은 것으로 쉽게 이해하는데 그렇지 않다. 비근한 예로 중국에서는 유불도(儒佛道)라고 말하지 유불선(儒佛仙)이라고 말하지 않는다. 왜 중국은 ‘선’을 말하지 않고, ‘도’를 말하는가. 이는 선(仙)에 관해서는 한국이 종주국이기 때문이다.

황제가 지었다고 하는 『음부경(陰府經)』도 실은 고조선의 자부선사(紫附仙師)가 전수한 『삼황내문경(三皇內文經)』을 다시 소화하고 나름대로 정리하여 전했다고 한다.

예로부터 중국 사람들은 한국, 즉 동이(東夷)를 두고 신선(神仙)의 나라,

군자의 나라, 혹은 동방예의지국이라고 칭했다. 공자조차도 여기에 합류했다. 『논어(論語)』「子罕第九」편에 이런 구절이 나온다.

공자께서 구이에 살고자 하셨다. 혹자가 말하기를 "누추하니 어쩌겠습니까?"하니 공자께서 말씀하셨다. "군자가 사는 곳이 어찌 누추함이 있겠는가?"(子欲居九夷. 或曰, "陋如之何? 子曰, "君子居之, 何陋之有?")

『논어(論語)』「公冶長第五」편에 이런 구절이 나온다.

공자께서 말씀하셨다. "도가 행해지지 않으니 뗏목을 타고 바다를 건너리라. 나를 따를 자는 아마도 유(자로)일 것이다?" 자로가 그 말씀을 듣고 기뻐하였다. 공자께서 말씀하셨다. "유는 용맹을 좋아하는 것은 나보다 낫지만 취하여 마름질할 것(사리에 맞게 재단하는 능력)이 없다."(子曰, "道不行, 乘桴浮于海. 從我者其由與?" 子路聞之喜. 子曰, "由也好勇過我, 無所取材.")

한국의 선도(仙道)·풍류도는 존재론적인 의미와 함께 역사적인 의미를 동시에 가지고 있다고 말할 수 있다. 존재론적 의미의 풍류도, 즉 현묘지도(玄妙之道)는 역사적(시간적) 의미에서의 보편성의 일자(一者)가 아니라 자연에 내재된 일반성의 포일(包一)을 추구하는 도이다.

풍류도는 역사적으로 계속해서 유무상생(有無相生)의 관계를 통해서 제도적으로 변용되면서 현상화(현실화) 되었다고 말할 수 있다.

최치원(崔致遠)이 쓴「난랑비서(鸞郞碑序)」에는 다음과 같이 쓰여 있다.

"나라에 현묘지도가 있는데 그 이름은 풍류이다. 그 교의 원천에 대한 설명은 선사(仙史)에 잘 구비되어 있다. 실지로 삼교가 포함되어 있고 많은 민중과 접하여 교화하였다."(國有玄妙之道曰風流 說敎之源備詳仙史 實乃包含三敎 接化群生)[47]

여기서 '현묘(玄妙)'와 '포함'(包含)이라는 말은 매우 중요한 것으로 이 두 용어를 통해서 풍류도가 현대철학으로 말하면 '존재론적인 차원' 즉 칸트적 존재가 아닌 하이데거적 존재의 맥락의 것임을 증명하는 요체이다. 이는 '현묘지도' 풍류도에 대한 가장 현대적인 존재론적인 해석이기 때문에 이 논문 전체를 저류에서 관통하는 주제이기도 하다.

다분히 '현(玄)'은 흔히 위진현학(魏晉玄學)의 현(玄) 사상과의 상호영향 관계를 예상할 수 있으며, 더욱이 '묘(妙)'자는 불교의 영향, 예컨대 진공묘유(眞空妙有)의 묘유(妙有)와 같은 것을 유추케 한다. 따라서 '현묘'라는 말은 당시 한자문화권의 문화총량을 소화한 용어로 보인다.

더욱이 '포함(包含)'이라는 말은 철학적으로 내포성(內包性, connotation)이나 내재성(immanence)을 뜻하는 말로서 '함(含)'자는 통합적·통일적 개념이라기보다는 일종의 미분화상태의 의미가 강하다. 따라서 자연적으로 본래 가지고 있는 것이지, 인위적으로 만든 것이 아니라는 의미가 숨어 있다.

---

47 『삼국사기』 권4, 진흥왕 37년 조.

이에 대해 일찍이 김범부(金凡父)는 이렇게 말했다.

"풍류도는 고대로부터 한민족의 기층에 깔려 있는 것이며, 그것은 무엇이든지 잘 조화할 수 있는 능력이었다. (중략) 풍류도는 우리나라의 기후 풍토에서 자연발생적으로 일어난 종교요, 사상이며 (중략) 풍류도는 무엇이든지 한국화할 수 있는 힘이라고 말할 수 있다."[48]

다시 말하면 풍류도는 유불선을 통합한 것이 아니라 유불선 이전의 선도(仙道)로서 그 후에 생겨난 유불선(儒佛仙)의 모태(母胎)가 됨을 의미한다. 선도는 현상학적으로 유불선을 통합한 것이 아니라 존재론적으로 유불선의 원형 혹은 근본임을 뜻한다. 선도는 종교로 성립한 선교(仙教) 혹은 무교(巫教)보다 더 근본적인 도의 의미가 강하다.

선도는 자연을 더 숭상한다. 도법자연(道法自然)이기 때문이다. 선(仙)은 풍류(風流)이고, 풍류는 자연(自然)이다. '선=풍류=자연'이다.

지금까지 한국의 인문학자들은 고의적으로(중국 사대주의로 인하여) 단군계통의 책들은 모두 위서(僞書)라고 폄하하고 아예 거들떠보지도 않았다. 오늘날 우리 민족의 사대가 얼마나 심각한가를 단적으로 볼 수 있는 대목이다. 그러니까 일제로부터도 식민사학을 당하는 것이다. 사대-식민은 하나이다.

우리 민족의 최고경전인 천부경(天符經)[49]을 비롯하여 삼일신고(三一神

---

48 金凡父,「風流精神과 新羅文化」, 한국사상연구회,『韓國思想(제1집)』, 1059, 109쪽.

49 천부경은 81자로 된 한민족 최고경전이다. 단군시대, 혹은 단군 시대 이전부터 내려오는 한민족의 경전이다. 천부경은 일시무시일(一始無始一)에서 시작하여 일종무종일(一終無終一)로 끝난다. 이로써 무시무종(無始無終)을 경전의 핵심사상으로 하고 있다. 천부경은 흔히 삼일심고(三一神誥), 참전계경(參佺誡經)과 함께 천부삼경이라고 한다. 천부경(天符經)의 핵심 구절 중 하나이다. "사람 안에서 하늘과 땅이 하나이다."(人中天地一)

誥)[50], 참전계경(參佺戒經) 등 천부삼경을 도외시하고 중국 문헌에만 의존

라는 뜻이다. 천지인의 순환사상으로 볼 때 천중인지일(天中人地一: 하늘 안에 사람과 땅이 하나이다), 지중천인일(地中天人一: 땅 안에 하늘과 사람이 하나이다)도 가능하다. 천부삼경은 구전으로 내려오다가 배달제국의 제1세인 거발한(居發桓) 환웅(BC 7199년)이 신하인 신지(神誌) 혁덕(赫德)에게 명하여 글로써 남기게 하였다. 배달제국(BC 3898~BC 2333년)은 제18세 거불단(居弗檀) 환웅까지 1천 5백 65년 지속하였다. 거불단 환웅은 웅씨족(熊氏族)의 웅녀(雄女)와 결혼하여 왕검단군(檀君)을 낳았다. 이것이 단군신화에서 환웅천황이 곰과 결혼한 것으로 설명되었다.

50 삼일신고는 5개장으로 구성되어 있다. 제1장 허공: 상제께서 말씀하신 대로 말하면 푸르고 푸른 것은 하늘이 아니며, 검고 검은 것도 하늘이 아니다. 하늘은 형질이 없으며, 시작과 끝이 없으며, 위아래와 사방도 없다. 텅 빈 것이며 있지 않은 곳이 없고 수용하지 않는 것이 없다(제1장 虛空: 帝曰 爾五加衆 蒼蒼 非天 玄玄 非天 天無形質 無端倪 無上下四方 虛虛空空 無不在 無不容). 제2장 일신: 신은 최상의 자리에 계시니 큰 덕과 큰 지혜와 큰 힘을 가지고 하늘을 생기게 했다. 무수한 세계를 주재하시고 수많은 물건을 창조하시니 작은 먼지 조차도 예외가 아니다. 밝고 신령스러워서 감히 양을 말할 수 없다. 목소리로 소원하고 기도하면 절대적으로 친히 볼 수 있다. 본성에서 씨앗을 구하면 너의 머리에 강림함이 있다(제2장 一神: 神 在無上一位 有大德大慧大力 生天 主無數世界 造兟兟物 纖塵無漏 昭昭靈靈 不敢名量 聲氣願禱 絶親見 自性求子 降在爾腦). 제3장 천궁: 하늘은 신의 나라로 천궁이 있다. 만 가지 선으로 계단에 오르고 만 가지 덕으로 문에 들어갈 수 있다. 하나님이 계신 곳은 여러 신령과 여러 현철들이 보호하며 모시고 있으니 크게 길상이 있고 크게 광명이 있다. 오직 성통완공한 자만이 조회하여 영원히 쾌락을 얻는다(제3장 天宮: 天 神國 有天宮 階萬善 門萬德 一神攸居 群靈諸哲 護侍 大吉祥大光明處 惟性通功完者 朝 永得快樂). 제4장 세계: 너희들은 촘촘한 별들을 보아라 헬 수도 없으려니와 크고 작고 밝고 어둡고 괴롭고 즐거운 것이 같지 않으니라. 하나님은 여러 세계를 만드시고 해의 세계의 사자로 하여금 칠백 세계를 분할하여 통치하게 하였다. 너의 땅이 스스로 커다란 하나의 둥근 세계이지만 가운데는 불이 흔들리고 들끓고 바다는 변하고 육지는 움직여서 마침내 형상을 나타내게 되었다. 신이 기를 불어 바닥을 포용하고 햇빛을 쏘아 형상을 뜨겁게 하시니 포유류와 조류와 곤충과 어류, 식물이 번식되었다(제4장 世界: 爾觀森列星辰 數無盡 大小明暗苦樂 不同 一神 造群世界 神 勅日世界使者 轄七百世界 爾地自大 一丸世界 中火震 海幻陸遷 乃成見象 神 呵氣包底 煦日色熱 行 化游 栽物繁植). 제5장 인물: 인간과 만물은 함께 삼진(세 가지 참다움)을 받았다. 말하여 '성' '명' '정'이다. 인간은 그것이 온전하게 하고 만물은 그것을 치우치게 한다. 참다운 '성'은 선악이 없으며 상철(최상의 깨달은 사람)이다. 통한 자이다. 참다운 '명'은 청탁이 없으며 중철(중간 단계의 깨달은 사람)이다. 지혜로운 자이다. 참다운 '정'은 후박이 없고 하철(최하의 깨달은 사람)이다. 보정한 자이다. 참다움에 돌아가면 하나님이다. 중생이 길을 잃으면 '삼망(세 가지 요망함)'이 뿌리를 내린다. 말하여 '심' '기' '신'이다. '심'은 성에 의존하여 선악이 있고 선은 복을 받고 악은 화를 받는다. '기'는 명에 의존하여 청탁이 있고 맑으면 장수하고 탁하면 요절한다. '신'은 정에 의존하여 후박함이 있고 후하면 귀하게되고

하면 결국 사대하지 않을 수 없다. 왜냐하면 중국은 항상 저들을 세계의 중심으로 생각하고 그렇게 역사를 기술하여왔던 것이다. 만약 어떤 학자가 중국문헌에 없으면 고증이 안 되는 것처럼 생각한다면 그는 결코 사대종속적인 태도를 벗어날 수 없다.

오늘날 한국의 식자들이 사대주의의 선봉에 서 왔다. 국조 단군(檀君) 관련 문서는 아예 연구도 해보지도 않고(해석학은 여러 차원과 방식에서 연구될 수 있는 것이다), 마치 위서로 몰아붙이는 것은 자아망각, 정체성 상실의 태도였던 것이다. 신화나 전설이나 민담도 연구하는 데 왜 단군관련 서적이 연구되지 않아야 하는가. 이는 실증의 여부가 아니라 학문 자체가 어떤 것인지에 대해서 무지를 드러낼 뿐만 아니라 아예 체질화된 사대식민지적 종속을 의미한다.

이러한 종속적 태도는 일제 식민사학에 앞서 중국에 대한 사대모화

박하면 천하게 된다. 참다움과 허망함이 대결하여 '삼도(세 가지 길)'를 지었다. 말하여 '감' '식' '촉'이다. 이것은 전전하여 18경지를 이룬다. '감'에는 기쁨, 두려움, 슬픔, 성냄, 탐냄, 미워함이 있다. '식'에는 분기(맑은 기운), 난기(흐린 기운), 한기(찬 기운), 열기(뜨거운 기운), 진기(마른 기운), 습기(젖은 기운)가 있다. '촉'에는 소리, 색깔, 냄새, 맛, 성욕, 닿음이 있다. 중생은 선악, 청탁, 후박을 가지고 서로 섞이고 경계를 따라 길에서 달리지만 낳고 자라고 쇠약해지고 병들고 죽는 것에 떨어져 고통스럽다. 철인만이 지감(느낌을 끊음), 조식(숨을 고름), 금촉(접촉을 금함)으로 '하나'의 마음(뜻)으로 변화하고 실천하여 허망함을 돌이켜서 참다움으로 나아간다. 큰 신기를 발하여 성통완공하는 것이 이것이다(제5장 人物: 人物 同受三眞 曰性命精 人 全之 物 偏之 眞性 無善惡 上哲 通 眞命 無淸濁 中哲 知 眞精 無厚薄 下哲 保 返眞 一神 惟衆 迷地 三妄 着根 曰心氣身 心 依性 有善惡 善福惡禍 氣 依命 有 淸濁 淸壽濁 夭 身 依精 有厚薄 厚貴薄賤 眞妄 對作三途 曰感息觸 轉成十八境 感 喜懼哀怒貪厭 息 芬爛寒熱震濕 觸 聲色臭味淫抵 衆 善惡淸濁厚薄相雜 從境途任走 墮生長消病歿 苦 哲 止感 調息 禁觸 一意化行 返妄卽眞 發大神機 性通功完 是). 허공(虛空), 일신(一神), 천궁(天宮), 세계(世界), 인물(人物)이 그것이다. 이것을 가장 쉽게 말하면 허공=하늘, 일신=하느님, 천궁=하늘나라, 세계=천지만물, 인물=인간을 말한다. 이 5장을 천지인으로 나누면 허공, 일신, 천궁은 바로 천(天)에 해당하는 것이고 세계는 지(地)에 해당하는 것이고 인물은 물론 인(人)에 해당하는 것이다. 삼일신고의 본문은 천부경보다는 설명적이어서 그렇게 문장이 난해하지는 않다. 그러나 정작 그 내용을 이해하는 것은 어렵다.(박정진 해석)

사상에 의해서 시작되었다. 천부경 등에 대해서는 필자의 다른 논문과 책에서 상세한 설명을 하였기 때문에 여기서는 구체적인 설명은 생략하겠다.[51]

한국문화를 통시적으로 크게 일별하면 고려조까지는 그런대로 독자성을 유지하면서 동아시아에서 자리매김해왔으나 근세조선에 들어서부터는 중국에 사대하는 색채가 농후해졌음을 알 수 있다.

고려조까지는 문무겸전의 정신이 살아있어서 송나라와 대등한 외교를 펼쳤으며, 문화적 착실함과 화려함을 잃지 않았다. 그러던 것이 '무신의 난'과 대몽항쟁을 거치면서 완전히 문숭상 일변도로 전락한다.

조선의 건국과 더불어 세종조에는 전반적으로 문예부흥운동이 일어나 나라의 글자, 훈민정음(한글)을 만들고 과학정신의 고취와 함께 농업의 발전과 산업과학능력을 키우는 한편 대마도를 정벌하는 등 국력을 대외에 과시하기도 했다. 세종조의 장영실은 자격루(1434년), 천상시계옥루(1438년)를 만들었으며, 이것은 뉴턴의 만유인력, 미적분공식(1642년)과 라이프니츠의 미적분공식(1646년)보다 200여 년 앞선 것이었다. 이때의 과학정신이 계승되지 못한 것은 천추의 한이라고 하지 않을 수 없다.

조선전기는 근대라는 세계사의 조류를 따라갔으나 그 후 성리학 중심의 사문난적(斯文亂賊)과 계속된 사화(士禍)와 당쟁(黨爭)으로 국가의 문화능력은 거의 밑바닥으로 추락하게 된다. 결정적으로 문화능력을 잃고 추락하게 된 것은 연산군에서부터 비롯된 사화와 당쟁에 기인하였다.

조선의 선비들은 퇴계율곡 선생에 의해 성리학을 소화하는 단계로

---

51 박정진, 『잃어버린 선맥을 찾아서』, 일빛, 1992, 69~76쪽; 박정진, 『철학의 선물, 선물의 철학』, 소나무, 2012, 327~348쪽; 박정진, 『일반성의 철학과 포노로지』, 소나무, 2014, 83~100쪽.

접어들긴 했으나 이를 전통문화와의 연속성 속에서 새롭게 토착화하지는 못하고(이는 통일신라의 원효의 화쟁론에 못 미치는 것이었다), 따라서 독자적인 인문학(文史哲) 텍스트를 쓰지 못함으로써 외래 사상의 파편에 불과한 구절(句節)을 잡고 명분싸움으로 국력을 소진하였다. 그 절정이 바로 북벌정책을 썼던 '효종의 상'(己亥禮訟)과 '효종의 비(妃)의 상'(甲仁禮訟) 때 인조의 계비인 자의대비의 복제문제를 두고 벌인 소위 '예송(禮訟)'이라고 할 수 있다.

예송에도 그 이면에 이데올로기가 있겠지만 이 사건은 조선조 선비의 고질병인 이데올로기가 현실적인 삶을 압도한 사건이었다. 혹자는 예송을 성리학 시대의 불가피한 것이라고 변호하기도 하지만, 예송이란 바로 명분에 집착한 사대(事大)정치의 결과였으며, 예송은 사대주의의 절정이었다.

외래 성리학을 중심으로 문숭상의 사대주의로 출발했던 조선은 임진왜란을 거치면서도 반성을 하지 않는 채 당쟁을 벌이면서 나라의 인재를 잃어버리는 자중지란에 빠지게 된다. 조선조의 선비들은 결국 나라 살림은 망각한 채 자신들의 출세와 당쟁에 휘말리는 '사이비 선비' '위선적 선비'(처첩제도, 적서제도는 그 대표적인 것이다)의 모습으로 일관함으로써 나라를 위기에 빠뜨렸다.

조선후기에 다산(茶山) 정약용(丁若鏞)에 의해 '실사구시(實事求是)의 학'을 마련하는가 싶었지만 끝내 '의례학(儀禮學)'의 한계를 극복하지 못하고, '삶을 위한 철학'을 완성하지 못한 채 끝내 일제에 나라를 넘겨주는 수모를 겪는다. 오늘날에도 서양의 외래사상을 추종하면서 안으로는 당쟁을 벌이는 지식인들의 병폐는 끊이지 않고 있다.

신라의 화랑정신은 삼국통일을 이루었으며, 고려의 문무정신은 그래도 '삼국사기'나 '삼국유사'의 역사서를 편찬하였으며, 팔만대장경을 비롯하여 고려불화·고려청자 등과 독자적인 문화예술을 남겼다. 그러나 조선은 '조선왕조실록'을 기록하고 편찬한 것 이외에는 정치의 사대주의와 철학의 성리학숭상, 문화예술의 전반적인 '위선적 선비주의'로 세계사의 발전을 따라가지 못했다.

조선은 결국 나라를 일본에게 넘겨줌으로써 한국문화에 '사대'에 이어 '일제식민'이라는 짐을 한민족에게 지워주게 된다. 그러한 사대식민성은 오늘날에도 계속되고 있다. 조선의 사대주의는 결국 '위선적 선비주의'를 낳았으며 이는 탐관오리, 가렴주구의 정치로 나타났으며, 계속되는 민란의 빌미가 되었다.

농업사회에서의 '지주-소작'의 지배구조는 식민지 시대와 맞물려 결국 백성으로 하여금 모든 권력에 대한 '반체제정신'을 싹트게 하는 역할을 한다. '지주-소작'의 구조가 가장 심각했던 곡창평야지대인 전라도에서 반체제운동과 빨치산운동이 심했던 것은 바로 그 때문이다. 한국인의 민(民)의 심층의식에는 심하게는 '무정부주의 사상'의 경향마저 드물지 않다.

총체적으로 한국사를 회고해보면, 평화를 사랑하는 전통과 여성성의 심리를 가진 한민족은 계속되는 외침과 가렴주구로 인해 삶이 피폐해지면서 자신도 모르게 자기부정과 정체성 상실에 직면하게 되었고, 이것이 사대-식민의 심리적 구조를 형성하게 된 것으로 해석된다. 말하자면 세계사의 주역이 되지 못하고 '주인-노예'의 구조로 보면 결국 노예적 삶에서 벗어나지 못하게 되었다.

이는 총체적으로 '주인정신의 결여'로 볼 수 있다. 이러한 사회·심리적 구조는 민주주의가 지배적인 오늘도 계속되고 있다.

2) 민족–민중–민주의 한계

일제 식민과 더불어 근대를 맞이한 한국문화는 부분적으로 근대성을 달성하기는 하지만 이는 모두 식민지적 성격이 내재된 근대화였으며, 독자적인 근대화를 이룰 기회와 조건을 갖출 수가 없었다. 한 마디로 1910년 경술국치 이후 한국은 나라를 잃었다.

일본의 태평양전쟁에서의 패배와 함께 가까스로 1945년 광복이 됨으로써 다시 나라를 시작하게 된다. 이는 스스로의 힘으로 독립한 것이 아니었으며, 자립과 독립의 힘을 갖추지 못한 나라의 운명은 외세와 내부 당쟁의 합작으로 결국 남북분단 시대를 맞게 된다.

근대를 식민지로 맞이한 한국은 해방 후 정부수립을 하기는 하였지만 남과 북이 분단된 채로 분단국이 되는 한계를 노정했다. 이는 모두 조선조 당쟁의 전통과 일제에 의해 조장된 식민지적 사고와 분열책동을 극복하지 못함으로써 스스로 분열했기 때문이다. 스스로의 힘으로 독립하지 못한 문화적 한계는 오늘날까지도 한국인을 괴롭히고 있는 문제의 핵심이다.

식민사관, 민중사관 동시에 벗어나야

식민지를 겪은 나라와 민족에게 호소력이 있는 서구사상은 바로 기존의 모든 권력체제를 붕괴시킬 것을 추구하는 프롤레타리아(계급투쟁) 혁명을 추구하는 마르크시즘이다. 마르크시즘(공산사회주의)은 한국문화에서는 민중주의–민중문화의 형태로 자리 잡고 있다.

근대에 들어 국민국가를 달성하지 못한 채, 후진국이나 제 3세계의 전매특허가 된 '민족주의와 사회주의'는 식민지시대와 그 후 분단시대를 관통하는 이데올로기로서 현재도 작동하고 있다. 좌파로 지칭되는 민족주의사회주의 세력들은 스스로를 '선' '정의'로 규정하고 동일성의 독선에 빠져있다.

현재 한국(남한) 지식인과 교수·교사사회의 6, 7할 이상이 민족주의와 사회주의의 통합인 소위 '좌파적 성향'에 속해 있으며, 대학민주운동권의 마인드에 머물러 있다. 이는 아직 한국의 지성인들이 식민주의-마르크스주의의 한계를 탈피하지 못했음을 의미한다. 한국의 민주주의는 그것의 특징이자 한계인 '민족민중민주'의 애매성과 이를 이용한 천박한 위선적 선비주의의 연장선상에서 '기회주의와 출세주의'의 치부를 드러내고 있다.

남한의 민주화세력들은 아직도 박정희를 비롯한 산업화세력에 대해서 그것의 성과라고 할 수 있는 경제성장과 중선진국 진입을 무시하거나 마지못해 인정하는 태도를 보이며 여전히 위선적 선비정신의 전통을 잇고 있다. 사농공상(士農工商)의 순서를 거꾸로 상공사농(商工士農)으로 바꿈으로써 근대화와 산업화를 달성한 군사정권 세력들의 성과의 정체를 모르고 있다.

위선적 선비의 전통을 이은 민주화세력들과 좌파들은 사문난적(斯文亂賊)을 주장한 성리학자나 이단(異端)을 주장하는 기독교인들과 다를 바가 없는 사대적 관념론자들이었다. 이들 세력들은 국민의 삶을 망각한 채 외래사상인 민주주의(민중주의)의 이데올로기와 명분에 얽매인 채 아직도 산업화세력을 독재정권이라고 못 박고 있다.

민주화세력들은 5·16을 아직도 쿠데타(군사정변)냐, 혁명이냐를 두고 갑론을박하고 있으며, 세계사적으로 혁명이라는 것이 본래 군인(무사)에 의해 실현되는 것이라는 점을 모르고 있을 정도로 문숭상주의(文崇尙主義)에 빠져 있다. 이들 세력들은 또 집권을 하였을 때도 '문민(文民)정부'

니, '국민의 정부'하면서 당파(黨派)를 부추기고, 대한민국의 정통성과 정체성을 훼손했다.

북한은 냉정하게 보면 나라도 아닌 '광적(狂的) 군사집단'에 불과하다. 그런 군사집단에 '핵 인질'로 잡혀 핵을 포기할 것을 종용(애원)하면서 계속해서 이런 저런 명목으로 북한에 달러를 바치고 있는 것이 대한민국의 현실이다. 대한민국은 언제부터인가 북한의 인질이 되었다. 무엇보다도 사상적 인질이 되었다. 나라도 아닌 북한에 남한은 인질이 되었으니 결국 남북한은 모두 나라가 아닌 셈이다. 남북한은 아직 국가로서의 정체성을 확립하지 못한 상태에 있다.

이것이 바로 역사의 현실을 모르고 사대주의와 식민주의와 마르크스주의, 그리고 공리공론의 문치주의에 함몰된 사이비 선비의 역사관의 결과이다. 한국의 지식인들은 그 근본에서부터 사대와 식민에서 출발하고 있다. 조선조에서 시작된 한국지도층(선비)들의 위선과 정체성 망각은 오늘도 구태의연하게 '민주/독재'의 패러다임에 정체되어있다. 이것이 바로 한국 '사대-위선주의'의 현주소이다.

한국 민주화세력의 위선성은 '문민정부'로 하여금 IMF체제(경제식민지)로 국가를 전락케 하였으며, 이를 이은 '국민의 정부'는 IMF를 극복한다는 빌미로 나라의 국력을 반토막 나게 했다. 결국 한국문화는 60년대 경제개발계획과 함께 '산업화'를 이루었으나 진정한 민주주의(시민민주주의)는 이루지 못한 채 문화능력부족으로 혼란을 거듭하고 있다.

한국의 좌파는 조선조의 성리학 세력과 같은 역할을 하고 있다. 한국문화의 사대식민성은 아직도 건재하고 있다. 한국문화는 사대주의, 식민주의, 마르크스주의라는 세 개의 장애물을 넘지 못하면 결국 '국민(시민)국가'를 달성하지 못하는 될 우려가 있다. 아직도 국민의 다수는 '문화의 주인'이기보다는 '문화적 노예'로서 살아가고 있다.

한국의 지식인과 지도층마저도 '외래(外來)의 이름(유명세)'이 아니면 인정하지 않으려는 사대적 태도를 가지고 있으며, 전반적으로 '외래사대병'에 걸려 있다. 그래서 아직도 '스스로의 역사'와 '스스로의 철학'을 쓰지(세우지) 못하는 국민의 수준에 머물러 있다.

한국인의 집단의식과 무의식을 억누르고 있는 '사대주의-식민주의-마르크스주의'를 극복해야 진정한 한국의 '자주적 민주주의'가 토착화될 것이다. 그러나 민주주의를 정치적으로 혹은 정쟁적으로 구호화·선전화 한다면 결국 공리공론에 머물게 되고, 민주주의의 기회를 잃어버릴 공산도 없지 않다. 민주주의의 장애를 극복하려면 결국 '현재적 문화능력(문력+무력)'을 키우는 수밖에 다른 도리가 없다. 역사를 '과거의 원한과 한풀이'의 볼모로 잡히는 것은 문화능력이 없음을 드러내는 문화현상들이다.

사농공상(士農工商)에서 사상공농(士商工農)으로

한국문화는 다시 나라경영의 책임을 지는 '진정한 선비정신'으로 무장을 하지 않으면 선진국이 될 수 없다. 이는 한강의 기적으로 사농공상(士農工商)에서 상공사농(商工士農)이 된 나라가 선진국이 되기 위해서 다시 사상공농(士商工農)으로 나라를 정렬하는 것을 의미한다. 농업이 가장 뒤에 가는 것은 단지 생산성이 낮기 때문이다.

결국 우리 시대의 참다운 선비, 주체적 지식인·지도층을 키우는 것이 한국문화가 선진국으로 진입하는 첩경이다. 상업과 공업만을 앞세워서는 의식주는 해결할 수 있지만 선진국이 될 수 없다는 논리이다. 선진국이란 결국 '문화대국'이 되어야 함을 의미한다. 문화대국이란 결국 역사, 철학 등 주체적인 인문학을 비롯해서 문화예술이 세계적 수준에 올라서 세계를 지도할 수 있어야 함을 의미한다.

3) 문학만이 제 역할을 수행

일제강점기를 거치면서도 그래도 한국인으로서 역할을 다한 분야는 문학 분야이다. 문학은 역시 삶의 체험에서 솟아나는 것이기 때문이다. 이 말은 한국의 근대사는 문사철(文士哲) 가운데 아직 스스로의 철학과 역사를 탄생시키지 못했음을 의미한다. 말하자면 자생철학과 주체적인 사관에 의해 기술된 역사가 없음을 의미한다.

수많은 질곡 속에서도 김소월의 시(詩)를 탄생시켰고, 한용운이라는 시철(詩哲)을 탄생시켰다. 이광수, 김동인, 염상섭의 문학을 탄생시켰다.

문학평론가 이남희는 "김소월의 '진달래 꽃'을 비롯하여 한용운, 염상섭, 이기영, 이효석, 정지용, 홍명희, 백석, 이태준, 황순원, 서정주를 지나 윤동주의 '하늘과 바람과 별과 시'에 이르는 12명의 작가와 작품을 고전이 됨직하다."고 조심스레 제시하고 있다.

이남희는 특히 김소월의 시는 "의미를 통해 전달되는 것이 아니라 소리가 앞장서서 전달하는 정서이며, 언어 자체가 가진 자질들이 의미의 일부분과 상호작용하면서 특별한 미적 공간"을 만드는 것이고, "우리 내면 깊숙이에 들어있는 존재의 외로움 같은 것을 다시 한 번 자각할 수 있게 하는" 것이라고 한다. 그는 또 김소월의 시는 '의미이기도 하고 의미가 아니기도 한' '느낄 수는 있지만 좀처럼 설명되기 어려운 아름다움과 외로움과 슬픔은 바로 우리 내면에 숨은 존재의 일부'라고 말한다.

문학평론가 홍정선은 근대적 리얼리즘의 성공적인 예로서 염상섭을 들면서 "염상섭의 소설은 어쨌건 식민지 시대의 모습을 상당히 '객관적'

으로 형상화하면서도, 바로 이 점 때문에 식민지 시대의 탁월한 리얼리스트라고 부르게 됩니다만, (중략) 특정한 당파적인 입장에서가 아니라 비교적 편견 없이 그 당시의 우리 한국 사회의 모습을 그려놓은 것입니다."고 말한다.

문학의 특성은 '허구의 진실'을 드러내는 일이다. 그런 점에서 식민지 시절이든, 광복 후 해방공간이든, 근현대이든 문학은 항상 당시의 현실을 허구적 구성을 통해 반영하는 특권을 가졌다는 점에서 언제나 역사적 현실에 참여했다고 할 것이다.

시인, 소설가 즉 문학인은 역사적으로 독립투사나 혁명가가 되지 않아도 문학행위 그 자체로서 시대에 참여하는 면책특권이 주어진 셈이다. 일제 식민지 시절에도 문학은 음으로 양으로 제 역할을 해왔다. 문학의 내용이 민족주의든, 사회주의든, 순수문학예술이든 모두 훌륭한 역할을 했다. 문학은 시대적 고민과 고통과 희로애락을 표출하고, 문제를 제기하는 그것 자체로 소임을 다한 것으로 볼 수 있다.

그러나 문학만이 그 사회를 이끌어가는 세력이라면 이는 역사적·사회적 성과를 이룬 것이라고 말할 수 없다. 문학적 표현이 직접적으로 역사의 주체성과 문화적 독립을 달성하게 하는 견인차는 아니기 때문이다. 다시 말하면 문학은 나라가 망해도 할 수 있고, 그 때는 망하는 것을 그리는 것으로서 문학내용이 될 것이다.

한국의 근대문화가 주로 문학에 의해 견인되었다고 하는 것은 역사·사회적 주체의식의 형성이라는 점에서는 문화적 약점과 부족함을 드러낸다고 할 수 있다. 다시 말하면 문학만이 현실에 대해 이러쿵저러쿵 가부간에 문제제기를 하고 답을 구하고, 담론의 주인공이 되었다는 것은 역사적 현실을 허구로 환원하거나 허구에 만족하게 하는 도피적 착시와 환상을 만들어내었다는 한계를 지적하지 않을 수 없다.

한 나라의 문화가 자신의 주체적인 역사의식과 철학이 없는 가운데 수행된 것이라면, 또 그러한 문화적 분위기 속에서 산출된 문학이라는 것은 한계를 노출할 수밖에 없다.

한국의 문학이 아직도 세계적 보편성에 도달한 작품을 생산하지 못했다는 것은 바로 한국문화의 사대성과 식민성을 역설적으로 증명하는 것으로 볼 수밖에 없다. 한국은 왜 노벨상을 타지 못할까? 그런데 왜 또 노벨상에 목을 매는 것일까? 그만큼 노벨상을 탈 자격이 없다는 것을 스스로 증명하고 있는 현실이다.

예컨대 한국문학은 아직도 한국문화와 문학의 사대성과 식민지성을 철저하게 파악하지도 못하고 있고, 고백하지도 못하고 있고, 그러한 현실의 리얼리티(reality)에도 도달하지 못하고 있다. 말하자면 자기 스스로 사대식민지성을 확인하지도 못하고 있다는 것이 된다.

한국문학이 외래사상에 종속되어 있고, 사대식민지성에서 탈출하지 못하고 있는 이유는 바로 문학 자체의 한계와 결함에 있는 것이 아니라 한국문화가 아직도 자신의 역사와 철학이 없기 때문에, 그것을 스스로 구성할 힘(문화적 능력)을 가지고 있지 못하기 때문이다.

한국인은 외래사상과 이데올로기를 넘어서야 주체적인 역사와 철학의 지평이 보인다는 점을 아직도 모르고 있다. 한국인은 아직 외래사상에 종속되어 있다. 외래의 것이 없으면 단 한 발자국도 스스로 나아가지 못한다. 이는 정치적으로 식민지에서 벗어났다고 해도 전혀 개선되지 않고 있다.

한국은 아직도 세계 지배문화가 내놓은 역사와 철학에 대해서 스스로의 해석과 함께 자신의 목소리를 낸 적이 없다. 기껏해야 지배문화가 내놓은 것을 이해하고 그것에 적응하기 위해서, 자신의 몸(발)을 그 문화(신발)에 맞추려고 혼신의 힘을 다하는 것에서 안도하고 있을 뿐이다.

한국문학이 아직도 세계적 보편성에 편입되지 못하거나 새로운 보편성을 선도하지 못하고 있다는 사실은 여러 곳에서 읽을 수 있다. 한국인은 삶을 시로서 노래할 수는 있지만, 소설로서 담론화 하는 데는 취약함을 드러내고 있다. 이는 모두 한국문화의 논리성 부족에서 기인한다.

종합적으로 볼 때 논리가 부족한 것이 한국문화의 특징이다. 논리적으로 살아야 반드시 훌륭한 삶이라고 할 수는 없지만 논리성의 부족은 역사와 사회를 이끌어가는 데는 취약점을 보인다. 더구나 근대성의 특징인 과학과 산업을 일으키는 데는 장애가 된다.

한국사회를 '정(情)의 사회' '시인의 나라'라고 하는 것을 이 문제와 관련하여 다시 정리해볼 필요가 있다. 이것이 혹시 근대 합리적 정신의 결여가 아닐까라고. 이런 문제제기 자체가 그러한 외래사상의 종속상태에서 벗어날 수 있다는 문화적 자신감과 문화적 신호가 될 지도 모를 일이다.

4) 역사와 철학의 실종

한국인의 논리성 부족은 역사와 철학에서 가장 두드러진다. 한국인은 왜 스스로 역사를 쓰지 못할까. 또 왜 스스로 생각하지 못할까? 이는 한국인이 본래 그랬던 것이 아니라 역사를 주체적으로 운영할 능력을 언제부턴가 상실했기 때문이다. 그 시점은 역시 조선조라고 말할 수밖에 없다. 조선은 한국인의 '불행한 역사'이다.

창의적이지 못한 개인이나 민족은 항상 과거의 텍스트 혹은 남의 텍스트에 매여서 살 뿐 자신의 오늘의 텍스트를 생산하지 못한다. 한민족은 고려 후기 몽고의 지배를 받고부터 자신의 텍스트를 생산하지 못하는 민족으로 전락하고 말았다.

조선의 전기는 그런대로 건국정신과 같은 것이 있어서 주체적이고 창의적인 노력을 한 흔적이 보인다. 세종조의 훈민정음 창제를 비롯한 과학과 산업의 발전, 음악과 예술의 정리, 그리고 성종조의 경국대전의 완성은 그것을 의미한다. 그러나 그 후 성종과 연산군 연간 언저리에서 역사적 퇴락의 조짐이 시작된다고 볼 수 있다.

그런 점에서 억울하게 숨진 어머니 민비에 대한 연산군의 원한과 복수 콤플렉스는 참으로 통탄스러운 것이다. 모성 콤플렉스와 위선적 선비정신이 만나 이룬 역사적 퇴락은 임진왜란과 일제식민의 출발점이었는지도 모른다.

조선왕조실록이라는 기록을 아무리 칭송한다고 해도 그것이 스스로 역사로서, 역사의 구슬로 꿰어지지 않는 데는 그 한계가 있다고 하지 않을 수 없다. 조선왕조실록은 조선사가 아니다. 주체적인 사관(史觀)이 없는 기록은 역사가 아니다.

조선사는 일제 때에 작성된 것으로 인해 스스로 역사를 쓰지 못하고, 총독부의 조선사편수회에 의해 식민사학으로 둔갑하게 된다. 이때부터 우리는 스스로 역사를 쓰지 못하는 민족이 되고 만다.

스스로 생각하지 못하고 성리학에 의해 생각하던 민족은 결국 일제에 이르러 스스로 역사도 쓰지 못하는 민족이 되고 말았던 것이다. 지금도 우리는 스스로 철학과 역사를 쓰지 못한 전통 아래 있는 것이다. 오늘날에도 서양철학이 수입되었지만, 한국의 철학은 도그마(dogma)나 처세학(處世學)에 불과한 처지에 있다.

우리의 철학과 역사라는 것은 서구가 만들어놓은 자유주의와 사회주의라는 궤도에 의해 움직이는 이데올로기의 기차가 되어버린 셈이다. 어디에도 한국적 특수성과 문화적 원형(신화)이 녹아있는 텍스트가 보이지 않는다.

역사라는 것은 가부장-국가사회의 시작과 더불어 남성적 사고와 시각의 산물이었다. 역사가 정복과 합리성의 확대로 이어진 것은 주지의 사실이다. 한국문화의 여성성은 역사적 차원에서 보면 결국 주변 강대국으로부터 침략을 당하는 것이었으며, 강대국의 문화에 종속되는 것이었다.

우리역사와 철학 어디에도 역사를 우리의 독자적인 이성체계로서 해석하고 움직이게 하는 원동력이 없다. 이를 간단하게 말하면 '부성부재(父性不在)의 문화'라고 할 수밖에 없다.

5) 부성부재(父性不在), 성인부재(聖人不在)의 문화[52]

한국에는 아직도 세계적인 성인이나 현철이 탄생한 적이 없다. 그 이유는 항상 외래(남)의 성경이나 경전 혹은 법전에 의존하는 삶을 살아왔기 때문이다. 언제부턴가 세계문화의 변방(변두리)으로 밀쳐졌기 때문이다. 이렇게 사회적 성인부재(聖人不在)는 가정으로 보면 부성부재(父性不在)와 같다.

성인현철(聖人賢哲)들은 적어도 이 우주공간에서, 인간세상에서 균형과 중심을 잡는 것이 무엇인지를 안 인물이다. 그렇다면 그들은 왜 균형과 중심을 잡아야 했던가. 무엇을 왜, 어떻게 균형 잡고 중심 잡았던가. 인간의 아들로 태어난 성인들은 왜 스스로 균형을 잡는 지혜를 만들지

---

52 이 글은 필자가 저술한 『도올 김용옥(2권)』, 불교춘추사, 2001, 197~219쪽에 실린 글, 「한국인이 인법지(人法地)를 하지 못하는 데 대한 토론」의 일부를 수정·보완한 내용이다.

않으면 안 되었던가.

한마디로 인간 세상이 어떤 극단으로 치달았기 때문일 것이다. 균형을, 중심을 깨는 곳으로 치달았기 때문일 것이다. 성현들은 균형을 잡기 위해 극약을 쓰는 '극약처방'도 썼고 마음을 다스리는 '중심처방'도 썼다. 그래서 극(極)도 중심(中心)이고 중심(中心)도 극(極)인 상황이 벌어져 있는 것이다.

위대한 성현들은 배출한 나라와 지방은 그런 점에서 참으로 복된 나라이다. 성현들은 바로 '자연법인(自然法人)'을 실천한 인물들이기 때문이다. 자연의 한 존재로 태어나 역설적으로 인간을 본받게 한 인물들인 것이다. 그런데 이것이 어렵다. 자연은 인간을 만들어냈는데 좀체 깨달은 자일지라도 인간을 본받게 하지 못하는 것이다.

자연법인은 "사람이 땅을 본받고, 땅이 하늘을 본받고, 하늘이 자연을 본받은(人法地, 地法天, 天法道, 道法自然)" 이후에 일어나는 성현의 출현현상을 의미하는 것이다.

이들은 인간으로 태어나 자연을 터득하여 '서로 다른 말로 자연을 역설하다가 돌아간' 인물들이다. 이들은 왜 자연을 역설하였을까? 한마디로 인간이 건설한 문명은 처음에는 자연에 순응하는 척하면서도 스스로 일어설 정도가 되는 순간, 서서히 자연을 배반하는 본성을 드러내기 시작한 때문이다. 문명은 본질적으로 자연을 배반하는 성격을 가졌던 것이다.

작금의 문명은 자연을 배반하는 정도가 극에 달해서 거의 미친 지경에 도달하였다. 그래서 종래의 성현으로는 자연의 균형을 회복하지 못할 지도 모르는 지경에 처하였다. 다시 말하면 종래의 성현들의 약효가 이제 떨어져 말을 제대로 듣지 않는 것이다.

이제 그 단순한, 아름다운 자연을 어떻게 설명하여야 인간의 무리들이 말을 알아들을 수가 있을까. 아마도 앞으로 태어나는 성현들의 걱정거리는 이것일 것이다.

우리가 인법지(人法地)를 하지 못하는 것은 그 전 단계인 자연법인(自然法人)을 할 수 있는 인물, 문화영웅을 배출하는데 실패하였기 때문이다. 우리가 그렇게 된 이유는 오랜 사대주의와 식민통치기간 동안 알게 모르게 작용해온 자기비하 때문이다.

자연법인(自然法人)은 쉬운 것이 아니다. 이것은 보기에 따라서는 자연을 배반하는 것으로 보이기 때문이다. 자연의 한 부분인 인간이 전체인 자연을 본받게 한다는 것은 일종의 역설이며 부분이 전체를 포용한다는 것으로 원천적으로 불가능한 것으로 보이기 때문이다.

그런 '자연법인' 하는 사람들이 이 땅에 태어나야 대중들이 인법지(人法地)가 되고 인법지가 되면 문화가 토착화되고 주체화되고 세계의 중심에 설 수도 있게 된다. 그런데 그런 경험이 없기 때문에 우리의 문화는 언제나 사대주의와 외래사상에 찌들고 그들에 의해 스스로를 다스리는 문화적 종속현상을 벗어나지 못하게 되는 것이다.

이런 종속정도가 심하면 할수록 '문화라는 것은 아예 높은 곳에서 낮은 곳으로 흐른다'는 말과 함께 이 땅의 모든 것이 배제된 가운데, 다시 말하면 문화적 특수성이 배제된 가운데 곧장 외래의 보편성을 역사의 매 단계마다 세계적 보편성으로 삼고 줄달음치는 것이다.

한 번도 스스로 보편성을 만들어보지 못한 자의 비애가 여기에 있는 것이다. 이러한 사상누각의 보편성은 언제나 그 기본과 기초가 생략되었기 때문에 스스로 보편성을 자생하지 못하고 새로운 보편성마저도 언제나 밖에서 들여오지 않으면 안 되는 것이다. 외래사상을 들여오지 않으면 안 되는 악순환에 빠지는 것이다. 역설적이지만 제국주의, 문화적 제국주의를 하지 못한 비애가 여기에 있는 것이다.

한국은 국력이 약해지면서, 특히 조선조에 들어 항상 국가보다는 하위집단, 예컨대 씨족을 비롯한 혈연, 지연, 학연 등에서 자신의 정체성을 찾는 퇴행적인 모습을 보였다. 이것은 자연스럽게 당쟁으로 사분오열하는 모습으로 이어졌다. 충(忠)보다는 효(孝)를, 나라보다는 씨족과 문중을 우선하였다.

한국의 선비들은 자신도 모르게 무(武)를 멸시하고 문(文)을 숭상하는 성격을 가지게 되었다. 바로 국가의 기초가 '무(武)의 독립', 요즘 말로 자주국방에서부터 비롯된다는 것을 모르고 있는 것이다. '무(武)의 독립' 없이는 '국가의 독립'도 보장받지 못한다는 인류사의 엄연한 진실을 외면하고 있는 것이다.

그러면서 언제나 외국의 선진문물(先進文物) 중에서 특히 외래 문(文)에 매달리면서 그것을 절대적으로 신앙하는 사대주의에 빠져버렸다. 선진문물일수록 자신의 고유한 문화적 전통을 고수하면서 도입하고 토착화하여야 문화적 독립과 국가적 통일을 이루는 데도 전통을 팽개쳐 버리고 선진문물에 몸을 던져버리는 것에 만족한다.

이는 마치 처녀가 자신의 소중한 몸을 불한당한테 맡겨버리는 것과 같다. 이것을 우리는 어떻게 말하여야 할까. 이는 자칫하면 문화적으로 국제창녀가 될 위험요소를 다분히 안고 있는 것이다. 창녀는 그래도 이렇게 말할 것이다. 멋쟁이 신사에게 몸을 바쳤다고. 이런 미인박명(美人薄命)이 또 어느 나라에 있을까?

이런 '무(武) 생략형', '무(武) 망각증'의 지식인들이 우리 사회에서 가장 목소리를 높이며 설쳐대고 있지만 이들은 '사이비 지식인'에 지나지 않는다. 이들은 자기들이야말로 인류의 보편성에 도달한 선비이며, 자랑스러운 한국인이자 세계인이라고 자부한다. 국적이 없이 바로 세계로 뛰쳐나가는 이들은 분명 국적 없는 이상주의자들이다.

이들의 보편주의 혹은 세계주의는 그 뿌리가 깊지 못해서 바람에 흔들리기 일쑤며 샘이 깊지 못해서 맑은 물을 계속 퍼 올릴 수 없기 마련이다. 결국 선진외래문물의 향유자에 불과하며, 자신의 토양에서 창조적 문화를 건설하지 못한다. 그들은 문화의 질(質)을 모르고, 문질빈빈(文質彬彬)의 의미를 모르고 문(文)을 겉핥기로, 외양으로 아는 데에 그친다.

한민족의 이러한 문화적 사대주의는 전반적으로 '국가 만들기(nation building)'에 취약성을 보인다. 국가의 기초에 대한 인식의 결여는 오늘날과 같이 국방을 외국의 군대에 의존하거나 스스로 독립 국가를 운영하는 자체를 제대로 인식하지 못하는 문화능력의 부족으로 드러난다.

오늘날도 강대국 군대의 보호와 원조로 국방을 이루어온 체질은 여전하다. 군대라는 것은 문화문명에서 생략되어도 좋은 그런 것으로 생각하는 분위기는 '안보 무임승차'가 아니라 '안보 외세의존'에 속하는 것이다. 이러한 정신으로 계속해서 지구상에서 제대로 된 독립 국가를 유지하는 것은 힘들다. 이는 무(武)를 멸시하는 것으로 끝나는 것이 아니라 반드시 '문(文)의 사대화'와 '시장의 종속화'로 귀결되기 때문이다.

이러한 사대적·외세 의존적 분위기를 떨쳐버린 것이 근대사에서는 5.16혁명이었다. 5.16혁명이야말로 제 역할을 하지 못하고 나라를 다스린다는 핑계로 정쟁과 부정부패를 일삼는, 사대적인 사이비 선비들을 척결한 결정적 계기를 마련하게 된다. 그러한 점에서 4.19의거와 5.16혁명은 반드시 '혁명의 연속'으로 보아야 한다. 4.19세력과 5.16세력을 적대적으로 바라보는 관점은 나라를 분열시킬 뿐이다.

'문민(文民)정부'니 '국민(國民)의 정부'니 하는 수사가 바로 문민(文民)과 무(武)를 갈라놓은 분열행위이며, 자신의 정권을 '국민의 정부'라고 지칭하는 자체가 역대 정부를 국민의 정부가 아닌 것처럼 의식화하는 분열책이 숨어있는 것이다. 이것이 바로 정권 스스로가 국가의 정체성을 훼손하는 자랑스러운(?) 사례인 것이다.

우리의 오랜 사이비 선비풍토로 볼 때 근대 이전의 시대에서는 반체제운동이라는 것이 양반계급에서는 당쟁으로, 민중계급에서는 민란으로 별도로 나타났으나 광복 후 민주주의가 이 땅에 들어오고부터는 정권에서 소외된 상류계층과 야당이 함께 반정부운동을 하고 이에 선거권을 가진 민중들이나 학생들이 합세하는 형태로 모습이 바뀌긴 했다.

반체제나 체제부정이 선(善)이고 정의(正義)인 것은 식민지 시대의 산물이다. 그런데 해방과 독립을 하고서도 그러한 태도를 가지는 것은 아직도 국민들이 정신적으로 노예에서 벗어나지 못했음을 의미한다. 친일파를 규탄하고 외세를 막는 이데올로기로 나라가 발전하고 선진국으로 진입하는 것은 아니다. 문화의 하부구조(물질문화, 산업기술체계)와 상부구조(정신문화)가 균형을 이루어야 온전한 문화가 된다.

이데올로기에 편승한 개혁·혁명운동은 항상 그 한계를 일찍 드러내고, 국민의 생활을 바꾸는 변혁을 가져오지 못한다. 정권적 차원의 개혁은 정권이 바뀌고 나면 썰물처럼 흘러 나가버린다. 변화와 혁신의 물결이 들어오는 체하다가 나가버리는 것이다. 이것이 바로 사이비문화이고, 사이비선비의 풍토이다.

오늘날도 상류계층과 일부 국민들은 민주주의의 적절한 수준과 삶의 분수를 모르고 책임성 없이 날뛰고 있다. 이러한 무계획성과 무책임성의 풍토는 언제라도 외세의 변화에 따라 또다시 침략을 받기에 충분한 토양을 가지고 있는 셈이다. 이것은 모두 인법지(人法地)를 하지 못한 소치이다.

이러한 악순환의 사이비 사이클에서 크게 벗어나서 사회에 일대 혁신과 혁명의 바람을 몰고 와서 근대 이전의 사회를 근대 이후의 사회로 탈바꿈시킨 것이 5·16군사혁명이었다. 우리나라의 상류계층은 권력경쟁으로 당쟁을 하고 하류계층에선 상류계층의 착취와 책임의식(노블리스 오블리제)의 결여로 최소한의 생계를 유지하기 위해 몸부림치는 파행을 보여 왔다.

그런데 적어도 군사정권 때는 독재라는 흠이 있었지만 보다 많은 다수 국민의 삶의 질을 향상시키는 기반을 닦는 데에 성공하고 실질적으로 국민소득도 그 이전과 천양지차가 나게 끌어올린 혁명적 시기였다. 그리고 사대에서 벗어나기 위해 자립경제, 자주국방을 외친 가장 주체적인 시기였다.

아직도 많은 사이비 양반계층과 국민들은 그 사이비성을 벗어나지 못하고 군사정권 기간의 경제성장의 혜택을 가장 많이 받고 있으면서도 군사독재라고 폄하하기를 즐기고 필요이상의 문화(文華)를 표방하면서 조금만 부귀가 축적되면 문화적 사치를 일삼고 소위 양반 입네 하고 거들먹거리기를 좋아한다.

이들 사이비 문사집단들은 "남의 과거의 신화(서양의 민주주의 신화)를 가지고 자신의 현재의 신화를(한강의 기적) 지우는 사대적 행태"를 보이면서도 자신들을 애국자인양 선전하고 자화자찬하는 데 골몰해왔다. 이것이 사대적 인문학의 결과였던 것이다. 5·16후 공과대학의 인기가 치솟더니 문민정부, 국민의 정부에 들어서면서 또다시 종래의 인문학의 실속 없는 과잉을 재연하더니 급기야 인문학의 위기론까지 나왔다.

이 인문학 위기론은 인문학에 대한 푸대접이 아니라 사대적 인문학의 과잉과 우리 사회의 발전에서 인문학의 적절한 역할 부재에서 오는 자업자득인 것이다. 한국의 인문학 위기론은 인문학자 스스로가 만든 무덤인 것이다.

이와 같은 문화적 사대주의, 그리고 성현부재(聖賢不在), 나아가서는 부성부재(父性不在)를 여성주의니 평화주의니 세계화니 하면서 합리화하고 미화하고 자기기만 하는 한 우리는 영원히 문화적 제국주의 앞에 문화적 식민지의 신세를 벗어나지 못하고 말 것이다. 그런 점에서 공자도 좋고 노자도 좋지만 우리 한민족에게서 자연법인 하는 인물을 배출해내는 것이 급선무이다. 성현들이 내 놓은 경전들은 실은 자연에서 문화로 변신을 한 인간종의 내부적 균형잡기의 산물이다.

처음부터 인간은 도덕적인 존재가 아니다. 물론 생물종으로서 자기가 속한 종에 대한 도덕성은 있었을 것이다. 이것은 거의 본능적 수준의 도덕성이다. 다시 말하면 이것은 다른 생물 종도 가지고 있는 도덕성이다. 그런데 인간에게 또 다른 종류의 도덕이 필요했던 것은 인간 종만이 종 내부적으로 생존경쟁을 권력경쟁으로 바꾼 종이기 때문이다. 새로운 권력경쟁은 때로는 그 경쟁을 필요이상으로 극대화한 나머지 최소한의 종 내부의 도덕성마저 깡그리 훼손하게 되는 지경에 처하였고 이에 종의 생존에 위기를 느낀 것이 성현들인 셈이다.

그리고 나아가서 다른 종에게로 그 도덕성을 극대화한 것이 인류의 경전류의 내용들이다. 왜냐하면 인간 종의 토대가 되는 것이 다른 생물 종이기 때문이다. 다른 생물종에 대한 배려가 있어야 원천적으로 인간을 지속적으로 살릴 수 있었기 때문이다.

인간이 도덕적으로, 자연에 순응하면서 사는 것은 적어도 생물종의 생존경쟁에서 이기고부터일 것이다. 생물에게 있어 생존경쟁은 당연한 것이고 그것 자체가 선악의 판단대상도 되지 않는다. 인간에 이르러 그 생존경쟁은 집단의 권력경쟁으로 변형되기에 이른다. 권력경쟁이란 다름 아닌 바로 전쟁을 말하는 것이다. 다시 말하면 전쟁은 인간종의 선택사항이 아니라 생존경쟁의 변형이라는 점에서 평화보다는 훨씬 본능적이라고 볼 수 있을 것이다.

인간은 결코 노자나 공자나 석가가 애기하듯이 평화를 애호하는 존재가 아닌 데서 출발하고 있음이 분명하다. 오히려 이들이 자연을, 인함을, 사랑과 자비를 주장한 것은 바로 그렇지 못한 인간조건이 있기 때문일 것이다. 인간의 도덕의 이면에는 야만이 있었고 그 야만은 권력경쟁으로 인해 더욱더 기승을 부렸고 그것은 바로 전쟁을 끊이지 않게 하였다.

그 전쟁은 오늘날의 국가를 만드는 원동력이 되었다. 말하자면 우리는 문명이니 국가니 세계니 하고 떠들고 있지만 그런 야만과 전쟁의 토대 위에 그것들을 건설하고 있다는 것을 알아야 할 것이다.

종 내부에서도 도덕성을 상실할 위기에 처하였던 인간이라면 인간은 결코 다른 생물종보다 도덕적이라고 하기 어렵다. 그런 점에서 인간은 도덕적 존재가 아니다. 모든 경전은 이러한 역설의 과정의 산물이다. 이제 인간은 도덕적 존재이기를 기대 받는 존재이다. 도덕은 여기에 이르면 본성의 문제가 아니고 실은 선택의 문제인 것이다.

분명히 인간은 도덕적이지 않을 수 있는 위험을 항상 동반하고 있다. 지위가 높든 낮든, 학식이 깊든 얕든 죽기 직전까지 그런 위험에 노출되어 있다고 해도 과언이 아니다.

비록 성직자나 수도자라고 하더라도 그런 위험에서 예외는 아니다. 도덕을 당위로 만드는 소이가 여기에 있다. 경쟁과 전쟁이란 집단외부적으로 벌이는 것인데 이것을 집단내부적으로 방향을 틀면 인간종이나 민족, 부족, 씨족을 멸종시킬 수도 있다는 점에서 더욱더 위험한 것이 된다. 권력경쟁은 어쩌면 생존경쟁보다 훨씬 더 심각한 일종의 끝없는 게임이다. 또 그 형태도 다양하고 복잡해서 훨씬 다스리기도 어렵다.

권력경쟁은 생존경쟁에 비해 훨씬 비용이 많이 들 뿐만 아니라 그 피해나 후유증은 항상 심각한 것이 되고 만다. 그래서 도덕을 부르짖게 되고 전쟁에 따른 패권주의를 인간들은 끊임없이 규탄해 왔던 것이다.

우리가 아무리 평화를 주장한다고 해도 역시 전쟁은 인간 삶의 가장 강력한 조건이며 따라서 한계상황인 것 같다. 평화는 오히려 전쟁의 사이사이에 있는 휴지부와 같은 것이다. 전쟁이 독립변수라면 평화는 차라리 종속변수에 속하는 것이다. 공자나 노자의 말은 바로 그 휴지부에서 권능을 발휘하는 것인지도 모른다. 공자나 노자의 이상향은 이상 그 자체로 그 목적을 달성하는 것인지도 모른다. 그것은 애초부터 실현될 수 없는 성질의 것이었다.

경전의 이상이 실현되었다면 그 날로 경전은 사라졌을 것이다. 바로 그렇기 때문에 역설적으로 그들의 경전이 고전으로 남아 그 의미와 빛을 발하고 있는 것일 것이다. 전쟁과 국가와 과학은 불가분의 관계에 있다. 인간은 어차피 자연에서 태어났기 때문에 자연의 일부임에 틀림없지만 분명한 자연에서 너무 멀리 떨어져 나와 자연으로부터 스스로 소외를 자초하는 역사를 만들어왔다. 문명의 길은 바로 자연을 역행하는 길이었다고 해도 과언이 아니다.

자연은 언제나 질료로서 우리 앞에 펼쳐져 있지만 그 질료를 형상화하는, 그 질료에 어떤 형식을 주는 것은 이성이다. 플라톤의 이데아론도 국가론의 틀 속에서 이루어졌으며 그 국가론의 궁극적 이데아는 곧 전쟁의 승리이다. 전쟁이야말로 도구적 이성의 소산이다. 나라를 세우는 것은 무력(武力)이고 나라에 살점을 붙이는 것은 문예(文藝)이다.

경전은 문예 중에서도 문예이다. 그러나 경전을 바꿀 수 있는 것이지만 인간의 몸은 대체할 수 없는 것이다. 그런데 언제나 문화적 제국주의의 변방에 있는 나라나 사람들은 그 경전은 요지부동의 것인 줄 안다. 그러다가 다른 제국주의의 침략을 받으면 다른 경전이 있음을 알게 된다. 그 때는 또 다른 경전을 가지고 살아가는 것이다. 문화적 변방은 경전을 생산할 연구소와 학교와 공장을 가지고 있지 못하다. 그래서 남의 경전을 빌려서 사는 것이다.

그런데 우리는 그 같은 이치, 경전이 태동하는 이면의 메커니즘, 문화적 제국주의를 모르기 때문에 언제나 남의 나라의 침략을 받으며 남의 나라의 간섭을 받으며 또한 남의 나라의 경전을 섬기면서 살아왔다. 이것이 문화민족의 길이라고 자위해 왔다. 이 같은 역사적 리듬은 평화시에는 그래도 괜찮다. 그러나 전쟁의 시기에는 무방비상태로 여지없이 무너지고 마는 것이다.

다시 말하지만 '전쟁'과 '국가'와 '경전'은 인류의 생존의 삼대요소이다. 또한 경전의 이면에는 전쟁과 국가가 도사리고 있다. 그런데 우리는 외래경전에만 홀려 있고 따라서 그 경전의 지하에 도사리고 있는 전쟁과 국가에 대해서는 언제나 등한시하거나 외면하거나 비약해왔다.

오늘날 공자를 논하고 노자를 논하는 것도 자칫하면 그런 문화적 속임수에 놀아나는 꼴이 되지 않을까, 염려되는 것이다. 전쟁과 국가라는 문화의 하부구조를 알 때 그 상부구조인 경전을 논할 자격이 있는 것이다.

예컨대 세계를 제패한 것은 언제나 왕도가 아니고 패도였다. 그러한 패도가 그 한계성으로 인해 망했다고 할지라도 분명 그들 패도의 무리들은 역사를 지배한 주인공이었다. 다시 말하면 역사에서 패도를 한 무리이든 왕도를 한 무리이든 자연의 법칙에 제한을 당하는 것은 사실이다. 왕도를 하였다고 자연법을 넘어선 것은 아니었다.

왕도란 영원한 이상이거나 패도로 세계를 정복한 자의 세계경영용, 내치용 언설인지도 모른다. 오히려 그 경전들은 그 같은 패도를 오래 지속시키는 역할을 한 것으로 볼 수 있다.

춘추전국시대를 제패한 나라는 진나라이고 노나라는 공자의 경전만 생산한 채 진나라의 제후국이 되었던 것이고 오늘날 그 공자의 경전은 생명을 계속하고 있지만 그것이 왕도에 보탬을 주는 것이기보다는 오히려 다른 패도의 세계경영용, 내치용 언설로서, 반발을 잠재우는 역할을 하고 있는 지도 모른다. 물론 그런 경전들이 개인의 수신에 기여한 것은 물론이겠지만 그런 경전 때문에 많은 큰 나라가 패도를 버리지 않았다는 것은 전쟁으로 점철된 인류의 역사가 잘 말해주고 있다. 이것이 인류사의 모순이다.

오늘날 『논어』나 『도덕경』이, 그리고 그것에 대한 강의가 전쟁이나 국가를 은연중에 등한시하게 하는 역할을 우리에게 할지도 모른다는 염려가 앞선다. 이것은 자칫하면 여전히 계속되는 우리의 자연법인(自然法人), 인법지(人法地)의 생략형 문화특성과 맥을 같이 하는 것이다.

어쩌면 인류의 역사는 집단의 패권경쟁 속에 훌륭하게 수신을 한 개인을 생산하는 자연의 메커니즘인 지도 모른다. 그렇더라도 이와 같은 생략형 문화는 우리의 역사를 미인박명의 팔자로 계속 만들지도 모른다는 기우가 드는 것을 어쩔 수 없다.

우리는 오늘날 근대를 소화하지도 못하면서 후기 근대의 목소리를 높이고 있다. 이것은 섣부른 사대주의적 지식인의 자기비약이고 자기기만이고 자화자찬에 속한다. 밖으로부터의 새로운 유행에 편승하고 있는 것이다. 후기 근대의 목소리가 높으면 높을수록 근대가 제대로 되지 않았다는 것을 반영하고 증명하는 데에 불과하다.

우리는 근대에서 아직 나라도 반 동강이 난 채 살아가고 있으면서 마치 세계의 선진국에 진입한 듯한 환상과 착각에 매몰되어 있다. 그리고 '케세라세라', '노새 노새 젊어서 놀아'를 연발하고 있다. 소득 2만 불, OECD입성을 외치다가 IMF라는 철퇴를 맞았고 IMF 철퇴를 맞은 지 한 해도 되지 않아 IMF를 벗어났다고 선언하는 바보 같은 행진을 벌이고 있는 것이다.

국민의 수준에 맞지도 않은 민주주의를, 교조적 민주주의를 교육해 놓고 그로 인해 온갖 데모를 양산해 국가에너지를 엄청나게 낭비해놓고 이제 그 작은 복마저 놓치려고 발악을 하고 있는 난장판이다. 이를 두고 '복에 겨워서'라고 말한다. 우리는 아직 무엇이 우리에게 맞는 민주주의인지도 공론화하고 제도화하고 공감하지 못하면서 통일의 환상에 들떠 있는 것이다.

제국의 역사를 경험하였고 제국의 경전을 가진 민족과 국가는 참으로 행복하다. 이들 제국들은 언제나 스스로 살아갈 마음과 몸의, 도덕과 전쟁의, 정치와 경제의, 안팎으로의 준비를 다하고 있는 셈이기 때문이다.

우리는 그 하나도 준비하지 못한 채 역사를 표류하고 유랑하고 있는 것이다. 지금 우리는 표류하고 있다. 경전을 몰라서도 표류하고 있지만 더더욱 경전의 이면에 도사린 전쟁과 국가라는 것에 대해 모르기 때문에 더욱더 표류하고 있다.

전쟁과 국가와 과학은 언제나 함께 다닌다. 이것을 모르고 평화니 자유니 경전이니 하면서 떠들고 다니다간 언제 적으로부터 침략을 받고 또다시 식민의 상태로 전락할 지도 모른다. 문제는 이 둘을 함께 가져야 하는 데에 있다. 전자가 후자를 없애고 후자가 전자를 없앤다면 이것은 지구상에서 사라지는 것을 의미한다. 전자가 후자를 없앤다면 잠시 제패할 수는 있어도 영원하지는 못하다. 후자가 전자를 없앤다면 마음은 편안할지 몰라도 몸은 피곤하게 살 것이다.

우리의 역사가 피곤한 이유는 남의 경전에 의해 후자가 전자를 없애는 방식으로 살았기 때문일 것이다. 국가 사회에서 무력이 없이는 결코 독립적이 될 수 없다. 경전을 가진다고 독립이 되는 것은 아니다. 오늘의 경전공부가 결코 우리를 다시 부성부재(父性不在)의 역사로 몰아넣어서는 안 된다.

우리 역사는 고조선 이후 근대로 내려올수록 부성부재(父性不在)로 세계적 권력경쟁에서 주변부로 밀려났다. 국력의 신장에 따른 자연적인 힘의 팽창에 따른 주변 국가로의 정복은 한 번도 하지 못한 채 중심국가로부터 끊임없는 침략을 당하는 위치로 일관해왔다.

부성부재는 언제나 다른 나라로부터 부성을 빌려오는 형태를 띠게 된다. 과거 중국이 세계였던 시절에 우리는 중국에 부성을 의존해왔다. 중국 중심의 국제질서는 바로 부성부재(세계의 주변부: 東夷)와 사대주의(중국에 대한 주종적 국제주의: 禮의 질서)로 요약될 수 있을 것이다.

삼국통일도 중국의 도움에 의해 실현되었다. 물론 신라를 비롯한 삼국의 자체적인 힘과 노력이 있긴 했지만 중국이 결정적인 변수가 되었던 것은 사실이다. 임진왜란 때만 하더라도 그렇다. 명나라에 의해 도움을 받아 왜를 물리쳤던 것이다.

그런데 구한말은 상황이 달랐다. 바로 부성이라고 여겼던 중국, 청나라가 열강에 의해 분할되는 처지가 되고 말았기 때문이다. 근대화라는 동아시아 질서의 재편과정에서 우리의 부성은 없어지고 그 대신 우리가 야만국이라고 여겼던 일본이 종주국으로 나타나 우리를 식민지로 전락시키고 말았다. 스스로의 부성이 없으면 언젠가는 식민지(노예적 국제주의)로 전락하고 만다.

여기서 한국 특유의 여성주의가 생겨난다. 그러나 이 여성주의는 명분은 평화주의를 표방하지만 힘없는 나라가 택할 수밖에 없는 일종의 패배주의의 다른 말이었다. 이것은 전반적으로 〈한(恨)콤플렉스 문화〉를 형성했다.

일제가 물러가고 미국이 그 자리를 대신했다. 일제 때 '정신대'로 상징되었던 부성부재의 한국은 미군정의 출범과 미군의 주둔을 계기로 '양공주'로 대체된다. 미군정 이후 6·25가 지나고 상대적 평화의 시기에 '기생관광'으로 이어지고 있다.

이것은 마치 씨받이적 상황이다. 씨받이적 상황, 씨받이적 이미지는 남의 부성의 유지를 위해 여성이 단순히 몸만을 빌려주는 것인데 우리가 그 꼴이다. 아직도 우리의 부성은 부재인 것이다. 이 같은 처지를 모르고 분수없이 날뛰고 있는 것이 한국의 작금의 상황이다.

우리가 독자적인 권력체계인 부성(父性)을 가지려고 하니까 미국은 이를 방해하고 여러 다른 명분을 내세우면서 자기의 권력체계의 연장(주변부)으로 우리를 취급하려고 하고 있다. 미국은 주둔군을 내세우면서 한국의 군사–외교적인 분야를 간섭하고 관리하면서 동시에 IMF로 경제마저 저들의 손아귀에 넣어 버려 이제 완전한 식민지가 된 셈이다.

그런데 아직도 우리의 지식인은 그것을 모르고 있는지, 그것을 미리 알고 노란 수건을 흔들고 있는지 알 수 없지만, 일단 제 분수를 모르고 있다는 점은 확실하다.

아무리 우리의 근현대사가 씨받이적 상황이었다고 해도 잠시 우리의 부성(父性)을 되찾기 위한 용이주도한 문화적 전략을 가질 수는 없는 것인가? 더욱이 거시적–장기적 관점에서 볼 때 한국문화의 여성성은 80, 90년대 '풍요의 시기'를 부성부재에 시달린 오랜 역사적 스트레스(억압)를 푸는 계기로 삼아 너도나도 거리로 몰려나와 어설픈 민중·여권운동을 벌이거나 '반체제–바람난 여성'으로 보내 버렸다. 마치 가장(家長)이 제 구실을 못하는 상황에서 발생한 가족해체 상황의 반란과 같은 것이었다.

부성부재 가정에서 여성의 운명은 뻔한 것이다. 지독한 권력경쟁의 세계 속에서— 남자·선비는 사대(事大), 여자·민중은 원한(怨恨)— 이것이 우리 문화를 특징짓는 20세기 말의 현주소이며 문화집적이고 문화총량이다. 하루빨리 여기에서 벗어나야 한다.

사대하는 남자들이 이끄는 역사는 언젠가는 망하는 날이 오게 되고, 원한이 많은 여자는 언젠가는 푸닥거리를 벌여야 하는 것이다. 합리적인 사대(남자에 있어서)는 비합리적인 굿판(여자에 있어서)을 낳는다.

강대국은 언제나 약소국을 분리-해체하여 경영하려는 음모를 숨기고 있다. 강대국은 강력한 국제적 부성(父性)인 것이다. 이상을 정리하면 다음과 같다. 이것은 한국문화의 구조이기도 하다. 한국문화는 '부성부재'(父性不在)에서 출발하는 거대한 종속적 시스템 속에 있다. 이것을 토론하면 너무나 장황하기에 간단하게나마 밝혀두는 것도 우리의 현상황을 이해하는 데 도움이 될까 해서 밝혀둔다. 우리는 혼(얼)이 빠진 민족이다. 설사 그 혼이 가짜라고 해도 혼은 중요한 것이다. 인간은 그 가짜인 혼의 힘에 의해 움직인다는 것을 상기할 필요가 있다. 혼은 바로 부성(父性)이라는 씨(알)이다.

부성부재의 역사의 구조와 변형을 요약하면 이렇다. 다소 민족적으로 수치심을 불러일으키지만 사실이기에 어쩌랴!

부성부재(父性不在; 세계의 주변부)=사대주의(형제적 국제주의; 숭문천무(崇文賤武))=식민지(주종적 국제주의)=여성주의(평화주의; 패배주의)=한(恨)콤플렉스문화-선정적 무교주의(煽情的 巫教主義)

6) 후천(後天) 여성시대와 평화철학

필자가 쓴 『메시아는 더 이상 오지 않는다』[53]라는 책은 서양기독교와 서양문명에 대한 허구(가상실재)의 비판과 함께 기독교를 동양의 음양론으로 재창조한 것에 대한 재해석과 합리적 이해를 도모하는 변론이었

53 박정진, 『메시아는 더 이상 오지 않는다』, 행복한 에너지, 2016 참조.

다. 전반적으로 여성시대와 평화의 시대가 다가오고 있음을 서술하고 있으며 그것의 필연당위성을 함께 서술하고 있다. 따라서 여기서 구체적으로 서술하지는 않겠지만 여성시대는 반드시 평화철학의 탄생이 미리 준비되어야함을 예언적으로 선언하고 있다.

여성성이 강한 한국문화

지금까지 인류역사를 보면 가부장-국가사회는 〈선천(先天) 남성시대-상극(相剋)시대-전쟁시대〉로 대변된다. 남자는 자신의 이상을 실현하기 위해 살신성인을 할 수 있다. 그 속에는 어디까지나 자아와 정체성과 역사가 있다. 남자의 이상은 자신의 몸밖에 있다. 그래서 남자의 이상은 개체와 집단을 다스리고, 그것은 권력적 형태를 띤다. 남자는 보충대리적(補充代理的) 존재이다. 말하자면 이상을 계속해서 생산하는 존재이다. 이런 것을 두고 남자는 하늘을 향하여 초월하는 존재라고 말할 수 있다. 성인들은 그 대표적인 인물들이다.

여자는 자신의 이상을 실현하는 것이 아니라 자식의 보존을 위해서 자신의 몸을 희생할 수 있다. 여자의 본능은 자연의 이어짐(재생산)에 있다. 여자는 자아와 정체성과 역사를 버릴 수 있다. 여자의 본능은 비권력적이며, 공동체적이다. 여자는 보충대신적(補充代身的) 존재이다. 말하자면 몸을 재생산하는 존재이다. 이런 것을 두고 여자는 바다에서 자신의 몸을 던지는 존재라고 말할 수 있다. 『심청전』은 그 대표적인 설화이다.

남자는 진리를 몸 밖에서 찾는다면 여자는 진리를 몸 안에서 찾는다. 그래서 남자는 진리의 여성성을 찾느라고 세계와 여성을 대상적 존재로 본다. 말하자면 남자에게 진리는 매우 여성성을 띤다. 이에 비해 여자는 진리를 몸 안에서 찾는다. 숫제 진리에 별 관심도 없다. 그래서 남자의 진리를 진리(眞理)라고 한다면 여자의 진리는 진리가 아니라 진여(眞如)라고 말할 수 있다.

남자의 진리는 밖으로 표방하는 깃발을 세우는 기표적(記標的, 旗標的)인 것이지만, 여자의 진리는 표방하기보다는 그렇게 여여(如如)하게 있는 기의적(記意的)인 것이다. 여성적 진리는 몸 밖에서 진리를 찾는 존재자적인 것이 아니고 몸 안에서 진리를 찾는 것이기 때문에 존재적(생성적)인 진리라고 말할 수 있다. 여성적 진리는 자신의 몸속에서 결국 평화와 만족을 찾는 것이다.

서양철학이 여성적 진리에 대해 전혀 몰랐던 것은 아니다. 그런데 그것이 잘못 되었던 것은 철저하게 가부장-남성주의-기독교 사회체제였던 서양에서 그것을 갑자기 실현하려고 하니 벽에 부딪혔던 셈이다. 마르크스의 해방과 평등사상은 그러한 점에서 매우 기독교적이면서 동시에 반기독교적이다.

마르크스의 결정적 약점은 바로 기독교 문명 속에서 신을 부정한 무신론(無神論)을 주장한 점과 공산사회의 이상를 실현하기 위해 급진적인 계급투쟁을 선동한 점이다. 그래서 그는 최초의 원인설정과 이상을 실현하는 방법론에서 실패한 것이다.

마르크스야말로 여성성을 깨달은 인물이다. 그의 유물론은 실은 서양철학의 실체론적 입장에서 여성성을 말하는 것이며, 소유로부터 존재에로 돌아가고자 하는 열망을 가지고 있었다. 그래서 자유보다는 평등과 해방을 주장하였으며, 모계사회인 원시공산사회를 모방하는 새로운 이상으로서의 근대적 공산사회를 꿈꾼 인물이다.

마르크스가 실패한 이유는 국가라는 철저한 가부장사회와 그것이 이루는 종합적인 권력체제를 그대로 두고 성급하게 새로운 모계-모성사회를 꿈꾼 시대착오 때문이다. 인간에게 그동안 쌓아온 욕망과 이성을 한꺼번에 버리라고 요구하는 것은 무리이다. 권력체제는 계급투쟁이라는 단순한 운동으로는 붕괴시킬 수 없는 것이었다.

역사적으로 볼 때 미래 인류사회는 출계는 부계(아버지의 성씨)를 따르면서 사회운영은 모성중심인 '부계-모성사회'가 될 공산이 크다. 마르크스의 '유물론-공산사회'는 '물질(Matter)-어머니(Mater)'의 공통성과 공감대 위에 있었고, 말하자면 여성성으로 회귀하는 전반적인 성향을 보였지만 무신론과 계급투쟁으로 실패한 셈이다.

이에 비하면 니체는 유물론이라는 서양철학의 극단적 허무주의를 만나서 그것을 극복하기 위해서 남성성을 더욱 강화한 인물이다. 그 철학이 바로 '힘(권력)에의 의지'철학인 것이다. 니체는 비록 초월세계의 허구성을 폭로하고 신의 죽음의 선언을 통해 '대지에 충실하라'는 전령사의 역할을 하지만 아직 남성적 지배나 권력을 추구하고 있는 것이라고 말할 수 있다. 니체의 권력에의 의지도 세계의 평화와 개인의 안심입명(安心立命)과 기쁨, 즉 자쾌(自快)를 달성하기에 적합한 것은 아니었다.

서양의 근현대철학을 대표하는 이 두 철학자는 본인의 뜻과 상관없이 역사 속에서 전체주의, 즉 소비에트전체주의와 히틀러의 파시즘을 생산하고 역사의 뒤안길에 물러서고 말았다. 마르크스와 니체는 서양문명의 허무를 직면하고 그것을 극복하기 위한 방안을 제시했는데 실패하고 말았다. 한 사람은 '이상적 공산사회'를, 다른 한 사람은 '개인적 초인사회'를 제시했던 셈이다.

신(神)-성현(聖賢)-메시아 등도 남성성만으로 인류의 최종목적인 '인류평화의 세계'를 완성시킬 수 없다. 가부장의 남성성은 결국 평화를 주장하더라도 그 속에 전쟁을 포함하고 있기 때문이다. 앞장에서도 말했지만 '팍스(Pax=peace)'라는 말은 평화를 상징하지만, 그것은 어디까지나 하나의 세계권력, 즉 제국주의를 통해서 실현되는 것을 의미하기 때문에 한 나라가 세계를 제패하는 전쟁과 패권주의를 전제하고 있다.

가부장의 철학과 종교와 정치체제가 인류를 구원하지 못한다는 것은 이미 역사가 증명한 바 있다. 지금은 르네상스의 시대가 아니라 원시반본의 시대이다. 원시반본이라는 말은 여성성에 의해 구원과 평화를 얻는 지혜를 발휘하지 않으면 안 된다는 뜻이다.

인류의 평화는 강력한 지배자에 의해 실현되는 것이 아니라 깨닫는 여러 사람들, 즉 각자(覺者)에 의해서 점차 실현되어갈 것이다. 인간은 이제 인구의 확장을 위해서 자연을 무작정 정복할 것이 아니라 환경과의 대화를 통해 생태적 인간으로 돌아가지 않으면 안 된다.

여기서 '생태적(ecological) 인간'이라는 말은 인간과 인간의 평화만이 아니라 인간과 자연과의 평화를 통해서 궁극적으로 인간사회의 평화를 실현할 수 있음을 말하는 우회기동(迂廻機動)이다.

여성이야말로 자연의 상속자가 아닌가. 아무리 고도로 발달한 기계적 사회라고 하더라도 아이는 아직 여성의 몸으로 태어나고 있으며, 여성은 그로 인해 자연의 감각을 지니고 있지 않을 수 없다. 여성이야말로 신체적인 인간이며, 개념보다는 사물에 대한 감각적 이미지로 세계를 인식하고 있는 시인이며, 의미조차도 육식(六識)이 아니라 육감(肉感)으로 파악하고 있지 않은가! 여성들은 본능적으로 알고 있다. 이제 여성시대가 다가왔음을!

심물존재의 진리, 자연의 진리

여성적 진리는 평화의 진리일 수밖에 없다. 여성적 진리는 지금 그 자리에서 만족하는 '만족(滿足)의 진리'이며, '자연지족(自然之足)의 진리'이다. 이는 자연적 존재의 진리이고, 심물일원의 진리이고, 심물존재의 진리이다. 심물존재의 진리는 무엇을 새롭게 통합하거나 통일하는 진리가 아니고(시공간 속에 있는 진리가 아니고) 지금 있는 그대로의 자연의 진리이다.

여성에게는 몸의 현재적 느낌만이 있다. 여성의 육감은 현재적이고 종합적이고 총체적인 것이다. 여성의 몸과 자궁은 현재의 살아있는 매트릭스이다. 자연은 도덕과 과학으로부터 본래의 자연성을 회복하는 한편 모성성과 여성성을 회복하여 인류로 하여금 평화와 평등에 도달하게 할 것이다.

인류문명은 앞으로 겉으로는 부계, 속으로는 모성중심으로, 즉 부계-모성적으로 운영될 것으로 보인다. 음(音, 陰)은 양(量, 陽)의 바탕이다. 권력의 철학은 '양(量, 陽)'을 우선하지만 비권력의 철학은 음을 우선한다.

여성시대는 상생(相生) · 평화시대

지금까지 한국문화의 특징으로서 남성성 부족, 부성부재 등 역사적·철학적으로 네거티브(negative)한 것으로 취급되었던 사항들은 〈후천(後天) 여성시대-상생(相生)시대-평화시대〉를 앞두고 매우 포지티브(positive) 한 것으로 새롭게 돌변한다. 이는 평화철학의 구성이라는 측면에서 매우 고무적인 일이다.

한국문화의 사대성, 식민성, 민중성 등은 여성시대를 맞아서 여성성의 특징을 중심으로 새롭게 해석되면서 미래 후천여성시대에는 장점이자 개성으로 등장하게 될 가능성이 높다. 산업화를 달성한 민족이나 국가 중에는 지구상의 어떤 민족이나 국가보다도 평화철학을 구성할 수 있는 문화적 토양과 자질을 충분히 가지고 있는 셈이다.

바로 이 책을 관통하면서 주류를 형성하고 있는 생각들이 여성시대와 평화철학이다. 말하자면 한국사는 '평화의 여정으로서의 역사'인 셈이다.

한국인은 심정적(心情的)이고, 평화적으로 살 수 있는 준비가 되어있는 민족이다. 그러한 한민족이 인류의 제국주의적인(패권주의적인) 역사에 전면적으로 노출됨으로써 바람 잘 날이 없는 파란만장한 역사를 겪어왔다.

그러나 오늘날 인류문명의 원시반본의 때를 맞아서 한국인이 평화철학을 제시함으로써 세계를 이끌어가야 하는 사명이 주어졌다고 할 것이다. 식민지를 경험한 나라 가운데 한국만큼 성장한 나라는 없으며, 미래 세계사를 주도한다고 해서 제국주의를 할 가능성이 가장 적은 나라가 한국이다.

한국의 '새마을운동'은 현재 아시아·아프리카의 후진국과 저개발국가에게 경제성장의 모델이 되고 있다. 새마을운동이야말로 지구촌마을운동의 모델이 되기에 충분하다.

이는 〈선천(先天) 남성시대-상극(相剋)-전쟁시대〉에서 단점으로 작용한 한국문화의 특징이 이제 장점으로 전환된 성공적인 사례라고 할 수 있을 것이다. 새마을운동은 마을에서부터 운동이 시작되어 국가를 바꾼 '여성-지천(地天)시대'의 좋은 사례라고 말할 수 있다.

'세계'에서 '자궁'으로

20세기 최고의 철학자 하이데거는 인간을 '세계에 던져진 존재'라고 하였다. 하이데거는 왜 인간의 실존성을 그렇게 규정했을까? 인간은 어머니의 자궁 밖으로 나오면서 벌써 생존을 위한 전쟁터에 던져진 것일까. 인간이 만들어온 역사, 특히 가부장의 역사는 요약해서 말하면 전쟁의 역사라는 말로 대변된다. 그래서 '신들의 전쟁'의 역사이다.

물론 전쟁의 사이사이에 평화도 있었지만 그것은 전쟁의 휴지부일 뿐, 인류사는 전쟁으로 점철되어있다. 전쟁이 없었거나 세력균형에 의해 그런대로 '평화시절'이었다고 이름붙일 만한 시절은 도리어 하나의 패권국가가 역사에 등장해서 소위 '팍스(Pax)'자가 머리에 붙은 시절, 즉 한 나라의 패권에 의해서 세계의 평화가 유지되던 시절을 말한다.

팍스-로마나(Pax-Romana), 팍스-아메리카나(Pax-Americana), 팍스-시니카(Pax-Sinica) 등이 그 좋은 예이다. 팍스(Pax=Peace)에는 평화의 의미가 있지만 패권국가인 한 나라를 중심한 세계체제가 될 때 세계질서와 평화가 유지된다는 의미를 내포하고 있는 것이다. 미국과 소련이 양극체제를 이루었을 때는 냉전양극체제로 항상 세계가 긴장상태를 이루었고, 항상 일촉즉발의 전쟁위기가 감돌았다.

남성중심, 가부장-국가(제국)사회는 어쩔 수 없이 전쟁을 안고 사는 체제였다고 말할 수 있다. 인간이 자연의 생존경쟁에서 패자인 만물영장이 된 이후, 그 경쟁체제는 인간 종 내부로 투사되어 이른바 권력경쟁체제로 변하였다. 그 권력경쟁은 흔히 전쟁으로 역사에 드러났다.

권력경쟁은 역시 남성중심사회의 모습이다. 남성중심사회에서의 인간의 실존성을 역시 '세계에 던져진 존재'라는 규정이 설득력이 있는 것 같다. 그러나 과연 인간은 세계에 던져진 것일까. 그래서 생의 시작과 더불어 불안과 죽음에 대한 공포와 고통과 두려움을 안고 살았던 것일까.

지구 전체인구가 5천만 명도 안 되던 시절에서 70억 명을 넘긴 오늘을 생각하면 그 많은 인구가 먹고살기 위해서는 치열한 생존경쟁을 벌이지 않을 수 없었을 것도 같다. 농업혁명, 산업혁명, 정보화혁명도 실은 과학기술의 발전 덕분이라고 하지만, 그 이면에는 수많은 인구(개체군)를 먹여 살리기 위해 인간 종이 그만큼 치열하고 심한 노동과 활발한 교환을 하지 않으면 안 되었던 생존조건이 그러한 혁명을 유도했는지도 모른다.

이렇게 생각하면 지나온 역사를 함부로 비판할 수도, 일방적으로 매도할 수도 없다. 모두 이유가 있어서 그렇게 되었을 것이라고 유추하거나 잠정적으로 긍정할 수밖에 없다.

그런데 문제는 이제 인간이 계속해서 경쟁하고 전쟁을 하면서 살아가는 종래의 패턴을 고수하게 된다면 가공할 무기체계로 인해서, 인간의 포악함으로 인해서 인간 종이 더 이상 지구상에서 종을 영속하지 못할 지도 모른다는 염려가 앞서기 때문이다.

삶의 수단이 아니라 삶의 목적 자체를 통째로 바꾸지 않으면 멸종의 위기를 면할 수 없을 지도 모른다. 세계가 생존경쟁, 권력경쟁의 장으로서는 더 이상 인구를 유지하기에는 포화상태에 있다는 말이다. 맬서스의 인구론이 시사하듯이 인구조절을 위한 전쟁을 감수하거나 다른 천재지변을 기대할 수밖에 없는 것일까.

그것보다는 인간 스스로 철학적으로 다른 모색을 해보는 것이 훨씬 지혜로운 인간다운 모습일 것이다. 지구상에 식량이 모라자서 기아에서 허덕이고 아사자가 속출하는 것이 아니라 인간의 인간외면과 이기주의, 족벌주의(despotism), 자민족중심주의, 국가주의, 제국주의 등이 사망자와 전쟁유민을 발생시키고 있는 것이다.

남성중심의 사회를 철학적으로 '시각-언어-페니스-전쟁' 중심사회라고 말할 수 있을 것이다. 이에 대립되는 것이 바로 여성중심의 '청각-상징-버자이너-평화' 중심사회이다.

여성중심의 사회가 되면 적어도 남성중심보다는 경쟁과 전쟁이 덜해질 것이고, 과잉생산과 환경파괴 등이 줄어들 것으로 짐작된다. 남성중심의 사회는 국가(전쟁)을 중심으로 운영되지만, 여성중심의 사회는 종교(평화)를 중심으로 운영된다.

이는 제정일치 사회의 복귀인 신정일치(神政一致)사회에 해당한다. 여성은 체질적으로 종교적이다. 모든 종교가 하늘에 대해 신부의 입장에서는 것은 이러한 여성적 입장과 관련이 있다.

여성은 본질적으로 전쟁을 위해서 태어난 존재가 아니다. 아이의 생산을 위한 여성의 신체적 시스템은 이를 잘 말해주고 있다. 부드러운 가슴, 자궁을 포함한 풍요로운 둔부 등이 어떻게 전쟁을 위하는 것이 될 수 있다는 말인가. 그래서 전쟁이 발생하면 아이와 여성이 가장 많은 피해를 보기 마련이다.

이에 비해 남성은 태생적으로 전쟁기계가 될 소질이 풍부한 편이다. 신체보다는 대뇌중심의 시각-언어적 사고와 그로부터 유래되는 매우 현상학적인 태도, 즉 주체-대상의 이분법을 비롯해서 수학적-자연과학적 사고의 확실성을 바탕으로 하는 삶의 구성적 태도는 오늘날 극단적인 인간성 소외의 기계문명을 만들었다고 볼 수 있다.

세계를 너무 확실하게 보려는 남성적 태도는 이제 한계에 부딪히고 있다. 세계가 과연 그렇게 확실성(실체성)의 토대위에 있는 것일까. 이는 두말할 것도 없이 인간이 그렇게 확실성을 토대로 구성한 세계이다. 문제는 그러한 세계가 이제 살인적인 기계주의와 전쟁기계로 인해서 자칫 잘못하면 인간 종을 종말로 유도할 수도 있다는 위기감이 팽배하고 있다.

세계는 더 이상 남성주의가 이룩한 확실성(실체성)을 토대로 한 '의미(意味)-존재(being)'의 세계가 아니라 차라리 '무의미(無意味)-웹(web)'의 세계라는 것이 증명되고 있다. 여기서 무의미라는 것은 의미가 없다는 뜻이 아니라 인간이 규정한 제한된 세계가 아니라는 뜻이다. 그런 점에서 세계는 애매모호한 이중적인 세계이며, 이러한 특성이 더 이상 자연과학적 사고로 인해서 무시되어서는 안 된다는 경종에 귀를 기울일 필요가 있다.

현상학적으로도 물리학적인 차원이 아니라 의미론으로 보면 세계는 애매모호한 이중적 세계이다. 여기에 한 수 더 떠서 존재론으로 보면 세계는 '무(無)의 세계'이다.

인간의 철학은 더 이상 현상학적 정신학이나 의식학에서 빠져나와 다른 사고를 하지 않으면 마음의 평화를 이룰 수 없다는 것이 증명되고 있다. 마음(心)은 세계를 주체-대상의 이분법으로 대하지 않는다. 마음은 세계의 사물(物)을 본래 하나였던 것으로 보는 길을 열어준다. 말하자면 세계는 본래 심물일체(心物一體)의 세계이다. 세계의 출발(시작)이 하나라면 그 이후의 모든 심물(心物)은 하나일 수밖에 없다. 인간의 정신이 괜히 이를 둘로 나누었던 셈이다.

진정한 본래적 하나는 인간이 인위적으로 찾은 어떤 것이 아니라 본래 자연에 주어져 있는 것이다. 그런 점에서 본래적 존재는 인간의 머리에 의해 구성된 어떤 것이 아니라 자연에 흩어져 현존하는 것들이 모두 본래적 존재이다. 이렇게 생각하면 어떤 답이 떠오른다.

세계는 '인간이 던져진 세계(world)'가 아니라 '인간을 탄생시킨 자궁(web)'이다. 하이데거는 개체적 사유를 하기 때문에 '세계에 던져졌다.'고 생각하였다. 개체적 사유는 바로 시공간적 사유, 실체적 사유를 유도하고, 이끌어가는 원동력이다. 하이데거는 서양철학의 이성주의에 반동을 하면서도 여전히 개체적 사유는 벗어나지 못했다. 그래서 관계적 사유, 네트워크적 사유를 하는 데에 한계를 보였다.

세계는 인간을 던지기 전에 미리 잉태하여 탄생시킨 '자궁'이다. 세계가 인간을 탄생시키지 않았다면 인간이 어떻게 존재하는가? 그런 점에서 '세계'라는 말에도 이미 자궁적 의미가 배태되어 있다. 인간이 단지 모자(母子)의 입장에서 모(母)를 망각하고 자(子)만을 생각하고서는 자신을 던져진 존재로 인식하였던 것이다.

'인간이 던져졌다'고 하는 것은 인간의 생각일 따름이다. '던져졌다'고 생각하는 자체가 바로 인간성의 본래적인 존재의 성격이라기보다는 비본래적, 즉 탄생 이후에 얻어진 존재의 성격이라는 것을 말해준다.

본래적 존재의 세계라는 것은 인간을 둘러싼 아포리아적 환경이다. 그런데 그 세계를 인간이 현상학적으로 규정하는 바람에 '세계 내에 던져진 존재'가 되어버렸다. 이를 존재론적으로 규정하면 세계는 세계의 안과 밖이 없다. 안과 밖이라는 것은 세계를 이미 이분법적으로 갈라놓은 현상학의 결과이기 때문이다.

현상학은 세계를 이분법적으로 보면서도 이원화된 세계의 상호왕래의 균형점에서 이중성을 열어놓는다. 이 이중성은 상징으로 가는 길목이기도 하다. 상징은 여러 차원의 의미를 집약함으로써 과학의 기표연쇄적인 세계와는 다른, 의미의 다차원·다원성을 통해 존재의 세계로 통한다.

인간 존재를 탄생에서부터 생각하면 분명히 '자궁-내-존재'이다. 이때 자연은 자궁의 역할을 했을 뿐만 아니라 '상징적 자궁'이라고 할만하다. 우리는 흔히 자궁이라고 하면 조그마한 세계라고 생각하는데 이를 세계처럼 크게 생각할 수도 있다. 즉 '자궁=세계'인 것이다. 세계와 자궁은 대소를 따질 수 없는 관계에 있지만 세계가 큰 것처럼 생각하기 일쑤이다. 세계의 탄생을 자궁의 탄생에 비유할 수 있다.

세계라고 하는 것은 이미 세계에 대한 남성적-시각적 규정이다. 말하자면 남성은 이미 세계를 자신의 밖의 존재하는 대상의 세계로 규정하고 있다. 그럼으로써 자신도 저절로 세계 내에 존재하게 되는 것이다. 그래서 자신을 '세계에 던져진 존재'라고 규정하는 것은 남성적 존재규정이라고 말할 수 있다.

"거의 모든 온혈포유류는 태어나자마자 걷고 스스로 어미에게서 젖을 찾아 먹는다. 그러나 인간의 경우는 달랐다. 인류가 진화하면서 어미의 털이 없어지다 보니 인간의 아기는 어미에게 매달리지 못했다. 어미는 자신의 욕망과 배고픔을 억제하고 취약한 아이가 무사히 자랄 때까지 수년 동안 돌봐야 한다. 어미는 아이를 돌보는 동안 사냥이나 채집을 할 수 없으므로 아비가 가져다주는 음식에 의존할 수밖에 없게 되고, 그러면서 인류는 서서히 가족이라는 사회를 이루게 되었다. 부모의 이타적인 사랑은 아이의 생존에 필수적이다. 아무것도 모르는 아이는 어미의 행동을 통해 무의식적으로 누군가 자신을 위해 아무런 조건 없이 목숨을 바친다는 사실을 감지하고 자신의 DNA 속에 이를 각인시키기 시작한다. 모든 아이는 태어나자마자 무의식적으로 '이타적인 노력과 헌신'이 생존의 기초라는 사실을 배운다."[54]

인간은 이타성을 DNA에 각인시켰음에도 가부장사회의 강화와 더불어 가족 내의 헌신보다는 가족 밖에서의 남성적 사냥과 권력경쟁에 기울어진 까닭으로 인간의 자궁과 가족을 상대적으로 덜 중요한 것으로 잊어버렸다. 그 덕택에 인구를 증가시켜온 것도 사실이지만 오늘날 인간은 자신을 '세계에 던져진 존재'로 규정하지 않으면 안 되었다.

"남의 아픔을 나의 아픔으로 여기는 마음과 행동을 영어로 '컴패션(compassion)'이라 하고, 셈족어로는 '라흐민(rahmin)'이라 한다. 라흐민은 어원적으로 '어머니의 자궁'에 해당하는 히브리어 '레헴(rehem)'에서 유래

54 배철현, 『신의 위대한 질문』, 21세기북스, 2015, 66~67쪽.

했다. 어머니와 아이의 원초적인 관계, 인간과 인간 사이의 관계의 유형은 바로 '라흐민'이다. 아랍어로는 '라흐만(rahman)'으로 불린다. 특히 『꾸란』은 모든 장이 '비스밀라(bismilah)'라는 구절로 시작하는데, 이 구절을 해석하면 '자비가 넘치고(라흐마니) 언제나 자비로우신(라히미) 알라의 이름이다."[55]

인간의 유전자에 새겨진 '이기적 유전자'와 '이타적인 모성애'는 오늘날 남성성과 여성성에 그대로 전해지고 있다. 그동안 가부장사회는 이기적 유전자를 많이 드러나게 하였지만 이제 미래 여성사회는 반대로 이타적인 모성애를 더 칭송하게 할 것이다.

오늘날 서양철학의 남성성, 즉 시간-언어 중심적 철학은 미래 인류평화의 정착을 위해서 여성성을 중심으로 전환하지 않으면 안 된다. 이는 바로 여성의 자궁에 대한 인식을 새롭게 하는 것과 결부되어야 한다. 그런 점에서 인간은 하이데거의 말대로 '세계-내-존재'가 아니라 '자궁-내-존재', '지구-내-존재'임을 깨달아야 한다.

지구적 존재로서의 인간이해는 인간이 왜 지구라는 작은 행성에서 평화를 이루고 하나의 가족처럼 지내지 않으면 전쟁으로 인해 공멸하게 될지도 모른다는 점을 각인시키게 된다.

'자궁-내-존재', 즉 인간을 남성성보다는 여성성과 관련을 지우는 것은 바로 인간의 평화를 위해서다. 아마도 인간에게 자궁보다 평화로운 곳은 없었을 것이다. 자궁은 어머니와 아이가 심신일체(心神一體)를 이루는 장소이고, 무엇보다도 생명이 발생하는 신성한 곳이다.

인간생명과 관련해서 가장 신성하고 신비스런 장소는 자궁이다. 말하자면 '신이 있는 장소'이다. 기독교와 가부장사회는 신이 있는 장소를

---

55 배철현, 같은 책, 67쪽.

자궁 밖의 세계로 설정하였지만, 자궁이야말로 바로 신의 장소이다. 신의 헌신과 자비의 장소는 자궁이다. 어머니야말로 생명의 끈을 이어온 '살아있는 신'인 것이다.

여성은 세계를 자신과 분리된 존재로 여기지 않고, 교감하는(sympathetic) 존재, 즉 교감의 세계로 받아들이고 있다. 이는 세계를 자신의 존재의 밖에 두는 것이 아니라 안팎이 없는 상태에서 하나의 몸처럼 교감하는 세계로 체화하는 것이다. 그래서 여성은 세계와의 거리두기에 익숙하지 않다. 세계는 대상이 아닌 주객일체의 세계이다.

세계를 세계라고 하면 '세계-내-존재'가 되고, 세계를 자궁이라고 하면 '자궁-내-존재'가 된다. 인간을 규정할 때 '세계-내-존재'라는 말보다 '자궁-내-존재'라고 말할 때 우리는 더 행복함을 느낀다. 자궁은 인간의 평화의 안식처이고, 존재적(생성적) 세계를 경험하는 유일한 세계이다.

'자궁(web)'은 '우리(we)'의 뜻을 내포하고 있다. 인류학적으로 볼 때, 모계사회에서는 여성의 자궁이야말로 세계의 중심이었다. 그래서 당시 세계의 신도 여신이었다. 그리스 신화에 나오는 가이야, 즉 대지의 여신이었다. 대지의 여신보다 더 오래된 여신은 한국의 마고신화에 나오는 마고(麻姑)다. 모계사회에서는 공동체가 하나의 자궁가족이라고 말할 수 있다. '위(we)'라는 말의 어원을 추적해보면 자궁(web)과 한 뿌리임을 발견할 수도 있을 것이다.

세계가 비인간적으로, 기계적으로 삭막한 것은 인간이 세계를 그렇게 만들었기 때문이다. 세계를 주체-대상으로 해석하는 것은 세계를 이분화한 것이고, 그 이분화의 성공적인 결과는 과학문명이지만, 그것의 부산물적인 실패는 바로 세계로부터의 인간의 소외이다. 과학문명과 인간소외는 손등과 손바닥의 관계에 있다.

과학하는 것, 세계를 현상학적으로 바라보는 것은 세계의 근본(본질)을 무화시키고 존재의 뿌리를 망각하는 행위로서 결과적으로 인간을 물신적(物神的) 존재로 변질시키고 말 것이다. 그 물신의 시작은 바로 신의 현상화에서 출발하고 있다. 현상화된 신은 바로 물신이며, 우리시대에 물신들은 너무 많다. 신은 물론이고, 우상, 화폐, 매스미디어 등 생활 주변을 둘러싸고 있는 모든 환경이 물신이다.

문제는 물신(物神)의 이면에 다른 것, 즉 본래적인 신(神)이 있음을 알아야 한다. 이 본래적 신은 은적하는 신이며, 침묵하는 신이다. 눈으로 확인하고(visible), 언어로 확인하는(verbal) 신은 본래의 신이 아니다. 그래서 신을 섬길 때에도 항상 물신을 경계하여야 하고, 물신의 이면에 숨어 있는 신물(神物)을 발견하여야 한다. 신물은 현존하는 신으로써 잡을 수 없고, 이용할 수가 없다. 그래서 인간은 이용할 수 있는 신을 만드는데 이것이 바로 물신이고 우상이다.

인간의 상상계는 거울의 이미지처럼 항상 그 대상 혹은 언어 혹은 물신을 통해 존재를 발견하게 한다. 그러나 그러한 상상계의 존재는 가상존재로서 실제의 존재가 아니다. 인간의 문명은 그러한 가상존재의 여러 가지 변이(변형)들을 만들어서 살아가는 체계이다.

거울의 존재는 가상의 존재이다. 마찬가지로 의식의 존재, 인식의 존재는 가상의 존재이다. 자궁의 존재만이 실지로 생성의 존재로서 자연의 상속자인 것이다. 그런 점에서 여성적인 것들만이 생성과 자연의 상속자인 것이다. 세계를, 자궁을 바라보는 것은 이 때문에 필요한 것이고, 과학문명의 심각한 폐해를 앞두고 있는 인류가 새롭게 회복해야 하는 것은 문명의 르네상스가 아니라 원시반본이다.

세계를 정신(의식과 인식)으로 바라보지 않고, 마음(몸)으로 바라보는 것은 철학적으로 우리시대에 요구되는 가장 절실한 문제이다. 세계는 생성 그 자체이다. 그런데 생성 그 자체는 잡을 수가 없다. 생성 그 자체는 흘러가는 것이기 때문이다.

마음이라는 것은 상상력 혹은 상상계와는 다르다. 흔히 마음이라고 하면 상상의 세계 혹은 상상계를 떠올리게 되는데 상상계는 실은 거울 효과(거울, 시각, 사진)를 일으키는 세계로서 결국 현상계를 말한다. 그러나 마음은 현상계가 아니라 현존를 말한다. 현존이라는 것은 거울이나 시각이나 사진의 '사물을 대상으로 하는 사물현상'을 말하는 것이 아니라 주체와 대상의 대립이 없는 '세계 그 자체'를 말한다.

말하자면 존재의 은적이 포함된(존재의 전체가 숨어있는) 존재의 드러남인 현존을 말하는 것이다. 현존은 사물을 대상으로 보는 것이 아니라 존재 그 자체를 기뻐하고 신비롭게 바라보는 것을 말한다. 현존을 결코 소유할 수 없다. 존재의 생성적인 모습이기 때문이다. 상상계는 인간이 가진 별도의 시공간으로서 사물을 대상화하고 인식하고 소유하려고 한다. 마음은 별도의 시공간을 만드는 것이 아니라 자연의 모습 그 자체를 기뻐한다.

인간은 자신의 정신의 크기만큼 신을 본다. 절대와 소유는 본질적으로 우주의 부분이다. 집은 소유와 존재(자연)의 경계에 있다. 소유에 길들여진 인간은 소유를 통해서 존재를 확인하고, 존재에 길들여진 인간은 존재가 소유의 바탕임을 안다.

'평등'에서 '평화'로

서양의 소유의 철학이 인류문제의 해결로 제안한 것은 마르크시즘의 평등이다. 평등이야말로 갈등과 전쟁을 없애고 이상적인 공산사회를 건설할 수 있다는 주장이었다. 그러나 마르크시즘의 평등이란 결국 파시즘을 생산하고 말았다. 전체주의의 현상화는 바로 파시즘이었던 것이다. 그래서 평등이 아닌 평화가 요구되고 있다.

평화란 철학적으로 무엇을 의미하는가.

"추상이란 여러 개의 사실로부터 개별적이고 실존적인 요소를 버리고 동질적인 면만을 모아서 하나의 뭉뚱그려진 관념을 형성할 때 생기는 것이다. 추상의 정신(l'espirit d'abstraction)인 이데올로기의 예를 현실세계에서 들어보자. 공산주의 세계에서 주장하는 계급의식과 계급투쟁은 이른바 추상의 정신이 정치화된 대표적인 표본이다. 그러한 공산주의적 계급이념에 의하면 인간에게는 단지 계급적 도식에 의하여 자본가냐 아니면 무산대중이냐 하는 두 가지의 본질밖에 없는 것이다. 그런 전제 아래서 모든 구체적인 인간은 두 가지의 카테고리로 분류되고 적대적 행위와 전쟁이 정당화되어 진다. 그 뿐만이 아니라 우리가 자유세계라고 부르는 민주주의 사회 영역 안에서도 추상의 정신이 엄청난 힘으로 퍼져가고 있다. 우리가 민주주의라고 부르면 일반 대중은 말할 것도 없고 심지어 정치학자들도 안일하게 그것은 곧 평등의 원리라고 대답하는 것을 들을 수 있다. 그런데 이러한 평등의 원리가 민주주의 이념가에 의하여 이데올로기적으로 공허하게 장식되고 있지 않은가 하고 심각하게 물어볼 필요가 있다. 즉, 평등의 원리가 불법적으로 구체적인 인간들에게 적용되어지는 것이 아닌가 하는 점이다."[56]

평등의 원리는 추상의 세계인 과학의 등식의 원리를 인간사회에 역으로 적용한 것이다. 마르크시즘이 과학적 사회학이라고 명명되는 것조차 실은 과학에 의해 역으로 제압당한 인문학의 모습이라고 하지 않을 수 없다. 평등은 쉽게 말하면 사회학에서 자연과학의 현상적 실체와

---

56 김형효, 『평화를 위한 철학(김형효 철학전작 1)』, 소나무, 2015, 16쪽.

동일한 의미인 동일성을 추구하는 것이라고 하지 않을 수 없다.

과학이라고 하면 '신'의 새로운 대안처럼 현대인이 떠받들지만 실은 과학은 추상적 괴물이라고 하지 않을 수 없다. 그래서 평등 대신에 형재애(fraternité)가 평화에 접근하는 길인 것으로 여겨진다.

"형재애의 철학이란 모든 인간이 한 형제로서 자기에게 결핍된 질적 요소를 다른 형제에게서 발견할 때 기뻐하는 그런 정신의 철학이다. 이미 프랑스의 마르셀이 형재애와 평등의 차이를 다음과 같이 명쾌하게 분석한 바 있다."[57]고 김형효는 마르셀의 형재애를 해석한다.

"평등은 자기를 내세워봄(prétention)과 원한(revendication)같은 일종의 자발적인 주장으로 변하게 된다. 예를 들면 '나는 너와 같다.'라든지 또는 '나는 너에게 못지않다.'라고 주장하는 경우다. 다른 말로 표현하면 평등은 자기 자신의 분노 어린 의식 위에 축을 박고 있는 것이다. 그와 반대로 형제애는 타인에게도 공히 향하고 있는 것이다. 여기서는 모든 의식이 타인에게로 이웃에게로 지향되는 것같이 나타난다."[58]

따라서 현대사회에서 형제애의 강화를 위해서는 '교육의 생명을 경쟁을 통한 능률에서 형제애'에 의한 협력으로 옮길 것과 '관념 종교의 제단으로 형제애를 희생'시켜서는 안 된다고 김형효는 말한다.[59]

김형효는 평등의 이데올로기를 경계한다.

"확실히 철학이 현실의 정치 세력에 편승 또는 깊숙이 관계를 맺게 되면 이데올로기로 빠질 위험이 짙다. 철학의 정신과 생명이 모든 정치적·종교적·이데올로기적 편견에서 해방된 자유의 정신 그것이라면,

57 김형효, 같은 책, 17쪽.

58 김형효, 같은 책, 17쪽.

59 김형효, 같은 책, 18쪽.

이미 이데올로기나 무슨 주의·이념으로 변한 철학은 정신의 자유스러운 혈액순환을 막는 동맥경화증에 걸리거나 또는 사고(思考)의 화석이 되기 쉽다는 말이다."

평등의 이데올로기는 동일성을 추구하는 것이고, 동일성이 정치적으로 추구될 경우, 전체주의에 빠질 것은 예고된 것이나 마찬가지이다. 소련의 붕괴는 그 좋은 예이다.

"소련에서 공식적으로 철학이 사라진 지 오래다. 남은 것은 마르크스-레닌주의라는 이데올로기밖에 없는 것이다. 그러나 신비스럽고 심원한 사상의 향내 짙은 전통을 지닌 러시아 민족에게 마르크스-레닌주의의 이데올로기가 그 민족의 철학적 요구를 말살시키지는 못했다. 소련의 정치제도에 반항하기에 정신병자로 취급받아 강제로 격리 수용되어 유배된 자유 지성인들이야말로 '진리의 정신(l'esprit de vérité)'을 배반하지 않으려는 평화의 인간들이라고 할 수 있다."[60]

김형효는 이데올로기를 평화의 적으로 규정하는 것을 서슴치 않는다.

"이데올로기에 의한 모든 비난과 분류는 철학과 '진리의 정신'에 등을 돌리는 '추상의 정신'이요, 전쟁의 정신이다. 형제애의 철학은 적어도 이 대지가 인간이 손잡고 즐길 수 있는 인간의 대지가 되도록 하는 길이 아니겠는가."[61]

가정은 평화의 '자궁가족'

형제애라는 것은 기본적으로 가정에서 출발하고 있다. 다시 말하면

---

60 김형효, 같은 책, 21쪽.

61 김형효, 같은 책, 22쪽.

가정에서의 평화를 사회에로 확대시키거나 그것의 모델로 생각하고 있는 것이다. 형제애라는 개념에는 물론 부모가 전제되어 있다.

부모–형제애는 참으로 자연이 모든 동식물에게 부여한 가정 혹은 가족을 바탕으로 하는 존재론적인 개념이다. 부모형제는 인간이 인위적으로 만든 것이 아니라 자연과 문명의 경계에 있는 개념이며, 가장 자연적 존재에 가까운 개념이다.

흔히 사회학에서는 가족을 사회의 가장 기초단위로 생각하는데 이는 사회조직의 측면에서 매우 구성적인 해석이며, 사회학적으로 정향된 개념이다. 그러나 가족은 사회학적인 개념이기에 앞서, 다시 말하면 제도적인 개념이기에 앞서 자연적인 존재의 차원에 있다. 사회제도적인 개념은 이미 존재자인 반면 자연적 존재는 그대로 존재이다.

평화가 무엇인지를 탐색하기 위해서는 가정에 대한 존재론적인 해석이 요구되는 것이 오늘의 인류사회의 소외현상 혹은 전반적인 물신화를 푸는 열쇠가 될 것으로 짐작된다.

"세계의 모든 각양각층의 사회들이 보편적으로 추구하는 목표가 있다면 그것은 곧 평화다. 전쟁을 도발하는 집단들도 언제나 그들의 행동을 합리화시키기 위하여 평화의 새로운 설정을 내세운다. 마치 평화를 이룩하기 위하여 전쟁을 하는 것처럼 그들은 주장한다. 그러나 진실로 선의의 모든 영혼이 원하는 평화는 전쟁의 일시적인 휴전이나 냉전 상태와 같은 적막감이 아니다. 참다운 평화는 지상에 사는 모든 사람의 의지를 만족시켜주는 것이어야 한다. 그런데 그러한 상태를 바란다는 것은 유토피아적인 꿈이다. 또 사실상 지상에 거주하는 인간의 조건으로써 모든 사람의 의지를 만족시켜준다는 것은 관념적 이론에 불과하다. 그러기 때문에 모든 사람이 한결같이 만족한다는 외적 요인의 기하학적 차원보다는 나 자신의 주체성 문제에서부터 평화의 얼굴을 음미해야 할 것이다."[62]

김형효는 자아의 선의를 근간으로 하는 주체적 형이상학의 정립을 요구한다.

"자아의 선의가 겨냥하는 형이상학은 타아들로부터 고립된 주체성의 형이상학도 아니요 역사 속에 실현된다는 무인격적인 '이성의 간지(奸智)'도 아닐 것이다. 그러므로 자아의 주체적 존재를 선의로 정립한다는 것은 자아의 주체적 존재를 내적으로 파악하고 그러한 내적인 자기의 인식이 동시에 바깥으로 향하는 나의 주체적 제스처와 구별되지 않을 때이리라. 따라서 선의의 주체적 형이상학은 그 표정의 현상학과 일치하게 되는 것이다. 만약에 우리가 르누아르의 미술 작품에서 여자의 육체가 보여주는 다사로운 훈기를 느낀다면 그것은 곧 여자의 주체의 내면성이 선천적으로 지니고 있는 풍요성의 현상(現象)이다."[63]

김형효가 르누아르의 여성을 대상으로 한 작품을 예로 든 것은 시사하는 바가 크다. 여성은 이미 주체적인 내면성으로써 평화와 풍요를 현상하고 있기 때문이다.

김형효는 평화란 주체의 상이한 복수성을 인정하는 선의 속에서 생기는 것이라고 말한다. 그런 점에서 그는 '가정의 신비'를 높이 평가한다.

"평화란 복수성의 통일로서 그러한 통일은 '열린 통일(l'unité ouverte)'이지 '닫힌 통일(l'unité close)'이 아닌 것이다. 열린 통일로서의 평화는 전쟁을 하는 남자들의 지친 피곤에서 이루어지는 전투의 종말도 아니며 일방의 패배와 타방의 승리라는 이원적 구조와 동일시될 수도 없는 것이며, 한 곳에는 장송곡과 무덤으로 다른 곳에서는 승리의 으쓱대는 제국

---

62 김형효, 같은 책, 23쪽.

63 김형효, 같은 책, 23~24쪽.

의 꿈으로써 올리는 축제와도 일치할 수 없는 것이다. 무엇보다도 참다운 뜻에서의 평화는 나의 주체적인 평화에서부터 발단되어야 한다. 그러므로 평화는 언제나 낱말의 정직한 뜻에서 나의 평화이어야 하고 또 그러한 나의 평화는 나로부터 나와서 타인에게로 가는 관계 속에서 정립되어야 한다. 나로부터 나오는 주체적 평화가 타인과 풍요한 관계를 맺게 되는 그러한 윤리가 바로 '가정(家庭)의 신비'다."[64]

가정은 국가보다도 더 형이상학적으로 인정받을 수 있는 존재라는 것을 김형효는 지적한다.

"가정은 국가의 구조와 기구의 밖에서도 그 실재적 가치를 형이상학적으로 인정받을 수가 있다. 즉, 가정이란 실재는 플라톤처럼 국가의 구성을 위하여 희생시켜야 할 감각적 허구도 아니며 헤겔이 생각하였듯이 국가의 윤리를 실현하기 위하여 사라져야 할 시대적 계기도 아니다."[65]

가정의 신비는 평화의 형이상학과 긴밀한 유대를 갖는다.

"평화의 형이상학은 인간의 안팎이 혼용되어 하나의 장(場)을 형성하는 데서 해명되어야 한다. 그러기에 한 주체의 자기섭취와 환경 속에서 의외적 요인의 섭취 사이에는 하나의 변증법적인 관계가 놓여있다고 보아야 하겠다. 그래서 평화의 정치학과 경제학은 평화의 의식 내지 평화의 심리학과 나란히 가면서 이원적 일원(一元)의 경향을 띠게 된다."[66]

평화의 심리적 주체는 자아이긴 하지만 과학적 객관성의 진리를 밝히는 데카르트의 자아가 아닌, 주체적 내면성을 긍정하는 자아이다. 김형효는 자아의 스스로에 대한 긍정을 위해 맨 드 비랑의 주장을 인용한

---

64 김형효, 같은 책, 25쪽.

65 김형효, 같은 책, 25쪽.

66 김형효, 같은 책, 26쪽.

다. 비랑은 데카르트와 달리, 자아란 '동적(動的) 노력(l'effort moteur)' 속에서 스스로를 구성한다고 생각했던 인물이다.

"인격적인 자아가 깨기 시작하는 것은 자신의 동적인 노력에서인데 비랑은 그것을 '시원적 사실(le fait primitif)'이라고 불렀다. 모든 인간의 주체적 의식은 자신의 움직임을 '시원적 사실'로서 가지고 있기에 바랑에 의하면 모든 의식은 제스처적인 성격을 띠게 된다. 따라서 제스처는 모든 의식의 외면화를 위한 기관(器官)이 된다."[67]

주체로서의 자아는 대상으로서 다루어져서는 안 된다. 자아가 주체로서 이해된다는 것은 자아야말로 외부환경과의 접촉 속에서만 자신을 인식할 수 있음을 말한다. 주체로서의 자아는 '개선하는 자아(le moi triomphant)'가 아니라 '싸우는 자아(le moi militant)'이다.

"노력이 끝나는 날 자아의 운명은 신으로 승화하든지 사물의 세계로 전락하든지 둘 중 하나가 된다. 그러므로 노력의 자아는 매순간마다 자신을 스스로 형성해야 하는, 그렇지만 자신을 완전히 파악할 수 없으면서도 자신을 스스로 선택하여야 하는 자아다."[68]

'신으로 승화'나 '사물로의 전락'은 김형효의 입장에서는 서로 다른 것 같지만 필자의 만물만신(萬物萬神)의 입장에서는 같은 것이다.

주체로서의 자아가 대상으로 다루어지지 않기 위해서는 주체의 여성성 혹은 여성성의 주체성이 새롭게 부각되어야 한다. 남성적 주체는 가부장제 이후 사물을 대상으로 볼 뿐만 아니라 특히 여성을 대상으로, 혹은 소유물로 다루어왔기 때문이다. 여성성 자체가 사물을 대상으로 보기보다는 심물일체로 바라보는 교감적 특성이 있다. 여성은 사물과 환

---

67 김형효, 같은 책, 27쪽.

68 김형효, 같은 책, 27쪽.

경을 교감체로 느낌으로써 사물을 존재(생성)로서 바라보는 데 에 선구적 역할을 한 편이다.

따라서 평화를 구체적으로 실현하기 위해서는 역사에서 여성성을 확대하는 것이 가장 효과적이다. 이는 여성의 사회진출과 역할을 그 어느 때 보다 과감하게 증대하여야 하며, 종국에는 남성중심에서 여성중심으로 세계사의 흐름을 바꾸어놓아야 한다.

가정: 평화의 전당

여성은 무엇보다도 가정의 평화와 평화로운 공동체를 기원하는 존재이다. 이는 무엇보다도 출산과 육아를 담당하는 삶의 조건 때문이다. 여성은 또한 이런 역할을 위해서 신체가 준비되어있는 존재이다.

그런 점에서 평화로운 환경과 거주공간은 무엇보다도 우선적인 삶의 구비조건이다.

"인간의 자유는 자기가 창조하지 않는 것을 맞이함으로써 이루어진다. 그러기에 자유는 의식적 의지와 무의식적인 의지의 상호대화에 의하여 규정되는 장 속에서 핀다고 하겠다. 이와 마찬가지로 평화에의 형이상학도 인간의 형이상학이기 때문에 주체적이고 의지적인 지평을 넘어서 비자아와의 교섭에서 생기는 환경의 의미를 물어야 한다. 자유가 자기가 만들지 않는 것에 동의함으로써 성립되는 것과 마찬가지로 평화의 여정 역시 주체가 의지적으로 마음대로 할 수 없는 어떤 분위기를 마중함으로써 짜여 지는 것이다. 다시 말하면 평화의 주체의식은 그 의식을 제어하고 있는 환경에 관여하고 있는 것이다. 그 환경, 즉 평화의 환경은 가정(家庭)으로서 제기된다."[69]

인간의 구체적인 삶은 가정에서 이루어진다. 가정의 친밀성은 항상 주위에 현존적 분위기를 감돌게 한다. 현존은 대상화되지 않는 현상으로서 존재를 직접적으로 느끼게 한다. 말하자면 '가정=평화'이다.

가정은 아기가 탄생하는 공간으로 가장 현존과 존재를 동시에 느끼게 하는 곳이다. 아기는 일종의 자연의 선물과 마찬가지이며, 가정은 아기의 탄생으로 인해서 창조적이고 신비로운 공간이 된다. 그 아기는 부모로부터 물려받은 유전인자로 인해서 부모의 동일성과 차이성을 동시에 가지고 있는 독립적인 존재로서 종의 영속성을 보장하는 존재이다.

말하자면 아기는 공장의 생산품(가상존재)과는 본질적으로 다른, 우주적 실재로서 우리 앞에 최근에 생성된 위대한 존재로서 자리하게 되는 것이다. 여기에 인성과 신성은 함께 자리한다. 그런 점에서 가정은 참다운 교회와 같은 것이다.

폭력과 권력은 동일성과 연대해서 발생하기 때문에 동일성과 차이성이 공존하는 가정은 폭력에서 가장 멀리 떨어진 곳이다. 물론 가정에도 폭력이 있지만 이는 사회적 폭력이 역으로 감염된 사회병리현상에 속한다.

"주체로서의 나의 존재가 나 아닌 세계에 분리할 수 없을 만큼 긴밀하게 이루어지는 상호 교호 속에서 가정의 신비는 드러난다. 그러기에 나의 존재는 나의 가정의 분위기이며 또한 나의 가정의 역사이고도 한 것이다. 나의 존재는 나의 가정의 기념비인 것이다."[70]

가정은 전쟁과 여러 면에서 반대의 입장에 있게 된다.

---

69 김형효, 같은 책, 36쪽.

70 김형효, 같은 책, 40쪽,

"평화의 환경은 가정이요, 그래서 하느님과 인간의 관계도 한 가족으로서 이해된다. 평화의 환경은 동일자와 이타자가 서로 얼굴을 마주 보는 분위기이다. 나는 그 이타자를 마음대로 할 수 없고 오히려 나의 자유는 그 이타자를 마중함으로써 그 이타자에 관여됨에서 현실화되는 것이다."[71]

그런 점에서 천지는 가정의 부모와 같은 것으로 이해될 때 평화가 유지되는 길이 열리는 것이다. 우주(宇宙: 집 宇, 집 宙)는 글자 그대로 집인 것이다.

"언제나 인간의 만남은 이상한 것에 대한 인사이다. 그러므로 평화의 대화는 존재론적인 익명의 전체성을 전제로 해서 가능한 것이 아니라 바로 '형이상학적인 별리(別離)'와 '형이상학적인 친밀성'을 전제로 해서 가능한 것이다."[72]

전쟁은 가정의 적이다. 전쟁은 국가를 위해서 가정의 파괴를 일삼는다.

"전쟁은 자기와 다른 이타성을 말살시킬 뿐만 아니라 또한 동일성조차도 파괴시킨다. 전쟁 속에서 나타나는 존재의 모습은 전체성 속에 고정되어 버린다. 원래 평화의 환경이란 가정에서 본 바와 같이 동일과 이타의 친밀감이요, 풍요성이건만 전쟁 속에서 동일자와 이타자는 그들도 모르는 사이에 그들을 명령하는 힘의 압력 밑에서 단지 폭력의 단위로 변하고 만다. 이미 폭력의 단위로 변한 그들의 존재 의미는 오직 전체성이 요구하는 명령 속에서만 발견된다."[73]

여성과 '마중의 사랑'이 없다면 남자는 방랑자가 되거나 고아가 될 것

---

71 김형효, 같은 책, 42쪽.

72 김형효, 같은 책, 43쪽.

73 김형효, 같은 책, 41쪽.

이다. 불교는 처음엔(원시불교) 남성성으로 비치는 부처가 될 것을 기약하였지만 점차 여성성으로 비치는 대승보살불교를 지향하게 되었다. 이는 무엇보다도 자비의 실천이 중요해졌기 때문이다.

한국불교는 왜 여성신도를 '보살'이라고 부르는가? 보살이라고 하면 '성문(聲聞), 연각(緣覺), 보살(菩薩)'로서 대승불교의 깨달은 자의 대명사가 아닌가. 그런데 여성은 왜 처음부터 보살인가. 관세음보살을 비롯해서 보살이 여성성으로 비치는 경우가 많기 때문이기도 하겠지만 무엇보다도 여성의 삶 자체가 바로 봉사와 희생의 실천, 즉 보살행이기 때문이다.

남성성이 가장 승화되면 부처가 되지만, 여성성이 가장 승화되면 보살이 된다. 그런데 남성성은 여성성으로 보완되지 않으면 부처가 되지 못하고, 여성성은 남성성으로 보완되지 않으면 보살이 되지 못한다. 결국 남성성과 여성성, 즉 음양이 태극이 되어야만 보살이 되는 셈이다.

희생과 봉사의 실천이라는 것은 머리에 의해 실행되는 말(言)이 아니라 몸 전체가 실행하는 글자 그대로 실천(實踐)이다. 실천이라는 것은 발을 실제로 옮김으로 구현되는 몸 전체의 전인적(全人的) 달성이다.

인류의 4대 신화와 가부장제

인류문화의 원형은 신화이다. 신화는 정설이나 정답이 없다.

"절대적으로 유일하고 정설의 신화는 없다. 상황이 변함에 따라, 이야기 속의 영원한 진실을 부각시키기 위해서 신화를 다른 방식으로 이야기해야 할 필요가 대두되었다. 이 간략한 신화의 역사를 통해 여러분은, 인간이 큰 발걸음을 내딛을 때마다 스스로의 신화를 재검토하고 새로운 환경에 유효하도록 변경했음을 알게 될 것이다. 그럼에도 인간의 본성은 크게 변하지 않는다는 것을, 그래서 오늘날의 사회와는 판이하게 다른 사회에서 만들어진 신화가 여전히 우리의 가장 본질적인 두려움과 욕망에 말을 전한다는 사실을 보게 될 것이다."[74]

어쩌면 욕망은 근대에 이르러 확실하게 이성으로 변형되었을 때 발견되었다. 욕망과 이성은 부족(결핍)-필요 때문에 생겼고(상상되었고), 부족 때문에 인류신화의 공통요소인 황금시대(樂園)가 생겼고, 황금시대에서 추락한(失樂) 것은 악(惡)-유혹(실수) 때문이고, 악으로 인해 선(善)이 유추되었다. 그래서 모계사회의 주역이었던 여신은 원죄의 여인으로 전락한다.

오늘날 우리가 접하고 있는 신화는 모두 가부장제의 신화로서, 이미

---

74 카렌 암스트롱, 『신화의 역사』, 이다희 옮김, 문학동네, 2005, 18쪽.

모계사회의 신화가 가부장사회의 시대에 맞게 신화적 합리성으로 변형된 것이다. 신화는 모계 사회적 신화에서부터 가부장사회의 신화, 그리고 극단적으로 남성중심사회가 된 서구사회의 신화에 이르기까지 다양하게 펼쳐진다. 신화의 세계적 분포와 전개양상을 보면 모계사회에서 부계사회로 올수록 평화에서 전쟁으로 기울어지는 양상을 보인다. 이는 '신들의 평화'에서 '신들의 전쟁'으로 상징적으로 요약할 수 있다.

현대에 이르러 신화는 종교와 철학에 스며들어 있다. 다시 말하면 종교와 철학을 통해 우리는 과거의 신화를 추적하고 유추해보면서 문화의 원형으로서 신화의 모습을 찾아볼 수 있다. 오늘날 지구상의 대개의 사회문화는, 극히 예외적인 경우를 제외하고는 가부장제의 신화적 원형을 따르고 있다.

서양철학의 동일성은 아직 어떤 철학자도 언급한 적이 없지만 실은 가부장제 및 문자의 사용과 관련이 많았을 것으로 짐작된다. 남성은 가상실재를 설정하는 존재이다. 가상실재를 한번 설정하면 계속해서 그러한 가상을 통해 모순을 극복하지 않으면 안 된다. 현상(대상)으로 일컬어지는 모든 것은 가상실재이기 때문이다. 인류는 가부장제가 아니었으면 지금까지 생존할 수 없었을 지도 모른다.

서양철학사에서 하이데거의 존재론의 탄생은 '하늘의 보편성'보다는 '땅의 일반성(일반적 존재)'에 철학적 관심을 돌리는 환기의 효과가 있다. 하이데거의 기초존재론이나 존재론은 필자의 일반성의 철학의 탄생의 전조로 여겨진다. 서양철학사의 보편성과 초월성에 대한 타성은 쉽게 일반성의 철학으로 전환하는 것을 어렵게 했을 것이다.

그럼에도 불구하고 하이데거의 존재론은 인류사적으로 볼 때 가부장사회에서 다시 모계사회로의 귀환을 강력하게 시사하는 철학적 시대정신을 떠올리게 한다. 왜냐하면 종래 서양철학은 하이데거의 존재론에 따르면 존재자적 철학이었으며, 존재자적 철학은 움직이는 사물에 이름을 명명(부과)하는 가부장사회의 산물이기 때문이다.

존재론적 철학은 여러 모로 여성 중심적이고, 여성적 특징을 위주로 한 문명전환이다. 여기서 여성 중심적이라는 것은 실은 우뇌(右腦) 지향과 관련이 있다. 존재론적 철학은 주장한 하이데거는 비록 '언어는 존재의 집'이라고 말하였지만 실은 철학이 좌뇌(左腦) 중심에서 우뇌 중심으로 이동하려는 것이며, 심하게는 철학이 언어를 떠나려는 것이다. 철학이 비유나 상징이나 이미지로 귀환하려는 것이고, 보다 자연적인 것으로의 복귀를 의미한다.

"우뇌는 비언어적이다. 우뇌는 커뮤니케이션의 측면에서 초기의 동물적 방식과 유사하다. 우뇌는 울음, 몸짓, 찡그림, 포옹, 젖빨기, 만지기 등 몸의 언어를 이해한다. 우뇌의 감정상태는 거의 의지에 의해 통제되지 않으며, 안절부절못하거나 얼굴을 붉히거나 웃음을 흘리게 됨으로써 본래의 감정을 드러나게 한다. 존재(being)— 어떤 특정한 순간에 우리의 실존적 상황을 구성하는, 서로 충돌하는 여러 정서의 복잡한 직조물—을 표현하는 쪽은 좌뇌보다는 우뇌다. 영어에서, 우리는 누군가에게 'How are you'(안녕하세요)라고 묻는다. 그러면 'I am....'(나는.....이다)로 시작되는 대답을 듣게 된다. 여기서 'be동사'가 질문과 대답 모두에 그 틀을 제공한다."[75]

가부장사회가 성립되기 위한 조건으로 여성으로부터 '여신의 폐위' 사건이 있었고, 문화전반에서 일련의 비슷한 작업이 진행된다. 그 중에 결정적인 사건이 모계사회에서 부계사회로의 전 지구적 전환이다. 이러한 여성의 권위에 대한 남성의 도전과 혁명은 신화체계에서부터 시

75 레너드 쉴레인, 『알파벳과 여신』, 조윤정 옮김, 파스칼북스, 2004, 41쪽.

작하여 가족제도, 결혼제도 등에서 자행된다. 철학의 이성 중심주의도 그러한 결과의 하나이다. 근대 철학은 결국 과학을 낳고 다시 제 갈길을 찾기 위해 부심하고 있다. 존재론적 철학은 과학으로부터 버림받은 뒷방 늙은이 신세의 철학이 자연에 대해 다시 의미부여를 하기 시작한 신호이고, 결국 인간은 자연으로 돌아가지 않을 수 없음과 그것에 대한 의미부여를 새롭게 하고자 하는 시도로 보인다.

오늘날 인간은 무엇보다도 과학을 중심으로 살아가고 있다. 그래서 과학의 입장에서 과거 인류문명을 되돌아볼 필요가 있다. 성(性)은 무엇일까. 프로이트는 '성기기'를 '남근기'라고 하면서 남녀에게 다 적용했는데 이는 분명히 남성의 입장과 문명의 입장에 있는 것이다. 여성의 입장과 자연의 입장에서 보면 남근의 없음은 거세불안이나 남근선망(penis envy)이 아니라 도리어 자연의 텅 비어있음과 연결된다.

서양 과학문명은 텅 비어 있는 것을 인정할 수 없다. 무(無)나 허(虛)를 인정할 수 없다. 그래서 이들은 허무주의(虛無主義)가 된다. 니체는 서양의 허무주의를 극복하기 위해 나름대로 서양철학의 전통에서 그 대안으로 제시한 것이 '디오니소스의 긍정의 철학'이다. 그러나 그의 철학도 서양의 이성철학에 반기를 든 욕망과 의지의 철학이었지만, 그것도 결국 이성이라는 것이 드러났다. 신체적 이성이 바로 욕망이라는 것이다. 이성-욕망이라는 것은 서로 대립되는 것 같지만 실은 현상학적 차원에서는 상호 왕래하는 것일 뿐이다.

물론 양자물리학에 이르러서는 좀 달라지긴 했지만 그래도 서양문명은 여전히 전반적으로 자연과학적 실증을 토대로 삶을 경영해간다. 서양과학의 뒷받침한 서양철학은 과학을 무시할 수 없고, 과학의 시녀가 될 수밖에 없다. 오늘날 과학철학과 실용주의 철학이 지배하는 서양철학을 보면 이는 역으로 증명된다.

이를 프로이드 식으로 보면 남성은 '(남근) 있음'이 되고 여성은 '(남근) 없음'이 된다. 그래서 이것을 통상의 존재론(소유론적 존재론)으로 보면 남성은 존재론적으로 '있음의 존재'가 되고 여성은 '없음의 존재'가 되고, 나아가서 남성은 '존재'가 되고 여성은 '존재'의 대열에 끼지 못한다. 여성은 존재론적으로 '있으면서도 있지 않는', 혹은 '있지 못하는(있음을 인정받지 못하는) 존재'가 되어버린다. 자연계에서 자연이 처한 존재를 남녀 간에는 여자에게 투사된다. 오이디푸스 콤플렉스에 반동하는 것이 안티-오이디푸스 콤플렉스이지만, 진정 오이디푸스 콤플렉스의 대칭에 속하는 것은 오이디푸스 콤플렉스가 없는 것이다. 예컨대 한국과 같은 고부(姑婦) 콤플렉스가 그 좋은 예이다.

고부 콤플렉스는 오이디푸스 콤플렉스와 달리, 한 여자를 두고 두 남자(아버지와 아들) 간의 경쟁이 아니라 여자들(시어머니와 며느리) 간의 경쟁이다. 오이디푸스 콤플렉스 문명권은 권력경쟁의 문명이지만, 고부 콤플렉스 문명권은 권력경쟁이라기보다는 일종의 질투문화권이다. 남자들 간의 콤플렉스는 외부로 투사되면서 경쟁과 승패를 겨루지만, 여자들 간의 콤플렉스는 내부로 투사되면서 승패도 없이 소모전을 벌인다.

프로이드의 오이디푸스 콤플렉스는 서양문명권에 두드러지는 무의식적-의식적 심리현상이다. 이러한 심리적 현상을 사회적으로 해석하면, 남성의 입장은 문명의 입장이 되고, 여성은 자연의 입장이 되는 것에 주목할 필요가 있다. 서양과 함께 가부장사회에 진입한 것은 동양문명의 경우도 마찬가지이다. 그러나 동양문명은 서양처럼 그렇게 심리적으로 남성편향의 강박관념을 보이지 않는다. 왜 그럴까. 아마도 동양은 자연에 대해 일찍이 형성된 '음양'(陰陽)사상 덕분으로 보인다. 동양은 문명화 되더라도 항상 문명이 자연의 토대 위에 있음을 간과하지 않는 태도를 문화적으로 견지한다. 동양 문화권은 그 비어있음에 익숙하다.

권력의 입장에서 보면 자연은 '권력이 없음'이 되고, '권력이 없음'은 존재론적으로 없는 것이지만 비(非)권력, 혹은 전(前)권력의 입장에서 보면 '자연은 그냥 자연'일 뿐이다. 그냥 자연을 권력의 입장에서 보면 자아보존본능-종족보존본능이니, 자아리비도-대상리비도니, 삶의 본능-죽음의 본능이니 라고 복잡다단하게 말하지만 자연의 입장에서 보면, 만물은 자연에서 태어나서 자연으로 돌아가는 것이다. 그것을 괜히 자아-종족, 자아-대상, 삶-죽음이라고 대립적(대칭적) 구조로 말하는 것뿐이다.

인류문명에서 자아의 발달은 여성에게는 불리하게 작용했다. 여성에게 자아라는 페니스는 재앙이었다. 페니스의 '있음'이 '존재'가 되고 '권력'이 되는 문명화의 과정에서 여성은 심하게 억압받아야만 했다. 페니스는 여성을 억압하였을 뿐만 아니라 남성선망을 낳게 하였고 이는 남아선호사상과도 긴밀한 연관을 갖는다. 가부장사회, 남성중심이 되면서 여성성은 수난을 받았고 악마(마녀)가 되었으며 여성의 성기는 감시와 봉쇄의 대상이 되었다.

서양과 인도는 같이 인도-유로피안언어권에 속한다. 언어권이 같으면 철학도 같다고 한다. 이는 철학이 언어의 구조물이기 때문이다. 그런데 산스크리트어의 인도에서 발생한 불교가 다시 중앙아시아를 둘러서 중국으로 전파된다. 이것이 유명한 격의불교이다. 불교가 한자로 번역되는 과정은 크게 두 차례에 걸쳐 있는데 첫 번째는 구마라습에 의해 주도되었고, 두 번째는 현장법사의 그것이다. 불교의 번역은 크게 중국의 토착사상이라고 할 수 있는 도교에 의존하게 되는데 우리가 알고 있는 공(空)이라던가, 무(無)라고 하는 것이 다 번역과정에서 정립된 개념이다.

불교도 크게는 가부장사회를 뒷받침하는 소위 고등종교에 속한다. 그럼에도 불구하고 서양의 기독교와는 판이하게 다르다. 바로 여성에 대한 사상과 '비어 있음'과 '없음'에 대해서 그것을 '없다'고 하지 않는다. 도리어 그 없음을 기초로 사상을 전개하고 있다고 해도 과언이 아니다. 불교도 비구니에게는 비구보다 더 강한 계율을 요구하거나 그 후에 더욱 제도화된 '제도불교'에서는 비구니는 크게 대접받지 못한다. 그럼에도 불구하고 불교의 성차별은 기독교와는 다르다. 천주교의 수녀보다 불교의 비구니가 훨씬 종교적 지위가 높다는 뜻이다.

기독교는 불교보다 약 5백년 뒤에 발생한 것으로 지금도 예수의 청년 시절의 증발과 관련하여 불교의 영향을 논하고, 심하게는 예수가 청년 시절 순례를 통해서 불교의 종교적 세례를 받아서 예수의 기독교가 탄생하였다고 말하는 이도 있다. 중요한 점은 불교가 힌두교의 문화적 바탕 위에서 카스트 제도를 비롯하여 그것에 반하는 이데올로기 체계를 가지고 탄생한 것이 단순한 부처의 깨달음에 의한, 탁월한 개인(싯달타)의 능력 탓이라고 하면 토론의 여지가 없지만, 만약 어떤 문명적 교류나 기반에 의한 것이 개입되었다고 보면 석가족의 문명적 기반에 대해서 논의할 필요가 있다. 이는 석가가 혈통적으로 몽골리언[76]이라는 것과 관련을 맺는다. 여기에 다시 동아시아 한자문화권에서 문명적 세례를 받은 인물이 아닌가 하는 점이 추가된다.

---

76 『증산도(甑山道) 도전(道典)』, 대원출판사, 1992 참조.
석가(사카)족은 현재 네팔(티베트 남부) 포탈라카국 감자대왕의 후예로서 지금의 네팔 타리이 지방 카필라국에 정착하였고 코살라국의 주인이 되었으며 카필라국의 수도난다(정반왕)는 마야부인에게서 석가를 낳았다. 영국의 사학자 빈센트 스미스에 의하면 석가족과 고리족(槀離族)은 동쪽에서 이동했으며 몽골리안 중에서 한민족을 형성한 고리족(코리족=치우족=묘족=고구려=부여=몽골)이 네팔지역에 이동한 것으로 추정하여 〈석존 몽고인설〉을 주장하였다. 현재 네팔에 샤카족이라 하여 석가모니의 후손들이 있는데 그들의 모습은 바로 우리의 모습과 같다. 석가모니 생존 시 10대 제자 중 설법제일로 통하는 부루나 존자(尊者)가 석가모니 생존 시에 직접 그렸다는 초상화(대영박물관 소장)가 가장 신빙성 있어 보인다. 그 초상화는 곱슬머리에 수염도 적당히 있고, 이마나 안면의 선이 코카서스 인이라기보다는 몽골리언에 가깝다.

만약 동양의 자연사상, 혹은 무위자연사상이 먼저 불교의 형성에 영향을 미치고 다시 불교가 도교의 용어로 번역되었을 가능성은 앞으로 더욱 증명이 되어야 하는 것이지만, 만약 동아시아 한자문화권의 영향이 불교의 형성에 기여를 하였다면 그것이 불교가 '없음'에 대해서, 혹은 여성성에 대해서 다른 고등종교들보다 관대한 태도를 취하는 것이 바로 동양의 무위자연사상의 작용이 아닌가 하는 점을 생각해본다. 기독교는 불교보다는 훨씬 더 가부장제가 강화된 후기에 발생하였으며, 가부장제가 절대적으로 필요한 유목지역에서 발생한 사실과 관련을 지어 볼 수 있다. 다시 말하면 불교의 유목민족 판(변형, 버전)이 바로 기독교라는 점을 설득하고 싶은 것이다.

도교의 무위자연사상과 불교는 오늘날 소위 하이데거 식의 존재론을 설명하는 동양적 개념이나 틀로서 크게 기여하고 있다.[77] 인류는 소유론의 시대에서 이제 존재론의 시대로 접어들어야 하고, 그래야 전쟁과 끝없는 경쟁, 그리고 자본주의의 병폐에서 벗어나서 평화와 공존의 길에 들어설 수 있다는 것이 오늘날 많은 철학자와 지식인들의 한결같은 충고이다. 자연으로 돌아가는 것, 존재의 본래 모습으로 돌아가는 것, 바로 거기에는 남성우위의 사상이나 제도를 극복하는 것이 선결과제이다. 바로 그러한 것을 실천하기 위해서 가부장제의 사고나 습관을 버려야 하고, 더하여 음(陰)을 앞세우는 음양(陰陽)의 사상에 대한 제고가 필요한 시점이다. 음을 앞세우는, 혹은 바탕으로 삼는 음양사상이야말로 자연주의 철학의 원형이다.

---

77 김형효(金炯孝)의 철학 삼부작인 『철학 나그네』, 소나무, 2010; 『사유 나그네』, 소나무, 2010; 『마음 나그네』, 소나무, 2010를 비롯하여 『원효의 대승철학』, 소나무, 2006; 『사유하는 도덕경』, 소나무, 2004 등은 그 좋은 예이다.

자연은 문명의 바탕이다. 문명의 입장에서 보면 자연은 '없음'일 수 있다. 남성의 입장에서 보면 여성은 '없음'이 된다. 그러나 그 '없음'은 도리어 '있음'의 바탕이 된다. '없음' '비어 있음'의 철학은 쉽게 여성성을 위주로 하는 '여성(모성) 중심'이 된다. 여성과 남성의 관계는 존재와 존재자의 관계가 된다. 종교적 신이나 과학적 법칙이나 모두 영원한 불변의 것을 찾기 위한 인간의 노력의 산물이다. 그것은 존재자이다. 그러나 변하지 않는 것은 없다. 모든 존재는 변한다. 존재는 또한 모든 것이다. 인간이 지상에 등장하기 전에 수많은 동식물이 등장했다.

그럼에도 불구하고 성경은 하느님이 아담과 이브를 먼저 만들었고, 그 다음에 다른 동식물을 만들었다고 한다. 이는 시간의 소급이다. 성경이 시간을 소급하고, 과학이 법칙을 발견하려는 것은 모두 다스리기 위함이다. 성경은 인간을 다스리기 위함이고(특히 여자를 다스리기 위함이고), 과학은 사물을 다스리기 위함이다. 결국 그들은 다스리기 위한 하나의 절대성을 추구하는 것이다. 이것이 이치(理致)라는 것이다.

인간은 또 역사에서도 존재자를 발견하려고 한다. 시간의 흐름 속에서 변하지 않는 것을 발견하고자 함이다. 우주는 그렇게 존재할 뿐이다. 모든 존재는 생멸하는 것이다. 생하는 것에 이미 멸하는 이치가 있다. 멸하기 때문에 생한다. 내가 멸하기 때문에 남(다른 것)이 생한다. 이때의 나는 인간이 될 수도 있다. 이는 당연하다. 인간이 존재하지 않는 적도 있었기 때문이다. 없었던 곳에서 있음이 일어났던 셈이다. 그래서 없음이 더 바탕이다.

우리는 흔히 생멸(生滅), 유무(有無), 남녀(男女)라고 한다. 이들은 대칭이지만 생을 먼저 말하고 멸을 뒤에 말한다. 또 유를 먼저 말하고 무를 뒤에 말한다. 남자를 먼저 말하고 여자는 뒤에 말한다. 그러나 근본을 따지자면 무가 유보다 먼저이다. 자연을 말할 때는 음양이라고 말한다.

그러나 남녀를 말할 때는 양(陽)인 남자를 먼저 말하고, 음(陰)인 여자를 뒤에 말한다. 음양의 대칭은 대칭이지만 비대칭이다. 음이 더 근본이지만 세상에 나타나는 이치로 인해서 양이 우선한다. 양이 우선하면서 비대칭이 되었다. 대칭에서 비대칭이 생겼다. 이는 자연의 가운데서 역사가 생긴 것과 같다.

이제 인류에게 버저이너(vagina)의 자아, 즉 무아의 자아가 필요한 시기이다. 무아의 자아는 여근이야말로 남근보다 더 본래적인 것이라는 것을 이해하는 일이다. 자연은 멀리 거슬러 올라가면 남근 없이도 자손을 번식하면서 잘 지내왔다. 여자는 페니스가 없는 대신에 아이를 낳는다. 페니스는 자아의 만족이지만 아이를 낳는 것은 자연의 만족이다. 더 본질적인 것을 배반하는 행위는 근본적으로 모순에 처할 수밖에 없다. 이것은 필연적으로 어떤 결과를 원인으로 뒤집어씌우거나, 혹은 가상의 원인을 만들어서 견강부회하기 일쑤이다.

식물은 성(性)을 가지고 있으면서도 부끄러움을 모르고 성숙하면 성기를 그대로 드러내놓고 모든 벌·나비가 날아들어 수정을 시켜주기를 원한다. 동물은 점차 성기를 숨기기 시작하며 적으로부터 성기를 보호한다. 인간은 성기를 부끄러움으로 알기 시작하고 가리고 심지어 스스로 속박한다. 왜일까. 이는 자아의 발달에 따른 것이다. 자아가 있기 때문에 빚어지는 것이다. 자아의 형성은 인간 문명의 전부를 설명하는 것일 수도 있다. 자아와 자연은 이중성의 관계에 있다.

자연과 상징과 존재에 대해서, 그리고 잡을 수 없는 것에 대한 끝없는 도전인 시뮬라시옹(가장 대표적인 최근의 시뮬라크르)에 대해서 살펴볼 필요가 있다. 시뮬라시옹은 실재에 가장 충실한 재현을 말하는데 이는 결국 실재의 자기복제가 된다. 그러나 자기복제는 앞으로도 계속되는 것이기에 실재는 연기(延期)될 수밖에 없다. 결국 자기복제는 '차이(差異)'와

'연기(延期)'일 수밖에 없다. 결국 하이데거와 데리다, 보드리야르는 차이와 차이의 복제, 연기되는 세계에 대한 철학이라고 말할 수 있다.

이것을 기독교의 신앙에서 풀어가 보자. 예수가 죽은 이유는 초월적인 것은 일상(역사)에 출현하여서는 안 되기 때문이다. 초월적인 것은 영원한 이상(理想)으로써 이상의 재생산에 기여하여야 한다. 그러기 위해서는 메시아는 현실로 나와서는 안 되고, 항상 불합리와 모순으로 가득 찬 현실에서 살아가는 인간을 위로하고, 다시 삶의 힘을 얻게 하기 위해서는 연기(延期)되어야 하고, 연기됨으로써 더욱 더 사람들로 하여금 믿음에 충실하게 하는 한편 고통을 극복할 수 있게 하여야 한다. 인간에게 신은 고난을 극복하기 위한 스스로의 장치인 셈이다.

그런데 예수는 사람들의 마음도 모르고 내가 "왕중왕" "메시아"라고 하였다. 그런데 예수가 역설적으로 숭앙 받는 이유는 역사적 인물이기 때문이다. 기독교 신자들에겐 예수는 부활을 역사(현실)에서 증명하는 인물이다. 이건 신앙의 신비가 아니라 신앙의 모순이다. 예수가 부활하였는지는 알 수 없지만, 사람들은 예수가 부활하였다고 믿고 싶어진다. 왜냐하면 예수가 부활하여야 자신도 부활할 수 있기 때문이다. 그러한 점에서 예수는 인간의 영원히 살고 싶은 욕망을 채워주는 희생양이며 상징이다.

인간은 그러한 죽음과 삶의 이중성을 가진 상징을 통해서 죽음을 극복하고, 삶을 영위할 수 있는 힘을 얻는다. 예수는 죽음과 삶, 신화와 역사의 가역반응, 교차를 실현하게 하는 상징이다. 예수에 대한 믿음은 예수의 역사적 행적에 있는 것이 아니라 인간의 내면의 욕망에 있다. 따라서 인간의 욕망이 있는 한 예수 신앙은 계속될 것이다. 메시아사상이야말로 시뮬라시옹의 가장 대표적인 문화상징이다. 절대신이라는 존재자를 설정한 인간은 다시 그것의 재현으로서 메시아라는 존재를 기다리지 않을 수 없었던 셈이다.

하느님은 실재이고 메시아는 그 실재에 가장 충실한 재현이다. 메시아는 하느님의 자기복제이다. 실재가 있다고 생각하든, 없다고 생각하든 인간은 재현(재생산)을 하지 않을 수 없고, 동시에 실재를 가정하지 않을 수 없다. 이는 모두 생각하는 동물인 인간의 생존조건이고 매트릭스이다. 상징은 언제나 모순된 양자를 동시에 가지고 있고, 이중성과 애매모호성을 내포하고 있다. 인간은 아예 그러한 모순과 이중성을 알고 상징을 개발하였는지도 모른다. 그래서 한편에선 신화와 종교를 만들고, 다른 한편에서 과학과 경제를 만들었는지도 모른다.

인간에게 있어서 절대신(神)도 이중성을 가지지 않을 수 없다. '이성의 신'이 있는가 하면 '감성의 신'이 있어야 하는 것이다. 기독교의 신은 매우 이성적인가 하면 매우 감성적이고, 심지어 질투와 분노의 신이다. 상징은 참으로 편리한 언어라는 도구의 양면성이다. 기독교는 '상징의 방식'으로 교리체계가 구성되어 있다.

불교도 마찬가지이다. 불교의 부처는 기독교와는 달리 최대한 논리적으로 모든 인간으로 하여금 부처가 될 수 있고, 만물에 불성이 있다고 설파하면서 인간으로 하여금 깨달음에 도달하게 하고 있다. 불교도 기독교의 하느님-메시아 대신에 부처-미륵부처를 제안하고 있다.

기독교의 예수는 종교적으로 보편성에 도달하는 방법이지만, 불교의 부처는 종교적으로 달성하는 일반성에 속한다. 만물이 불성을 가지고 있다는 것은 자연이 곧 불성이라는 것이고, 자연에서 지금 일어나고 있는, 삶과 죽음, 즉 생멸하는 존재 자체를 포용하지 않으면 안 된다. 그래서 불교는 자아(自我)의 부활을 주장하는 것이 아니라 무아(無我)의 윤회를 주장한다.

기독교의 부활은 신앙하는 자기에게 직접적이고 직선적이고, '존재자의 방식'으로 교리체계가 구성되어 있다. 불교의 윤회는 남을 통한 간접적이고 순환적이다. 그러나 불교도 윤회라는 간접적인 방법을 사용하지만 결국 영원과 극락을 약속하고 있다. 궁극적으로는 불교의 미륵부처는 재림예수와 다를 바가 없는 것이다. 단지 불교는 '존재의 방식'으로 교리체계가 구성되어 있다.

인간에게 존재의 방식이든, 존재자의 방식이든 같은 결과에 도달하는 것은 인간이 양자를 서로 교환할 수 있는 힘을 가지고 있기 때문이다. 예컨대 인간은 존재의 방식을 존재자의 방식으로, 존재자의 방식을 존재의 방식으로 전환할 수 있는 힘을 가지고 있는 것이다. 이는 플러스가 마이너스로, 마이너스가 플러스로 전환하는 전기의 원리와 같은 것이다.

영원과 불멸은 시간적으로(역사적으로) 연기되어서 자신의 완전성을 증명하지 않아도 된다. 신앙의 알리바이는 결코 알리바이를 증명할 수 없는 알리바이이면서 동시에 알리바이를 증명하지 않아도 되는 알리바이이다. 기독교와 불교는 다 같이 여성을 죄의 한복판에 둔다. 물론 여성의 죄는 남성과 필연적으로 관련을 맺기 때문에 남성도 죄에서 자유로울 수 없지만, 그 죄의 원인을 여성 편에 둠으로써 가부장사회의 정치적(역사적) 완성에 따른 종교적(제의적) 완성에 다 함께 기여한다.

기독교는 가부장사회가 좀 더 진전된 역사적 시점에서, 혹은 그것이 좀 더 강화된 서양문명권에서 태동하였기 때문에 여성에게 원죄를 바로 뒤집어씌우는 것만 다르다. 종교의 원죄는 과학의 이성과 다를 바가 없다('종교의 원죄=과학의 이성') 이것은 자연의 욕망을 극복하기 위한(혹은 다스리기 위한) 인간 스스로의 문화장치(대안)라고 해도 과언이 아니다.

종교는 물론이고, 과학도 실은 자연의 투사, 모방, 혹은 차이의 모방 혹은 시뮬라크르에 불과하다. 과학은 이성적인 노선을 따라가는 것이고, 종교는 이성과 감정을 동시에 따라가는 것이다. 종교와 과학은 실재의 재현이면서 가장 재현에 충실한 실재이다. 그런 점에서 시뮬라시옹의 대표적인 것이다. 예술은 시뮬라시옹 그 자체이다. 시뮬라시옹에 이르면 인간은 실재보다 환상을 더 추구한 존재라는 것을 알 수 있다.

정치와 종교는 서로 모순되는 것을 요구하는 인간으로 하여금 양쪽을 왕래하면서 모순을 달래게 함으로써 기존의 체제 유지에 도움을 준다. 물론 기존의 정치체제가 스스로의 모순에 빠져 붕괴기에 도달하면 체제에 도전하는 힘으로 작용할 수도 있다. 이때 종교는 메시아나 미륵신앙을 새로운 정치체제에 전염시키면서 역사에 합류한다.

결국 인간은 상징이나 존재의 이중성과 양면성, 가역성을 활용하면서 살아가는 존재이다. 그러한 것의 가장 대규모의 실천을 하는 것이 정치와 종교이다. 현실의 정치와 이상(시간을 초월)의 종교는 서로 맞장구를 치면서 인간으로 하여금 살아가게 한다. 그러한 점에서 모든 종교는 사이비성을 가지고 있고, 그러한 점에서 사이비종교이다. 그러한 종교를 믿고 있는 인간은 사이비인간이다. 결국 그 사이비성은 인간의 내부에 있다.

자연에 속하면서 자연을 다스리고 자연을 이용하면서 생존을 유지하여야 하는 지적 인간, 호모 사피엔스 사피엔스는 결국 가부장사회라는 것과 사이비 종교를 만들어냈다. 이것은 남자가 여자에게 군림하는 제도이다. 남자들은 현실 정치에서 권력을 누리고(피나는 권력투쟁과 전쟁을 하고), 여자들은 가정에서 아이를 낳고 살림살이를 하면서 주말이나 틈틈이 교회에서 남성신(男性神, 혹은 절에서는 남자부처)을 섬기면서 살아가는 존재가 되었다.

이것을 자연의 입장에서 보면 사이비자연이다. 문명의 입장에서 보면 자연을 원시라고 하지만, 자연의 입장에서 보면 문명은 자연의 카피이고 재현이다. 재현은 필연적으로 재현에 가장 충실한 실재를 향하여 끝없이 나아가기 마련이다. 이것이 시뮬라시옹이라면 이성도, 신도 시뮬라시옹이다.

인간은 항상 자신이 손에 잡은 재현을 실재라고 하면서 살아가는 존재이다. 이는 마치 달아나는 신과 달아나는 이상과 달아나는 이상향과 같다. 실재(존재)는 끝없이 달아난다. 존재는 잡을 수 없다. 인간은 스스로를 잡을 수 없듯이 신도 잡을 수 없다. 그래서 존재는 상징과 같이 이중성과 양면성으로 무장하고 있다. 존재와 상징은 그렇기 때문에 이중성을 가역하게(왕래하게) 하는 특권을 인간에게 부여하였다. 이것이 너무나 인간적인, 인간적인 것의 비밀이다. 진리를 추구하는 자들은 이를 모순이라고 한다.

그런 점에서 모순은 이미 진리의 모순인 셈이다. 시뮬라시옹은 모순과 양면성을 동시에 내포하고 있다. 시뮬라시옹은 이성주의의 정반대에 있는 혹은 가장 멀리 있는 최종적인 대안이며, 끝내 이성 자체가 시뮬라시옹의 산물임을 주장하게 된다. 그러한 점에서 동양의 음양사상도, 서양의 구조주의도 실은 시뮬라시옹의 한 형태라고 해도 무방할 것 같다. 인간은 상상의 동물이면서, 환상의 동물이다. 인간의 도구인 언어는 실재에 봉사하기 보다는 환상에 더 봉사하여왔음을 알 수 있다.

실재는 알 수 있는 것인데 '모르는 것'이 아니라 처음부터 '알 수 없는 것'이다. 그러한 점에서 실재는 무(無)이다. 무(無)는 모든 알 수 없는 것의 대명사이면서 모든 존재의 근거이며, 탈(脫)근거이다. 이를 생물학적으로 보면 수컷에 대한 암컷이고, 남성에 대한 여성이다. 플러스에 대한 마이너스이고, 凸에 대한 凹이다. 양(陽)에 대한 음(陰)이다. 암컷, 음이 더 근본이다. 양은 근거인데 반해 음은 근거이면서 탈근거이기 때문에 더 근본적인 것이다.

근거	수컷	남성	凸	플러스	양
근거 및 탈(脫)근거	암컷	여성	凹	마이너스	음

생물의 진화론 상으로 보면, 포유류에 이르면 암컷들은 새끼를 자기 몸에 오래 가지고 있어야 한다. 이것은 필연적으로 암컷을 보호하는 수컷을 필요로 하고, 수컷을 권력적인 존재로 만들게 된다. 포유류는 모성애가 강하지 않을 수 없다. 이것은 어류와는 정반대이다. 바다에 알을 흩뿌리는 어류는 수컷이 수정난을 보호하지 않으면 안 된다. 조류는 부성애가 강하다. 물론 포유류와 어류의 사이에는 조류가 있다. 조류는 암수가 비교적 형평성 있는 공동 작업으로 가정을 유지한다. 암수의 역할이 가역하는 존재이다.

자연선택에서 군림하기 위해서 발달된 자아는 고통의 원인이다. 자연의 생명을 자아의 것으로 만들어버린 인간은 자연으로 돌아가는 죽음을 거부한다. 그러나 근본적으로 자연의 존재인 인간은 자신도 모르게 죽음에 대해 적응할 줄 안다. 삶 자체가 잠과 꿈과 오르가즘의 죽음 등과 같은 사태로 이미 점령되어 있는 것을 안다.

죽음은 몸의 깨달음이다. 삶은 죽음으로 가는 훈련이다. 인간은 깨달음으로 죽던가, 죽음으로 깨닫든가 둘 중의 하나의 존재이다. 죽음은 죽음이 아니라 자연으로 돌아가는 것이다. 자아를 버리는 훈련도 병행하여야 인간은 행복해질 수 있다. 삶은 인간의 삶이 아니라 자연의 삶이기 때문이다.

그런데 문명이라는 가부장사회를 달성한 것은 남성들의 여성정복에 의한 것이라기보다는 인구의 증가와 이에 따른 인간 종 내부의 권력경쟁과 전쟁의 틈바구니에서도 종을 번식시켜야 하는 여성의 지혜에서 나왔을 가능성이 높다. 여성은 자손의 번식과 안전한 양육을 위해서 자신에게 고기를 주는 남자에게 자신의 고기를 주는 전략을 택했다.[78] 가부장사회는 남성만이 요구한 것이 아니라 여성도 이에 적극 동참한, 인류가 생존을 위해 전략적으로 택한 가족제도이다.

인류의 신화나 종교도 실은 음양 혹은 대칭성 혹은 이중성을 내포한 것이고, 이것이 역사 속에서는(역사적 전개에서는) 어느 한쪽을 택하지 않을 수 없는 것이 되고, 그것은 양쪽(이중성)을 왕래하는 주기로 나타난다. 이것은 자연의 계절에서도 나타나고, 다른 모든 사물들의 운동과 주기에서도 나타난다. 물론 인간의 친족체계 및 가족제도에도 이중성의 선택은 나타나기 마련이다.

아래 표는 모계사회에서 부계사회에 이르는 공통된 신화 혹은 이야기를 열거하면서 이것을 집단콤플렉스와 연결한 것이다. 여기서 한국은 모계사회의 특성을 가진 문화권으로 분류된다. 고부 콤플렉스와 신데렐라 콤플렉스, 그리고 오이디푸스 콤플렉스와 관련한 글은 이미 발표한 바 있다.[79] 다만 나무꾼과 선녀의 이야기가 모계사회의 특징을 근거로 하는 이야기이며 콤플렉스이다.[80]

---

78 박정진,「문화인류학적 관점에서 육식과 그 의미」,『육식문화, 어떻게 볼 것인가』(동국대 불교문화원, 2008: 불기 2552년 동국대학교 불교문화연구원 주최 국제학술대회, 11월 29일 동국대학교 법과대학 모의법정실) 279~308쪽(290쪽).

79 박정진,「신데렐라 콤플렉스에 대한 신해석」『문학/사학/철학』(한국불교사연구소-발해동양학한국학연구원. 2007년 봄 창간호, 통권 8호) 14~40쪽. 여기서 필자는 동서양, 유라시아 신화와 전설을 분석한 결과 '신데렐라'이야기는 모계사회에서 부계-가부장사회로 넘어오는 과정의 원형신화라는 것을 밝혔다. 한국의 고부 콤플렉스는 모계사회에서 부계사회로의 이전이 확실히 되지 못한, 다시 말하면 여자의 성씨가 남자의 성씨 속으로 완전히 들어온 것이 아니어서 시집온 사람들끼리(시어머니와 며느리사이에서) 갈등이 일어난 경우이다. 한국이 그 대표적인 예이다. 한편 오이디푸스 콤플렉스는 완전히 부계사회로의 이전된 경우이다. 서구사회가 대표적인 예이다.

80 한편 '나무꾼과 선녀' 이야기는 바로 모계사회의 전형적인 원형이야기라는 결론에 도달했다. '나무꾼과 선녀'는 여자와 아이들(선녀와 아이들=모자간)이 남자(나무꾼=아버지)와 떨어져 있는 것이 줄거리의 핵심이다.

모계사회를 상징하는 가장 대표적인 신화는 마고(麻姑)다. 마고 신화는 여성 씨족사회에서 생성된 것으로 유추되는 '창조여신'의 이야기이다. 오이디푸스 신화가 부계사회의 한 극이라면 마고 신화는 모계사회의 한 극이다.

원시 모계사회	모계사회	한국	서구문명	부계사회
마고(麻姑) 신화	나무꾼과 선녀	고부 콤플렉스	신데렐라 콤플렉스	오이디푸스 콤플렉스
여성 씨족사회에서 형성된 모계신화로 가장 오래된 여신중심의 우주론	남자는 모계사회의 주변부에서 이방인으로 있었음	두 여자(어머니와 며느리)의 한 남자(아들과 남편) 사랑	한 여자(사회적으로 낮은 신분의 처녀)의 왕자(높은 신분)사랑	두 남자(아버지와 아들)의 한 여자(어머니와 아내) 사랑
무의식(자연)	무의식	잠재의식	의식	초의식

남성은 권력을 신앙하고, 여성은 생명을 신앙한다. 남성은 유니폼(보편성)을 좋아하고, 여성은 본능적으로 패션(차이성)을 좋아한다. 대뇌는 동일성을 요구하는 특성을 가지고 있다면 몸은 본능적으로 차이성에 민감하다. 대뇌적 존재인 남성은 소유적 존재이고, 자연의 상속자이면서 몸(마음)의 존재인 여성은 자연적 존재이다. 남성은 자궁을 가진 여성(아이를 낳는 여성)을 보고 아이를 생산하는 공장을(으로) 생각했는지도 모른다.

인간(남성)은 생각을 하는 이상한 동물이다. 생각은 동일성이고, 동일성은 소유이고, 소유는 악마이고, 악마는 기계이다. 악마는 세계를 기계(힘 있는 기계)로 보는 남성의 환상이다. 인간의 남성적 특징인 이성(욕망, 소유)과 악마와 기계의 연결은 인종의 멸망이라는 어두운 상상을 하게 한다.

유물론은 서양문명의 과학주의에 한편으로는 인간주의로 저항하면서 다른 한편으로는 물질에 동일성을 부여하는 이중성을 보인 것으로, 여기엔 잘못된 여성주의(motherism)가 숨어 있다. 말하자면 기계에 저항하는 물질주의로 순진한 혹은 자기모순의 여성주의이었는지도 모른다. 참고로 물질인 'Matter(material)'는 라틴어의 'Mater(Mother)'의 변형이다. 어원이 같은 것은 이를 반영한다.

하나님이 아담을 만들고(낳은 것이 아니다), 아담을 만든 다음에 이브를 만들고(낳은 것이 아니다), 아담과 이브를 만들기 전에 하늘나라에 천사가 있었고, 그 천사 중의 천사장이 악마가 되었다는 것은 순전히 남자의 생각, 즉 제조적(製造的) 생각, 즉 가부장제 신화이다. 이때부터 이미 기계가 들어있었다.

'남성=소유적 존재=악마=힘=기계'에서 어떤 동일성을 느끼게 된다. 다시 말하면 소유적 존재로서의 출발인 남성중심주의, 즉 가부장제 신화에서 우리는 동일성의 출발(원죄)의 혐의를 읽게 된다. 기계적 세계의 원죄를 느끼게 된다.

이렇게 보면 기독교 성경에서 여성에게 원죄를 뒤집어씌운 것은 순전히 남성의 음모에 속한다. 말하자면 소유적 존재로서의 출발을 한 남성이 정작 자신의 피해자인 순진한 여성에게 죄를 뒤집어씌운 것이라는 알리바이가 성립한다. 가부장제의 문명은 악마, 힘, 기계의 환상이다. 이들은 모두 권력의 상징들이다.

가부장제를 남녀에 비유하자면, 남자(인간)란, 페니스라는 펜으로 여성(자연)의 몸이라는 백지에 에크리튀르(écriture) 하면서 그것을 권력으로 만든 소유적 존재이다. 그 권력의 뒤에는 항상 폭력을 숨기고 있다. 여성은 또한 그 권력에 상처를 받으면서도 존경하고 신앙하고 때로는 즐기는 평화적 존재이면서 궁극적으로는 자연적 존재이다.

지구 어머니, 마고(麻姑)

지구촌 시대는 여성시대

지구가 지구촌이 되면서 지구인류는 모두 '우리(we, web)'가 되지 않으면 안 되는 시대에 접어들었다. 지구가 하나의 웹(web)이다. 이러한 시대의 시대정신은 종래와 다른 발상의 전환을 요구하지 않을 수 없다.

"지구촌 시대에 더 이상 근대에서 통용되었던 삶의 원칙은 적용될 수 없다. 울리히 백은 지금 우리가 살고 있는 지구촌 시대는 제1근대화와는 다른 제2근대라고 규정하면서 제2근대에 알맞은 새로운 패러다임을 찾아야 한다고 말했다."[81]

철학자 이기상은 "달라진 시대에 맞는 생명의 진리와 삶의 진리를 궁구하여 새로운 삶의 방법을 찾아서 실행해야 할 때이다. 지구 위 모든 사람이 공동의 운명체라는 것을 인정하고 생명의 문제에 관한 한 시행착오를 줄여야 할 것이다. 그러기 위해서는 다양한 문화권에서의 생명의 진리와 삶의 진리에 대해 연구하고 그것들을 다양한 각도에서 비교조사하여 오늘날 우리에게 적합한 생명의 진리, 삶의 진리를 찾아내야

---

81 울리히 백, 『지구화의 길, 새로운 문명의 가능성이 열린다(Was ist Globalisierung?』, 조만영 옮김, 거름, 2000, 30쪽, 203쪽, 252쪽, 290쪽.

한다. 진정한 의미에서 동서통합의 노력이 필요하다."[82]고 말한다.

필자가 앞에서 주장한 〈일반성의 철학–소리철학–여성철학–평화철학〉은 바로 이러한 지구촌 시대를 겨냥한 철학이며, 우리 시대의 시대정신을 반영한 한국의 자생철학이며, 후천시대의 철학적 패러다임이다.

필자는 지구촌 시대의 '생명의 진리'에 대해 '만물생명(萬物生命)'의 원리를 주장했다. 만물만생은 종래의 생물과 무생물의 구별을 생물중심, 혹은 인간중심의 설명이라고 반박하고 "만물이 모두 생명"임을 주장했다. 이는 물론 무생물의 바탕(근본) 없이는 생물이 존재할 수 없기 때문이다.

서양의 '창조론–진화론'은 서양의 논리에서는 반대인 것 같지만 실은 이것 자체가 현상학의 왕래, 주체–대상의 왕래, 즉 현상학적 차이에 지나지 않는다. 창조론이든 진화론이든 어떤 실체를 가정하고 있다는 점에서 그렇다.

그러나 만물생명은 실체가 없다. 도리어 '무생물–생물'을 존재론적 차이로 보는 것을 거쳐서 둘의 관계를 포괄적으로 보는 것이다. 생물이 무생물을 구별(차별)하는 것이 아니라 생물이 무생물을 포괄·내포하는 것이고, 인간이 만물을 포괄·내포하는 것이다. 이는 결국 만물이 그 바탕을 잊어버리지 않고 본래존재의 전일성(全一性)을 갖는 것으로 일반성의 철학에서 도출되는 것이다.

앞장에서 주장해온 필자의 일반성의 철학은 존재를 설명하면서 인위적으로 구성한 보편성의 차원에서 내려다보는 것이 아니라 그것의 반대편에 있는 존재의 바탕에서부터 존재를 해석하는 방식으로 이것을 따르면 자연스럽게 만물생명의 이론에 이르게 된다. 존재는 보편성·추

---

82 이기상, 같은 책, 114쪽.

상성보다는 일반성·구체성에서 설명되는 것이 존재의 근본, 본래 존재에 이르게 된다.

필자는 '삶의 진리'로서는 '만물만신(萬物萬神)'의 원리를 주장했다. 서양의 '앎의 철학'과 다른 '삶의 철학'을 주장해온 필자로서는 자연스럽게 '삶의 진리'를 주장할 수밖에 없는데 그 핵심은 신(神)과 물(物) 자체를 인간의 이성이라는 지평(地平)으로 분리하지 않는다는 점이다.

만물만신은 물론 만물생명의 원리와도 통하지만 이를 신학적(神學的) 관점에서 새롭게 규정한 것이다. 만물만신은 신이 만물을 창조했다는 제조적(製造的) 우주론의 이원적인 세계관을 극복하고 신(神)과 물(物)이 하나라는 신물일체(神物一體) 사상을 기초로 한 것이다.

만물만신 사상은 유물론과는 차원이 다른 것이다. 유물론은 유심론과 현상학적 이원대립 항, 즉 세트를 이루는 것인데 반해 만물만신은 '정신-물질'의 이원대립에서 도출된 것이 아니라 세계가 본래 하나라는 본래적 일원론을 바탕으로 하고 있기 때문이다. 만물만신 사상은 물심일체(物心一體), 심물일체(心物一體), 신물일체(神物一體) 사상과 맥락을 닿는 것이다.

필자의 삶의 철학은 철학이라기보다는 '삶 그 자체'의 소리이다. 앎의 철학도 따지고 들어가면 그 이면에서는 인간각자가 처한 곳에서 자신의 삶을 위한 철학이었기 때문에 결국 삶의 철학과 앎의 철학의 구분도 무의미하게 된다. 앎의 철학이 삶의 철학이라면 철학은 자연에 대한 배반이면서 동시에 자연으로 돌아가는 것이다. 이는 인간이 자연의 배반적인 존재이면서 결국 자연으로 돌아가는 것과 같다.

필자의 일반성의 철학은 결국 한국적 삶의 표현으로서의 철학이 될 수밖에 없고, 한국적 철학의 탄생이라는 의미가 있다. 그동안 순수한 한국자생철학은 없었다. 한국적 철학의 탄생은 철학하는 사람(한국인)으로서 의무임을 물론이다. 일반성의 철학이 또한 여성철학인 것은 한국인이 세계사적으로 볼 때 여성적인 위치에 있었기 때문이다.

여성시대를 맞아서 일반성의 철학, 여성철학, 만물생명·만물만신의 철학이 필요한 것은 여성이 만물생명, 즉 생성의 상속자이기 때문이다. 여성철학은 신(神)과 물(物)을 나누지 않고, 사물과 생명을 나누지 않는다. 이는 여성철학은 남성철학과 달리 가상실재(실체)를 설정(가정)하지 않아도 생명이 자신의 몸을 통해서 재생산되기 때문이다.

여성시대를 맞아 한국은 지구상 어떤 나라보다 철학적·사상적으로 유리한 입장에 서게 된다. 한국문화의 집단무의식에는 태초의 여신(女神), 태초의 여성이 내재해 있기 때문이다. 마고(麻姑) 신화가 바로 그것이다. 마고신화는 인류의 모계사회를 상징하는 신화로 분석된다.

한국의 전통·자생종교들은 모두 후천개벽(後天開闢)시대를 예언하고 있다. 동학(東學)의 천도교(天道敎)과 증산교(甑山敎)가 그 대표적인 종교종단이다. 후천개벽시대의 핵심내용은 종래 남성 중심시대가 앞으로 여성 중심시대로 바뀐다는 것이다.

앞장에서도 말했지만 이를 역학계에서는 흔히 '지천(地天)시대'라고 말한다. 지천시대란 선천(先天)시대가 〈천지(天地)-상극(相剋)시대〉인데 반해 후천(後天)시대는 이것이 반전하여 〈지천(地天)-상생(相生)시대〉가 됨을 의미한다.

이에 앞서 한민족의 최고경전인 『천부경(天符經)』속에 나오는 '인중천지일(人中天地一)' 사상은 바로 생명사상의 가장 오래된 경전이라고 할 수 있다. 사람 속에 천지가 하나로 있다는 것은 바로 역동적으로 생성변화하는 우주를 설명하는 것이다.

여기서 『천부경(天符經)』에 대해 장황한 설명을 할 수 없는 형편이기에

필자의 『철학의 선물, 선물의 철학』을 참조하기 바란다.[83]

기독교 『성경』과 마고의 『부도지(符都誌)』

마고(麻姑)여신의 신화체계를 살펴보자.

한국에 고스란히 남아있는 마고 신화를 체계적으로 담고 있는 책은 『부도지』이다.[84] 『부도지』는 태초의 여신인 마고를 중심으로 구성된 신화인데 여신이 등장하는 것을 제외하고는 기독교 성경과 매우 유사한 줄거리의 신화이다.

우선 개략적으로 마고 신화의 이해를 돕기 위해서 말한다면, 기독교의 선악과인 무화과(사과) 대신에 포도(葡萄)가 등장한다. 포도 맛을 본 마고의 후손들은 '오미(五味)의 화(禍)'를 입고 마고성(성경의 에덴동산에 해당)에서 떠나가게 된다는 이야기로 시작한다.

마고의 후손들은 '땅의 젖'인 '지유(地乳)'를 먹고 산다. 지유를 먹고 살 때는 '평화로운 공동체'를 이루며 살았다. 그러던 어느 날 '마고'의 후손들이 모여 사는 이상향 '마고성(麻姑城)'에서 천손족(天孫族) 중 '지소(支巢)'(백소씨의 자손)라는 인물이 우연히 포도를 맛보고, 포도의 다섯 가지 맛에 빠져서 본래의 신성을 잃어버리고, 따라서 주변 사람들도 타락하기 시작한다.

이에 신성한 마고성에서 더 이상 살 수가 없다고 판단한 마고성의 지도자 황궁(黃穹), 청궁(青穹), 흑소(黑巢), 백소(白巢) 등 네 여인이 이끄는 종족(부족)은 마고 여신에게 인간의 본성을 회복한 후 다시 돌아오겠다는

---

83 박정진, 『철학의 선물, 선물의 철학』, 소나무, 2012, 327~348쪽.

84 박정진, 『지구 어머니, 마고』, 마고북스, 2014 참조.

복본의 맹세를 남기고 마고성을 떠나게 된다. 마고성을 나와서 동서남북으로 각각의 무리를 이끌고 흩어져 현재의 황인종, 백인종, 흑인종, 그리고 나머지 인종의 조상이 되었다는 줄거리다.

『부도지』는 『성경』과 이야기구조가 흡사하다. 『성경』의 창세기는 하나님 아버지, 여호와가 천지를 창조한 주인이지만 부도지에서는 하나님 어머니, 마고가 천지를 개벽한 것으로 되어 있다. 성경에서는 에덴동산에서 '이브'가 사탄의 유혹에 빠져 사과(무화과)를 먹은 것이 수치(지혜)를 알게 되어 낙원에서 추방되는 것으로 시작되고 있다.

반면에 『부도지』에서는 '지소'가 포도를 먹은 것이 화근이 되어 '오미(五味)의 화(禍)'와 함께 '오미(五味)의 맛'을 알게 되면서 본성을 잃어버린 것으로 되어 있다.

『성경』은 사과를 먹고 수치심과 함께 지혜를 얻게 되는데 반해 부도지에서는 포도를 먹고 오미의 화(禍)와 함께 오미의 맛이라는 감각을 얻게 된다. 지혜는 지성적·남성적인 것인데 반해 맛은 감각적·여성적인 것이 대조를 이룬다.

『부도지』와 『성경』은 둘 다 인간이 본성을 잃어버리는 계기가 된 것이 '과일'을 잘못 먹은 것이 원인으로 되어 있다. 이야기의 완성도 『부도지』는 복본(復本: 修證復本)의 날을 기다리고 있는 반면, 성경은 복락(復樂: 復歸攝理)의 날을 기다리고 있다.

기독교 성경	마고의 부도지	
하나님 아버지(여호와)	하나님 어머니(마고)	하나님
이브/사과(원죄)	지소/포도(五味의 禍)	과일
수치–지혜	오미(五味)의 맛–감각	지혜/감각
실락–복락	본성상실–수증복본	원시반본
천지창조(로고스)–부계	천지개벽(소리)–모계	창조/개벽

한편『성경』에서는 아브라함에서 이삭으로, 이삭에서 야곱으로, 그리고 예수에까지 이르는 남성(아들)에 의해 혈통(출계)이 이어지는데 부도지에서는 혈통이 여성(딸)에 의해서 이어진다. 그런 점에서『성경』이 부계(父系)-가부장제의 구조를 가진 반면에『부도지』는 모계(母系)-모권제의 구조를 가지고 있다. 그래서『부도지』는 모계사회의 신화라고 일컬어지고 있다.

『부도지』가 오늘날 새롭게 의미를 갖는 이유는 바로 인류가 오래 동안 잃어버렸던 여성중심의 사고를 회복하게 하는 데에 있다. 우리가 지금까지 이해하고 있는 모든 종교와 사상 등 이데올로기의 이면에는 실은 남성중심의 사고가 으레 배어있다. 부지불식간에 우리는 남성이든, 여성이든 남성중심의 사고에 의해 살아왔던 셈이다.

인류가 지금까지 남성중심으로 살아온 것과 정반대로 여성중심으로 살아갈 수는 없을까? 남성중심의 사고가 인류를 오늘날 70억이 넘는 인구를 가지게 하는 데에 큰 역할을 했지만, 남성-가부장-국가 중심 사회가 전쟁과 환경파괴로 인하여 성장의 한계를 맞고 있다. 그렇다면 인류가 앞으로 어떻게 살아야 인류와 지구를 보존하고 평화롭게 더불어 살 수 있느냐 하는 것이 관건이 되고 있다.

과연 남성중심의 혈통주의(종족종파주의)가 '지구의 평화'를 달성할 수 있느냐 하는 근본적인 물음에 직면하고 있다. 여성중심 사회야말로 혈통주의를 벗어나서 모든 인류를 한 품(가슴, 울타리, 우리)에 품을 수 있는 공동체가 아닐까 하는 점이다.

우리말에 '우리(We)'라는 말이 있다. 원시미개사회로 갈수록 '우리'라는 의식이 강하다. 문명사회로 올수록 '나(I)' '너(You)' '그것(It)'이라는 의식이 강하다. 말하자면 오늘날 지구촌 사람들은 후자에 의해 살아가고 있다고 할 수 있다. 이것을 다시 '우리'라는 사상으로 돌아가서 살아야 할 시대에 우리는 와 있는 것이다.

바벨탑과 말, 그리고 소리

'우리'라는 말 자체가 실은 여성중심사회의 흔적이다. 그런데 '우리(We)'라는 말은 여성의 자궁을 상징하는 '웹(Web)'과 발음이 비슷하다. 여기서 한 가지 덧붙일 것은 마고 여신은 바로 소리의 여신이라는 점이다. 마고 신화는 우주의 근본을 '혼돈(混沌)의 소리' 혹은 '혼원일기(混元一氣)'라고 한다.

마고 신화는 기본적으로 '땅의 관점'에서 신화를 전개하고 있다. 여기서 땅의 관점이라는 것은 '여성의 관점'이고, 여성의 관점은 '몸의 관점'을 의미한다. 우주는 '하나의 몸'이고, '하나의 소리'인 셈이다. '땅의 관점'에서 출발하고 있는 마고 신화는 하늘보다는 땅과 바다를 중시한다.

마고 신화는 기독교 성경과는 달리 하늘에서 하나님의 천지창조로 시작하는 것이 아니라 지구의 땅인 '무(Mu)' 대륙 혹은 파미르고원으로 설정하고 있다. 또한 타락하기 전의 인류는 앞에서도 말하였듯이 땅에서 솟아오르는 젖이라고 할 수 있는 지유를 먹고 살았다. '지유'의 상징성에 대해서는 앞으로 얼마든지 확대해석의 여지가 있다.

마고가 소리의 여신이라는 점과 성경의 바벨탑 신화[85]를 연결하여 생각해보면 인류의 말들은 실은 '문자(기호)'와 '의미'로서는 서로 다르지만 소리의 근원(뿌리)을 따져 올라가면 서로 만난다는 것을 상상할 수 있다.

---

85 바벨탑은 구약성경에 고대 바빌로니아 사람들이 건설했다는 전설상의 탑이다(창세기 11장). 바벨탑 이야기는 인류가 동일한 언어를 사용하는 것과 이에 따른 하나님과 인간 사이의 비극을 주제로 하고 있다. 바벨은 히브리어로 '혼돈'이란 뜻이라고 성경에 나타나 있다. 그러나 bab(문)와 el(신)의 합성어라는 견해도 있다.

'바벨'이 히브리어로 '혼돈'을 뜻한다는 사실과 마고가 '혼돈의 여신', '소리의 여신'이라는 사실도 재미있다. 이는 오늘의 인류가 하나가 되기 위해서는 바벨탑을 쌓아올릴 것이 아니라 소리를 따라 올라가는 것이 해법임을 함의하고 있다.

성경에는 인간이 '하늘에 오르고자' 바벨탑을 쌓아올리자 하늘이 분노하여 서로 다른 말을 하게 하여 그로 인해서 소통이 단절되었다고 하는데 이는 마고 신화에 의해서 해석해보면 말(문자)은 서로 다르지만 소리는 서로 통하게 하는 근본이라는 점을 유추할 수 있다.

소리의 예술이라고 할 수 있는 음악은 오늘날 국경을 넘어선 소통과 교감의 예술로 각광을 받고 있다. 여기에 또 춤이 더해지면 인류는 저절로 하나가 된다. 이것이 바로 축제의 요체이다. 마고가 소리의 여신이라는 점에서 볼 때 인류는 소리를 통해 도리어 한 가족, 하나였다는 사실을 확인할 수 있을지도 모른다.

여성에게는 따로 혈통이 없다. 그 까닭은 몸(신체)이 혈통이고, 몸이야말로 가장 진실하고 확실한 혈통이기 때문에 혈통을 주장하지 않았다. 과학적으로 따지면 실지로 여성의 혈통이 없는 것이 아니라 단지 문화적으로 주장하지 않았을 뿐이다. 모계사회, 모계의 혈통이라는 것은 부계사회, 부계혈통을 빗대어(투사하여) 본 것일 뿐이다.

그런 점에서 모계적 사고를 하면 혈통을 따지지 않아도 지구촌의 사람들이 모두 하나가 되는 셈이다. 지구대가족, 세계일화(世界一花)의 사상은 실은 모계적 사고, 모성중심적 사고에 의해 진정으로 달성될 수 있는 것이다. 그런 점에서 모계사회는 혈통주의보다는 미국이 채택하고 있는 속지주의(屬地主義)에 가깝다고 볼 수 있다.

부계적 혈통주의는 평화를 주장하고 세계가 하나라고 생각하지만, 그것은 어디까지나 한 사람, 혹은 한 나라가 다른 여러 나라를 지배하는 제국주의적 구조이기 때문에 결국 배타적 구조이다. 이는 결국 '닫힌 마음'의 산물이고, 위선적이라고 하지 않을 수 없다. 땅의 원리, 즉 속지주의는 도리어 모든 사람을 받아들이는 '열린 마음'의 자세를 갖는 것이다.

인간의 혈통을 천지부모의 관점에서 보면 '아버지-어머니'의 상생(相生)의 결과로 보는 것이 가장 공평하고 또한 진실이다. 이를 우주적으로 보면 아버지적 상징과 어머니적 상징이 상생한 것이다. 이를 두고 음양(陰陽) 상생이라고 말할 수 있다.

어느 한쪽에 경도되면 이는 이미 편견이다. 그런데 그동안 인류는 가부장-국가사회의 시스템에 의해서 아버지 쪽으로 경도되었던 것이 사실이다. 바로 이것을 바로잡기 위해서 불가피하게 '여성' 혹은 '어머니'를 강조하게 되는 것이다.

부계-가부장적 사고에 의해서 살아온 인류의 5천~6천 여 년의 역사는 오늘에 이르러 급기야 핵무기의 개발과 환경오염 등으로 자연의 황폐화에 이르고 있다. 이제 인류의 평화는 강자(강대국)가 각성하지 않으면 안 되는 시점에 이르렀다.

지구촌이 하나가 된 지금, 더 이상 종래의 습관대로 강대국이 약소국을 침략하고 땅을 빼앗고 지배하는 방식으로는 공생공영이 불가능한 사태에 이르렀다. 이제 평화는 선택사항이 아니라 그것을 달성하지 못하면 인류의 공멸도 피할 수 없는 상황이 되었다.

그래서 인류문명을 남성중심의 전쟁체제에서 여성중심의 평화체제로 개편하지 않으면 안 된다는 절박감에 직면하게 되었다. 인류는 이제 점점 가까이 다가오는 공멸의 발자국 소리를 듣고 있다. 이에 따라 그동안 잊어버렸던 지구 어머니, 여신의 회복을 떠올리고 있다. 인류의 어머니, 마고(마고할미) 신화를 회복해야 한다는 소리가 지구촌 곳곳에서 일어나고 있다.

여성신화체계와 시(詩), 그리고 평화

여성은 시적 존재이고, 평화적 존재이다. 이는 전쟁이 벌어지면 여성과 아이들이 가장 큰 피해자로 떠오른다는 점에서 확인할 수 있다. 인구의 증가와 더불어 권력경쟁에 들어간 인류는 가부장제로 전환하지 않을 수 없었다. 모계사회의 중심이었던 여성들은 자식들의 안전한 양육을 위해서 남성에게 의존하지 않을 수 없었다.

가부장제는 남자의 소유물에 들어오지 않는 여자를 둘로 구분했는데 하나는 여신이었고, 다른 하나는 창녀였다. 전자는 모든 남자의 추앙의 대상이 되었지만, 후자는 모든 남자로부터 성의 노예로 버림을 받았다. 그래서 여신과 창녀는 의미의 이중성의 관계에 있다.

여성은 시적 존재이고 예술적 존재이다. 남성은 산문적 존재이고 과학적 존재이다. 여성은 본능적으로 과학과 수학과 철학을 싫어한다. 이들은 모두 가상실재와 추상을 실재인양 다루기 때문이다. 여성은 그 대신 시와 음악과 예술을 좋아한다. 여성은 실재와 구체를 즐긴다. 우리는 여기서 종래 남성중심 철학의 환상적 특성을 볼 수 있다.

여성은 본능적으로 우주적 실재가 무엇인지를 안다. 아마도 여성이 아이를 생산하는 기능과 사회적 역할이 우주와 교감하게 했기 때문일 것이다.

여성은 생성적 존재이다. 시는 생성과 존재자 사이에 있다. 종교 및 과학은 제도적 존재자이다. 그런 점에서 시는 존재와 존재자인 종교·과학 사이에 있다. 여성신화체계가 평화와 관련이 많은 까닭은 종교와 과학이 본격적으로 등장하기 시작하기 전인 원시종교시대의 주인공이기 때문이다. 당시는 시와 신화, 종교와 예술이 분화되기 전이었다. 우주는 교감체계였다. 이것을 지식-인지체계로 바꾼 게 인간(남성)이다.

여성신화체계는 자연(우주)이 언어(언어체계)가 아니라 '전체를 알 수 없는 거대한 몸'이며, 몸은 마음임을 가르쳐준다. 이는 남성 신화체계가 자연을 우주로 해석하고, 우주를 다시 언어로 지칭함으로써 소유화하는 것과는 대조적이다.

남성 신화체계의 특징은 바로 어떤 것의 밖에서 그것을 지칭(指稱)하고 체계를 만드는 데에 있다. 무엇을 지칭하는 것은 무엇을 설명하려는 제스처이고, 설명은 지칭하는 대상을 향하는 지향(指向, 志向)이고, 지향하면 결국 그 대상을 소유하게 된다. 소유로부터 벗어나야 평화로 향할 수 있다. 시는 사물을 소유하는 것이 아니라 비유로서 존재의 본래로 다가서게 하는 것이고, 따라서 시는 사물에 대한 비소유적 역할을 수행하는 것이다.

인간은 사물에 대해 기본적으로 도착적이다. 이러한 도착은 언어에 의해 수행된다. 언어가 사물의 실체가 되고, 사물의 실재는 실체가 없는 것으로 전락하게 된다. 말하자면 인간은 사물의 실재(보이지 않는)는 '없는 것'이라고 규정하고 사물의 실재하지 않는 것을 실체(보이는 것, 잡을 수 있는 것)로 파악하면서 인식과 실재를 전도시키게 된다. 이는 언어에 의한 사물에 이름 붙이기로(이것은 일종의 구속이다) 시작되는 것이다.

시(詩)는 바로 언어를 사용하면서도 사물을 대상화하지 않고, 정작 그 사물을 대상(대상적 존재)에서 해방시키는 형상화작업이라고 말할 수 있다. 그런데 그러한 형상화 속에서 사물로 하여금 일상에서 지칭되던 이름에서 벗어나서 본래 사물의 자리로 돌려놓게 된다. 이름(언어)과 권력은 남성의 전유물이다. 그런 점에서 시는 여성신화체계와 밀접한 관련을 갖게 된다.

여성은 사물을 소유하는 것 같지만 실은 자연으로 되돌려놓는다. 이는 여성의 재생산(출산) 작업에 비유할 수 있다. 아이를 낳는 여성과 아이는 전쟁을 좋아할 까닭이 없다. 여성신화체계의 부활은 세계를 여성성의 시각에서 바라보는 것을 말한다.

비록 사회체계는 종래 가부장-국가사회의 형태인 부계(父系)를 유지하지만 실질적 내용은 모성(母性)시대가 되어야 평화시대가 도래하는 기반을 마련할 수 있다. 부계는 껍데기이고 허상이고, 모성이야말로 실재이다.

시를 철학적으로 말하면 언어로 파편화된 사물을 다시 본래의 모습으로 돌려놓은 여성화작업, 여성-되기 작업이라고 말할 수 있다. 시는 은유적 언어로 파편화된 자연의 전체성을 회복시켜 주는 한편 인간으로 하여금 자연성을 잃어버리지 않게 운율을 선물하는 예술양식이다.

시의 형상화 작업은 인간의 언어에 육신을 입히는 작업으로 이는 마치 자궁에서 수정란을 키우면서 육신을 선물하는 여성에 비할 수 있다. 여성이 본능적으로 철학을 싫어하는 이유는 철학이 생성을 모르기 때문이고, 생성의 가치를 폄하하고 역사과 과학의 가치를 과대평가하기 때문이다. 여성은 그것 자체가 충만한 생명이고 풍요와 평화의 상징이다.

여성신화체계의 부활은 언어화·사물화·파편화된 자연을 본래의 자리로 돌려놓기 위해 몸(옷)을 입히는(憑衣, 憑神) 육화작업에 비할 수 있다. 여성신화의 부활은 세계가 다시 봄을 맞이함에 따라 봄기운을 입고 꽃을 피우기 시작하는 것이고, 전체적으로 문명의 새로운 옷(몸)을 입는 과정이라고 할 수 있다.

봄은 부활의 계절이고, 평화의 계절이다. 인류문명의 새로운 봄은 평화를 새로 찾아오는 과정이며, 동시에 평화정착의 과정이라고 말할 수 있다. 여성신화-시-평화는 서로 다른 것 같지만 실은 하나의 연쇄를 이루는, 평화를 지향하는 과정이다.

세계는 하나의 거대한 몸이며, 생명체이다. 하나의 거대한 몸이 다른 무엇을 소유할 것이며, 서로 싸울 필요가 어디에 있겠는가. 인간은 세계를 나와 다른 몸, 혹은 나와 대립하는 남으로 보기 때문에 싸우게 되고, 서로 소유하려고 쟁탈하는 것이다.

세계가 본래 하나라면 지금 눈앞에 보이는 현전하는 사물들이 모두 대상이 아니고, 남이 아니고, 남이 아닌 사물들은 신령스럽게 보이기 마련이다. 여기에 제신(諸神)들이 기거하게 된다.

사물들에는 본래 제신(諸神)들이 깃들어 있으며, 인간은 천지의 신들과 더불어 살고 있는 것이다. 서양의 유일신과 범재신(汎在神) 사상은 범신(汎神)의 세계이다. '범재신'에는 유일신이라는 동일성이 들어있지만, '범신'에는 유일신이라는 동일성이 들어있지 않다.

동일성이야말로 추상이고, 인간정신이다. 동일성이 들어있지 않는 범신의 세계는 그야말로 신으로 가득 찬 세계이다. 동일성이 들어있지 않는 세계는 죽음조차도 없다. 물론 삶이라는 동일성도 없다. 아예 죽음과 삶이 이분법적으로 갈라서 있지도 않을 뿐만 아니라 세계는 몸을 바꾸는 과정에 불과하다. 몸(형상)을 바꾸는 세계는 바로 시의 세계이다.

만약 사람들이 모두 시인이 된다면 가장 효과적으로 평화를 달성할 수 있을지도 모른다. 왜냐하면 소유적 언어체계에서 벗어나기 때문이다. 시는 적어도 자연을 본래자연으로 돌려놓기 때문이다.

시의 세계에서는 하늘과 땅은 서로를 비추면서 공유하고 있고, 사람은 죽을 운명 속에서도 제신을 맞이한다. 이것이 바로 『천부경(天符經)』

의 인중천지일(人中天地一)의 세계이다. 자연에는 주체(자아적 주체)가 없다. 자신(自神)만이 있을 뿐이다. '인중천지일'과 '자신'을 깨달은 인물이 즉 부처이고, 예수이다.

인중천지일에 이르는 사람은 하늘과 땅이라는 좌표의 제로지점(zero point)에 도달(到達, 道達)해서 하늘과 땅이 동시에(거리감이 없이) 함께 하는 사람으로서 말하자면 소유적 존재로서의 자아를 완전히 버린 사람을 말한다. 인중천지일의 사람은 생사(生死)를 벗어난 기운생멸(生滅) 그 자체에 이른 사람을 말한다.

다시 말하면 자신(自神)은 타성적인 자아를 버리고 자기 안에 숨어 있는 괴물을 만나러 고향(본래존재)에 가는 존재이다. 진실로 가난한 자나 기도하는 자, 시인이 아니면 여기에 도달할 수 없다. 시인은 고향으로 가는 길목에 있는 존재이다. 시인은 노래하는 존재이다.

세계를 노래하라!

우리는 모든 사람들이 '시인의 세계'에 도달할 수 있기를 기원하면서 이렇게 말할 수 있다.

"세계를 이름 부르지 말라, 세계를 노래하라."

노래하는 마음은 현존하는 마음이고, 노래는 현존이다. 노래는 존재 그 자체이다. 노래를 하면 왜 마음이 편해지고, 춤을 추면 왜 다른 욕망이 없어지는가. 이것은 신체의 비밀이고 신비이다. 천국은 그런 의미에서 춤추고 노래하는 곳이다.

가무(歌舞)를 좋아하는 한국인은 '현존를 사랑하는 민족'이다. '존재 자체를 즐기는 민족'이다. 현존과 존재 자체를 사랑하고 즐기는 민족은 평화민족일 수밖에 없다. 시를 짓고 노래하는 마음이야말로 평화의 마음이다. 시를 짓는 마음은 논리적인 마음이 아니고 심정적인 마음이다. 노래하는 마음은 경쟁적인 마음이 아니고 함께 하는 마음이다. 시를 짓고 노래하는 마음은 자연을 대상으로 보는 것이 아니라 만물만신(萬物萬神)·심물일체(心物一體)의 마음이다. 이러한 마음가짐은 만물생명(萬物生命)의 마음에 이르게 된다.

한민족은 생명을 사랑하고 평화를 사랑하는 DNA를 가진, 여성성의 심층심리를 가지고 있는 마고(麻姑) 신화의 후예이다. 그렇기 때문에 권력을 추구할 줄 모른다. 그래서 역사에서는 버림받았지만 다시 신화에서 구원을 받는 '비폭력의 민족'이다.

한국인은 은연중에 무엇이 잘 되면 "궁합(宮合)이 맞았다."라는 말을 즐겨 한다. 이는 자신도 모르게 여성중심적 사고를 하고 있음을 말한다. 여성중심의 사고는 비폭력적 사고를 말한다. 한국인은 왜 비폭력적 사고를 하는 것일까? 우리는 '평화의 여정으로서의 한국문화'에서 그것을 확인했다.

2

원시반본과 평화

네오샤머니즘(neo-shamanism)과 평화

—네오샤머니즘(neo–shamanism)에서 에코페미니즘(eco–feminism)까지—

샤머니즘과 페미니즘에 대한 근대적 해석

인류의 종교분쟁이나 전쟁을 막으려면 소위 고등종교들이 모두 한 뿌리에서 발생하였다는 사실을 증명하고 설득하지 않으면 안 된다. 그 같은 뿌리종교가 무엇인가를 생각할 때 인류학적으로 가장 유력한 것이 바로 원시고대의 '샤머니즘(shamanism)'이다.

샤머니즘은 인류가 고대 모계사회를 구성하였을 때 샤먼이라는 여자사제가 집단의 안녕과 평화를 친지신명에게 빌던 종교로서 당시 인간집단이 처한 자연환경과 인간이 공생하던 시절의, 에콜로지(ecology)와 긴밀한 연관관계를 가졌을 때의 원시종교이다.

샤머니즘은 근본적으로 에콜로지와 긴밀한 관계를 가질 수밖에 없다. 왜냐하면 샤머니즘은 인류의 도구체계가 발전하기 전, 자연과 더불어 살면서 자신의 인구집단을 늘여오던 시기의 삶의 방식을 지원하던 종교이기 때문이다.

옛 샤먼들은 인구증가로 인해서 가부장–국가시대로 전환하기 전에는 여성사제 역할과 샤먼–킹(shaman–king)으로서 활동을 겸하면서 제정일치(祭政一致)시대에서 제정분리(祭政分離)시대로 전환하는 과도기에 작은 부족집단을 이끌었다. 당시는 환경을 무시하고는 생존을 유지할 수 없었다.

이에 비해 오늘의 인류는 자연과학의 발달과 산업화 및 화석연료의 과다사용으로 심각한 환경파괴와 지구온난화에 직면해 있다. 지구온난화는 심각한 식량난과 여러 자연재해를 불러오고 있다. 현대는 자연환경을 필요이상으로 개발하고 낭비하는 바람에 자연은 황폐화되고 말았다.

따라서 자연환경을 바라보는 관점의 전환이 절실한 형편이다. 종래에는 자연을 개발하는 관점에서 바라보았지만 이제 자연을 가급적이면(불요불급한 것이 아니면) 보존하는 관점, 인간을 감싸주는 여성성으로서의 자연을 바라보는 관점, 즉 에코페미니즘(eco-feminism)의 관점이 필요한 것이다. 에콜로지가 생략한 페미니즘은 단지 남성적 권력을 모방하는 페미니즘에 불과한 것이 될 가능성이 높다.

샤머니즘도 자연과학 시대를 지난 만큼, 종래의 샤머니즘과는 다른 네오샤머니즘(neo-shamanism)의 관점으로 새롭게 해석되어야 함은 물론이다. 말하자면 '과학 이전의 샤머니즘'이 아니라 '과학 이후의 샤머니즘'이 되어야 한다는 말이다.

결국 우리는 이를 두고 '네오샤머니즘(neo-shamanism)에서 에코페미니즘(eco-feminism)까지'라는 시각을 요구하게 된다. 네오샤머니즘은 새로운 시대의 시작의 신호이고, 에코페미니즘은 새로운 시대의 완성의 내용이다. 에콜로지의 여성성에 도달하여야 인류는 공멸을 면할 수 있다.

네오샤머니즘의 패러다임은 물론 천지인 모델이다. 천지인(天地人)은 정기신(精氣神)으로 통용되기도 한다. 이것은 또한 영혼백(靈魂魄)으로 해석될 수도 있다. 학자에 따라 이들의 구분은 서로 겹치기도 하는데 기본적으로 순환적인 관계에 있기 때문이다.

대체로 천(天)-신(神)의 레벨에 있는 영혼(靈魂) 혹은 신령(神靈, spirit)은 초월적 성격을 가지고 있다. 영감(inspiration)을 받는다고 할 때는 영육일체(靈肉一體)의 상태를 의미한다.

이에 비해 인(人)-혼(魂)의 레벨에 있는 생각(think)이나 마인드(mind)는 인위적(人爲的)이면서 조절(control)이 가능하고 바꿀(change) 수도 있다. 이는 굳이 말한다면 심물일체(心物一體)의 상태에 가깝다고 할 수 있다.

마지막으로 지(地)-백(魄)의 레벨에 있는 육체나 물질은 물론 물리적인 세계를 말한다. 이는 물심일체(物心一體)의 상태에 가깝다고 할 수 있다.

그러나 천지인을 본래의 순환론으로 보면 신령에서부터 혼백에 이르기까지 우주는 하나이다. 우주가 본래 하나라면 생성변화의 과정(경로)에 의해서 형상이 달라지기는 했지만 결국 하나로 돌아가지 않으면 안 된다. 결국 초월적인 것은 일반적인 것이 되지 않으면 안 된다.

天(氣)	(神)靈	spirit	inspiration	靈肉一體	신령(神靈, 몸)
人(神)	(靈)魂	think, mind	concept, mind control	心物一體	정신, 마음
地(精)	(魂)魄	physics	physical performance	物心一體	육체(물질), 몸

옛 샤먼들은 영육일체의 상태에서 신탁(神託)이나 공수(空手)를 받고 사람들에게 신(귀신)의 말을 알려준 사제 혹은 지도자로서 마을공동체로 하여금 자연과 더불어 살아가는 데에 적절한 지침과 안내를 주는 인물이었다. 샤먼들은 인류사회가 가부장-국가사회로 발전하는 것과 함께 고등종교가 등장하면서 점차 자취를 감춘 것으로 보인다.

그렇다면 에코페미니즘은 언제, 어떻게, 왜 시작되었을까?

"에코페미니즘(ecofeminism, 생태여성론)은 생태 담론과 마찬가지로 1970년대에 등장하여 생태운동과 실천적 여성해방운동이 결합되어 전개되어 왔다는 점에서 '행동하는 페미니즘'으로 알려져 있다. 1970, 80년대 서구의 반핵 평화운동이 말하여 주듯 에코페미니즘은 여성들의 평화운동과 생태운동이 결합된 저항운동의 형태를 띠고 나타났으며 또한 그러한 운동을 통해 성장해가고 있다."[1]

에코페미니즘은 남성중심의 문명, 가부장-국가사회-산업과학주의의 문명에 대한 반운동이다.

"에코페미니즘은 남성 주도의 사회, 경제 및 정치 체계에서 파생된 생태오염의 결과—예컨대 영광 원전지역 임산부의 무뇌아(無腦兒) 출산이나 낙동강 페놀 유출 사고시 임산부의 사산 등—로 인해 여성들이 직접적인 피해를 입으면서 남성에 의한 여성 지배와 인간에 의한 자연 지배가 구조적으로 깊이 연관되어 있음을 인식하고 여성운동과 결합된 풀뿌리 생태운동으로 전개되면서 태동한 것이라는 점에서 강한 실천성을 내포하고 있다. 반핵 평화운동에 참여하는 과정에서 여성들은 문제의 근원이 자연과 인간의 유기적 연관성을 부정하는 산업 문명과, 여성 지배와 자연 지배를 자행해 온 가부장제적 사회 체제에 있음을 알게 되었고, 또한 남성 지배적 문화가 자연 지배와 여성 지배 등 모든 지배의 원천이 된다는 사실을 직시함으로써 생태계 복원과 평화실현의 문제가 여성해방의 문제와 깊이 연계되어 있음을 느끼게 된 것이다. 따라서 남성에 의한 여성 억압과 자연 억압이 만연한 가부장제적 지배구조 속에서 이루어지는 생태운동이나 환경정의 및 비폭력운동은 공허할 수밖에 없다고 보고 여성해방운동과의 접합을 시도한 것이다."[2]

필자는 앞에서 여러 차례 만물만신과 만물생명 사상을 설파한 적이

---

1 최민자, 『생태정치학』, 도서출판 모시는 사람들, 2007, 333쪽.

2 최민자, 같은 책, 334~ 335쪽.

있다. 만물만신과 만물생명 사상은 인간중심의 이성주의 세계관과 만물을 인간을 위한 소유물처럼 생각하는 소유적 사유에 제동을 걸 수 있는 전략개념이라고 말할 수 있다.

"생명은 전일적인 속성을 지니는 까닭에 본질적으로 영적이다. 생명(자연) 자체가 영성(神性, 참본성, 우주의식, 근원의식, 전체의식)인데 누가 누구에게 영성을 부여한다는 말인가. 이성과 자연의 조화란 곧 이성과 영성(신성)의 통합을 의미한다. 일체의 생명은 자기생성적 네트워크 체제로서의 우주에 참여하고 있고, 그 근원은 모두 하나로 연결되어 있으니 우주만물의 주체성을 인정해야 하는 것이다. 진리는 설(說)이 될 수 없으며 이데올로기가 될 수도 없다. 진리는 논쟁의 대상이 될 수 없다. 생명은 참본성(자연)으로 돌아감으로써 자연히 알게 되는 무사지(無師智, 根本智)인 까닭에 참본성으로 돌아가지 않고서는 알 길이 없는 것이다. 이를 두고 또 본질론자라고 이름 붙일 것인가. 문제는 생명이 무엇인지를 알아야 생태학을 논할 수 있다는 것이다."[3]

윗 문장에서 '이성과 영성(신성)의 통합'를 주장하는 등 부분적으로 모순이 있긴 하지만 자연 자체가 영성적 존재라는 사실에 대한 인식은 현대문명의 물신숭배(物神崇拜)가 아닌 원시고대의 신물일체(神物一體) 사상에 부응하는 측면이 있다.

샤머니즘은 흔히 물신숭배사상처럼 오인하는 경우가 있는데 실은 현대의 유물론과 과학이 물신숭배사상인데, 서양 사람들이 원시미개인들의 범신(汎神)사상을 자신들의 시각에서 본(자신을 투사한) 것에 지나지 않는다. 네오샤머니즘은 물신숭배가 아닌 신물일체 사상으로 돌아가자는 운동이며 사상이다. 여기에 인간존재의 구원이 있다는 주장을 하는 것

---

3 최민자, 같은 책, 339쪽.

이다.

에코페미니즘의 완성은 거꾸로 네오샤머니즘에서 이루어진다고 말할 수 있다. 네오샤머니즘이야말로 현대의 과학문명의 과학주의라는 것에 제동을 걸 수 있는 가장 자연적인 이데올로기이기 때문이다. 네오샤머니즘이야말로 현대의 진정한 존재론이 될 가능성을 내재하고 있다.

샤머니즘을 오늘날의 철학이나 과학의 입장에서 재조명할 필요가 있다. 인간이 사물과 자연을 두고 생각하는 것은 그 생각이 아무리 위대하고 기발한 착상이라고 하여도 인간의 생각을 투사한 것이다. 그러한 생각은 사물 자체와는 거리가 있으며, 사물 자체가 될 수 없다. 이게 서양철학을 비롯한 모든 철학과 과학의 한계이다.

그렇다면 그 반대로 생각을 하지 않는 철학, 자연 속에서 순전히 삶을 위한 철학이 있다면 그것은 무엇일까. 그것은 바로 샤머니즘이다. 샤머니즘은 자신의 생각에서 출발하는 것이 아니라 몸주신(샤먼의 몸의 주인인 신 혹은 귀신)의 신탁(神託, 신의 말씀, 空手)을 받는 것이다. 이는 생각의 자기투사와는 다른 반대방향이라는 점에서 자기최면이라고 말할 수 있을 것이다. 물론 샤머니즘은 지금까지 원시종교로 해석되었고, 비합리적이기에 철학이라고 하기에는 부적합하지만 비교를 하자면 그렇다.

서양철학은 기독교 절대유일신과 그리스의 이데아·이성주의가 만나서 오늘날 과학(절대역학)으로 옮겨온 역사라면 종교에서 철학으로, 철학에서 과학으로 옮겨온 역사이다. 만약 서양의 과학 혹은 과학이 이룬 문명에 문제가 있다면, 과학에 의존하지 않는 다른 삶의 방식을 찾아야 한다면, 그 문제의 해결을 샤머니즘에서 구하지 않으면 안 된다.

과학의 특성은 사물을 대상으로 생각하는 자기투사이지만 종교의 특성은 자연(사물과 귀신: 귀신도 자연의 일부로 편입된다)을 신으로 모시는 자기최면이다. 샤머니즘이야말로 종교의 원형이라고 하지 않을 수 없다. 종교적 모든 행위, 예컨대 기도와 명상과 요가와 단전호흡은 최면으로 귀결된다.

만약 인간의 자기투사와 자기최면이 만나면 과학과 종교가 안팎(in-ex)에서 만나는 셈이 된다. 현대의 자연과학은 샤머니즘에 의해 상호 보완되지 않으면 안 된다. 샤머니즘이야말로, 샤먼적 사고야말로 자연친화적인 삶을 회복하고, 만물과의 소통과 평화적 삶을 구가하는 지름길인 지도 모른다. 현대인은 자연에 최면 될 필요가 있다. 이것이 심물일체(心物一體), 신물일체(神物一體) 사상이며 철학이다.

고등종교는 샤머니즘에서 지역적 분화

샤머니즘은 오늘날 극단적인 세속화로 인해 흔히 기복신앙으로 격하되면서 무속(巫俗)으로 불리기도 하지만, 무속이 아니라 엄연히 무교(巫教)이다. 샤머니즘은 고대에 유라시아대륙을 석권하였던 지배종교였다. 그러던 것이 지구적으로 지역별·문화권별로 분화·발전하여 고등종교로 탈바꿈하면서 쇠퇴하게 되었다.

참고로 무교와 다른 종교와의 관련성을 살펴보면 다음과 같다. 무교가 포함되는 신선도, 혹은 선도는 동이족(東夷族)에서 발원하였다. 유라시아 대륙의 판도에서 보면 동북(東北)지방이 고대 한민족의 근거지였다.

중국에서 발전한 유교를 중심으로 대강을 살펴보자. 중국은 역시 도교가 민중에 깔려있지만 유교가 핵심이다. 서쪽이 기독교이고, 남쪽이 불교(佛教)이고, 북쪽이 무교(巫教)이다. 한국이 자리하고 있는 동북쪽의 경우 선도(仙道, 神仙道, 神仙教)와 무교가 민중에 깔려있지만 선도가 핵심이다. 물론 이들 종교들은 서로 교류하고 습합하면서 자강(自强)과 자생

(自生)의 길을 찾아 오늘에 이르고 있다.[4]

〈인류문명의 발생과 세계종교의 위치론〉

	巫敎 (北)	
기독교 (西)	儒敎 (中)	仙道 (東)
	佛敎 (南)	

샤머니즘은 종교와 환경이 묘하게 결합된 종교이다. 다시 말하면 종교적 신앙과 환경적 적응을 한꺼번에 충족시키는 종교형태로서 신앙과 적응의 불확실성을 동시에 안으면서 해결한 종교이다. 샤머니즘은 인간과 인간 사이의 평화는 물론이지만, 그것이 내포하고 있는 환경과의 조화·평화사상은 오늘날 새롭게 부활하지 않으면 안 된다.

인류문화는 참으로 환경과 삶이 요구하는 불확실성을 점복과 굿을 통해 극복하려고 했다. 점복과 굿도 삶의 이중성과 애매모호함에 대처하는 삶의 훌륭한 방법이었던 것이 확실하다. 샤먼은 하늘과 땅 사이(혹은 경계)에 살고 있는 존재로서 결국 하늘과 땅과 사람의 소리를 듣고 깨달아서 부족구성원들에게 알리는 마을사회의 영매(靈媒)이자 사제였다.

샤머니즘의 효과(efficiency)는 에콜로지(ecology)의 요구에 부응하는 것과 함께 공동체 구성원의 조화와 평화, 그리고 안심입명을 신탁(神託)을 통해 선물하는 데에 있다. 그러한 점에서 샤머니즘은 환경과의 관계에

---

4 박정진, 『종교인류학』, 불교춘추사, 2007; 『불교인류학』, 불교춘추사, 2007 참조.

서 실현되는 종합적인 삶이다.

에콜로지의 법칙은 과학의 확실성과는 달리 불확실성의 변수를 인정하고 있다. 그래서 에콜로지는 원인을 중시하는 인과론이 아니라 결과를 중시하는 효과론의 입장에 서 있다. 아무리 훌륭한 도덕과 과학을 만들어냈어도 사회집단과 인류가 멸종하면 그만인 것이다.

이상은 고대 동아시아의 천지인 사상에 대한 현대 철학의 존재론적인 해석이지만 이것을 역으로 말하면 고대인들은 이미 존재론적인 사고를 하였다는 증명이 된다. 다시 말하면 원시고대인들은 존재론적인 사고를 미리 하였다는 뜻이 되고, 인류는 그러한 사고를 미리 한 후 근대에 이르러 이성중심주의 사고를 거쳐서 다시 존재론적 사고로 돌아갔다는 뜻이 된다. 이는 철학에 있어서 고금소통이며, 금고소통이다. 이것은 동시에 인류는 처음부터 존재론적인 사고와 존재자적인 사고라는 복논리(Bi-logic)를 동시에 사용하였으며, 시대적 요청에 따라 중점을 달리했다는 뜻이 된다.

원시고대에 있어서 존재론적인 사고는 신화와 축제와 주술에서 실시하였으며, 존재자적인 사고는 기술과 수렵채집이나 사냥과 농사 등 식량 확보를 위한 행위에서 사용하였을 것이다. 현대에서 존재론적인 사고는 예술과 종교(성령감응적 신앙)에서, 존재자적인 사고는 과학과 철학과 종교(로고스적 신앙)에서 실시하였다고 볼 수 있다.

아무튼 동아시아는 천지인 사상과 그 이후에 태동한 음양사상, 그리고 둘의 통합에 의한 음양오행사상을 마련하면서 수천 년 동안 삶을 영위해왔다. 이것은 확실성과 결정성을 요구하는 언어(이성적) 중심의 서양문명과는 달리 불확실성과 비결정성과 이중성을 내포하고 상징 중심의 문명을 구성하였다. 이러한 문명적 특징을 서양문명은 물리학 중심의 문명이고, 동양문명은 한의학 중심의 문명이라고 말할 수 있을

것이다.[5]

세계는 시작과 끝이 있을까, 시작과 끝이 없을까. 근대문명 이후 세계는 서구 기독교[6]와 이성주의의 영향으로 시작과 끝, 원인과 결과가 있는 것으로 해석되고, 그러한 해석 속에서 사물들은 운영해왔다. 그러나 이러한 유시유종(有始有終)의 관점은 이제 문명과 문화의 여러 곳에서 많은 문제점을 노출하면서 위기를 맞게 하고 있다. 인류는 유시유종의 관점에서만 살아온 것은 아니다. 도리어 근대 이전 훨씬 오래 전에는 도리어 무시무종(無始無終)의 관점, 순환론의 관점에서 세계를 운영해왔다.

---

5 한의학은 현대의 자연과학적인 성격보다는 동식물의 약재를 오행으로 분류하는 것에서 알 수 있듯이 신화적 성격이 강한 것으로 보인다. 한의학의 침구(鍼灸)의 침은 서양의학의 주사와 달리 무슨 성분을 주입하는 것이 아니라 단지 막힌 기혈을 뚫어주는 것이고, 뜸도 병원균을 죽이는 것이 아니라 면역력을 높여서 치료를 하는 것이다. 서양의학은 주로 병의 원인을 치료하는 의학체계이지만 한의학은 몸 전체를 잘 순환하게 하면서 면역력을 높이고, 한약재를 약탕관에 함께 끓이는 탕약을 통해서 원기를 돋우는 것이다. 한의학은 현대철학으로 말하면 매우 기철학에 가까운 방식이다. 기혈을 통하게 하는 침도 그렇고, 오행의 상관관계를 통해서 상생상극의 조화를 꾀하는 탕약, 그리고 몸 전체의 면역력을 높이는 뜸도 그렇다. 한의학은 매우 존재적이고 해체적이다.

서양문명	물리학체계	병원균	병의 원인 치료	치료, 재활	존재자(부분)
동양문명	한의학체계	침구(鍼灸)	탕약(湯藥)	예방, 보약	존재(전체)

6 기독교 중에서 특히 신교(protestant)는 구교(catholic)의 '마리아'(어머니)를 지워버렸다는 점(신교를 구교와의 관계에서 특화시키기 위해서)에서 '하느님 아버지'를 지워버린 마르크시즘과 대척점에 선다. 마르크시즘은 오히려 물질주의 때문에 여성성을 부활시킨 공로마저 있다. 마르크시즘은 페미니즘(feminism)으로 가는 길목에 있다. 물질주의(materialism)과 어머니주의(motherism)는 발음상으로도 통한다.

무시무종은 천부경(天符經)의 사상이다. 천부경에 대해서는 뒷장에서 상술될 예정이지만, 우선 고대 한민족을 비롯한 북방민족의 원시종교였던 샤머니즘(shamanism)의 최고 경전이다. 샤머니즘이라고 하면 흔히 현대 과학문명의 시각에서 미신이라고 여기지만, 실은 그것을 뒷받침하는 '고도의 과학'(오늘날 氣철학적 혹은 氣과학적 관점의 세계와 통한다)이 존재하고 있었으며, 오늘의 우리는 단지 그것을 잃어버렸을 따름이다.

샤머니즘을 미신이라고 하는 것은 서구의 '시각+이성' 문화의 편견이다. 샤머니즘을 회복하기 위해서는 동양의 '청각+감성(느낌, 이미지)'의 문화가 복원되어야 가능할 것이다. 아무튼 샤머니즘은 애니미즘(animism)에서 앤트로포모르피즘(anthropomorphism: 자연의 인간동형론)에 기초하고 있다. 신인동형론은 그 동안 미신처럼 버려져 있다가 도리어 최첨단의 물리학 시대에 다시 관심을 불러일으키고 있다. 신인동형론은 '입자(중력)물리학'보다 '파동(전파전자)물리학'과 친연성을 보이고 있다.

파동은 주체가 없는 세계이다. 파동적 관점에서 보면 소위 접신이라는 것과 탈혼(脫魂)과 영혼의 이동과 바뀜, 그리고 빙의빙신(憑依憑神)이 가능해진다. 탈혼은 감각의 입장에서 보면 감각으로부터 멀어지거나 단절됨(이것은 순수한 언어일 수도 있다)을 이렇게 표현했을 수도 있다. 죽음이라는 한계상황을 벗어날 수 없는 인간이 상상계와 언어의 만남을 통해, 이승에 반대되는 저승을 만들어내고, 이를 통해 스스로를 위로하고, 스스로에게 대화를 시도한 것일 수도 있다. 초월은 상상계의 작품이다.

이것은 실은 음양의 프랙탈(fractal)[7] 패턴(pattern)일 수도 있다. 돌이켜 생각하면 시간과 공간이라는 것도 인간이 만들어낸 척도이며, 제도이다. 샤먼(Shaman)에게는 빙의과정에서 '우주여행'이라는 것이 반드시 통과의례처럼 있으며, 그런 후에야 진정한 샤먼이 되는 것이다. 시공간을 초월하여 우주여행을 한다는 것은 현대를 살아가고 있는 인간들에 이르기까지도 꿈이기도 하다.

파동의 이치로 보면 골과 마루의 거리가 멀수록 파동의 크기가 크다. 그렇다면 가장 높은 마루에 이르려면 가장 낮은 골에 이르러야 한다. 가장 높은 정신(精神 혹은 神)이라는 것은 가장 낮은 곳에서 포용력을 키워야 가능하다는 결론에 도달한다. 여기에 하늘과 땅의 비밀이 있다. 그래서 성인들은 대체로 가장 낮은 데서(낮은 신분과 가난한 환경 혹은 사생아)에서 출발한 경우가 많다. 큰 샤먼이나 성현들은 고통의 시련(혹은 수련)이라는 통과의례를 거치게 마련이다.

문명화된 현대인들은 인간이 생래적으로 가지고 있던 재능이나 능력을 도리어 많이 잃어버리고 있는 지도 모른다. 옛 샤먼들은 가장 낮은 데서 자연의 소리를 듣고 가장 높은 '하늘의 신'에게 기원(기도)할 줄 아는 지혜자였던 것으로 보인다. 샤먼 킹(shaman-king)과 그 후의 왕(king)들도 그러한 능력의 소유자였을 가능성이 높다.

---

7 프랙탈(fractal)은 일부 작은 조각이 전체와 비슷한 기하학적 형태를 말한다. 이런 특징을 자기 유사성이라고 하며, 다시 말해 자기 유사성을 갖는 기하학적 구조를 프랙탈 구조라고 한다. 브누아 만델브로가 처음으로 쓴 단어로, 어원은 조각났다는 뜻의 라틴어 형용사 'fractus'이다. 프랙탈 구조는 자연물에서 뿐만 아니라 수학적 분석, 생태학적 계산, 위상공간에 나타나는 운동모형 등 곳곳에서도 발견되어 자연이 가지는 기본적인 구조이다. 불규칙하며 혼란스러워 보이는 현상을 배후에서 지배하는 규칙도 찾아낼 수 있다. 복잡성의 과학은 이제까지의 과학이 이해하지 못했던 불규칙적인 자연의 복잡성을 연구하여 그 안의 숨은 질서를 찾아내는 학문으로, 복잡성의 과학을 대표하는 카오스에도 프랙탈로 표현될 수 있는 질서가 나타난다.(위키백과)

그런 관점에서 볼 때 현대인은 '수단과 도구'를 위해서 자연과 연결된 자신의 능력과 삶을 포기하고, 스스로를 도구의 노예로 맡겨버린 초라한 '우주의 소외인'인지도 모른다. 현대인은 종교에 의존하던 인류에 비하면 과학이라는 종교로 살아가고 있는 다른 인류이다.

샤머니즘, 더 정확하게 네오샤머니즘(neo-shamanism)은 인간으로 하여금 자연으로 다시 돌아오게 하는 지름길일지도 모른다. 네오샤머니즘이란 원시의 샤머니즘이 아니라 자연과학과 고등종교를 거치고 다시 자연으로 돌아온 인간으로 하여금 '고금소통'(古今疏通)을 실현하게 한다는 의미에서 '네오'(neo-)이다.

시공간은 볼 수 없다. 단지 그 기록(기억, 흔적)을 볼 뿐이다. 시간의 기록은 흐름이고, 공간의 기록은 장소이동이다. 시공간(時空間)에서 간(間)을 떼면 결국 시공(時空)이다. 이것은 '사이와 초월(between and beyond)'이다. '사이'가 전제되었기 때문에 '초월'도 있는 것이다. 따라서 여기서 초월이라고 하는 것은 '사이'에 대한 상대적 개념으로서의 '초월'이지, 초자연의 의미에서의 초월이 있다고 주장하는 것은 아니다. 초월은 단지 기존의 장(場)에서 벗어나기 위한 움직임이다. 본래적 세계는 자연이 있을 뿐이다.

사이(틈) '간'(間)이 없으면 차이와 거리를 알 수 없지만 동시에 '간'(間)은 정지되거나 불변한 것이 아니다. '간'은 존재자적이면서 존재적이다. 사이 '간'을 존재적으로 사용하면 연속적인 차이가 된다. '사이'가 '차이'가 되는 셈이다. '사이'는 존재자이고, '차이'는 존재이다. '사이'는 거리가 있는 것이고, '차이'는 비어 있는 것이다. '차이'란 비어 있기 때문에 한 순간도 끊어진 적이 없다. '사이'와 '차이'란 같으면서도 동시에 다른, 이중성이다.

'사이'는 시간과 공간의 차원이 되고, '차이'는 시공의 차원이 되다. 다시 말하면 공(空)의 차원이 된다. 그런데 차이를 가장 잘 나타낸 것이 동양의 천지인사상과 음양사상이다. 천지인 사상과 음양사상을 통합한 것이 음양오행사상이다. 차이를 주장할 때 세계는 이미 자기의 동일성을 포기한 것이고, 무수한 연결을 보는 것이고, 세계에 대해 무위(無爲)한 존재임을 수긍하는 것이다. 이것은 무한집합의 세계이다.

만물은 제행무상(諸行無常), 제법무아(諸法無我)한 것이고, 주체가 없이 흘러가는 그 무엇이다. 세계는 진위(眞僞)와 가부(可否)가 반드시 있는 것도 아니다. 세계는 같음과 다름의 동시성, 이중성, 애매모호함으로 있다. 알 수 없는 것이 세계이다. 우리가 무엇을 알았다고 하는 것은 세계를 끊어놓은 것이거나, 세계의 생명을 파괴한 것이거나, 결국 스스로를 분열한 것에 지나지 않은 것인지도 모른다. 세계는 해부의 대상이 아니라 그냥(저절로) 살아가는 자연(自然)이다.

인간의 '간'(間)은 '사이'이고 이것은 '시간과 공간의 학'이고, '사이(間)의 학'이다. 이것이 인간학(人間學)이다. 이에 대칭되는 것이 물(物)이고 물학(物學)이다. 물학(物學)은 인간중심의 철학을 벗어나서 사물 전체에로 철학을 확산시키는 것이다. 그래서 인간(人間)보다는 천지인의 순환 안에 있는 '인(人)으로서 인학(人學=人性)'과 통한다. 물학은 '차이의 학'이다. '사이'와 '차이'는 비슷하지만 이렇게 다르다. 사이는 존재자이고 소유의 철학이고, 현상학이고, 차이는 존재론(존재의 철학)이다.

물학은 형이상학으로 올라간(초월한) 철학이 물질이 아닌 자연으로 내려온 철학이다. 이를 두고 하이데거는 "형이상학은 현존재 자신"이라고 하거나 "형이상학은 인성에 귀속한다."고 말한다. 따라서 현존재는 인간(人間)이고 인간의 지평(지평)을 가지고 있다.

천지인의 인(人)은 '자연적 존재로서의 인(人)'을 말하고, 인간(人間)은 '대상적 존재서의 인간', 혹은 '사회적 존재로서의 인간'을 말한다. 〈물학

(物學)=인학(人學)≠인간학(人間學)〉이다. 인(人)은 물(物)이다. 그런 점에서 '물학'은 종래의 철학이 아니라 반철학이고, 기학(氣學)이다.

제정일치와 샤머니즘의 '자연의 소리'

샤머니즘과 소리는 인간문명이 자연과학을 태동하기 전까지 정령적인 종교를 중심으로 문명을 운영하던 시대를 상징하는 것이다. 소리(phone)는 인류문명사에서 기록의 등장과 동서양의 경전이 등장하는 것과 함께 문명의 중심에서 사라진다. 기록은 절대신과 절대과학을 낳고, 고등종교인 불교의 '부처'와 유교의 '하늘'과 기독교의 '하나님'을 파생시킨다.

고등종교의 공통적 특징은 종교의 '정치에의 시녀화'이다. 제정일치시대에는 정치가 도리어 종교(제사)에 부속되었고, 신녀(神女) 혹은 여사제로 불리던 여자 무당들이 종교적 권위(권력)를 누렸다. 이를 '샤먼-킹(shaman-king)의 시대'라고 말할 수 있을 것이다.

'샤먼-킹의 시대'가 제정분리시대로 넘어 오고 남성의 정치적 권력이 강화되면서 사태는 역전되고 만다. 고등종교라는 것은 결국 남성적 정치권력에의 여성적 종속적 위치로 자리매김하고 만다. 이는 물론 모계사회에서 가부장-국가사회로의 전환과 때를 같이 하는 것이다.

오늘날 정치는 다시 경제와 과학에 거의 종속되다시피 하고 있다. 제정(祭政)분리시대가 아니라 정경(政經)분리시대로 접어들면서 정치의 종교에의 종속화가 심화되고 있고, 경제는 또한 과학(산업기술)에의 종속화로 진행되고 있다. 이는 결국 힘(권력)의 중심이동을 말하는 것이다.

세계는 이제 그야말로 '힘(권력)의 시대' '힘의 패권시대'를 맞고 있다. 바로 이것이 문제이다. 과학과 경제에 종속된 힘은 환경파괴와 함께 부익부 빈익빈의 문제, 즉 환경·경제 문제를 낳고 있다. 이것은 겉으로 보면 서로 다른 문제인 것 같지만 실은 하나의 문제이다. '힘의 패권시대'가 낳은 부산물인 것이다.

같은 '에코'(eco: oikos: 거주지)에서 출발한 인간의 경제(economy)는 생태(ecology)를 배반하고 있고, 인간의 정치(politics)는 경제(economy)를 배반하고 있다. 서로가 서로를 배반하고 있는 것이다. 이는 결국 인간이 자신을 낳아준, 자신의 모태가 되는 환경을 배반하고 있는 것으로 귀결된다.

정치는 경제(經濟: 經國濟民)를 배반함으로써 또한 자신의 권력을 있게 한 원동력인 인간을 배반하고 있다. 삶(생존)과 권력관계는 가장 멀리 떨어져 있는 것 같지만 실은 오늘날 환경재앙과 테러리즘의 문제로 불거지고 있는 것이다. 본래 자연으로 돌아가자는 자연회복의 소리는 철학적으로 반향을 불러일으켜서 필자의 소리철학으로 드러나고 있는 것이다.

"에코페미니즘의 통상적인 의미는 가부장제적, 남성지배적 서구문명에 대한 비판에서 출발하여 여성 억압과 자연 억압이 구조적으로 깊이 연결되어 있다고 보고 여성해방과 자연해방을 동시에 추구하는 이론적 정향 및 행동을 통칭한다. 에코페니미즘은 환경개량주의를 넘어 기존의 지배적 패러다임의 변화를 통해 인간과 자연의 관계 재정립을 시도하는 점에서는 심층생태론이나 사회생태론과 밀접한 공유점을 가지고 있다. 즉 심층생태론의 생물중심의 평등이나 사회생태론의 분권화 강조와 사회적·경제적 위계질서의 타파라는 측면과 연결되어 있는 것이다. 그러나 모든 계급체제와 인간 억압의 뿌리가 남성의 여성지배에 있고, 가부장제에 의해 그것이 유지, 강화되어 왔으며 자연 억압이 여성억압에서 비롯되는 것으로 보는 점에서는 양자와 논점을 달리한다. 에코페미니스트들은 정신·물질 이원론에 입각한 근대 서구의 지배적 세계관이 여성과 자연을 동일한 방식으로 지배해왔다고 보고 이러한 지배 방식이 전 지구적으로 확산됨에 따라 생태위기와 더불어 총체적인 인간 실존의 위기가 초래되었다는 것이다."[8]

보다 급진적인 에코페미니스트인 발 플럼우드는 다음과 같이 말한다. "에코페미니스트 발 플럼우드(Val Plumwood)의 비판적 에코페미니즘은 문화적 에코페미니즘의 한계를 극복하기 위한 시도이다. 플럼우드는 네 가지 형태의 억압, 즉 여성, 인종, 계급, 자연에 대한 억압이 통된 원인을 이성·자연의 대립성을 기반으로 한 서양의 이성 중심주의라고 본다. 그녀는 서양 역사를 타자를 식민지화하는 단계의 발전으로 나누고 플라톤의 로고스(logos, 이성)·자연의 이분법을 제1단계, 데카르트의 마음(res cogitans)·물질(res extensa)의 이분법을 제2단계, 인간의 자아중심주의와 자연을 도구화하는 시각이 나타나는 제3단계, 그리고 세계 경제 영역에서 완전 합병 아니면 제거의 양자택일만 남는 마지막 단계로 나누었다. 지금의 이 마지막 단계는 생물계(biosphere)의 자연 억압과 인간계(sciosphere)의 여성·인종·계급억압이 극도로 심화된 상태라는 것이다. 플럼우드가 제시하는 대안은 의지와 목적과 자주성을 가질 수 있는 자연의 주체성을 인정하고 존중하는 관점을 가짐으로써 자연에 속하는 것으로 분류된 여성·제3세계·노동자 등에 대한 관점도 함께 변화될 수 있을 것이라는 전망이다."[9]

이에 대해 최민자는 "플럼우드는 왜 자연에게도 인간과 마찬가지로 주체성을 인정해야 하는지에 대한 설명이 없을뿐더러, 그녀의 이러한 관점이 자연에 영성(spirit)을 부여하는 여성주의와는 다르다는 것을 강

8 최민자, 『생태정치학』, 도서출판 모시는 사람들, 2007, 335쪽.

9 이귀우, 「생태담론과 에코페미니즘」, 『새한영어영문학』 제43권 1호, 2001, 6~9쪽: 최민자, 같은 책, 338쪽 재인용.

조함으로써 생명에 관한 진지(眞知)의 빈곤을 드러내고 있다. 생명은 스스로 생성되고 스스로 변화하여 스스로 들어가는 '스스로(自) 그러한(然) 자', 즉 자연이다. 생명은 전일적인 속성을 지니는 까닭에 본질적으로 영적이다. 생명(자연) 자체가 영성(神性, 참본성, 우주의식, 근원의식, 전체의식)인데 누가 누구에게 영성을 부여한다는 말인가. 이성과 자연의 조화란 곧 이성과 영성(신성)의 통합을 의미한다. 일체의 생명은 자기생성적 네트워크 체제로서의 우주에 참여하고 있고, 그 근원은 모두 하나로 연결되어 있으니 우주만물의 주체성을 인정해야 하는 것이다. 진리는 설(說)이 될 수 없으며 이데올로기가 될 수도 없다. 진리는 논쟁의 대상이 될 수 없다. 생명의 참본성(자연)으로 돌아감으로써 자연히 알게 되는 무사지(無師智, 根本智)인 까닭에 참본성으로 돌아가지 않고서는 알 길이 없는 것이다. 이를 두고 또 본질론자라고 이름 붙일 것인가. 문제는 생명이 무엇인지를 알아야 생태학을 논할 수 있는 것이다."[10]고 반문한다.

그러나 필자의 생각에는 우주의 '주체성'을 주장하면 다시 주체성의 대상이 무엇이냐는 반문에 접할 수밖에 없다. 대상 없는 주체가 성립할 수 없기 때문이다. 따라서 '주체－대상'의 현상학적 논의를 피하는 것이 새로운 초월론이라는 비판으로부터 벗어나는 길이라고 본다. 자연은 초월이 아니기 때문이다. 자연은 현상도 아니고 그것을 현상으로 규정하는 초월도 아니기 때문이다. 자연은 그냥 현존적인 생성일 뿐이다.

에코페미니즘이 다시 '주체－대상'의 초월론으로 돌아가는 것이라면, 자연의 영성(신성)을 주체로 환원시키는 것이라면 서양의 근대철학이 걸어온 이성주의 철학과 다를 것이 무엇인가? '진리는 논쟁의 대상이 될 수 없다'는 주장은 서양철학사의 진리에 도달하는 방법을 갑자기 초월

---

10 최민자, 같은 책, 338~339쪽.

하는(증발하는) 것이며, 절대지, 혹은 절대정신을 주장하는 헤겔의 정신과 다를 바가 없다. 이는 기(氣, 一氣)를 이(理, 一理)에 복속시켜서 '물질과 정신'의 이분법으로 환원시키는 것이다.

여기서 생명을 무생명과 구별하는 '생명중심'과 '인간중심'의 생명론 자체가 문제가 되는 것이다. 생명은 무생명을 바탕으로 성립되는 것이다. 무생명과 생명은 결코 궁극적으로 구분될 수 없으며, 그러한 점에서 만물생명(萬物生命)이라고 하는 것이 옳다. 즉 만물이 생명인 것이지, 만물 이외의 생명이 따로 있는 것은 아니다.

이것은 유물론(물질주의)이 아니다. 유물론이란 정신주의(유심주의)의 대립 항으로서 '정신-물질'의 현상학에 속한다. 그런 점에서 현상학을 넘어서는 존재론적인 생명 규정, 즉 만물생명이 옳다. 만물(萬物)의 물(物)은 종래 정신의 대상으로서의 '물질(物質)'이 아니고 '물 자체(物 自體)'를 말한다. 만물생명은 만물만신(萬物萬神)으로 자연스럽게 발전한다. 여기서 만신(萬神)의 신(神)도 물질의 주체가 되는 정신(精神)이 아니다.

다시 말하면 '정신-대상'의 현상학적인 이원대립 항을 넘어서는 심물일체(心物一體), 물심일체(物神一體)의 존재론적인 경지가 바로 만물생명, 만물만신의 경지이다. 필자의 에코페미니즘은 그렇기 때문에 '생태정치학(eco-politics)'의 일환과는 다르다. 그저 세계를 '주체와 대상'(원인-결과, 창조-종말)이 없는 기운생동으로 보는 것에 만족하는 철학이다. 따라서 과학기술적 세계관에 브레이크를 걸고 자제를 요청하는 것이다.

오늘날 철학에서 '자연의 소리'를 바탕으로 '존재의 소리'로 거론하는 것은 '개념철학'을 떠나서 '구체철학'으로 향하는 원시반본의 신호라고 말할 수 있다. 필자의 소리철학, 포노로지(phonology)는 현대문명문화의 이러한 복합적 문제에 대한 종합적이고 상징적인 대응이다. 이는 일종의 미셸 푸코적 '철학적 진단학(journalism)'이다. 이러한 진단과 처방에 있어서 재래의 샤머니즘의 부활이 재론되는 것은 철학의 원시반본적 의미가 내재하고 있다고 말할 수밖에 없다.

이는 과학이 철학으로부터 탄생한 이래 자연이라는 어머니로부터 달아난 탕아(인류의 문명문화)가 다시 어머니(원시)의 품으로 돌아오는 것과 같은, 과학을 자연으로 되돌리려는 복귀(復歸, 返本, 다물)의 신호라고 할 수 있다. 이는 철학과 종교의 재회라고도 할 수 있다.

이러한 철학의 원시종교로의 회귀는 특정 종교의 신학이 아니라 종교 일반의 신학, 신의 회복이라고 말할 수 있다. 철학이 종교와 과학의 매개의 자리로 돌아가는 것이고, 그러한 기능을 수행하려는 것이다. 종교와 철학과 과학은 하나의 뿌리에서 갈라져간 가지이다.

한국인은 미래인류문명의 중심

아마도 한국인이 좌뇌형 철학을 잘 하지 못하는 것은 한국인의 종교적 성향과 높은 상관관계가 있을 가능성이 높다. 한국인은 쉽게 '신 들린다'고 한다. 이는 빙의(憑依)가 쉽다는 뜻이다. 이것은 감정이입도 쉽다는 것을 뜻한다. 한국에는 '신이 난다' '신 들린다' '신이 오른다' '신 내린다' 등 신과 관련된 말들과 속담들이 많다. 빙의빙신(憑依憑神)의 매개는 바로 기(氣)이다. 빙의빙신은 교육정도와는 전혀 상관이 없다. 차라리 교육을 많이 받은 사람일수록 기존의 관념과 편견에 사로잡혀 있는 경우가 많기 때문에 빙의에 걸리기가 어렵다.

우리 민족의 조상은 동이족이다. 중국 은나라도 동이족이 세운 나라이다. 은의 전통이 송(宋)으로 전해졌고, 송의 전통이 노(魯)나라에 전해졌다. 그래서 공자는 동이족의 후예이고, 학자에 따라서는 공자는 우리 민족과 혈통적으로 같다고 주장한다. 대체로 중국의 산동지방은 특히 우리 민족과 관련이 많다고 한다. 산동지방 사람들은 중국 내에서도 매우 특별하게 취급되며 기질도 한족보다는 한민족과 매우 닮았다고 한다.[11]

은나라의 전통은 제사문화에 있다. 물론 인류문화의 원류를 찾아 올라가면 제정일치 사회가 나타나고, 제정일치 사회는 사회를 다스리는 원동력을 제사에 두고 있다. 당시 최고통치자가 하는 것 가운데 가장 중요한 정치행위는 바로 제사를 지내는 데에 있다. 제사는 물론 하늘과 산천, 조상, 그리고 귀신 혹은 신에게 지낸다. 은허(殷墟)의 갑골문은 바로 제사 혹은 점(占)과 관련이 있다. 제정일치사회가 제정분리사회로 되면서 정치가 제사보다 더 우위를 점령했지만 여전히 정치는 제사적 성격을 지니고 있는 것도 사실이다. 오늘의 정치도 실은 겉모양은 제사가 아니지만 각종 축제나 행사 중에는 실은 암암리에 제사적 성격과 기능을 내포하고 있는 경우가 많다.

---

11 최근 단국대학교 생물학과 김욱 교수팀의 연구에 따르면 다음과 같이 한국인의 DNA 분석이 나왔다. "1) Y 염색체 DNA 분석결과(부계계통)로 보면, 한국인집단은 제주집단을 제외하고 지역집단간에 소집단(subpopulation) 분화가 일어나지 않고 동질성이 높은 집단으로 나타났습니다(Kim et al., 2010, Int J Legal Med 124: 653−657)(http://www.ncbi.nlm.nih.gov/pubmed/20714743). 2) 한국인집단은 부계기원으로 볼 때, 여러 계통의 이주자들이 서로 다른 시기에 한반도와 만주일대에 정착하여 동질성이 높은 한국인집단을 형성한 것으로 분석되었습니다. 한국인집단은 중국인집단의 대표계통인 Y haplogroup O3(농경민족)가 약 45%로 우리나라 남자들 중에 가장 높게 나타났습니다. 이밖에도 몽골인집단의 대표계통인 Y haplogroup C가 약 15%, 기타 동남아시아 또는 시베리아집단에서 주로 나타나는 계통들이 약 10%, 그리고 여타 동아시아인집단과는 달리 한국인집단의 특이적인 부계계통은 Y haplogroup O2b−SRY465 (약 30%: 한국인 남자 10명중 3명)으로써 지금으로부터 약 10,000년 전에 동북아시아에서 분화되어 한반도 근처에서 집단 팽창하여 한민족의 중심 계통으로 분석되었습니다. 이렇게 본다면 한국인집단의 중심 부계계통은 북방기원으로 볼 수 있습니다. 특히 이러한 O2b−SRY465 계통으로부터 약 4,400여 년 전 한반도에서 분화된 것으로 추정되는 O2b1−47z 계통이 2,300여 년 전부터 약 5세기에 걸쳐 일본으로 이주(Yayoi 족)하여 일본 원주민인 Jomon 족과 혼혈되어 현대 일본인집단을 형성하게 된 것입니다(Kim et al., 2010, Invest Genet 2: 10)" 현재 한국인집단은 부계와 모계 집단구조가 다소 차이를 보이기 때문에 모계계통 분석을 mtDNA를 tool로 이용하여 진행하고 있다.

정치와 제사(종교)는 오늘날도 서로 도우거나 헤게모니 경쟁을 하기도 한다. 정권(政權)과 교권(敎權)은 가장 큰 정치세력이다. 다시 말하면 정치의 '원(原) 프로그램'(proto-program)은 제사이다. 종교의 핵심은 바로 누구를 향하는 제사이든 제사에 있다. 다시 말하면 종교냐, 아니냐는 실은 제사를 지내는 유무에 있다고 해도 과언이 아니다. 예컨대 유교가 종교냐, 통치철학이냐고 따질 때 갑론을박이 많지만 제사를 지내기 때문에 결국 종교인 것이다. 철학은 제사를 지낼 필요가 없다.

한민족은 이상하게도 제사를 많이 지낸다. 제사를 많이 지내는 것은 해마다 전국적으로 펼쳐지는 각종 축제에서도 드러난다. 축제라는 것은 바로 제사이거나 제사의 변형이다. 종교의 정치참여가 많은 것은, 정치참여를 하는 것이 종교의 정의와 도덕을 실천하는 것이라고 쉽게 생각하는 것은, 한민족에게 내려오는 제사문화적 성격의 탓으로 보인다. 중국과 한국은 고대문화를 공유하는 부분이 많다. 특히 하은주(夏殷周) 문화 가운데 은(殷)의 문화는 한민족과 특히 관련성이 크다.

삼국지위지동이전의 부여조(夫餘條)

여기서 한민족의 축제적 성향을 논할 필요는 없다. 한 대목만 들어보자. 삼국지위지동이전(三國志魏誌東夷傳) 부여(夫餘) 조(條)에 보면 다음과 같은 구절이 있다.[12]

---

12 민족은 음성언어의 주인이지만, 문자언어의 주인은 아니다. 그러한 점에서 한민족이 다음절 단어를 주로 사용하고, 한족이 단음절 단어를 사용하는 것은 뚜렷한 민족의 구별이 된다. 동북아시아사에서 국명이 단음절인 나라는 중화계통의 나라이고, 다음절인 나라는 한민족 계통이라고 보면 크게 틀리지 않는다. 부여, 고조선, 고구려, 백제, 신라, 발해, 고려, 조선 등은 한민족 계통이다.

"은나라 역으로 정월에 하늘에 제를 지낸다. 이때는 나라 안이 크게 모인다. 며칠씩 먹고 마시고 노래하고 춤춘다. 이름하여 영고(迎鼓)이다. 이때에 형벌을 중단하고 죄인들을 풀어준다."

(以殷正月祭天 國中大會 連日飮食歌舞 名曰迎鼓 於是時斷刑獄 解囚徒)

또 같은 책 마한(馬韓) 조에 보면 다음과 같이 나와 있다.

"항상 오월에 파종을 하고 걸립을 하여 귀신에게 제사를 지내고 여러 무리를 이루어 노래와 춤을 추고 술을 마시면서 밤낮으로 쉬지도 않고 춤을 춘 사람이 수천 명이었다."

("상이오월하종 걸제귀신 군취가무음주 주야무휴기무 수천인: 常以五月下種 乞祭鬼神 群聚歌舞飮酒 晝夜 無休其舞 數千人)

동양의 고전적(古典籍)들에 우리나라를 지칭하는 말인 소위, 동이족(東夷族) 사람들의 특징으로 우선 '제사와 가무와 술을 즐긴다'는 것을 들고 있다. 이것은 바로 종교적 특징의 원형인 것이다.

오늘날도 한국인은 합리성을 기초로 정치적 리더십을 형성하기보다는 종교적 힘에 의지하고 있다. 이 말은 사회를 움직이는 원칙인 법전(法典)이나 합리적인 토론과 합의에 의해서 움직이고 있지 않다는 뜻이다. 겉으로는 법을 내세우고, 들이대고 하지만 실은 이미 한국인은 제각각의 자기의 도그마를 가지고 있다. 토론을 해서 바꾸어질 것은 아무 것도 없다. 토론을 해도 자기와 같으면 옳고, 자기와 다르면 틀리고, 심지어 자기와 같으면 선하고, 자기와 다르면 악한 것으로 취급하기 일쑤다.

이것은 '제(祭)의 문화'이다. '제의 문화'는 자기 진리보다는 믿음을, 합리성보다는 신앙을 토대로 살아가는 문화이다. 논리적으로 승복하였다고 해도 감정적으로는 승복을 하지 않고, 따라서 승부에 있어서, 이겨도 이긴 것이 아니고, 져도 진 것이 아니다. 그래서 승부는 겉으로는 있는 것 같아도 속으로는 없다. 승패는 없는 셈이다. 쉽게 어떤 이데올로기나 종교가 도그마가 되는 사회는 처음부터 '줄 서기'나 '편 가르기'나 마찬가지이다. 그래서 '정(情)의 사회'는 이중적 잣대로 인해 심각하게는 '부정부패(不正腐敗)의 사회'가 된다. 그래서 문화총체적으로 '승부의 문화'라기보다는 '질투의 문화'가 된다.

그래서 궁극적으로 한국사회는 "억울하면 출세하라."는 말이 해결책이 되고 만다. 이는 정치적 과잉경쟁을 초래하고, 정치 과잉은 사회 모든 분야를 오염시켜 국제적 경쟁력을 떨어뜨리고 만다. 이는 국가에너지와 재화의 낭비를 가져오고, 국제사회에서 지배력과 문화능력을 저하시키는 부정적 영향을 미친다. 한국인은 여전히 제(祭)를 통해서 만사를 해결하려고 한다. 한국은 오늘날 세계의 종교백화점이다. 한국인은 그러한 점에서 '성경적 민족'이다. 그 성경이 기독교 성경이든, 불교 불경이든, 다른 종교의 것이든, 아니면 자신만이 믿는 지극히 개인적인 믿음이든, 천지신명이든 자신이 믿는 것을 잡고 살아가고 있다. 한국인은 이성적인 힘이 약하다.

그런데 재미있는 것은 힘 있는, 지배적인 종교경전도 모두 외래 종교의 경전이라는 점이다. 물론 외래경전도 오래 믿고 토착화하고 생활화하면 그것이 바로 우리의 경전이 되고 전통이 된다. 이 말은 민족 고유의 경전보다 이상하게도 외래의 경전에 믿음을 더 보낸다는 뜻이다. 이것은 오랜 사대주의와도 관련이 있는 문제이다.[13] 사대주의는 좋든, 나쁘든 그것이 우리의 삶의 전략이었다. 우리 민족은 남의 이데올로기나 남의 이(理)를 즐겨 가져다 쓴다. 외래종교는 각 시대마다 다른 것이 들어와서 나름대로 주인인 것처럼 자리를 잡는다. 불교, 유교, 기독교가

---

13 한국문화의 '사대주의적 성격'에 대해서는 다음을 참조. 박정진, 『아직도 사대주의에』, 전통문화연구회, 1994.

역사의 지층을 이루면서 민족문화의 여러 층위를 이루고 있는 것은 자타가 공인하는 것이다.

〈祭政學으로 본 한국문화〉

제(祭)	정(政)	학(學)
감정 (자기도취, 자기최면)	국가 (윤리, 도덕적 이성)	이성 (창조적, 도구적 이성)
외래 종교 범람	다스림의 예술	과학(자연과학)
기(氣: 神바람, 天地神明)	기(技): 통치의 여러 기술	기(器), 혹은 기(機)
우뇌형(자연주의 철학)	종교국가에서 국가종교	좌뇌형(이성주의 철학)

서양철학사에서 볼 때 이성이라는 것은 결국 도구적 이성이라는 결론에 도달하고 있다. 그래서 '존재의 철학'으로 선회를 하고 있다. 존재의 철학은 실은 '자연의 철학'이다. 여기서 자연의 철학이라는 것은 '자연과학의 철학'이 아니라는 뜻이다. '자연의 철학'은 '천도(天道)의 철학'이고, '일반성의 자연'이다.

이성이라는 것은 자연과 순방향이면서도 동시에 역방향적인 이중성을 가지고 있다. 그런데 그 역방향에 묘한 특징이 있다. 엔트로피의 법칙으로는 엔트로피의 증가가 되는 것과 같다. 이성적이지 못한 한민족은 실은 자연적 본능과 감정에 충실한 삶을 살았다고 해도 과언이 아니다. 따라서 한민족의 삶은 존재적 삶에 가깝다. 그것이 국가를 유지하고 발전시키는 데는 불리하게 작용하였다고 하더라도 인간의 삶에 있어서는 가장 자연에 충실한 삶인지도 모른다.

한국인은 자연에 가장 충실한 자연친화적(自然親和的)인 삶을 살았기 때문에 이성적 철학을 하지 못하였다고도 할 수 있다. 한국인의 미학 가운데 자연 친화는 가장 으뜸이다.

정령과 토템과 귀신과 신의 탄생은 애니미즘(animism), 토테미즘(totemism), 샤머니즘(shamanism)으로 진화하였다. 여기서 특히 애니미즘은 '영혼'이라는 뜻의 '애니마(anima)'(라틴어), '앰(âme)'(불어: il souffle: 숨 쉬다)에서 파생된 단어인데 '동물'인 '애니멀(animal)'도 같은 어원에서 파생된 단어이다. 결국 숨을 쉬고 살아있는 동물의 혼을 말한다고 볼 수 있다.

샤머니즘(shamanism)도 'sh(ch)+amanism'의 합성어로 보면 어원적으로 통하는 바가 있는 것 같다. 샤먼은 자연의 정령과 통하는 능력을 가진 인간이다. 샤먼은 인간과 자연의 균형을 잡아주고 서로 소통하게 해주는 특별한 재능을 가진 주술사인데 고등종교의 사제와 다른 점은 후자가 합리성을 토대로 구성된 경전을 가지고 있다는 점이다. 고등종교는 샤머니즘보다는 이성적인 체계를 갖추었다고 볼 수 있다.

애니미즘에서 샤머니즘까지 공통점은 이들은 모두 생태(ecology)와 밀접한 관계에 있고, 인간을 둘러싸고 있는 자연의 소리를 듣고 대화(소통)하는 것을 특징으로 한다는 점이다. 고등종교가 탄생하기 전까지 이들 원시종교들은 자연과 일체가 되는 것을 전제하였다. 이들은 인간과 자연의 균형을 도모하는 공통점이 있다. 이들의 관계는 선후나 상하의 관계가 아니라 서로 피드백하거나 순환관계에 있다. 샤머니즘은 원시모계사회의 고등종교와의 사이에 있다.

<table>
<tr><td>모계
(원시모계, 씨족사회)</td><td>모계에서 부계사회로 과도기
(부족 연맹, 부족국가단계)</td><td>부계사회
(국가단계)</td><td rowspan="3">제정분리
사회로
진입</td></tr>
<tr><td>애니미즘</td><td>샤머니즘</td><td>고등종교</td></tr>
<tr><td>토테미즘</td><td>샤먼, 샤먼 킹(shaman king)</td><td>불교, 유교, 기독교</td></tr>
<tr><td colspan="4">*샤먼은 최초의 트릭스터(trickster)이다. 왕(king), 성인(saint)이 그 다음의 트릭스터이다.</td></tr>
</table>

고등종교의 공통적 특징은 바로 합리성의 강화이다. 종교적 신비를 가능한 한 합리적으로 설명하려는 경향을 보인다. 그래서 고등종교는 모두 경전을 중시한다. 경전은 문자적 기록의 산물이다. 경전은 발화자의 결핍성의 문제에 직면하게 된다. 그래서 여러 층의 해석학적 문제를 야기한다. 해석학이라는 것은 결국 현재에 살아있는 사람들의 해석에 의존할 수밖에 없다는 점에서 구문의 해석이라는 해석학적 의미에 그치게 될 뿐만 아니라 생성적 의미를 간과할 수밖에 없는 것이 된다.

고등종교 가운데 불교가 샤머니즘의 전통을 가장 잘 절충하고 있는 편이다. 따라서 고등종교 가운데 샤머니즘으로 통하는 데에 가장 효과적인 종교는 불교이다. 불교는 기독교와 달리 미륵부처님이나 보살 등 여성적인 이미지를 많이 가지고 있다.

고등종교 가운데 특히 유일신의 탄생은 생태와 종교의 문제가 분리되는 기점이 된다. 그러한 점에서 고등종교의 유일신과 철학의 이성중심주의, 그리고 자연과학의 발달은 같은 맥락에 있다. 종교의 고등종교화, 합리성을 기조로 하는 근대성, 그리고 자연의 보편적인 법칙을 발견하는 것을 목표로 하는 자연과학은 그동안 서로 다른 것처럼 논의되어왔지만 결국 공통의 기반 위에 있음이 확인되고 있다. 그리고 정신주의와 물질주의도 실은 같은 이성중심주의의 쌍둥이라는 것이 확인되었다.

공(工)은 천지인을 상징, 무(巫)는 '工+人+人', 선(仙)은 '人+山'

천지인(天地人)사상은 전통 신선도(神仙道: 神仙教, 仙道)에서도 중심을 이루는 사상이고, 샤머니즘에서도 마찬가지로 신봉하는 사상이다.[14] 샤머니즘과 신선도의 차이는 전자는 초자연적인(초월적인) 혼령을 인정하는(전제하는) 종교(宗敎) 및 사상이고, 후자는 그것을 인정하기보다는 자연적인 삶을 추구하는 도(道) 및 사상이다. 전자는 종교적인 성격이 강하고, 후자는 종교보다는 자연적인 수련단체적 성격이 강하다. 그러나 둘을 극명하게 구분할 것은 아무 것도 없다. 이는 샤머니즘이 자연의 도를 추구하지 않는다고 말할 수도 없고, 반대로 신선도가 종교가 아니라고 할 확실한 기준이 없기 때문이다.

무(巫)와 선(仙)선의 차이는 무엇인가. 서로 중첩되는 부분과 경계의 겹침(이중성)이 있기 때문에 완전히 대립시킬 수는 없지만, 굳이 차이를 논한다면 샤머니즘은 위로부터 내리는 신을 받는 것이라면 선도는 아래로부터 신을 쌓아 올라가는 경향이 있다. 전자는 내림형(강림형)이고, 후자는 올림형이다. 전자는 영육분리주의(靈肉分離主義)고, 후자는 영육합일주의(靈肉合一主義)이다. 선은 마나(mana)계열이고, 샤머니즘은 아니마(anima)계열이라고 한다.[15]

무(巫)는 귀신, 혹은 신 중심(巫=工+人+人)이고, 선(仙)은 사람 중심(仙=人+山)이다. 공(工)은 천지인을 상징한다. 선(仙)의 사람중심은 그렇다고 서양의 인간중심주의와는 다르다. 한국에 신선사상이 일찍부터 싹튼 것은 국토의 4분의 3이 산이고, 산은 노출된 화강암이 주류를 이루고 있다. 화강암은 소위 영발(靈發), 신발(神發)을 잘 받는 돌이다. 아마도 전자기력(電磁氣力)과 관련이 있을 것이다. 샤머니즘이든, 신선사상이든, 우

---

14 샤머니즘에서는 방위도 북, 동남, 서남으로 3분한다. 북은 우주의 중심이다. 북극성과 북두칠성은 우주의 중심이다. 북두칠성은 북극성을 중심으로 돌아가는 우주의 시계이다. 후에 형성된 4방위(四方位, 四神圖) 체제에서 중심은 북남동서의 네 방위의 중앙에 있다.

15 박정진, 『잃어버린 선맥을 찾아서』, 미래문화사, 1992, 136～137쪽.

주관은 공통점이 많다. 우주는 가역(可逆)-순환(循環)하는 세계이다.

가역-순환하는 세계는 반드시 매개(촉매, 영매, 성령)가 있기 마련이고, 우주론적으로 보면 인간은 그 매개의 대표적인 존재라고 말할 수 있다. 만물은 존재하지만 동시에 다른 것의 영매가 된다. 영매에서는 동식물에서 무생물에 이르기까지 차이가 없다. 무(巫)는 신내림을 받으니 결국 영매에 잡히는(노예가 되는) 셈이다. 선(仙)은 이에 비해 스스로가 주인이 된다. 이를 두고 '우주적 지성'(cosmic intelligence) 혹은 '우주아'(宇宙我, 브라만=아트만)[16]에 도달한 것이라고 볼 수도 있다.

무당은 바쁘고 신선은 한가롭다. 말하자면 무당은 우주의 심부름꾼과 같은 형상이고, 신선은 우주의 주인과 같은 형상이다. 그러나 여기서 주인이 되는 것과 노예가 되는 것이 차이가 없다. 각자 자신이 타고난 소임대로 살아가는 것이다. 무당은 그래서 많은 일을 한다(선무당 사람 잡은 일도 있긴 하지만). 신선은 자신의 중심을 잡고 살아간다. 자신이 무당계열인지, 신선계열인지 살펴볼 일이다. 인간은 누구나 둘 중 하나에 속한다. 그러나 신이 오르고 내리는 것, 신의 왕래라는 것이 매우 가역적이고 이중적이고, 애매모호해서 과학의 어떤 것처럼 확실하게 구분할 수 없다. 그래서 신을 묘(妙)하다, 신묘(神妙)하다고 하는 것일 게다.

---

16 인도의 우파니샤드에 따르면 우주의 궁극적 원리로서의 브라만은 인간 내면세계의 참자아인 아트만과 동일하다. '리그베다'에서는 프라자파티(Prajāpati)가 창조주였지만 후대에 갈수록 그 역할이 브라만에게로 전이되어 갔으며, 나중에는 브라만과 아트만이 동의어가 되고 있다. 브라만과 아트만은 궁극적 진리로서의 제 1 원리를 지칭한다. 이는 결국 우주의 부분과 전체가 하나라는 것에 도달하지 않으면 우주적 일체를 도모할 수 없기 때문이다. '일즉일체(一卽一切) 일체즉일(一切卽一)', '색즉시공(色卽是空) 공즉시색(空卽是色)' '무한대=무한소'의 원리와 같다.

샤먼계열	기독교	영육이원론 마나(mana)계열	주인<노예	정신주의 (초월주의)
신선계열	불교	영육일원론 아니마(anima)계열	주인>노예	육체주의 (자연주의)

그런데 재미있는 것은 샤머니즘이 발달하여, 서구문명과 만나서 오히려 기독교가 되었을 가능성이 높다. 기독교는 샤먼의 계열이고, 불교는 신선의 계열에 가깝다. 초자연적인 세계를 인정하는, 영육분리주의의 샤머니즘은 실은 빙신에 의해 가장 강력한 것이 될 소지가 많다. 예컨대 범신(凡神) 가운데 지고신(至高神)의 형태가 갑자기 유일신이나 절대신으로 변형될 가능성이 높기 때문이다.

샤머니즘은 주로 북방 유목기마민족 사이에 퍼진 원시·고대 종교로서 이것이 서양으로 전하여져서 오늘날의 기독교가 되었을 가능성이 높다. 기독교가 가장 샤먼적이라고 말할 수 있다. 기독교는 샤머니즘과 가장 비슷하기 때문에 가장 샤먼을 싫어한다.

샤머니즘의 빙신빙의–자기최면은 기독교의 성령강림–은총에 해당하고, 불교의 해탈무아–자각에 해당한다. 말하자면 샤머니즘의 특성이 고등종교에서 변형되었다는 뜻이다. 변형은 동일성을 전제하는 것이 아니라 차이를 전제하는 것이다. 변형은 동일성을 부정하기도 하지만 그보다는 서로 차이를 우선하는 것이다. 한국 기독교의 경우 성령운동이나 각자 소리를 내어서 기도하는 통성(通聲)기도를 통해 교세를 넓혀가는 것이 가장 효과적인 것으로 나타났다.

이는 교리적인 전도보다는 전통 샤먼의 굿과 같은 의례를 통해 몸에 파동을 일으키는 감동이나 감전이나 전율 등에 호소하는 편이 성공적이었음을 의미한다. 그래서 교회는 설교보다는 노래(찬송가)를 계속해서 부르거나 소리를 내어서 기도하는 시간을 많이 가짐으로써 신앙심을 북돋우었던 것으로 파악된다. 이것은 소리에 대한 존재론적인 연구를 촉발하게 된다. 소리(노래)는 말(설교, 성경)보다는 존재론적인 특성이 더 있기 때문으로 보인다.

소리는 무의식에서 초의식까지, 배에서 목청까지, 온몸에서 우주까지 파동으로 공명하는 것이다. 소리는 온몸을 관통하는 것이다. 그래서 형이하학에서 형이상학까지 관통하는, 가장 완벽한 형태의 감각이미지는 소리이미지이다. 소리야말로 비실재의 실재이다.

<table>
<tr><td>천</td><td>초의식</td><td>목청</td><td>상청(上聽)</td><td>상청(上淸)</td><td rowspan="3">↕</td><td rowspan="3">소리는
비실재의
실재이다.</td></tr>
<tr><td>인</td><td>의식</td><td>폐(肺)</td><td>중청(中聽)</td><td>본청(本淸): 中心音구조</td></tr>
<tr><td>지</td><td>무의식</td><td>배(腹)</td><td>하청(下聽)</td><td>하청(下淸)</td></tr>
</table>

여성은 평화의 자연, 평화의 무당

여성은 자연이다. 달리 말하면 여성은 생태적 환경과 같다. 남성적 사고, 남성중심의 가부장-권력경쟁(패권전쟁)의 사고는 자연을 황폐화시키고 드디어 인간의 삶의 환경도 기계화하고 말았다. 이제 인간은 기계화된 환경 속에서 마르크스의 주장처럼 '사회로부터 소외되는 인간'이 아니라 '기계로부터 소외되는 인간'이라는 위기에 직면하고 있다.

그렇다면 현대 기계문명에 이른 인간문명의 행로를 전면적으로 바꾸어야 위기를 탈출할 수 있을 것인가. 간단히 말하면 그러한 탈출을 인류 전체가 감행할 수는 없다. 자연을 정복하고 이용한다는 사유방식을 조금 바꾸어서 함께 사는, 다른 동식물과 함께 사는 공생공영의 방식을 택하는 길밖에 다른 길이 없다.

공생공영방식은 여성주의를 추구하되, 그러한 추구가 단순히 여권의 신장을 위해서 봉사하는 것이 아니라 여성-환경을 연대해서 실현하는 방식을 택할 때 색다른 길이 보이게 된다.

출산을 담당하는 여성의 몸은 인류를 위해서도 중요한 것이며, 여성의 몸은 바로 자연과 연결되어 있고, 그 여성에게서 태어나는 갓난아이는 신체적으로 건강한 탄생은 물론이고, 먹을거리에서부터 성장과정에서 환경의 문제를 고스란히 물려받게 된다. 여성-환경을 연결해서 생각하지 않으면 인류는 온전할 수 없다.

갓난아이가 평화롭지 않으면 결코 평화를 달성하였다고 할 수 없다. 여성이 편안하고, 평화롭지 않으면 결코 평화를 달성하였다고 할 수 없다. 나아가 인간의 환경을 이루고 있는 자연이 평화롭지 않으면 결코 평화를 달성하였다고 할 수 없다.

여기에 만물만신(萬物萬神)의 생각이 필요하다. 만물만신은 물신숭배(物神崇拜)가 아니라 신물숭배(神物崇拜)로서 만물을 신처럼 숭배와 감사의 마음으로 대하는 것이다. 신물숭배 사상은 원시고대인들의 일반적인 신앙으로써 자연친화적인 삶을 영위하는 데에 필수불가결한 것이다.

에코-페미니즘은 자연을 아우르는 점에서 가장 총체적인 평화사상이라고 말할 수 있을 것이다. 세계를 여성중심적 사고로 바라보는 것을 필두로 하여, 인간에게 여성으로서의 자연을 회복하는 것이야말로 인간의 자연성을 회복하는 첩경이 될 것이다.

인류는 처음에 '모계사회'에서 '부계-가부장국가'의 남성지배사회로 발전하였으며, 이제 다시 여성중심의 '부계-모(母)중심사회'로 돌아가고 있다. 혈통이나 성씨붙이기는 부계를 그냥 이어가고 있지만, 실질적으로 사회를 움직이는 원동력은 여성중심이나 모(母)중심 사회로 돌아가고 있는 것이다. 여성중심 사회는 본래 권력지배적인 사회가 아니라 비권력-비지배적인 사회이다.

에코-페미니즘은 네오-샤머니즘이다. 옛 샤먼이 무당이었으며, 무당은 여성이었음을 상기할 필요가 있다. 여성은 본래 자연의 상속자였으며, 인간이 자연스럽게 모계사회적 규모로 살 때는 평화로웠으며, 이는 자연환경과 조화롭게 삶을 영위했던 것이다.

남성중심적 사고 – 동일성의 사고 – 와 전쟁으로 이어지는 연쇄는 여성중심적 사고 – 차이성의 사고 – 와 평화로 이어지는 연쇄로 바뀌어야 인류평화가 보장될 것이다.

그렇기 위해서는 인류의 신화에서부터 평화를 찾지 않으면 안 된다. 이제 '신들의 전쟁'에서 '신들의 평화'로 향하는 지혜를 신화에서 찾아야 하며, '평화의 신화'를 찾아야 한다. 그렇다면 '평화의 신화'는 어떤 것이며, 어떤 문화에서 운명적으로 탄생하는 것일까.

각자 메시아, 각자 부처의 시대

기독교 메시아사상의 허구

메시아는 언제까지나 내일 혹은 미래에 도래할, 시간적으로 지연(遲延)되어야 할 존재인가. 그리고 공간적으로 한국에서 태어나서는 안 될 존재, 기독교의 발생지나 기독교가 융성했던 서양, 혹은 서방에서 태어나야할 존재인가.

메시아가 시공간적으로 낯선 곳에 재림해야 할 존재라고 생각하는 자체가 기독교적 사대주의이며, 한국기독교가 아직 노예기독교를 벗어나지 못한 증거이다.

존재신학이나 과학적 사고에 익숙한 인간은 인과론적 사고로 인해 초월적인 위치에 있는 최초의 원죄(원인)와 최후의 심판(결과)을 상상하고, 메시아는 일상적인 시공간에서 나타날 존재가 아닌 것처럼 생각하기 십상이다. 이는 시공간이라는 좌표를 설정한 인간의 자기기만, 혹은 자기착각에서 비롯되는 현상이다.

천지창조를 한 절대유일신인 하나님 대신에 인간은 언제부턴가 현상학적 존재로 메시아를 설정하였다. 말하자면 하나님의 현상학이 메시아인 것이다. 보이지 않는 하나님이 보이는 존재로 나타난 것이 메시아인 셈이다.

메시아는 하나님(주체) 대신에 원죄를 저지른 인간을 구원해줄 타자적 인물로서 기대되고 예언된 존재이다. 메시아적 인물은 기독교뿐만 아니라 불교에서도 미륵부처로 예언되어 있다. 그런 점에서 기독교와 불교는 종교는 다르지만 미래적 구원자를 공통적으로 가진 셈이다.

현재의 메시아는 항상 소외되어 있고, 수난을 감수해야 하며, 심지어 십자가에 못 박혀 죽지 않으면 안 되는 구조는 어디서 연원하는 것인가. 이는 시간의 구조에서 비롯되는 현상이다. 인간의 몸과 현재는 시간을 발생하게 하는 근본이면서도 시간에서 소외되는 까닭에 비시간으로 돌아가지 않으면 안 된다. 비시간으로 돌아가야 존재 그 자체인 메시아를 만날 수 있다.

예컨대 지금 막 지나가는 현재가 계속 있으면 과거와 미래는 존재할 수 없게 되고, 현재만 있게 되는 사태가 발생한다. 그렇게 되면 시간이라는 것은 존재가치가 없게 된다. 이 때문에 현재는 마치 비시간인 것처럼 자리를 피해주지 않으면 안 된다. 이를 철학적으로는 시간이 은적(隱迹)된다고 한다.

그런데 정작 그렇게 되면 과거적 존재나 미래적 존재로 설정된 인물은 현재에 존재할 수 없게 된다. 메시아가 그 대표적인 것이다. 과거의 메시아(예수)는 현재에 존재하지 않는 것은 당연하고(과거에만 존재하고 있고), 정작 미래에 재림하여야 하는 메시아는 현재에 존재하면 안 되고 끊임없이 미래적 존재로만 기대되고 지연되어야 하는 존재가 되고 만다.

메시아가 있으면 그 현재는 종말을 의미하게 되고, 종말이어야 메시아가 있을 수 있기 때문에 현재의 메시아는 부정되어야 하는 존재가 된다. 이러한 사정은 하나님에게도 마찬가지이다. 그래서 부정의 신학과 메시아사상은 결국 같은 것이 되고 만다. 천지창조와 메시아 구조는 결국 시간의 모순에 빠지게 된다. 창조와 종말, 시작과 끝은 하나가 되거나 이중적이 되지 않으면 안 된다.

기독교의 유시유종은 이중성의 모순의 틈을 통해 무시무종과 만나지 않으면 안 된다. 유시유종과 무시무종이 만나는 것이 바로 존재론적 차이인 것이다. 유시유종을 존재자로 보면 무시무종은 존재가 된다. 유시유종과 무시무종을 한꺼번에 동시에 느끼는 경지야말로 하나님과 메시아가 머무는 장(場)일 것이다.

메시아가 더 이상 미래적 존재로서만이 아니라 현재적 존재로 존재하기 위해서는 필연코 존재와 존재자의 양 세계를 왕래할 수 있는 '존재자(현상학)-존재(존재론)'의 메시아, '존재론적 메시아'가 되지 않으면 안 된다. 존재론적 메시아는 종래 기독교 신학에서 말하는 '존재신학적 메시아'를 극복하는 메시아가 된다.

존재론적 메시아는 신기하게도 기독교의 메시아와 불교의 미륵부처가 함께 하는 메시아-미륵부처이다. 왜냐하면 앞에서 말한 '존재자-존재'에서 '존재자'(가상실재)는 기독교적 메시아를 상징하고, '존재'(실재)는 불교적 미륵부처를 상징하기 때문이다.

기독교의 메시아와 불교의 미륵부처가 하나가 된다고 하는 것은 쉽게 이해하기가 힘들 것이다. 기독교는 현상학적 사고와 맥락을 같이하고, 불교는 존재론적 사고와 맥락을 같이하기 때문이다. 기독교의 존재론이 불교이고, 불교의 현상학이 기독교이다.

기독교와 불교는 서로 해석되고 융합될 때 완성된다고 할 수 있다. 어쩌면 불교와 기독교의 관계도 서로 다른 문화권의 종교로서 두 종교의 통합이나 통섭은 양자 간에 번역(번안) 행위와 같은 것인지도 모른다. 실지로 불교교리와 기독교교리가 내용상 같다고 주장하는 학자도 있고, 예수는 청년기에 인도 쪽으로 구도여행을 하여 불교의 법화경을 배웠다는 설도 있다.

기독교	초월, 현상, 인격신, 실체, 용(用)	존재자	현상학	존재자–존재: 예수–부처
불교	실재, 존재, 무(無), 비실체, 체(體)	존재	존재론	

이제 메시아는 일상에서 바로 드러나는 메시아가 되지 않으면 안 된다. 각자 메시아, 각자 부처가 되려는 자는 혼돈을 두려워해서는 안 된다.

"우리는 보통 목적지를 선정하고 그곳으로 향하는 지름길을 찾는다. 그러나 대개의 영웅들은 남들이 가 본적이 없는 길을 선택한다. 지도에도 없고, 가본 사람도 없기에 조언도 들을 수가 없다. (중략) 이들의 공통점은 바로 '부정적 수용능력(negative capability)'으로 설명되는 불안감, 초조함, 질시, 외로움, 우울증, 경계성, 애매모호함을 자신이 꿈꾸는 미래의 굳건한 발판으로 만들었다는 데 있다. '부정적 수용능력'이란 삶에서 흔히 마주치는 모순들을 기존 질서 안에서 쉽게 해결하려는 유혹을 뿌리치고 혼돈을 있는 그대로 자신의 삶의 일부로 가져가는 태도이다. 부정적 수용능력이라는 개념을 만들어낸 사람은 영국 낭만주의 시인 존 키츠(John Keats)다. 키츠는 셰익스피어가 가진 능력을 부정적 수용능력이라고 명명한다."[17]

부정적 수용능력의 특징은 다음과 같다.

"이것은 사실을 성마르게 추구하지 않고, 불확실하고 신비하고 의심스러운 상태에 의연하게 거하는 능력이다. 삶은 우리가 경험한 것에 대한 질문을 끝없이 발굴하고 그 질문과 함께 사는 것이다. 미지의 세계가 과학을 움직이는 원동력이며, 가장 아름다운 경험은 바로 신비다. 신비한 아름다움에 대한 감정은 다른 모든 생각들을 극복하고 심지어는 제

17 배철현, 『신의 위대한 질문』, 21세기북스, 2015, 221~222쪽.

거해버린다."[18]

특정한 인물이 아닌 인간 각자가 실현해야할 이상적 인물이 바로 메시아–부처인 셈이다. 각자가 실현해야할 메시아–부처는 단지 절대적인 인물이 아니라 각자의 입장과 능력에 맞게 전개되는 차이의 메시아, 차이의 부처인 것이다.

니체는 19세기 시대정신을 요약하는 한 마디 말, "신은 죽었다."라는 선언으로 '세속화된 기독교'를 비판하고 후기근대를 열었다. 신이 죽었다는 생각이나 감정이 니체 이전에 없었던 것도 아니다. 헤겔도 "신은 죽었다는 감정(정서)"을 언급하기도 했다. 서구문명은 이미 18~19세기를 전후로 그러한 분위기에 휩싸였던 것이다.

오늘날 더욱 더 세속화된 인간에게 "신은 죽었다."는 말은 약효가 없다. 그 대신에 무슨 말이 더 필요할까. 기독교의 세속화를 질타한 니체는 '힘(권력)에의 의지'라는 것이 일상에서는 바로 '세속화'와 같은 것이라는 점을 미처 깨닫지 못했던 것 같고, 역시 자연과학의 '과학화'라는 것도 세속화·제도화의 권역에 속하는 것이라는 점을 몰랐던 것 같다.

니체가 '세속화'는 비난하면서도 인류문명의 전반적인 '과학기술주의'에 대해서는 별로 비판하지 않았던 것도 이런 이유 때문일 것이다. 니체의 '힘에의 의지'철학은 그런 점에서 이율배반과 모순 속에 있게 되는 것이고, 그가 주장하는 예술생리학이라는 것도 힘의 증대에 이용되는 서구 문명적 실체주의의 한계 속에 있게 되는 것이다.

니체 이후에도 인간은 1, 2차 세계대전을 치르고, 3차 세계대전이라고도 일컬어지는 극심한 좌우 이데올로기의 충돌이었던 한국전쟁을 치렀다. 그 후에도 여전히 많은 수의 인간은 전쟁과 갈등과 빈곤과 기아에

---

18 배철현, 같은 책, 222쪽.

허덕이고 있다. 빈익빈 부익부는 여전하고, 패권주의적 제국주의는 기승을 떨치고 있다.

인간의 이성과 욕망은 끝내 구원받을 수 없는 것인가? 이 시대를 비판하는 대답으로 내놓은 것이 바로 필자가 최근에 출간한 "메시아는 더 이상 오지 않는다."[19]이다.

내일 또 내일을 마냥 기다리기만 하는 메시아는 시간과 같은 추상적 메시아이고, 이미 죽은 메시아이다. 살아있는 현재의 메시아가 있지 않으면 안 된다. 이는 신에게 모든 문제를 맡길 것이 아니라 인간 각자가 인간문제를 풀 해결사로서 나서야 한다는 뜻이다.

메시아사상이 지금 이대로 가다가는 인간의 자기기만으로 스스로 구제되지 못하고 결국 멸망하게 될 지도 모른다는 염려가 앞선다. 현재의 메시아는 항상 십자가에 못 박히고, 부정(부인)되기 위해 존재하는 양 비극적 운명의 메시아가 되어서는 안 된다. 그렇다면 영원히 메시아는 없게 된다.

시간적으로, 역사적으로 지연되어야 하는 메시아사상은 크게 반성되지 않으면 안 된다. 만약 그렇게 되면 인간은 메시아가 이미 왔다갔어도 모르는 사태에 직면하게 되니 말이다.

신은 죽었고, 메시아는 오지 않는다

이제 신은 죽었고, 메시아는 오지 않는다. 그렇다면 기독교인들은 어떻게 기독교를 이끌어갈 것인가. 인간은 종교적 인간이다. 원시인간에게 제사를 지내는 것은 삶의 큰 부분을 차지했다. 그들은 자신들과 함께

19 박정진, 『메시아는 더 이상 오지 않는다』, 행복한 에너지, 2016, 57~78쪽, 346~ 443쪽.

사는 동물 중에서 가장 귀중한 짐승을 토템으로 삼고 이들을 하늘에 바치는 것을 통해 하느님의 축복과 행운을 빌었다.

기독교의 속죄양이라는 것은 바로 그 옛날 하늘에 바치던 제물인 것이다. 인간문명은 성인(석가, 예수)이라는 인간토템이나 희생물을 하늘에 바치고 그 대신 축복과 행운, 그리고 사후 천국이나 극락에 가게 해 달라고 빌었던 셈이다. 이제 지상에서 천국이나 극락이 실현되지 않으면 결코 하늘에서 실현될 수 없다는 것을 알았다. 지금(至今) 지기금지(至氣今至)하여야 한다.

지천(地/天) 태(泰)괘의 시대, 하늘과 땅이 소통하는 시대를 맞아 인간의 꿈과 이상은 이제 땅에서부터 만들어지지 않으면 안 된다. 신들도 인간을 바라보고 있고, 인간을 의지하고 있다. 이제 모사재천(某事在天), 성사재인(成事在人)의 시대이다. 일의 성공과 실패는 이제 인간에게 달렸다. 메시아는 더 이상 오지 않는다. 인류는 이제 각자 메시아의 시대로 접어들었다. 각자 메시아가 되지 않으면 인류의 평화는 오지 않는다.

'지천(地天)의 시대'에 즈음하여 인류사에서 고등종교의 등장을 다음과 같이 해석할 수도 있을 것이다. 가부장제의 등장 이후 여성적 특징(자연적 특징)은 비권력적인 것이 되고, 이는 특히 종교 속에 평화와 사랑이라는 명분으로 자리 잡게 된다. 가부장제에서 국가사회로 이어지는 인간의 역사에서 남성적 힘(이성)은 정의가 되고, 여성적 평화(감성)는 평화를 실질적으로 실현하는 것이 아니라 평화주의가 되고, 이를 고등종교가 담당하게 된다.

예컨대 식민지 유대에서 발생한 기독교는 로마의 국교가 되면서 팍스로마나(Pax Romana: 기원전 1세기 말에 아우구스투스가 제정을 수립한 때부터 약 200년간 지속된 로마의 지배시대를 말함)를 완성하는 정치·종교적 설계(알리바이)가 된다.

종래의 여성–여신–제정일치 사회–마을(부족) 사회는 남성–남신–제정분리사회–국가(제국)사회가 되고, 남성중심사회가 된다. 이 과정에서 남성적인 것은 주인이 되고, 여성적인 것은 종이 된다. 이를 가장 잘 드러낸 것이 '하나님 아버지의 기독교'이다. 기독교의 신자들은 주(主)의 종(從)임을 자처하지 않으면 안 된다.

여성적인 입장은 종교적으로 신앙자(종의 신분)가 되고, 정치적으로는 패배자, 혹은 반체제자가 된다. 제국주의는 제국의 종교를 통치의 수단으로 활용하게 된다. 식민지는 바로 역사적으로 여성적 입장이 됨을 뜻한다. 피제국–식민지의 입장은 종의 신분임을 자인하는 메커니즘이 된다. 식민지인들은 그렇게 되어 완벽하게 역사에서 종의 신분으로 소외되면서 종교적인 상상 속에서 메시아를 기다리게 되는 셈이다.

이런 메시아사상은 제국 속에서도 소외된 계층 속에 파고들어 비권력자의 위로와 희망이 된다. 그러나 역사상 한 사람의 메시아가 역사적인 문제를 해결한 적은 없다. 메시아는 처음부터 역사에서 실현되는 것이 아니라 과거와 미래(현재의 비시간)에서 이미 지나갔거나 앞으로 기다리는 것이다. 더욱이 메시아는 현재의 역사에서 정치적 권력과 대립한 나머지 죽을 수밖에 없는 운명인 것이다.

역사에서 평화는 현실적인 것이 될 수 없고(그래서 종교적 이상으로 기대되는 것일 뿐), 전쟁과 전쟁 사이의 휴지부일 뿐이다. 역사에서 여성주의는 때로는 평화주의고, 때로는 패배주의고, 때로는 비겁과 분열과 질투의 비생산적인 악순환 속으로 들어간다. 심하게는 여기서 악의 개념이 발생했다고 말할 수 있다.

문명의 발달과 더불어 악이 생기면서 선이 생겼다. 선악의 개념이 강화되는 것은 악이 팽창하고 있음을 의미한다. 역사에서 힘과 정의는 선이고, 이를 저주하고 시샘하고 질투하는 약자의 패배와 비겁 속에 악의 개념이 배태되어 있었던 셈이다. 흔히 악은 강자에서 나오는 것 같지만 실은 강자는 역량(역능)과 여유로 인해 후덕하다. 항상 악의 개념은 상대적으로 약자에서 나온다. 역사에서 평화주의는 제국에 있어서나, 식민지에 있어서나 일종의 종교적 속임수일 수도 있다.

한편 서구의 과학이 세계를 지배하게 되는 데에 결정적인 역할을 하게 되는 것도 기독교의 주종(主從)관계의 연장선상에서 볼 수 있다. 주인과 종의 관계는 인간과 자연(사물)의 관계에서도 그대로 적용된다. 인간은 과학기술을 통해 사물을 수단화한다. 그런 점에서 고등종교와 과학은 같은 맥락이다.

그러나 이러한 사정은 세계가 가부장-국가사회가 아니라 여성중심, 모계중심으로 바뀔 때 백팔십도로 달라진다. 다시 말하면 요즘처럼 지구촌, 지구 마을사회가 될 때에는 정반대가 된다. 여성주의와 평화주의, 감성주의는 미래 여성시대에는 좋은 덕목으로 전환될 것이다.

기독교의 서구는 오늘날 '팍스 로마나'에서 '팍스 브리태니커' 등 여러 경로를 거쳐서 '팍스 아메리카나'에 이르렀다. 미국은 태평양시대를 맞아서 동아시아의 일본, 한국, 중국에 세계의 주도권을 내주어야 할 시기에 직면하고 있다. 이는 동북아시아(동이족)에서 발생한 인류문명이 세계를 한 바퀴 돌아서 다시 제자리에 돌아온 원시반본적 성격을 가진다.

각자 메시아, 각자 부처의 시대

옛 샤먼들은 스스로 깨달았다고 하더라도 스스로를 절대시하거나 우상화하지 않았다. 이들은 깨달음을 자연의 선물로 생각했기 때문이다. 인간은 어디까지나 자연과 더불어 살아가는 자연적 존재이다. 깨달음도 자연의 일부였던 셈이다.

옛 샤먼은 처음엔 여성들이었다. 샤먼들이 여성들이었다는 것은 매우 중요한 사실을 알려준다. 여성은 자연을 육감적으로 느끼면서, 자연과 더불어 살아가는 존재로서 자연에 특별한 이름을 붙이는 것을 삼갔으며, 자연을 대상으로 분류하지 않았다는 뜻이다. 요즘으로 말하면 자연은 인간과 더불어 살아가는 공동존재였다.

여성은 자연의 상속자로서 자연을 대상으로 하는 데에 익숙하지 않다. 여성은 동물로 새끼를 낳는 것처럼 자신도 자식(새끼)를 낳았으며, 그렇기 때문에 생명에 대한 본능적인 교감과 사랑이 있다. 요즘으로 말하면 생태적인 삶을 살았다는 뜻이다.

무엇보다도 여성은 자손을 생산하는 것을 담당하는 존재로서 남성에 비해서는 신체적 존재이다. 니체처럼 신체주의를 주장하지 않아도 생래적으로 본능과 욕망에 충실한 존재이다. 본능과 욕망을 대상화하지 않고 자연적 삶을 산 존재이다.

이것이 인구의 증가와 더불어 가부장-국가사회가 되면서 샤먼-킹(shaman-king)의 중간단계를 거쳐서 완전한 국가사회가 된다. 국가사회는 인간의 남성성이 두드러지는 사회를 말하고, 기술문명사회를 말한다. 남성성이란 사물을 대상화하고, 그것을 수단화하고, 이용할 수 있는 그 무엇으로 탈바꿈시킨다. 남성성은 수단과 목적을 설정하는 존재이다. 사물의 대상화는 수단화이면서 동시에 어떤 목적을 설정하는 삶의 태도이다.

이러한 가부장의 과정에서 무엇보다도 여성은 대상적 존재가 되었으며, 삶의 주도권을 남성에게 양도하게 된다. 남성성은 자연으로부터 이탈을 하는 동시에 자연을 사물화하고 대상화·객관화하고, 그 결과 소유하고 이용하는 것으로 사물의 성격을 바꾸게 된다. 이것을 학문적으로 말하자면 '주체-대상'의 현상학적 과정이다.

여성 신을 숭배하던 원시종교는 남성 신을 숭배하는 고등종교로 변하였으며, 제정일치사회는 제정분리사회로 변형되어갔다. 정치가 종교로부터 독립하였으며 세계는 자연의 '생존경쟁의 장'에서 '권력경쟁의 장'이 되었다.

남성의 시각은 사물을 대상화(실체화)하면서 권력경쟁을 불러일으키고, 자연적 존재에서 주체-대상의 변주인 원인-결과, 시작-끝의 실체를 보고자 한다. 이것은 고등종교의 발흥과 더불어 오늘날의 과학문명으로까지 이르게 된다.

남성적 감각의 특징은 시각에 있는 반면 여성적 감각의 특징은 청각에 있다. 시각은 실체를 중시하고 요소(要素)를 중시하는 반면 여성은 실체를 중시하지 않고 전체(全體)를 중시한다. 요소는 물론 원자(atom)-개체(individual)를 중시하고, 전체는 결과적으로 소리를 중시하게 된다. 남성은 세계의 '분석(대상 분석)과 종합'을 중시하는 반면 여성은 자기 몸에 전해지는 존재의 '결과(감각 수용)를 향유'한다.

남성적 시각	요소(원자-개체)체계	분석(세계대상)종합	주체-대상	인간중심
여성적 청각	전체(비실체-소리)	존재의 감수향유	주객일체	만물생명

이러한 관점에서 보았을 때 여성성에 대한 인식은 인간으로 하여금 자연으로 돌아가게 하는 첩경이다. 우리는 시각적으로 무엇을 보았을 때는 그것을 대상화하려 하고, 결국 소유하려고 하는데 반대 청각적으로 소리를 들었을 때는 그것을 대상화하기보다는 그것을 즐기는 경향을 가지고 있다. 음악을 즐기는 것에서 무엇보다도 그것을 알 수 있다.

음악은 소유할 수 없다. 물론 음악을 정리한 악보나 음악을 녹음한 음반은 소유할 수 있지만 음악 자체는 소유할 수 없다. 음악은 그 재료가 소리이기 때문이다. 소리는 소유의 대상이 될 수 없다.

이에 비해 미술은 그것 자체가 시각적이기 때문에 소유욕을 발동시킨다. 그래서 미술작품은 재화가 된다. 인간의 문화재 가운데 대부분은 결국 미술품이 차지하고 있다.

인간이 소유적 존재를 벗어나 자연 자체, 존재 자체에 이르기 위해서는 청각적인 태도가 필요함을 알 수 있다. 소리는 주체와 객체(원인과 결과)를 따지지 않게 된다. 소리는 저절로 주객일체가 되게 하며 저절로 본래 존재에 다다르게 한다. 음악은 본래 존재였던 소리의 세계로 인도하는 예술이다.

인간이 각자 깨달음에 도달하기 위해서는 청각적 존재가 될 필요가 있다. 소리는 선후상하좌우내외(앞뒤위아래왼쪽오른쪽안팎)가 없다. 소리는 인간으로 하여금 그런 분별을 일으키게 하지 않는다.

각자 메시아, 각자 부처는 이런 소리의 존재로 있는(세계에 있는) 것이 아닌가 싶다.

사회과학적 지평의 결별과 '이웃(형제)'의 회복

역사학과 사회학이 소위 과학화됨으로써 인간의 삶에 무슨 이익이 되었는가. 물론 어떤 결정적 설명력이 있었는지 모르지만 결국 인간의 삶을 자연과학의 눈으로 바라보는 역할을 하였다고 하지 않을 수 없다. 이는 인간의 삶을 자연과학의 틀에 의해 만들어가는 것이었다.

과연 인간 삶이 자연과학적으로 될 수 있는가. 인간의 삶이 자연과학적으로 짜 맞추어지면 당연히 가장 먼저 희생되는 것이 "인간이 잘 알 수 없는 것(본래존재는 알 수 없다)" 혹은 '신비(神秘)'나 '신(神)'에 대한 경외의 마음이 줄어들 뿐 아니라 그러한 것을 배제하는 한편 결국 세계를 물질적으로 환원하는 결정론에 빠지게 된다.

인간의 삶, 즉 생명현상은 온전히 설명할 수 없다. 이것이 바로 삶과 앎의 차이이다. 삶을 설명할 수 있는 것으로, 즉 앎으로 등식화시키면 인간은 마치 감옥에 갇힌 것이나 마찬가지가 된다. 이는 삶을 앎으로 치환하는 것이고, 이러한 치환은 삶에서 시나 상징이나 은유의 즐거움을 빼앗아갈 것임에 틀림없다.

자연과학은 인문사회학으로 하여금 자연과학의 방법론을 적용토록 하였는데 과연 인문사회학분야가 과학화·계량화 되어 질적인 발전과, 무엇보다도 그러한 해석학이 인류의 평화와 행복을 가져다주었는지에 대해서는 의문이다. 물론 국가와 세계규모의 확대와 더불어 계량화가 필요하였지만 정작 사회과학이 인간의 설명에 가장 바람직한 영향을 미친 것은 계량사회학이 아니라 비결정론계열에 속하는 상징학·해석학적 사회과학이었다.

사회과학의 과학화는 칼 마르크스(Karl Heinrich Marx, 1818~1883), 에밀 뒤르켐(David Émile Durkheim, 1858~1917), 막스 베버((Max Weber, 1864~1920) 에 의해 이끌어졌지만 그 중에도 마르크스의 영향력이 가장 큰 편이다. 그 이유는 마르크스의 육체노동을 중심으로 노동가치설과 잉여생산으로 인한 사회분화와 문화예술의 전문화 등이 파생된 것으로 보는 해석이 설득력이 있기 때문이다.

인문사회학의 과학화 시대를 연 마르크시즘은 자본주의의 자본 대신에 노동자 계급의 육체노동(단순노동)을 동일성(실체)으로 여겼기 때문에 계급투쟁과 함께 전 세계적으로 갈등을 불러일으키면서 공산사회주의 운동을 펼치게 하였다.

과연 마르크시즘의 등장으로 세계는 겉으로는 인간주의를 천명하면서도 실은 계급투쟁의 지옥으로 변하고 말았다. 만인에 대한 만인의 투쟁의 또 다른 양상이다. 이것은 평등이라는 동일성의 극대화된 폐단으로 재앙이 되고 말았다. 마르크시즘, 이것은 천사의 얼굴을 한 악마였던 것이다.

자본주의와 사회주의 둘 다 퇴조

자유자본주의의 자유(화폐가치설이 배경이 됨)보다는 공산사회주의의 평등(노동가치설이 배경이 됨)이 더 동일성에서 빠져나오기 어려운 점이 있다. 자유는 서로 다름과 다양성(이는 계급이나 계층의 차별과 차등, 그리고 불평등으로 나타나기도 하지만)을 전제하는 것이지만 평등은 다름과 다양성을 인정하기보다는 같음과 동일성을 요구하기(특히 계급투쟁을 통한 계량적 평등을 요구함) 때문이다.

그러나 사회주의의 평등은 인간의 욕망과 소유(사유재산)를 도외시하는 바람에 결국 생산성의 저하를 가져오고 따라서 장기적으로 소득의 하향평준화와 국력의 저하를 가져옴에 따라 자본주의와의 경쟁에서 실패하게 됨이 20세기말 공산주의의 붕괴로 입증되었다.

마르크시즘에 의해 재해석된 인류의 문명사는 소위 '유물사관(historical materialism)'에 의해 헤겔의 정신현상학과는 정반대로 유물론적 환원주의를 대표한다. 마르크시즘의 유물결정론은 종래 역사적 해석학의 신화(mythology)를 탈신비화(demythologization)하는 장점은 있었지만, 무엇보다도 '종교적(신화·종교적) 인간'의 문화적 본능을 무시하는 무신론의 표방과 함께 허무주의를 불러왔다.

코민테른, 즉 국제공산주의운동은 결국 후발산업화 국가인 러시아를 미국과 대등한 소비에트체제, 즉 미소냉전체제의 주인공으로 만드는데 결정적인 역할을 한 것으로 역사적 의미를 다했다. 공산주의 운동은 영토가 넓고 농업인구가 많은 러시아나 중국에서 성공적으로 진행되었으며, 아시아·아프리카와 남아메리카 등 저개발국가와 빈곤국가, 기타 식민지에서 적극적인 호응을 받았다.

마르크시즘은 제2차 세계대전 이후 세계를 공산진영 대 자유진영의 양극체제로 나누는 데에 결정적인 역할을 하였다. 말하자면 마르크시즘은 이론적으로는 사회학을 과학화했다고 하지만, 정치적으로는 레닌·스탈린에 의한 볼세비키 혁명의 성공과 공산당 귀족의 탄생, 그리고 프롤레타리아 혁명의 세계화에 잠시(1백여 년 동안) 기여했을 뿐이다.

소비에트 공화국은 1991년 해체되었고, 계급투쟁을 선동하던 국제공산주의운동은 지구상에서 거의 사라졌다. 중국과 북한은 아직도 공산당을 유지하고 있지만 머지않아 그 이름도 사라질 것이 분명하다 하겠다. 결국 공산사회주의는 자본주의의 모순과 더불어 탄생했다가 자본주의 자생력과 체제보완에 의해 경쟁력을 잃고 역사의 뒤안길로 사라질 운명에 처한 것이다.

서구문명이 자연과학과 함께 만들어낸 마르크시즘이야말로 인문사회학의 과학화를 이끌었다. 그런데 그 과학화라는 것은 결국 자기가 목적하는 곳에서 동일성을 추구하는 것에 다름 아니다. 인간의 삶에서 동일성을 추구하는 것은 결국 어떤 도그마를 종교적 우상으로 설정함으로써 이념투쟁과 패권경쟁을 증진시키는 일에 참가하는 것이다. 사회과학은 이념투쟁의 도구가 되었다.

자유자본주의가 '경제적 기독교'라면 공산사회주의는 '마르크시즘 기독교'이다. 이들은 서로 대립되는 것 같지만 실은 기독교(절대주의)문명에 속하는 상대적 대립에 불과한 것이다. 자연과학도 해석여하에 따라서는 '물질적 기독교'라고 말할 수 있다.

서구문명은 '기독교(헤브라이즘)-헬레니즘(플라톤주의: 철학적 기독교)-경제적 기독교(자본주의)-물질적 기독교(자연과학)'의 연쇄(연장)로 볼 수도 있을 것이다. 서구문명을 관통하는 것은 절대(실체, 동일성)이다. '절대'라는 것은 무엇을 대상으로 설정하는 것에서부터 시작되는 것이다.

과학종교, 과학도덕, 과학(계량)경제의 문제

자연과학에서의 과학화는 어떤 물질적 실체를 잡게 함으로써 인류의 삶의 시공간을 확장하고 생활에 편리를 제공하는 등 물질적 풍요를 가져다주었지만 인문사회학에서의 과학화는 삶의 계량화를 통해 인간의 삶을 통제조작하거나 기계화시켰으며, 특히 비교를 통해서 사회적 갈등(계급투쟁, 노동운동)을 초래하는 것에 크게 기여하였다.

인문사회학의 과학화는 인간의 삶을 윤택하기보다는 투쟁적으로 변하게 하였고, 결국 인간을 비교의 노예로 만들거나 삶 자체를 계량과 기계에 맞추게 하였다. 이는 인간을 사물화 하는 것이라고 볼 수 있다. 마르크시즘은 처음엔 가장 인간적인 것으로 출발하였지만 결국 공산당 귀족의 탄생에 기여하는 한편 도리어 전체주의의 탄생에 기여하는 등 비인간적인 것으로 끝을 맺었다.

기독교(절대주의)문명	
로마 문명	비잔틴 문명
서구 기독교 (천주교와 프로테스탄)	동방 · 러시아 정교(正教)
자유자본주의 (경제적 기독교)	공산사회주의 (마르크시즘 기독교)

자유자본주의도 부익부 빈익빈 등 여러 사회적 문제를 안고 있다. 절대주의는 종교(기독교)와 과학을 통해 소유의 문명을 발전시켰지만 소유는 결국 욕망과 이기심을 부추기고 극대화하는 관계로 인해 사람들의 관계를 '친구(friend)'보다는 '적(enemy)'으로 만들기 쉽다. 인류는 현재 과학화·산업화를 통해 자유-자본주의를 발전시켜왔지만 인간은 스스로 건설한 기계적 환경으로부터 심한 소외감에 두려워하고 있다. 이는 죽음에 대한 실존적 불안보다 훨씬 심각한 것이다.

이웃은 모두 적이 되고, 사회는 '만인에 대한 만인의 투쟁'의 장으로 변모하였다. 결국 부모자식 혹은 형제간도 경쟁자가 되거나 적이 되었으며 각자는 이기심의 노예가 되었다. 삶은 닫힌 정치학, 혹은 닫힌 경제학의 대상이 되고, 세계에 대한 신비감을 잃었다.

세계에 대한 신비감을 잃었다는 것은 신을 잃어버렸다는 뜻에 다름 아니다. 서양이 주도하는 근대문명에서 과학이 종교와 신(神)의 위치에 서게 되었지만, 과학은 생각(절대)에서 출발하였기 때문에 존재(생성)로서의 신을 맞을 수 없다. 그렇다면 잃어버린 신을 어떻게 다시 찾을 것인가.

평화의 신은 인간의 지식의 입장에서 보면 '바보 신' 혹은 '힘없는 신'과 같다. 신은 과학의 세계와 달리 어떤 것도 결정하지 않는, 혹은 결정되어있지 않은 그 무엇이고, 근원적 존재이다. 그 근원적인 존재에 도달하기 위해서는 사해동포(四海同胞)의 형제애가 필요하다.

형제애는 앞에서도 말했지만 평등이 실현되지 않아도 평화를 달성할 수 있기 때문이다. 자유도 개념인 이상 동일성에서 자유로울 수 없지만, 평등은 어떤 개념보다도 동일성은 근거로 차이(차별)를 바라보기 때문에 평화를 달성할 수 없다. 진정한 평화는 동일성을 전제하지 않고 차이를 인정하는 것이다.

과학자보다는 시인이 평화에 빨리 도달하는 것은 과학은 비교를 하고, 시인은 비유를 하기 때문이다. 비교는 동일성(존재자) 위에 있고, 비유는 존재를 바탕으로 깔고 있기 때문이다.

"비교의 논리가 자주 사회에 등장하는 한에서 그 만큼 그 사회는 평화의 질서에서 더욱 멀어진다. 비교는 아직도 자기주장과 평등의식의 원한이 저변에 깔려 있기 때문에 가능하다. 무엇보다도 평화를 심기 위한 철학은 형제애(fraternité)의 철학인 것이다."[20]

어떤 사회과학적 해답보다는 우선 형제애를 회복하는 것이 평화로 나아가는 길목이다. 다른 어떤 것을 부추겨도 형제애만 못하다. 형제

---

20 김형효『평화를 위한 철학(김형효 철학전작 1)』, 소나무, 2015, 17쪽.

애의 회복은 우선 사람관계를 이용대상으로 생각하는 것을 버려야 하는 데서 출발하여야 한다. 그럼으로써 존재 자체의 존엄성을 회복해야 한다.

삶을 객관적으로 본다는 것은 필요하지만, 객관은 주관과의 상호소통 없이는 아무런 의미가 없다. 객관이라는 것은 결국 주관의 집합이고, 주관의 산물이기 때문이다. 특히 사물과 사람을 이용대상으로 보지 않기 위해서는 현상학적 차이가 아니라 존재론적 차이에 도달하여야 한다. 현상학은 존재의 이유가 있는 차원이고, 존재론은 그 이유가 없는 차원이다. 존재론은 결국 생명론이고, 나아가서 만물생명론이다.

서로 다른 차이를 존중하는 것은 개인에서부터 사회, 국가에서부터 세계에 이르는 어느 곳에서도 통용되어야 한다. 세계는 본래 차이의 세계인데 우리는 필요에 따라 동일성과 정체성을 만들며 살아온 것이다. 그것이 인간의 문화문명이었다. 그런데 인위적으로 만들어진 동일성과 정체성을 가지고 거꾸로 차이의 세계를 무화시키는 행위야말로 자연에 대한 폭력이다.

인간의 지식은 권력(힘)이지만 항상 폭력으로 돌변할 개연성이 있는 것이다. 따라서 지식을 사용하되 항상 절제하여야 하며, 개인적으로 겸손하여야 한다. 지식은 매우 제한된 것이며, 시대에 따라 변하지 않으면 안 되는 불완전한 것으로 파악되어야 한다.

지식이 도그마나 이념이 되지 않기 위해서는 항상 열린 자세가 필요하다. 열린 지식이 될 때 저절로 온고지신(溫故知新)이 되고, 무엇보다도 지식의 틀에 갇히지 않게 된다. 지식의 틀에 갇히지 않기 위해서는 항상 지식의 텍스트(text)가 아니라 콘텍스트(context)를 감안하여야 한다.

의식의 열린 상태야말로 세계평화의 대열에 합류할 수 있는 자격을 갖추게 할 것이다. 가장 열린 지식은 아마도 자아(自我)를 버린 상태의 깨달음일 것이고, 깨달음에 이르러야 완벽한 평화를 맛볼 수 있을 것이다. 우리는 여기서 집단에서(사회국가세계) 기대되는 평화와 개인의 최종적인 깨달음의 평화가 다른 길임을 알게 된다.

지식의 평화, 깨달음의 평화

평화는 대상적인 것으로보다는 주체적으로 달성해야 하는 것으로 앞장에서 언급하였다. 대상적인 것은 아직 지식의 차원, 즉 앎(knowledge)의 차원에 있는 것이고, 주체적으로 달성하는 것은 앎이 아니라 깨달음(enlightenment)의 차원에 있는 것이다.

주체와 대상은 같은 차원에 있을 수도 있고, 다른 차원에 있을 수도 있는 이중적인 성격을 가지고 있다. 주체와 대상이 같은 차원에 있는 것이 바로 현상학적인 차원이다. 그런데 우리가 여기서 말하는 주체는 대상으로서의 주체가 아니라 초월적 성격이 있는 초월적 주체이면서 동시에 앎이 몸에 육화되는 수육화(受肉化)를 의미한다.

지식의 시대에서 깨달음의 시대로

진정한 평화는 앎으로서가 아니라 수육화되는 것으로 승화하여야 한다. 말하자면 평화에 대해서는 인간은 지식적 대상으로서 이해하는 것과 함께 일종의 개인적 깨달음으로서의 평화를 동시에 실현하는 것으로 두 가지 전략을 구사하여야함을 의미한다.

깨달음으로서의 평화는 철학적으로 말하면 궁극적인 평화의 경지에 이르는 것으로서 현존적(現存的)으로 달성하는 것을 말한다. 현존적으로 달성하는 것은 존재론적인 차원에서 이루어지는 평화이다. 그렇다면 현존적으로 달성되는 평화란 어떤 것인가. 우선 현존은 어떤 것인가.

“도대체 현존이란 어떤 개념인가 살펴보자. 현존의 정신적 실재를 정의하기는 지극히 어려운 노릇이되 간신히 그러한 정신적 실재에 접근해서 기술하면 현존은 공간적으로 ‘여기’와 ‘저기’의 구별이 없고, 시간적으로 ‘지금’과 ‘그때’의 구분이 없이 언제나 하나의 ‘절대적 여기’와 ‘절대적 지금’의 서로 만나는 분위기를 말하고 있는 것이다.”[21]

현존은 시간과 공간의 구분이 없다. 따라서 그러한 현존은 신비스럽다.

“모든 현존은 신비스럽고 또 신비스러운 모든 현존은 영원하다고 말할 수 있다. 그런 현존이 객관의 법칙에 의하여 이해될 수가 없고 현존의 질서 속에서 이해되어야 한다면 존재가 무엇인가를 알기 위하여 가능한 유일한 설문만이 있다. 즉 존재의 가슴속에서 존재에 대한 나의 물음은 바로 ‘존재여! 그대는 누구인가!’가 되지 않을 수 없다. 존재와의 이인칭 대화는 바로 존재의 환경 자체 가운데서 나에게 말을 건네고 있는 존재의 보편적 현존을 알리는 것이다.”[22]

객관적으로 존재에 대해 물을 수 없다는 것은 존재는 사랑에 의해서만 접근되는 것을 나타낸다. 여기서 사랑은 평화에도 그대로 적용된다. 평화가 없는 사랑은 진정한 사랑이 아니기 때문이다.

“존재와의 이인칭 대화는 바로 사랑의 대화가 아니고 무엇이겠는가! 이렇게 하여 마르셀의 철학에 있어서 존재와 상호주관성(intersubjectivté)의 연결이 이루어진 것이다. 마르셀에 의하면 상호주관성은 칸트의 선험적 자아나 또한 후설의 현상학적 상호주관성을 넘어서 있다. 다시 말

21 김형효, 같은 책, 141쪽.

22 김형효, 같은 책, 142쪽.

하면 상호주관성은 실존의 주관성에 근거를 마련해주는 것이다.(중략) 나 자신이 '그대'에게 귀일한다는 것은 인간의 의식이 '그대'를 위한 나의 관계로 또한 나를 위한 '그대'의 관계로 정립되어지는 하나의 우리를 구성하는 것을 말한다."[23]

여기서 '우리'라는 것은 단순히 변증법적 통일이나 동일성이 아니다.

"'우리(그대와 나의 변증법적 통일로서)'에 의해서 창조된 정신적 분위기는 단순히 나와 '그대'의 논리적 동일성을 뜻하지 않는 한에서 그러한 분위기는 본질적으로 초논리적인 것이다. 이러한 초논리의 분위기는 바로 사랑의 분위기로서 거기에 존재가 가장 자기 자신을 열어 밝힌다. 그런 점에서 우리는 사랑을 존재의 집이라고 표현해도 결코 지나치지 않으리라."[24]

다시 말하면 사랑이나 평화라는 것도 변증법적 통일이나 동일성으로서 이룰 수 없음을 의미한다. 그런 점에서 사랑과 평화는 대상으로서의 지식이나 소유가 아니라 일종의 공명으로서 다가와야 하는 것이다. 사랑이 존재의 집이라면 사랑은 곧 존재의 현상이지만 그것은 시각적이기보다는 청각적인 것이다. 평화도 마찬가지이다.

"사랑은 존재의 현상인 것이다. 그렇다고 보이지 않는 존재와 보이지 않는 사랑이 완전히 일치하는 것은 아니다. 보이는 감각적 차원이 보이지 않는 존재의 차원에 대해서 본질적인 차이는 없지만 단지 질의 등급에 의하여 구별되듯이 사랑 역시 존재와 별개의 이질적인 것은 아니라 할지라도 그렇다고 해서 전혀 구별이 없는 것은 아니다. 왜냐하면 보이는 것은 보이지 않는 것에 문을 열어놓고 있으며 그와 동시에 보이지 않

---

23 김형효, 같은 책, 142~143쪽.

24 김형효, 같은 책, 143쪽.

는 것은 우리의 시각보다는 우리의 청각에 말을 건네고 있기 때문이다. (중략) 보이는 감각적인 것의 신비에 의하여 우리는 영원에서 솟아오르는 보이지 않는 빛을 이해하게 되며 또한 보이는 우주는 보이지 않는 우주에 의하여 성화(聖化)되는 것이다."[25]

사랑과 평화가 함께 공명하는 것이야말로 대상과 소유의 차원이 아니라 깨달음과 수육화의 차원이라고 말할 수 있을 것이다. 수육화의 차원이야말로 영원에 이르는 사랑과 평화일 것이다. 물론 이때의 영원은 계량할 수 있는 성격의 것이 아니다.

"마르셀적인 가치의 개념은 비록 실재론적이라 하지만 그렇다고 해서 객관주의적 입장을 취하는 것은 아니다. 만약에 영원의 가치가 정신의 추상적이고 객관적인 규칙에 대한 복종이나 준수라면 그러한 가치는 순전히 형식적이고 따라서 어떠한 상호주관적 공명을 일으키지도 못한다. 영원의 상 아래에서 창조되는 모든 가치는 언제나 우리의 구체적인 삶에 하나의 공명을 자아내지 않으면 안 된다. (중략) 실체로서의 가치가 지니고 있는 질서는 결코 인간에 의하여 임의대로 선택될 수 있는 것이 아니다. 그러한 점은 영원이 지니고 있는 순수한 가치가 그 어떤 비교나 측량의 개념이 가능한 한에서 말끔히 씻어질 때에 이루어질 수 있음을 나타낸 것이다. 왜냐하면 비교나 측량의 개념은 선택의 질서에 속하기 때문이다."[26]

사랑과 평화가 우리 몸에 수육되는(육화되는) 것은 영원이 수육되는 것과 같은 것일 것이다.

"가치의 지평이 우리의 실존 속에서 또한 그려지기에 실존이 영원으

---

25 김형효, 같은 책, 143쪽.

26 김형효, 같은 책, 146~147쪽.

로 접근하게 되는 일이 열려지게 된다. 따라서 그러한 가치가 나의 실존 속에 내림할 수 있기 때문에 바로 수육화된 가치로 되지 않을 수 없다. 그런 한에서 어떠한 가치가 아무리 고귀하고 영원하다고 할지라도 그것이 수육화되지 않은 한에서 하나의 추상적 도식에 불과하다. (중략) 영원의 가치는 일종의 부름으로서 나타난다. 그러한 부름으로서의 가치는 나의 실존의 응답과 동시에 경험적으로 확증할 수 없는 하나의 교응이 된다. 왜냐하면 도대체 누가 그러한 부름을 보냈겠는가 하고 객관적으로 묻는다는 것은 어리석기 때문이다."[27]

사랑과 평화와 영원은 소유를 자랑하는 심경과는 전혀 다른 차원의 것이고, 궁극적으로는 희생할 줄 아는 심경의 것이다. 희생은 창조적이고 열려 있는 의식에 속하는 것이다.

"자기 자신을 희생하는 자는 바로 타인을 들을 줄 아는 자다. 타인을 정신적인 차원에서 듣는다고 함은 곧 자신 너머로 자기를 창조함을 말하는 것이다. 바로 이러한 전망에서 희생, 즉 나의 삶의 증여가 가능한 것이다. 그렇지 않다면 아기를 위하여 자신을 희생하는 어머니의 마음은 순전히 미친 것에 불과하리라."[28]

사랑과 평화와 영원, 그리고 희생은 역시 어머니의 덕목이다. 어머니의 그것들이야말로 몸에 육화된, 이미 몸에 붙어있는 것들이다. 모든 어머니는 이런 것들을 지식과 대상으로 아는 것이 아니라 이미 몸으로서 실천하는, 몸으로 우주적 사랑에 참여하는 위대한 행위인 것이다.

여기서도 우리는 가부장-국가사회에 익숙한, 권력에 익숙한 삶을 백팔십도로 바꾸어서 모성적-지구공동체의 삶으로 전환하지 않으면 진

---

27 김형효, 같은 책, 147쪽.

28 김형효, 같은 책, 152쪽.

정한 평화에 도달하기 어렵다는 것을 알 수 있다.

인류의 고등종교들과 문명들은 이러한 어머니, 원시적·본래적 어머니를 저마다 다른 아버지의 틀에 가둔 것이다. 그러한 점에서 진정한 인류의 평화는 종교의 벽과, 문명의 벽, 인종의 벽을 넘어설 때 가능한 것이다. 평화는 어머니의 마음을 회복하는 일에서부터 시작된다.

행복이란 무엇인가

"지금 만족하지 않으면 만족은 없다."

"지금 만족하지 않으면 만족은 없다."
"지금 행복하지 않으면 행복은 없다."
"세계는 지금, 여기뿐이다."

과학문명의 발달에 힘입어 과연 현대인은 과거 수렵농경사회인보다 더 행복해졌는가? 인간의 이상과 욕망은 항상 오늘보다 나은 내일을 꿈꾸게 하고, 현상학적인 무한대를 꿈꾸게 한다. 그래서 오늘은 항상 부족하고, 불행하기만 하다. 이것이 부족과 불행의 원인이다. 인간이 자연에 가할 수 있는 힘과 사용할 수 있는 에너지는 늘어났지만, 어느 누구도 과거보다 더 행복해졌다고 자신 있게 진보를 주장할 수 없다.

"농부들은 수렵채집인보다 열심히 일해야 했지만, 먹는 음식은 영양가도 더 적었고 근근이 버틸 양밖에 되지 않았다. 그리고 질병과 착취에 훨씬 더 많이 노출되었다. 이와 비슷한 예로, 유럽 제국이 확대되며 아이디어와 기술과 농작물을 이동, 순환시키고 새로운 상업로를 개척한 덕분에 인류의 집단적 힘을 크게 늘렸다. 하지만 수백만 명의 아프리카인, 아메리카 원주민, 호주 원주민에게는 좋은 소식은 아니었다. 인간이 권력을 남용하는 경향이 있다는 사실은 이미 증명되어 있다."[29]

인간의 권력남용보다 더 무서운 것은 생태계의 교란이다. 가축은 이제 가축공장이 되었으며, 우리는 공장에서 길러지고 도축된 동물들을 아무런 반성의 얼굴빛도 없이 식탁에서 먹고 있다. 그것은 마치 다른 동물종의 일이라는 듯 무심하다.

"우리는 다른 모든 동물의 운명을 깡그리 무시할 때만 현대 사피엔스가 이룩한 전례 없는 성취를 자축할 수 있다. 우리가 스스로를 질병과 기근으로부터 보호해주는 물질적 부를 자랑하지만, 그중 많은 부분은 실험실의 원숭이, 젖소, 컨베이어 벨트 위 병아리의 희생 덕분에 축적된 것이다. 지난 2세기에 걸쳐 수백억 마리의 동물들이 산업적 착취체제에서 희생되었으며, 그 잔인성은 지구라는 행성연대기에서 전대미문이었다. (중략) 지구 전체의 행복을 평가할 때 오로지 상류층이나 유럽인이나 남자만을 대상으로 하는 것은 잘못이다. 인류만의 행복을 고려하는 것도 마찬가지로 잘못일 것이다."[30]

행복은 뜻밖에도 매우 주관적이다. 객관적인 삶의 수치가 높아진다고 해서 행복도 비례하는 것은 아니다. 행복은 주관적이고, 상대적이다. 가족관계는 인간의 정서의 안정과 행복에 매우 중요하다. 생활수준이 높아질수록 이혼율이 증가하는 것은 무슨 이유일까.

"지난 2세기 동안 물질적 조건이 크게 개선된 효과가 가족과 공동체의 붕괴로 상쇄되었을 가능성이 높다. (중략) 오늘날의 평균적 사람이 1800년보다 더 행복하지 않다는 것도 무리가 아니다. 심지어 우리가 그렇게 높이 평가하는 자유조차도 나쁘게 작용할 수 있다. (중략) 개인이

29 유발 하라리, 같은 책, 조현욱 옮김, 532쪽.

30 유발 하라리, 같은 책, 조현욱 옮김, 535쪽.

각자의 삶의 길을 결정하는 데 전례 없이 큰 힘을 누리게 되면서, 우리는 남에게 헌신하기가 점점 더 힘들어진다. 그래서 우리는 공동체와 가족이 해체되고 다들 점점 더 외로워지는 세상에 살고 있다. 행복은 객관적인 조건과 주관적 기대 사이의 상관관계에 의해 결정된다."[31]

욕망은 무한대의 소유욕

욕망은 무한대의 소유욕을 갖고 있기 때문에 만족을 모른다. 결국 만족하지 못하면 어떤 경우에서도 행복해질 수 없다. 성욕과 욕망과 이성은 모두 소유욕으로 변해버린 것이 오늘의 현대문명이라는 질병이다.

인간은 의미를 먹고 사는 동물이다. 눈앞에 보이는 사물에 가치와 의미를 부여하면서 살아온 인간은 이제 의미의 망으로부터 벗어날 수 없다. 때로는 의미는 의미의 감옥이 될 수도 있다.

"순수한 과학의 관점에서 볼 때, 인간의 삶은 절대 아무런 의미가 없다. 인류는 목적이나 의도 같은 것 없이 진행되는 눈먼 진화과정의 산물이다. 우리의 행동은 뭔가 신성한 우주적 계획의 일부가 아니다. 내일 아침 지구라는 행성이 터져버린다고 해도 우주는 아마도 보통 때와 다름없이 운행될 것이다. (중략) 그러므로 사람들이 자신의 삶에 부여하는 가치는 그것이 무엇이든 망상에 지나지 않는다."[32]

그렇다면 행복은 인간의 자기기만에 달려있는 것인가? 행복하다고 생각하는 자기기만 말이다. 인간은 다른 동물과 달리, 자기(자아)순환적 특징을 가지고 있다. 그래서 인간은 자기자위, 자기도취, 자기기만의 존

---

31 유발 하라리, 같은 책, 조현욱 옮김, 539~ 540쪽.

32 유발 하라리, 같은 책, 조현욱 옮김, 552~ 553쪽.

재이다. 인간의 자기성은 자연성과 독립되기도 하고, 하나가 되기도 하는 이중적인 관계를 맺고 있다. 인간은 결국 자기 환상적 동물이라는 뜻이다. '자기(자아, 개체)'라는 것이 이미 가상이다. 자연자체(전체)를 말하는 '자기' 이외에는 모두 부분(소유)로 전락한다.

아무튼 지금 과학과 함께 살아가는 인간은 행복하지 않다. 인간의 전쟁은 처음부터 '신들의 전쟁'이었다. 그러니 과학기술을 동원하여 오늘날 인간신들이 전쟁을 벌이는 것은 당연한 결과이다. 과학이 인간의 새로운 종교로 등장한 것은 행복이라기보다는 불행에 가깝다. 과학만큼 인간이 탄생한 매트릭스가 되었던 자연을 무시하는 것은 없었기 때문이다.

과학 이전의 종교와 이데올로기는 그래도 덜 결정적이었고, 덜 독재적이었다. 그러나 과학은 아무런 토론의 여지도 없이 세계를 자신의 마음대로 가르고, 붙이고, 죽인다.

"우리는 친구라고는 물리법칙밖에 없는 상태로 스스로를 신으로 만들면서 아무에게도 책임을 느끼지 않는다. 그 결과 우리의 친구인 동물들과 주위 생태계를 황폐하게 만든다. 오로지 잠시의 안락함과 즐거움 이외에는 추구하는 것이 거의 없지만, 그럼에도 결코 만족하지 못한다. 스스로 무엇을 원하는지도 모르는 채 불만스러워하며 무책임한 신들, 이보다 더 위험한 존재가 또 있을까."[33]

인간이라는 생물 종의 출현은 처음부터 생태계로서는 악몽과 같은 것이었을까. 우리는 이제 그 답을 하여야 할 차례이다. 지금으로서는 동일성의 신화를 조작하는 인간은 자연의 배반자였다는 사실을 말할 수밖에 없다.

---

33 유발 하라리, 같은 책, 조현욱 옮김, 588쪽.

인간은 이제 자신이 쌓아올린 힘의 피라미드를 필요에 따라 스스로 포기하지 않으면 결코 만족을 얻을 수도 없고, 행복을 느낄 수도 없다. 종교적으로는 종의 자리에서 주인의 자리로 이동하여 세계의 운명에 대해 스스로 책임을 져야 한다. 또한 과학적으로는 사물의 주인인 줄 알았지만 스스로 만든 기계의 종이 되어버린 자신을 발견할 따름이다.

인간은 이제 신으로부터도 도움을 받지 못하고, 기계로부터도 소외됨을 어쩔 수 없는 운명으로 받아들이지 않으면 안 되게 되었다. 이 모두 자업자득이다. 그렇지만 평화와 행복을 포기할 수 없는 것이 인간존재이다.

3

종교와 문명의 벽을 넘어선 평화

인종, 종교, 문명—문화의 벽 허물기

도그마, 종교적 동물의 비애

인간은 신이 되기 위해 종교를 만들었던가? 인간은 자신 속에 내재한 신이 되고자 하는 욕망을 구석기시대에 이미 투사하였고, 이를 종교화했다. 처음엔 신을 다른 사물과 동식물과 공유했지만, 점차 독점하고 싶은 욕망과 이성의 계획을 따라갔다.

인간이 인간신으로 성장하기까지는 오랜 시간을 기다렸고, 드디어 현대과학문명에 이르러 인간은 어떤 신보다 더 큰 힘을 가진 신이 되었다. 인간들은 저마다 자신이 만든 인간신이 최고의 힘과 권능을 자랑하는 것이라고 뽐내고 있다. 그래서 그 신들의 벽은 높기만 하다.

인간은 아직도 인종의 벽, 종교의 벽, 문명의 벽, 문화의 벽을 허물지 못하고 있다. 이는 모두 자신의 인종, 자신의 종교, 자신의 문명, 자신의 문화, 즉 동일성에 종속되어 있기 때문이다. 이는 인간조건이기도 하다.

인간의 문화화·사회화과정은 바로 자신의 정체성을 확립해가는 과정이기도 하다. 바로 이 사회화과정에서 자신이 소속한 인종, 종교, 문명, 문화를 습득하고 의식화한다. 이것이 자기동일성의 과정이다. 그렇게 의식화된 정체성, 즉 자기동일성을 뛰어넘기란 참으로 어려운 과제이면서 요구이기도 하다. 자기동일성–차이성은 현상학적으로 보면 동시적으로 형성되는 것이기도 하다.

오늘날 지구촌의 인간은 큰 문명적 차원에서 자기동일성과 함께 남의 다른 점, 즉 남의 동일성이자 차이성을 동시에 인정하지 않으면 안 된다. 그러기 위해서는 다른 문화(Other Culture)에 대한 이해가 중요하다.

문제는 모든 방면에서 다른 것, 작게는 개성과 성별에서 크게는 문명과 문화권에서 차이성에 대한 인정을 심리적으로 획득해야 하는 사정이다. 바로 이들 차이성에 대한 인정이 평화에의 지름길이다. 차이성에 대한 인정은 물론이고, 그것을 자연스럽게 여기는 교육과 훈련이 필요하다.

산업화(이익사회) 이전의 농업사회(공동체사회)의 사람, 옛 사람들은 이웃 마을 사람들을 보고 차이성을 느끼면서 살아왔다. 그런데 이제는 다른 나라 사람을 보고, 다른 인종을 보고, 옛 이웃 사람들을 대하듯이 살아야 하는 것이다.

이것은 옛날과 달라진 차이성의 정도(강도)에 대한 이해이면서 동시에 새로운 문명과 문화의 통합으로 가는 길이기도 하다. 여기에는 반드시 결혼에 의한 인종의 혼합(hybrid)이 수반되기 마련이다. 어떤 점에서는 문화의 모든 부분에서 잡종화가 대세이면서 힘이기도 하다.

인류문명과 문화는 끝없는 통합과 융합의 길을 걸어왔다고 말할 수도 있다. 겉으로는 강대국의 약소국 정복과 노예화, 혹은 신민화(臣民化)와 식민화(植民化), 그리고 수탈이라고 하지만 결국 여러 인종과 민족이 뒤섞이는 것이고, 나중에는 하나의 새로운 '신민(新民)'이 되지 않을 수 없다.

전쟁도 문화의 통합에 기여한 측면이 없지는 않다. 어떻게 보면 전쟁이야말로 인류의 문화통합의 결정적인 변수가 되었다고 볼 수도 있다. 물론 전쟁에는 수많은 고통이 따른다. 인류는 이러한 고통과 우여곡절을 겪고 지금, 지구촌에 이른 셈이다.

인간은 항상 자기를 기준으로 안과 밖을 따지고, 나와 남을 따지지만 그 기준은 변할 수밖에 없다. 그렇지만 결국 하나가 되면 '우리'라는 말을 할 수밖에 없다. 결국 모든 전쟁과 고통도 '우리를 넓히는 과정'이라고 말할 수 있다.

이제 인류는 지구 자체가 '우리'가 된 시점에 도달했다. 이제 남은 다른 위성이 되어버렸다. 이를 우주시대라고 말할 수 있을 것이다. 그럼에도 불구하고 아직 지구촌에는 각종 전쟁과 갈등과 차별이 존재하고 있다. 이러한 갈등 요인을 어떻게 최소화하느냐가 인류의 평화와 행복을 달성하는 관건이다.

이른바 인류의 4대 문명권은 저마다 서로 다른 성인을 모시고, 섬기고 있다. 이제 어느 성인이 더 훌륭하다는 점을 주장하면서 다른 문명권에 강요하는 것은 인류의 갈등을 부추기는 요소로 작용하기 쉽다. 어떤 점에서는 성인과 종교의 존재가 도리어 전쟁의 원인이 되고, 불행의 씨앗이 될 수도 있다.

우상화된 성인, 성인의 우상화는 인류의 적이 될 수도 있다. 오늘날 종교분쟁과 종교전쟁은 이를 잘 말해주고 있다. 말하자면 성인과 종교 간의 소통을 위한 노력과 함께 평등한 보통의 인간사회·민주사회를 만들기 위한 노력, 즉 인간일반을 인정하는 가운데 종교의 통합이 필요한 시점이다.

새뮤얼 헌팅턴은 '단층선 전쟁'의 특징으로 상이한 종교적 요인에 주목하고, 그것의 '친족국(kin-country) 확산'을 지적하였다. 이것을 문명충돌로 요약하고 있지만, 그렇기 때문에 종교 간의 화해와 통일이 인류의 미래적 선결과제임을 알 수 있다. 그래서 초종교-초교파적 문화운동을 통해 인류평화운동이 실현되어야 함을 깨닫게 한다. 말하자면 '종교문화의 벽'이 인류문화 간 소통의 가장 큰 장벽이고, 그것이 전쟁의 경계선이 되며, 이를 넘어서야 평화가 이룩됨을 알 수 있다.

새뮤얼 헌팅턴은 탈냉전이후의 세계의 판도변화를 문화주의로 표현한다. 그 이면에는 물론 기독교-서구민주주의를 묶는 문화연대를 감추고 있지만, 일단 탈냉전 이후 가장 강력한 문화적 실체로 부상하고 있는 것을 종교문화주의로 요약하고 있다.

"탈냉전세계에 들어와 국가들은 점차 자신의 이익을 문명적 용어로 정의하고 있다. (중략) 국민과 정치인은 언어, 종교, 가치관, 제도, 문화를 공유하고 있어 신뢰하고 이해할 수 있다고 믿는 집단으로부터는 별다른 위협을 느끼지 않는다. 하지만 문화가 달라서 잘 이해할 수도 신뢰할 수도 없다고 믿는 국가로부터는 쉽게 위협을 느낀다. 마르크스레닌주의 체제의 소련이 더 이상 자유세계에 위협을 가하지 못하고, 미국이 더 이상 공산세계를 겨눈 위협적 역할을 하지 않게 된 지금 양 진영에 속해 있던 나라들은 문화적으로 이질적인 사회로부터 오는 위협을 점차 심각하게 느끼고 있다."[1]

그렇다면 종교적으로 가깝기 때문에 더 치열하게 싸우는 것은 없는 것인가. 어떤 각도에서 보면, 이슬람과 기독교는 도리어 같은 형제국가이기 때문에 더 치열하게 싸우고 있는지도 모른다. 기독교의 이삭은 아브라함의 '적자(嫡子)-차자(次子)'이고, 이슬람의 이스마엘은 아브라함의 '장자(長子)-서자(庶子)'이기 때문에 집단무의식적으로 더 치열하게 싸운다고 설명할 수도 있다.

서방가톨릭과 동방정교와의 싸움도 마찬가지이다. 같은 기독교인데 가톨릭은 물론 로마교황청에 귀속되고, 동방정교는 비잔틴 콘스탄티노

---

1 새뮤얼 헌팅턴, 같은 책, 이희재 옮김, 37쪽.

플 교회에 귀속된다.[2]

가톨릭과 프로테스탄트의 관계도 마찬가지이다. 말하자면 단층선 전쟁의 핵심세력인 가톨릭, 정교, 이슬람교, 개신교가 모두 혈연적(친족적)인 관계를 가지고 있다.

이들 단층선 전쟁의 당사자들은 모두 친족적으로 하나에서 출발하였다. 그 하나는 '유대-그리스도-이슬람문화'라는 것이다. 친족을 따지는 것은 자손(支派)의 입장에서 보면 모두 서로 다르지만, 조상(宗祖)의 입장에서 보면 모두 하나이다. 종교적 친족을 따지는 것 자체가 실은 무의미할 수도 있다. 어디에서 선을 긋느냐에 따라 얼마든지 친구가 될 수도

---

2 동방정교회 (東方正教會, Eastern Orthodoxy): 가톨릭교회·프로테스탄트 여러 교회와 더불어 그리스도교 3대 교파 가운데 하나. 그리스 정교회(Greek Orthodox Church), 또는 정교회라고도 한다. 넓은 뜻의 동방정교회는 후일 중국으로 들어와 경교(景敎)라고도 불리게 되는 네스토리우스 교회라든지 그리스도 단성론(單性論)으로 여겨지는 아르메니아 교회, 이집트의 콥트 교회, 에티오피아 교회 등 그리스도교의 이단 그룹을 포함한다. 그러나 동방정교회라고 할 경우는 좁은 뜻의 동방 교회, 즉 중동(中東)·동유럽·러시아를 중심으로 하는 15개 자립교회의 연합체를 일컫는다. 동방정교회는 다른 2대 교파인 가톨릭교회나 프로테스탄트 여러 교회와 비교한다면 대체로 낯선 편이다. 그러나 동방정교회는 원래 고대교회의 전통을 이어받고 있으며, 원시 그리스도교의 정신을 잘 전해왔다. 고대 교회는 로마 제국에서 발생하여, 전교구(全敎區)를 예루살렘·알렉산드리아·안티오키아·콘스탄티노플(현재의 이스탄불)·로마 등의 5대 교구로 나누었다. 그 중 로마 교회만이 11세기에 분리되어 나가, 이후 로마 가톨릭 교회로서 발족했으며, 다른 동로마(비잔티움) 제국 내의 여러 교회는 동방정교회로서 발족했다. 그 후 16세기 중엽에 이르러 비잔티움 제국이 오스만 제국에 의해 멸망하였기 때문에 그 대신 러시아가 동방정교의 대국(大國)으로 등장하였다. 서방(라틴) 교회의 상대적 의미로 동방교회라 호칭되지만 더 깊은 뜻은 죽음에서 부활한 빛인 그리스도를 상징하는 빛나는 태양이 동방(東方)에서 떠오른다는 데 있다. 파스카(*Πασχα*)라고 하는 예수 그리스도의 부활 대축일을 서방에서는 아직도 'East Day'(동방의 날)라고 한다. 동방정교회라고 할 때 정(正:Orthodox)이란 사도전통 ·교부전통의 올바른 가르침, 올바른 믿음, 올바른 예배의 의미를 지닌다. 동방정교회는 보편적 신앙의 교회이므로 그냥 정교회(Orthodox Church)라고 부르는 것이 정상이다. 정교회에서는 세계공의회(世界公議會:Ecumenical Council)를 최고의 권위로 인정한다. 주교들은 신앙의 문제를 결정할 때 전체교회의 승인과 동의를 받는 것이 필수조건이다. 그래야만 공의회가 성령의 인도를 받았다는 것이 확실히 인정되는 것이다.

있고, 적이 될 수도 있다.

동아시아도 유교문화적 동질성을 가지고 있지만, 근대사에서 침략전쟁을 벌인 일본의 군국주의에 대한 한국과 중국의 갈등국면 때문에(일본은 아직도 탈아입구를 통해 미리 서구화된 자신의 문명에 취해있다), 같은 문화권 내에서 여전히 갈등의 소지가 존재하고 있다.

생각하기에 따라서 인류의 종교는 모두 하나에서 출발하였을지도 모른다. 유불선기독교가 본래 샤머니즘에서 출발하였고, 그 샤머니즘이 지역화된 것이 오늘의 고등종교라는 주장도 있다. 중앙아시아, 혹은 시베리아 '원시샤머니즘'이 그것이다. 중앙아시아를 중심으로 하는 샤먼제국에서 각 지역으로 분파한 것이 오늘날 인류의 문명이고, 오늘날 인류의 고등종교라고 볼 수도 있다.

인간(인간 종)이 모두 한 조상(조상인류)의 자손이라고 볼 수도 있다. 그렇게 본다면 얼마든지 단층선 전쟁의 경계선을 부수고, "인류는 하나다."라는 명제와 함께 인류의 평화를 달성할 수도 있다. 그래서 종교와 문화의 벽 허물기가 더욱 중요하게 부각되고 있다.

불교-기독교의 융합과 평화

서양 현상학의 특징은 바로 모든 것을 대상화하는 것에서 출발한다. 대상화한다는 것은 항상 대상에서 일정한 거리가 떨어져 있음을 뜻한다. 만약 그 대상이 평화라고 할 경우, 평화 그 자체라기보다는 평화와 일정한 거리를 유지하고 있는 어떤 것이 된다.

현상학적인 사유를 하는 서양철학과 서양문명의 기조를 따라가서는 결국 평화는 패권주의가 허용하는 범위 내에서의 평화에 불과한 한계적 평화에 불과한 것이 될 수밖에 없다. 현상학은 사물을 대상으로 하는 것을 넘어서 자기를 대상화하고 그럼으로써 세계의 어떤 사물과 사건과 이념도 대상으로서 소유하여야 하는 것으로 변형시킨다. 평화는 결코 인간의 의식과 인식의 대상이 되어서는 평화를 이룰 수 없다. 평화 자체가 존재 그 자체처럼 스스로 스며들어 와야 한다.

그렇다면 오늘날의 평화는 인간의 의식, 삶의 총체적인 의식과 목적이 바뀌지 않고서는 힘들다. 삶 자체가 평화가 되어야 하고, 그렇게 되기 위해서는 인간 각자가 열반에 도달할 정도의 수련이 필요하다.

평화에 대한 논리적 접근과 함께 비논리적 접근이라고 할 수 있는 심정적 접근, 깨달음의 접근이 필요하다. 역설적으로 평화를 이루어야 할 대상으로 보는 한에서는 진정한 항구적인 평화를 이룩하기 어렵고, 설사 평화를 잠시 이룬다고 하더라도 그것이 얼마나 오래 지속될지는 보장받을 수 없다.

이러한 막다른 골목에서 우리가 심각하게 고려하고, 참고할 수 있는 것은 불교적 세계관, 불교적 존재론이다. 불교는 예수의 청년기에게 영향을 미쳐 중동의 유대교 출신의 예수를 새로운 기독교로 거듭나게 했으며, 사랑과 평화의 메시아로 인류사에 큰 족적을 남겼다.

그런데 예수 이후의 기독교는 세속화를 통해 다시 유대교적 전통이라고 할 수 있는 율법주의나 사제중심주의에 빠져서 교황청이 '천국을 파는 행위'에까지 타락했으며, 오늘날 자본주의 사회에서는 교회가 '예수를 파는 종교기업'으로 추락하고 말았다.

불교와 기독교의 융합을 통해 서로 상대를 비추고 반성하는 수련을 거치는 것이야말로 진정한 평화에 도달할 수 있는 첩경일지 모른다. 불교의 무아(無我)와 무상(無常)은 기독교의 절대(絶對)와 실체(實體)의 병을 치료할 수 있을 뿐만 아니라 반대로 보통사람이 불교를 수련할 경우, 곧잘 빠지게 되는 불교의 허무주의(깨달음을 실체로 오인할 경우 빠지게 되는 병)를 기독교가 도리어 치료할 수도 있는 것이다.

붓다와 예수는 그들의 '생성체험(신비체험)'이 있었기에 기존의 종교인 힌두교와 유대교를 용기 있게 비판할 수 있었다. 예수는 결국 유대교와 심각한 갈등으로 십자가에 못 박혀 죽었지만, 그는 세계적인 종교의 주인이 되었다. 붓다는 예수보다 5백여 년 앞서간 인류의 스승이었다. 오늘날 종교(宗教)라는 말도 불교에서 시작되었다.

예수가 말한 "가난한 자여, 그대는 복이 있도다. 천국이 그대의 것이로다."는 바로 불교의 가르침을 유대의 말로 번안한 것이다. 기독교는 현상학적인 반면, 불교는 존재론적이다. 이 둘의 존재론적인 차이의 융합이야말로 인류의 미래이고, 평화를 이룰 수 있는 미래이다.

인간이 만든 모든 문화적인 것은 가상실재일 뿐이다. 철학, 종교, 과학, 예술 모두가 그렇다. 이들은 모두 하나이다. 인간이라는 종이 살면서 내놓은 흔적일 뿐이다. 세계는 인간이 만든 논리(logic)에 따라 움직이는 것이 아니다. 세계는 기운생동의 가슴(heart)에 의해 움직일 뿐이다. 세계 도처에는 움직이는 크고 작은 심장이 있다. 그것이 파동이다.

불교의 기독교에서 기독교의 불교로

기독교는 본래 불교에서 갈라져 나간, 불교의 기독교로서 불교의 유대교적 지방분파이다. 유대교는 예수에 의해 불교를 만남으로써 기독교가 되었고, 유대교라는 민족종교에서 세계종교가 되었다. 따라서 기독교는 본래 '불교의 기독교'(기독교적 불교)였던 셈이다. 오늘날 기독교가 불교를 향하여 간 나머지 '기독교의 불교'(불교적 기독교)가 되는 것은 결코 이상한 일이 아니다.

기독교라는 것은 '유일절대신'이라는 화두를 가진 불교와 같다. 결국 그 화두, '유일절대신'이라는 실체가 없다는 것을 깨달은 기독교불자는 화두를 깨친 셈이다. 그런데 그 없다는 것은 유일절대가 없다는 것일 뿐 진정 없다는 것이 아니다. 그것이 무(無)이고, 공(空)이다.

'공(空)'이라는 것은 없는 것이 아니라 만공(滿空), 즉 가득 찬 공이다. 만공이야말로 실재이다. 유일절대는 가상실재였고, 실재는 없는 것이 아니다. '멸(滅)'하는 것도 멸할 수 있는 것이 아니다. 집멸(集滅)할 뿐이다.

이를 기(氣)를 가지고 설명하면, 기(氣)란 있으면서도 결코 잡을 수 없는 것이다. 그렇기 때문에 가득 차 있으면서도 비어 있는 것(nothingless)이다. 기(氣)를 가지고 불교의 공(空)을 설명하자면 만공(滿空)이다. 기란 동시에 결코 멸할 수 없는 것이다. 있으면서도 잡을 수 없기 때문에 멸할 수 없는 것이다. 기(氣)를 가지고 불교의 도(道)를 설명하자면 집멸(集

滅)이다. 멸할 수 있는 것은 단지 모아진 것, 집(集)을 멸할 뿐이다.

불교는 자성(自性)조차 '없다'고 한다. 그런데 기독교는 타자(他者)를 두고 '있다'고 한다. 결국 자타(自他)가 모두 문제가 있는 셈이다. 있고, 없음도 문제이다. 무엇을 있다고 하고, 무엇을 없다고 하는 것인가. 눈에 보이면 있고, 눈에 보이지 않으면 없는 것인가. 눈(眼)을 벗어나야 세계가 보인다. 식(識)을 벗어나야 세계가 보인다.

구약과 신약은 다른 종교이다. 유대교와 기독교는 다른 종교이다. 유대교의 자손으로 태어난 예수는 구약의 역사와 전통을 활용하면서 세계를 비유적·은유적으로 설명했을 뿐이다. 기독교는 본래 '불교의 기독교'이다. 기독교가 '기독교의 불교'로 된다고 하는 것은 본래의 자리로 돌아가는 것이다.

탈종교, 평화의 메시지

하나님과 부처님은 초월적 타자가 아니다. 이제 '열반의 하나님'을 스스로 보아야 한다. 각자 열반의 하나님이 되어야 한다. 불교는 하나를 직접적으로 말하지 않고 불이(不二)라고 말한다. 하나를 '불이'라고 함으로써 실체적인 하나가 되는 것을 미연에 방지한다. 우리가 지금껏 실체라고 한 것은 진정한 실재가 아니다.

인간이 말한 모든 것은 인간적인 것이 아닌 것이 없다. 그렇기에 진정한 진리는 인간에 의해 가리어졌다. 그래서 참진리, 참부모, 참신앙, 참나라가 필요한 시점이다.

모든 이원대립 항은 인간적인 사유의 산물이다. 다시 말하면 현존의 사물을 대상(현상)으로 바라보면서 그러한 시선에 따라 그것에 어떤 경계(테두리, 형태)를 짓는 사유과정에 지나지 않는다. 창조와 피조, 생명(유기물)과 무생명(무기물), 지배자(위정자)와 피지배자(피정자) 등 그 어떤 대립항도 인간의 현상학적인 사유의 결과이다.

이원대립 항의 세계가 사실이라면 세계는 처음부터 하나가 아닌 둘로 갈라진 세계가 되지 않을 수 없고, 그렇게 되면 세계에서 평화를 기대하는 것은 원천적으로 불가능하다. 본래세계는 하나이다. 본래세계가 일반성의 하나라면 비본래세계는 보편성의 하나이다. 보편성의 하나는 인간이 구성한 하나이다.

자연은 본래 실체가 없는 하나이다. 실체가 있는 하나는 인간에 의해 결정된 제도의 결과일 뿐이다. 시간과 공간도 그러한 제도의 하나이다. 실체가 없는 전자는 역동성이고, 실체가 있는 후자는 동일성이다. 그런 점에서 자연의 실재는 하나의 뿌리로서 그 이면에 '불이(不二)'를 숨기고 있다.

자력신앙은 타력신앙이고 타력신앙은 자력신앙이다. 주인은 종이고 종은 주인이다. 하나에도 보편성의 하나가 있고, 일반성의 하나가 있다. 일반성의 하나야말로 존재론적 하나이다. 세계는 심(心)이고 중(中)이다. 세계는 하나의 뿌리, 하나의 몸이다.

천지여아동근(天地與我同根)
하늘과 땅은 나와 뿌리가 같고
만물여아동체(萬物與我同體)
만물은 나와 몸을 같이 한다.

예수-부처, 부처-예수

마하트마 간디(Mohandas Karamchand Gandhi, Gandhi, 1869~1948)는 생전

에 기자들이 묻는 질문에 이같이 답했다고 한다.

"선생님께서 가장 감명 깊게 느꼈던 말씀의 구절은 어떤 것입니까."

"그야, 예수님의 산상설교죠."

"그렇다면 선생님은 왜 기독교로 개종하지 않습니까."

"나는 산상설교를 실천하는 기독교인은 하나도 못 봤습니다."

이 대화는 불교와 기독교가 만날 수 있는 가능성을 가장 극적으로 제시한 것이라고 할 수 있다. 불교신자도 아니고, 기독교 신자도 아니었던, 힌두교 신자였던 그에게서 왜 기독교과 불교의 만남의 희망을 가지는 것일까.

이는 간디의 기독교에 대한 이해와 함께 불교 탄생의 문화적 기반이 되었던 힌두교의 경전『바가바드기타』에 담겨있는 2가지 개념, 즉 물질적 욕망을 끊어버리라는 아파리그라하(aparigraha:무소유) 개념과 어떤 경우에도 동요하지 않는 사마바바(samabhava:평정)의 개념 때문인지도 모른다. 무소유와 평정은 인류의 종교들이 가지고 있는 최고덕목의 엑기스인지도 모른다.

기독교와 불교의 소통과 융합은 미래 인류의 종교생활을 위한 절체절명의 요청으로 지구촌 인류에게 다가오고 있다. 말하자면 기독교-불교, 불교-기독교, 예수-부처, 부처-예수, 그리고 하나님-부처님, 부처님-하나님은 필수불가결한 과제로 등장하고 있다.

인류는 더 이상 자신의 문화, 즉 삶의 방법(the way of life)이나 유형(the pattern of culture)을 가지고 다른 문화에 강요할 수 없고, 강요해서도 안 된다. 서로 다른 문화를 이해하고 소통하려고 해야 하며, 결국 문화의 이면에 하나의 인간과 생존이 있음을 알아야 한다.

또 자신의 문화나 개인의 지위를 권력으로 만들어서 위에서 군림하는 것이 아니라 아래에서 봉사하여야 한다. 이것이야말로 진정한 존재의 보이지 않는 힘이다. 나누어졌던 세계는 하나로 통일되어야 하며 그러한 통일은 일중다(一中多) 다중일(多中一)이어야 한다.

이것이 하나님-부처님, 부처님-하나님, 하나님-마리아, 부처님-보살님, 하나님-예수님, 부처님-미륵님이다. 이것이 불이(不二)의 세계이다. 이것이 부도(浮屠, 佛道)이며, 부도(婦道)이며, 부도(符都)-마고(麻姑)의 세계이다.

미래의 여성중심사회는 순종이 아니라 잡종이고, 순혈이 아니라 혼혈이다. 잡종이 순종보다 자연적이다. 여성이 열려있듯이 잡종은 열려있는 것이고, 보편적인 것이 아니라 일반적인 것이다. 진정한 보편적인 것은 일반적인 것이다. 진정한 혈통은 남성이 아니라 여성이다.

여성의 잡종이야말로 생명의 법칙이고 자연의 법칙이다. 여성적인 것은 "더 강하고, 더 오래 살고, 더 즐거워한다." 이에 비해 남성적인 것은 "더 높이, 더 멀리, 더 빨리"를 주장하지만 경쟁으로 인해 더 고단할 뿐이다. 여성이 남성보다 훨씬 강한 이유는 자연이기 때문이다.

여성은 현존이다. 여성은 현존에서 느낌의 삶을 즐긴다. 여성의 자연으로부터 물려받은 재생산(출산)의 삶은 남성의 인위적인 생산(제품)의 삶보다 훨씬 값진 것이다. 여성은 머리의 삶이 아니라 가슴의 삶을 즐긴다. 가슴의 삶이야말로 현존의 삶이다.

종교도 이제 여성적 삶을 중심으로 전개되어야 한다. 국가보다는 가정이 중요하고, 내세보다는 지금이 중요하다. 지금이 있어야 내세도 있는 것이고. 지상천국이 있어야 천상천국도 있는 것이다. 불교가 미래 인류를 위해서 중요한 이유는 바로 인류의 고등종교 가운데 상대적으로 종교의 여성성, 혹은 여성성의 종교에 더 비중을 두기 때문이다. 불교는 하늘보다는 바다의 상징성에 더 기초한 종교이다.

『붓다 없이 나는 그리스도인일 수 없었다(Without Buddha I Could not be

a Christian)』를 쓴 저자인 폴 니터(Paul F. Knitter)는 이렇게 말했다.

"신약성서의 학자들은 신약성서의 기록들을 주의 깊게 분석해 보면 예수가 하느님 나라 혹은 하느님의 공동체의 '이미/아직 아닌(already/not yet)' 현존과 능력을 말하고 있었음을 알 수 있다고 주장한다. 이러한 주장은 종말에 대한 우리의 이해를 도와준다. 분명히 그것이 의미했던 모든 면에서 볼 때 예수에게 하느님의 공동체는 여전히 미래 '저편에' 있었기 때문에 '아직 여기에' 와 있지 않았다. 하지만 동시에 하느님의 공동체는 특히 예수의 사명과 인격 안에서 '이미 여기에' 있었었고, 이미 이르렀다. 그래서 우리는 하느님의 공동체를 체험하기 위해 역사의 마지막까지, 천국이 올 때까지 기다릴 필요가 없다."[3]

하느님은 현존인 것이다. 붓다도 현존이다. 기독교 성경과 불경을 잘 읽으면 하느님과 부처님이 현존인 것을 알 수 있다. 그런 점에서 메시아와 미륵부처도 현존이다.

본래 우주는 만물생명이다. 그런데 만물과 생명을 갈라놓고서, 생명이 만물에 불어넣어진 것처럼(천지가 창조된 것처럼) 설명하는 것이 기독교의 경전이다. 본래 깨달음이 없다. 그런데 깨달음이라는 것을 두어서, 만물 이외에 깨달음이 있는 것처럼 설명한 것이 불교의 경전이다. 기독교의 생명과 불교의 깨달음은 만물 이외의 것을 설정한 것이라는 점에서 같다. 그렇다면 기독교의 생명과 불교의 깨달음은 같은 것이다.

기독교와 불교뿐만 아니라 불교와 도교도 하나이다.

승조(僧肇)의 열반무명론(涅槃無名論)은 "열반은 이름이 없다."는 뜻이다. 도덕경(道德經)의 무명천지지시(無名天地之始)는 "이름이 없는 것이 천

---

3 폴 니터(Paul F. Knitter), 『붓다 없이 나는 그리스도인일 수 없었다(Without Buddha I Could not be a Christian)』, 정경일·이창엽 옮김, 클리어마인드, 2011, 318~319쪽.

지의 시작이다."라는 뜻이다. 그렇다면 이름이 없는 것이 열반이고, 이름이 없는 것이 천지의 시작인 셈이다. 둘은 결국 같다. 결국 천지는 열반에서 시작하였고, 천지의 시작은 열반인 셈이다.

깨달음은 태초(시작)를 아는 것이고 이름이 없는 것을 아는 것이고, 이름이 있는데서 이름이 없는 곳으로 가는 것이다. 도덕경(道德經)의 유명만물지모(有名萬物之母)는 이름이 있음으로써 만물이 태어남을 말한다. 그렇다. 이름이 없으면 만물은 없다. 이름이 없으면 만물은 갈라지지 않았다.

세계는 설명하고자 할 때 시작이 있는 것이다. 설명하고자 하지 않으면 시작은 없다. 결국 시작이 있는 것이 아니고 설명이 시작이다. 설명이 우주분열의 시작이다. 우주가 분열된 것이 아니고 설명하니까 분열된 것이다. 우주는 시작도 끝도 없이 흘러왔다. 우주는 자아도 없이 흘러왔다.

그런데 인간의 상상력은 자아를 만들고 신화를 만들었고, 신화는 오늘의 이성 못지않은 합리적 생각과 더불어 집단의 정체성과 동일성을 강화하는 언어적 결정물이었다. 역사의 원천에는 항상 신화가 도사리고 있다. 역사를 비롯한 과학마저도 신화의 도움을 받지 않고는 자신의 이야기를 전개해 갈 수가 없다. 신화의 언어의 도움 없이는 인간은 어떤 이야기도 꾸밀 수 없고, 역사적으로 나아갈 수가 없다.

그런 점에서 신화는 '영원의 철학'이고, 니체의 영원회귀라는 '힘에의 의지' 철학의 지향점도 실은 서양문명의 집단무의식의 깊은 곳에 도사리고 있는 신화의 반복에 지나지 않는 것인지 모른다. 영원이라는 것도 절대유일신체계에 내재한 실체신앙의 변형에 지나지 않을지도 모른다.

"신화는 '만약 이렇다면?' 하고 물음으로써 우리에게 새로운 가능성을 어렴풋이 보여주었다. 그 물음은 철학과 과학, 그리고 기술 분야의 가장 중요한 발견 중 대다수를 가능하게 했다. 죽은 동료들을 위해 새 삶을 맞을 채비를 대신 해주었던 네안데르탈인은 아마도 정신적인 세계에 대한 이야기를 꾸며내는 놀이에 참여하고 있었을 것이다."[4]

천부경의 성통완공(性通完功)

한국문화에 내려오는 『천부경(天符經)』은 81자의 한자로 요약된 인류의 가장 오래된 신화경전체계일 가능성이 높다. 천부경의 각 글자는 일종의 여러 의미를 가진, 여러 의미맥락에서 해석이 가능한 고도의 상징체계이다. 천부경에 비하면 동양의 어떤 고전도 집약과 함의라는 면에서 이를 따를 수가 없다. 동양의 『주역(周易)』도 족탈불급(足脫不及)이다.

천부경의 "일시무시일(一始無始一) …… 일종무종일(一終無終一)"은 인류의 모든 경전 중의 경전이다. 그런 점에서 최고(最古)의 경전이고, 최고(最高)의 경전이다. 천부경은 또한 모계사회의 경전이다. 시간과 공간을 뛰어넘는 경전이다. 여기서 시(始)자를 주목해야 한다. 시(始)자는 여자의 태(胎)를 말한다.

여자는 세계 그 자체, 혹은 여자는 세계 그 자체를 쾌락(快樂)하는 존재이다. 여기서 쾌락하는 존재라는 뜻은 세계를, 혹은 생명을 기뻐하고 즐거워하는 존재라는 뜻이다. 흔히 말하는 물질적·육체적 쾌락주의에 빠진 것을 말하는 것이 아니다. '기뻐하고 즐거워한다.'는 뜻이다. 쾌락은 우주의 본래모습이다.

천부삼경(天符三經) 중의 하나인 삼일신고(三一神誥)에 이런 말이 있다.

"본성에 통하면(통하는 것에 완전히 성공하면) 하나님과 하나가 되어 영원

---

4 카렌 암스트롱, 『신화의 역사』, 이다희 옮김, 문학동네, 2005, 15쪽.

히 기뻐하고 즐거워한다(기쁨과 즐거움을 얻는다)(性通完功者, 朝永得快樂)"

인간은 생각하는 동물이다. 또한 인간의 몸속에 식물적 요소, 광물적 요소가 없는 것이 아니다. 인간은 그러한 것들을 모두 포함하고 있다. 광물에서부터 식물, 동물, 그리고 인간에 이르기까지 만물은 한 번도 끊어진 적이 없다. 만물은 하나이고, 만물은 생명이다.

본래 기독교적 유일절대신은 없는 것이고, 허상이고, 가상이다. 기독교적 절대유일신은 본래 없는 것인데 유대기독교적 삶의 환경, 예컨대 삶의 척박한 환경이라고 할 수 있는 사막의 환경이 그들로 하여금 그렇게 만든 것이고, 그렇게 한 번 만들어진 기독교가 전파된 곳은 로마제국이었고, 제국은 도리어 그러한 기독교적 노예주의를 자신들의 통치의 수단으로 만드는 데에 성공했던 것이다.

중세의 유럽은 그렇게 기독교적 도그마(대중적 플라토니즘)와 세속화(권력주의)에 의해 종교국가 시대를 유지했던 셈이다. 기독교적 절대주의는 절대적으로 망하게 되는 운명에 처해 있는 지도 모른다. 따라서 예수가 깨달은 본래의 메시아사상을 완성하지 않으면 기독교는 붕괴위기에 내정되어 있는 셈이라고 말할 수 있다.

예수가 말한 천국은 어떤 곳일까? 그 곳은 오늘날 기독교인들이 믿고 사후에 가고자 욕망하는 곳이 아닌 것 같다. 천국과 복음은 또 어떤 관계에 있는 것일까.

"1세기 팔레스타인 유대교의 한 문파였던 바리새인들은 청년 예수에게, 천국이 어디며 언제 오는지에 대해 반복적으로 질문한다. 그러자 예수는 천국은 인간이 볼 수 없는 장소도 아니고 인간이 존재하는 시간도 아니라고 말한다. 그는 '하나님의 나라는 너희 가운데 있다.'라고 말한다. 천국은 죽은 뒤에 가는 곳이 아니라 지금 내가 존재하고 있는 바로 이곳이다. 오늘을 인생의 마지막 날인 것처럼 살며, 가족과 이웃과 심지어 원수까지 이해하고, 있는 그대로를 받아들이면 바로 여기가 천국이다."[5]

메시아사상은 기독교의 복음화과정의 산물이다. 복음화는 교회와 세속화의 산물이다. 공관복음서(共觀福音書)라고 하는 마태, 마가, 누가, 요한복음서는 예수가 직접 말한 실상이라기보다는 일종의 전기문학(말씀자료+서술자료)에 속한다. 이에 비해 도마복음서는 예수가 직접 말한 말씀자료(어록자료)를 전하고 있다. 도마복음서는 천국에 대한 다른 해석의 길을 열어주고 있다.

---

5 배철현, 『인간의 위대한 질문』, 21세기북스, 2015, 322쪽.

고등종교의 해체와 가정의 신비

인류의 고등종교들은 모두 인구팽창과 문명화와 국가(제국)의 형성으로 인해 합리성의 강화로 기원전 5세기 추축(樞軸)시대를 전후로 생겨났다. 합리성의 강화는 국가의 질서를 유지하고 통일된 국가를 유지하기 위해서는 불가피한 조처였다. 그런데 이제 지구라는 위성이 하나의 작은(?) 국가, 지구촌으로 되어버렸다. 이제 지구를 공동체로 생각하지 않으면 안 되게 되었다.

고등종교들은 대체로 이성을 중심으로 하는 가부장-남성중심 종교이다. 이성을 중심으로 하는 종교들은 저마다 자신의 교리체계와 도그마로 인해서 장벽을 쌓고 있다. 고등종교의 벽을 어떤 형태로든(혁명적이든, 개혁적이든, 과격하든, 점진적이든) 해체하지 않으면 공동체를 형성하기 어렵게 되어 있다. 적어도 고등종교들끼리는 서로의 존재를 인정하고 교류하고 융합하면서 벽을 허물어야 한다.

여기에 역설적으로 원시종교인 샤머니즘이 도리어 문명의 약이 되고 있다. 앞에서도 말했지만 천지인의 순환을 통해 원시성을 회복하는 것이 지름길이다. 천지인은 본래 칸막이 쳐진 것이 아니다. 인간이 천지인을 그렇게 보았을 뿐이다. 성(性)과 성(姓)과 성(聖)은 순환하는 것이다.

성인(聖人)의 출현이라는 것은 문명의 주기에서 인간에게서 천지가 회통하는 '인중천지일(人中天地一)'의 사건이 일어난 현상이라고 말할 수 있다. 성인의 출현을 통해서 인간은 삶의 활기와 야생성—이것은 인류사의 축제적 사건이기 때문에 종교의례를 통해서 예배하게 되는 것이다—을 회복하면서 동시에 성인의 말씀(경전)을 통해 삶의 새로운 질서를 회복하게 되는 것이다.

이제 인간은 각자가 성인이 되거나 부처가 되거나 예수가 되지 않으면 안 되게 되었다. 어느 하나의 성인이나 종교를 배타적으로 따르고 믿는 방식으로는 편견과 전쟁과 불화를 막을 수 없게 되었고, 어느 한 사람의 우상을 통해서 평화를 달성하기에는 지구가 너무 좁아졌다. 말하자면 성인들의 화해가 필요한 시점이다. 이러한 화해는 역설적으로 인간 각자가 성인이 되는 길밖에 없어 보인다.

진정으로 "나 이외의 다른 신을 섬기지 말라."라는 계명이 필요한 시점이다. 이때의 '나'는 '자아(ego)'가 아니라 우주와 하나가 된 '자기(self)'이다. '자기'는 만물만신, 만물생명을 깨달은 경지이다. 진정으로 "너희는 하나님의 성전이다."(고린도전서 3장 16절)라는 말이 실천되는 것이다.

인류의 고등종교들은 모두 여성에게 '원죄(原罪)'나 '죄의 과중(過重)'을 뒤집어씌우면서 생산(출산)을 담당하던 여성으로부터 여성의 자연스러운 권능을 찬탈한 남성권력을 뒷받침한 남성중심의 종교이다. 기독교는 여성을 원죄의 주인공으로 몰았지만 불교조차도 여승에게 무거운 계율을 부과하였다.

인구의 증가와 더불어 더 이상 모계사회를 유지할 수 없었던 인간은 여성의 생산성을 죄악시하면서 타락(墮落)과 세속(世俗)으로 몰아 관리의 대상으로 삼았고, 여성의 성(性)을 지배하는 남성적 시각을 유지하기 시작했다.

이는 가부장제에 들어간 인간의 자연에 대한 자의적인 해석일 수밖에 없다. 고등종교들은 이 같은 임무를 상징적으로 수행한 일등공신인 것이다. 이에 따라 종교는 제정일치 사회에서 제정분리 사회로 들어가면서 권력을 정치와 나누어가지기 시작했다.

이러한 관점에서 보면 고등종교들은 모계사회의 속성을 뒤집은 결과이다. 인류가 다시 모성사회로 접어드는 오늘의 시점에서 볼 때, 고등종교의 해체와 종교의 원시반본은 시대적 과제로 등장하고 있다. 종교의 원시반본이야말로 역설적으로 파괴된 자연환경을 회복하고, 인간으로 하여금 자연적 존재로서의 부활을 약속하는 것이 될 것이다.

여성의 남성(절대, 문명)을 숭상하는 마음을 세계에 확대시킨 것이 종교(제사)이고, 남성의 여성(자연, 존재)을 소유하는 마음을 세계에 확대시킨 것이 정치(권력)이다. 제정일치시대가 제정분리시대가 되고 다시 원시반본한다는 것은 신(神)과 메시아를 신랑으로 기다리는 여성(백성, 국민)의 시대가 지나고, 도리어 신과 메시아를 신부로 기다리는 시대가 되었음을 말한다.

지금까지 가부장-국가시대에는 전지전능(全知全能)한, 힘이 있는 존재가 신이었으나 이제 사람이 무소불위(無所不爲)한 인간신(人間神)이 되었으니 신은 가난하고 버림받은 불쌍한(힘이 없는) 신이 될 수밖에 없다. 가부장-국가시대와 미래 여성-모성시대는 신과 인간, 신부와 신랑이 교차되고, 신과 인간의 입장이 교차된다.

보편성을 추구하는 인류의 고등종교는 오늘날 과학종교로 변신되었다고 해도 과언이 아니다. 이 말은 종교와 과학은 서로 통할 수도 있음을 의미한다. 기독교를 중심으로 볼 때, 기독교의 '천지창조와 종말심판(구원)'의 이야기구조는 오늘날 자연과학의 '빅뱅-블랙홀'이론으로 변형되었다고 말할 수도 있다.

기독교와 과학은 지극히 현상학적인 구조, 즉 시작과 종말의 구조적 특성을 공유하고 있다. 세계를 현상학적으로 설명하기 위해서는 반드시 '시작-종말' 혹은 '원인-결과' 혹은 '주체-대상'의 구조로 설명하지 않으면 안 된다. 이를 역으로 말하면 인간이 세계를 이해하는 방식을 그렇게 했기 때문에 그렇게밖에 볼 수 없다는 의미도 된다.

고등종교의 특성은 인과적 설명에 있다. 기독교는 직접적인 인과관계를 주장하고 불교는 인과응보를 주장한다. 기독교의 인과관계는 직선적인 것으로 자연과학으로 전환하기에 용이한 설명방식이다. 이에 비해 불교의 인과응보란 과학의 인과관계와는 다른, 직선적이 아닌 일종의 순환적인 인과론이라고 볼 수 있다.

인과론이 인간의 힘이다. 인과든 인과응보든 실은 모두 주체(실체)를 전제하는 설명방식이다. 실체가 있으면 그것을 집적하면 양이 되고 힘이 되는 것이다. 그러나 세계가 불변의 실체, 불변의 중심을 가지고 있다고 말할 수 없다. 동일성(실체)이 있는 방식으로 세계를 설명하는 것은 항상 전쟁과 경쟁을 피할 수가 없다. 그렇다면 동일성이 없는 방식으로 세계를 설명하는 길은 없을까.

우리는 불교에서 많은 힌트를 얻을 수 있다. 불교의 인과응보 방식이 때로는 동일성을 전제하기도 하지만, 근본적으로는 인과의 설명방식에서 한 걸음 물러나는, 나아가서는 인과(인과응보)에서 완전히 벗어나는 해탈을 전제하고 있기 때문이다. 불교의 무상(無常)이나 무아(無我)의 방식은 인간으로 하여금 진정한 자유인, 해탈의 경지에 이르게 한다.

불교도 비록 세속화로 인해 실체를 주장하지 않을 수 없었지만 그 근본에서는 생성적 존재, 생멸적 존재를 강조하고 있다. 서양의 기독교-과학문명은 불교적 사유를 접하고는 염세주의와 허무주의에 빠지지 않을 수 없었을 것이다. 그러한 충격이 바로 오늘날 서양의 후기근대철학을 만든 셈인데 그들은 여전히 실체를 전제하는 현상학의 세계를 벗어날 수 없다는 것이 증명되었다.

불교를 징검다리로 해서 보편성을 추구하는 인류의 고등종교를 해체하는 것이야말로 평화의 길로 들어서는 지름길인지도 모른다. 평화란 실체를 놓음으로써 실현되는 것이지, 보다 많은 실체를 소유함으로써 달성되는 것이 아니다.

그러한 점에서 유목민족의 서양의 기독교는 농경민족의 기독교로 변화하지 않으면 안 된다. 말하자면 이것이 동서문명의 융합이다. 인류가 평화를 안정적으로 확보하려면 유목민족의 노마드적 사고가 아니라 농경민족의 정착적 사고로 전환하지 않으면 안 된다.

서양의 기독교-과학문명-자본주의는 바로 유목민족의 실체(동일성, 절대, 가상실재)를 향하여 가는 '전쟁의 여정'이라고 말할 수 있다. 노마드적 사고와 절대유일신은 인간의 힘을 증대시켜왔지만 이제 그 전환점을 마련하지 않으면 안 된다. 인간의 힘이 전지전능이 된 지금, 신은 이제 '힘없는 신' '가난한 신' '소외된 불쌍한 신'이 되었다. 인간이 이들을 구하는 것이 바로 인간을 살리는 길이다.

인류의 최고경전 『천부경(天符經)』에 따르면 본래 우주는 실체가 없는 것이다. 천지인은 순환하는 것이고, 서로 내포하는 것으로서, 요컨대 '인중천지일(人中天地一)'이다. 쉽게 말하면 사람 가운데 하늘과 땅이 있는 것이고, 천지중인간(天地中人間)이 아니다. 하늘과 땅 사이, 시공간 속에 인간이 있는 것이 아니다.

고등종교는 흔히 보편성의 종교라고 하지만 실은 실체를 가정한 소유의 종교이다. 실체란 가상실재에 지나지 않으며, 실체의 소유를 내려놓기 위해서는 고등종교를 해체하지 않을 수 없다.

고등종교의 해체는 인류의 종교를 종래의 '보편'과 '추상'과 '가상실재'에서 벗어나 '존재'와 '구체'와 '실재'로 돌아오게 하는 결정적인 역할을 할 것으로 기대된다. 고등종교의 해체인 원시반본은 만물만신(萬物萬神),

만물생명(萬物生命)의 자리로서, 고등종교의 하늘(天)과 이(理)를 땅으로 내려오게 하는 종교의 에콜로지 회복이다.

이것은 기독교의 "나(여호와)는 나다."가 아니라 "자연(自然)은 본래 신이다." "자연은 본래존재이다."라는 범신론의 명제로 되돌아가는 것이다. 서양의 유일신은 도리어 자연으로부터 신을 배제하는 길이었다. 그것은 오늘날 과학으로 증명되었다.

서양의 스피노자의 범신론(汎神論)은, 범신론과 유일신의 경계에서 물질의 신(神)으로 나아가기 위한 워밍업에 지나지 않았다. 이는 라이프니츠의 단자론(單子論)도 마찬가지이다. 둘은 모두 범신론에서 과학으로 가기 위한 디딤돌이었던 것이다.

필자는 종교인류학적으로 볼 때 고등종교는 가부장-국가사회의 시작과 더불어 등장한 종교임을 설명한 바 있다.[6] 공동체의 규모가 커지면서 국가가 등장하고 보다 넓은 지역의 이질적인 구성원을 통치하기 위해서는 보다 합리적인 지배가 요구되었을 것으로 유추할 수 있다. 구성원들에게 설득력 있는 설명을 위해 이성이 발달되지 않을 수 없었을 것이다.

이성은 여러 종류의 가상실재(실체)를 만들어냈는데 고등종교도 그 가운데 하나이다. 이성은 처음엔 삶에 논리성을 보충하는 보충대리(補充代理)의 형태로 제기되었을 것이다. 고등종교들은 인간의 삶과 삶의 고통에 대해 나름대로 이유를 설명하지 않을 수 없었고, 동시에 고통으로부터 벗어나는 방안과 함께 삶에 대한 희망을 잃지 않게 하는 것이 과제였을 것이다.

기독교의 천지창조와 종말구원 사상은 그 대표적인 것이다. 이것은

---

6 박정진, 『종교인류학』, 불교춘추사, 2007 참조.

후에 서양문명에서 과학의 '원인-결과'의 인과사상으로 발전되었고, 또 철학(현상학)의 주체와 대상이라는 이분법으로 변형되어 드러난다. 자연과학의 발달과 더불어 산업기술시대를 연출한 서양은 심각한 환경파괴와 기계로부터의 인간소외 등을 야기하면서 인과의 패러다임, 혹은 '전쟁의 패러다임'의 한계를 노출하게 된다.

이에 다시 종래 여성의 덕목으로 알려진 평화와 가정과 따뜻한 여성성에 대한 새로운 가치평가와 인식이 대두되게 되었다. 여성을 중심으로 하는 문화문명체계는 한마디로 '평화의 패러다임'이라고 말할 수 있다. 가정의 신비와 재창조의 분위기는 기계문명에 찌든 인류에게 큰 희망과 위안이 되고 있다.

미래의 종교에 대해 인류학자로서 예견을 한다면 고등종교들이 급속하게 해체될 것이라는 점이다. 절대적인 권위와 보편성을 최고덕목으로 하는 '이성적-남성성' 위주의 고등종교들은 살아있는 현존적 분위기를 발사하는 '감성적-여성성' 위주의 종교들의 부흥으로 점차 퇴조할 것이라고 감히 말할 수 있다.

남성성의 정복과 지배의 패러다임은 더 이상 평화를 원하는 지구촌의 인류에게 희망이 되지 못한다. 여성성의 사랑과 위안의 패러다임이 새롭게 각광받을 것으로 기대된다. 여성은 부드럽고 따뜻하다. 남성은 이에 비해 딱딱하고 차갑다. 여성은 가정위주이고, 남성은 사회위주이다.

인류의 평화를 실현함에 있어서 가정의 역할과 신비에 대해서는 앞에서도 언급한 적이 있다. 가정은 사회의 세포이자 사회를 재생산하는 메커니즘이다. 가정이라는 것은 사회를 구성하는 제도이지만 제도이기 이전에 매우 자연적인(생물학적인) 재생산의 결과이다.

여기서 자연적이라고 하는 것은 제도인 동시에 제도가 아닌, 다시 말하면 우주적 생성의 긴 여정의 결과라는 의미가 내재해 있다. 가정의 신비라는 것은 실은 우주적 신비를 말한다. 가정의 신비가 우주적 신비보다 조금도 덜 신비로운 것은 아니다.

그 신비라는 것에 신성(神性)이 내재해 있는 것이고 보면, 가정에 대해 우리는 흔히 일상적으로 볼 수 있는 것이기에 대수롭지 않는 것처럼 대해온 것은 아닌지, 반성하게 된다.

오늘의 입장에서 다시 서양문명과 동양문명을 되돌아보면 여러 면에서 한계를 노출하고 있는 서양문명에 비해 동양문명에서 새로운 해석과 함께 인류가 건설할 미래문명을 위한 희망적인 요소를 발견하게 된다. 그것은 무엇보다도 '절대-상대성'을 바탕으로 하는 동일성의 문명인 '전쟁 패러다임'의 서양문명에 비해 '음양-차이성'을 바탕으로 하는 동양문명의 '평화 패러다임'에 주목하게 된다.

서양문명과 동양문명: 실체의 문명, 관계의 문명

물리학적으로 매크로코스모스(macro-cosmos)와 마이크로코스모스(micro-cosmos)는 똑같이 매우 역동적 세계라는 사실이 잘 알려져 있다. 인간사회도 물리적 우주와 똑같이 큰 사회인 국가나 제국은 사회의 가장 기본단위인 가정과 다를 바가 없고, 가정의 확대가 국가나 제국이다. 정도의 차이가 있긴 하지만, 큰 세계와 작은 세계, 큰 사회와 작은 사회는 닮은꼴이다.

서구문명은 '개체(자아)-원자(입자)'의 원리에 의해 구성된 사회이며 문명이라는 것은 잘 알려져 있다. 서구의 가정은 개인주의를 토대로 구성되어 있다. 개인주의로 구성되어 있다는 것은 개인의 개성과 자유를 중심으로 조직되어 있음을 말한다. 개인은 자기동일성을 가지고 있다.

서구사회는 개인이라는 자기동일성의 실체가 모여서 이룬 사회를 말한다. 서구의 가정은 하나의 시스템으로 말한다면 요소의 집합으로서 '실체의 가정'이다. 이에 비해 동양의 가정은 '관계의 가정'이라고 말할 수 있다. 개체의 개성이나 자유보다는 관계를 중시한다.

'관계의 가정'이라는 것은 개인이 따로 떨어져 있는 것이 아니라 처음부터 부부관계, 부모와 자식관계, 형제자매관계를 토대로 즉, 관계를 중시하는 입장에 서 있음을 의미한다.

대표적인 동양적 가치는, 삼강오륜에서 알 수 있듯이, 부자유친(父子有親), 부부유별(夫婦有別), 장유유서(長幼有序) 등을 꼽을 수 있다. 이 가운데서도 특히 자식이 부모에게 하는 효(孝)사상이 두드러진다.

『논어「學而」편에는 효(孝)를 인(仁)의 근본이라고 했다.

유자가 말하였다. "그의 사람됨이 효성스럽고 공손하면서도 윗사람을 범하는 것을 좋아하는 자는 드물다. 윗사람을 범하기를 좋아하지 않으면서 난을 일으키기를 좋아하는 자는 없다. 군자는 근본에 힘써야 하고 근본을 세우면 도가 생긴다. 효성과 공손은 인을 행하는 근본일 것이다!"(有子曰, "其爲人也孝弟, 而好犯上者, 鮮矣, 不好犯上, 而好作亂者, 未之有也. 君子務本, 本立而道生. 孝弟也者, 其爲仁之本與!")

서양의 중세 기독교에서는 성인(聖人)이 귀감이 되었지만 동양에서는 효자(孝子)가 귀감이 되었다. 『논어』에 양을 훔친 아버지를 관가에 고발한 아들 이야기가 나오는데 이웃나라 재상이 아들을 추켜세우자 공자는 "아들은 아버지를 위해 숨겨주었어야 한다."고 말한다. 『맹자』에도 사람을 죽인 아버지를 순(舜)임금은 어떻게 할까라고 제자가 묻자 맹자는 "몰래 업고 도망하여 바닷가에서 종신토록 함께 산다."고 대답했다. 이 이야기는 공익이나 정의, 공공선(公共善)보다는 효를 높이 산 대답이다.

효사상은 가족의 관계, 부모자식간의 인정(仁情)에 기초하고 있다. 위의 이야기들은 사람의 관계에 기초한 공경(恭敬)을 중요시하며, 인의예지(仁義禮智) 중에서도 인(仁)을 도덕의 으뜸으로 실천할 것을 강조하고 있는 것이다.

개인을 기초로 하는 서구사회에서는 법과 정의가 중요하지만, 관계를 중시하는 사회에서는 개인보다는 관계의 정(情)이 중요하다. 서구문명을 모델로 살아가는 현대인은 집단의 관계보다는 개인적 실체를 중심으로 살아가고 있다. 개인을 중심으로 살아가는 서구의 가정은 아무래도 관계에 대한 배려가 약하다.

개인주의를 기초로 하는 서구사회와 그것을 닮아가고 있는 현대인은 잘못하면 가족의 파편화에 빠져들기 쉽다. 그래서 서구기독교의 개인구원은 가정의 붕괴 혹은 파탄과 함께 성도덕의 문란으로 빠져들고 있다. 서구의 개인주의는 기독교의 절대유일신처럼 개인의 실체와 정체성을 바탕으로 사회와 국가를 구성하고 있다. 서구문명은 '실체의 우주론'을 바탕으로 건축된 문명이라고 해도 과언이 아니다.

서구의 관계는 실체의 관계이고, 그러한 점에서 가족관계도 실체를 기초로 구성되어 있기 때문에 가족이 분열하여 파편화할 수 있고, 심하게는 가족이라는 개념 자체가 붕괴될 수도 있다. 개인의 실체, 혹은 자아를 기초로 하는 '실체론의 가족관계'는 핵가족을 유지하는 것이 아니라 가족의 핵분열을 자초할 위험성이 많은 것으로 염려되어도 있을 정도이다.

그래서 개인주의보다는 가족의 관계성을 중시하는 가정주의와 함께 기독교적으로도 가족구원 혹은 가정구원의 필요성을 중대시키고 있다. 가정은 사회적 제도이면서 동시에 자연적 본성에 충실한 제도이다. 따라서 자연은 사회적 제도와 자연의 경계선상에 있기 때문에 제도이면서 자연이라고 말할 수 있다.

가정은 인간의 가장 자연스러운 본성의 발로이다. 따라서 가정에는 그 어떤 것보다 자연의 생성적(발생학적) 신비가 깃들어 있는 곳이고, 인간이 말로써 다 해명할 수 없는 영역이 있다. 그런 점에서 가정은 인간이 사회적 제도로서 다 해결할 수 없는 것을 해결해주는 장소이다.

인류의 역사는 인간의 문제를 제도적으로 해결해 온 역사이다. 그렇게 하다 보니 가정에서 해결할 수 있는 문제도 항상 확대하여 어떤 경우에는, 가정의 문제조차 가정 밖의 사회에서 해결해야 하는 것처럼 문제를 부풀려왔다. 남녀의 성문제, 노동문제, 노인문제, 아동문제, 레크리에이션 문제, 그리고 각종 욕망의 문제를 가정에서 해결하면 가장 비용이 적게 들 뿐만 아니라(최소비용, 최대효과) 인간으로 하여금 인간답게 살 수 있는 길로 인도할 수도 있다.

동양, 특히 동아시아 유교문화권의 충효서(忠孝恕)사상은 서양의 자유평등박애(自由平等博愛) 사상 못지않게 훌륭한 것이고, 서양의 과학기술문명의 각종 문제를 다른 각도에서 해결할 수 있는 가능성을 내포하고 있다. 동서양을 오늘에 와서 비교하면 서양은 '개인(개체)중심문화'라면, 동양은 '가정(관계)중심문화'라고 말해도 좋을 것이다.

동서양문화는 얼마든지 서로 보완관계에 있을 수 있는 문화이다. 가정의 신비를 회복하는 것이야말로 종교의 신비를 가장 구체적으로, 일상생활에서 회복하는 첩경이다. 동서양은 각각의 문화의 장점을 잘 살려서 인류문제를 공동으로 해결해 나가야 한다.

서구문명	개인(개체)중심 문화	사회적 법과 정의	가족의 파편화 가정파괴와 분열	개인의 동일성 –실체성 추구
동양문명	가정(관계)중심 주의	가족의 인정과 공경	가족의 유대강화 가정회복과 구원	공동체와 가정–관계성–신비성

개인(개체)의 동일성을 추구하면 가족 간의 관계에 의해서 이루어지는 가족의 재생산과 가정의 신비, 공동운명체에 대한 의식이 약화되기 쉽다. 소수자(minority) 보호의 문제로 세계적으로 합법화의 추세에 있는 동성애도 실은 극단적 개인주의에 따른, 인구의 재생산이라는 것을 무시하는, 자연을 배반하는 제도이고, 성도착이다. 이혼율의 증가도 가족의 유대나 가정의 신비보다는 개인의 이익과 욕망에 따른 추세이다.

오늘날 동성애(혹은 양성애)와 이혼율의 증가는 동서양을 막론하고 가장 큰 사회적 문제로 떠오르고 있다. 이혼하는 사람들이 늘어나는 것도 문제지만, 아예 결혼하지 않고 살아가는 독신인구와 결혼 대신에 동거가족을 이루는 배우자, 그리고 전반적으로 사회적 여러 요인에 의해 결혼연령이 늦어지는 것도 문제이다.

결국 종합적으로 볼 때, 자의든, 타의든 혼자 살아가는 성인인구가 늘어나면 어디선가는 성적 욕구를 해소할 상대를 찾게 되고, 이들의 성적욕구 해소는 성적 문란과 사회적 불안의 증대요인이 되는 것은 물론이다.

극단적 개인주의에 따른 사회의 원자화와 가족의 파편화에 따른 사회적 비용의 증가와 에너지의 낭비문제, 그리고 점점 증대되는 환경문제는 종합적으로 인간사회의 유지비용을 증가시키고 있다. 이를 역으로 말하면 가정이 화목할 때 사회적·환경적 비용과 에너지 낭비가 줄어든다고 말할 수 있다.

그런 점에서 가정의 신비를 깨닫고, 가정윤리를 회복하는 것은 현대인의 가장 큰 과제가 아닐 수 없다. 가정은 사회적 관계의 출발이고, 여기에 모든 사회문제의 씨앗이 배태되어 있는 셈이다. 그런 점에서 동양의 인(仁)이라는 글자에 '씨앗(열매)'이라는 의미가 들어있는 것은 역설적으로 인간의 삶에서 가정의 중요성을 말해준다. 그런 점에서 참사랑, 참가정을 이루는 일은 일상적인 일인 것 같지만, 사실은 위대한 일이라고 할 수 있다.

인류의 고등종교들은 매우 추상적이고 보편적인 사회적 덕목, 예컨대 자유와 평등과 박애와 정의 등을 열거하지만 가정의 화목만큼 중요한 것이 없다. 가정의 화목은 개인의 동일성을 추구하는 것이 아니라 가족 구성원의 상호관계(상호관련성)를 우선하는 정(情, 人情, 仁情, 心情)의 산물이다.

가정, 문화의 여성중심주의

가정주부(housekeeper)라는 말에서도 알 수 있듯이 가정은 전통적으로 남성보다는 여성의 삶의 장소이다. 인구의 팽창과 사회적 활동의 확대에 따라 남성은 대체로 가정 밖에서 일을 하고, 여성은 가정주부로서 역할분담을 한 것이 전통적인 가정의 모습이었다. 이것은 거의 본능적인 것이었다.

오늘날 여성의 가정주부 이외의 사회적 직업참가와 전문직의 확대로 가정의 안과 밖을 기준으로 남녀역할분담을 설정하는 것은 옛말이 되었지만 여전히 가정의 주인으로서의 여성의 역할과 자리매김은 간과할 수 없는 특성이다. 가정과 직장을 오가는 여성의 이중고(二重苦)는 그러한 점에서 사회적 배려와 복지의 주요과제로 떠오르고 있다.

가부장-국가사회 이후 남성의 가치와 의미가 급상승하고 압도적인 위치로 올라갔지만, 오늘날 정보화사회에 이르러서는 도리어 여성적 가치와 의미가 새롭게 각광을 받고 있다.

남성의 가치는 수렵채집 시대에서부터 사냥꾼으로서의 역할에서 두드러졌다. 남성이 사냥을 잘 하기 위해서는 공간에 대한 인식에 투철하여야 하고, 이는 자신의 위치와 나아가고 있는(나아갈) 방향, 그리고 돌아와야 할 집에 대한 확실한 인지능력을 필요로 한다. 이러한 능력은 쉽게 말하면 '지도(地圖)를 그리고 읽는 능력'이라고 말할 수 있다. 사냥을 잘 하기 위해서는 지도를 해독하는 능력의 탁월함을 필요로 한다.

사냥의 능력은 후에 전쟁(戰爭)하는 능력으로 변모한다. 전쟁도 승부를 거는 사냥과 같은 종류의 게임의 속성이 있기 때문이다. 남성들은 모두 전사(戰士)였으며, 그래서 전쟁의 싸울 전(戰)자에 포함된 밭 전(田)자에는 농사의 의미와 함께 사냥과 전쟁의 의미가 함께 포함되어 있다. 전쟁에서 지도를 읽지 못하면 결코 승리할 수 없다.

인지과학에 따르면 개인차가 있겠지만, 대체로 남성은 여성보다는 공간에 대한 인지능력이 높다. 남성의 DNA에는 지도를 읽는 힘이 전수되고, 이는 후천적·문화적으로 강화되어 남성은 전쟁과 과학 분야에 뛰어난 능력을 보여 왔다. 역설적으로 말하면 남성은 전쟁이 일어나야 그 가치를 더 평가받게 된다. 따라서 남성은 여성에 비해서는 전쟁지향적이라고 말할 수 있고, 여성은 남성에 비해서는 평화지향적이라고 말할 수 있다.

오늘날도 세계 각처에서 전쟁이 끊이지 않고 있지만 과거에 비해서는 전쟁이 줄어든 것도 사실이다. 말하자면 인류는 평화시대의 길목에 있는 셈이다. 그런 점에서 여성시대의 의미는 남성의 상대적인 장점인 공간인지와 전사로서의 역할이 줄어듦을 의미한다.

지구촌이 하나가 된 지금, 매스컴의 발달과 대중사회의 등장에 따른 각종 정보의 일반화와 일상화는 특히 정치적·권력적 정보를 독점하던 가부장-국가사회의 남성의 연대를 무너뜨리고 있으며, 그러한 정보 자체가 이미 일상의 생활에서 크게 영향력을 행사하지도 못하게 되고 있다. 어떤 점에서 일상은 시시콜콜하게 되었다고 말할 수도 있다.

남성들이 주도하던 거대담론보다는 여성들의 가정과 생활주변 시시콜콜한 이야기가 대화의 주제가 되었으며, 고령화에 따른 건강과 보다 훌륭한 의식주에 대한 관심이 높아졌다. 더욱이 GPS(위성위치확인시스템, Global Position System) 기능의 일상화와 스마트폰에 내비게이션의 부착은 남성적 공간인지능력의 무화를 촉진시키고 있다.

이러한 전반적인(전면적인) 문화변화는 한마디로 사회·문화를 남성중심에서 여성중심으로 이동시키고 있다. 남아선호사상은 물 건너간 지도 오래며, 도리어 여아선호사상을 드러내고 있다. 가정의 일상생활은 '어머니-딸'로 이어지는 여성의 네트워크에 의해 이루어지고 있다고 해도 과언이 아니다.

정치적으로도 여성의 발언권이 강화되고 있으며, 유권자로서의 여성의 여론과 분위기는 정치적 승패를 가름할 정도에 이르고 있다. 문화의 여성중심주의는 이 밖에도 셀 수 없을 정도로 많다.

오늘날 세계 선진제국들은 하나같이 모두 인구감소와 노령화의 문제에 직면하고 있다. 이를 해외이민을 받아들임으로써 해결하고 있지만 또 다른 민족·인종 문제를 야기하고 있다. 선진제국들은 출산에 따른 여러 장려책과 사회복지를 도모하고 있는 실정이다.

여성이 임신을 하고 육아를 주로 담당하는 특성은 가정의 여성성에 더욱 주목하게 한다. 여성성은 남성성에 비해서 항상 사랑과 관계를 강조하게 한다. 어린아이는 개체가 아니라 우선 보호와 돌봄의 관계를 필요로 하는 주체이면서 대상이고, 감싸 안음의 대상이다.

여성성을 위주로 인간가족과 사회를 재구성하는 태도가 절실하다 하겠다. 남성적 생산성(공장생산) 위주가 아니라 여성적 재생산(가족구성)의 가치와 의미를 새롭게 인식하면서 인간사회를 재구성해간다면 가정의 행복을 실현할 수 있을 것이다.

가정이야말로 행복의 알파와 오메가이며, 인류의 확산된 모든 가치의 수렴장소다. 따라서 가정은 고등종교의 보편적 가치의 해체마저도 감당하지 않으면 안 될 것이다. 이 말은 지구촌이라는 인간들의 삶의 장소가 가족(가정)과 같이 되어야 함을 에둘러 말하는 것이다. 인간은 '지구가족'이다.

가정파괴와 성적 문란은 가정신비로 치유되어야

서양문명은 동일성을 추구하는 문명이라고 여러 차례에 걸쳐 언급해왔다. 서양문명은 동일성의 개념에서 출발하는 것이고, 따라서 '개념의 빌딩(건축물)'에 비유할 수 있다. 앞장에서도 말했지만 서양문명은 〈'동일성(실체)의 차이의 동일성'의 문명〉이라고 말할 수 있다.

이에 비하면 동양문명은 상징(개념이 아닌)에서 출발하는 '음양의 나선형(계단)'에 비유할 수 있다. 그런 점에서 동양문명은 〈'차이(상징)의 동일성의 차이'의 문명〉이라고 말할 수 있다.

서양은 개인중심, 동양은 가족중심으로 문명을 구성하였기 때문에 동양이 상대적으로 가족관계를 중시하는 문명이라고 말할 수 있다. 가족은 사회를 관계로 보는 출발이다. 가족은 개체(개인)나 요소의 집합이 아니라 여러 층위와 각도에서 볼 수 있는 인간관계의 산물이다. 관계라는 것은 실체와 달리 우주적 전체성과 연결되는, 생성적 존재로서의 의미가 들어있다.

가정의 재생산(출산)의 사회적 장소(공간)로서의 의미와 기능, 즉 관계의 의미와 생성적 성격이 점차 사라지고 개인주의화하여, 가정의 파편화가 심화되면 인간은 심리적으로 소외되고 병들기 쉽다. 어떤 점에서 파편화된 현대인은 모두 심리적·정신적 환자인지도 모른다. 현대인은 살기 위해 미치고 있는지도 모른다.

예컨대 동성애는 생물학적인 남녀(암수)관계나 사회학적인 가족관계를 토대로 하는 것이 아니라 개인의 동일성(인격)에 기초하는 것의 한 극단이라고 볼 수 있다. 동성가족의 사회적 인정 또한 그것의 연장선상에 있다.

서양문명의 실체주의와 물질주의는 성적·정신적인 문제를 단지 육체적·물질적으로 해결하려는 경향이 있다. 심각한 근친상간의 위험에 노출되어 있음은 물론이고, 산업사회의 기계적 환경에 따른 정신심리적인 문제를 이중성애(二重性愛) 및 난교(亂交)와 마약·약물 등에 의존하여 해결하려고 하는 경향마저 있는 것이다.

성적 문란을 비롯하여 가정의 파괴, 개인의 지나친 욕망에 따른 물신숭배와 배금주의, 명예욕 등은 서양문명 뿐만 아니라 현대를 살아가는 인간의 공통된 문제이다. 현대인의 모든 문제들은 가정의 화목과 평화를 통해 가정 안에서 욕구를 실현하려 하지 않고, 가정 밖에서 충족하려는 삶의 전반적인 태도에서 비롯되는 것이다.

이혼율의 증가와 함께 가정이 파괴되면 결국 인류사회가 파괴되는 데에 이르게 된다. 가정의 파괴는 핵분열과 같은 사회적 결과를 초래할 수도 있다. 가정의 파괴를 아무리 사회적 안전장치나 보험복지제도로 해결하려고 해도 그것에는 한계가 있기 마련이고, 종국에는 그 비용을 감당할 수 없게 된다. 가정 안에서 가족 간의 사랑과 평화를 통해 인간의 욕망을 해결하는 것이 사회문화적 비용과 환경비용 면에서도 가장 비용이 적게 드는 것이다.

가정이야말로 경제와 환경을 동시에 도모하고, 생명의 신비가 함께하는 삶의 처소이다. 가족의 불화와 해체는 모든 사회적 불행의 출발이다. 가정이야말로 삶의 출발지이면서 동시에 행복의 종착역이다. 인간의 삶은 결국 가정에서 시작하여 가정에서 끝나는 것이다. 가정 이외의 사회적 제도는 모두 상징적이거나 추상적인 사고과정, 즉 언어화과정을 거친 것이다.

가정은 무엇보다도 신체적이고, 감정적이며, 구체적인 삶의 정체성이 이루어지는 장소이다. 그러한 점에서 인류의 고등종교들은 추상적이고 보편적인 어떤 가치추구보다도 가정의 화평과 사랑의 실천이 건강한 사회와 국가, 세계를 건설하는 지혜임을 강조하지 않으면 안 된다. 고등종교들은 또 가정이 인간으로 하여금 실질적인 우주적 신비, 신의 신비에 참가하고 다가가는 첩경임을 강조하지 않으면 안 된다.

가정파괴와 성적 문란은 가정의 신비로 치유되지 않으면 안 된다. 자유가 방종이 되고, 평등이 하향식 평준화가 되고, 평화가 가정파괴와 성적 문란으로 나아간다면 이는 분명 문화에서 악화가 양화를 구축하는 것이라고 할 수 있다.

'지구촌 가족화'와 지구공동체정신의 함양

인간은 지구를 '하나의 공동체(community)'로 만들어가는 데에 성공할 수 있을까. 만약 지구를 공동체라고 생각하고 이를 점진적으로 실천만 한다면 '지구 존재'로서의 인간이 공멸하는 것을 막을 수 있거나 적어도 지연시킬 수 있을 것이다.

지구촌 시대를 맞아서 인류가 다양한 사상과 문명, 인종과 민족의 경계를 허물고 새로운 윤리적 완성을 통해 하나가 되지 않으면 안 된다. 이때의 하나는 동일성이 강요되는 남성적 정복과 통일의 하나가 되는 것이 아니라 차이성을 인정하는 여성적 사랑과 융합의 하나가 되어야 한다.

지구공동체냐, 지구멸망이냐

지구를 가족화 하고, 지구촌이 공동체가 되려면 가부장적 혹은 '혈통주의적 국적 제도'가 아니라 아이를 직접 낳는 여성이 거주하고 있는 장소를 중심으로 국적을 취득하는 '속지주의적 국적 제도'가 선행되어야 한다. 예컨대 다문화가정의 경우 국적이나 인종, 민족에 상관없이 여성이 어느 나라(땅)에서 아이를 낳던 그 나라의 국적을 획득할 수 있도록 하는 '여성-아이' 중심의 속지주의가 세계적으로 보편화되어야 한다.

여성과 신생아의 삶을 중심으로 지구가족이 출발하고, 구성되어야 한다. 이것이 바로 신(新)모계사회이다. 신생아는 지구에 탄생하자마자 지구가족의 구성원이 되는 셈이다. 여성이 아이를 낳는 행위는 자연적이고 본능적인 행위이면서 동시에 사회와 국가를 세세연연 이어지게 하는 가장 일반적이고도 기초적인 원리이다.

여성이 아이를 낳는 것은 철학적으로 말하면 일반성의 철학의 가장 핵심적인 요건이자 바탕이다. 요컨대 사회와 국가가 아무리 발전하더라도 여자가 더 이상 아이를 낳지 않으면 그 사회와 국가는 백년도 못가서 문을 닫지 않을 수 없다.

인류사적으로 볼 때, 가부장-국가사회의 출범과 더불어 여성의 재생산 역할은 과소평가되고, 남성의 생산은 과대평가되어왔다. 오죽 하면 여성의 가사노동과 출산행위는 오랫동안 경제학의 생산에 잡히지도 않았다. 최근 들어 가사노동도 화폐가치로 환산되기도 하지만 아직도 그 액수는 크지 않다.

더욱이 출산행위는 인구유지 및 증가와 직결되는 것이고, 아이가 재생산되어야 노동력 충당과 함께 미래의 전개가 보장됨에도 불구하고, 아예 경제적 생산에 포함되지도 않았다. 젊은 노동력의 확보는 물론이고 미래사회의 인재와 구성원을 확보하는 것임에도 불구하고 여전히 생산은 아니었던 것이다. 이는 모두 남성의 생산중심 계량경제학 탓이다.

최근 인구감소와 더불어 여성의 출산의 가치가 재평가되기 시작하고 있다. 그동안 여성은 남성의 권력과 권위에 눌려 아이를 낳아주지 않으면 가정에서는 물론이고, 사회적 지위와 대우를 받지도 못했다. 심하게는 동양에서는 칠거지악(七去之惡)의 하나에 포함시키기까지 하였다.

말하자면 여성은 출산의 당사자임에도 불구하고, 자신의 의사대로 출산을 조절하거나 선택하지도 못했다. 그러나 이제 세상은 백팔십도로 달라졌다. 여성이 출산에 동의하지 않으면 가정과 사회는 아이를 얻을 수 없다. 출산여부는 부부가 상의해서 결정할 일이지만, 주도권은 여성(어머니)에게 있다는 말이다.

여성의 가치는 일반성에 있으며, 생성적인 우주관과 연결된다. 남성의 가치는 보편성에 있으며, 존재적인 우주관과 연결된다. 일반성은 '생성'이며, 보편성은 '존재'임을 여성과 출산의 문제를 통해서 새삼 확인하게 된다. 철학이라는 것이 실은 처음부터 여성의 '생성의 편'이 아니라 남성의 '존재의 편'이었음을 깨닫게 된다.

미래는 여성시대이다. 오늘날 철학무용론이나 철학의 종언이 심심찮게 대두되는 것도 이것과 무관하지 않다. 철학은 본능을 싫어한다. 흔히 사람들은 본능이 닫혀있는 것처럼 생각하는데 실은 본능이야말로 자연으로 열린 것이다. 인간의 생각이야말로 자신에게 닫혀있는 것이다.

본능은 자연이며, 자연이야말로 존재이다. 인간은 스스로를 자유로운 동물(존재)이라고 생각한다. 그런데 실은 인간은 전혀 자유롭지 않다. 인간은 자신의 문화라는 틀에 갇혀 있다. 문화라는 정체성이자 일종의 동일성이다.

이제 인간은 자신의 문화체계, 문화장벽을 넘어서 평화를 본능적으로 찾아야 한다. 다시 말하면 평화의 본능을 되찾아야 한다. 평화가 육화되어 체질이 되어야 한다. 동물들은 인간이 생각하는 것처럼 생존경쟁으로 처절한 투쟁을 하지 않는다. 인간이 처절한 투쟁을 하고 있는 것이다. 동물들은 평화롭게 살고 있는 것이다. 우리도 동물을 닮아야 한다.

훌륭한 철학자들은 자신이 자연(존재)으로 열려있다고 생각한다. 그들이 열려있다고 생각하는 것은 자신의 창문으로 자연을 바라보기 때문이다. 그들은 스스로 열려있지 않다. 그들은 스스로 닫혀있기 때문에 열려 있음을 아는 것이다. 무엇을 '아는 것' '생각하는 것'은 이미 그것 자체가 아니다.

정작 자연은 스스로 열려있다고 생각하지 않는다. 생각하는 것은 이미 진정한 '열려있음'이 아닌 것이다. 자연은 그냥(스스로, 저절로) 열려있다. 인간은 자연을 아직도 오해하고 있다. 그래서 철학을 넘어서는 철학이 필요한 것이다. 자연은 평화롭다. 자연은 필요 이상을 가지지 않는다.

4

평화의 길,
구원의 길

평화는 인류공멸의 마지막 방어수단

자유, 평등, 박애에서 평화로

인류역사상 흔히 4대 성인(聖人)이 있었다고 말한다. 석가, 공자, 소크라테스, 예수가 그들이다. 석가는 자비(慈悲)를, 공자는 인(仁)을, 소크라테스는 법(法)을, 예수는 사랑을 주장했다. 이들의 가르침은 모두 인류의 질서와 평화와 안녕을 유지하는 데 긴요한 것이었다. 성인이 태어났다고 해서 인류의 모든 문제가 곧바로 해결된 것은 아니었다. 성인들은 단지 가르침을 통해 인간의 소유와 욕망의 반대쪽에서 문화와 문명의 균형 잡기를 도와주었을 뿐이다.

과학시대의 성인(聖人), 출현해야

인류의 4대 성인 누구도 원자폭탄을 만들어내는 현대의 과학시대를 거치지 않았기 때문에 인류가 공멸할 것을 걱정하지는 않았다. 그러나 오늘날에 성인이 태어난다면 공멸을 걱정하지 않으면 안 되게 되었다. 이제 인간이 자연의 파괴자, 혹은 욕망의 화신으로 변해 악마의 자리를 대신하게 되었다.

현대 과학기술시대를 겪지 않는 동서의 여러 경전들에 의해 오늘날을 판단하고 해석하는 것은 새로운 해석을 통해 의식을 확장하는 데는 유효하지만 시대가 당면한 문제에 대해 해답을 주거나 문제를 해소하는 데에 한계를 지닐 수밖에 없다. 과거라는 시간과 경전이라는 과거의 텍스트는 이미 죽은 것이다.

인류는 21세기를 맞아서 새로운 경전과 법전을 요구받고 있다고 말할 수 있다. 미래는 인공지능이나 사이보그(기계인간), 전쟁로봇과 더불어 살아야 하는 시대가 될 것으로 예상되고 있고, 심지어 호모 사피엔스가 멸종한 뒤, 기계인간의 시대가 될 것으로 예견하는 사람도 있다. 말하자면 21세기는 인류문명사의 주기로 볼 때 5~6천년, 혹은 1~2만년 단위의 큰 주기가 지나가는 지점인 것이다.

호모 사피엔스는 서로 다른 인종이나 민족과 싸우거나 화해를 하면서 살았지만 미래의 인간은 인공지능과 더불어 살거나 기계인간과 싸우거나 화해를 하면서 살아가야 할 것이 예상된다. 그렇다면 우리가 흔히 사물, 혹은 무생물 혹은 기계라고 부르는 존재에 대해서도 인간과 동등한 대우를 해주어야 할지도 모른다. 그래서 만물생명, 만물평등 사상이 그 어느 때보다 요청된다.

다른 한편 인간이 사이보그와 더불어 잘 살아갈지 아니면, 패권주의를 지향하는 인간들이 원자무기 혹은 다른 가공할 무기로 권력경쟁을 하다가 스스로의 힘을 다스리지 못해서 공멸할 지도 모른다. 인류미래에 대해서는 유토피아와 디스토피아의 엇갈리는 상황이 논의되고 있다.

다시 말하지만 인류의 어떤 성인도 인류의 공멸까지를 걱정하지는 않았다. 그러나 이제 공멸을 걱정해야 하는 시대에 접어들었다. 성인들은 본인이 직접 쓰지는 않았지만, 인류가 금과옥조로 삼을 만한 경전(bible)과 텍스트(text)를 남겼다. 이들 책들은 인류의 고전(古典)이 되었지만 이들 고전들이 지금껏 평화를 담보해주지는 못했다. 인류사는 거의 전쟁사였기 때문이다.

그래서 인류의 각종 고전(古典)도 진리로서의 수명과 발전적 해석에 한계가 있는 것이다. 만약 서기 전 5세기 추축시대에 생산된 많은 고전들이 지금도 그대로 금과옥조로 통용되어야 한다면 이는 고전의 의미가 결정적이라는 뜻이다. 어떤 텍스트가 결정적이라면 역사라는 것은 텍스트를 증명하는 것 이외에 아무런 의미가 없는 것이다.

오늘날 과학시대에 살고 있으면서 과학시대를 겪지 않은 시대의 고전을 가지고 삶의 지침을 삼는다면 이는 심지어 삶에 대한 모독이라고도 할 수 있다. 어떤 텍스트라도 항상 삶의 콘텍스트의 산물로서 제한적 의미밖에 없다. 세상에 진정으로 있는 것은 텍스트가 아니라 삶이라는 콘텍스트이다. 그런 점에서 21세기의 인간은 텍스트보다는 삶의 기운생동을 높이 사는 것을 택하지 않을 수 없다. 그래서 내가 느끼고 있는 현존적인 몸과 마음을 중시하지 않을 수 없다.

인류의 4대 성인들은 예컨대 문무겸전(文武兼全)을 주장했을지라도 문(文)을 우선 숭상했다. 문을 우선 숭상했다는 것은 가르침을 몸으로 실천할 것을 주장했을지라도 실천을 담보하지는 못했다. 그러한 점에서 만약 미래의 철학이 실천을 우선으로 삼는다면, 신체를 중시하지 않을 수 없다. 따라서 진정한 수신(修身)이 필요한 것이다. 평화의 실천적 의미맥락에서 문무겸전의 철학은 이제 무문겸전(武文兼全)의 철학으로 바뀌지 않으면 안 된다.

'무문(武文)철학'이야말로 신체가 동반된 진정한 삶의 철학이 될 수밖에 없다. 신체에서 출발하여 깨달음과 평화에 도달하는 것이 진리의 자연스런 순서이기 때문이다. 문무(文武)는 실천이 따르기 어렵기 때문에 도중에 어긋나기 쉽다. 문(文)은 무늬(紋)만의 깨달음이고, 무늬만의 평화가 되기 쉽다. 진정한 것은 문(文)이 아니고 심정(心情)이고 실천이고 무(武)이다.

요컨대 책이 없어도 실질적으로 평화를 달성하는 것이 더 중요하다는 뜻이다. 수많은 책들이 즐비하여도 결국 인류의 평화를 달성하지 못하면 무슨 의미가 있는가. 평화를 몸소 느끼는 것, 평화를 체득하고 만족과 열반의 경지에 이르는 것이 중요하다. 이는 앞으로 달성하여야 하는 '목적으로서의 평화'가 아니라 '현존으로서의 평화'이다.

'현존으로서의 평화'는 시간과 장소를 초월하는, 아니 비시간의 평화이다. 이것이 바로 무문철학이 추구하는 궁극이다. 평화는 그것을 개인이 소유하는 것이 아니라 평화인 채로 생멸하는 것이다. 생멸 자체가 실은 평화이다. 생멸을 깨닫는 것은 책으로 달성할 수 있는 것이 아니다. 생멸을 느낄 따름이다.

책이 없어서 평화를 달성하지 못한 것은 아니다. 책은 수없이 많았지만 그 속에 담긴 평화는 실천되지 않았다. 어쩌면 평화를 운운하는 자체가 이미 전쟁을 예감하고 있는지도 모른다.

평화는 평화를 목적으로 함으로써 달성되는 것이 아니다. 더구나 평화는 논리적으로 평화철학을 구성해낸다고 달성되는 것도 아니다. 평화는 비소유의 정신을 범인류적으로 확산시키고, 환경과의 부단한 대화를 통해 에콜로지와 페미니즘을 동시에 달성하는 에코페미니즘(eco-feminism)의 역사적 실천으로 그 가능성을 높이는 것이다.

인간은 언제부턴가 사물을 수단 아니면 목적으로 보았다. 수단과 목적은 결국 같은 것이다. 사물을 수단과 목적으로 보는 것에서 궁극적인 평화가 달성될 수 있을까? 사물을 그렇게 보는 것은 남성적 시각에서 비롯된 것이다. 평화는 멀리 있는 거대한 목적이 아니라 이미 가까이 존재하는 것이 될 때 저절로 달성되는 것이다.

"평화는 어린아이가 울 때 달려가는 어머니의 마음이면 충분하다."

평화는 그것을 목적으로 할 때가 아니라 천지인에서 인간이라는 존재, 즉 소유적 존재를 잠시 잊을 때(지울 때, 벗어날 때, 극복할 때) 달성되는 것이다. 인간이 본래자연으로 돌아갈 때 얻을 수 있는 것이 진정한 평화요, 안심입명의 경지, 해탈의 경지이다. 진정한 평화는 진정한 '에코페니미즘'에 도달할 때 얻을 수 있는 것이다.

"인간은 자연을 쓰레기로 만들고 있고, 인간을 다른 인간을 쓰레기로 만들고 있다."

인간의 과학주의는 환경에 폭력을 가하고 있고, 인간의 패권주의는 인간에게 폭력을 가하고 있다. 이는 모두 세계경영의 가부장-국가주의, 남성중심주의에서 비롯되는 것이다. 큰 전쟁을 일으킨 당사자(전쟁주체)들은 자신이 패권을 차지하면 평화가 이루어진다고 'Pax(peace)~ '를 공언하고 있고, 평화를 전쟁의 명분으로, 평화를 전쟁의 합리화로 사용하고 있을 뿐이다.

평화는 자연의 차이, 사람들의 서로 다른 점을 인정하는 데에 본래 있는 것이다. 자연의 생존경쟁은 인간의 눈으로 보면 적자생존의 치열한 생존현장인 것처럼, 더 정확하게는 전쟁 상황인 것처럼 보이지만, 실은 인간의 눈이 그렇게 보는 것이고, 인간세상이 그런 것이다.

자연선택은 자연이 주체가 되어 다른 어떤 것(목적, 결과)을 선택하는 것이 아니라 저절로(자연) 그렇게 된 것이다. 따라서 자연선택은 인간의 개념으로 보면 경쟁이나 전쟁보다는 보다 선물적인 것에 가깝다. 말하자면 자연은 주체와 객체로 이분된 것이 아니라 자연전체가 하나로 역동적으로 움직이는 전체성인 것이다.

여기서 전체성이라는 것은 부분, 즉 개체라는 것이 없는 세계이며 따라서 만물이 하나인 세계 그 자체를 말하는 것이다. 세계가 하나의 전체이니 그 속에서 무엇이(개체가) 살고 죽는 것에 무슨 의미가 있단 말인가. 따라서 의식도 없고, 인식도 없는 세계가 자연이다.

자유와 평등과 박애를 주제로 한 서양의 근대정신은 실패로 돌아갔다고 말하지 않을 수 없다. '자유(自由)'라는 말 속에 이미 자기의 '존재이유'가 들어있고, '평등(平等)'이라는 말 속에 이미 '투쟁'이 들어가 있다. '박애(博愛)'라는 말 속에도 이미 '사랑의 실천의 어려움'이 들어 있다. 위의 세 가지 개념으로 인류의 미래를 개척하는 데는 심각한 한계가 있다. 인간은 이러한 개념을 주장하였지만 계속해서 큰 전쟁을 치렀기 때문이다.

평화는 전쟁과 반대되는 개념으로, 이미 '전쟁−평화'로 이분된 세계를 전제한 개념이다. 따라서 역설적으로 전쟁이 전제되기 때문에 평화를 주창하고, 그것을 목적으로 하고 있기 때문에 평화라는 개념 자체가 이미 그것의 실현불가능을 내포하고 있는 개념이기도 하다.

그렇다면 어떤 평화가 가능하다는 말인가. 인간이 말하는 순전한 평화는 실은 자연에는 없는 것이며, 추상이며 이상이다. 그렇기 때문에 인간의 역사는 그러한 평화를 주장함으로써 간신히 전쟁과의 균형을 취해왔는지 모른다.

역사적으로 인류의 평화는 패권국가의 등장과 더불어 정착되며, 그 패권국가가 멸망하면 다른 패권국가가 등장하기까지 '춘추전국시대'를 벌이다가 패권국가가 정착되면 다시 평화가 이루어지는 주기를 보인다. 결국 이것이 앞에서 말한 'Pax(peace) ~'이다.

그런데 지구인의 삶이 하나가 되는, 지구촌시대가 되면서 평화의 의미는 지구 내에서 자못 다르게 변형되었다. 말하자면 지구 안이 전쟁의 주체나 단위체가 되지 못하는 상황이 된 것이다. 말하자면 지구인 자체가 '우리(We, global community)'가 된 것이고, 인간의 집단의식이 지구를 중심으로 '안팎'개념에서 '밖'이 없어지고 모두 '안'이 된 것이다.

지구인은 이제 모두 '우리'인 것이다. 말하자면 그 옛날 시골사람들이 평화롭게 오순도순 살았던 것처럼 지구인이 동네사람이 된 것이다. 진정으로 지구 동네사람이 되기 위해서는 전쟁의 위협이 되는 무기체계의 관리와 평화체계를 구축해야 하는 것이다.

인간이 개발한 가공할 무기체계는 이제 그 어떤 것보다도 평화의 위협이 되고 있다. 말하자면 무기를 평화사상으로 교체하여야 하는 시대에 직면하고 있는 것이 인간 종이다.

그렇다면 평화사상을 어떻게 달성할 수 있을 것인가. 인간의 지금까지 사상과 철학과 삶의 방식을 바꾸지 않으면 안 된다.

자연은 그 자체가 선물이기 때문에 평화는 자연의 만물평등, 만물생명이라는 일반성 자체, 존재 일반에 이미 숨어 있는 것이다. 평화는 사람들의 이성과 욕망과 소유욕으로 인해서 도리어 잃어버린 것이다. 말하자면 평화를 '평화를 달성해야 한다'는 욕심과 목적의식으로는 달성할 수 없다.

본래존재는 자연으로부터 선물 받은 것이다. 본래존재, 본래자연을 잃어버리고 인간이 만든 다른 것을 찾으려고 하다 보니 도리어 잃어버린 것이다. 평화는 어떤 누가 다른 것을 다스리고 지배하는 데서 찾아지는 것이 아니다. 따라서 권력으로는 평화를 이룩할 수가 없다. 모든 인간의 권력과 제도는 평화의 적이다.

평화는 자연으로 돌아가려는 마음에서 비롯되는 것이다. 삶의 수단과 삶의 방식인 모든 문화형태를 버릴 수는 없지만 최소한의 소유욕과 공동체정신으로 함께 살아가는 마음으로 평화를 달성해가야 한다.

자연선택과 경쟁은 불가피하다. 그렇지만 자연은 서로의 생명을 유지할 수 있도록 서로의 몸을 바쳐서 서로의 먹이가 되고, 서로의 선물이 되는 배려를 통해 실현되어 왔다. 평화란 자신이 타고난 성품대로 살아가는 데에 있다.

인간이 만든 모든 제도와 우상을 버려야 한다. 모든 가상실재(실체)를 버려야 한다. 세계가 하나가 되려면 지금 현존하는 모든 것은 하나가 되어야 하고, 현존하는 것만이 진정한 존재가 되어야 한다. 지금 만물이 하나가 아니라면 세계는 하나가 아니다. 지금 만물이 하나라면 세계는 평화이다.

세계는 실체가 없기 때문에 하나이고, 세계는 실체가 없기 때문에 생성이다. 실체가 있으려면(실체가 있기 위해서) 다른 실체가 있어야 하고, 다른 실체는 또 다른 실체를 불러오게 된다. 그래서 존재의 세계, 절대의 세계는 항상 부분에 불과하고, 전체의 세계는 결코 실체가 될 수 없다. 생성되는 세계는 본래 시작과 끝도 없고, 원인과 결과도 없다.

평화는 자유, 평등, 박애가 실현된 뒤에 그 다음에 찾아오는 것이 아니라 그것들과 항상 함께 있는 것이고, 인간 자신이 스스로를 찾는 것이 바로 평화의 길이다. 다행히 핵에 의한 인류공멸의 위기는 역설적으로 인류를 평화로 인도할 가능성이 높다는 것을 의미하기도 한다.

"현대사는 전에 없던 수준의 폭력과 공포의 시기만이 아니라 그와 같은 수준의 평화와 평온의 시기였다. 찰스 디킨스가 프랑스 혁명에 대해 썼던 표현대로 '최고의 시절이자 최악의 시절이었다.' 이 말은 비단 프랑스 혁명에 대해서 뿐 아니라 그것이 불러온 시대 전체에 대해서도 맞는 말인지도 모른다. 특히 제2차 세계대전이 끝난 뒤 지금까지의 70년에 대해서는 잘 맞는 말이다. 이 시기에 인류는 처음으로 완전한 자기소멸, 즉 멸종의 가능성에 직면했으며 실제 상당한 숫자의 전쟁과 대량학살을 겪었다. 하지만 이 시기는 또한 인류 역사상 가장 평화로운 시기였다. 그것은 대단히 평화로웠다는 뜻이다. 이것은 놀라운 일이다. 이 시기에 우리는 이전의 어느 시대보다 더 커다란 경제, 사회, 정치적 변화를 겪었기 때문이다. 역사의 판은 미친 듯한 속도로 움직이지만, 화산은 대체로 조용하다. 새로 출현한 탄력적 질서는 질서가 붕괴되어 격렬한 분쟁이 일어나게 하지 않으면서도 급격한 구조적 변화를 억제하거나 반대로 촉발할 능력이 있는 것으로 보인다."[1]

우리는 흔히 생각하고 예상하는 것보다 일상에서는 평화롭다.

"2000년에 전쟁으로 인한 사망자는 31만 명, 폭력 범죄로 인한 사망하는 이와 별도로 52만 명이었다. (중략) 거시적 시각에서 보면, 이 83만 명은 2000년의 총 사망자 5,600만 명에서 1.5퍼센트를 차지할 뿐이다. 그런데 그해에 자동차 사고로 인한 사망자는 126만 명(총 사망자의 2.25퍼센트), 자살로 인한 사망자는 81만 5천 명(1.45퍼센트)이었다. 2002년의 수치는 더욱 놀랍다. 총 사망자 5,700만 명 중에서 전쟁으로 인한 사망하는 17만 2천 명, 폭력 범죄로 인한 사망자는 56만 9천 명에 불과했다(인간의 폭력에 의한 전체 사망자는 74만 1천 명이었다). 이와 대조적으로 자살자는 87만 3천 명에 이르렀다. 9·11 테러가 일어난 다음 해라 테러와 전쟁에 대한 이야기가 많았음에도 불구하고 한 개인을 죽이는 것은 테러리스트나 군인, 마약상이 아니라 본인 스스로일 가능성이 컸던 것이다. (중략) 폭력이 감소한 것은 대체로 국가의 등장 덕분이다. 역사를 통틀어 대부분의 폭력은 가족과 공동체가 서로 일으키는 국지적 반목이 원인이었다. (중략) 왕국과 제국이 강력해지면서 공동체의 고삐를 죄자, 폭력은 줄어들었다."[2]

평화의 가능성은 얼마든지 있다. 인간의 삶의 의식과 목표만 바꾸면 평화로운 세계의 건설도 불가능한 것이 아니다. 패권제국들이라고 해도 다른 나라를 함부로 침범할 수 없는 것이 오늘의 국제질서이다. 전쟁

---

1 유발 하라리, 같은 책, 조현욱 옮김, 517쪽.

2 유발 하라리, 같은 책, 조현욱 옮김, 518~519쪽.

에는 명분을 쌓아야 하고, 설사 명분을 쌓았다고 하더라도 바로 전쟁에 들어가는 것은 금기시되어 있다. 이것은 평화로운 지구촌 건설을 위한 인류의 노력 덕분이다.

"국가가 권력을 이용해서 자국민을 살해하는 경우가 있다는 것은 분명하며, 이런 사례가 우리의 기억과 두려움에 크게 다가올 때도 종종 있다. 20세기에 자국의 보안병력에 의해 살해된 국민은 수억 명은 아니지만 수천만 명에 이른다. 그럼에도, 거시적으로 볼 때 국가가 운영하는 법원과 경찰 덕분에 세계 전체의 안전 수준은 아마 높아졌을 것이다. 심지어 가혹한 독재정권 아래일지라도, 어떤 사람이 다른 사람의 손에 목숨을 잃을 가능성은 현대 이전에 비해 훨씬 낮아졌다."[3]

인류의 평화에 대한 기대를 높이는 것은 국가의 역할에 이어 제국의 은퇴에 대한 기대이다. 제국은 점차 물러가고 있다. 영국은 대부분의 식민지에서 평화롭게 물러갔으며, 프랑스는 베트남과 알제리를 제외하고는 순순히 물러났으며, 소련의 붕괴는 거의 평화롭게 진행되었다. 1945년 이래 정복과 병탄을 위해 다른 나라를 침략하는 경우는 거의 없었다. 그 이유를 보자.

"첫 번째이자 다른 무엇보다, 전쟁의 대가가 극적으로 커졌다. 모든 평화상을 종식시킬 노벨 평화상은 원자폭탄을 개발한 로버트 오펜하이머와 그의 동료들에게 주어졌어야 할 것이다. 핵무기는 초강대국 사이의 전쟁을 집단자살로 바꾸어놓았으며, 군대의 힘으로 세계를 지배하려는 시도를 불가능하게 하였다. 둘째, 전쟁의 비용이 치솟은 반면 그 이익은 작아졌다. 역사상 대부분의 기간 동안 정치조직체들은 적의 영토를 약탈하거나 병합함으로써 부를 획득할 수 있었다. 대부분의 부는

---

3 유발 하라리, 같은 책, 조현욱 옮김, 520쪽.

들판과 가축, 노예와 금 같은 물질적인 것이었기 때문에 약탈이나 점령이 쉬웠다. 오늘날의 부는 주로 인적 자본과 조직의 노하우로 구성된다. 이 결과 이것을 가져가거나 무력으로 정복하기가 어려워졌다."[4]

무엇보다도 현대는 평화를 추구하는 지도자들에 의해 경영되고 있다는 점을 간과할 수 없다.

"마지막 요인은 세계 정치문화에 지각변동이 일어났다는 점이다. 역사상 많은 엘리트들은— 예컨대 훈 족장, 바이킹 귀족, 아즈텍 사제 — 전쟁을 긍정적인 선으로 보았다. (중략) 우리 시대는 평화를 사랑하는 엘리트가 세계를 지배하는 역사상 최초의 시대다. 정치인, 사업가, 지식인, 예술가 등은 진심으로 전쟁을 막을 수 있는 악이라고 본다."[5]

---

4 유발 하라리, 같은 책, 조현욱 옮김, 526쪽.

5 유발 하라리, 같은 책, 조현욱 옮김, 528쪽.

국가유엔 플러스 종교유엔

신은 아벨을 살인하고 숨어 있는 가인에게 물었다.

"네 동생 아벨은 어디에 있느냐?"

가인은 그 질문에 퉁명스럽게 답했다.

"제가 제 동생을 지키는 자입니까?"

지금 억울하게 죽은 자가 어디에 있느냐를 아는 것은 중요하다. 신은 죄를 지은 인간에게 묻는다. 네가 죽인 인간은 어디에 있느냐고—. 그것만큼 죄를 지은 자를 문책하고 추궁하는 것이 어디에 있을까.

가인은 동생이 어디에 있든 말든, 내가 그를 지킬 의무가 어디에 있느냐고 반문한다. 현대인은 모두 동생(형제)을 죽이고도 뻔뻔스럽게 하나님에게 불충스럽게 말대꾸하는 가인이 되어있는지 모른다.

문명과 국가라는 것도 실은 가인의 연속선상에 있는 것인지 모른다. 오늘날 국가는 평화를 도모하기 위해서 초국가라고 할 수 있는 유엔을 만들었지만, 유엔조차도 강대국의 힘의 경쟁, 패권경쟁의 아수라장이 되고 말았다. 이것이 가부장-국가의 속성이다.

"당신은 나만, 혹은 내 형제만 지키는 자인가, 아니면 우리 사회 안에서 불행을 겪는 모든 이들을 지키는 자인가. 신은 우리 모두에게 '너의 아우 아벨이 어디에 있느냐?'라고 묻는다."[6]

이때의 신은 비단 유대기독교의 신만이 아니라 모든 인류의 신, '하나님 아래 한 가족'(One family under God)이 되지 않으면 안 된다. '개체(individual)'가 아닌 '하나의 가족(One family)'이라 말의 이면에는 가정의 아버지(father) 뿐만 아니라 어머니(mother)를 동등하게 섬기는 의미가 내재해 있다. 그런 점에서 남성성을 중시하는 기독교의 절대유일신은 여성성으로 상호 보완되지 않으면 안 된다. 초월적인 신은 구체적인 신으로 보완되지 않으면 안 된다.

그럼에도 불구하고 오늘날의 현대인은 자신의 신만을 고집한 채 서로 적대감을 부추기고 있다.

새뮤얼 헌팅턴은 이렇게 말하고 있다.

"문명마다 철학적 전제, 밑바탕에 깔린 가치관, 사회관계, 관습, 삶을 바라보는 총체적인 전망은 크게 다르다. 세계 전역에서 불고 있는 종교의 부흥바람은 이런 문화적 차이를 더욱 조장하고 있다. 문화는 달라질 수 있고 문화가 정치와 경계에 미치는 영향의 성격도 시대마다 다를 수 있다. 그러나 문명들 사이에서 나타나는 정치경제적 발전의 중요한 차이는 상이한 문화에 명백히 뿌리를 두고 있다."[7]

헌팅턴은 더욱이 종교가 문화적 차이에 그 뿌리를 두고 있음을 내비친다.

"동아시아의 경제적 성공은 동아시아 문화에서 원인을 찾을 수 있으며, 동아시아 사회가 안정된 민주정치체제를 이룩하는 데서 직면하는 어려움 역시 그 문화에 뿌리를 두고 있다. 이슬람 세계의 대부분 지역에

---

6 배철현, 『신의 위대한 질문』, 21세기북스, 2015, 82쪽.

7 새뮤얼 헌팅턴, 같은 책, 이희재 옮김, 28쪽.

서 볼 수 있는 민주주의의 좌절 현상은 대체로 이슬람 문화의 울타리 안에서 그 원인을 설명할 수 있다. 동유럽과 옛 소련처럼 과거 공산주의 세계를 겪었던 사회의 발전은 그들이 가지고 있는 문명적 정체성의 맥락에서 이해될 수 있다. 서구 크리스트교의 전통 아래 있는 나라들은 경제발전과 민주체제의 확립을 향해 나아가고 있는 반면, 정교권에 속한 나라들의 정치경제적 발전은 불투명하다. 이슬람권 국가들의 정치경제적 장래는 어둡다."[8]

헌팅턴이 주장하는 문명의 충돌을 막기 위해서도 평화를 위한 유엔의 노력, 예컨대 세계종교단체들의 대표가 참여하는 평화유엔의 창설 등이 인류가 당면한 가장 최우선의 절대적 과제로 요구된다.

헌팅턴의 말 속에는 서구우월주의와 자유민주주의체제에 대한 자부심이 숨어 있긴 하지만, 종교적 차이가 문화적 특징을 결정하는 근본기저가 됨을 갈파한 점에서는 탁월한 관점이라고 하지 않을 수 없다.

그는 그러면서도 문명의 중심이동을 부정하지는 않는다.

"장기간 주도권을 행사해 온 서구문명으로부터 비서구문명으로 힘의 무게 중심이 옮겨가고 있다. 세계정치는 다극화, 다문명화되었다."[9]

그러한 점에서 종교적 통일(서로의 차이를 인정하고 존중하는 전제 하에서)이나 종교 간의 소통은 인류의 미래를 평화로 지향하게 할 것이냐, 전쟁으로 치닫게 할 것이냐를 결정하는 분수령이 될 것으로 보인다.

유엔은 국가들의 연합에 그치는 것이 아니라 인류의 대표적인 종교들이 참여하는 유엔이 되어야 세계평화라는 그 본래목적에 현실적으로 더 기여하게 된다. 말하자면 국가는 전쟁을 통해 형성된 악의 성격이 있

8 새뮤얼 헌팅턴, 같은 책, 이희재 옮김, 28~29쪽.

9 새뮤얼 헌팅턴, 같은 책, 이희재 옮김, 29쪽.

다면 평화유엔은 악의 성격이 가시지 않는 유엔을 평화적 성격의 유엔으로 체질개선을 하면서 종교적 노력이라고 말할 수 있으며, 선악이 상호 보완하는 평형과 균형을 이루는 계기가 될 것이다.

우리는 신이 “네 동생 아벨은 어디에 있느냐?”고 물을 때 “예, 여기 있습니다.”라고 당당히 말해야 한다.

논리적(logical) 평화와 비논리적(non-logical) 평화

심정문화세계의 구현을 위하여

서양문명의 장점은 역시 논리적인 데에 있다. 그런데 인류의 평화를 달성하는 데에 논리적인 문명이 얼마나 결정적인 기여를 하고, 튼튼한 토대를 마련할까를 생각하면 도리어 부정적인 생각이 앞선다. 이는 평화가 논리적인 노력으로만 달성되는 것은 아니라는 자각 때문이다. 이성은 존재가 아니다. 그렇다고 평화에 대한 논리적 노력을 아예 포기하는 것은 아니다. 논리적인 노력과 더불어 비논리적인 노력도 병행되어야 한다.

서양에 철학이 있다면, 동양에는 도학이 있어

필자가 '평화는 동양으로부터'라는 책을 쓴 것도 실은 철학적인 노력, 즉 논리적 결집물이다. 다시 말하면 평화라는 것이 논리적으로만 달성되는 것이 아니라는 점을 강조한 평화철학이다. 논리적인 면에서는 동양이 서양보다는 못하다. 그러나 동양의 철학인 도학(道學)과 불교는 인간을 좀 더 자연에 가깝게 다가갈 수 있게 한다.

도학은 결코 논리적이라고 할 수 없다. 도학은 오히려 논리적이지 않기 때문에 인간의 욕망을 제어할 수 있는지도 모른다. 어떤 점에서는 진정한 평화는 비논리적인 것과 통하는 것인지도 모른다. 논리는 경쟁이고, 경쟁은 승부를 숨기고 있고, 승부는 전쟁을 숨기고 있다. 따라서 평화를 논의하는 데 있어서 비논리적 평화를 고려하는 것은 당연한 일이라고 하지 않을 수 없다.

서양의 논리적 문명은 이데아와 도덕적 이성, 과학, 그리고 기독교로 대변된다. 좀 더 구체적으로 말하면 서양문명은 유대기독교의 절대유일신과 삼위일체, 삼단논법과 그것의 역사적 변형인 변증법, 그리고 종합적으로는 현상학으로 불리는 철학으로 집대성된다. 물리적 현상학은 시간과 공간을 프레임으로 하지만, 그것을 심리적으로 뒷받침해주는 현상학(의식의 현상학)은 시간과 공간의 설정을 통해 세계를 실체화하는 데에 앞장섰다.

현상학은 시간을 역사로, 공간을 실체로 바꾸었다. 서양문명의 현상학적 특징은 세계를 동일성(同一性)과 힘(권력)의 증대, 등식(等式)의 세계화와 함께 패권경쟁의 세계로 환원시키는 데에 앞장섰다. 그 결과 서양문명은 근대에 들어 과학문명을 앞세워서 제국주의를 강행하였다.

서양 과학문명은 동일성을 다른 문명권에 강요하면서 문호를 열게 하고, 동양과 제3세계를 식민지화하거나 약탈의 대상으로 삼았다. 서양의 민주주의와 자본주의의 성공은 동양과 제3세계의 희생으로 건립되었다고 해도 과언이 아니다. 그런데 오늘날 세계평화를 달성하는 데에 이르면 동양문명에 대한 평가를 다시 하게 된다. 차라리 동양문명 속에 더 평화의 요소가 많이 발견되기 때문이다.

구한말 동학(東學)은 서양의 기독교와 과학문명을 앞세운 서학(西學)의 거센 침략에 거의 맨주먹으로 저항하였다. 동학농민운동은 청일전쟁의 도화선이 되고, 동아시아 전체가 제국주의의 격랑 속에 들어가는 계기가 된다. 탈아입구(脫亞入歐)를 외치던 일본은 화혼양재(和魂洋材)의 성취로 동아시아를 유린하는 데에 앞장섰다. 당시 한국인이 내놓은 서학에 대한 응전방안은 '동학'이었다. 그렇지만 도구적으로는 동학은 무력하였고, 조선은 결국 일본의 식민지가 되었다. 당시에 무력하였던 동학사상의 깨달음은 오늘날 세계평화를 이룩하는 데에 도리어 많은 시사점과 지표를 주고 있다.

동학은 단순히 서학에 대응한 것이 아니라 예부터 전해오던 천부경(天符經)을 비롯해서 유교, 불교, 그리고 서양의 기독교까지를 망라하여 당시로서는 새로운 깨달음의 종교를 정립했던 것이었다. 동학의 깨달음을 천지인 모델로 해석하고, 이를 유불선기독교과 대응시키면 다음과 같은 모양이 된다.

天	내유신령 (內有神靈)	기(基): 기독교의 절대신: 신(神)은 신앙인에게 절대적일 수밖에 없다	유(儒): 유교를 중심으로 천지인을 융합하여 '인내천(人乃天)'을 주장함
人	각지불이 (各知不移)	불(佛): 불교의 깨달음(自覺): 승조(僧肇)의 물불천론(物不遷論)과 같다.	
地	외유기화 (外有氣化)	선(仙): 선교의 선화(僊化): 인간도 자연으로 돌아가는 기화(氣化)의 존재이다.	

동학의 특징은 오늘날 과학문명시대에서 바라보면 철저히 도구적 문명을 배제한 모델이다. 천지인의 순환모델 자체가 실은 무엇을 이용하는 도구적 모델이 될 수가 없다. 도도한 과학문명의 패권주의 속에서 동학은 실패할 수밖에 없었지만 과학문명을 극복하여야 하는 오늘의 시점에서는 도리어 큰 교훈이 된다. 동학의 인내천(人乃天) 사상은 천부경(天符經)의 인중천지일(人中天地一) 사상을 오늘날에 재현한 모습이다.

동학은 인류의 평화가 개인의 깨달음을 통해서 궁극적으로 완성되어야 한다는 점에서 재해석되어야 하는 전범이다. 우리는 동학사상을 통해서 기독교사상과 천부경사상이 만나는 접점도 발견할 수 있다.

평화를 달성하는 데는 집단적인 전략과 개인적인 전략이 동시에 펼쳐져야 한다. 집단적으로 평화를 약속해도 평화에 대한 개인의 인식이나 인격이 그것을 감당하고 지킬만한 경지에 도달하지 않으면 그러한 평화는 오래 지속될 수 없다.

평화의 성취는 집단적인 제도화와 개인적인 인격완성이 함께 이루어져야 한다. 평화의 제도화는 일종의 논리적(logical)으로 달성되는 평화라고 말할 수 있고, 인격완성은 논리적인 측면도 있지만, 상대적으로 비논리적(non-logical)으로 달성되는 평화라고 말할 수 있을 것이다.

논리적 평화는 현상학적 평화·통일의 평화이고, 비논리적 평화는 존재론적 평화·본래존재적 평화라고 말할 수 있다. 현상학적 평화는 역사·사회적 평화이고, 원리적(原理的) 평화이며, 평화를 결과적으로 이루어야 할 대상(목적)으로 보는 것이다. 존재론적 평화는 비역사·개체적인 평화이며, 심정적(心情的) 평화이다. 결과를 떠나서 존재 자체의 흩어진(차이의) 모습 그 자체가 비소유로써 평화로운 것이다.

역사-논리적 평화는 남성적 평화·소유적 평화이고, 자연-비논리적 평화는 여성적 평화·존재적 평화이다. 존재 자체의 비소유에 대한 깨달음이 인류전체에 확산된다면 평화는 저절로 달성되는 것이다. 논리적 평화는 의식적 평화이고 절대적 평화이다. 비논리적 평화는 깨달음의 평화이고 평화이고 비소유의 평화이다.

논리적 평화 (통일의 평화)	현상학적 평화 변증법적 평화	역사-논리(집단)적 평화/원리적 평화	소유적 평화 남성적 평화	의식적 평화 (절대적 평화)
비논리적 평화 (비소유 평화)	존재론적 평화 본래존재적 평화	자연·비논리(개체)적 평화/심정적 평화	존재적 평화 여성적 평화	깨달음의 평화 (비소유 평화)

논리적 평화와 비논리적 평화, 이 둘이 동시에 이루어져야 진정한 평화에 이른다고 말할 수 있다. 역사는 논리적이지만, 심정은 비논리적이기 때문이다. 인류는 이제 심정의 하나님, 심정의 평화를 되찾는 노력을 하는 것이 이제 시대적 과제가 되었다.

평화철학을 천지인 모델로 해석하면 대체로 다음과 같다. 평화는 삼단계로 말할 수 있다. 먼저 '이 땅의 존재사건으로서의 평화'이다. 그 다음이 '이 몸의 존재사건으로서의 평화'이다. 마지막으로 '지구적(지구촌) 존재사건으로서의 평화'이다. 물론 여기에 추가를 하면 '우주적 존재사건으로서의 평화'를 상상할 수 있을 것이다.

天	지구적 존재사건으로서의 평화	평화의 육화(신체화)를 실현하는 게 목적이다.
人	이 몸의 존재사건으로서의 평화	
地	이 땅의 존재사건으로서의 평화	

한국인은 흔히 심(心)과 물(物)을 심정(心情)과 물정(物情)이라고 말하고, 사람과 사물을 인정(人情)과 사정(事情)으로 파악한다. 참으로 정(情)이 많은 민족이다. 정(情)은 역사·사회적으로 연줄(혈연지연학연)사회의 온정주의로 많은 부정부패와 부작용을 낳기도 했지만 또한 세계에 대한 사랑(愛)과 자비(慈悲)의 마음도 먹게 하는 장점이 있다. 평화는 마음의 평화에 이르러야 진정한 것이 된다.

평화는 비논리적 평화와 논리적 평화가 동시에 있을 수 있지만 통일은 현상학적인 차원에서 일어날 수밖에 없다는 뜻이다. 평화에 비해 통일은 역사적인 것이기 때문에 현상학적인 통일밖에 있을 수 없을 것이다. 통일은 그 자체가 이미 역사적인 것이다. 역사적인 것이 아니면 통일이 아니다.

역사(History) 자체가 남성의 이야기(He+story)인 것은 앞장에서 언급하였다. 논리적 평화는 남성적 이성에 의해 좌지우지되는 반면 비논리적 평화는 여성적 감성에 의존하는 경우가 많다. 예컨대 심리적 평화, 혹은 심정적 평화 같은 것들은 주로 여성성에 의존하는 경우가 많다. 따라서 진정한 평화는 논리적·비논리적 평화를 심리적·심정적 평화를 통해 역동적으로 극복한 평화가 되어야 한다.

여기서 역동적 평화는 태극음양(太極陰陽)의 평화, 이기지묘(理氣之妙)의 제3의 평화를 말한다. 물론 역동적 평화의 바탕은 여성적 평화이고, 음(陰)의 평화이다. 음의 평화에는 여성적 요소는 물론이고, 남성적 요소도 포함되어 있다. 음은 자신의 독립적인 요소(양의 요소)도 가지고 있으면서 양을 감싼다. 이는 본래 음양남녀의 이치와 같다. 평화를 편의상 '양(陽)의 평화'와 '음(陰)의 평화'로 나누면 다음과 같다.

<table>
<tr><td>양(陽)의 평화</td><td>논리적 평화</td><td>남성적 평화</td><td>국가적 평화</td><td>국가유엔</td><td rowspan="2">역동적
평화론</td></tr>
<tr><td>음(陰)의 평화</td><td>비논리적 평화</td><td>여성적 평화</td><td>종교적 평화</td><td>종교유엔</td></tr>
</table>

논리라는 것은 똑같은 논리가 전쟁에도 동원될 수 있다는 점에서 논리적 평화는 진정한 평화라고 말할 수는 없다. 논리적 평화는 진정으로 평화를 달성하고, 그것을 실천하는 문제에 이르면 큰 영향력을 갖지 못한다. 논리적 평화에는 자신의 몸을 바치는 헌신이 없기 때문이다. 헌신이 없으면 평화를 달성하기 어렵다. 인류의 전쟁치고 합리적으로 그 이유를 설명하지 못한 경우는 거의 없었다고 해도 과언이 아니기 때문이다.

전쟁의 이유는 대체로 적에게 책임을 떠넘기는 것이 보통이다. 그러나 평화는 적에게 이유를 대거나 굳이 평화의 이유를 댈 필요도 없다. 평화는 결국 나의 문제, 즉 주체의 문제이기 때문이다. 평화는 주어진 여건에 의해서 결정적으로 주어지는 것은 아니기 때문이다. 극단적으로 이유가 없어도 평화로우면 그만인 것이다. 평화에는 그 이유가 없다. 존재는 존재 이유가 아니듯이 평화는 평화 이유가 아니다.

평화야말로 그 원인을 밝힐 수는 없어도 그것이 달성되면 그만인, 일종의 결과적 동일성이면서 더 심층적으로는 원인과 결과를 벗어나는 본래존재로 돌아가는 행위이다. 평화는 결국 인간의 마음의 문제로 떠오르게 된다. 말하자면 진정한 평화는 마음의 평화이다. 마음의 평화는 깨달음의 평화이다. 평화는 미래에 이루어야 할 목적으로 있는 것이 아니라 지금 향유하는 것으로 있어야 한다.

전쟁은 설명할 수 없는 복합적 원인(요인)으로 발발하였다 해도 가장 결정적인 변수는 물론이고 여러 변수를 종국에는 해명될 것이 요구된다. 일종의 다인일과(多因一果)의 사건이다. 그러나 평화는 결정적인 이유가 있을 수도 있겠지만, 굳이 그것을 밝힐 이유가 없다. 평화는 누리면 그만인 것이다.

논리적 평화는 결국 집단의 문제이고, 비논리적 평화라는 것은 개인 혹은 현존의 문제이다. 자연은 인간이 생각하는 만큼 살벌한 생존경쟁의 장이 아니다. 자연은 생존에 필요한 것만큼만 취하면 그 다음은 평화인 것이다. 현존하는 자연은 끊임없이 생멸할 뿐이다. 인간은 그것을 생과 사로 극단적(실체적)으로 보기 때문에 불안한 것이고, 불안하기 때문에 전쟁을 일으키는 지도 모른다.

비논리적 평화라는 것은 결국 인간 개개인의 마음의 평정의 문제로 귀결된다. 근본적인(항구적인) 평화를 확보하지 않으면 결국 가공할 무기체계로 인해서 공멸할 실존적 위험에서 자유롭지 못한 인류는 이제 인간 종의 생멸을 두고 스스로를 새로운 진화의 단계로 승화시키지 않으면 안 될 처지에 직면하게 된 것이다. 결국 평화는 개개인의 마음의 문제, 심정의 문제가 되고만 것이다.

이상의 논의에서 볼 수 있듯이 인류의 평화는 사회적(국제적)·제도적(유엔) 차원에서 평화를 이룩하기 위한 제도적 장치를 마련하면서도 다른 한편으로는 마음·심정의 차원에서도 평정(平靜)을 도모하지 않으면 실현할 수 없음을 알게 된다.

인간의 마음을 다스리기 위해서는 새로운 불교적 지평의 처방, 즉 네오부디즘(neo-Buddhism)이 요구된다. 불교는 인류가 발견한 가장 훌륭한 욕망제어법이기 때문이다. 이 자연에서 변하지 않는 것(동일성, 정체성)은 없으며, 만물은 기운생멸 속에서 살다가 기운생멸로 죽어가는 기운생멸 그 자체이다.

인간은 이성의 선험성과 초월성과 무한성이라는 환상에 빠져서 기고만장해서도 안 되고, 오만해서도 안 되며, 인간이 스스로 이룩한 힘(권력)을 과시하면서 패권경쟁을 일삼아서도 안 된다. 신은 만물만신이며 만물은 만물만생이며, 따라서 아무런 힘이 없다. 인간이 스스로 자신을 제어하지 않으면 공멸을 막을 길이 없다.

또한 인간본성의 욕망과 승화와 영원이라는 환상에 빠져서도 안 된다. 이성과 욕망은 둘 다 인간의 본성(본능)이다. 신체적 이성이 욕망이고, 대뇌적 욕망이 이성이다. 이성과 욕망에 빠지지 않기 위해서는 모든 기억과 생각과 욕망을 내려놓아야 한다.

세계는 하나의 가정

가정에서 세계로, 세계에서 가정으로

세계는 내 몸으로부터 시작한다. 왜냐하면 내 몸이 없으면 아무 것도 지각할 수 없기 때문이다. 내 몸이 살아있는 수많은 세포로 구성된 것이라면 세계는 가정이라는 수많은 세포로 구성되어 있는 생명체, 즉 몸이다.

가정은 부모의 부모… 세대를 걸쳐서 내려온 부모의 집합체이다. 내 몸은 수많은 부모의 집합체이다. 결국 내 몸은 가정이고, 가정은 세계라는 것을 알 수 있다. 일즉일체(一卽一切), 일체즉일(一切卽一)의 현장이 바로 가정이다. 가정은 불가사의한 것이고 신비 그 자체이다.

그런 점에서 우리는 이렇게 말할 수 있다.

"메시아를 깨달은 자가 메시아이고, 참부모를 깨달은 자가 참부모이다. 자기가 깨달은 후에 제자들에게 '너희도 메시아가 되어라'라고 하는 자가 참메시아이고, '너희가 참부모가 되어라'라고 말하는 자가 참부모이다."

평화는 평화를 주체적으로 깨달은 자의 것이다. 앞장에서 평화의 모습은 주체성을 가질 때 이루어진다고 말한 바 있다. 노예적 모습은 평화의 모습이 아니다. 그렇다면 주체성은 인간의 삶에서 구체적으로 무엇과 연결될까.

“무엇보다도 참다운 뜻에서의 평화는 나의 주체적 평화에서부터 발단되어야 한다. 그러므로 평화는 언제나 낱말의 정직한 뜻에서 나의 평화이어야 하고 또 그러한 나의 평화는 나로부터 나와서 타인에게로 가는 관계 속에서 정립되어야 한다. 나로부터 나오는 주체적 평화가 타인과 풍요한 관계를 맺게 되는 그러한 윤리가 바로 가정(家庭)의 신비다.”[10]

김형효는 특히 가정의 신비를 어떤 단계의 사회조직이나 국가보다 높게 평가한다.

“법학자나 정치 및 사회학자들은 가끔 가정을 국가 구성의 최소단위로서 생각하는 경향이 있다. 그러나 그러한 학자들의 견해는 가정의 본질을 단지 사회학적인 입장에서만 고려했기 때문인데, 실상 가정은 국가와 비교도 안 되는 평행의 형이상학적인 실재를 지니고 있다. 따라서 가정을 국가의 기능을 축소한 것으로 생각한다면 그것은 실로 현대에 와서 인간이 의지할 수 있는 평화의 터전을 정치화시키는 셈이 된다.”[11]

평화의 형이상학은 무엇보다도 인간의식의 안팎이 서로 긴밀하게 왕래하는 가운데 역동적 종합(통합)과 열린 장(場)을 형성하여야 가능하게 된다.

“한 주체의 자기섭취와 환경 속에서 의외적 요인의 섭취 사이에는 하나의 변증법적인 관계가 놓여 있다고 보아야겠다. 그래서 평화의 정치학과 경제학은 평화의 의식 내지 평화의 심리학과 나란히 가면서 이원적 일원(一元)의 경향을 띠게 된다.”[12]

주체적 평화는 물론 자아를 바탕으로 한 것이다. 그러나 우리의 자아

---

10 김형효, 같은 책, 25쪽.

11 김형효, 같은 책, 25쪽.

12 김형효, 같은 책, 26쪽.

는 관찰의 대상이 되면 자신을 감추어버린다.

“자아의 의식이란 비랑의 이론대로 언제나 ‘동적 노력의 제스처’이기 때문에 영국의 흄이 멋지게 묘사했던 바와 같이 우리 자신 속에서 자아를 관찰하려고 할 때마다 우리는 언제나 자아의 현전(現前)이 아니라 자아의 그림자인 인상의 현전에 빠지게 되는 것이다. 그러므로 주체로서의 자아는 대상으로 탐구되어져서는 안 되고 영원히 본질적으로 하나의 주체로서 다루어져야 한다. (중략) 자아의 운명은 신으로 승화하든지 또는 사물의 세계로 전락하든지 둘 중 하나가 된다.”[13]

김형효의 이런 제안을 계승하여 필자는 만물만신(萬物萬神), 만물생명(萬物生命), 심물일체(心物一體), 심신일체(心身一體)로 표현한 바 있다.

인간의 자아와 주체는 의식 혹은 무의식의 그물망(web)을 형성하고 사물을 현상화하지만 현상학은 결국 사물을 대상의식으로 잡는 것이기 때문에 주체와 대상은 결국 대결하게 된다. 대결의식에는 진정한 평화가 없다.

다시 말하면 대상적 사유에는 진정한 평화는 없다. 현존을 대상으로 보지 않는 수양, 현존을 사물(물질, 육체, 현상)로 보지 않는 깨달음과 지혜가 평화의 철학의 수립에는 필요하다.

만족 없는 평화는 한시적이고 제한적이기 때문에 인간은 어떻게 하든 만족하는 것을 배워야 진정한 평화에 도달할 수 있게 된다. 심물일체(心物一體)의 경지와 청정한 마음에 도달하여야 한다. 심물일체의 경지에 도달하면 정신-물질(육체)의 이분법을 벗어날 수 있을 뿐만 아니라 세계가 무시무공(無時無空)의 존재, 무시무종(無始無終)의 존재였음을 알게 된다.

모든 사람이 심물일체의 경지에 도달하면 평화를 역설하지 않아도

13 김형효, 같은 책, 27쪽.

세계가 평화롭게 된다. 그러나 모든 사람이 그렇게 되지 않기 때문에 역사적 지평에서 평화를 달성하기 위해서 노력하는 것이다.

인간의 의식은 결국 전쟁터이기 때문에 평화에 도달하기 위해서는 세계를 대립이 아닌, 공동존재 혹은 '우리'(We=web)로 보는 지혜가 필요하다.

서양철학자 가운데서 가장 동양의 불교정신, 즉 불교적 존재론에 가까이 다가왔다고 평가되는 하이데거조차도 세계를 '연기(緣起)의 망'으로 보지 못하고, 세계를 '그것(It=thing)'으로 본다. 세계를 사물로 보는 것이 반드시 틀렸다고는 할 수 없지만, 바로 거기서 아직 사물과의 거리(시공간), 즉 사물을 대상으로 보는 잔영을 느끼게 한다.

사물과의 거리를 느끼는(인식하는, 의식하는) 지평에서는 존재 그 자체를 다 깨달았다고 할 수 없다. 만물만신이나 만물생명의 경지에 도달하려고 하면 모든 인식과 의식, 그리고 모든 거리, 즉 시공간(시공간의 거리)이 없음을 깨달아야 한다.

만물만신이 '유물-유심'이 된 것은 인간에 의해서다. 지상에 두발로 직립하게 된 인간의 지평(地平)— 시공간의 지평 —에 의해서 세계는 '천(天)-지(地)'로 이분화 되고, 신물일체(神物一體)·심물일체(心物一體)의 세계가 '유심-유물'의 세계가 되었다.

하이데거는 동양의 천부경(天符經)의 수준에서 보면 아직 '천지간인간(天地間人間)'의 수준에 있는 것이다. 인간(人間), 즉 '사이(間)-존재(있음)'의 수준은 아직 시공간을 벗어나지 못한 수준이며, 이는 천부경의 인중천지일(人中天地一)의 수준과는 아직 거리가 있는 것이다.

인간은 서양철학사적으로 보면, 선후상하좌우의 구별을 한 뒤에 마지막으로 내외의 구별을 한다. 그러나 정작 내외의 구별을 마지막으로 한 것이 아니다. 이미 선후상하좌우의 구별을 할 때 내외적 생각이 작용한 것이다. 선후상하좌우내외는 시공간적 존재의 피할 수 없는 운명이다.

인간은 자신의 몸을 기준으로 몸 안과 몸 밖을 구별한다. 몸 밖(눈앞)이라고 생각하기 때문에 자신을 기준으로 초월적 생각을 하는 것이다. 그런 점에서 몸을 생각의 출발점으로 생각하는 것은 매우 중요하다. 이러한 인간적 삶의 조건에 눈을 뜬 것이 바로 실존철학이다. 실존철학으로 보면 생각 자체가 이미 초월이다.

하이데거의 존재론 철학에 이르러 몸에서 떠나 세계를 기준으로 안과 밖에 도달하였던 것이다. 인간은 자신이 세계의 안에 있으면서 동시에 세계의 밖에 있다고 생각한다. 하이데거는 인간이 세계의 안에 있다(세계-내 존재)고 생각하면서 동시에 세계의 밖으로 던져졌다고 생각하면서 그의 존재론을 전개한다. 그런 점에서 안과 밖은 끝없이 계속되지 않을 수 없다. 그러나 자세히 생각해보면 안과 밖이라는 것도 인간의 가상이다. 선후상하좌우와 마찬가지로. 존재의 실체가 없는데 무슨 안과 밖이 있느냐 말이다.

그런데도 마치 서양철학자들은 존재의 실체(내면적 초월, 초월적 존재)가 있는 듯이 말한다. 이때의 존재는 소위 종래처럼 '있다(존재)'고 말할 수 없다. 바로 '있다(존재)'고 말할 수 없는 존재가 바로 '실재'이다. 그런 점에서 모든 존재는 실재의 가상실재이다. 모든 존재는 실재에 도달하지 못하는 것이 역사적 운명이다.

인간은 존재론적 차원에서 세계와 하나(심물일원, 심물일체)가 되지만, 동시에 현상학적 차원에서 존재의 현상(가상실재)을 잡지 않으면 안 된다. 죽음(죽을 사람)이 인간의 불안이 되는 것은 의식의 피할 수 없는 조건이 되는 까닭은 만물을 생멸(생명)로 보면서도 자신(인간)의 생명(생멸)에 이르러서는 생사로 볼 수밖에 없는 인간의 삶의 조건 때문이다.

이것이 개체적 사고의 한계이다. 개체적 사고(이것은 원자적 사고와 같다)

를 완전히 벗어나기 위해서는 존재일반을 철저히 인간의 대상으로 보지 않는 일반적 사고, 즉 일반성의 철학에 도달하여야 한다. 일반성의 철학은 그런 점에서 현대판 불교적 사고(불교적 존재론)라고 할 수 있다.

인간의 구원에 있어서도 종래의 '개체(개인)구원'보다는 '가정구원'이 더 설득력 있게 되는 이유가 여기에 있다. 인간의 개체라는 것은 실체론을 바탕으로 하는 것이지만, 실은 개체가 변하지 않는 고정된 실체인지는 의문이다. 그것보다는 유전인자의 연결망(web)으로 보는 것이 더 유전공학적으로 과학적이다.

가정은 생명의 신비가 바로 내재한 장소이고, 가장 구체적인 조상과 자손의 집합이고, 계승이기 때문에 인간의 복잡다단한 문제를 한꺼번에 해결할 수 있는 장소이기도 하다. 이는 신 앞의 단독자로서의 개인이나 실존적이고 대자적 개인이 도달할 수 없는 우주적 신비와 연결되는 장점이 있다.

개인구원은 실체적(實體的) 구원이지만 가정구원은 관계적(關係的) 구원이다. 관계적 구원은 연기적(緣起的) 구원이며, 네트워크(網)의 구원이다. 개인구원은 원죄를 따지겠지만 가정구원은 개인의 원죄나 기타 여러 죄목으로부터 기본적으로 해방적 의미가 있다.

가정구원은 구체적이고 신체적 구원인 반면 개인구원은 개체적이고 추상적인 구원이다. 가정구원은 존재적 구원인 반면 개인구원은 실존적 구원이다.

개인구원-실존적 구원은 세계의 대립과 '전쟁을 통해서 한시적으로 평화'를 실현하기는 하지만 진정한 구원, 평화의 구원이 되지 못하는 반면 가정구원-존재적 구원은 처음부터 '평화를 통한 구원'을 추구하기 때문에 진정한 구원, 평화의 구원이 된다.

가정구원	모계-가정 (사회기본-비권력단위)	관계적 구원/ 존재적 구원	평화를 통한 구원 (근본적 구원)	구체적 구원/ 신체적 구원
개인구원	가부장-국가 (국가제국-권력단위)	실체적 구원/ 실존적 구원	전쟁을 통한 평화 (한시적 평화)	개체적 구원/ 추상적 구원

서기전 5세기, 추축시대(axial period) 이후 세계의 4대(석가, 공자, 예수, 소크라테스) 혹은 5대 성인(모하메드 포함)도 지금까지 개인구원, 개인해탈을 추구했다. 이는 가정구원이라는 가장 자연적인 구원, 자연을 거스르지 않는 구원을 몰랐거나 시대적 필요를 느끼지 않았기 때문이다. 성인들 자신들이 가정적으로는 결함(결손)을 가지고 있는 인물들이었다.

생명체의 비밀과 신비는 여성이 가지고 있다. 바로 여성의 자궁(web, womb)을 말한다. 우리는 여성의 자궁을 무의식적으로 '웹(Web)'이라고 말한다. 다시 말하면 인간 개체는 자신의 성씨(姓氏)가 아니라 자궁을 통해서 도리어 자신의 조상으로 소급될(뿌리를 찾을) 수 있는 것이다.

인간을 세상에 태어나면서 자궁을 잊어버린다. 자신의 탄생의 신비이자 고향인 자궁을 망각해버리고 자신은 '세상에 던져졌다'고 생각하는 것이다. 이때부터 고향을 잊어버린 존재가 되는 것이다. 세상에 태어난 사건을 '출생(出生)'이라고 말하고, 언젠가는 미래에 죽게 되는 사건을 '사망(死亡)'이라고 하면서 언젠가 죽을 존재인 '죽을 인간'으로서 목숨은 연명하면서 불안한 삶을 영위하는 불쌍한 존재가 되는 것이다.

여성의 자궁의 관점, 자궁을 통해서 찾게 되는 뿌리의 관점, 그리고 자연의 관점에서 보면 인간은 결코 자연에서 '자연 밖으로' 던져지는 존재가 아닌 것이다. 어쩌면 자연이라는 자궁 안에서 모습은 변하지만 영생을 누리는 존재가 만물인 것이다. 인간(개인)은 여성(자연)을 통해서 보면 이미 영생적(永生的) 존재이다.

'세계(world)-내-존재'/'자궁(web, womb)-내-존재'

인간은 '세계(world)-내-존재'가 아니다. '세계-내-존재'의 특징은 죽음과 불안이다. 죽음과 불안은 세계를 생멸(生滅)의 '동시성의 세계'로 보지 않고 생(生)과 사(死)의 '거리-있음' '사이-있음'의 '동일성의 세계'로 보기 때문에 불안하게 된다. 동일성의 세계는 사물의 정지(靜止, 실체)를 전제하는 것이기 때문에 죽음은 불안할 수밖에 없다.

생과 사로 보는 것이 바로 실체의 세계이고, 실체의 세계는 현상학적 세계이다. 현상학에서 진정한 존재론의 세계로 들어오려면 세계를 '생사'가 아닌, '생멸' '생명'의 세계로 보아야 한다. '생멸' '생명'의 세계는 동시성의 세계이다.

'세계-내-존재'의 '세계'라고 할 때 이미 '본래의 자연'은 없어지고, '자연'은 '세계'로 대체된다. 예컨대 '물리적 자연'은 '물리적 세계'를 의미한다. 여기에는 이미 남성적 시각(시각-언어-페니스)이 작용한 결과이다. 자연의 세계화과정은 남자가 여자를 신(여신)으로 모시다가 스스로 신(남신, 절대신, 정신)이 되고, 여자(여신, 자연, 육체)를 소유물(인식이나 의식의 대상)로 생각하는 과정과 같다.

남자가 가상실재, 즉 실체의 존재라면 여자는 화장의 존재, 즉 가상이미지의 존재이다. 남자(man)라는 인간(man)은 자신의 신체(자연, 여자)를 시각이라는 거울을 통해 대상화하면서 '대상화된 이미지'(혹은 자신이 대상에 붙인 이름)를 존재(가상실재)라고 여기는 동물이다.

존재는 '세계(world)-내-존재'이기 전에 '자연(nature, physis)-내-존재' 혹은 '자궁(web, womb, 지구 어머니)-내-존재'였다. 자연(우주)은 인간이 탄생하는 자궁이었다. '세상에 던져졌다'(geworfenheit, 被投性)는 시각은 지극히 에고(ego, 자신)의 입장, 어머니를 잊어버리고 자식(아들)이 된 입장에서 바라본 것일 뿐 실제로 '여자(어머니)의 자궁에서 품속'으로 옮겨졌을 뿐이다. '세상에 던져졌다'고 하는 것은 이미 새로운 어떤 기투(企投, 投企, 投機)를 하여야 함을 전제하고 있다. 계속해서 '기투'를 하여야 하는 세계는 바로 변증법의 세계이다.

하이데거는 인간을 추락(墜落)하는 존재로 규정하고 있다. 그러나 인간은 추락하는 존재가 아니고 단지 다른 만물처럼 생멸하고 있을 따름이다. 인간은 스스로 어떤 목표나 이상을 설정하는 존재이기 때문에 그것을 달성하지 못했다고 생각하면 추락했다고 생각하는 것이다.

하이데거는 헤겔의 변증법을 현상적 존재론이라는 새로운 차원에서 전개한 셈이다. 변증법의 세계는 모순을 극복하는 '지양(止揚)의 세계'이기도 하지만 동시에 항상 '추락하는 세계'이다. 지양에 의한 통일과 추락은 동시적이고 이중성이다.

물론 하이데거의 세계(world)라는 말 속에도 여성성(web)이 숨어있긴 하다. 세계라는 말은 남성성과 여성성을 동시에 가진 이중성의 말이긴 하지만 '피투(被投)', '기투(企投)', '추락(墜落)'이라는 말 속에는 이미 세계를 남성성으로 이해하고 있다는 증거가 된다. 여기에는 세계에 대한 '남성성-아들'로서의 의미가 숨어있다.

이는 서양철학이 철저하게 가부장사회의 철학을 대변하고 있음을 알게 한다. 남성적 존재로서의 인간은 세계에 던져져서 무엇을 기획(project, program, progress, product)하지 않으면 안 되는 존재가 된다. 그럼에도 불구하고 인간은 모순에 의해 추락하는 존재로서 모순을 극복하는 역사적·변증법적 존재가 되지 않으면 안 된다. 하이데거의 존재론 속에 헤겔의 변증법이 계승되고 있음을 볼 수 있다.

가부장사회	세계(world)	인간(human)	남성(man)	피투(被投)	기투(企投)
모계사회	자궁(web)	자연(nature)	여성(woman)	출산(出産)	양육(養育)

그런데 남성적 존재로서의 인간은 역사적 존재가 되지 않을 수 없고, 따라서 역사적 모순을 벗어날 길이 없다. 그래서 여성적 존재로서의 인간성과 자연에 대한 이해를 높이지 않으면 평화를 찾을 길이 없다. 여성적 존재로서의 인간은 비역사적인, 자연적인 존재를 피할 수 없다.

현상학적인 세계의 여성성과 남성성은 대립과 모순을 피할 수는 없다. 그러나 존재론적인 세계의 여성성과 남성성은 서로 상보적인(상생적인) 관계에 있게 된다. 여성적 존재에 대한 이해를 높이면 평화에 한 걸음씩 다가가게 된다.

가부장사회	역사적 존재	생산 (product)	전쟁(war)	세계(개체-국가)내- 존재
신(新)모계사회	자연적 존재	재생산 (re-product)	평화(peace)	가정(자연-자궁)내- 존재

인간은 '세계(개체-국가)내-존재'가 아니라 '가정(자연-자궁)내-존재'였고, 어머니의 자궁이라는 자연에서 태어난 존재였던 것이다. 자연은 인간의 자궁이라고 말할 수 있다. 자연은 인간이 태어날 수 있는 종합적인 기반이었으며, 자연이 없었다면 인간의 탄생을 생각할 수 없다. 인간의 삶의 터전인 지구자연도 실은 인간의 자궁 혹은 가정이라고 말할 수 있다.

그런데도 인간은 자신이 태어난 자궁과도 같은 자연을 대수롭게 생각하지 않고, 마치 자연과는 별도의 존재인 양, 혹은 자연을 지배할 수 있는 존재로 스스로를 생각한다.

이는 어머니의 자궁에서 태어난 인간에게도 그대로 적용될 수 있다. 인간은 어머니의 자궁에서 나와서도 영장류 가운데서도 가장 오래 동안 어머니 품속에서 양육되는 존재이다. 그럼에도 어느 정도 성장한 인간은 대체로 '고독한 존재'로 스스로를 생각한다. 이는 개인을 있게 한 '자연-자궁-가정'을 잊어버린 태도이다.

하이데거의 말처럼 '세상에 던져졌다'는 시각은 이미 세상과 싸우지 않으면 안 된다는 것을 의미한다. 이러한 싸움이나 투쟁은 인구의 증가와 함께 시작된 가부장사회와 더불어 심화되었다고 보는 것이 인류학자들의 공통된 의견이다.

인간의 삶의 환경은 '기획하는 존재'(entwurf, 投企性)로서의 인간을 요구하기도 하지만, 기획할 수 있는 환경과 조건이 갖추어져 있기 때문에 그러한 기획도 가능한 것이다. 기획하는 조건(condition)은 삭막하기만 한 것이 아니라 일종의 매트릭스(matrix, web)로서 인간을 포용한다. 다시 말하면 인간은 이미 자연에 적응할 수 있도록(적응하였기 때문에) 태어난 존재라는 것을 의미한다.

인간(Man)은 여자로부터 태어나면서 자연에서 전혀 다른 세계로 자신의 몸을 이동한 것 같지만 이동한 곳도 역시 자연일 뿐이다. 인간은 '세계의 모순(스스로 만든 추상의 모순)' 속에서 '스스로 추락하는 존재(失墜性)'인 것 같지만 실은 영원히 어머니(자연)의 매트릭스(언어도 모국어라는 매트릭스이다) 속에서 살다가 자연으로 돌아갈 뿐이다. 세계는 '존재(대상)-의미(언어)'가 아니라 그냥 '매트릭스(자연)'이다.

이때 매트릭스라는 말은 '일반성-소리(감각-느낌)-여성-평화-자연-신물(神物)'이라는 의미이다. 이 '일반성-'의 연결망은 그동안 서양철학이 주장해온 가상실재인 '보편성-개념(정신-물질)-남성-전쟁-문명-물신(物神)'이라는 '보편성-'의 연쇄에 대응되는 말이다. 인간은 '세계-내-존재'가 아니라 '자궁-내-존재'이다.

보편성	개념(정신–물질)	남성–전쟁	문명–물신(物神)	세계–내–존재
일반성	소리(감각–느낌)	여성–평화	자연–신물(神物)	자궁–내–존재

그런 점에서 월드(world)는 자궁(web, womb)으로 바뀌어야 하고, 이것은 인류로 하여금 '전쟁(War, Fascism)의 삶'에서 '평화(Peacism)의 삶'으로 돌아감을 의미한다. 인간이 자궁으로 돌아감은 가정으로 돌아감을 의미한다. 가정으로 돌아감은 어머니(여성, 자연, 신체, 접촉주술, 메타포, 자궁)로 돌아감을 의미하고, 이는 아버지(남성, 정신, 동종주술, 메토니미, 공장)에서 어머니로 돌아감을 의미한다.

어머니로 돌아감은 종합적으로 가정으로 돌아감을 의미하고, 평화로 돌아감을 의미한다. 가정으로 돌아감은 가정의 신비로 돌아가는 것이고, 존재자에서 존재(생성)로 돌아가는 것이다. 세계는 존재이고, 현존이다.

메시지(message)는 경쟁, 마사지(massage)는 평화

어머니의 평화는 '논리적 평화'가 아니라 '감싸 안음'의 평화이다. 인간은 정보(message)에서 경쟁을, 마사지(massage)에서 평화를 느낀다. 어머니의 평화는 머리의 평화가 아니라 가슴의 평화이고, 신체적 평화이고, 결국 신체적 행복이다. 이때의 신체는 몸과 마음 전체를 의미한다.

남성중심의 세계에서는 세계(world)가 나(I, ego, subject)이며, 말(word)이며, 사물(thing, It, particle)이며 실체(substance)이다. 그러나 여성중심의 세계에서는 세계는 웹(web, network)이며, 우리(We)이며, 파동(wave)이다.

남성중심의 대뇌(brain)는 말(word)로 통하고 말은 메시지(message)로 통하고, 메시지는 동종주술과 통하고, 동종주술은 동일성의 철학과 통한다. 메시지는 남자―시각(eye)의 산물이며 특징이다.

여성중심의 신체(body)는 파동(wave)으로 통하고, 파동은 마사지(massage)로 통하고, 마사지는 접촉주술과 통하고, 접촉주술은 차이성의 철학과 통한다. 마시지는 여자―청각(ear)의 산물이며, 특징이다.

남성의 메시지, 즉 진리와 과학은 동일성을 추구하고 요구함으로써 경쟁과 전쟁, 지배와 피지배를 피할 수 없다. 이에 비해 여성적 마사지, 즉 접촉과 사랑은 동감(교감)을 추구하고, 세계의 차이성을 인정하는 가운데 돌봄을 통해 평화를 느끼게 한다.

남성적인 메시지는 여성적인 마사지로 보완되어야 하고, 메시지가 마사지로 보완되는 것은 메시지가 옷을 입거나 몸을 입는 육화·신체화되는 것을 의미한다. 인간은 신체적 존재이다. 여기서 신체적 존재라고 함은 정신의 대상으로 전락한 육체, 즉 '정신-육체'의 이분법의 '주체-대상'의 존재가 아니라는 얘기이다.

남성중심(서양) 양음(陽陰)철학	world	word (대뇌)	thing	message (전쟁철학)	동종주술	동일성 (권력)	눈 (eye)
여성중심(동양) 음양(陰陽)철학	web	body (신체)	wave	massage (평화철학)	접촉주술	차이성 (비권력)	귀 (ear)
* 남성중심(서양) 철학은 동일성의 철학이 될 수밖에 없다. 동일성은 절대성이다.							

아버지(남성)와 어머니(여성) 사이에 인간의 말(language)이 있다. 말은 크게 두 종류가 있다. 아버지에 가까운 말과 어머니에 가까운 말이다. 아버지에 가까운 말은 환유적이고, 과학과 기술로 향한다. 어머니에 가까운 말은 은유적이고 시와 노래로 향한다. 남성의 말은 처음부터 동일성을 추구하는 지시명령적인 말이고, 여성의 말은 처음부터 차이성을

표현하는 존재표현적인 말이다.

환유적인 말은 기표주의(시니피앙)로 인해 사물을 대상과 기계로 보는 반면 은유적인 말은 기의주의(시니피에)로 인해 사물을 생명과 신(神)으로 본다. 남자의 환유성이 '권력의 화신'으로 연결된다면 여자의 은유성은 '생명의 여신'으로 연결된다.

인류의 철학을 동과 서, 고와 금의 철학으로 구분할 것이 아니라 가부장사회와 모계사회의 철학으로 구분하여 볼 필요가 있다. 인류는 언제부터인가 가부장사회의 한 가운데로 들어오면서 모계사회의 삶과 철학(삶의 태도)을 잊어버렸다.

인류문명의 원형은 주술이다. 분명히 주술은 오늘의 문명과도 어디에선가 접점을 가지고 있을 것이며, 또한 연결될 것임에 틀림없다. 주술은 오늘의 언어 및 과학의 구조와 어떤 관계에 있을까.

의미는 어디서 발생한 것일까. 의미는 처음에 시적(詩的) 사고에서 발생했을 것이다. 주술의 원리가 말하듯이 원시고대의 조상인간들은 시인들이었을 것이며, 시인의 사고방식으로 의미를 찾았을 것이다. 그 의미를 가지고 자연을 설명하는 데에 사용했을 것이다. 자연이 눈앞에 전개되듯이 언어(단어)를 연결하여 구문을 만들었을 것이다.

인류의 가부장사회와 모계사회를 주술의 방식과 연결하면 아래의 표가 된다. 가부장사회는 동종주술과 유사성과 메타포의 연결이라면 모계사회는 감염주술과 접촉성과 메토니미로 연결된다. 이때 메토니미는 과학의 그것이 아니라 자연의 그것이다.

그런데 아래의 표에서 메타포와 메토니미는 나중에 교차(X)된다. 자연의 메타포 및 메토니미에서 문명의 메타포 및 메토니미로 전환되기 때문이다. 예술이야말로 자연의 메토니미를 메타포로 읽게 하는 것이다. 과학은 자연의 메타포를 메토니미로 읽게 하는 것이다.

가부장사회 (문명)	동종주술 (同種呪術)	유사성 (similarity)	메타포 (metaphor)	X	메토니미	과학 (철학)
모계사회 (자연)	감염주술 (感染呪術)	접촉성 (contact)	메토니미 (metonymy)		메타포	시·예술 (삶)

결국 오늘의 철학이나 과학의 방식은 실은 가부장제의 성립과 깊은 관계가 있을 것이다. 오늘날 철학과 과학의 방식은 다른 것 같지만 실은 같은 것이다. 결국 인간이 인위적으로 설정한(가상한) 이데아(idea)를 통해 결국 사물도 이데아로 보는 것이다. 서양의 정신과 물질은 결국 같다. 그러한 점에서 헤겔의 절대정신이나 마르크스의 유물론이나 같은 것이다. 이것은 시각-언어의 연쇄이며, 시각특권적인 철학이다.

어쩌면 오늘날 서양의 신화와 종교와 과학은 모두 일종의 가부장제 신화학의 일부로 편입시킬 수 있을 것이다. 그러한 가운데 시(詩)를 통해서, 예술을 통해서 인류는 메타포의 방식, 무의식의 방식을 보존해왔다고 해도 과언이 아니다. 예술의 공적은 바로 여기에 있다. 예술은 인간으로 하여금 물 자체, 물활적 세계, 만물의 일반성과 핏줄을 끊지 않도록 한 최대공로자이다.

인간의 의미(시니피에)와 의식의 원천, 뿌리는 바로 인간의 몸이다. 특히 인간의 여성의 몸이다. 인간의 몸에 우주의 시간이 다 들어있다. 그런데 진정한 의미를 생성하는 여성의 몸은 자유롭지 않다. 이는 시니피에는 자의적이지 않다는 것과 통한다.

이에 비해 의미를 담는 기호인 시니피앙은 자유롭다(자의적이다). 이것이 인간(인간의 문명)이 자연을 지배하는 이유이다. 물 자체는 권력이 될 수 없다. 남자는 시니피앙이고, 여자는 시니피에이다.

우리는 이렇게 말할 수 있다. "언어 이외에 의미 있는 처소를 알려다오."라고 누가 묻는다면 "그건 몸이다."라고 말할 수 있다. 몸이야말로 살아있는 신화이고, 살아있는 우주이다. 일반성의 가장 밑바닥에 몸이 있다. 가부장제는 몸을 언어로 전복(顚覆)하여 해석한 셈이다.

진정한 인류의 시간의 기록은 역사책의 문장(구문)에 있는 것이 아니라 지질 속에(땅 속에) 있고, 의식에 있는 것이 아니라 무의식에 있고, 언어의 의미론의 층에 있는 것이 아니라 언어의 음운론의 층에 있다.

메타랭귀지 (meta- language)	메타포(metaphor) *지질학, 집단무의식, 언어학	1→2(원시고대 신화학의 방식) 이중분절 (二重分節)	자연적/무의식적/ 생성적/ 여성적(모계적) 몸	의미의 생성 context/text *시니피에는 자의적이지 않다 (난자에 비유)
	형이상학 (metaphysics) *일종의 메토니미 (metonymy)이다	2→1(과학의 방식), 1→2(가부장제 신 화학의 방식)	역사적/의식적/ 해석적/ 남성적(가부장적) 머리	개념의 정립 text/context 시니피앙은 자의적이다 (정충에 비유)

地	메토 (metonymy)	물리학 (physics)	과학(science)	등식적 (等式的) 사고	과학 일반	메타포- 개념적 메타포의 매개
人	메타 (meta- language)	메타포 (metaphor)	시(poem)-신화 (mythology)	대칭적사고	예술 일반	
天		형이상학 (metaphysics)	철학 (philosophy)	비대칭적 사고	이성 철학	

여자는 자궁에서 잉태(conceive)하고, 남자는 머리에서 인식(concept)을 한다. 남자는 잉태를 하지 못하는 대신에 인식을 하는 셈이다. 인식은 잉태의 모방이다. 인식은 인위이고, 잉태는 자연이다. 철학은 바로 머리의 산물인데 머리의 바탕이 몸이라는 것을 생각할 때에 그 정점에 이른다. 철학이 머리(모든 분별)를 무화시킬 때 무(無)에 도달하고, 진정한

철학과 삶에 도달한다.

재미있는 것은 자궁 속의 태아에서도 머리가 가장 나중에 생긴다는 점이다. 그런 점에서 몸이 머리보다 먼저이다. 그런데 나중에 생긴 머리가 몸의 중추(중추신경)가 된다. 이는 피부세포가 뇌세포보다 먼저 생기는 것을 말하는데 무엇이 존재의 근본인지를 말해준다. 우리는(인간은) 그동안 그 진화의 결과를 뒤집어서 자신의 특성인 머리에서부터 몸을 생각한 셈이다.

전쟁은 인간(남성)의 머리 때문에 발생하는 것이다. 전쟁을 하는 인류 문명의 조건(condition)은 남성이 만든 것이다. 문명이라는 것은 대체로 남성중심, 즉 가부장사회의 산물이며, 인류는 인구의 증가로 인해서 가부장사회로 전환하지 않으면 늘어난 인구를 부양할 수 없었던 것이다.

전쟁은 따라서 넓게는 인간의 생존수단이었다고 해도 과언이 아니다. 그런데 이제 전쟁은 생존수단이 아니라 인류공멸의 공포의 수단이 될 공산이 크다. 전쟁을 막는 것은 이제 선택이 아니라 절체절명의 숙명적 과제로 인간 종에게 클로즈 업 되고 있다.

자연의 환경은 조건이 아니라 여성의 매트릭스(matrix), 자궁(web)이었다. 자궁은 전쟁 물자를 생산하는 공장이 아니라 평화로운 태아의 집이다. 우리는 지구를 태아의 집, 갓난아이의 집처럼 만들어야 한다. 여기에 이르렀을 때에 평화에 한걸음 더 다가가 있을 것이다.

인류의 미래는 남성적-공장-생산(product)보다는 여성적-자궁-재생산(re-product)이 더 가치가 있는 세계가 될 것이고, 그렇게 될 때에 인류의 평화도 정착될 것이다. 인류는 이제 세계(world)에서 가정(family)과 가정의 신비로 돌아가야 한다. 이는 마치 탕아가 어머니의 품으로 돌아가는 것과 같다.

현대문명은 어머니를 잃어버린 아들과 같다. 어머니(여성)는 아들(인간)

에게는 생멸적 존재이다. 이때 생멸적 존재의 의미는 우주의 기운생멸과 같은 맥락이다. 아들은 어머니에게 태어나서 어머니의 품으로 돌아가는 존재이다.

현대문명	탕아(인간, 남성성)	세계-내-존재	생사적 사건(삶-죽음: 빅뱅)
자연우주	어머니(자연, 여성성)	자궁-내-존재	생멸적 사건(생멸: 블랙홀)

여성성과 신(神)

예수의 12제자는 우리가 익히 알고 있다시피 모두 남자들이다.

"그리스도교가 21세기에 적합한 새로운 패러다임을 스스로 제시하고자 한다면, 극복해야 할 여러 문제들 중 하나가 '여성의 지위'에 관한 것이다. 종교단체의 특성 중 하나는 권력 지향적이라는 점이다. 기성 종교는 바로 인간의 권력에 대한 욕심이 가장 잘 보존된 집단이다. 오늘날 거의 모든 종교의 수장들은 절대다수가 남성이다. 아무리 뛰어난 여성이라 해도 대부분의 종교에서 일정 지위 이상 오로지 못한다. 특히 유일신 종교인 유대교, 그리스도교, 이슬람교에서 여성이 랍비나, 추기경, 이맘이 되기란 거의 불가능하다. 이 종교들은 극단적인 남성중심주의적 사회에서 발생했다. 더욱이 이 종교들을 유지하기 위한 교리는 남성들에 관한, 남성들에 의한, 남성들을 위한 내용들이다."[14]

그러나 예수의 일생에서 가장 클라이맥스인 십자가 처형과 부활의 시기에 혜성처럼 등장하는 제자가 막달라 마리아이다. 막달라 마리아는 여성의 대표로서 예수를 가장 잘 이해하는 인물로 등장한다.

---

14 배철현, 『인간의 위대한 질문』, 21세기북스, 2015, 259쪽.

“예수의 제자들 중 막달라 마리아만큼 독립적이며, 강인하고, 무엇보다도 예수의 삶의 목적을 분명하게 이해한 제자는 없었다. 막달라 마리아에 대한 우리의 선입견은 복음서를 자기 나름대로 해석한 초기 그리스도교 교부들과 그들이 제정한 교리에 근거한다. 막달라 마리아에 관한 초기 기록들을 살펴보면, 그녀에 대한 이미지와 평가가 매우 다양하다는 것을 확인할 수 있다. 그러므로 우리가 어떤 기록을 살펴보느냐에 따라 그녀에 관한 이해도 달라질 것이다. (중략) 예수를 간절히 사랑했던 막달라 마리아는 예수가 십자가에서 처형당하는 순간 그 옆에서 울고 있었다. 이 중요한 순간에 그를 3년 따라다니던 ‘남자’ 제자들은 모두 무서워 잠적하고 없었으나 막달라 마리아는 그 끔찍한 장소에서 예수의 마지막을 지켜보았다. 이때 막달라 마리아 옆에는 마리아(예수의 어머니), 살로메 마리아(요한의 어머니), 글로바 마리아(야고보의 어머니)도 함께 있었다. 막달라 마리아는 그녀의 동료들과 함께 예수의 시신이 천으로 감겨 무덤에 안치되고 그 무덤의 입구가 커다란 돌로 닫히는 과정을 모두 지켜보았다. (중략) 만일 그리스도의 기원이 예수의 부활에서 시작된다면, 그 부활의 복음은 예수의 공식적인 제자들이 아닌 바로 이 여인들에게 제일 먼저 전달됐다. 그리고 예수의 제자들과 베드로는 이 여인들의 소식을 전달받는 자들이다.”[15]

남자제자들과 여자제자들은 신앙의 패턴에 있어서도 좀 다를 수 있다는 생각이 든다. 남자제자들은 소위 이성적 진리를 추구하는 데에 탁월하다면 여자제자들은 심정적 진리에서 특징을 보이면서도 실은 영혼과 육신이 동시에 진리와 합일이 되는 점에서는 남자제자들보다 앞설 수도 있다는 생각이 든다.

---

15 배철현, 같은 책, 260쪽.

막달라 마리아는 예수의 진정한 제자 중의 제자였다. 막달라 마리아는 십자가에서 처형된 후 무덤에서 부활하여 천사의 보호를 받고 있던 예수를 가장 먼저 발견하고 하늘로 올라가기 전에 예수를 만지려고 하자 예수가 '나에게 손을 대지 마라'고 할 만큼 부활 전후를 지킨 제자이다.

"'메 무 하프투(나에게 손을 대지 마라)'는 예수와 막달라 마리아와의 특별한 관계를 전달한다. 막달라 마리아의 위상은 100년 전부터 발견되기 시작한 이른바 영지주의 문서들, 특히 〈막달라 마리아 복음서〉와 〈빌립 복음서〉에서 더욱 확연히 드러난다. 이 영지주의 복음서들에서 수제자는 막달라 마리아다. 그녀는 오히려 베드로와 다른 제자들에게 '하늘나라'의 비밀을 가르치는 수제자이다."

왜 여성이 기독교에서 가장 결정적 교리인 예수의 부활이라는 사건에서 가장 가까운 곳에서, 가장 깊게 이해하고 있었을까. 이는 바로 여성 속에 내재한 근본적인 헌신이 있기 때문이다. 여성은 아이를 낳는 존재로서 가장 연약한 인간을 어떻게 보살펴야 되는지를 알며, 진정한 '하느님의 아들'과 '생명'에 대한 이해를 할 수 있는 조건이 몸(마음)으로부터 구비되어 있기 때문이다.

세계는 말(logos)이 아니다. 말보다 더 근본적인 것은 교감이고 심정이다. 여성은 남성에 비해서는 이 점에 대해서 이해의 탁월한 조건을 갖추고 있다고 말할 수밖에 없다. 여성이 남성보다 자아가 약한 이유는 바로 세계 그 자체와 통하고 있기 때문이다. 남성(man)이 인간(Man)에 가깝다면 여성(woman)은 자연(nature)에 가깝다.

오늘날은 여성시대이다. 여성의 감성적 특성이 각광을 받고 있는 시대이다. 논리는 남성적 특징이었지만 그것의 많은 부분을 이제는 기계가 하고 있고, 논리라는 것이 결국 기계적 특성이라는 것이 증명되고 있다. 남성적 특징은 근육노동과 기계로 대체될 수 있는 것이다.

그렇다면 오늘날 인간 각자의 복음시대를 맞아서 우리는 이제 여성성에 대한 이해가 신을 이해하는 첩경임을 알 수 있다. 과거에는 남성이든 여성이든 남성을 본보기로 하고 모방하려고 했지만, 이제는 거꾸로 되어 여성을 본보기로 모방하지 않으면 안 된다. 여성만큼 신을 심정적으로 이해하는 존재는 없다.

진정한 평화, 열반의 평화

진정한 평화란 무엇일까? 만물만신(萬物萬神), 물심일체(物心一體)에 도달하는 것이다. 만물만신, 물심일체에는 실체가 없다. 만물은 어머니와 같다. 만물은 서로 경쟁해야 하는 존재가 아니다. 만물은 함께 살아가는 존재이다. 이러한 세계에서는 모든 구별이 없게 된다. 열반의 평화야말로 진정한 평화이다.

존재는 잡을 수 없다. 존재는 생멸할 뿐이다. 그래서 존재의 진리는 말할 수 있는 의미의 진리는 아니다. 존재는 단지 느끼고 지나갈 뿐이다. 존재는 결코 대상화할 수 있는 것으로서의 센스도 아니다. 존재는 악보도 없는 즉흥곡과 같은 황홀한 음악이다. 인간은 존재의 흐름 속에서 자신의 악보(존재자)를 가지려고 발버둥치는 현존재로서의 존재일 뿐이다.

인간이 실체를 추구한다면 우주는 환상에 불과하지만 실체를 추구하지 않는다면, 우주는 황홀한 실재이다. 우주적 전체는 은유로서 표현할 길밖에 없다. 만약 이것을 실체로써 표현한다면 전체를 부분으로 왜곡하게 된다. 절대와 전체라는 말조차도 부분과 개체의 다른 이름이다. 부분이야말로 절대이자 전체이다. 절대와 전체를 말하는 순간, 다른 유령, 기운생동이 나타나서 부분으로 전락한다.

개체적 사고, 원자적 사고를 하면 결국 개체와 원자만 바라볼 수밖에 없다. 그런 점에서도 우주는 결국 자기 자신이다. 존재는 어떤 것일지라도 자기만큼 자기를 바라본다. 우주는 아무리 작아도 우주이고 아무리 커도 우주이고, 하나의 몸이다. 크고 작음이 없다. 이것은 본래존재, 본래자연이라고 말할 수 있을 것이다.

만물만신, 물심일체, 심신일체에 도달하려면 정신과 물질(육체) 등 모든 이분법을 버려야 한다. '영혼(정신)의 생리학'은 물론이고, '영혼의 물리학'에 도달한 뒤 존재의 모든 분류체계(taxonomy)와 위계체계(hierarchy)를 버려야 한다. 말하자면 물(物)에 대한 전면적 회상과 환원을 통해 물(物)의 신(神)과 심(心)에 도달하여야 한다.

그렇게 되면 선후상하좌우내외(先後上下左右內外)의 세계, 즉 무엇을 재는 실체의 세계를 넘어서게 된다. 모든 실체적 세계는 생각의 산물이다. 서양철학자들이 후기근대에 도달한 차이는 실체의 차이이다. 실체의 차이라는 것은 여전히 동일성(실체)를 전제한 차이이다. 그래서 그들은 차이의 연속(extension)을 주장하는 것이다.

필자는 한국말의 의례를 의미하는 '굿(gud)'과 서양의 '갓(God)'과 '행운(good)'을 같은 어근에서 출발한 것으로 설명한 적이 있다.[16] 여기에 '물건' '재화' 혹은 '성교'(속어)를 의미하는 말로 '구즈(goods)'를 포함하면 재미있는 일이 벌어진다. 한국말은 '물건'과 '성교' '성기'를 의미하는 말로 '거시기'라는 말을 쓴다. '거시기'라는 말은 '그것(It=thing)'이라는 말'과 발음이 통한다. 그런데 영어에서도 '성교'하는 것을 'do it(그것을 한다: women do it)'라고 한다. 자연을 총칭하는 가주어로 'It'(It rain)을 사용하는 것을 알려진 사실이다. 이렇게 보면 '굿'이라는 어근은 만물만신, 즉 신(神)과

---

16 박정진, 『굿으로 보는 백남준 비디오아트 읽기』(한국학술정보, 2010), 80~81쪽.

만물과 자연과 본능에 두루 통하는 말로 보인다. 만물만신의 사상은 동서양에 두루 통하는, 인간의 본래적 존재에 대한 말인 것 같다.

'굿'(gud)	갓(God)	굳(good: 행운)	구즈(goods): 물건, 거시기, 그것(it)
'굿'이라는 한글 발음은 만물만신(萬物萬神)의 일반성, 본래존재를 표상하고 있다			

동양의 차이는 연속이 아니라 실체가 없는 역(易)의 변화(change)이다. 연속(extension)은 외연(外延)을 가지지만 변화는 내외(內外)의 구분이 없다. 인간의 생각의 마지막 장애는 바로 내외(內外)의 구분에 있다. 모든 존재는 존재의 안도 아니고, 존재의 밖도 아니다. 단지 존재일 뿐이다. 존재를 나로 해석하면, 나는 나의 안도 아니고 나의 밖도 아니다. 나는 나일 뿐이다. 에고(ego)의 '나'가 아닌 우주아(宇宙我)로서의 '나', 여기에 이르러야 진정한 열반의 평화에 도달한다.

사랑과 열반은 여성성을 기초로 할 때 참사랑, 실천하는 보살정신이 된다. 신과 부처의 시대는 지나고 이제 각자 메시아, 각자 보살의 시대로 접어들었다. 그렇지 않으면 인류가 공멸하고 말 것이다.

마르크스의 유물론이 물질(material, Matter)을 바탕으로 하고 있다면, 레비나스는 여성성·모성성(mother) 바탕으로 하고 있다. 참고로 물질인 'Matter'는 라틴어의 'Mater(mother)'에서 변화된 것임을 상기할 필요가 있다. 물질이 여성적인 특성을 공유하고 있는 닫힌 체계(대상)라면 여성성은 열린 체계(환대, 수용, 비어 있음)이다. 진정한 평화, 열반의 평화는 여성성에 있다.

닫힌 여성체계인 유물론은 계급투쟁과 평등을 요구하는 질투와 분노로 세계를 투쟁의 장소로 만들지만 열린 여성체계인 평화철학은 계급투쟁이 아니라 용서와 평화로 세계를 평화의 장소로 만들고자 한다. 한국문화의 여성성은 역사적 수난을 은근과 끈기와 인내로 극복하면서 오늘에 이르렀다. 그런데 해방 후 최근세사에서 마르크시즘에 의해 오염되는 바람에 오늘날 '질투와 분노'의 사회로 미쳐버렸다.

	중국	한국	일본	
고대·중세	父	母	子	동아시아 한자문화권
근대	子	母	父	
자유자본주의 마르크스주의	마르크스주의: 마오이즘 (Maoism, 모택동주의)	자유자본주의 (한국) 공산사회주의 (북한: 김일성 주의)	군국주의: 일본식 민주주의(마르크스주의 극복)	한국문화의 여성성과 심정(心情)을 기초로 세계가 하나가 될 때 세계평화에 다가간다.
	materialism	mother	군국주의	
	Matter	Mater(mother)	materialism 극복	

평화를 사랑하는 한국문화의 여성성과 심정(心情)을 기초로 세계가 하나가 될 때 세계평화에 한 걸음 더 가까이 다가갈 수 있을 것이다. 가정은 부모와 자녀로 구성되는 가족의 생성현장이고, 가정이야말로 '자연적 존재'의 가장 구체적인 실례이다. 이에 비해 개체와 언어로 구성되는 세계는 동일성의 존재자로서 '제도적 존재자'였던 것이다.

서기 전 5세기 추축시대 이후 파토스의 신은 로고스의 신으로 되어야 보편성을 갖추고 세계종교가 될 자격을 얻었으나 이성중심주의의 폐해가 심각한 오늘날 반대로 로고스의 신을 파토스의 신으로 해석하지 않으면 안 된다. 파토스의 신이 되지 않으면 신이 신체를 잃고 추상적인 신으로 전락하고 만다.

서양기독교	이성중심주의	파토스의 신에서 로고스의 신으로	보편화(추상화)
미래종교	감성중심주의	로고스의 신에서 파토스의 신으로	신체화(육화)

서양철학과 문명은 정신(精神)과 물질(物質)로 세계를 나누는 특징을 보이고 있다. 동양은 심(心)과 물(物)을 하나로 보는 특징이 있다. 한국문화는 심정(心情)과 물정(物情)을 하나로 보는 특징이 있다. 세계는 정(情)이 통해야 살아있는 하나가 된다. 파토스의 신은 심정물정(心情物情)의 신이다.

이를 세계관으로 보면 서양은 지각(知覺)을 통한 세계, 즉 주관–객관의 세계, 종교, 과학, 경제 등으로 구성된 것이 특징이다. 동양은 직관(直觀)을 중심으로 시적(詩的) 은유(隱喩)의 세계, 즉 시(詩), 예술(藝術), 신화(神話) 등으로 구성된 것이 특징이다. 한국은 교감(交感)과 느낌(feeling)을 통한 세계, 즉 심정물정의 세계를 특징으로 한다. 말하자면 신인일체(神人一體)의 세계이다.

이것을 다시 문화권별 문화특징으로 요약하면 인도유럽문화권은 '철학(哲學)–과학(科學)'이고, 동아시아한자문화권은 시(詩)–악(樂)이고, 동아시아 한자문화권 가운데서도 한국 한글문화권은 가무(歌舞)이다.

인류문명권	철학–문명적 키워드	세계관의 특징	종교/문화특징
서양–인도 (인도유럽문화권)	정신(精神)–물질(物質)	지각(知覺): 주관–객관: 종교, 과학, 경제	기독교, 불교/ 哲學–科學
동아시아(韓中日) (한자문화권)	심(心)–물(物)	직관(直觀): 시적 은유(隱喩): 시(詩), 신화(神話)	유교(儒敎)/ 詩–樂
한국 (한글문화권)	심정(心情)–물정(物情)	교감(交感): 느낌(feeling): 신인일체(神人一體)의 경지	선도(仙道)/ 歌舞

인간의 운명은 미래가 정해져 있다는 뜻에서의 운명이 아니라, 시간 혹은 미래가 앞으로 나아갈 수밖에 없는 존재적 사건이라는 것을 의미

한다. 운명이라는 말은 생멸의 존재에게 자기(주체, 자아)를 넣어 해석한 것이다. 니체의 운명애와 하이데거의 역사운명은 개인(니체), 혹은 집단(하이데거)에 중점을 두는 차이는 있지만 결국 같은 것이다. 그런 점에서 모든 계시는 자기계시(自己啓示)이고, 모든 신은 자기자신(自己自神)이다.

창조가 자연이다. 창조가 자연이라면 창조적이지 않은 것은 아직 자연에 이르지 못한 것이다. 대부분의 인간은 자연이 아니라 제도에 머무는 존재(존재자의 존재)이다. 말하자면 자신의 존재의 몸값을 제대로 하지 못하는 족속이다. 창조적 문화 속에는 이미 진화가 들어 있으며, 진화란 창조적 자연에 대한 인간의 때늦은 이해이면서 매우 인간적인 이해이다.

그러한 점에서 문화와 진화는 같다(문화=진화). 문화(文化)는 진화(進化)를 인간의 입장에서 설명하는, '문(文)으로 진화하는' 것을 설명한 것에 불과하다. 이때 인간의 입장이란 어떤 정지 상태, 어떤 실체를 가정하는 본능이자 습관이다.

진리가 오류의 연속이라면, '진리의 존재' '이(理)의 진리'가 아니라 '존재의 진리' '기(氣)의 진리'에 도달해야 한다. '존재의 진리'라고 해서 어떤 고정불변의 진리를 가상해서는 안 된다. 단지 하는 말이 진리라고 하는 것일 뿐이다.

존재의 진리에 도달하려면 오류의 연속의 차원을 결별하고, 자신을 최종적으로 결박(구속)하고 있는 자아마저 단절할 줄 알아야 한다. 자아로부터의 단절은 용기가 필요하다. 인간이 자유를 그리워하면서도 정작 자유로부터 도피하는 것은 자유는 모든 기존의 실체(실제로 신기루이다)를 포기하여야 하는 두려움이 있기 때문이다. 죽음의 두려움이나 실체 포기의 두려움은 같은 것이다.

개인의 자살은 인간이 마지막으로 택하는 죽음의 실체(신기루)이다. 인간 종의 멸종은 인간이 자신도 모르게 집단적으로 택하는 일종의 집단 자살과 같은 것일지도 모른다. 모든 인간은 인간 종의 일원으로서 인간의 공멸을 지연시켜야 하는 종적(種的) 의무가 있다.

5

주체적 평화·통일을 위하여

평화의 주체적인 모습

1) 주체적인 평화

평화는 인간이 성취하여야 목적(대상)으로서의 평화인가, 즉 타자로서의 평화인가, 아니면 인간이 주체적으로 달성해야 할 주체적인 평화이어야 하는가.

"참다운 평화는 지상에 사는 모든 사람의 의지를 만족시켜주는 것이어야 한다. 그런데 그러한 상태를 바란다는 것은 유토피아적인 꿈이다. 또 사실상 지상에 거주하는 인간의 조건으로써 모든 사람의 의지를 만족시켜준다는 것은 관념적 이론에 불과하다. 그러기 때문에 모든 사람이 한결같이 만족한다는 외적 요인의 기하학적인 차원보다는 나 자신의 주체성의 문제에서부터 평화의 얼굴을 음미하여야 할 것이다."[1]

평화를 달성하는 모습은 구체적으로 어떤 것일까.

"세계의 모든 각양각층의 사회들이 보편적으로 추구하는 목표가 있다면 그것은 곧 평화다. 전쟁을 도발하는 집단들도 언제나 그들의 행동을 합리화시키기 위하여 평화를 새로운 설정을 내세운다. 마치 평화를 이룩하기 위하여 전쟁을 해야 하는 것처럼 그들은 주장한다. 그러나 진

1 김형효, 『평화를 위한 철학(김형효 철학전작 1)』, 소나무, 2015, 23쪽.

실로 선의의 모든 영혼이 원하는 평화는 전쟁의 일시적 휴전이나 냉전 상태와 같은 적막감이 아니다."[2]

팍스(Pax=Peace) 아메리카나(Americana)나 팍스 시니카(Sinica), 그리고 이에 앞선 팍스 로마나(Romana) 등은 패권주의를 통한 평화구축의 예가 된다. 모두 자신의 나라가 패권을 잡은, 세계평화체제를 염두에 두고 있는 것이다.

평화의 주체적 요소가 자라는 것은 각자의 자아 속에 깃들어 있는 선의다.

"자아가 선의 속에서 보존되어 하나의 주체로서 비자아적인 체계에 반항하는 것은 한갓된 주체성의 이기적인 외침이 아니리라. 따라서 자아의 선의가 겨냥하는 형이상학은 타이틀로부터 고립된 주체성의 형이상학도 아니요 역사 속에 실현된다는 무인격적인 '이성의 간지(奸智)'도 아닐 것이다."[3]

주체성이 없으면 노예민족

무엇보다도 주체성을 가져야 남을 진심으로 마중할 수도 있는 우정이 생기고, 남을 받아들일 아량도 생기고, 남과 토론을 할 여유도 생길 수 있다. 주체성이 없다면, 즉 노예적 사고에 물들어있다면 '평화의 민족'이라는 말도 위선이나 자기미화에 불과한 것이 되고, 노예민족이 된다. 노예민족이 되면 남을 마중하기보다는 적대감을 갖게 되고, 아량보다는 비난과 모략을 일삼게 될 것이고, 토론은커녕 노예적 분노와 원한

---

2 김형효, 같은 책, 23쪽.

3 김형효, 같은 책, 23쪽.

에 불타오를 것이다.

레비나스는 평화는 선의(善意)와 주체의 복수성이 전제되어야 한다고 말한다.

"복수성은 절대적인 타인으로서의 타인이 한 주체의 선의 속에서 생기(生起)하는 것에 대하여 우월적인 진리를 주장하는 일방적인 운동을 일으킴이 없이 자아로부터 타인에게로 가는 선의(善意) 속에서 이루어진다."[4]

김형효는 선의는 양적 집회의 묶음이 아님을 강조하면서 이것이 전체주의적으로 변하는 것을 경계한다.

"선의의 언어는 우정이며 또한 마중이다. 우정이나 마중의 현상학이 가능하기 위해서는 주체의 복수성과 다양성을 나의 주체가 인정해야 하리라. 주체적 존재의 복수성은 하늘의 성좌처럼 양적인 집회의 묶음을 뜻하는 것은 아니다. 만약에 그렇다면 그러한 양적 집회는 하나의 이데올로기에 의하여 전체주의적 성격으로 변모할 가능성이 있다."[5]

평화의 달성은 우선 주체의 복수성을 전제한 가운데 통일을 이루어야 하고, 그 다음에야 꿈꿀 수 있는 과제라는 것을 알 수 있다. 평화는 통일을 이룬 다음의 과제이고, 그렇기 때문에 그러한 통일은 반드시 '열린 통일'이 되지 않으면 안 된다. 예컨대 열린 통일이 아니면 평화를 달성하기보다는 또 다른 전쟁이나 내분으로 들어갈 위험마저 있는 것이다.

그렇다면 열린 통일에 이은 평화는 어떻게 달성될 수 있는가? 인류학적으로 볼 때 국가의 성립은 작은 씨족집단에서 부족집단으로, 부족집단에서 부족연맹체의 성읍국가로, 성읍국가에서 부족국가로, 부족국가

4 E. Levinas, 『totalité et infini』(La Haye, 1965), 283쪽; 김형효, 같은 책, 24쪽 재인용.

5 김형효, 같은 책, 24쪽.

에서 왕조국가로 진화한 것으로 밝혀지고 있다. 말하자면 작은 공동체에서 큰 국가로의 통합과정의 결과이다.

따라서 국가의 성립에는 반드시 전쟁이 개입되어 있었다고 볼 수 있다. 국가는 전쟁의 산물이다. 그런데 전쟁의 산물인 국가사회 혹은 국제사회에서 평화를 유지한다는 것은 일종의 모순구조 위에 서 있는 것과 같다.

평화유지를 위해서는 개인은 다른 복수의 개인을, 국가는 다른 복수의 국가를 인정하여야만 하고, 여기에 선의와 우정을 가져야만 한다. 결국 상대방을 친구로 대하여야함을 알 수 있다. 상대방을 적으로 대하면 그것이 바로 전쟁으로 나아가는 출발점이 된다. 상대를 친구로 보느냐, 적으로 보느냐가 평화의 결정적 요인임을 알 수 있다.

그런데 여기서 중요한 것은 사회가 평화로우려면 개인이 평화로워야 하고, 개인이 평화롭다는 것은 개인의 마음이 평화롭다는 뜻이다. 마찬가지로 사회가 평화로우려면 사회의 기본단위인 가정이 평화로워야 한다. 가정을 사회의 작은 단위로만 생각하면 사회의 영향이 역으로 가정에 미치는 관계로 가정이 이니셔티브를 쥐고 독자적으로 평화를 건설하는데 큰 역할을 할 수 없다.

평화의 건설에 가정이 적극적으로 나설 필요를 느끼게 된다.

"가정은 국가의 구조와 기구의 밖에서도 그 실재적 가치를 형이상학적으로 인정받을 수가 있다. 즉, 가정이란 실재는 플라톤처럼 국가의 구성을 위하여 희생시켜야 할 감각적 허구도 아니며 헤겔이 생각하였듯이 국가의 윤리를 실현하기 위하여 사라져야 할 시대적 계기도 아니다. 가정이 품고 있는 신비는 평화의 형이상학과 긴밀한 유대를 형성하고 있다. 왜냐하면 가정이 자기의 본질로 여기고 있는 비옥한 분위기는 단지 생물학적인 번식력에만 제한되어 있는 것이 아니기 때문이다."[6]

평화를 이룸에 있어서 가정의 중요성이 더욱 부각되는 까닭은 현대 사회가 역사발전 과정에서 지구촌의 시대로 접어들고 있기 때문이다. 과거 국가에서 제국으로 팽창하던 시대가 아닌, 지구라는 거대한 땅덩어리가 도리어 하나의 촌락처럼 시공간적 거리를 좁히고 있는 시대이기 때문에 더욱 호소력을 가지고 있다고 볼 수 있다.

이제 세계는 전쟁으로 제국 혹은 세계국가를 이룰 필요가 없게 되었다. 도리어 지금까지의 경쟁과 통합보다는 공존과 분산의 과정이 더욱 절실하게 되었다. 현대와 같이 개인의 자유의 확대와 함께 사회적 유동성이 극대화되고 있을 때에는 평화의 가정적 기반이 절실하다고 여겨진다.

가정과 사회는 역동적일 수밖에 없다. 그래서 주체의 영역도 역동적일 수밖에 없다. 평화의 심리적 주체는 자아이다. 그렇다면 자아를 어떻게 바라보아야 평화를 달성할 수 있을까.

"우리 자신 속에서 자아를 관찰하려고 할 때마다 우리는 언제나 자아의 현전(現前)이 아니라 자아의 그림자인 인상의 현전에 빠지게 되는 것이다. 그러므로 주체로서의 자아는 대상으로서 탐구되어져서는 안 되고, 영원히 본질적으로 하나의 주체로서 다루어져야 한다. 자아가 스스로 하나의 주체로서 이해된다고 함은 자아야말로 언제나 행동과 외부적 환경의 접촉 속에서만 자신을 인식할 수 있음을 말한다."[7]

자아의 이러한 환경은 평화를 목적으로 할 경우, 결국 현상학적인 문제가 된다. 평화가 현상학적인 문제가 된다는 것은 결국 전쟁을 통해서

---

6 김형효, 같은 책, 25~26쪽.

7 김형효, 같은 책, 27쪽.

이루어진 국가사회 속에서 개인이 어떻게 변증법적인 모순을 뚫고 평화에 도달하는가라는 과제를 말한다. 개인은 역사적 존재이면서도 동시에 '비역사적인' 혹은 본래적인 존재가 되어야 함을 말한다.

앞장에서 우리는 국가라는 것이 가부장사회의 연장선상에 있음을 확인하였다. 남성들의 전쟁을 통해 크고 작은 집단이 통폐합되거나 이합집산하면서 국가가 형성된 것이 '역사'라면 여기서 '비역사적인'이라는 말은 여성성에 대한 새로운 인식과 함께 미래평화의 구축에 여성의 역할이 절실함을 뜻한다. 다시 강조하면 여성의 역할에 대한 재고 없이는 평화가 쉽게 달성될 수 없음을 의미한다.

우리가 여기서 쉽게 떠올릴 수 있는 '남성=전쟁=국가', '여성=평화=가정'이라는 등식은 우리로 하여금 가정의 역할을 중시하여야 하고, 가정의 평화야말로 인류의 모든 평화의 바탕이며 초석임을 알 수 있다.

인류사를 보면 가부장사회가 되기 전에는 자연스럽게 형성되는 공동체에 소속되어 인간은 생활해왔고, 가장 자연스런 공동체는 모계사회로 이루어진 공동체였을 것이라는 사실을 유추할 수 있다.

인구의 증가에 따라 권력경쟁이 이루어지고 전쟁이 발생하면서 가부장사회는 더욱 강화하게 된다. 가부장사회는 전쟁과 떼려야 뗄 수 없다. 가부장사회는 자연히 남성성을 강조하고 긍정적인 것으로 인정하게 되고, 상대적으로 여성성을 부정적인 것으로 받아들이게 했을 가능성이 높다.

그런데 문명은 오늘날 크게 반전을 이루어 이제 남성성보다는 여성성을 더 중요한 덕목으로 치게 되었다. 평화사상도 그 중의 하나이다. 지구촌이 하나가 된 지금, 더 이상 지리적 영토 확장을 위한 전쟁은 국제사회가 받아들이지 않는 분위기이다. 단지 경제영토나 문화영토라고 할 수 있는 경제권, 문화권의 확장, 그리고 정치적 권력의 확보에 각국이 치중하고 있다.

지구라는 한 마을 안에서 인류의 삶은 왜 평화를 지향하지 않으면 안 되는가. 간단하게 말하면 영토 확장이라는 종래의 전쟁개념으로 보아도 이제 전쟁의 상대는 지구 밖, 외계인이 될 수밖에 없다. 물론 평화를 이루는 것도 그들이다. 말하자면 현상학적으로 주체인 인간이 상대하여야 할 대상이 이제 지구인이 아니라는 말이다.

인류의 평화는 이제 종래 지구 내의 경계(울타리) 때와는 달라졌으며, 그 달라진 경계선에 따라 전쟁과 평화의 역동성을 새롭게 구성할 수밖에 없다. 평화의 돌파구를 가장 확장된 변두리에서 찾을 것이 아니라 가장 핵심적인 곳, 물리적·사회적 연장의 가장 환원적인 자리인 가정에서 다시 찾아야 한다. 가정은 그러한 점에서 평화의 새로운 실험장 혹은 고향이 되기에 충분하다.

어떻게 하면 가정에서부터 평화를 이룰 것인가? 물론 가정이 내포하고 있는 여성성과 여성의 신비에서 그 해답을 찾을 수밖에 없다. 여성의 신비야말로 가정의 신비이고, 평화의 신비일 것이다.

평화는 대상으로서의 평화가 아니라 어디까지나 주체적으로 누리는 것으로서의 평화이어야 한다. 주체적 평화가 아니면 진정한 의미에서의 평화라고 말하기 어렵다. 그러나 개인이 아닌 사회적 평화는 아무리 주체적이라고 하더라도 대상성을 전혀 가지지 않을 수 없다. 그래서 앞에서도 말했지만 평화로의 길에서 선의와 우정을 먼저 말했던 것이다.

집단생활은 경쟁을 하지 않을 수 없고, 경쟁은 자칫 싸움과 전쟁에 휘말려들기 쉽기 때문에 선의의 경쟁을 말하고 적(enemy)이 되지 않기 위해서 우정(friendship)이라는 덕목을 내세우지 않을 수 없다.

그동안 여성성은 남성중심사회에서 주체가 되기보다는 대상이 되기 쉬웠다. 그런데 여성성이 평화에서 중요한 덕목이고, 평화가 주체적이라야 한다면 우리는 여성성의 주체화가 평화의 실현에 긴요함을 알게 된다.

2) '민중'에서 '통일·평화'철학으로

한국문화의 여성성은 불행하게도 지금까지는 '민중'이라는 개념에 머물렀다. 그런데 '민중'이라는 개념은 엄밀한 학문적 관점에서 보자면 개념도 아닌 개념이다. 민족적 분열이나 반체제를 위한 상징이나 깃발에 지나지 않는다. 그런데 60년대부터 한국의 지식인들은 거의 이 '민중'이라는 유령에 현혹되었다고 해도 과언이 아니다.

'민중'은 마르크시즘의 계급적 개념인 프롤레타리아의 '인민(人民)'도 아니고 대중사회(masssociety)의 '대중(大衆)'개념도 아니고, 때로는 많은 다중(多衆)을 뜻하기도 하고, 때로는 정치적으로 악용되어 '국민(國民)'이라는 말처럼 사용되기도 한다. 그래서 '민중'이라는 말은 마치 국민이라는 말로 해석되어 국민을 선동하는 마취적·선동적 용어가 되어왔다. 따라서 반체제운동의 전용어이다.

민중의 표현형과 이면형, 주인과 노예

'민중'이라는 말은 한국인이 얼마나 합리적 사고를 못하느냐를 증명하는 말이기도 하고, 이에 편승하는 한국의 지식인들이 얼마나 합리적 사고를 원천적으로 하지 못하는 것을 증명하는 말이기도 하다. 민중주의는 일견 주인이 되는 것 같지만 실은 노예가 되는 것이다.

그러나 '민중'이라는 말은 실은 마르크스·레닌주의의 '인민'이라는 의미를 감추기 위한 용어일 것이라고 추측하는 것이 가장 적절할 것 같다. 민중이라는 말보다는 '통일'이나 '평화'라는 말이 한국의 미래를 이끌어갈 수 있는 역사철학의 개념이 될 수 있다. 통일은 남북통일을 지향하는 것이고, 평화는 세계평화를 지향하는 것이기 때문이다.

세계사적으로 볼 때 한국은 냉전체제의 꼭두각시가 되었다. 남북분단과 동족상잔의 6·25전쟁도 그 산물이다. 한국은 역사 있는 민족과 나라가 택하는, 종래 유럽에서 진행되어오던 '국민국가(nation-state)'의 건설보다는 이념대결의 하수인으로 전락했다. 이 여파가 현대에까지 영향을 미치고 있는 것이다.

"1917년 러시아 혁명의 여파로 국민국가들 사이의 분쟁은 처음에는 파시즘과 공산주의, 자유민주주의 사이의 대결로, 그 뒤에는 공산주의와 자유 민주주의 사이의 이념 대결로 바뀌었다. 냉전시대에 이 이념들은 두 초강대국에 의해 구체화되었다. 이들은 모두 스스로의 정체성을 이념에서 찾았고, 둘 다 유럽적 의미의 전통적 민족국가가 아니었다."[8]

근대에 들어 서양문명이 생산한 헤겔의 유심론과 마르크스의 유물론의 장벽을 넘지 못하면 한국은 남북통일도 기대할 수도 없고, 세계평화를 바라볼 수도 없다.

남한의 반체제세력과 친북한세력의 남조선적화통일의 전선과 이데올로기를 효과적으로 제압하지 못하면 한국에서 자주적 통일을 달성하기 어렵다. 식민지를 갓 벗어난 원한과 좌절과 분노의 한국인에게 마르크스의 유혹과 장벽은 너무 높다. 6·25전쟁을 통해 수십 만 명의 시체를 먹고도 아직 배고픔에 굶주려있다.

북한을 향한 열광은 한국이 넘어야 할 마지막 선진국에로의 관문이

---

8 새뮤얼 헌팅턴, 같은 책, 이희재 옮김, 63쪽.

다. 먹을 것이 없어서 백성이 굶어 죽어가고 있는 나라가 현재의 북한이다. 그것도 자유가 포박당한 채 언제 죽을 지도 모르는 공포와 감시감독 아래 인간이 만들어낸 지구상 최악의 병영국가가 북한이다. 북한지도층은 자신의 안위와 영달에 빠져 자신의 조국을 세계 최빈국으로 전락하게 한 비겁한 사람들이다.

북한의 대남방송은 남조선 괴뢰도당, 미 제국주의 꼭두각시를 입버릇처럼 말했고, 88서울올림픽 전까지만 해도 남조선에 굶어죽는 사람들이 거리에 늘어섰다는 새빨간 거짓말을 했다. 그들이 했던 나쁜 말은 모두 그들에게 돌아갔다.

백성을 굶겨 죽이는 것보다 더한 괴뢰도당이 어디에 있으며, 백성을 꼭두각시로 만든 것은 바로 그들이다. 이런 북한을 두고 민족의 정통성을 운운한다면 이는 굶어죽는 것이 정통성이고, 감옥이 정통성이고, 공포가 정통성이라고 하는 것과 같다.

북한에게 정통성이 있다고 주장하는 이데올로기는 일종의 정신질환이다. 모든 것을 정반대로 바꾸어 놓고도 바르다고 하고, 거짓말을 입버릇처럼 하며, 그러한 자신들을 정의로 착각하는 것이 이데올로기의 열광이다.

이데올로기적 열광의 대표적인 예는 마르크시즘의 정치적·역사적 구현체인 스탈린의 소비에트체제와 히틀러의 파시즘체제이다. 그 스탈린체제를 그대로 복사한 것이 바로 북한체제이다. 마르크시즘 정치체제의 종주국인 소련과 그것의 변종인 마오이즘(Maoism)의 중국은 살길을 찾아서 공산사회주의를 포기하고 '시장(자본)-공산(사회)주의'로 명명되는 자본주의화의 길로 들어섰지만 북한은 아직도 굶어죽으려고 작정한 듯 체제유지를 위해 옥쇄정책을 쓰고 있다.

북한 주민은 60여 년 전만 해도 남한과 다를 바 없는, 같은 문화와 전통을 가진 동족이었다. 도리어 기독교는 남한보다 빨리 들어와 융성하였고, 산업화도 천연자원 덕택에 남한보다 빨리 이룬 지역이다. 그런 북한이 지금은 어떤가. 어떻게 보면 핵폭탄을 끌어안고 죽을 수밖에 없는 처지에 있다. 북한은 남한이 구출해야할 한 민족이지, 역사적 정통성을 운운할 대상이 아니다.

북한은 광복 후 남한이 가지 않은 길을 간 형제이고, 그 길의 결과를 적나라하게 보여주고 있는 형제이다. 해방 전후 공간에는 자유민주주의와 공산사회주의가 어느 것이 좋은지 잘 알 수도 없었고, 실험되지도 않았기에 혼란을 겪은 것을 이해할 수 있다. 그러나 지금은 백일하에 실패했음이 증명되었다. 남한은 자유민주주의-기독교로, 북한은 공산사회주의-'마르크스 기독교'로 갔다.

한국의 지도층과 국민들은 잘못된 길을 간 형제인 북한을 구출해야할 시대적 사명이 있다. 그런 마당에 북한체제에 정통성이 있는 듯한, 북한체제에게 정통성을 주는 듯한 연구나 발언, 선전선동은 참으로 시대착오라는 점을 적시하지 않을 수 없다.

이데올로기적 열광이 얼마나 무섭다는 것은 1, 2차 세계대전을 통해 인류는 배웠고, 그런 점에서 서구문명이 인류에게 끼친 죄악을 결코 간과할 수 없다. 인간사회를 과학적 사회주의 일변도로 설명하는 마르크시즘과 그에 따르는 사회주의 혁명사상은 물론이지만 인류를 기술문명중심사회로 끌고 가고 있는 과학주의, 그리고 물질만능과 배금주의로 끌고 가고 있는 자본주의도 많은 문제점을 안고 있다.

서양철학자들은 자체적으로 이것을 극복하려했지만 니체는 미쳤고, 하이데거는 은적된 신을 불렀지만 확실히 찾지 못하고 숨졌다. 이제 동양은 서양철학과 인류의 구원자로서 나서지 않으면 안 되는 상황이다.

그중에서도 한국은 서양이 제공한 양대 이데올로기를 모두 극복해야 하는 시대적 운명에 처해 있다. 서양이 제공한 어느 한쪽에 경도되어 따라가는 노예적 삶을 지속한다면 한국의 미래는 없다.

한국인에게는 추상(과학)의 정신은 부족하고, 열광(종교)의 의식이 강하다. 한국은 종교적 마인드의 국가이고 문명이기 때문이다. 그래서 한국인이 경계해야 하는 것은 바로 이데올로기이다. 이데올로기는 닫힌 종교와 같아서 한국인의 치명적 약점이 될 수 있다.

예컨대 지난 1960년대부터 시작된 국가 만들기와 산업화·민주화를 민주와 독재의 잣대로 양분하여 해석함으로써 갈등과 혼란을 거듭한다거나, 사회 여러 계층과 집단의 집단이기주의로 모처럼 맞은 국가발전의 호기를 놓친다거나, 역사청산의 명목으로 역사를 과거의 볼모로 잡히는 퇴행적 역사진행을 거듭한다면 미래가 없다는 말이다.

한국은 분명히 자유민주주의 국가이다. 자유라는 말을 뺀 민주주의라는 말 속에는 인민민주주의와 계급투쟁, 북한정통사상이 은폐되어 서식하고 있다. 민중, 즉 민중신학, 민중사학, 민중사회학은 계급투쟁을 숨긴 공허한 용어들이다. 좌파정치꾼들이 자신의 말을 합리화하고, 자신을 속이기 위해 쓰는 '민중' 혹은 '국민'이라는 말 속에도 좌파적 속임수와 계략이 숨어있다. 스스로 생각(철학)하지 못하는 민족, 스스로 자기역사를 쓰지 못하는 민족은 결국 이데올로기의 종, 노예가 될 수밖에 없다.

북한은 현재 세계 최고수준의 꼭두각시 병영국가이다. 한국사회의 반체제가 만약 조금이라도 북한을 추종하는 세력이라면 이런 웃지 못할 촌극은 세상에 없을 것이다. 가장 자유스러운(방종에 가까운) 체제 속에 사는 것이 복에 겨워서 세계 최고의 감옥체제를 동경하는 최고의 넌센스이다.

반체제는 자신의 독자적인 체제를 구성한 경험이 없기 때문에 반체제를 하기 위한 가상의 체제를 의식 속에 설정하여야 하는데 여기에 동원된 가상체제가 바로 잘못 입력된 북한체제에 대한 편견적 인식이나 마르크스주의에 따른 역사인식이다. 말하자면 그들도 자신의 가상에 속고 있는 셈이다.

지금 우리는 한민족의 두 얼굴을 보고 있다. 세계에서 가장 악성인 북한의 전체주의체제를 옹호하는 남한의 반체제세력은 우리시대의 넌센스 중의 넌센스라고 하지 않을 수 없다. 강력한 독재체제 밑에서는 꼼짝도 못하면서 가장 자유로운 국가체제 속에서는 방종하는 민족성을 본다. 우리는 남북 양쪽에서 하나의 공통점인 노예근성을 보게 된다.

한민족의 주체적인 통일을 위해서도 '민중'철학이 아닌 '통일'철학과 '평화'철학의 정립이 요구되고 있는 것이다.

3) 양음(陽陰)에서 다시 음양(陰陽)으로

여성성의 주체화란 여성적 덕목을 사회적으로 가치 있는 덕목으로 채택하여야 함을 의미한다. 그렇다면 여성적 덕목은 어떤 것이 있는가. 다행히도 음양사상에서 음에 해당하는 것이 여성적 덕목에 해당하게 된다.

전통적으로 동양에서는 음양(陰陽)사상이라고 했지, 양음(陽陰)사상이라고 한 적은 없다. 그만큼 음(陰)을 앞세우고 숭상하는 것이다. 이것이 서구화로 인해서 급격하게 양음사상으로 변했다.

양음사상은 현대 철학적으로 말하면 실체를 앞세우는 사상이다. 말하자면 '시각－언어－페니스'의 연쇄를 말한다. 이것은 또한 동일성의 철학을 말한다.

문명의 양음(陽陰)에서 자연의 음양(陰陽)으로

음양의 상징과 원리는 무엇인가. 음은 형상적으로는 요철(凹凸)의 요(凹)를 의미한다. 쉽게 말하면 움푹 들어간 것이다. 이 움푹 들어간 것은 그동안 부정적인 이미지로 많이 사용했다. 그런데 이제 음이 좋은 것, 긍정적인 것이 될 수밖에 없다.

음(陰, —)	나쁜 것/부정적인 것→ 좋은 것/긍정적인 것	짝수(偶)−땅(地)−어머니(母)−여자(女)−부드러움(柔)−고요함(靜)−아래(下)−오른쪽(右)−무거움(重)−흐림(濁)−어둠(暗)−뒤(後)−말단(末)−거꾸로(逆)−작음(小)−낮음(卑)−가지(枝) 등이다.
양(陽, —)	좋은 것/긍정적인 것→ 나쁜 것/부정적인 것	홀수(奇)−하늘(天)−아버지(父)−남자(男)−강함(剛)−움직임(動)−위(上)−왼쪽(左)−가벼움(輕)−맑음(淸)−밝음(明)−앞(先)−근본(本)−바로(順)−큼(大)−귀함(尊)−줄기(幹) 등이다.

대체로 그동안 음은 '나쁜 것' 부정적인 이미지로, 양은 '좋은 것' 긍정적인 이미지였다. 그런데 세상은 점차 바뀌고 있다. 과거에는 양의 이미지가 좋은 것이었지만 이제 음의 이미지가 좋은 것이 되고 있다. 그럼으로써 거꾸로 되는 것이 아니라 남녀, 인간을 평등하게 제대로 놓은 것이다. 남녀는 동등하고 역동적인 것이고 조화로운 것이다. 양을 앞세우면 갈등과 전쟁이 되고 음을 앞세우면 조화와 평화에 가깝게 된다. 그런 점에서 음양조화(陰陽調和: 음이 앞서고 양이 뒤에 있다)가 옳은 것이다.

동양의 음양사상은 남성은 양(陽)에, 여성을 음(陰)이라고 한다. 음인 여성은 중간이 갈라진 둘(二:--)이고 남성은 갈라짐이 없는 하나(一:—)인데도 이것을 음의 중간에 빈틈을 메운 것으로 보아 남성을 삼(三)이라고 한다. 이것은 삼천양지(三天兩地)로 표현된다. 여기서 양은 음에게 자신의 왜소함을 은폐하기 위해 과장한다. 음의 갈라진 틈새로 나온 양은 음의 낳아줌에 대한 고마움도 없이 오히려 자신이 나온 그 틈새를 일(一)로 쳐서 삼(三)이라고 참칭(僭稱)하고 있다.

남성은 일(一)과 삼(三)으로 여성인 이(二)를 포위하고 있다. 그래서 음양론이라고 음을 먼저 내세우면서도 양은 높고 옳은 것이며 음은 낮고 옳지 않다고 한다. 남성은 긍정적인 상징과 의미들로 채워져 있고 여성은 부정적인 상징과 의미들로 채워져 있다.

음(--)과 양(—)은 서로 상대적인 입장에 있긴 하지만 양은 처음부터 하나이기 때문에 절대를 상징하고 음은 처음부터 둘이기 때문에 상대를 상징한다. 따라서 음은 이미 양을 포용하는 것을 뜻하고, 양은 음을 올라타거나 도외시하는 것을 뜻한다. 음은 안으로 쪼개지고, 양은 밖으로 끊어져 있다.

『도덕경』 42장을 보자. "도는 일과 함께 살고, 일은 이와 함께 살고, 삼은 만물과 함께 산다. 만물은 음기(陰氣)를 등에 지고 양기(陽氣)를 가슴으로 안고 있다. 그리고 충기(沖氣)로써 교역한다."(道生一, 一生二, 二生三, 三生萬物, 萬物負陰而抱陽, 沖氣以爲和)

음은 이미 하나가 아닌 둘의 존재를 인정하는 것이므로 둘을 인정하는 것은 둘과의 사이(빈틈)를 인정하는 것이 되고 이렇게 계속 상대적인 것을 인정하는 변환과정을 인정하게 된다. 음은 처음부터 다른 것을 포용하려고 하고 있고, 양은 처음부터 다른 것을 배제하려고 하고 있다. 음은 이미 양을 포용할 틈을 가지고 있고, 이것을 태허라고 할 수 있다. 양은 이미 스스로 강건하여 음을 배제하고 있다. 이는 음은 이미 음양병존을 시사하고, 양은 이미 양음으로 양만 과시한다. 음은 2를 향하고, 양은 1을 향한다.

양은 처음부터 절대인 하나를 고집하는 관계로 하나의 전진과 팽창만을 추구하며 진화의 최전선에 서 있게 되는 것이다. 다시 말하면 양은 음의 도움을 받아 계속 전선에서 전진하는 병사이고, 음은 뒤에서 양을 뒷받침하며 후방에서 병참을 맡는 역할을 하는 셈이다. 우주의 기운은 머리는 양이고 몸통은 음인 동물이다. 음은 양의 징후이고, 양은 음의 징후이다. 음양은 결국 교대한다.

음양과 남녀를 '말과 사물'로 비유를 하면 다음과 같다. 말은 양이고 사물은 음이다. 말은 남자이고 사물은 여자이다. 말은 추상적(문자 혹은 기호)이고 사물은 구체적이다. 말이 사물에 붙는 것이지 사물이 말에 붙는 것이 아니다. 말은 적극적인 반면 사물은 소극적이다. 말은 이름을 부여하는 자이고 사물을 이름을 부여받는 자이다. 말은 추상화하려 하고 사물은 구체화하려고 한다. 말은 처음부터 자기의 것이 아닌 것에 자기의 이름을 붙이면서 소유권을 주장하는 것이고 사물은 자신의 의사와 상관없이 이름 붙여진다. 자연이 인간에게 이름을 붙여준 것이 아니라 인간이 자연에게 이름을 붙여주었다. 남자는 자기의 것이 아닌 여자에게 자기의 이름을 붙이면서 주인임을 공표한다. 이것이 권력이다. 권력은 그렇게 어처구니없는 것이고 허무맹랑한 것이다. 권력은 또한 앞서 있던 것이 뒤에 오는 것에 막을 수는 있어도 배반하지는 못한다. 권력은 항상 뒤에 오는 것이 앞서 있던 것을 배반하는 것이다. 앞선 국가는 뒤에 오는 국가를 막을 수는 있어도 결국은 뒤에 오는 국가에게 지게 되어 있다.

여자는 자신의 의사와 상관없이(반드시 그런 것은 아니지만) 누구의 아내로 이름 붙여진다. 그렇다면 여자에게는 유혹이야말로 권력으로 가는 길인지 모른다. 권력을 가진 어떤 남자의 여자가 됨으로써 그 가정에서 아이를 생산하고 가족의 일원이 됨으로써 비로소 권력(아들을 낳으면 벼슬한 것 같다)을 얻게 되고 보다 확실한 가족구성원이 된다. 남편은 그녀를 버릴 수 있지만 아들은 결코 그녀를 버리지 않음으로 가장 확실한 권력을 얻는 셈이다. 물론 그렇지 않은 여자도 있다. 그러나 이런 경우는 일반적인 것이 아니다. 따라서 여자에게는 아름다움, 매력이야말로 가장 중요한 재산이다.

말은 처음부터 많았던 것이 아니라 점차적으로 많아진 것으로 따라서 적은 말에서 출발하여 많은 사물을 가리켜야 하기 때문에 결과적으로 경제적인 도구이다. 말이 경제와 과학과 동일선상의 의미가 되는 것은 결국 말의 본질은 권력이라는 뜻이다. 그래서 문화는 결국 권력이 된다. 말에 가까운 것은 지배의 권력에 가까운 것이고 사물에 가까운 것은 피지배의 비권력이 되는(당하는) 것이다. 남자는 말에 가깝고 여자는 사물에 가깝다.

남자는 표상적이고, 여자는 사물적이다. 남자가 지도(地圖)라면 여자는 실재의 지형지물이다. 남자는 각종 표상(특히 시각적 표상)에 민감하지만, 여자는 자신의 몸(특히 몸의 상태)과 소리에 민감하다. 남자는 말의 존재이고, 여자는 몸의 존재이다. 여자의 말은 (남자의 말과 달리) 말이 아니라 감정이다. 말은 기표이고 몸은 기의이다. 다시 말하면 몸은 말의 의미이다. 소리는 문자의 의미이다. 남자의 오르가즘은 표상을 통해서 이루어지지만 여자는 도리어 표상을 버리고 자신의 몸과 일체가 됨으로써 이루어진다. 남자는 의미를 표상한다. 여자는 스스로 의미가 된다. 소리는 여자의 말이고, 문자는 남자의 말이다. 소리는 자연이고, 목소리는 몸이다.

남자	하늘	존재자적	표상적 추상적	표상에 민감	말의 존재 존재자의 세계	의미를 표상한다
여자	땅	존재적	표의적 물 자체	소리에 민감	몸의 존재 존재의 세계	스스로 의미가 된다

겉으로 보아 추상적인 것은 권력을 행사하는(지배하는) 것이고 구체적인 것은 권력을 당하는(지배당하는) 것이다. 물 자체, 존재는 지배당한다. 인간은 사물에서 태어났지만 사물의 편이 아니고 말의 편에 선다. 신(神)은 사물을 만들었는지 모르지만 인간이 말을 만든 것은 확실하다. 만약 신(神)도 말이라면 인간이 만든 것이다. 신이라는 말을 인간이 발명(혹은 발견)한 것 중에서 가장 위대한 발명이라고 하지 않을 수 없다. 자연의 전체, 인식의 전체를 명명하는 것은 인간만이 할 수 있고, 그럼으로써 인간은 직접적으로 사물을 잡지 않고도 사물을 다스리게 되었다.

남자와 여자의 대칭을 사회적으로 확대하면 부계사회는 결국 정치가 종교에 우위를 점령하고, 기표가 기의를 지배하게 된다. 이것은 가부장제와 국가의 등장과 맥락을 같이한다. 고등종교의 탄생은 부계사회의 등장과 더불어 발생한다. 이에 비해 모계사회는 제사가 정치의 거의 전부이면서 기의가 기표를 떠올린다(이것은 지배가 아니다. 마치 여자가 아이를 낳는 것과 같다), 종교는 고등종교일지라도 궁극적으로는 모계성과 여성성을 보존하고 있다. 종교는 정치에 비해서는 모계성과 여성성을 근본으로 하고 있다.

고등종교의 남성신(혹은 부처)은 단지 기표에 불과하다. 남자가 이룩한 문명은 인위적으로 만드는 생산이지만 여자가 담당하는 출산은 만드는 것이라기보다는 자연적으로(본능적으로) 이루어지는 재생산이다.

남성성을 가지고 있는 '말과 문명'은 만든다(making, being)고 하지만, 여성성을 가지고 있는 자연은 낳는다(birth, becoming)고 한다. 만든다는 것과 낳는다는 것은 문명과 자연의 고유한 동사이다. 자연의 더 본질적인 것은 여성성이다. 여성적인 관점에서 보면 우주는 '만드는(making) 체제'가 아니라 '네트워크(network) 체제'이다.

부계사회 (제정분리)	정치/ 종교	기표가 기의를 지배함 말이 사물을 지배함	가부장제(국가단계) 고등종교	기독교(유목사회) /유교(농업사회)
모계사회 (제정일치)	종교/ 정치	기의가 기표를 떠올림 사물이 스스로 존재함	모계적(부족국가단계) 원시종교	무교/신선교 (수렵채집사회)

부계-남성성	만드는(making) 체계	말과 문명	권력체계	문(文)
모계-여성성	네트워크(network) 체계	인구를 재생산	비권력체계	무(武)

남성은 친족체계(부계혈통)와 권력체계— 글(文)을 쓰고 철학하기—를 즐긴다. 그렇지만 부계혈통은 반드시 어디선가 끊어지기 마련이다. 부계혈통 자체가 인위적인 것이기 때문이다. 말하자면 부계혈통은 권력을 이용하여 인위적으로, 강제로 혈통을 잇는다는 말이다.

여성은 혈통에 별 관심이 없고, 몸으로 이어지는 재생산을 담당한다. 남성은 가상과 초월적 세계를 좋아하고, 여성은 실재와 생명의 세계를 이어간다. 철학이 여성중심의 철학이 되지 않으면 생성의 세계에 도달할 수 없다.

엄밀한 의미에서 생성은 생성론이 될 수가 없다. 생성은 개념이 아니기 때문이다. 엄밀한 의미에서 기(氣)는 개념이 될 수가 없다. 엄밀한 의미에서 소리는 개념이 될 수가 없다. 기(氣)는 존재의 매트릭스로서 생성 그 자체이다. 여성은 바로 기(氣)에 상응한다.

기(氣)철학을 바탕으로 하는 소리철학, 일반성의 철학, 여성철학에 의해 철학은 개념철학(理철학, 理性철학)에서 벗어나는 반(反)철학이 되었고, 반철학이 됨으로써 삶의 철학이 될 수 있다.

우주는 확실한 것—도덕과 법칙—에서 출발한 것이 아니라 불확실성—욕망과 선택—에 의해 시작되어 점차 확실성으로 나아가고 있는 중이다. 확실성이란 일종의 중간과정의 내부적 질서회복에 해당하는 것이다. 하지만 우주는 낭비를 하면서 진화의 모험을 하고 있으며 그 모험(생사의 게임)에서 승리하는 종만이 생존을 보장받는다.

종의 생존을 위해 나를 희생하는 것은 당연하다. 실지로 나란 없다. 유전자를 공유한 종만이 있는 것이다. 여성을 중심으로(부계와 모계를 떠나서) 출계를 보면 동조집단(cognitive descent)에 지나지 않는다. 유전자 풀(pool)에서 유전인자의 조합에 의해 잠정적으로 형성된(구성된) 구성체에 불과하다.

그러한 점에서 "진정한 출계는 모계이고, 모계는 출계가 아니다."라는 역설이 동시에 성립한다. '나'라는 것은 인간이 만들어낸 가공의, 언어적 유령에 지나지 않는다. '나'라고 하는 것은 가부장사회와 국가사회가 만들어낸 표상에 지나지 않는다.

국가사회는 끊임없이 영토의 구획을 지어야 하는 부담을 지니고 산다. 이는 또한 전쟁의 결과이기도 하다. 우주의 실재는, 인간의 세계는 조합과 선택의 과정, 다시 말하면 네트워크(network), 망(網)에 의해 형성되는데 그것에 대한 설명은 인과(因果)이다.

이것은 간단한 말로 설명할 수 있다. '남자는 직선이고, 여자는 곡선이다.' '남자는 표상이고 여자는 실재이다.' '남자는 메타니미(metonymy)이고, 여자는 메타포(metaphor)이다.' '남자는 동종주술을 좋아하고, 여자는 접촉주술을 좋아한다.' '남자는 이념으로 살고, 여자는 살림살이로 산다.' 이것은 여성의 근본(根本, 性氣)을 남성의 원인(原因, 性理)으로 설명하려는 태도이다.

이것은 생물학적인 것, 혹은 발생학적인 것을 물리학적으로, 혹은 인과론으로 설명하려는 태도이다. 무엇을 설명한다는 담론은 이미 어디선가 인위적으로 시작하는 것이고, 시작이 있으니, 결국 어디에선가 그치는 끝도 있어야 하는 것이다. 그러한 점에서 남성적 담론은 유시유종

(有始有終)이다.

담론의 유시유종은 무시무종(無始無終)의 어머니이며, 바탕이 있기 때문에 가능한 것이다. 이러한 바탕에 대한 생각은 서양철학의 원천인 플라톤에도 있었으며, 오늘날의 서양철학은 그 바탕을 실체화(그릇, 器)한 것으로 볼 수 있다.

"조물주와 그를 돕는 신들은 우주의 인간을 만들지만 완성하지 못한다. 무언가 부족한 것이 있다. 『티마이오스』에 등장하는 수용체는 우리를 둘러싼 물질이 아니라 모든 것은 담을 수 있는 광대한 어떤 것이다. 이것은 어렵고 볼 수 없는 형태지만 그 존재를 부정할 수는 없다. 사물들이 이동하고 변하기 위해서는 어떤 매트릭스나 공간이 필요하다. 플라톤은 '만물은 변한다'라고 주장한 헤라클레이토스처럼 만물의 변화를 가능하게 하는 불변하지만 형태가 없는 틀을 상정한다."[9]

플라톤의 수용체는 마치 동양의 음양(陰陽)이론의 음(陰), 여성 혹은 어머니에 해당하는 것처럼 보인다.

"이 수용체는 우주를 존재하게 하는 원초적인 힘이자 바탕이다. 매트릭스로서 수용체는 모든 것들을 일으켜 세우며 젖을 먹이는 존재이자 우주의 어머니다. 우주에서는 관찰할 수 없는 틀이지만 우주의 모든 형태를 가장 당혹스럽게 수용하며 드러낸다. 수용체는 파괴가 불가능한 영원한 코라(chora)이며 모든 존재는 것들을 지탱하는 자리다. (중략) 코라는 무존재가 존재하도록 시간과 공간을 제공해주는 어머니의 자궁과 같은 장소이다."[10]

플라톤의 수용체를 보면 동서양의 사유체계라는 것이 그 출발점은

---

9 배철현, 『신의 위대한 질문』, 21세기북스, 2015, 421쪽.

10 배철현, 같은 책, 421쪽.

같은데 나아가는 방향이 달랐던 것은 아닌가하는 생각이 든다. 서양은 남성중심 쪽으로, 즉 '양(陽)-실체'의 방향으로 나아간 반면 동양은 여성중심 쪽으로, 즉 '음(陰)-상징(비실체)'의 방향으로 나아간 특성을 보인다. 무엇이 동서양을 다른 방향으로 갈라놓았을까를 유추하면 결국 자연환경과 산업의 차이가 아닐까 한다.

서양유목문명	양(陽)-실체(實體)	서양과학문명	전쟁의 신
동양농업문명	음(陰)-상징(象徵, 비실체)	동양한의학문명	평화의 신

남성의 담론생산은 여성의 재생산과 다르다. 담론생산은 유시유종이지만 재생산은 무시무종(無始無終)이다. 무시무종이야말로 진정한 존재(생성)의 세계이다. 세계는 말 이전에 이미 있었다. 진정한 세계는 말의 세계가 아니고 말 이전의 세계이다. 말의 세계는 가상의 세계이고, 새롭게 구성한 세계이다. 여성적 덕목이 더 가치 있는 것이 되면 '구성한 세계'보다는 '자연적인 세계'가 더 우위에 있게 된다.

남성-어른보다는 여성-어린이가 더 세계의 근본을 이룬다. 여성-어린이의 마음이야말로 바로 평화의 마음이다. 남성-어른들은 경쟁과 전쟁의 마음으로 살아가지만 여성-어린이는 가정에서 평화와 행복을 누리기를 원한다.

이러한 사실은 전쟁이 났을 때 누가 가장 어려움에 처하는가를 보면 쉽게 짐작할 수 있는데 여성-어린이는 평화의 마음을 가지지 않을 수 없다. 여성-어린이는 평화의 실체이다.

6

삶의 생태로서의 전쟁과 평화

유목민족의 전쟁과 농경민족의 평화

유목기마민족과 농경정착민족은 살아가는 문화패턴이 다르다. 유목민족은 이동하면서 살기 때문에 개인주의와 남을 정복하는 정복욕이 강한 반면, 농경민족은 한 지역에서 함께 살아야 하기 때문에 남에 대한 배려가 없으면 함께 살아갈 수가 없다.

유목민족의 대표적인 신관이 바로 유대기독교의 절대유일신관이고, 농경민족의 대표적인 신관이 범신론이다. 범신론은 자연의 동식물을 비롯하여 모든 사물을 신으로 섬기기도 한다. 말하자면 유목민족은 추상적이고 보편적인 신을 섬기는 반면 농경민족은 구체적이고 일반적인 신(존재일반)을 섬긴다.

유목민족의 신관이 오늘날 물신숭배와 연결된다. 농경민족의 신관은 도리어 모든 사물에 영혼이 깃들어 있다고 믿는 신물숭배와 연결된다. 그런데 서양의 인류학자와 철학자들은 선주민(先主民, 원시·미개인)이나 농경민족의 신물숭배를 보고 도리어 물신숭배라고 명명했다.

그런데 정작 유목민족의 절대유일신관이야말로 물신숭배의 계열임이 오늘날 연구되고 있다. 서구문명이 주도하는 기술과학문명의 세계는 물신으로 가득 차 있다. 그 물신 가운데는 물질만능도 있지만, '돈(money)신'도 포함된다.

서양의 기독교야말로 인간성이 투사된 신이다. 여기서 인간성이 투사되었다는 것은 인간의 구성하는 힘과 만드는 힘이 가미된 성격을 말한다. 그래서 기독교인들은 절대신(여호와)을 인격신이라고 말한다. 그러면서 그 인격신은 세계를 만들고(천지창조) 인간을 선악으로 다스리는 신으로 섬기면서 세계의 종말에는 구원사업을 펼친다고 말한다.

기독교의 절대유일신은 실은 '제조적(製造的) 성격'을 가진 인간적인 신이다. 이에 비해 동양의 범신론은 세계 자체가 혼령(영혼)을 가진 '물활론적(物活論的) 성격'을 가진 신령스러운 존재이다.

물활론은 동양(동아시아)과 북남미의 인디안·인디오들도 가진 샤머니즘으로 크게 대표된다. 어쩌면 몽골리언들이 가진 대표적인 종교라고 말할 수 있다. 샤머니즘이라는 원시종교가 유라시아 대륙과 아프리카 대륙 전체를 풍미한 시대도 있었다. 샤머니즘이 각 지역별로 고등종교로 진화하면서 전 지구적으로 가부장사회가 퍼져갔던 것으로 보인다.

기독교는 배화교의 영향으로 불을 숭배하고 태양을 숭배하는 특징을 가지고 있다. 이는 오늘의 서양문명과도 문화적으로 맥을 같이한다. 반면에 샤머니즘은 물을 숭배하고 북두칠성과 달을 숭배하는 종교이다. 기독교인들은 아메리카로 건너가서 거의 인종말살에 가까운 수준으로 아메리카 인디언들을 멸종시켰고, 오늘날 '인디언보호구역'을 설정하면서 그들의 명맥을 유지시키는 정도이다. 그런 기독교가 오늘날 세계를 지배하고 있다.

유대교에서 갈라진 서구 기독교는 아브라함-이삭의 계열이고, 중동 이슬람교는 아브라함-이스마엘의 계열로서 서로 끝없는 전쟁을 벌이고 있다. 이슬람 세력은 중세를 지배하였고, 기독교 세력은 근대를 지배하고 있다. 이는 유대교 전통의 세력들 내부의 전쟁이라고 말할 수 있다. 오늘날 인류에게 가장 큰 전쟁의 염려를 끼치고 있는 종교가 바로 유대교 전통의 종교이다. 이는 바로 유목민의 종교이다.

이에 덧붙여서 마르크시즘을 신봉하는 공산사회주의세력들을 두고 우리는 편의상 '마르크스 기독교'라고 명명할 수도 있을 것이다. 유대교와 기독교, 마르크시즘 기독교가 퍼진 곳에는 성서적으로는 평화(『바이블』)와 평등(『자본론』)을 중시하지만 현실적으로 보면 평화보다는 전쟁이 빈번한 편이다.

"이미 20세기가 마르크스의 부당한 예언에 맞도록 역사를 조직하기 위하여 피의 비극으로 점철되었음을 우리는 잊을 수가 없다. (중략) 전쟁과 정치의 거짓 선전이 인간의 정신을 혼미하게 하고 마비시키는 그런 역사적 지속과 상황 속에서 철학자의 할 일은 자신과 자신의 이웃을 위선과 위악으로부터 깨어나도록 함에 있는 것이 아니겠는가?"[1]

유목민의 노마디즘(nomadism)과 농경민의 정착공동체정신은 교통수단과 인터넷의 발달로 지구촌이 된 오늘날 동시에 필요하다. 즉 무역과 소통에서는 노마디즘이 필요하지만, 지구촌의 서로 다른 인종과 문화가 공존하기 위해서는 농경민의 공동체 정신이 필요하다.

산업 및 문화와 관련된 이 두 가지 문화유형은 상호 보완될 필요에 직면하고 있다. 그런데도 그것이 쉽지 않은 것은 강대국들이 제국주의와 패권주의를 포기하지 않기 때문이다. 강대국들이 정치경제적 혹은 문화적 제국주의와 패권주의를 포기하지 않는 한 인류의 전쟁은 계속될 전망이다. 인간의 이성과 욕망 속에 이미 갈등과 전쟁이 내재해 있기 때문이다.

"공산주의가 일종의 정신적 제국주의로 전쟁을 도발시키려고 하지만, 자본주의의 생명이 경제적 이익 추구에 모든 경쟁을 합리화시키는데 있다면 우리는 자본주의에서 평화의 문화를 기대할 수 없는 것이 아

---

1 김형효, 같은 책, 20쪽.

니겠는가? (중략) 철학의 세계는 결코 이익 추구의 세계가 아니며 그러한 세계에 대하여 균형의 질서를 가져오게 함에 그 생명이 있다고 말할 수 있다. (중략) 평화를 위한 철학자는 독재국가이든 이른바 민주국가이든 공적 권력으로 행하여지는 모든 선전으로 인류의 문화가 거짓된 정위(定位)를 하지 않도록 노력해야 한다. 전체주의나 독재주의 국가에 가까울수록 이런 철학자들의 활동이 폭력적으로나 비폭력적으로 제한을 받는다."[2]

현대에 있어 평화의 가장 큰 적은 역시 이데올로기라고 말할 수 있다. 종교 간의 전쟁도 종교의 도그마나 근본주의가 잘못하면 이데올로기적 특성으로 변신할 수 있기 때문이다.

"이데올로기에 의한 모든 비난과 분류는 철학과 '진리의 정신'에 등을 돌리는 '추상의 정신'이요, 전쟁의 정신이다. 형제애의 철학은 적어도 이 대지가 인간이 손잡고 즐길 수 있는 인간의 대지가 되도록 하는 길이 아니겠는가. 그러나 참다운 뜻에서의 평화는 결코 이 세계가 영원히 맛보지 못하는 종말론적 개념이 아닌가? (중략) 종말론적 의식 속에 이해된다 할지라도 우리 모두는 평화가 내일이라도 이 세상에서 구현될 수 있는 것처럼 일하지 않으면 안 된다. 생텍쥐페리의 표현같이 인간의 대지는 인간이 서로 험난한 마음의 장벽을 헐고 우정의 다리를 설치하려고 노력하는 한에서만 인간의 대지로서 그 이름을 받은 자격이 생기기 때문이다."[3]

인간에게 무엇보다 필요한 것은 '열려진 사유'이다. 진정으로 나와 다른 차이를 인정하고, 어떤 주의(–ism)도 결정론적으로 보지 않으며, 철학

---

2 김형효, 같은 책, 21쪽.

3 김형효, 같은 책, 22쪽.

이 이데올로기가 되지 않도록 주의하여야 한다. 이데올로기는 인간의 역사를 과거에 고정시키는 어리석음을 범하는 것이고, 이것이 전쟁을 유발하게 한다.

이데올로기에 빠지면 "나는 선이고 남은 악"이라는 이분법으로 무장하게 됨으로써 최악을 저지르고도 최선을 행한 것처럼 스스로를 속이게 된다. 철학을 가지고 사유를 하는 존재로서 이보다 더한 불행은 없을 것이다. 이는 자신도 망하게 할 뿐만 아니라 남도 동시에 불행에 빠뜨리기 때문이다.

현대의 생물학이나 진화론, 거시물리학 등 현대과학의 발전은 우주의 발생에 대해 종래의 기독교 창세기와는 다른 설명을 가능하게 하고 과학적 설명은 현대인의 마음을 사로잡는다.

"성서에 담긴 이야기는 과학적인 사실이나 역사적인 사실이기보다 저자가 속한 신앙 공동체에서 정체성을 주기 위한 신앙고백이다. 그렇기 때문에 성서의 배경이 되는 시대의 사회경제적인 상황을 면밀히 살펴야 그 의미를 파악할 수 있다. 과학과 고고학의 등장으로 성서가 이전의 위상을 잃게 되자 일부 그리스도인들은 '근본주의'로 무장해 성서내용을 자신들처럼 축자적으로 믿지 않는 다른 그리스도인들은 '이단'으로 낙인찍는 어처구니없는 일이 발생했다. 그리고는 자신들만이 유일하고 바르게 신을 믿는 사람들이라는 시대착오적인 발상으로 자신들만의 담을 쌓고 우물 안의 개구리처럼 그 안에서 살아간다."[4]

종교학자 배철현은 이러한 근본주의를 맹렬하게 비난한다.

"오늘날 이 '근본주의'라는 이데올로기를 설교하고 배운 종교인들은 자신들이 무엇을 믿는지, 자신들에게 설교한 종교인들의 의도가 무엇

4 배철현, 『인간의 위대한 질문』, 21세기북스, 2015, 258쪽.

인지 묻지 않는다. 종교 구성원들 스스로가 자신이 신봉하는 진리를 깊이 묵상할 능력이 없다는 이유로 그 사회의 당면한 문제를 해결하지 않는다면, 그들이 속한 종교는 도태될 뿐만 아니라 사라질 위기에 봉착한다."[5]

유목민족의 '전쟁의 신'과 농경민족의 '평화의 신'

서구문명은 크게 볼 때 북방 기마유목민족의 전통의 연장이다. 유목민족의 종교는 유대교가 잘 보여주듯이 유일신의 절대종교였다. 유라시아 대륙의 중앙(파미르고원 부근)에서 발원한 원시고대종교였던 샤머니즘은 기마유목민족 쪽으로 전파되어 유일신 종교가 되었고, 남방 농경민족 쪽으로 전파되어 범신교가 되었다.

유라시아 대륙(파미르고원 중심) 샤머니즘		
북방 기마유목민족	기마유목-농경민족	남방 농경민족
유대-기독교-중동-서양	샤머니즘-유교-동아시아	힌두-불교-동남아시아
유일신(여호와, 알라)	(바리데기, 상제, 옥황상제)	(깨달은 자, 부처)
절대신-동일성-전쟁	동일성-차이성-전쟁과 평화	상대신-차이성-평화
신본주의	인본주의	자연주의
유일-초월신(唯一-超越神)	조상신(人間-鬼神)	자연-범신(自然-汎神)

그런데 왜 유독 동북아시아, 시베리아 샤먼이 유명한가? 바로 그 힘의 강렬함에 있다. 그 강렬함은 아마도 북방의 환경적인 특성--추위와

---

5 배철현, 같은 책, 258~259쪽.

식량부족, 계속되는 전쟁 등으로 인해 말하자면 밖으로부터의 스트레스(stress)가 많은 데서 비롯되었던 것 같다.

인간은 유기체이기 때문에 스트레스가 많다고 해서 죽는 것은 아니다. 오히려 그 스트레스로 인해 더욱더 강해지고 도전적이 되고 문화적 진화를 할 수도 있는 것이다. 우리 민족에게 가장 눈에 띄는 스트레스는 '식량부족으로 인한 배고픔(飢餓)'과 '전쟁으로 인한 한(恨)'이 될 것이다. 아직도 가난과 전쟁에 대한 콤플렉스는 우리가 부(富)와 평화를 정착시키는 데에 기여하리라고 본다.

아마도 엑스타시에 오르는 것을 좋아하는 우리 민족은 무당적 기질을 많이 타고난 것 같다. 이것은 무엇인가 안에 쌓인 것을 밖으로 분출하는 메커니즘에 속한다.

인류사를 통해 보면 인류의 전쟁은 처음엔 위도 상 북쪽에 위치한 북방유목민족과 남쪽에 위치한 남방농경민족 사이의 식량전쟁이었다. 이 전쟁은 인구가 기하급수적으로 증가하면서 심한 식량부족에 직면하게 되는데 이 때 인간은 집단 안으로 식량을 더 조달할 수 있는 방법을 발견하던가, 아니면 다른 집단을 공격하여 식량을 약탈하던가, 둘 중에 하나를 선택하여야 하였다.

바로 인구 압력이 전쟁의 원인이 된 셈이다. 그런데 수렵채집기를 거친 인간은 유목과 농업을 그 다음의 식량조달방법으로 택하게 되는데 이 때 유목보다는 농업을 택한 쪽이 더 안정적인 식량을 확보하게 된다. 이 때 북방은 유목을 택하고 남방은 농업을 택하게 된다. 이는 남방이 기후가 따뜻하고 물을 얻기 쉽다는 환경적인 요인도 작용했다.

북방민족은 북방민족끼리의 전쟁을 벌이면서 승패와 자웅을 겨루기도 했지만, 다시 부족한 식량을 확보하기 위해 남방민족을 약탈하지 않을 수 없었다. 이것이 지구 전역에서 벌어진 위도 상 남북 간에 벌어진 남북전쟁이다.

이때가 바로 국가가 형성되는 즈음이었다. 유목민족은 가축의 먹이인 풀, 즉 목초지를 얻기 위한 사람과의 전쟁을 하지 않으면 안 되었고, 농경민족은 식량을 얻기 위해 풀(잡초)과의 전쟁, 혹은 물과의 전쟁을 벌이지 않으면 안 되었다.

북방민족은 그래서 새로운 목초지(차이)를 찾아서 계속 이동하고 다른 노마드(nomad)와의 전쟁을 수행하기 위해 결국 '전쟁기계'를 개발하지 않을 수 없었고, '신들의 전쟁'으로 향하여 가지 않을 수 없었다. 이것이 유목민족의 절대유일신 신앙을 낳았다.

농경민족은 울타리(경계)를 치고, 서로 남의 울타리를 존중하는 가운데 평화를 유지하는 것이 큰 숙제였고 범신론과 함께 '신들의 평화'를 도모하지 않을 수 없었다.

수렵	유목민족	노마드(nomad) 신들의 전쟁	사람과의 전쟁 (풀, 목초지를 얻기 위한)	전쟁기계 차이와 반복
채집	농경민족	울타리(우리, 경계) 신들의 평화	풀(잡초)과의 전쟁 (식량을 얻기 위한)	울타리 안에서의 평화

북방의 기마유목민족은 식량을 얻기 위해 말을 타고 이동하는 생활을 하여야 하는 관계로 매우 전투적이고 거칠다. 이러한 환경은 심리적인 강박관념을 불러일으킨다. 북방족의 문화를 살펴보는 데는 추운 지방에서 말을 타고 전투를 하는 이미지를 연상하면 비교적 쉽게 이해하게 된다. 이에 비해 남방족의 문화는 따뜻한 지방에서 농사 짓는 이미지를 연상하면 된다.

물론 모든 문화현상은 겉과 속이 다르고 상반되는 것을 동시에 내포하고 있는 관계로 북방적 요소가 남방에도 있고 남방적 요소가 북방에도 있을 수 있다. 문화는 서로 교류하고 융합하는 성질이 있기 때문이다. 이것은 또한 문화의 균형 잡기의 일환이기도 하다.

한국의 전통문화를 논할 때 우선 북방 것이냐, 남방의 것이냐, 아니면 융합된 것이냐의 문제가 가장 크다. 한국은 북방과 남방이 만나서 이루어진 중간지대, 융합지점, 경계지점이라는 데에 있기 때문이다. 따라서 불가피하게 한국문화에 대해 말할 때, 북방적 요소와 남방적 요소를 우선 논하지 않을 수 없게 되고 때로는 북방적 요소가 남방화 되고 남방적 요소가 북방화 되는 경우도 있을 것이다.

이런 경우 쉽게 그 본적지를 찾을 수 없게 되고 전문가들 사이에서도 논란의 여지가 있게 된다. 이는 종교적으로도 무교의 것인지, 불교의 것인지, 유교의 것인지 분간하기 어려운 점이 있는 것과도 맥을 같이 한다.

한민족은 민족적으로는 북방족과 남방족이 만나서 이룬 민족이다(단일민족이라는 말은 신화적인 것이다). 북방족과 남방족은 자웅을 겨루었는데 대체로 전투에 능한 북방족이 승리자의 위치에 서서 지배계급이 되었지만 정착하고 있는 토착민에게 문화적으로 동화되었다고 보면 크게 틀리지 않다.

이는 북방족의 점진적 남방화라고 할 수 있다. 문화적으로 보면 북방적 요소가 사라지는 것은 아니고 변형되고 굴절되었으며 북쪽에는 북방적 요소가 많이 남아 있고 남쪽에는 남방적 요소가 이어지게 된다. 그런데 한국문화를 논할 때 또 하나 문화적 환경으로서 빼놓을 수 없는 것은 바로 반도에 위치한 까닭에 대륙세력과 해양세력이 다투는, 자웅을 겨루는 지역이라는 점이다.

이는 인류의 '남북 식량전쟁'에 이어 국가 단계에 접어들면서 집단의 확대재생산과정이라고 할 수 있는 '동서 자웅(雌雄)전쟁'으로 접어드는 것과 때를 같이 한다.

이 자웅전쟁에서 우리의 조상은 결국 대륙에서 밀려나게 되고 동아시아의 중원이 아니라 변방으로 동남진하여 한반도에 정착하게 된다. 일부 세력들은 다시 일본을 개척한다. 고구려, 발해 등은 북방족이 전쟁에서는 간간이 이길 수 있었지만 결국 장기간의 전쟁에서 식량확보가 쉬운 남방을 가진 중국에게 주도권을 빼앗기게 된다.

고구려나 발해 이외의 북방민족이 개국한 요(遼), 금(金), 원(元), 청(淸)은 중국을 점령하였지만 역시 문화적으로 정착 농경민인 한(漢)족에게 동화 당한다. 지구상의 '남북전쟁'은 후에 '동서전쟁'이 되고 그 결과 동서교역이 이루어지기도 하는데 이것을 동서교섭사라고 할 수 있다.

이 동서교섭사에서 알렉산더 대왕의 마케토니아제국이 인도에까지 들어와 헬레니즘문화를 만들었으며 서양에 로마제국이 있었다고 하면 동양에는 당(唐)제국이 있었으며 징기스칸의 대몽고제국이 성립하기도 하였다. 비단길(Silk Road)은 동서교섭의 상징이다. 동양의 대제국인 원(元)과 서양의 대제국인 로마가 만난 것이 마르코 폴로의 동방견문록이다.

동서전쟁의 주도권은 징기스칸 이후 중세에는 중동에 있었지만 근세에 들어오면서 서양으로 넘어갔다. 동서전쟁 과정에서 북방민족의 전통은 서양으로 넘어가서 오늘날 서양의 전통으로 자리잡는다. 인류사에서 남북시대의 북방민족의 전통이 오늘날 동서시대의 서양의 전통으로 변화했다. 서양으로 넘어간 주도권은 로마, 스페인, 프랑스, 영국을 거쳐 오늘날 미국에 와 있다. 동서전쟁은 동시에 고등종교간의 전쟁이기도 하였다. 결국 전쟁으로 자웅을 겨루는 것이 끝나면 전쟁이 아닌, 종교로 다스릴 수밖에 없기 때문이다. 물론 동서전쟁 중에도 남북전쟁이 있었고 남북전쟁 중에도 동서전쟁은 있었다.

무교는 바로 국가형성 이전에 세계적으로 유행한 종교였다.

"학자들의 믿음에 따르면 최초의 상승신화는 구석기시대로 거슬러 올라가고, 수렵사회에서 주로 종교적 역할을 담당하는 샤먼과 관련이 있다. 샤먼은 주로 무아경과 황홀경에 이르는 데는 전문가였다. 샤먼의 환상과 꿈은 사냥꾼의 정신을 고스란히 담고 있었고, 사냥에 종교적 의미를 부여했다. 사냥은 매우 위험한 활동이었다. (중략) 사냥에도 초월적 차원이 존재했다. 샤먼도 원정을 떠났지만 그것은 정신적 탐험이었다. 사람들은 샤먼의 영혼이 육체를 떠나 하늘세계를 여행할 수 있다고 생각했다. 샤먼은 무아지경에 빠지면 공중을 날며 부족민들을 위해 신과 소통했던 것이다."[6]

한국문화를 논할 때 바로 이러한 남북의 교차지점이라는 사실에서 무교(巫敎)의 '신(神) 현상'과 동서전쟁에서 패배한 스트레스로 인한 '한(恨)의 정서'를 중심에 놓지 않으면 설명에 실패할 확률이 높다.

한국의 기층문화로서의 무교문화와 그 가운데에 신(神, 신내림)과 억눌린 한(恨)을 풀어주는 흥(興)이 있는 것이다. 샤머니즘의 강박관념(强迫觀念)과 한(恨)의 억눌림이라는 두 종류의 스트레스(stress)는 살아남기 위해서 저절로 그것을 푸는 메커니즘을 발달시킨다. 이 스트레스는 결국 권력경쟁에서 실패한 것에 따르는 것인데 특히 여성에게 집중되는 특성이 있다.

결국 전쟁은 남성이 하는 것이고 승리한 쪽의 영광은 남자들이 차지하지만 결국 패배한 쪽의 폐해는 여성에게 고스란히 남고 그 짐을 여성이 지지 않으면 안 된다. 이러한 한국문화의 특성은 조선조에 들어오면서 극대화된다. 그 이전 삼국과 고려시대에는 대륙의 신흥세력들과 항상 쟁패를 겨루었다.

---

6 카렌 암스트롱, 이다희 옮김, 『신화의 역사』(문학동네 2005), 31~32쪽.

아무튼 우리가 최근세사에서 물려받은 것은 사대주의와 식민주의이다. 그 식민주의는 고대에 우리가 식민지 경영을 한 일본으로부터 거꾸로 식민을 당하는 수모이며 치욕이었다. 가장 최근의 한민족의 문화특성은 국제적 패권경쟁에서 실패한 남자와 함께 사는 여성의 운명과 같다. 그래서 여성성과 평화주의는 한민족에게는 역사운명적인 것이다.

한국문화가 평화주의와 여성성을 보이는 것은 북방유목민족이 농경민족화 되면서 비롯된 것으로 보인다. 한민족에게 유목민족의 DNA가 숨어있다. 그래서 외세의 침략에 완전한 복종을 하지 않고, 저항을 하지만 문화패턴은 남방화 되면서 평화주의를 지향하는 '평화의 민족'이 되었을 가능성이 높다.

동일성과 전쟁의 논리, 그리고 전쟁기계

기독교의 결정적인 모순은 십계명의 제1조와 관련이 있다. “나 이외에 다른 신을 섬기지 말라.” 즉 우상(偶像)을 섬기지 말라고 했는데 정작 기독교야말로 하느님을 철저하게 우상화한 종교라는 점이다. 속된 말로, 자신들의 신을 섬기는 우상화는 괜찮고 다른 신을 섬기는 우상화는 안 된다는 ‘절대우상화’의 자기모순이다.

이 자기모순은 흔히 기독교와 이슬람교가 말하는 ‘성전(聖戰)’이라는 말에서도 잘 드러나고 있다. 인간은 ‘성전(聖典, 聖殿)’을 섬기는 것이 아니라 ‘성전(聖戰)’을 섬기는 셈이다. 동일성은 항상 전쟁으로 비화하고 전쟁으로 끝나는 속성이 있다.

인간 동일성의 하이라이트는 바로 여러 종교에서 섬기는 그들의 우상, 즉 신상(神像)과 관련이 있다. 종교적 우상은 절대적 우상이라는 점에서 스스로 우상을 타파할 수 없는 자기모순의 치명적 약점을 가지고 있다. 이 치명적 약점은 자기배반을 하지 않고서는 결코 우상에서 벗어날 수 없다는 뜻이 된다.

이때의 우상에는 종교적 숭배대상만이 아니라 자기 자신도 포함된다. 종교라는 것은 남(신)을 섬기기도 하지만 그 이면에는 자신을 섬기는 인간의 나르시즘의 요소도 없지 않기 때문이다. 신과 자신은 동일한 존재일지도 모른다. 그러한 점에서 종교적 인간은 결국 우상을 섬기는 한계와 특징을 가진 존재라고 하지 않을 수 없다.

인간은 자연의 수많은 동식물 가운데 '자기동일성의 존재'로 태어난 존재일 가능성이 높다. 다시 강조하면 사피엔스의 특징은 자기동일성에 있다. 인간의 생각도 동일성이고, 상상도 동일성이고, 언어도 인간의 생각과 상상을 뒷받침하는 수단(도구적 기호)으로서 동일성이다. 동일성의 진정한 내용은 무엇일까? 결국 소유이다. 인간은 소유적 존재(현존재=존재자)로서 지구에 등장하였다. 그래서 현존이 존재인 줄 모른다. 인간은 현존을 현상으로 해석하는 현존재이다. 현존은 기운생동(기운생멸)이다.

동일성의 철학의 궤적을 따라가다 보면, 결국 소유와 경쟁(전쟁)을 만나게 된다. 기계를 발명한 인간은 자신도 모르게 서서히, 부분적으로 '인간기계'가 되어 통째로 기계인간인 인조인간의 난무 속에서 '멸망하는 인간 종(자기 자신)'을 발견하게 된다. 참으로 유감이라고 말하지 않을 수 없다.

"똑똑한 자여, 그대는 사피엔스(Sapiens)임에 틀림없어라. 그러나 그대는 스스로의 멸종을 모르는 헛똑똑이들이다."

인간은 신(神)을 설정함으로써 자연의 생존경쟁의 장에서 신체적으로 나약한 지위를 극복하고, 만물의 영장의 지위를 차지할 수 있었다. 이는 '종교의 신'의 힘이다. 그 다음, 기술과학(무기의 발달)의 등장으로 인간은 인간집단 내부에서 권력경쟁을 하게 된다. 권력경쟁은 국가의 탄생과 더불어 패권경쟁의 역사이다.

패권경쟁의 역사는 제국주의의 역사를 전개해왔다. 제국주의는 현대에 이르러 본격적인 과학혁명의 시대를 맞아서 과학과 경제의 결합으로 완전히 '과학적-경제적 제국주의'가 됨으로써 무소불위의 힘을 가지게 되었다. 인간은 인간신이 되었다.

이렇게 종교의 신, 과학의 신, 경제의 신으로 변신을 거듭한 동일성은 이제 기계의 신, 전쟁기계의 신으로 대체되기 직전에 있다. 이는 인간 집단 간에 서로 '주인-되기'('주인-노예'의 변증법)의 치열한 경쟁에 들어갔다고 말할 수 있다. 겉으로는 '인류의 평화'를 외치지만, 속으로는 '권력과 지배'를 꿈꾸고 있다.

헤겔의 주장처럼 '주인-노예'의 변증법은 동물의 가축화에도 그대로 적용된다. 인간의 문명은 수렵채집(狩獵採集)의 시기를 지나서 신석기시대 농업혁명과 더불어 농경사육(農耕飼育)의 시기로 접어든다. 야생동물을 상대로 한 인간의 가축화전략은 인간에게 충성을 하는 동물을 살아남게 하고 이들을 교배시킴으로써 가축화가 가능하였던 것이다. 이는 가축의 '노예-만들기'라고 말할 수 있을 것이다.

가축의 노예화에 성공한 인간은 인간 종 내부에서는 입장을 바꾸어 서로 주인이 되고자 경쟁해 왔다. 인간의 '문명화'는 '가축화'와는 반대 방향이라고 할 수 있다. '문명화'는 소유욕이 강한 종족(민족)들의 '살아남기' 경쟁이었다고 할 수 있다. 결국 소유욕이 강한 집단들이 살아남은 게 오늘의 인구라는 것이다.

앞으로도 소유욕이 강한 집단들이 살아남을 가능성이 높다. 그렇다면 인간세상은 결국 '권력경쟁의 장'이라는 것을 벗어날 수 없을 것이다. 누가 힘이 센지를 확인하고 결정하는 것은 결국 경쟁과 전쟁으로 승패를 가를 수밖에 없다. 그래서 전쟁 없는 세상, 평화로운 세상을 생각하는 것은 현실적으로 불가능하다. 이에 인간의식의 획기적인 전환이 없이는 영구평화를 정착시킬 수가 없다는 결론에 도달하게 된다.

문명화는 물론 '주인-되기'의 경쟁이다. 그렇지만 '주인-되기'와 '노예-만들기'는 방향만 반대이지 결국 같은 패러다임이다. 인간이 과연 남의 노예로 만족하며 살 수 있을까? 만약 인간이 그렇게 살 수 없는 존재라면 '주인-되기'는 결국 인간의 경쟁을 불러오고, 그것이 극심해질 경우 인간의 자멸을 초래할 가능성이 크다는 결론에 도달하게 된다.

'주인-되기'이든, '노예-되기'이든 결국 어느 한쪽의 동일성을 추구하는 것이다. 동일성의 철학은 소유의 철학에 다름 아니다. 흔히 서양철학을 필로소피(philosophy), 즉 '앎의 철학', '애지(愛知)의 철학'이라고 말한다. 그러나 이것도 따지고 보면 결국 삶을 위해 환경으로부터 유무형의 압박(stress)을 받고, 필요(need)를 충당한 '삶의 방식(way of life)'을 고안해낸 것으로 '삶의 철학'이 아닌 것이 없다.

동일성(실체)의 철학에 속하는 서양철학도 아마도 동일성을 찾지 않으면 안 되는 역사적·문화적 절박감에 의해서 구축되었을 것이다. 자연으로부터 어떤 지속적인 등식을 추출해내야 보다 안정적인 조건에서 삶을 영위하고, 생존경쟁이나 전쟁의 위협에서 스스로의 생존(survival)을 보장받았을 것이라는 점을 유추하는 것은 어렵지 않다. 앞장에서 동일성의 철학과 문명은 결국 전쟁을 일으키게 된다는 것을 철학적으로 토론했다. 시각중심의 철학과 문명은 실체를 잡게 하고, 실체는 결국 무기를 생산하게 하고, 그 무기는 인간의 힘(권력, 폭력)을 과시하게 된다. 따라서 시각적 동일성에 길들여진 서양문명은 자신도 모르게 전쟁을 일으켜서 남의 땅을 정복하고자 한다.

존재는 인간의 시각에서 그려진(상상된, 구축된) 어떤 것이 아니라 생성변화(생멸) 자체가 존재이고, 존재는 바로 사물사건이다. 사물사건은 또한 신물(神物)이다. 신령스럽지 않는 사물이 세상에 어디에 있겠는가. 만물만신(萬物萬神)이여!

만물만신을 시공간의 틀에 가둠으로써 '존재의 신비'는 사라졌다. 시공간의 틀에 사로잡힌 만물은 단지 인간이 이용할 수 있는 물질일 뿐이다. 시각은 가상의 시공간(時空間, time-space)을 만들어야 하고, 그 시공간에서 그림을 그리거나 글씨를 쓰거나 상상력의 공간에서 상상의 나래를 펴야 한다. 평면에 그림을 그리고, 글씨를 쓰고, 이를 텍스트(text)로 만들어내고, 그 텍스트는 과학기술(technology)을 만들어내고, 결국 서양의 과학문명을 일으키는 바탕이 되었다.

이렇게 보면 호모 사피엔스 사피엔스(sapiens)의 출현은 결국 〈시공간(時空間, time-space)-텍스트(text)-과학기술(technology)〉의 연결로 드러난 셈이다.

서양문명은 '4T의 문명'

서양철학은 처음부터 사물(thing)을 대상으로 보는 현상학에서 출발하였다. 그래서 결국 사물에서 출발하여 사물로 돌아온 셈이다. 서양철학은 현상학적 '4T- 순환굴레'로 설명할 수 있다.

4T- 순환굴레: 〈시공간(時空間, time-space)-텍스트(text)-과학기술(technology)-사물(thing)〉

"인간이란 무엇인가?"에 대한 현대과학문명의 결론은 "사피엔스(sapiens)는 사이언스(science)를 만들어낸 존재이다."라고 답할 수 있다.

이것을 문화적으로 설명하면 〈신(종교)에서 과학(언어)〉으로의 중심이동이라고 말할 수 있다. '신의 발명'에서 시작한 인류문명은 이제 인간이 신이 되는 '인간신(人間神)'에 이르렀음을 말하고 있다. 인간신!

이제 인간은 본래의 '신인간(神人間)=신인(神人)'으로 돌아가지 않으면 안 된다. '신인'은 새로운 '신인간(新人間)'이다. 신인간으로 돌아가려면 동일성의 철학에 대한 맹신을 버려야 한다. 이는 자연으로 돌아가는 것이다. 만약 인간이 스스로 그것을 실현하지 않으면 자연은 본능적으로 그것을 실현할 것이다. 그것은 인간으로 볼 때는 인류공멸이라는 자연의 보이지 않는 보복일 수 있다. 그러한 보복은 인간적 분노(忿怒)이기보다는 자연의 불인(不仁)에 가까울 것이다.

서양철학 (동일성의 철학)	물신(物神)숭배 종교/과학/에코노미	인간의 힘의 상승과 증대/ 인간신(人間神)의 전쟁	인간은 무소불위의 힘이 있다
동양철학 (차이성의 철학)	신물(神物)숭배 샤머니즘/에콜로지	신과 인간과 자연의 평화/ 신인간(新人間)의 평화	신은 아무런 힘이 없다

서양문명의 동일성의 철학의 연원은 멀리 플라톤의 '이데아'까지 소급된다. 이데아라는 것은 사물의 현상에 숨어 있는 변하지 않는 실체로서의 본질을 말한다. 그러한 본질에 대한 가정은 현상과 본질을 둘로 갈라놓게 되고, 본질을 동일성으로 규정하는 것이었다.

그렇다고 보면, 현존이 생성인데 현존을 현상으로 해석함으로써 결국 본질이라는 동일성을 별도로 가정하게 되고, 그 가정의 오류로 인해 과학을 얻은 문명적 과정이 서양문명이다. 서양이 주도하는 인간과 인간의 문명은 오늘에 이르러 하나의 우주적 에피소드로 끝날 것인가? 역사는 인간이 만들어낸 권력경쟁의 하나의 소설(가공물)에 지나지 않는 것일까? 그것도 '사피엔스'라는 광적(狂的)인 기질의 생물종에 의해서.

동일성의 개념(개념 자체가 동일성이다)은 처음부터 실재를 모르는 상태에서 가상실재로서 출발한 개념이다. 이것이 근대철학에서는 칸트의 '이성'에 의해 확실하게 자리를 잡게 된다. 동일한 것이 없는 자연에서 동일성을 찾는 자체가 바로 '가상(가상실재)의 여행'이다. 서양철학은 가상실재(추상)를 찾는 여정이었다고 말할 수 있다. 이는 근대과학문명(추상기계)에서 그 꽃을 피웠다.

근대에 등장한 서구문명의 부상

서구문명이 인류사에서 부상한 것은 근대에 이르러서이다.

"유럽의 크리스트교권은 8세기와 9세기 무렵에 독자적인 문명으로 등장하기 시작했다. 수백 년 동안 유럽의 문명수준은 다른 문명들에 비해 뒤떨어져 있었다. 중국은 당송명 시대에, 이슬람은 8세기에서 12세기까지, 비잔틴은 8세기에서 11세기까지 유럽을 훨씬 능가하는 경제적, 영토, 군사력을 가지고 있었으며, 예술적, 학술적, 과학적 성취 면에서도 유럽과는 비교가 되지 않았다. (중략) 20세기 초반으로 접어들면 터키를 제외한 중동의 거의 모든 지역이 서구의 직간접적 영향력 아래 들어갔다. 유럽의 또는(아메리카 대륙의) 과거 유럽 식민지 이주민은 1800년에 이르러 세계 육지의 35퍼센트를 점유하였다. 1878년에는 그 비율이 67퍼센트로 높아졌고, 1914년에는 다시 84퍼센트로 껑충 뛰었다. 1920년에 가서도 오스만제국이 영국, 프랑스, 이탈리아에 의하여 분할되면서 그 비율은 더 높아졌다. 180년에는 영국은 150만 평방마일의 영토와 2천만 명의 인구를 거느리고 있었다. 태양이 지지 않는다던 1900년 빅토리아 시대의 대영제국은 1100만 평방마일의 영토와 3억 9천만 명의 인구를 거느리기에 이르렀다. 유럽의 세력팽창과정에서 안데스 및 메소아메리카 문명은 효과적으로 제거되었으며, 인도와 이슬람 문명도 아프리카 문명과 함께 서구에 복속되었다. 중국도 서구의 침략을 받고 서구에 종속당하는 운명에 놓였다. 고도로 중앙집권화된 통치집단이 지배하던 러시아, 일본, 에티오피아만이 서구의 침탈에 저항하여 의미 있는 독자적 위치를 고수하였다. 대체로 400년 동안 문명과 문명의 관계는 서구문명에 대한 다른 문명들의 종속으로 나타났다."[7]

서구문명이 거의 세계전체에 대해 영향력을 확대할 수 있었던 것은 과학기술과 무력행사 덕분이었다.

르네상스(유럽 문명사에서 14세기부터 16세기 사이에 일어난 문예부흥운동)와 지리상의 발견시대(동방에 대한 동경으로 15~17세기에 걸쳐 이루어졌던 항해와 탐험시대) 이후 서구문명이 세계를 제패한 것은 무엇보다도 '조직화된 폭력의 우위' 덕분이었다.

"1910년의 세계는 인류역사의 어떤 시기와 비교해도 정치적으로 경제적으로 더욱 통합되어 있었다. 국제무역은 세계 총생산의 35퍼센트라는 전무후무한 수치를 기록하였다. 총 투자액 중에 국제투자가 차지하는 비율 역시 어느 때보다도 높았다. 문명은 서구문명을 뜻하였으며 서구는 세계의 대부분을 통제하거나 지배하였다. 국제법은 그로티우스의 전통에서 비롯된 서구 국제법이었다. 국제체제는 주권을 가진 '문명' 국가들과 이들이 지배하는 식민지들로 이루어진 베스트팔렌 체제에 다름 아니었다. 서구에 의해 정의되는 이 국제체제의 출현은 1500년 이후의 세계정치에서 두 번째로 중요한 발전양상에 해당한다. 서구사회들은 비서구사회들과 지배-종속의 양식으로 교섭을 가졌을 뿐만 아니라 자기네들끼리도 더욱 동등해진 바탕 위에서 교섭을 가지게 되었다."[8]

베스트팔렌 조약 이후 150년 동안 서구문명은 내부적으로 종교전쟁, 왕조전쟁을 거친 끝에 국민국가(nation-state)를 탄생시켰다. 1789년 프랑스혁명은 가장 상징적인 사건이다. 이런 양상은 1차 세계대전까지 계속되었다. 1917년 러시아혁명 이후 세계는 파시즘(국가사회주의)과 공산사

---

7 새뮤얼 헌팅턴, 같은 책, 이희재 옮김, 60~61쪽.

8 새뮤얼 헌팅턴, 같은 책, 이희재 옮김, 62~63쪽.

회주의, 그리고 자유자본주의 진영으로 갈라졌다.

"마르크시즘이 처음에 러시아에서, 곧 이어 중국과 베트남에서 권력을 잡으면서 유럽식 국제체제는 탈유럽적 다극 문명체제로 이행되었다. 마르크시즘은 유럽문명의 산물이었음에도 유럽에서는 뿌리를 내리지도 성공을 거두지도 못했다. (중략) 레닌, 마오쩌둥(毛澤東), 호치민은 마르크시즘을 자신들의 목적에 맞게 수정하여 서구세력에 맞서고자 인민을 동원하고 자신들의 민족적 정체성과 국가적 자존심을 지키는 데 활용하였다. 소련에서 공산주의가 몰락하고 중국과 베트남에서 공산주의가 크게 수정되었다고 해서 이들 사회가 서구의 자유민주주의 이데올로기를 수입하리라는 보장은 없다. 그 점을 낙관하는 서구인들은 비서구문화들의 창조성과 융통성, 개성 앞에서 깜짝 놀랄 것이다."[9]

이상이 근대 서구문명이 거쳐 온 역사적 큰 줄기이다. 서구문명은 오늘날 최근까지도 전 지구를 상대로 자유자본-공산사회의 이데올로기 경쟁을 벌였다.

자본주의 사회이든, 공산주의 사회이든 현대는 모두 동일성과 추상의 논리에 의해 인간성이 말살된 지경에 있다. 이런 곳에서 진정한 사랑은 꽃 피울 수 없을 것이다.

"사랑하는 의식은 한 존재를 존재로서 생각하는 데에서 성립한다. (중략) 사랑하는 의식의 부재는 추상적 정신의 팽창과 분리할 수 없는 관계로 되어버렸다. 그래서 구체적인 한 개인적 존재를 어떤 관념이나 또는 추상적인 이념이 대치하게 된다. 공산주의 사회에서 각 개인은 공산주의 이데올로기의 무장과 생산을 위한 사회적 관계로 전락되어버리고, 자본주의 사회에서 개인은 사회의 한복판에서 생산량과 이윤추구의 한

9 새뮤얼 헌팅턴, 같은 책, 이희재 옮김, 63쪽.

단위로 탈바꿈될 위험에 직면하게 된 것이다. 인간을 추상적인 관념의 터전이나 이윤추구의 한 분자로 취급하는 거기에 이미 인간의 존엄성은 사라진 지 오래고 비록 말로써 많은 지도자들이 외친다 해도 그 말은 바오로의 성서적 표현같이 빈 꽹과리 소리에 더 나은 것이 없게 된다. 만약에 추상의 관념이나 생산량의 다소에 의하여 인간의 가치가 평정될 때에 적나라한 차원에서의 인간, 즉 가냘프고 무장하지 않은 인간—어린이, 늙은이, 가난한 사람—은 자기 고향에 있다는 감정을 느끼지 못한 소외의 인간군이 될 것이다."[10]

서양 근대과학문명에 의해 이끌어지고 있는 현대문명은 크게 이윤과 이념에 의해 구분되어 있다.

"이념이나 자본적 이윤으로 모든 인간을 한 사회 속에서 획일화할 때에, 또 사회의 모든 가치가 가난한 이념으로 단일화될 때에 평화의 주체적 모습이 뿜어내는 올바른 의식과 사랑하는 의식은 거대한 현대 도시의 가로수들이 이미 전원으로 가는 길을 가리켜주지 않고 시들어버리듯이 메말라버리게 된 것이다. 정의와 사랑의 의식은 나의 평화적 의식의 얼굴이요, 모습이다. 평화적 의식의 얼굴은 다차원적이고 다양성 있는 타자들의 존중이다. 이미 레비나스가 너무나 쓰라린 과거의 전쟁 체험에서 평화에의 끈질긴 사상을 쉬지 않고 발표하고 있지만 레비나스적인 타인의 개념은 헤겔적인 변증법에 의하여 결국 동일성으로 환원되는 그런 타입이 아니다. 모든 전쟁은 동일성을 강요하려는 데서 생긴다고 주장함은 지나친 것일까?"[11]

서양철학의 동일성은 무엇보다도 평화의 적이다.

---

10 김형효, 같은 책, 30쪽.

11 김형효, 같은 책, 31쪽.

"평화를 위한 주체적 의식은 '자기중심적(auto-centrique)'이어서는 안 되고 '이타중심적(hétéro-centrique)'이어야 한다. 이타중심적인 의식의 표현은 형제애의 증언이다. (중략) 사랑의 의식은 각 개인을 어떤 전체에 복종시키는 그런 동일성의 의식과는 다르며 또한 각 개인에게 그들의 고유한 실존의 모습을 짓밟는 획일성과도 다르다. 사랑은 그와는 정반대로서 각 인간으로 하여금 무한한 가치를 실현하도록 하며 또한 개인 상호간의 현존 속에서 서로의 행복을 즐거워하는 실존적 분위기를 조성함에 있는 것이다."[12]

평화는 동일성의 추구에 있는 것이 아니라 동감(sympathie)에 있다.

"사랑의 주체적 의식은 타인을 소멸 또는 엉켜져야 할 대상으로 간주하지 않고 각 인격이 개화하는 그런 질서로 겨냥한다. 그러한 개화의 심리는 말할 것도 없이 동감(sympathie)의 심리이다. 그런데 사랑의 의식은 동감이나 공명(共鳴)의 결과에서 탄생하는 것이 아니라 오히려 그보다도 사랑의 의식이 동감의 심리를 준비하고 조건지어준다고 볼 수 있지 않겠는가?"[13]

서양의 이성철학은 보편성이라고 미화된 원리를 추출하는 철학으로서 '추상에 의해 건설된 동일성의 철학'이다. 이러한 동일성에 대해 서양의 후기근대철학, 즉 반이성주의를 표방하는 철학들은 저마다 소리를 높였지만 결국은 무늬만 반이성주의일 뿐 실은 이성주의철학을 숨기는 '이성주의 은폐'에 불과한 철학이었다.

무엇보다도 그들이 주장하는 의지와 욕망도 결국 이성이라는 것이 판명됨으로서 이성주의 철학으로 돌아가고 말았다. 후기근대철학자들

---

12 김형효, 같은 책, 31~32쪽.

13 김형효, 같은 책, 32쪽.

은 반이성주의 철학을 구성한 것이 아니라 종래 이성주의에 입각하여 서술된 텍스트를 해체하면서 다른 텍스트를 생산해냈지만 결국 이성주의를 공격하지 못하고 주저앉고 말았다.

물론 이들이 넘지 못한 선은 바로 시간과 공간의 장벽이었다. 예컨대 하이데거는 시간에 걸려 넘어졌고, 데리다는 공간에 걸려 넘어졌다. 또한 들뢰즈는 추상과 기계에 걸려 넘어졌다. 시간과 공간이 결국 추상이라면 이들은 모두 추상에 걸려 넘어진 셈이다. 그런데 기계야말로 가장 딱딱하고 차가운 추상이니 이들은 스스로 만든 기계의 감옥에 갇힌 셈이다.

하이데거가 자신의 철학을 '존재론'이라고 명명한 것과 데리다가 자신의 철학을 '그라마톨로지'라고 한 것은 모두 유럽철학의 전통에 대한 거부할 수 없는 자부심과 오만의 결과라고 말할 수 있다. 왜냐하면 하이데거는 종래 서양철학의 전통이 '존재자'를 모두 '존재'라고 했다고 비판하면서도 '존재'라는 용어만은 정반대의 뜻으로 사용하고 있기 때문이다. 그래서 하이데거의 글에서 '존재'라는 단어는 '존재자' 혹은 '존재' 중 어느 것을 뜻하는지 혼란을 가져오기도 한다.

데리다의 철학은 하이데거의 카피 혹은 번안에 가깝다. 데리다는 하이데거의 '존재자'의 자리에 '현존(présence)'을 대입하고, 하이데거의 '존재'에 '그라마(gramme)'를 대입한 철학으로 하이데거의 프랑스적 번안이라고 말할 수 있다. 데리다는 또한 하이데거의 재구성을 위한 '해체'라는 용어를 '해체주의'로 과장한 인물이다. 하이데거는 '죽음(죽을 사람)'을 현상학적 동일성으로 삼은 철학자인 반면 데리다는 '유령'을 동일성으로 삼은 철학자이다.

데리다의 그라마톨로지도 명분상으로는 반이성주의를 표방하면서도 정작 그라마톨로지는 이성주의철학에서 실행한 텍스트생산의 역동적

과정을 설명하고 있기 때문이다. 이를 하이데거의 존재론에서 말한 '존재자' 식으로 말한다면 서양철학의 모든 글쓰기는 '그라마톨로지'였다고 말할 수 있다.

시간을 주축으로 전개한 하이데거의 철학은 '공간(터-있음, 현존재)'에서 기댈 언덕을 마련하고, 공간(에크리튀르)을 주축으로 전개한 데리다의 철학은 '시간(부재, 현재의 부재)'에서 출발 지점을 택한다. 이를 역으로 설명하면 하이데거는 '터-있음(현존재)'에서 출발하고 있기 때문에 시간을 전제하는 것이고, 데리다는 '에크리튀르(글쓰기)'에서 출발하였기 때문에 공간이 전제되는 것이다.

하이데거든, 데리다는 결국 개체(individual)를 벗어나지 못한 셈이다. 개체를 벗어나지 못했다고 하는 것은 여전히 개체적(individual)·원자적(atomic) 사고를 벗어나지 못한 셈이다. 이는 결국 과학에서 일어나는 '사물의 사건(운동과 변화)'을 인간에게 적용하여 '인간의 사건(사태, 존재사태)'으로 설명한 것에 지나지 않는다.

두 철학자는 시공간의 틀에 매여 있다. 그래서 두 철학자는 결국 현상학자이지만, 하이데거는 시간을 축으로 했기 때문에 존재(생성)에 더 가까이 다가갈 수 있는 행운을 얻을 수 있었다. 하이데거가 '소리의 울림'('눈의 철학'이 아닌 '귀의 철학')에 더 민감한 것은 이 때문이다.

데리다는 처음부터 '소리(phone)=이성(logos)'이라는 대전제 때문에 길을 잘못 들었으나 워낙 열정적으로 자신의 길을 개척해왔기 때문에 '그라마톨로지'라는 '초월적 문자학'의 밀림에서 도중에 미아가 되지 않고 결국 자신이 출발한 원점인 소리로 돌아올 수 있었다. 그래서 소리도 그라마톨로지에 속한다고 주장을 했다.

이것은 그라마톨로지가 언어의 분절적 특성을 중심으로 해체론을 주장하고 있지만 역설적으로 서양철학의 '문자집착증'에 지나지 않는다고 말할 수 있다. 니체가 서양철학의 핵심이 '힘(권력)'이라고 그 정체를 폭로하였듯이 데리다는 서양철학의 핵심이 '문자(초월적 문자, 원형문자)'라고 그 정체를 폭로한 것에 지나지 않는다.

더욱이 그는 '해체론적 문자학'인 『그라마톨로지』에서는 남의 책—루소의 책이나 레비스트로스의 책— 을 분석, 해체하는 일에 매진하였기 때문에 정작 자신의 윤리실천적인 주장은 '해체론적 유령학'에서 제기했다. 『법의 힘』과 「메시아론」을 제기함으로써 서양철학의 특성인 초월적 현상학을 소크라테스 이래의 '악법도 법'의 전통과 기독교 본래의 '메시아사상'으로 회귀시키는 모습을 보여주었다.

니체는 영원으로 회귀(영원회귀 사상)했지만 데리다는 메시아(유령의 메시아)로 회귀했다. 니체와 데리다는 둘 다 현상학에 철저했던 인물이다. 데리다가 스스로 자신이 니체의 후예임을 주장하는 것도 바로 철학의 문체주의 이외에도 현상학적 태도에서 기인하는 점이 있을 것이다.

서양철학의 계보학

서양의 근대철학사를 회상하면, 데카르트의 기계론적 세계관에 이어 스피노자의 소위 범신론은 기독교의 유일신을 자연전체에 심은 범재신론적 사유를 통해 신을 물질화하는 교량역할을 했으며, 이에 더하여 라이프니츠의 단자론은 완전히 정신이 물질이 되는 전기를 마련함으로써 오늘의 물리학의 세계를 여는 수학적 발판을 마련한다.

서양의 초월적 철학의 전통으로 볼 때 칸트의 선험과 초월에 앞서 이미 라이프니츠에 의해 무한대라는 초월이 마련된 셈이다. 말하자면 칸트는 서양의 근대과학에 의해 성립된 초월적 전통을 자신의 철학에 종합적으로 새겨놓는 역할을 한 셈이다. 칸트는 '신(神)'과 '물(物) 자체'의 세계를 철학적 논의에서 배제함으로써 과학의 길을 철학에서 뒷받침하였다.

칸트는 신앙적으로는 신을 믿었다고 할지라도 실질적으로 철학에서 신(神)과 물(物)을 배제하는 데에 성공하였으며, 헤겔은 절대정신을 통해 정신이 곧 물질(정신=물질)임을 선언하기에 이른다. 이는 마르크스에 의해 곧바로 물질이 곧 정신(물질=정신)이라고 선언하는 뒤집기를 당함으로써 서양철학의 길고 긴 현상학적 여정은 유물론과 과학으로 끝을 맺게 된다.

헤겔은 절대정신을 통해 역사(시간)를 절대화시켰고, 마르크스는 유물론을 통해 사회(공간)를 절대화시켰다. 이것은 서양 기독교의 절대유일신을 철학적으로 집대성한 것이라고 말할 수 있다. 니체는 서양문명의 정체가 '힘에의 의지'를 통한 힘(권력)의 증대과정, 실체의 증대과정의 역사라는 것을 실토했다.

서양문명은 '힘 있는 신'을 추구하는 과정이라고 말할 수 있다. 말하자면 기독교의 절대유일신은 처음엔 '신이 힘 있는 자'에서 출발하여 마지막에는 '힘 있는 자가 신'이 되는 역전과정으로 노출하고 말았다. 이것이 현대라는 시대에 대한 종합적인 성찰이다.

만약 '신이 힘 있는 자'가 아니고 '힘이 없는 자'라면, 서양의 근대철학은 겉으로는 신을 섬기고 신의 매개변수로 이성을 사용하면서도 실은 '신을 배제하는 여정'으로서의 철학이 된다. 이는 니체에 의해 "신은 죽었다."라는 선언으로 종장을 맺게 된다. 인간의 힘을 증대시키는 매개변수로 사용된 신은 이제 역사의 뒤안길에 버려진 셈이다.

신이 죽어버린 현대에 사는 인간은 결국 신화를 잃어버렸다. 신화를 잃어버린 것은 결국 자신을 잃어버린 것이 되었다.

"우리는 신화가 허구이며 열등한 사유 방식을 나타낸다는 19세기의 잘못된 생각으로부터 깨어나야 한다. 물론 우리는 스스로를 완전히 재창조할 수도 없고, 이성에 치우친 교육을 받은 일을 무효로 할 수도,, 전근대적 감수성으로 되돌아갈 수도 없다. 우리는 신화에 대해 보다 지적인 태도를 취할 수는 있다. 인간은 신화를 만드는 존재다. 20세기 동안 우리는 대량 살육과 집단 학살로 끝난 매우 파괴적인 현대의 신화를 여럿 보았다.(중략) 이들 신화에는 연민의 정신이나, 모든 생명의 신성함에 대한 경의, 그리고 공자가 '중용(中庸)'이라고 불렀던 것이 들어 있지 않았다. 파괴적인 이들 신화는 인종차별과 민족주의, 파벌주의와 이기주의를 조장하는 편협한 신화였고, 타인을 악한 자로 규정함으로써 자신을 높이려는 시도였다. 이러한 신화는 모두 현대사회의 기대를 저버렸다. (중략) 이성만으로 나쁜 신화에 대항할 수는 없다. 순수한 로고스는 그토록 깊이 뿌리박힌, 그리고 정화되지 않은 두려움과 욕구와 정신병을 감당할 수 없기 때문이다."[14]

그렇다면 현대인은 어떤 신화를 다시 써야 하는가.

"우리에게 필요한 신화는 모든 인간이 민족이나 국가, 이상에 따라 속한 집단에 구애받지 않은 채, 서로에게 동질감을 느낄 수 있게 도와주는 신화이다. 우리에게 필요한 신화는 실용주의적이고 합리적인 이 세상이 충분히 생산적이지도 능률적이지도 않다고 치부하는, 연민의 정을 깨우치는 신화다. (중략) 우리에게 필요한 신화는 우리가 다시금 대지를 신성한 것으로 받들고, 단순한 '자원'으로 이용하지 않게 해주는 신화이다. 이는 매우 중요하다. 우리가 가진 뛰어난 과학 기술적 능력과 나란히 할 정신적인 개혁이 어떤 식으로든 일어나지 않는 한, 우리는 지구를

---

14 카렌 암스트롱, 『신화의 역사』, 이다희 옮김, 문학동네, 2005, 145~146쪽.

살릴 수 없을 것이다."[15]

역설적으로 신을 잃어버린 서양철학은 허무주의에 빠졌고, 니체는 허무주의의 수렁에서 그것을 극복하는 척했지만, 더욱더 인간의 '힘(권력)'을 증대시키는 쪽에 손을 들어줌으로써 오늘날의 과학만능주의와 물질만능, 그리고 정치적 파시즘에의 길을 열어준다.

니체는 개인적으로는 '니체-예수'를 꿈꾸기도 했지만 결국 '니체-요한(세례자)'에 머물고, 칸트적 도덕주의를 맹렬하게 비난했지만 그의 신체적 도덕주의(도덕적 신체주의)는 욕망을 제어하지 못하고 욕망의 제물이 되었다.

니체의 후예들이라고 할 수 있는, 프랑스의 후기 근대철학을 대변하는 데리다와 들뢰즈는 서양철학사의 마지막을 장식하는 인물의 성격이 강하다. 데리다는 관념주의 전통에서 그라마톨로지(grammatology)를 주장하고 있고, 들뢰즈는 유물론적 전통에서 머시니즘(machinism)을 주장하고 있다. 관념주의 전통에서의 데리다의 분절(articulation)은 유물론적 전통의 들뢰즈의 접속(connection)과 같은 것이다.

이들이 서로 다른 주장처럼 이해되는 것은 아직 서양철학의 계보학적 이해를 충분히 하지 못했기 때문이다. 니체의 '힘에의 의지'나 데리다의 '텍스트이론'이나 들뢰즈의 '전쟁기계'라는 개념은 같은 내용을 각기 다른 차원에서 설명한 것일 뿐이다.

결국 힘(power), 문법(grammar), 기계(machine)는 실체의 증대라는 측면에서 같은 것이다. 서양철학의 힘은 결국 텍스트(text)를 구성하는 능력에 있으며, 텍스트가 결국 테크놀로지(technology)로 귀결된 것이 오늘날 서양과학문명이다. 텍스트를 만드는 인간은 테크놀로지를 만들 수밖에

15 카렌 암스트롱, 같은 책, 이다희 옮김, 146~147쪽.

없다.

유심과 유물의 이분법은 서양철학의 종착역으로서 겉으로 보면 정반대로 평행선을 긋는 것 같지만 현상학적 왕래로 보면 실은 같은 것이다. 현상학적 이원대립은 인간의식의 특징을 말하는 것으로 하나의 세트(set)임을 알 수 있다. 이원대립은 존재(실재)를 인간의 눈으로 본 존재자의 대립인 것이다.

서양철학을 계보학적으로 보면 결국 변하지 않는 실체(가상실재)라는 동일성(절대성)을 추구한 철학이라고 말할 수 있다. 동일성의 철학의 기원은 바로 기독교의 절대유일신이다.

기독교의 절대유일신은 스피노자에 이르러 범신론(유일신이 자연의 모든 사물에 들어있는 범재신론)이 되었고, 라이프니츠에 이르러 단자(변하지 않는 동일성, 즉 실체가 들어있는 단자)가 되었으며, 칸트에 이르러 순수이성이 되었고, 헤겔에 이르러 절대정신이 되었다. 결국 이 과정은 '신'이 바로 '정신'이 되는 과정이었다고 말할 수 있다.

헤겔의 절대정신을 향한 역사(시간)변증법은 마르크스에 이르러 유물사관(계급투쟁)으로 뒤집어졌으며, 니체에 이르러 신체적 욕망을 포함한 '힘에의 의지'의 현상학이 되었고, 후설에 이르러 현상학은 일반화되었다. 현상학은 결국 종래의 원인적 동일성을 추구하던 것이 결과적 동일성으로 이동한 것으로 결국 동일성을 추구하는 것에는 변함이 없다.

동일성을 추구하는 서양철학의 전통은 후기근대철학자들에 이르러서도 계속된다. 하이데거와 데리다, 들뢰즈의 '차이의 철학'에 이르러서도 그 '차이'는 기독교의 '절대신'의 자리를 대신하는 차이라는 점에서 역시 동일성을 내포한 차이였다고 말할 수 있다.

차이(차연)의 철학의 '연장' 혹은 '복제'의 개념은 결국 종래 헤겔철학의 변증법을 다른 말로 표현한 것에 불과하였다. 말하자면 동일성(실체)이 있는 차이의 연속으로서 변하지 않는 대상을 추구한 것이었다. 현상학은 결국 가상의 주체와 대상을 만들어서 양자 사이를 왕래하는 인간의 의식을 탐구하는 '의식학(의미학)'이였던 셈이다.

현상학은 결국 인간의 주체와 대상이라는 것이 인간이 투사하거나 문법화한 언어의 통사구조에 불과한 것이었음을 확인하는 계기가 되었다. 라캉은 욕망도 언어(대타자)라는 것을 밝힘으로써 결국 욕망도 이성이라는 것을 확인하는 계기가 되었다.

서양철학사를 회고하면 기독교의 절대유일신을 두고 유신(有神)이라고 하든, 무신(無神)이라고 하던 결국 신(神)이라는 동일성의 개념의 기초 위에 있는 것이다. 하이데거의 '탈은폐'라는 개념도 '은폐'라는 동일성, 데리다의 '탈흔적'도 '흔적'이라는 동일성, 들뢰즈의 '탈영토'라는 개념도 '영토'라는 동일성의 개념 위에 있는 것이다. 결국 개념이 바로 동일성을 나타낸다. 그러한 점에서 개념철학을 벗어나야 동일성에서 해방될 수 있음을 역설적으로 알 수 있다.

결국 무(無)자가 붙든, 탈(脫)자가 붙든, 반(反, anti-)자가 붙던 모두 동일성을 전제하고 그것에 반론을 제기한 철학이라는 것을 알 수 있다. 이러한 동일성은 선험성이나 초월성이나 무한성과 같은 말이다. 이들 글자, '무', '탈', '반' 등의 글자는 모두 이들 개념의 현상학적인 구조(통일, 맥락)를 벗어날 수 없다. 서양철학이 초월성과 함께 현상학적 구조의 원인은 알파벳에 있다.

알파벳문화권의 철학이 초월적·물상적 특성을 보이는 반면, 한자문화권의 철학이 시(詩)의 상징적 특성에 머무는 것은 물론 상형문자인 한자가 내포하고 있는 형상성 때문이다. 하이데거는 알파벳 문명에서 시(詩)철학에 도달한 보기 드문 철학자이다. 그러나 하이데거도 필자의 '소리의 존재성'에 도달하지 못한 철학자이다. 필자가 소리철학을 주장하는 것은 한글의 자연의 소리에 가까운 음운을 낼 수 있는 특성에 힘입은 바 크다. 한국인에게 소리는 존재 그 자체이다.

데리다를 비롯한 프랑스철학의 '해체주의'라는 것도 '구성주의-해체주의'의 연결을 벗어날 수 없는 현상학적인 차원의 담론이다. 해체주의, 혹은 반(反)철학의 선구자로 불리는 니체의 욕망에 대한 인식도 실은 '이성-욕망'의 현상학적인 구조를 벗어나지 못한 것이다. 그래서 결국 욕망은 '신체적 이성'이고, 이성은 '대뇌적 욕망'이라는 결론을 벗어나지 못했던 것이다.

현상학적 논의를 수평적 논의와 수직적 논의로 구분할 필요는 있다. 예컨대 수평적 논의는 종래의 '대상적 의미'를 탐색하는 현상학적 논의라고 한다면, 수직적 논의는 '존재 자체의 의미'를 탐색하는 존재론적 논의를 뜻한다. 아무튼 이것이든 저것이든 현상학적인 차원에 속한다.

따라서 '현상학적인 존재론'의 경우도 수평적 논의와 수직적 논의로 구분하는 것이 바람직하다. 수평적 논의를 '현상학적 존재론'이라고 말하고, 수직적 논의를 '존재론적 현상학'이라고 하든지 말이다. 그런데 이 둘의 경우, 서로 정반대의 것이 될 수 있다는 점에서 약속이 필요하다.

오늘날 현상학의 모든 문제는 무한정(무한대)의 개념에 있다. 무한정의 개념이 도입된 것은 모두 시간과 공간의 개념이라는 프레임에 기초하고 있다. 우리는 시간이라고 하면, 더 정확하게는 시간성이라고 하면 무한히 전개되는 것을 상정하게 된다. 공간과 공간성도 마찬가지이다.

시공간이라는 개념은 물리학적 세계에는 수학적으로 시공간적 실체(계산할 수 있는 실체)를 표상할 수 있게 한다는 점에서 유용하지만 철학의 현상학적 세계에서는 시공간적(역사·사회학적)으로 '변증법'이나 '차이의 변증법'에 머물게 하는 모순의 한계가 있다.

현상학의 차이는 동일성의 실체

다시 말하면 서양의 이성주의 철학에 반기를 든 '차이의 철학'도 '차이의 변증법'에 불과한 것이었다는 말이다. 그래서 반이성주의도 이성주의 혹은 이상주의인 것이다. 현상학의 차이는 실체가 있는 차이이다. 따라서 현상학적 차이는 처음과 끝, 그리고 모든 과정에 실체(동일성)가 있다. 현상학은 가상실재를 실체(동일성의 실체 혹은 이상)라고 생각하게 하는 함정이 있다. 결국 시공간도 초월적(선험적, 무한적)사고의 한 종류라는 것을 알 수 있다. 초월적 사고는 모두 가상실재이다. 자연에는 동일성이 없다. 동일성은 가상과 추상의 산물이다.

프랑스 대혁명의 모토였던 자유와 평등과 박애라는 것도 실은 모두 동일성을 기초로 건축된 근대사상이다. 자유는 '끝없는 자유'이고, 평등도 '끝없는 평등'이고, 사랑도 '끝없는 사랑'이다. 이는 모두 무한대, 혹은 영원이라는 동일성을 추구하는 철학이다. 서양철학의 진선미도 마찬가지이다. 예컨대 다음과 같이 말할 수 있다.

<table>
<tr><td>天</td><td>眞</td><td>자유</td><td>끝없는 자유</td><td rowspan="3">영원이라는 동일성을
추구하는 현상학</td></tr>
<tr><td>人</td><td>善</td><td>박애</td><td>끝없는 사랑</td></tr>
<tr><td>地</td><td>美</td><td>평등</td><td>끝없는 평등</td></tr>
</table>

이들 현상학적 개념들에는 반드시 반대개념이 존재하며, 이들 개념들은 결국 반대개념들에 의해 상대적으로 정립될 수밖에 없는 상대개념들임을 말한다. 결국 절대는 상대를 내포하고 있는 절대인 것이다.

진선미(眞善美)는 위악추(僞惡醜)를, 자유는 구속을, 사랑은 미움을, 평등은 불평등을 내포하고 있다. 여기서 우리는 개념철학의 궁극적 한계를 볼 수 있다. 개념철학은 결국 추상철학이고, 추상철학을 우리는 보편성의 철학이라고 미화해왔고, 보편성의 철학은 바로 동일성의 철학인 것이다. 개념철학은 결국 동일성에서 출발한 것이고, 종국에는 동일성의 철학을 벗어날 수 없다는 근본적인 한계에 직면하게 된다.

동일성의 철학의 문화권은 결국 서로 자신의 동일성을 다른 문화권에 강요하는 제국주의를 행사할 수밖에 없다. 동일성의 문화 자체가 이미 억압과 갈등과 싸움과 전쟁을 잠재하고 있음을 알 수 있다. 동일성의 문화는 결국 문화를 상극적(相剋的)으로 운영할 수밖에 없다. 말하자면 동일성의 문화는 상생적(相生的)인 운영을 하지 못하는 구조적 한계, 혹은 결정적 흠결(欠缺)이 있는 것이다.

동일성의 철학이 되지 않기 위해서는 처음부터 철학이 개념에서 출발하여서는 안 된다는 결론에 이르게 된다. 그렇다면 동양의 음양사상은 동일성의 철학이 아닌가. 결론부터 말하자면 음양사상은 동일성을 토대로 출발하지 않는다. 처음부터 음과 양은 동시에 출발하며 독립적인 개념이 아니다. 따라서 음은 양의 음이고, 양은 음의 양이다.

서양철학을 동양의 '음양(陰陽)철학적' 관점에서 보면 '양음(陽陰)철학'이라고 말할 수 있다. 양음철학은 실체(가상실재)를 설정하여 살아가는, 가부장제적 삶이 가장 양극화된 극단이다. 서양문명은 가부장적 삶이 여자를 대상화(소유화)하듯이 사물을 대상화하여 살아가는 것이다. 그러한 점에서 서양문명은 '언어-대상-페니스' 연쇄의 문화라고 할 수 있다. 이는 결국 소유-지배-억압의 문화이다.

서양의 변증법은 동양의 음양론(陰陽論)의 상극인 양음론(陽陰論)과 같은 것이다. 상극론인 양음론은 대립적으로 존재함으로써 실체(변하지 않는)가 있는 것이고(정확하게는 실체가 있는 듯이 보이는 것이고), 상생론인 음양론은 상생(생멸)함으로써 실체가 없다(실체는 없지만 실재는 있다).

변증법	正	反	合(正)	이원대립적인 것들은 서로 왕래·순환한다.
현상학	主體	客體(대상)	主體	
양음론(陽陰論)	陽(남성)	陰(여성)	陽(남성)	
음양론(陰陽論)	陰(여성)	陽(남성)	陰(여성)	

서양문명은 동일성을 위주로 차이를 논하는, 절대를 위주로 상대를 논하는 유목문명권이다. 서양문명권은 크게는 중동을 포함하는 유대그리스도 문명권, 그리고 언어적으로는 '인도유럽어 문명권'이라고 말할 수 있다.

이에 비해 동아시아 문명권은 유교(불교)문명권, 그리고 언어적으로는 '한자문명권'이다. 한자문명권은 차이를 위주로 동일성을 논하는, 상대를 위주로 절대를 논하는 농경문명권이다.

서구문명권은 〈'동일성-차이성(양-음)'-동일성(양)〉의 문명권, 즉 〈동이불화(同而不和)의 문명권이고, 동아시아문명권은 〈'차이성-동일성(음-양)'-차이성(음)〉의 문명권, 즉 화이부동(和而不同)의 문명권이다. 진정한 차이의 문명은 동아시아의 음양문명권이라고 할 수 있다.

서양기독교와 서양철학을 넘어서기 위해서는 '절대(동일성)-상대(차이성)' '뉴턴역학-아인슈타인의 상대성원리'를 다시 밖에서 상대화할 수 있는, 그것도 현상학적(실체적 존재) 차원에서 상대하는 것이 아니라 존재론적(생성적 존재) 차원에서 상대할 수 있는 '음(陰)의 철학'이 필요하다. 그것이 바로 동양의 음양철학이다. 동양의 음양철학만이 서양의 동일성(실체)의 철학을 넘어설 수 있다.

서양의 철학과 종교와 과학은 모두 동일성의 원리를 바탕으로 하고 있다. 유심론이든 유물론이든, 유신론이든 무신론이든 과학의 절대역학이든 상대성이론·불확정성이론이든, 그리고 수학의 확률론이든 모두 동일성의 산물이다. 동일성은 절대를 추구하는 것이고, 결국 실체와 소유의 문명을 형성하는 바탕이 된다.

기독교와 이슬람문명은 모두 동일성(절대성)을 바탕으로 한 문명이다. 이슬람문명은 종교적-도그마적 동일성을 추구하고 있고, 기독교는 합리적-과학적 동일성을 표방하고 있다. 이슬람은 중세 때 사라센제국을 건설하였고, 기독교는 고대에 로마제국을 전설하였고, 중세 때에는 유럽에서 기독교 제국을 유지했다.

유대·기독교·이슬람문명은 오늘날 서구/비서구, 기독교/정교, 이슬람/비이슬람으로, 자문화(自文化)중심주의에 의해 자기 쪽과 상대방 쪽을 구별하고 있지만 이들은 모두 유대중동지방의 불의 신, 조로아스터교의 문명권이다. 기독교조차도 조로아스터의 영향을 받았다.

유대그리스도-이슬람 문명(동일성의 문명): 형제의 나라		
기독교 및 정교	이슬람	
기독교-합리적(合理的)-과학적 동일성	이슬람교-도그마적 동일성	동일성의 성격
근현대 과학문명 세계 지배(15~21C)	중세 사라센제국 중동 지배	지배의 영역
기독교-과학-자유자본주의(기독교)/ 기독교-유물론-공산사회주의(정교)	신정일치(神政一致): 중세적 세계관	과학과 종교
큰 전쟁(1, 2차 세계대전)	작은 전쟁	전쟁의 규모
서구/동구, 기독교/정교	이슬람/비이슬람	자문화중심주의

불의 문명, 물의 문명

서양문명은 '불(火)의 신화-신들의 전쟁'을 바탕으로 하고 있고, 동아시아문명은 '물(水)의 신화-신들의 평화'를 바탕으로 하고 있다. 두 문명권은 인도문명권에 의해 교차하고 매개된다. 인류문명은 인도문명권에서 태극운동을 하고 있는 셈이다. 그래서 기독교는 불교(佛教)의 기독교이고, 불교는 선교(仙教)·무교(巫教)의 불교이다.

동일성문명권(유목문화권)		차이성문명권(농경문명권)	
서구 기독교문명권	중동 이슬람문명권	인도 문명권	동아시아문명권
동일성-절대주의	동일성-절대주의	절대-상대주의	차이성-음양상대주의
인도유럽어 문명권=기독교, 이슬람교, 불교			한자한글문명권=유교, 불교
* 두 문명권은 중앙아시아(실크로드)에 의해 연결되어 있다. 불교가 가교역할을 한다.			

서양(유목문명의 원형)	동양(농경문명의 원형)	동서문명의 융합
동이불화, 불화이동	화이부동, 부동이화	동일성-차이의 조화
실체(가상실재)	실재(상징)	실체와 실재의 조화
불(火)의 신화, 불의 문명	물(水)의 신화, 물의 문명	화수(火水)의 상생조화
전쟁문명, 신들의 전쟁	평화문명, 신들의 평화	인류평화통일의 실현

유목문명권과 농경문명권의 삶의 모습은 다를 수밖에 없다. 이 같은 문명적 다른(차이) 점을 가진 두 문명권에 소속한 사람들의 상호 이해는 인류평화를 위한 절대적인 조건이다. 두 문명권에 걸쳐 있는 불교는 문명적 소통의 촉매역할을 할 것으로 기대된다.

인도와 불교를 중심으로 서구 기독교문명권과 동아시아 불교문명권을 보면 인도-유러피언문명권은 '기독교-과학'으로 그 특징을 말할 수 있고, 인도-한자문명권은 '불교-자연'으로 나누어볼 수 있다.

<table>
<tr><th colspan="2">인도유러피언문명권-인도한자문명권</th><th>두 문명권의 통합</th></tr>
<tr><td>인도-유러피언 문명권</td><td>인도-중국한자문명권</td><td rowspan="6">예수의 기독교도 불교를 유대 문법으로 설교한 사례로 봄.
부처-예수가 이상적 모델.</td></tr>
<tr><td>기독교-자연과학</td><td>불교-자연</td></tr>
<tr><td>논리적 평화(감사, 기도)</td><td>비논리적 평화(깨달음, 敬사상)</td></tr>
<tr><td>천지중인간(天地中人間)</td><td>인중천지일(人中天地一)</td></tr>
<tr><td>예수, 성인</td><td>부처, 군자</td></tr>
<tr><td colspan="2">부처-예수</td></tr>
</table>

동서 문명이 하나가 되어가는 오늘날, 두 문명의 융합은 불가피한 상황이다. 그래서 동일성의 문명과 차이의 문명의 조화, 실체와 실재의 조화, 화수(火水)의 상생조화, 인류문명의 평화통일, 공생공영의 실현 등이 미래의 과제로 떠오른다. 세계는 '불의 신'에서 '물의 신'으로 나아가지 않으면 안 된다. 불의 신은 상극의 신이고, 물의 신은 상생의 신이다.

불의 신앙이 기독교 성경에서처럼 창조와 종말의 사상을 가지는 것은 불의 성질 그 자체에서 충분히 유추할 수 있는 내용이다. 불은 우선 창조(創造) 혹은 제조(製造)의 화신이다. 불이 없으면 자연에서 어떤 새로운 것으로의 변형, 즉 제조가 있을 수 없고, 동시에 불은 만물을 태워버리는 성질을 가지고 있다.

이에 비해 물의 신앙은 상생과 함께 생명사상을 가질 수밖에 없다. 물은 생명을 상징하는 말로서, 혹은 지혜를 나타내는 말로서 동양사상의 중심에 자리하고 있었다. 동양에서는 예로부터 자연을 '산수(山水)'라고 말했을 뿐만 아니라 상선약수(上善若水)라는 말에서 유추할 수 있듯이 자연의 어떤 사물보다 물을 숭상해왔다.

유대중동지방의 신은 유목문명의 신으로서 불의 신, 조로아스터의 뿌리를 가지고 있다. 조로아스터교가 유대교의 형성에 영향을 끼친 것은 잘 알려진 사실이다. 유대중동서구문명, 즉 유일신전통의 문명은 하나의 뿌리를 가지고 있다.

"유일신 전통은 기원전 2000년경 아브라함을 통해 시작되어 기원전 6세기 유대교, 기원후 1세기 그리스도교, 그리고 기원후 7세기 이슬람교로 발전했다. 이 종교는 유대교의 『토라』, 그리스도교의 『성서』그리고 이슬람교의 『꾸란』으로 각각 경전을 남겼다."[16]

유대교, 기독교, 정교, 이슬람교는 모두 불의 신의 지배 속에 있다. 불은 처음엔 문명의 빛으로, 나중엔 화력(火力)으로 숭상되었지만 오늘에 이르러서는 자연을 오직 에너지로 환산하는 화근(禍根)이 되고 말았다. 물, 바다, 여성은 상징적으로 통할 뿐만 아니라 생명은 잉태하면서도 생명을 동시에 보호하는 상징이다.

이제 물(水)로 그 불(火, 禍)을 끄지 않으면 인류문명은 스스로 잿더미가 될 위기에 처해 있는 것이다. 물은 빛은 아니지만 생명의 원천으로 만물을 서로 상생케 한다. 만물을 서로 이용하게 하는 불보다는 서로 상생케 하는 물의 신에게로 돌아가야 한다. 상극에서 상생으로 나아가지 않으면 인류는 공멸하게 된다.

결론적으로 인류문명을 서양문명이 주도하는 한, 구조적인 모순과 갈등으로 전쟁의 공포에서 벗어날 수 없다는 것을 알 수 있다. 그래서 평화의 철학은 동양(동아시아)에서 찾을 수밖에 없다.

인류는 자유, 평등, 박애를 끝없이 내일(미래)로 미루는 것이 아니라 현재(현존)에서 평화(平和)와 화평(和平)을 찾아야 하는 것이다. 평화는 지금 찾아야 있는 것이지, 내일 찾으면 없는 것이다. 평화는 소유를 버려야 찾을 수 있는 것이다. 평화를 찾는 데는 화이무동(和而不同), 부동이화

---

16 배철현, 『신의 위대한 질문』, 21세기북스, 2015, 397쪽.

(不同而和)의 사상이 필요하다.

말하자면 평화를 찾음으로써 자유롭고, 평화를 찾는 가운데 평등하고, 평화를 누리는 가운데 사랑하는 지구촌을 건설하여야 하는 셈이 된다. 평화를 최우선으로 하지 않으면, 자유든, 평등이든, 박애든, 그 어떤 이상도 결국 실현되지 않는다는 것을 말하고 있는 것이다. 평화를 최우선으로 하지 않을 수 없다.

들뢰즈의 '노마드' '전쟁기계'라는 개념은 서양문명의 핵심을 스스로 드러내는, 서양문명을 철학적으로 발가벗기는 것에 비유할 수 있다. 노마드의 탈영토의 개념 뒤에는 끝없는 영토주의가 숨어있으며, 전쟁기계라는 개념은 전쟁을 드러내고 있을 뿐이다.

서양철학은 결국 자연을 기계화했다. 서양문명은 기계적 세계로 나아가서 전쟁기계로 세계를 변모시켰다. 이것이 서양철학과 문명의 실체의 증대의 역사이다. 거대한 기계적 환경의 실체에 의해 자연의 실재는 증발하고 말았다.

서양철학은 결국 자연으로부터 추출한 'I'(eye)에서 'It(Id)'로의 '여정으로서의 철학'이었다. 'It'(thing)는 또한 'I'를 포함함은 물론이고, 't'가 'thing'(time, text, technology)을 은유한다는 점에서 'It'는 서양철학사의 모든 것을 의미하는 것으로 손색이 없다. 서양철학은 'It'의 철학, 사물(thing, object)의 철학이다. 이에 비하면 자연은 'self(자체: 자기 자신)'이다. 'Thing itself'(사물 그 자체)의 'self'(자체)이다. 자연은 시공간이 아니다. 자연은 생멸하는 것이다.

'전쟁기계' 개념의 종말론

'전쟁기계'라는 개념은 들뢰즈에 의해 만들어졌다. 인류문명의 자연으로의 회귀는 역설적으로 현대문명을 철학적·과학적으로 뒷받침한 삼인방인 다윈, 마르크스, 프로이드이다. 다윈의 진화론과 마르크스의 마르크시즘과 프로이드의 리비도이론은 여러 각도에서 조명이 가능하다. 물론 이 가운데서 진화론은 나머지를 이끈 운동력이다.

진화론(進化論, evolutionism)은 '무엇(주체)이 무엇(객체)으로 진화했다'는 인과를 증명한 진화의 법칙이라기보다는 자연의 전체적인 흐름을 보여주는 진화의 경향과 추이(tendency)를 강조한 것으로, 법칙이라기보다는 일종의 해석학이다. 진화론은 그것을 실험으로 재현할 수 없다는 점에서 과학이라기보다는 일종의 자연에 대한 총체적인 해석학이다. 그러나 그 해석은 과학의 결정론과는 다른 모든 현상학의 출발이자 아버지라고 할 수 있다.

진화론은 서양의 존재신학적 전통에 결정적 메스를 가한 것이다. 진화, 즉 나아가면서 변화한다는 것은 참으로 위대한 사상이다. 이는 존재신학적 전통은 물론이고, 철학적 환원주의에 대해서도 결정적 선전포고였다. 어쩌면 마르크시즘과 프로이드의 무의식론은 진화론의 파생적 산물이라고 해도 과언이 아니다.

진화론은 오늘날 단선적 진화론에서 다선적 진화론으로 전개되고, 다양한 변신을 거듭하고 있다. 진화론은 종래의 창조론과의 융합을 통해 창조적 진화론, 창조적 이성론 등으로 전개되고 있다. 진화론이 인류와 문명의 발전론인 것 같은 인상만 제외하면 진화론이야말로 서양문명으로서는 자연주의로 회귀하는 결정적 전환점이었다고 말할 수 있다.

진화론은 단순한 물질주의가 아니다. 또한 프로이드의 리비도이론도 단순한 물질주의가 아니다. 근대사상의 삼인방인 진화론, 리비도론, 마르크시즘 가운데 마르크시즘만 실패한 것이 되었다. 마르크스의 실패 원인은 유물론과 노동가치설에 입각한 계급투쟁이라는 결정론이었기 때문이다.

이에 비해 진화론과 리비도이론은 인간의 신체와 욕망에 대해 언급했지만, 유물론처럼 정신이 물질의 파생체임을 극단적으로 말하지 않았기 때문이다. 말하자면 진화론과 리비도이론은 새로운 해석학이었지만, 어떤 물질적 결정론을 말하지는 않았다.

마르크스의 유물론은 물질을 시니피앙의 자리에 올려놓음으로써 추상적으로 계속 쌓아 올라가야 하는 '시니피앙과 시니피에의 중층적 쌓기'의 표상의 자리를 결정화함으로써 시니피앙과 시니피에의 자리를 동시에 없애버렸다.

서양철학사에서 '질료와 표상'의 관계는 '시니피에와 시니피앙'의 관계처럼 역동적·중층적으로 구성되는 것을 특징으로 하는 것인데도 시니피앙과 시니피에를 전도시키는 바람에 시니피에의 기반마저 완전히 없애는 것이 되었다. 이것은 인간을 무의미와 허무주의로 전락하게 하는 계기가 되었다고 할 수 있다.

마르크스의 평등의 개념은 인간으로 하여금 물질과 평등한 자리로 내려오게 하면서 동시에 사회적 평등을 실현함으로써 공산사회를 오늘에 실현하겠다는 포부였다. 그러나 이것은 인간의 욕망을 철저히 배제한 것이기에 성공할 수 없었다.

마르크스의 평등이라는 개념이 개인적 깨달음에 의해 도달하는 동양적 심물일체의 경지라면 무욕의 평화나 행복과 같은 것이라고 말하겠지만, 도리어 인간의 신체 밖에서 경제적·물질적·육체적 평등(대상으로서 실체가 있는)을 추구한 것이기에 인간으로 하여금 심각한 허무주의와 영원히 실현될 수 없는 이상주의에 빠지게 하는 위험에서 자유로울 수 없다.

평등은 기계와 마찬가지로 일종의 추상이고 이상이기 때문에 현실적으로 실현할 수 없는 것일 뿐만 아니라 그것이 실현되지 않았을 때는 인간으로 하여금 계급적 원한과 분노를 느끼게 함으로써 세계를 갈등과 전쟁의 국면으로 유도하게 된다.

인간의 신체는 물질이나 육체가 아닌 유기체적 생명으로써 욕망과 의미를 발생시키는 생성체이다. 인간은 의미를 먹고 사는 동물이다. 철학의 역동성이라고 할 수 있는 질료와 형상의 피드백 가운데 더 이상의 질료(물질적 기반)가 없다면 형이상학의 막다른 골목에 다다른 셈이다. 서양철학은 질료의 자리에 역설적으로 자본주의의 물신주의와 산업과학주의의 기계주의를 대체했다고 할 수 있다.

도리어 마르크시즘은 자본주의를 통해 완성된다. 자본주의가 망한 뒤에 공산사회가 도래하는 것이 아니라 자본주의에 의해, 더 정확하게는 자본이라는 하부구조에 의해 마르크시즘이라는 상부구조가 달성되는 것이다. 이것을 종합적으로 서구문명의 물신숭배라고 규정할 수 있을 것이다.

흔히 자본주의는 인간사회를 부르주아와 프롤레타리아로 이분하는 것 같지만 실은 자본이야말로 자본의 생리에 의해 그들의 계급을 인간이 달성한 그 어느 시대의 사회구조(계급, 혹은 계층)보다 더 평등하게 달성하고 있다. 자본의 증식이 요지부동의 사회를 만들 것 같았지만 실은 자본의 이동은 계급의 이동보다는 훨씬 빠르게, 또는 가볍게 사회동력(social mobility)을 일으키는 것으로 증명되었다.

들뢰즈의 전쟁기계를 비롯하여 각종의 '-기계'라는 것은 '배아적 유입'을 통해, 기계적 생산 이전의 생산이라는 것을 설정함으로써 하나의 완전한 이론적 세트를 구성하게 되는데 이는 생명현상을 기계현상의 토대로 설정한 일종의 역설이다.

마르크시즘도 그 배아적 유입의 자리에 자본주의가 들어간 것과 같은 일종의 전도, 도착이다. 기표의 자리에 기계가 들어가니까 반대로 기의의 자리에 자본이 들어가고, 자본이라는 기호는 마치 배아처럼 생산 이전의 생산, 아무런 인칭이 없는 생산이 되는 것이다. 자본은 도리어 자아나 계급이 없는, 생명을 탄생하는 배아, 즉 달걀이 된다. 배아는 정치적 권력이 아니라 역능 혹은 역능적 권력이다.

재미있는 것은 우주적 발생으로 볼 때 무기물을 기초로 유기물(생물)이 탄생하였고(유기물/무기물), 인간생물을 기초로 기계가 출현하였다(기계/인간생물)는 사실이다. 그런데 여기서 우주를 기계체로 볼 수도 있고, 생명체로 볼 수도 있다. 생기론을 극단으로 밀고 가면 기계론의 극단과 만나게 되고, 그 만남의 지점에서 유기체의 개체적 통일성과 기계의 구조적 통일성은 붕괴된다.

유기체는 외부와 연속적으로 열려 있는 부분 기관들의 집합체이며, 기계도 외부의 기계와 연결되어 있는 부분 기관들의 집합체이다. 체제와 작동방식의 차이에도 불구하고 왜 이것을 기계라고 말할까. 그것은 표상의 질서를 대체한 생산의 체제와 기계 사이의 표상적 친연성 때문이다.

기계와 생명의 차이는 둘 다 반복적인 일을 하지만 기계는 스스로 하지 못하고 외부에서 원동력, 예컨대 전기가 들어와야 움직이는 반면 생명체는 다른 생명체를 먹이로 하여 스스로 움직인다는 점이다. 물론 기계에도 수명의 한계가 있고, 생명체도 마찬가지이다. 들뢰즈는 기계를 기표의 위치에 놓고, 자본을 기의의 위치에 놓음으로서(기계/자본) 자본을 마치 생명체처럼 취급하고 있다.

들뢰즈의 전쟁기계는 반드시 전쟁을 의미하지는 않는다. 들뢰즈는 전쟁기계를 존재의 의미보다는 생성의 의미로 쓰고자 한다. 말하자면 '유목적 변형기계'이다. 그러나 그것에는 다분히 서양의 물질주의가 숨어있다. 다시 말하면 '물질주의를 물질로 극복하는', 혹은 '제국주의를 제국으로 극복하는' 그런 면이 들어있다. 이는 다분히 서양문명에 대한 변호이다.

서양의 철학은 '질료(물질)가 형상을 낳고 형상은 이데아를 낳는' 그런 형이상학적 과정인데 '이데아'는 이제 '기계'가 되어버렸으니, 다시 말하면 '추상'이 '기계'가 되어버렸으니 형이상학은 막다른 골목에 도달한 셈이다. 형이상학(metaphysics)은 형이하학(physics)이 되고 말았다. 이것은 서양철학의 폐쇄회로, 이너서클(inner circle)이라고 할 수 있다.

이는 마치 평화를 위해서 전쟁을 한다는 논리와 같은 이치이다. 처음부터 평화주의자가 아니다. 결국 제국이 출현하면, "제국주의와는 달리 제국은 더 이상 영토적 권력중심을 만들지 않고, 고정된 경계나 장벽들에 의지하지 않아도 된다. 제국은 개방적이고 팽창하는 자신의 경계 안에 지구적 영역 전체를 점차 통합하는, 탈중심화 되고 탈영토화 되는 지배장치이다."[17]라는 것과 같다.

그러나 하나의 제국이, 혹은 지구상에서 여러 제국이 동시에 출현하면서 겪는 전쟁의 과정은 극심한 중심화현상의 각축이고, 인류에겐 뼈를 깎는 고통이다. 심지어 제국의 형성을 위해서 평화를 천명하고 지향하는 각종 고등종교들이 여기에 합세하는 것이다.

들뢰즈의 전쟁기계라는 개념은 이제 지구촌이 하나가 되고, 결국 통신과 전자체계·전자기기의 발달, 인터넷-정보화시대의 도래로 인해 지구제국의 형성을 눈앞에 두고 있기 때문에 제국을 변호하는 것 같은 인상을 준다.

이는 지구촌 자체가 칭기즈칸이 유라시아 대륙을 정복할 때와 흡사

---

17 안토니오 네그리·마이클 하트, 『≪제국≫』, 윤수종 옮김, 이학사, 2005, 15쪽.

한 조건이라는 데서 힘을 얻고 있다. 예컨대 지구가 하나가 되었으니까, 하늘보다는 땅이 중요하다는 그런 태도이다. 그러나 땅은 지구에만 있는 것이 아니고, 우주의 여러 별에도 있다. 하늘이라는 것은 실은 지구와 같은 땅이 떠도는 바다에 불과한 것이다.

평화란 처음부터 평화의 방법으로 접근하여야 한다. 그렇지 않으면 결코 평화는 지속되지 않는다. 평화를 표방하는 종교들조차도 겉으로는 평화! 평화! 를 외치지만 결국 정치의 하녀로서 전쟁의 방조자 역할을 할 뿐이다.

들뢰즈는 '질료→ 형상→ 이데아(존재)'로 향했던 서양철학과 문명을 이제 '질료→ 기계(형상)→ 변형(생성)'이라는 시퀀스로 교체하려는 것이다. 이것은 헤겔의 변증법을 유물론적 변증법으로 바꾸어버린 마르크스에 비할 수 있다. 그런 점에서 들뢰즈는 역시 유물론자이다. 물론 유물론자로서의 입장을 여러 인문사회학적, 혹은 심리학적 변형과 생성으로 확장함으로써 그 물질성의 결정성과 딱딱함을 부드럽게, 가변적으로 변화시킨 감은 있지만, 또한 모든 철학적 개념의 경계를 희미하게 해버린 감은 있지만 그것은 역시 소피스트에 속한다고 보인다.

들뢰즈 · 가타리, 〈1227년-유목론 또는 전쟁기계〉의 공리[18]를 보자.

〈공리 1〉

전쟁기계는 국가 장치 외부에 존재한다.

명제 1

이러한 외부성은 먼저 신화, 서사시, 연극, 각종 놀이에 의해 확인된 다.

---

18 질 들뢰즈· 펠릭스 가타리, 『천 개의 고원』, 김재인 옮김, 새물결, 2001, 671~812쪽.

〈문제 1〉

국가 장치(또는 하나의 집단에서의 이것의 등가물들)의 형성을 방지할 수 있는 수단은 존재하는가.

명제 2

전쟁기계의 외부성은 민속학에 의해서도 똑같이 확인된다(피에르 클라스트르를 기리며).

명제 3

전쟁기계의 외부성은 또한 "소수자 과학" 또는 "유목 과학"의 존재와 영속성을 암시해주는 인식론에 의해 확인된다.

〈문제 2〉

사유를 국가 모델로부터 분리해낼 수 있는 수단이 존재하는가.

명제 4

결국 전쟁기계의 외부성은 새로운 사유의 생성으로 입증된다.

〈공리 2〉

전쟁기계는 유목민의 발명품이다(국가 장치의 외부에 존재하며 국가 제도와 구별되는 한에서). 이러한 의미에서 유목적 전쟁기계는 공간·지리적 측면, 산술적 또는 대수적 측면, 변용태적 측면의 세 가지 측면을 가진다.

명제 5

유목민의 실존은 필연적으로 전쟁기계의 조건들을 공간 속에서 실현시킨다.

명제 6

유목생활은 필연적으로 전쟁기계의 수(數)적 요소들을 함축한다.

명제 7

유목적 삶은 전쟁 기계의 무기를 '변용태'로 갖고 있다.

〈문제 3〉

유목민들은 어떻게 그들의 무기를 발명 또는 발견했는가?

명제 8

야금술은 필연적으로 유목과 합류하는 하나의 흐름을 구성한다.

〈공리 3〉

유목적 전쟁기계는 소위 표현의 형식이며, 이것과 관련된 내용의 형식이 바로 이동의 야금술이다.

명제 9

전쟁은 반드시 전투를 목표로 하는 것은 아니며, 특히 전쟁기계는 무조건 전쟁을 목표로 하고 있는 것은 아니다.(일정한 조건 하에서) 전투와 전쟁이 어쩔 수 없이 전쟁기계로부터 유래하더라도 마찬가지다.

들뢰즈는 인류문명을 일종의 기계로 보고 있다. 그래서 자본을 생명체의 자리인 배아적 유입의 자리에 놓게 된다. 이것은 일종의 도착이다. 자본은 단지 인간이 생산한 기호일 따름이다. 그 배아적 유입의 자리에는 자연이 들어가야 한다. 자연은 기계가 아니며, 자연을 토대로 유기물이 출현하고 인간이 탄생했던 것이다. 자연은 단순한 물질의 집합이 아니고, 스스로 수명을 가진 다양체들이 공존하는 장인 것이다.

자본은 생명체처럼 스스로 움직이는 내재적 원리가 있다고 하더라도 생명체는 아닌 것이다. 이는 자본을 생명체로 연장함으로써 그의 기계론을 합리화하려는 속셈이다. 물론 들뢰즈는 통상적인 기계는 물론이고, 생명체나 그것의 기관들을 모두 '기계'라는 개념으로 파악한다.

그의 기계란 '다른 것과 접속하여 어떤 흐름을 절단하여 채취하는 방식으로 작동하는 것'을 말한다. 그의 일반화된 기계주의는 접속하는 항이 달라지면 다른 기계가 되는 특성을 가지고 있다. 이 때 계열화된 배치를 '기계적 배치'라고 한다. 이런 기계들의 배치 속에서는 고정된 주체가 없어진다.[19] 들뢰즈와 가타리는 결정론적인 의미의 기계학(mécaniqe, mécanisme)과는 달리 이러한 기계적 작동을 강조하기 위해 기계론(machinisme, machine)을 내세운다.

그의 기계론은 기계들의 접속에 초점을 맞추고, 그래서 기계들이 서로 밀어내고 선택하고 배제하는 새로운 가능성의 선을 출현시키지만, 기계학은 상대적으로 자기 폐쇄적이고 외부 흐름과 단절된 코드화된 관계만을 지닌다. 기계는 서로 밀어내고 선택하고 배제하는 새로운 가능성의 선을 출현시키기도 한다. 넓은 의미에서 기계는 기술적 기계뿐만 아니라 이론적, 사회적, 예술적 기계를 포함하는데, 고립되어서 작동하지 않고 집합적 배치로 작동한다.

예를 들어 기술적 기계는 공장에서 사회적 기계, 훈련기계, 조사연구기계, 시장기계 등과 상호 작용한다. 그러나 아무리 기계론과 기계학의 차이를 전제하였다고 하더라도 세계를 기계체로 보는 경향을 배제할 수 없다.

들뢰즈에 이르러 욕망도 기계 속으로 포함되는데 이는 마르크스와 프로이트, 그리고 다윈과의 통합을 이룬다. 이는 다윈으로 복귀를 천명하는 것이다. 다시 말하면 다윈을 만남으로써 더욱더 자신의 이론을 확

---

19 들뢰즈와 가타리는 '기계'(machine)라는 개념을 창안함으로써 라캉의 '구조' 개념을 공격한다. 모든 주체적 움직임을 특정한 틀에 넣는 '구조'라는 개념은 사실상 다양한 부품들이 조립되어서 작동하는 것이라고 본다. 또한 흔히 정신적인 것이나 무의식 등도 특정한 모델에 묶인 채 움직이는 것이 아니라 다양한 방향에서 다양한 다른 것과 접속하면서 움직인다(작동한다)고 생각한다. 그것을 나타내기 위해서 '기계적(machinique)'이라는 말을 사용한다. 따라서 결정론적인 기계의 개념이 아니라 기계적 작동의 의미이다.

대재생산하는 것이 된다.

진화론은 기독교적 창조론에 대해, 마르크시즘은 자본주의의 모순에 대해 저항하고, 리비도는 자연을 인간의 단죄로부터 벗어나게 하는 것을 통해 인류는 새로운 시대를 예약하고 있다. 이제야 이들 삼인방이 인간의 사회를 가부장제-국가사회의 억압으로부터 인간의 자유(이것은 자연의 회복과 동의어이다)를 회복하려는 공동전선에 서 있음을 알게 된다.

이들 삼인방의 깃발은 이제 페미니즘이다. 다시 말하면 페미니즘에서 이들은 통합된다. 페미니즘은 또 에콜로지로 통한다. 이것을 에코페미니즘(Eco-feminism)이라고 말할 수 있다. 그러나 들뢰즈의 에코페미니즘은 동양의 본래적 에코페미니즘인 자연주의나 무위자연주의, 태극음양론이나 기일원론과는 달리 그것을 향하여 가는 바램의 자연주의이다.

이는 문명적으로 보면 남자가 아무리 여자가 되고 싶어도 여자가 될 수 없는 것과 같다. '여자-되기'와 '본래 여자'는 다른 것이다. 성이 결정되기 전의 태아는 중성이 아니라 여성이다. 여성이다가 남성호르몬이 작용하기 시작하면 남성이 되는 것이다. 남성호르몬이 작용하지 않으면 그냥 여성인 것이다. 다시 말하면 '여자-되기'가 들뢰즈의 절정이자 한계인 것이다. 리좀학(Rhizome)은 '여자-되기'의 다른 말이면서 확장된 말이다.

리좀학의 이면에는 인간은 하늘(남자)에서 떨어진(창조된, 제조된) 것이 아니라 땅(여자)에서 솟아난, 자궁과 지상의 여러 연결망에 의해 생성된 것이라는 함의가 들어 있다. 이는 인간의 생산보다 자연의 재생산에 힘을 실어주는 이데올로기가 숨어 있다. 더욱이 생산은 재생산 구조의 연장이며, 재생산의 주변부로 밀려나게 된다. 들뢰즈는 역설적으로 자연을 '기계'(machine)로 해석함으로써 자연을 기계로 환원시키는 기계-유물론적 발상을 하고 있다.

에코페미니즘에 이르면 기계체와 생명체, 생산과 재생산의 구분이 힘들게 된다. 이들은 서로를 감싸면서 중층구조를 이루는데 이들의 작동원리가 바로 차이와 반복이다. 다시 말하면 동일성이 전제된 것이 아니다. 이것은 동양의 위대한 철학인 화이부동(和而不同), 혹은 부동이화(不同而和)를 떠올리게 한다.

그러나 서양의 차이와 반복은 실체가 있는 것으로서 동양의 화이부동, 즉 실체가 없는 것과는 다른 것이다. 들뢰즈의 차이와 반복은 역설적으로 생명체를 기계처럼 혹은 기계를 생명체처럼 인식하거나 해석하는 역설이다.

세계의 실재(존재)는 동일성의 반복이 아니다. 이것을 일찍이 동양의 음양사상, 무위자연사상은 인식하고 있었던 터이고, 유교가 그것을 인문주의·정치사상에 적용하였고, 불교가 이것을 가장 광범위하게 전면적으로 불교세계관에서 적용하여 더욱 세련시켰다고 볼 수 있다. 그러나 이러한 에코페미니즘을 역설적이게도 원시미개사회는 자연철학으로서 상식적으로 알고 있었던 것이다. 다시 말하면 서양적 문명화는 그것을 단지 잃어버렸던 것에 불과하다.

에코페미니즘을 통해 남성들마저도 억압의 굴레에서 벗어나게 된다. 다시 말하면 여성을 억압함으로써 자신도 억압의 메커니즘에서 벗어나지 못하는 것을 지양하게 된다. 이것은 남성적 기표 대 여성적 기의의 싸움이었다. 남성도 여성과 마찬가지로 인간이긴 하지만 남성은 어딘가 '기계=생산'의 위치에 있고 여성은 '자연=재생산'의 위치에 있다.

남성은 항상 생산의 가치를 높이 취급한다. 이는 상대적으로 여성의 재생산의 가치를 폄하하는 것으로 나타난다. 그러나 여성의 재생산이 없으면 인간은 자연으로부터 소외된 존재가 되며 남성이 이룩한 문명이라는 것은 단 백년도 못 가서 사라지고 말 것이다.

여성에겐 자연으로부터 이어져오는 오랜 끊어지지 않은 연결고리가 있다. 이에 비해 남성은 어딘가 단절된 존재이며, 단절되었기 때문에 문명이라는 권력을 가졌는지도 모른다. 남성이 문명의 기표, 권력을 장악했다고 큰소리 칠 일은 아니다. 도리어 자연은 아무 말 없이 기의를 받치고 있다. 여성은 인간에게 자연과 같은 존재이다. 여성이 없으면 인간은 자연과의 연결고리와 관계가 끊어지고 미아가 된다.

들뢰즈의 전쟁기계라는 개념은 동양적 생명사상, 혹은 화이부동과 달리 서양적 추상주의 혹은 기계주의의 해석이 깃들어 있다. 전쟁기계라는 개념 속에는 여성성(Matter)과 물질성(material)에 대한 회귀사상이 들어있으면서도 경쟁과 투쟁의 이데올로기가 숨어있다.

전쟁기계의 개념은 자연의 생존경쟁과 문화의 권력경쟁을 기계적 환상으로 대체한 것이다. 전쟁기계의 개념을 공동존재, 공동체의 개념으로 반전시키는 철학적 전략이 필요하다. 인간 종 자체가 생태환경 속에서 다른 종들에게 패권주의자가 되어서는 평화를 꿈꿀 자격이 없다.

전쟁기계의 개념을 평화의 개념, 화평의 개념으로 바꾸기 위해서는 종래의 '보편성의 철학'을 '일반성의 철학'으로, '개념철학(추상철학)'을 '소리철학(구체철학)'으로, 남성중심철학을 여성중심철학으로, 전쟁의 철학을 평화철학으로 바꾸는 철학적 대전환의 노력이 필요하다.

인간의 정신이 물질이 되어버린 현상학적 왕래와 이중성(이중적 의미)이 이제 동양의 마음과 몸이 본래 하나라는 심물일체(心物一體)로 치유되지 않으면 인간은 결코 행복해질 수 없다.

인간이 사물을 지배하고 관리한다는 인간중심주의를 버리지 않으면 인간은 아무리 우주공간으로 생활세계를 확장한다고 해도 평화와 행복을 달성할 수 없다. 인간은 처음부터 '지구라는 자궁'의 산물이기 때문이다. 지구는 열려있는 우주공간으로부터 탄생한 행성이다.

평화가 행복으로 연결되기 위해서는 언제나 열린 자세가 필요하다. "세계의 형이상학 속에서 세계는 닫혀 있지 않고 열려 있는 하나의 지평임을 보았다. 지평의 개념이란 언제나 다양한 새로운 존재들이 시계(視界)가 높아짐에 따라서 나타남을 가리키고 있다면 지평으로서의 세계는 하나의 열려있는 체계로서 무한한 다양성을 포함하고 있는 것이다. 그러므로 세계라는 공간은 하나의 획일성 아래에서 균일화되어서는 안 되고 다양한 생활을 인정하는 열려진 통일이 되어야 하는 것이다. 무엇보다도 닫힌 통일이 낳는 획일주의는 전쟁의 위험성을 초래하는 것이다. 그러므로 빈약한 획일주의적인 사고방식에서 벗어나 다양성을 인정하는 열린 통일은 곧 풍성의 미를 창조하기 위해서다. 풍성의 윤리, 풍성의 미가 인간의 삶을 위한 행복이라면 우리는 풍성의 행복에 겉과 속을 분류할 수 있다. 행복의 겉은 바로 행복의 공간화요, 행복의 안은 행복의 시간화라고 볼 수 있다. 도대체 이 세상에 있는 그 어떠한 윤리적 명제도 인간의 목적은 행복의 추구임을 능가할 수 없는 것이다. 행복 그것은 우리 삶의 목적이다."[20]

이런 행복은 동시에 우주적 깨달음이다. 인간은 이제 깨달아야 행복해질 수 있는 경지로 진화했다. 인간중심주의의 인간에 닫혀 있는 인간이 아니라 우주로 열려있는 인간, 열려있는 우주로부터 탄생한 인간의 자기복귀이며, 자기재귀(自己再歸)이다.

---

20 김형효, 같은 책, 124쪽.

기후환경과 근본주의와 테러리즘

인간은 지구상에서 가장 성공적으로 종을 번식시키는 데에 성공한 동물이고 영장류이다. 그러한 성공의 이면에는 신석기 시대의 농업혁명과 산업혁명, 그리고 오늘날 정보화혁명에 이르기까지 산업의 발전과 집단을 이끌어가는 정치적 역량에 힘입은 바 크다.

그러나 최근 들어 인간생존과 공동번영에 대한 어두운 전망의 소리가 자주 들려오고 있다. 그 까닭은 아마도 자연에 대한 자연과학의 폭력성으로 인해 여러 환경문제가 발생하고 있고, 패권 국가들의 약소국에 대한 폭력성과 그것에 대한 저항으로 테러가 지구 곳곳에서 발생하고 있기 때문일 것이다.

이러한 문제들을 종합적으로 본다면, '동일성의 문명의 폭력성'에 기인하는 것이라고 말할 수 있을 것이다. 과학기술주의와 종교의 근본주의는 인류의 미래를 어둡게 하는 사례들이고, 가장 대표적인 동일성을 추구하는 사례들이다. 테러리즘은 공식적인 권력들의 횡포에 따른 비공식적 권력들의 저항인 것이다.

니체는 '힘(권력)에의 의지' 철학으로 서양의 형이상학과 문명이 힘의 상승증대를 위해 걸어온 노정이었음을 만천하에 폭로했다. 그 힘은 오늘날 자연과학으로 증명되었고, 전지전능한 힘은 이제 신에게 있는 것이 아니라 초인(인간)에게 있음을 천명했다.

기독교의 메시아사상은 천지창조를 한 하나님의 현상학적 사건이라는 것이 서양철학사에서 현상학의 등장으로 밝혀졌다. 예수에 의해 실패한 메시아는 재림메시아에 의해 완성될 것이라는 기대와 함께 인류는 종말구원과 평화를 기다리고 있지만 전지전능한 메시아는 오지 않고, 도리어 신과 메시아는 아무런 힘이 없는 존재로 점차 부상하고 있다. 힘이 없는 신과 메시아는 '여성성의 신과 메시아'이다.

이제 신은 힘이 없다. 아니, 신은 본래 힘이 없다. 인간과 세속의 제도가 힘이 있는 것이다. 권력과 명사와 주어가 힘이 있고, 동사와 술어는 힘이 없다. 고정성과 불변성과 동일성을 추구한 인간만이 힘이 있다. 힘이 있는 것은 인간이다. 그래서 인간이 스스로를 구원하고 평화를 구현하지 않으면 안 되는 상황에 처해 있다.

이런 상황을 가장 극적으로 표현하는 말이 바로 "너희는 각자가 메시아가 되어야 한다." "너희는 각자가 부처가 되어야 한다."는 말로 대변할 수 있다.[21] 부처-예수, 예수-부처는 같은 것이다.

인간이 당면한 기후환경의 문제와 지구적으로 확산되고 있는 테러리즘의 문제는 그동안 인류가 운영한 근대문명의 '힘(권력)=정의'의 공식에 경종을 울리고 있다.

이에 대해 강학순은 이렇게 종합적으로 진단한다.

"근대는 계몽과 야만의 두 얼굴을 동시에 지닌 야누스적인 면을 지니고 있다. 과학의 발달과 함께 성장한 진보에 대한 낙관론적 전망은 이성의 절대 권위를 강화시켜주었다. 진보에 대한 전망은 항상 이성 이외의 다른 어떤 것도, 그것이 신이든 자연이든 간에 이성에 복종해야 한다고 계몽한다. 근대에 등장한 이성의 광적인 자기 확신은 타자로서의 자

---

21 박정진, 『메시아는 더 이상 오지 않는다』, 행복한 에너지, 2016 참조.

연 또는 비이성적인 것에 대한 폭력을 스스로 정당화하는 이데올로기가 되었다. 이로써 그것은 '자연지배에의 의지'를 불가피하게 갖지 않을 수 없게 되었다. 그러므로 근대의 자연에 대한 공격성은 계몽이라는 이름으로 미화되었고, 그 이면에서는 이성이 스스로 자연을 지배하기 위한 도구적 이성으로 전락하고 말았다."[22]

그는 이어 "이러한 도구적 이성의 자리에 '독단적 신앙'을 등극시키는 근본주의도 타자에 대한 광적인 자기 확신으로 적대적 타자의 악마화와 희생양 만들기를 자행한다. 그리고 정체성을 지키기 위한 '반인권적 차별주의'와 '우생학적 신인종주의'를 옹호한다. 결국 그것은 '차이에 대한 불관용'을 기치로 내걸면서 정치와 결탁하여 폭력과 전쟁을 미화하고 정당화하면서 그것들을 부추기는 야만성을 드러낸다."[23]고 말한다.

이 같은 문명의 폭력적 상황을 가부장-국가사회의 단말마적 상황이라고 말할 수 있을 것이다. 힘(권력, 폭력)에 의존하는 남성중심사회는 처음부터 권력적이었고, 끝까지 권력적인 것이다. 이에 비하면 모계사회는 그 반대였을 것으로 추정된다.

남성중심사회 (가부장-국가사회)	힘(권력, 폭력)	天	理, 理性	보편성	추상성	실체성
여성중심사회 (모계-모성사회)	사랑과 평화 (비권력)	地	氣, 感性	일반성	구체성	실재성

테러리즘에 대해서 장 보드리야르는 이렇게 말한다.

"마르크스는 이렇게 말했다. '오늘날 한 유령이 유럽을 사로잡고 있는

22 강학순, 『근본주의의 유혹과 야만성』, 미다스북스, 2016, 158쪽.

23 강학순, 같은 책, 158쪽.

데, 그것은 바로 공산주의다' 우리는 이렇게 말할 수 있다. 오늘날 한 유령이 세계질서를 사로잡고 있는데, 그것은 바로 테러리즘이다."[24]

노벨 경제학상 수상자인 폴 크루그먼도 테러리즘을 공산주의 운동의 위협에 비유한다.

"공산주의는 1950년대의 테러리즘이었지만 적의 실체는 매우 달랐다. 핵무기로 무장한 소련은 이슬람 테러리스트와는 다른 방식으로 미국에 확실한 실존의 위협이 되었다. 그리고 바르샤바 조약기구는 '악의 축'과는 달리 실제 존재했다. 그러나 심리적 측면에서 볼 때 1950년대 공산주의의 위협에 대한 반응은 오늘날 익숙하고 이해할 수 있는 것처럼 생각된다."[25]

공산주의 운동은 엄연히 소련이라는 종주국이 있었고, 소련은 공산주의 운동을 통해 전후 냉전체제의 한 축이 되었고, 제국주의를 운영하는 기회를 잡았다.

오늘날 테러리즘은 주로 중동이슬람세력에 의해 저질러지고 있지만, 소련과 같은(이슬람) 제국을 기대하는 것은 불가능해 보인다. 테러단체들이 표방하고 있는 이슬람근본주의와 이슬람영광의 재현은 힘들 것 같다. 이슬람은 새로운 이데올로기도 아니고, 오래된 전통의 종교일 뿐이다.

이슬람세력에 의해 주도되는 테러리즘이 냉전시대가 끝난 오늘날 공산주의 운동에 비유되는 이유는 무엇일까. 미국 일간지 〈워싱턴 타임스〉의 칼럼니스트인 아노 드 보르라브(Arnaud de Borchgrave)는 이렇게 말한다.

---

24 Jean Baudrillard & Edgar Morin, 『세계의 폭력La Violence du monde』, 배영달 옮김, 동문선, 2003, 39쪽.

25 Paul Krugman, The Conscience of a Liberal(W. W. Norton & Company, 2007), 106~107쪽: 박완규, 같은 책, 209쪽 재인용.

"공산주의가 칼 마르크스로부터 비롯되었다면 알 카에다이즘은 사이드 쿠트브로부터 비롯되었다. 현대 이슬람 극단주의를 육성하고 헤즈볼라에서 알 카에다에 이르기까지 모든 폭력적인 운동을 태동시킨 이념은 1951년 이집트의 저술가 쿠트브가 미국 콜로라도주 그릴리에 있는 노던콜로라도대학교에서 미국 문학을 공부하고 귀국하면서 시작되었다."[26]

쿠트브는『내가 본 미국』이라는 저술에서 미국 그릴리의 한 교회에서 열린 댄스파티에서 남녀가 부둥켜안고 키스하는 모습에 충격을 받고 서구 및 미국문화를 혐오하게 되고 이슬람 근본주의에 빠져들었다고 소개하고 있었다고 아노 드 보그라브는 설명하고 있다.

"그가 본 세계는 무슬림을 파멸시키는 자본주의자의 탐욕으로 폭력과 전쟁이 끊이지 않았다. 그 세계는 타락하고 탄압적인 것이었다. 이는 1917년 러시아의 볼세비키 혁명을 정당화하기 위해 내세워졌던 구실과 흡사하다."[27]

위의 구절 뜻은 쿠트브가 오사마 빈 라덴에게 미친 영향은 칼 마르크스가 레닌에게 미친 영향이나 프롤레타리아 독재의 정당화에 미친 영향과 같다는 설명이다.

테러리즘이 공산주의 운동과 유사한 의미와 분위기를 풍기는 것은 서구 패권권력에 대한 도전 때문일 것이다. 또한 국제공산주의 운동도 세계에 흩어진 식민지와 후진국에서 비정규전(게릴라전)의 형태로 진행되었기 때문이다. 테러리즘은 마치 도시게릴라전과 흡사하다.

테러리즘은 분명히 해외에 식민지를 건설하던 종래방식과 달리 자본

---

26 박완규, 같은 책, 137쪽 재인용.

27 박완규, 같은 책, 137쪽.

주의 경제발전에 따라 노동이민의 수입으로 인해 서구국가 내에 식민지를 건설하는 인구 및 노동정책과 내밀한 관련이 있는 것으로 보인다. 자국민이면서도 노동이민자들에 대한 차별, 혹은 인종차별은 테러리즘을 부추기고 있다.

서구자본주의 제국 대 공산주의 및 아랍 민족주의 세력의 대결은 마치 권력의 남성성 대 여성성의 대결과 같다. 프롤레타리아 계급이나 민족주의 세력은 모두 권력경쟁에서 패한 공통점이 있다. 부르주아–국가주의–남성성이 '하늘(天) 계열'이라면 프롤레타리아–민족주의–여성성은 '땅(地) 계열'에 속한다.

기후환경과 테러리즘은, 전자는 과학의 폭력으로 인해 발생한 환경파괴와 자연재해와 보복을, 후자는 정치적 패권주의에 따른 문명재앙과 보복을 다룬다는 점에서 둘은 서로 다른 것 같지만 결과적으로 인류의 생존과 행복을 위협한다는 점에서 공통성을 가지고 있다.

그런데 곰곰이 생각해보면, 두 문제는 단순한 공통성의 차원이 아니라 인류가 문명을 잘못 다룬 결과로 빚어진, 혹은 문명의 발전과정에서 피할 수 없었던 문제라는 심각성을 가지고 있다.

기후환경은 지구전체의 미래적 삶을 염려하는 반면 테러리즘은 지구의 국부적인 충돌을 다룬다는 인상적·표면적 차이에도 불구하고, 어쩌면 둘 다 지구 전체에 확산된 혹은 지구전체가 안고 있는 정신적·물질적 문화전반을 새롭게 구성할 수 있어야 어떤 해결의 실마리를 찾을 수 있는 문제라는 생각이 든다.

지구환경문제는 화석연료를 과다하게 사용한 근대의 서구과학기술문명의 부산물이면서 폐단이지만, 테러리즘 또한 과학기술문명을 기초로 한 서구문명의 패권주의와 관련된 정치적·군사적 현상이라는 점에서 문제가 하나의 뿌리에서 출발하고 있음을 엿볼 수 있다.

두 문제의 이면에는 근대의 과학문명이 있다. 말하자면 두 문제는 문제에 있어서 과학문명의 안팎관계, 환경적-정치군사적 안팎문제에 다름 아님을 볼 수 있다.

1) 기후환경

현재 세계는 경제위기보다 기후변화로 인한 재앙이 더 큰 위기로 다가오고 있다. 이는 인간의 경제와 자연환경이 심각한 갈등국면에 들어섰음을 말하는데 경제는 환경에 적응하지 않으면 안 된다는 삶의 조건에 대해 인간 종은 심각하게 반성을 하지 않으면 안 된다.

기후재앙은 경제문제에 비해 더 근원적인 삶의 위기라고 말할 수 있다. 금융위기는 극복할 수 있지만 기후재앙으로 인한 경제적 손실과 인명의 피해는 잘못하면 막을 길이 없다는 데에 문제가 있다.

세계 각국의 경쟁적 산업화로 인해 배출된 공해(公害)는 지구의 자연환경을 크게 훼손하였으며, 심하게는 황폐화의 길을 가고 있다고 진단하는 환경학자도 늘어나고 있다.

오늘날 환경문제는 그 원인(遠因)을 생각하면 인간의 과학이 자연과 환경을 정복과 개발의 대상으로 보는 데서 출발하고 있다고 해도 과언이 아니다. 그렇다고 과학적인 삶 자체를 인간이 버릴 수 없는 것도 인간의 실존적 상황이다.

따라서 환경파괴를 줄이면서 인간의 생존과 행복을 도모하는 균형감을 달성하는 것이 인류의 과제이다. 그러기 위해서 크게는 녹색운동에서부터 작게는 쓰레기 줄이기 운동 등 매우 효과적인 대안을 떠올려볼 수 있다.

기후환경의 황폐화는 식량부족 문제와 함께 어쩌면 전쟁보다 더 인류의 생존과 평화를 위협하고 있다고 볼 수 있다. 환경문제는 또한 지구 전체에 동시다발적으로 진행되고 있다는 점에서 세계 혹은 유엔 차원에서 아젠다로 설정하고 있는 것이기도 하다. 기후재앙은 인간의 종래의 삶의 방식을 바꾸지 않고는 막을 수 없는 것이기에 문제의 심각성은 더 하다.

오늘날 지구기후환경의 문제는 다음의 발표에 잘 요약되어 있다.

"첫째, 온실가스배출 감축문제는 향후 지속적으로 논의되어야 할 국가적 의제로서 차제에 이 의제에 대한 합리적 분석과 투명한 논의의 틀이 설정되어야 한다는 점을 제안하고 싶습니다. (중략) 둘째, 저는 우선 기후변화가 글로벌한 문제입니다만 그렇다고 먼 산의 불과 같은 남의 문제가 아니고 우리나라와 우리 국민 개개인에 대한 직접적이고 심각한 위협이라는 점을 강조하고 싶습니다. 기후협력이라는 '집단행동'은 공유지의 비극으로 인해 실패할 가능성이 농후합니다. 우리 자신의 미래의 안전과 번영을 위해서라도 우리나라가 이 문제는 극복하는 데 기여할 수 있다면 이에 주저하지 말아야 합니다. 우리는 창의적인 온실가스배출 감축 협력방안을 선도적으로 제시해 기여할 수 있습니다. (중략) 셋째, 국제적인 기후협력에 창의적으로 기여하기 위한 구체적인 방안으로 모든 나라가 2050년까지의 장기적인 이산화탄소배출 감축목표를 자발적으로 세워 이들 목표들과 글로벌 2℃ 목표 간의 일관성을 점검해 조정해나가면서 각국의 장기감축목표 및 별도의 경제발전목표로부터 중단기적 저탄소화 목표와 전략(국가 심층저탄소화 경로, NDDP)을 backcasting 혹은 '후방예측'해 각국의 INDC를 보완 강화해나가는 국제협력 방안을 제안, 지지할 것을 건의합니다. 아울러 우리만이라도 야심적 장기 배출감축목표를 설정해 그로부터 NDDP를 bacicasting해 이를 우리의 INDC를 도출, 발전시키는 데 활용하고 나아가 경제의 성장과 발전 전략과 이산화탄소 배출 감축전략과 조화시키는 녹색성장전략에 원용할 것을 제안합니다."[28]

지구온난화로 인한 여러 기후환경문제는 다양하게 드러나고 있다.

"온난화로 인해 다양한 극한현상 발생이 변하고 있으며, 저온 현상은 감소하고 고온 현상이 증가하는 추세에 대한 신뢰도는 매우 높다. 지역에 따라서 호우와 홍수발생이 증가하거나 가뭄이 심화되는 지역도 나타나고 있다. 그러나 아직까지 강수량과 관련된 변화와 자연환경 및 사회경제적인 영향에 대한 연구는 신뢰도를 높이기 위해 추가적인 노력이 필요한 실정이다. 우리나라의 경우 지난 100년간 평균기온은 1.8℃ 상승하고 강수량은 17% 증가한 것으로 분석되었다. 계절별로 보면 겨울과 봄에는 기온상승이 뚜렷하며 강수량은 변화가 적다. 반면 여름은 기온 상승이 다른 계절에 비해 적으나 강수량은 크게 증가하고 있는데 이는 호우 발생빈도 증가가 가장 큰 원인이다."[29]

지구온난화는 주로 온실가스 증가가 원인으로 분석되고 있다.

"산업혁명(1750년) 이전에 대기 중 이산화탄소 농도는 약 278 ppm 이었으나 2013년에는 세계기상기구(WMC)의 발표에 따르면 395 ppm으로 43% 증가하였다. (중략) 온실가스 중 가장 큰 부분을 차지하고 있는 이산화탄소 농도는 연간 배출량 증가와 밀접한 관계에 있다. (중략) 지난 50년간 대부분의 온난화는 인간 활동에 의한 것일 가능성이 높다(66% 이

---

28 양수길, 「기후환경 변화와 지속가능성-진단과 해법」, 세계일보사, 『2015 세계기후환경포럼(문선명 총재 성화 3주년 기념))』, 한국프레스센터 20층 국제회의장, 2015년 8월 27일, 12~15쪽.

29 권원태, 「기후환경 과학이 말하는 지구촌의 미래」, 세계일보사, 『2015 세계기후환경포럼(문선명 총재 성화 3주년 기념)』, 한국프레스센터 20층 국제회의장, 2015년 8월 27일, 19쪽.

상). (중략)"[30]

이와 관련 반기문 유엔사무총장의 말은 유념할 필요가 있다.

"우리에게 '차선책으로 택할 행성'(Planet B)은 없기 때문에 '두 번째 계획'(Plan B)도 있을 수 없다."(영국 파이낸셜타임스)[31]

반 사무총장은 교황청 과학 아카데미가 주최한 '기후변화에 대한 국제회의'(2015년 4월 28일)에 참석해 "자연환경을 돌보는 성스러운 의무(sacred duty)를 신자들에게 환기시켜주기를 기대한다."며 교황의 새 회칙에 대한 희망을 내비쳤다.

아울러 그는 "우리는 세계의 가난을 해결할 수 있는 첫 세대이며, 기후변화에 대처할 수 있는 마지막 세대가 될 것"이라고 말했다.

반 사무총장은 또 회의에 앞서 교황을 예방한 자리에서 "기후변화에 대응하는 것은 환경보호뿐 아니라 기후변화로 고통 받는 사람들을 위한 시급한 도덕적 과제"라며 "경제를 변혁시키기 위해서는 먼저 우리가 생각하는 방식과 가치를 변화시켜야 한다."고 강조했다.

로마교황청도 환경운동에 적극 가담하고 있다. 교황청 과학 아카데미 회원인 미국 캘리포니아대 비랍하드란 라마나탄 교수는 "친환경 '녹색교황'(green pope)으로 불리던 베네딕토 16세 교황은 8년 재임 기간 동안 창조계를 돌보는 부분에 놀라운 성찰을 남겼지만, 프란치스코 교황은 그리스도교라는 종교를 넘어 전 세계적 영향력을 발휘하며 '환경의

---

30 권원태, 같은 논문, 20~21쪽.

31 중국의 1인당 이산화탄소 배출량이 처음으로 유럽연합(EU)의 배출량을 넘어섰다는 연구결과가 나왔다. 전 세계환경과학자로 구성된 '글로벌 카본 프로젝트(GCP)'가 발표한 연구에 따르면 지난해 중국의 이산화탄소 배출량은 7.2t으로 EU의 총 배출량인 6.8t보다 많았다. 중국의 이산화탄소 배출량은 전세계 배출량의 28%에 이르렀으며, 미국과 EU의 배출량은 각각 14%, 10% 수준이었다. 또 인도의 배출량이 4년 안에 EU를 따라잡을 것으로 보인다고 GCP는 덧붙였다(연합뉴스, 2014년 9월 22일).

구원자'가 될 가능성이 높다"(가톨릭신문, 2015년 5월 10일)고 말했다.

반 총장은 이에 앞서 한국 경제인들과 만난 자리에서도 다음과 같이 말했다. "교토의정서 이후 어떤 형태로든 기후변화에 대응하기 위한 새로운 협약의 존재는 필수적입니다. 칸쿤 기후변화협약이 실패한 회의로 비춰졌지만 아주 중요한 부분에서 합의를 이끌어냈습니다. 그것은 개도국들에 대한 선진국의 녹색기술이전과 자금지원에 대한 약속입니다. 온실가스 50% 감축목표를 달성하지 않고서는 더 이상 지속가능한 성장은 불가능하며, 단순히 국가정책만으로는 한계가 있습니다."

그는 '공공의 선(善)'을 위한 경제인들의 자발적 노력을 강조했다.

"기후변화에 대응하기 위한 방법은 국가정책을 따르는 것만이 전부가 아닙니다. 정책과 무관하게 공공선을 위해 경제인들의 이산화탄소를 줄이고 청정에너지를 활용한 경제체제를 구축하는 자발적 노력이 이루어져야 온실가스 50% 감축 목표가 달성될 수 있습니다."(환경경영신문, 2011년 8월 23일)

결국 인간의 활동으로 인한 온실가스 증가와 특히 이산화탄소 배출량을 줄이는 것이 지구환경을 보존하는 방책으로 떠오르고 있다. 이는 종합적으로 보면 자동차를 비롯한 문명의 이기 사용을 줄이고, 가급적 검소하게 살면서 친환경적으로 살 것을 주문하고 있다.

인간의 욕망을 확대재생산해 온 산업기술문명은 앞으로 욕망을 억제함으로써 인간의 전반적인 삶이 보다 친환경적인 삶으로 다가가도록 삶의 방식이나 문화 환경의 변화를 꾀할 것은 요구하고 있다. 환경의 문제는 문화의 문제로 귀속하고 있음에 유의하지 않을 수 없다.

2) 근본주의

오늘날 종교적 근본주의는 이슬람중동을 중심으로 펼쳐지는 테러리즘과 깊은 뿌리를 맺고 있다는 점에서 관심을 모으고 있다. 그러나 근본주의가 이슬람에 의해 생긴 것은 아니다.

"원래 근본주의라는 용어는 1910년에서 1915년 사이 미국 프린스턴 대학교에서 발행된 『근본: 진리를 향한 증언』(The Fundamentals: A Testmony to the Truth)에서 처음으로 등장했다. 여기에는 근본주의적 기독교 진리를 위해 집필된 짧은 논문들과 평론들이 수록되어 있다. 과학의 혁혁한 발전, 근대주의의 등장과 다원적 문화의 확장 및 자유주의 신학이 활발히 논의되던 시대적 정신에 반발하면서 이 소책자는 양보할 수 없는 '다섯 가지의 기독교 교리들'을 주장하였다. 이것들이 미국 복음주의 그리스도교의 특성이라고 할 수 있는데, 유럽의 근본주의 진영에서는 이 다섯 가지 요소들 외에 다원주의와 종교 간의 대화에 대한 비판을 첨가하고 있다."[32]

위의 '다섯 가지의 교리들(근본강령)'은 '성서 무오영감설' '그리스도의 동정녀 탄생' '속죄' '부활' '기적적인 능력' 등이다. 말하자면 이 진리는 절대적인 진리라는 뜻이다.

기독교의 근본주의는 성경, 즉 '정경(canon)'과 그것에 기록된 '문자주의'(literalism)를 골간으로 하고 있다.

"근본주의자들은 근현대주의가 기독교를 배반하고 세속화를 불러오고, 새로운 과학을 좇아 복음을 포기하고 있다고 비난하면서 진화론에 반대하는 운동을 펼쳤다. (중략) 1926년에 '미국의 성경십자군 용사'(Bible

---

32 강학순, 『근본주의의 유혹과 야만성』, 미다스북스, 2016, 39~40쪽.

Crusaders of America)는 그들의 미션을 '근대주의, 진화론, 불가지론, 무신론에 대하여 전쟁'을 하는 것이라고 하였다."[33]

강학순은 근본주의에 대한 오해와 진실을 규명하면서 오리엔탈리즘(Orientalism)적 시각, 옥시덴탈리즘(Occidentalism)적 시각, 아메리코필리아(Americophilia)적 시각, 이슬람포비아(Islamphobia)적 시각, 유토피아(Utopia)적 시각 등으로 나누어 설명하면서 "모든 근본주의는 유토피아를 지향한다. 그것을 신봉하는 개별적 신앙공동체 안에서는 긍정적인 역할을 할 수 있음을 부정하기 어렵다. 그러나 그것이 현실을 호도하거나 왜곡하는 기제로 사용될 때에는 반인륜적이고 야만적인 전체주의로 전락할 수도 있다. 그리고 그것은 강압적 독재와 식민지화를 정당화할 수 있다."[34]고 경고한다.

강학순은 근본과 근본주의를 구별하면서 "근본이란 일반적으로 절대성, 유일성, 근원성(뿌리, 지반), 시원(원천)을 의미한다. 위대한 신념과 확신은 근본에서 나온다. 궁극적 진리라는 근본을 추구하는 것은 모든 종교의 기본 속성이다."[35]고 말한다.

그런 점에서 인류의 모든 종교는 근본주의의 배경을 깔고 있다. 그렇지 않으면 종교가 아닐지도 모른다. 그렇다면 종교를 가지면서 어떻게 근본주의에 빠지지 않을 수 있는가라는 모순에 봉착하게 된다.

특히 '신적 관점'(God's Eye View)은 근본주의가 전제하고 있는 관점이기도 하지만, 인간이 상상하고 언어로서 구성해낸 것이라는 점에서 인간의 개입을 초래하기도 한다.

---

33 강학순, 같은 책, 40~41쪽.

34 강학순, 같은 책, 44~61쪽.

35 강학순, 같은 책, 61쪽.

신과 인간의 대화, 혹은 신의 일방적 명령이나 인간 스스로의 독백 등이 아니고서는 그러한 관점이 생길 수도 없으며 더구나 상호간에 이해될 수도 없다는 점에서 근본주의는 자체 모순과 딜레마에 빠지기도 한다.

강학순은 근본주의에 내재한 선악 이분법은 극복되어야 하는 과제로 지적했다.

"근본주의에 내재한 '선·악의 이분법적 사고'의 특징은 아래와 같다. 첫째, 그것은 세계를 선과 악이라는 도덕적 이원주의로 간단히 구분해서 판단하는 것이다. 둘째, 자기는 항상 선이고 상대는 항상 악이라고 단호하게 규정하는 것이다. 셋째, 악의 축인 상대방을 어떻게든 제거해야 한다는 믿음이다. 그래서 어떤 수단과 방법을 써서라도 악의 존재를 축출하려고 노력한다. 넷째, 이 단순한 선악의 편 가름과 도식화는 다시 주변을 계속해서 편 가름의 분열로 몰아넣어 인류의 평화를 위협하는 야만적 폭력과 전쟁의 원인이 된다. 따라서 선·악의 이분법적 사고'는 재고되고, 극복되어야 하는 과제이다."[36]

전체성을 존중하는 것과 전체주의가 다르듯이 근본을 존중하는 것과 근본주의는 다르다. 말하자면 '주의(−ism)'가 붙는 것은 현실적으로 혹은 존재론적으로 그렇지 않기 때문일 것이다. 따라서 '주의'는 인위적으로 혹은 강제로 추구하거나 주장하는 것이기에 도그마로 작용할 위험이 많은 것이다.

절대를 존중하는 것과 절대주의는 다른 것이다. 특정 종교를 신앙하는 개인은 절대성을 가질 수밖에 없다. 그러나 그 절대성을 남에게 강제로 주입하거나 강요하는 것은 절대주의가 된다. 근본주의와 절대주의

---

36 강학순, 같은 책, 98쪽.

는 자칫 잘못하면 일종의 전체주의로 흐를 위험이 있다.

앞장에서도 인간이 구축한 여러 가지 종류의 동일성은 항상 전체주의로 흐를 위험을 안고 있음을 여러 차례 거론한 바 있다. 동일성에는 크게 보면 종교적·과학적·철학적·역사적·사회적·문화적 동일성(실체성, 정체성) 등이 있을 것이다.

그런데 인류사를 보면 대체로 우리가 기억하지 못하는 선사시대의 오랜 기간 동안 모계사회를 유지했을 것이고 이런 흔적은 집단무의식이나 신화에 고스란히 담겨 있다. 가부장-국가사회의 등장과 더불어 역사시대에 접어들면서 남성중심의 지배문명문화와 국가제국은 패권주의를 유지하기 위해서 의식적으로 자신의 동일성을 남에게(약소국이나 피지배국가) 강요했으며, 끝내 말을 듣지 않으면 전쟁으로 정복하는 경우가 많았다.

인류평화의 가장 큰 적은 패권주의와 이분법이다. 그런데 역사는 지금껏 패권주의와 이분법으로 진행되어온 경우가 다반사였다. 인간 종에 이르러 다른 생물 종과 가장 큰 차이점은 바로 생존경쟁이 권력경쟁으로 바뀌었다는 점이다.

'나'와 '너' 및 '우리'와 '그들'의 이분법은 고정불변의 것이 아니고 역동적인 것이다. 생각하기에 따라서는 얼마든지 경계가 허물어질 수 있는 것이다. 그러나 이기주의 혹은 자민족중심주의, 국가주의 혹은 이데올로기, 서로 다른 종교와 이해관계로 인해 인간은 상대를 적으로, 혹은 악으로 보고 적대적이 되는 경우가 많았다. 인간의 삶의 방식을 근본적으로 바꾸지 않는 한 전쟁의 위협과 공포로부터 자유로울 수 없다.

"유럽 기독교 근본주의 진영에서는 다원주의와 종교 간의 대화에 대한 비판을 가하고 있다. 이는 다원주의 사회에서 '차이'(being diffrence)를 차이로서 인정하지 않고, 그것을 '틀림'(being wrong)으로 간주하면서 차이에 대한 존중보다는 소멸을 시도하려는 유혹에 빠진다. 그러나 차이는 가치의 원천, 아니 사회 자체의 원천이다. 차이의 존엄은 종교적 이념과 이상이다. 도덕적 특수성에서 시작하지 않고서는 인간의 연대성에 이를 수 있는 길을 찾을 수 없다. 차이가 전쟁으로 이어질 때는 쌍방 모두 패배한다. 거꾸로 차이가 서로의 삶을 풍요롭게 할 때는 양쪽 모두 승리하는 것이다."[37]

강학순은 "종교적 근본주의는 역설적이게도 전체주의와 세계화로 내모는 '차이의 소멸'로의 유혹을 조장하거나 그것과 손을 잡는다."[38]라고 경고하고 있다.

3) 테러리즘

프랑스 철학자이자 사회학자인 장 보드리야르(Jean Baudrillard)는 "테러리즘은 아무 것도 생각해내지 않고, 아무 것도 시도하지 않는다. 테러리즘은 단지 사태를 극단에, 절정에 이르게 할 뿐이다. 테러리즘은 어떤 사태를 악화시키거나 폭력과 불확실성의 어떤 논리를 끝까지 밀고 나간다."[39]고 말한다.

테러리즘은 집단적 이념추구인 경우도 있지만, 그런 경우라도 개인적 좌절감이 크게 작용하는 것으로 보인다. 우리는 테러리즘을 보면서 폭력이 폭력을 낳는 것을 목격하게 된다. 그러면서 "눈에는 눈, 이에는

---

37 강학순, 같은 책, 153~154쪽.

38 강학순, 같은 책, 157쪽.

39 Jean Baudrillard, 『Power inferno(지옥의 힘)』, 배영달 옮김, 동문선, 2003, 28쪽.

이”(출 21: 12~ 22: 17)라는 구약의 구절을 떠올리게 된다. 유대교적 전통의 세례를 받은 종교에서는 공통적으로(근본적으로) 폭력성이 내재해 있음을 느끼면서 동시에 인간성 자체의 폭력성을 확인하게 된다.

“폭력을 행사하는 사람의 모습에서 세계의 폭력성을 읽을 수도 있다. 강자에 대항하기 위한 약자의 폭력이라고 해서 이러한 폭력의 본질에서 자유로울 수는 없는 것이다. (중략) 테러리즘은 어떤 정치적 의도를 실현하기 위한 방식이라는 점에서는 도구적인 것이다. 테러리즘은 테러 행위의 의도를 정당화함으로써 데러 행위의 합리성을 확보하려 하지만, 그것 자체에 인간의 비극을 담고 있다.”[40]

앞장에서 동일성을 추구하는 철학, 즉 이성주의 철학의 합리성 자체가 이미 자신의 절대성을 남에게 강요하는 철학이며, 전쟁의 철학이라는 것을 강조한 바 있다.

인류의 문명 자체가 이미 테러리즘을 안고 출발한 것임을 강조하는 철학자도 있다.

“문명은 생존을 위해서 뿐만이 아니라 우리의 이상이 승리를 거두도록 하기 위해 싸울 수 있는 도구를 제공한다. 한 마디로 말하면, 우리를 문명인으로 만드는 것을 우리를 공포에 빠뜨리는 것이기도 하다.”[41]

인류문명의 권력은 폭력에서 출발하였다고 하는 것이 일반적인 견해이다. 그런 점에서 어느 누구도 폭력에서 자유로울 수 없다.

테러리즘은 특히 종교적 근본주의와 밀접한 관련을 맺는다.

“종교적 근본주의라는 말은 20세기 초 미국 프로테스탄트 운동

---

40 박완규, 『테러리즘과 글로벌 커뮤니케이션』, 커뮤니케이션북스, 2009, 53쪽.

41 Shadia Drury, 『Terror and Civillization Christianity, Politics, and Western Psyche』 118쪽: 박완규 , 같은 책, 54쪽 재인용.

(American Protestant Movement)에서 비롯되었다. 이 말은 보수적인 신앙부흥운동의 종교적 정통성을 일컫는 사회과학용어가 되어 버렸다. 이제는 이슬람권에서 유행하는 것과 같은 근본주의 운동, 즉 정치체제에 개입하고 주민을 동원하려는 목적으로 성서를 문자 그대로 받아들이고 그 가르침을 충실히 따르라고 촉구하는 것을 의미한다."[42]

특히 이슬람 근본주의는 현실적으로 국제 테러리즘의 온상이 되고 있다. 이는 이슬람의 천국관도 관련이 있다고 한다.

"기독교의 천국관과 달리, 이슬람교의 천국은 욕정적이고 욕망을 부추긴다. 신에게 선택된 사람은 '영원의 정원'에 들어가 비단옷을 입고 금과 진주로 만들어진 팔찌를 차게 된다. 그곳에는 샘이 솟아나고 과일과 야자나무, 석류가 있다. 그리고 '남자나 신령'이 손대지 않은 '매우 아름다운' 처녀들이 있다."[43]

우리는 흔히 이슬람교 하면, "한 손에는 칼, 한 손에는 코란"이라는 말을 한다. 이슬람교의 전파는 무력에 의해 일부 수행된 것이 없는 것은 아니지만 동시에 코란에는 "종교에는 어떠한 강요도 없다."(코란 2장, 256절)라는 구절이 있다.

"실제로 대다수 무슬림들은 평화를 소중히 여긴다. 이슬람이라는 아랍어 단어는 유일하고도 지대한 알라신에게 절대 귀의한다는 뜻으로, '평화'의 의미가 담겨있다. 이슬람교는 원칙적으로 신도 간에는 신분 계급의 차이가 없고, 민족을 초월해 완전히 평등하며, 우애 정신에 바탕을 둔다. 이처럼 평화는 이슬람의 본질이라고 할 수 있지만, 이슬람권에서

---

42 Christina Hellmich, Al Qaeda–Terrorists, Hypocrites, Fundamentalists? The View from Within, Michael V. Bhatia (Ends), 『Terrorism and The Politics of Naming』 36쪽; 박완규, 같은 책, 112쪽 재인용..

43 Shadia Drury, 같은 책, 24쪽; 박완규, 같은 책, 121쪽 재인용.

미국 등 서방 세계의 영향력이 커지자 이에 저항하는 이슬람 무장 세력의 테러가 지하드로 선전되고 있는 실정이다. 무슬림에게는 지하드가 자기를 방어하고 정의와 평화를 회복하는 '정당한 수단'이다."[44]

그럼에도 불구하고 국제적인 테러사건에는 이슬람을 표방하는 무장 세력의 도발이 압도적이다. 이러한 이슬람의 테러에는 앞장에서도 지적했지만, 중세에 지배적인 민족이었던 이슬람민족과 문화권이 근대와 더불어 서구에게 지배를 당하면서 생긴 집단적 좌절감이 크게 영향을 미친 것으로 보인다.

이희수 중동문화전문가(문화인류학자)는 최근 사태를 두고 이렇게 말한다.

"중동 무슬림들에게는 태생적인 반서구 DNA가 있다고 보면 된다. 반인륜적이고 보편적인 인간가치에 반하는 IS의 행동에 찬성할 수는 없지만 속 시원해 하는 대중이 많은 것은 사실이다. 서구와 이슬람세계는 1200년에 걸쳐 지배와 피지배가 뒤집어진 역사적인 트라우마가 있기 때문이다. 아랍에서 출발한 이슬람은 711년 지브롤터해협을 건너 유럽의 이베리아 반도까지 확대됐다. 732년께엔 프랑스 파리 교외까지 진출했다. 1453년에는 동로마제국의 수도였던 콘스탄티노플을 점령하고 발칸을 이슬람화한 데 이어 1683년에는 당시 유럽의 최강국이던 합스부르크 오스트리아의 심장인 빈을 포위했다. 지브롤터 해협이 뚫린 711년부터 빈이 공격당한 1683년까지 거의 1,000년간 유럽은 이슬람세력을 당하지 못했다. 하지만 100년 정도가 지난 1798년 나폴레옹의 이집트 정벌 이후 서구와 이슬람의 관계는 역전됐다. 그 뒤 200여 년 동안 모든 이슬람세계가 단 한 지역의 예외도 없이 서구의 지배를 받았다. 그

44 박완규, 같은 책, 118쪽.

뒤 제1차, 2차 세계대전을 겪으면서 중동이슬람 지역은 서구의 손에 지금과 같은 개별국가로 쪼개지게 되었다. (중략) 90%의 주류세력들은 현실을 수긍하고 서구와 협력하며 살아야 한다고 믿는다. 10% 정도의 원리주의 세력은 '우리가 이렇게 된 것은 전통적인 가치를 버리고 서구의 사악한 바이러스를 무분별하게 받아들였기 때문이다. 지금이라도 원래 모습으로 돌아가자'고 주장한다. 이중 '그렇다면 말만 하지 말고 행동으로 움직이자'는 게 3%에 해당하는 알카에다 세력이고, 알카에다가 무너지자 새롭게 등장한 것이 1%쯤 되는 IS옹호 세력이다."[45]

말하자면 문화인류학적으로, 문화의 확대재생산 이론으로 보면 일종의 이슬람문화의 일부 퇴행적 현상이라고 하지 않을 수 없다. 이때의 이슬람 원리주의라는 것은 중세에 이슬람과 유럽을 지배한 이데올로기였지만, 이미 시대착오적인 것이다. 그럼에도 불구하고 현재와 미래적 삶에 적응하지 못한 이슬람문화가 과거의 향수로 돌아간 현상이다.

미소 냉전체제의 붕괴이후 인류는 이상하게도 과거 자신들의 원형문화의 향수로 빠져드는 경향이 있다. 물론 이러한 현상을 기초로 새뮤얼 헌팅턴이 '문명의 충돌'을 지적한 바이지만 양극체제가 사라지자 도리어 세계는 다원체제의 일종으로 과거 문명권으로 환원된 꼴이다.

프랑스 미래학자 자크 아탈리는 "지금 전 세계는 과거에 대한 '치명적 향수병(鄕愁病)'에 빠져 있다. 극단주의 정치세력의 준동과 영토 분쟁 등에는 '과거가 더 좋았다'는 인식이 밑바탕에 깔려 있다."[46]고 말한다.

그는 이슬람 무장단체 '이슬람국가(IS)'의 잇따른 테러와 대량학살을

---

45 〈채인택의 직격 인터뷰〉 "테러조직 힘으로만 누르면 제 2, 제 3 세력 끝없이 나온다", 〈중앙일보〉 2015. 12. 9 30면.

46 佛 미래학자 자크 아탈리 "테러에 시달렸던 지구촌, 금융·환경위기 또 닥칠 것", 〈세계석학의 눈, 2016(1)〉, 〈조선일보〉 2016년 1. 1, 14면.

비롯하여 극우 및 극좌정당의 득세, 동북아시아의 역사 갈등, 미국과 중국의 남중국해 인공섬 분쟁, 러시아의 군사적 팽창 등이 모두 과거에 대한 향수병이라고 규정했다.

그는 또 "IS는 칼리프(이슬람 정치·종교 최고지도자) 통치시대, 중국은 중화주의 시대, 러시아는 옛 소련의 영광을 재현하고 싶어 한다. 유럽의 극우주의도 결국엔 옛날로 돌아가자고 외치는 것"[47]이라고 말했다.

이런 향수병이 치명적인 이유는 "미래를 부정하고, 과거로 회귀하려고 하기 때문이다. 이렇게 되면 스스로 고립을 자초하고, 이웃과 갈등하게 된다. 결국 자기 파괴적이 될 수밖에 없다."[48]고 말한다.

다음은 필자가 세계일보 개인칼럼「박정진의 청심청담」(2015년 11월 17일 26면)에서 IS사태에 대해 논평한 글이다.

'테러에 떨고 있는 인류문명과 허무주의'

IS(이슬람국가)의 소행으로 보이는 무차별테러가 2015년 12월 13일(현지시간)의 금요일 프랑스 파리를 덮쳤다. 그것도 보통사람들이 일상생활을 하는 공간인 동네 카페, 식당, 피자집, 운동장, 공연장 등에서 벌어졌다.

프랑스 검찰은 전날 밤부터 다음날 새벽까지 모두 6곳에서 발생한 총기·폭탄 테러로 인한 사망자가 현재까지 모두 129명으로

---

47 〈조선일보〉, 같은 날짜 같은 면.

48 〈조선일보〉, 같은 날짜 같은 면.

집계됐다고 밝혔다. 부상자 352명 가운데 99명은 중상을 입어 희생자가 더 늘어날 수도 있다는 전망이다.

불특정다수를 대상으로 하는 대중에 대한 테러는 테러분자의 반인륜적 범죄에 대한 규탄은 물론이고, 인류문명에 대한 근본적인 회의와 함께 인간정신에 대한 근본적인 결함과 허무를 읽게 한다.

알카에다는 미국과 권력의 핵심을 그 대상으로 했다. 그런데 알카에다에서 독립한 것으로 알려진 IS는 유럽과 대중을 그 대상으로 범위를 넓히고 있다. 테러의 성격이 날로 비겁해지고 포악해지고 있다. 세계에서 가장 민주적이고, 사상과 삶의 자유로움이 허용된, 그리고 가장 이민자에게 너그러운 프랑스, 그것도 파리를 공격했다.

이는 어떤 점에서는 커다란 전쟁보다 우리를 더 슬프게 한다. 테러리스트들은 '알라신과 시리아'를 외쳤다고 한다. 테러리스트들은 모두 죽었다. 아마도 그들은 성전의 순교자라도 된 듯 자신의 목숨을 바쳤을 것이다.

신을 섬기는 그 끝이 고작 '테러'라면 이건 보통문제가 아니다. 범죄 중에 가장 비겁한 범죄가 어린이 유괴이듯이 테러 중에 가장 비겁한 테러가 대중에 대한 테러이다. 어떻게 보면 인간은 그만큼 나약해졌고, 간악해졌고, 생명에 대한 숭고함에서 멀어졌다.

'테러'라는 단어를 발생시킨 프랑스에서 벌어진 대중테러(일상테러)는 이제 공포를 넘어서 일종의 휴머니즘의 막장을 느끼게 한다. 파리 시민들은 "테러에 대항해서 태연하게 일상생활을 할 것"이라고 천명하면서 평범한 시민의 분노와 결의를 보였다.

니체는 서구문명의 허무주의를 '허무주의를 완성'함으로써 극복했다고 큰 소리쳤다. 그런데 그의 사후 1, 2차 세계대전이 일어났고, 그 와중에 니체의 조국인 독일에서 홀로코스트로 알려진 나치즘이 발생했고, 전후 소비에트전체주의가 탄생했다. 동양에서 서양문명을 가장 잘 배운 일본은 군국주의를 탄생시켰다. 도대체 근대과학기술문명의 정체가 무엇이라는 말인가.

아시다시피 오늘날 중동국가의 지도는 세계대전에서 승리한 유럽 국가의 정상들에 의해 그어졌다. 이스라엘이라는 국가도 이 과정에서 생겼다. 이보다 훨씬 이전에는 로마교황청으로 대표되는 기독교 세력의 이슬람정복이라는 명분으로 여러 차례의 십자군 전쟁이 있었다.

기독교와 이슬람교는 모두 유대교에서 갈라진 종교이다. 기독교는 아브라함-이삭의 계통이고, 이슬람교는 아브라함-이스마엘의 계통이다. 유대교는 불을 숭배하는 배화교의 영향을 크게 받았다고 한다. 불을 숭배하는 종교는 빛을 숭상하지만 동시에 불을 전쟁의 도구로 사용하는 데에 익숙한 편이다. 이들 두 세력의 갈등과 전쟁을 인류문명사의 관점에서 보면 불의 신앙을 주도한 문명권 내부의 갈등이라고 말할 수 있다.

서구문명사가들이 흔히 중세암흑시대라고 말한 시대는 사라센제국으로 알려진 이슬람세력이 세계를 지배한 시대였다. 근대 서구문명, 특히 과학문명의 기초마저도 마련해준 중동 이슬람세력들은 근대에 들어 문명을 주도권을 기독교세력인 유럽에게 내어주면서 주변부로 밀려나고, 서구에 지배당하기 시작하면서 이슬람 민족주의를 부르짖게 된다.

근대에서 민족주의 혹은 국가주의를 부르짖는 세력 혹은 지역들은 모두 상대적으로 뒤떨어진 후진지역을 의미한다. 중동 이슬람도 예외는 아니다. 중동지역은 서방국가의 이해가 얽힌 가운데 스스로 분열을 초래해서 걸프전, 이라크전, 그리고 최근의 시리아 내전 등 여러 차례 전쟁터가 되었으며, 지금도 그 연장선상에 있다.

아프칸 전쟁의 여파로 부상한 알카에다세력은 이슬람저항세력의 상징이 되었으며, 그 세력은 전쟁이 끝난 뒤에도 미국 등 서방국가에 테러를 자행하는 테러집단으로 변신했으며, IS은 그 악성 변종이다.

서방국가가 일제히 이번 파리테러를 규탄하고, 이를 계기로 IS 분쇄를 다짐하고 나섰다. 물론 선진-강자의 입장에 있는 서방이 국가체제도 갖추지 못한 IS를 물리적으로 제압할 것임은 분명하고 명분도 있지만, 서방-중동의 대결과 이슬람 테러세력에 대한 근본적인 처방은 되지 못할 것이다.

정치적 패권과 물리적 힘에 의한 지배가 계속되는 한 세계는 평화로울 수 없을 것이다. 힘이 부족한 세력들은 게릴라전과 테러로 맞설 것이고, 이에 대한 정규군과 경찰의 완전한 승리도 보장받을 수 없다.

종교와 이데올로기라는 것이 인류의 평화보다 전쟁에 기여한 지도 오래되었다. 인간은 선의 이름으로 악을 자행하는 데에 익숙해진 것 같다. 터키해변에서 발견된 3세 '아일란 쿠르디'로 인해 열렸던 이민문호가 테러범의 난민위장침투 사실이 불거지면서 닫혀지는 것도 예상된다.

패권주의와 테러의 인간성에 대한 보다 근본적인 반성이 없으면, 인류평화는 요원할 것임에 틀림없다. 자유의 상징인 파리가 테러와 이데올로기적 열광의 피로 물든 것은 인류평화가 종래의 선악의 방식으로 실현될 수 없음을 보여준다."

IS 테러는 끝이 보이지 않는다는 점에서 그 심각성이 더하다. 이는 서구 패권국가에 대항해서 중동 이슬람 민족주의를 바탕으로 형성된 저항에 기초해 있다. 서구 제국의 막강한 군사력을 바탕으로 하는 정규전과 이슬람세력의 게릴라전, 혹은 테러전의 양상은 순환적인 재생산구조를 가지고 있다는 점에서 세계평화를 위협하고 있다.

중동 이슬람문명은 중세에 사라센제국을 형성하면서 세계를 주도했는데 당시 과학과 문학과 예술 등 문화전반에서 이슬람이 앞서 갔다. 이런 사정이 근대에 들어 백팔십도로 전환하게 되는데 유럽의 서구문명이 과학을 비롯한 모든 문화능력을 계승해갔던 것이다.

과거의 영광을 되찾으려는 중동과 현재 세계를 지배하고 있는 패권국가인 유럽과 미국 사이에 주고받는 군사주의와 테러리즘의 충돌은 앞으로도 계속될 전망이다.

앞장에서 예를 들었지만 새뮤얼 헌팅턴은 바로 작금의 중동사태 같은 문명의 충돌을 가장 우려하고 있는 미래학자인 셈이다. 그는 이러한 우려를 바탕으로 서구가 문명충돌전쟁에 대비하여야 한다는 경고의 메시지를 보냈다고 보여 진다.

인류는 이제 서로 다름과 만물의 차이, 그리고 고정불변의 실체가 없음을 받아들이지 않는다면 결코 평화를 달성할 수 없을지 모른다. 기운생동하는 현존과 낯섦이 바로 평화의 신이다.

"인간이 세상에 태어나 자신에게 주어진 제한된 경험을 통해 형성된 파편적이고 편견적인 세계관에서 벗어나 자신과 완벽하게 다른 존재와 만나는 것이 바로 종교다. 나와 다른 이데올로기와 종교, 세계관을 가진 자들의 이야기를 경청하고, 그들을 통해 스스로 변화하고자 노력하지 않는다면 우리는 결코 신을 만날 수 없다. 그 낯섦과 다름을 수용하고, 그 다름을 참아주는 것이 아니라 소중히 여기며 대접할 때 신은 비로소 우리에게 자신의 참모습을 드러낼 것이다."[49]

『총, 균, 쇠』의 저자로 이름을 떨친 미래학자 제레드 다이아몬드(Jared Diamond)는 미래에 인류에게 영향을 미칠 큰 요인으로 세 가지를 들고 있다. 그는 부의 불평등으로 인한 문제에 이민, 테러리즘, 질병, 자원의 남용까지를 포괄하는 시각을 보이고 있다. 심지어 그는 핵전쟁, 테러리스트의 핵공격을 거론하면서 그것이 일어날 가능성은 반반이라고 지극히 비관적인 전망을 내놓고 있다.

"크게 보면 세 가지 요인이 가까운 미래에 인류에게 영향을 미칠 것이라 생각합니다. 첫 번째는 부의 불평등입니다. 이 때문에 가난한 국가에서 부유한 국가로의 이민이 끊이지 않고, 가난한 국가의 시민들은 부유한 국가를 공격하는 테러리스트들을 지원하는 겁니다. 또한 가난한 국가에서 발생한 질병이 부유한 국가로도 확산되는 것도 부의 불평등이 원인이라 할 수 있습니다. 두 번째 요인은 자원의 남용입니다. 현재와 같은 속도의 소비율이 향후 수십 년 동안 유지되기는 어렵습니다. 이런 두 요인이 인류의 미래에 영향을 미칠 것은 분명합니다. 마지막 세 번째

49 배철현, 『인간의 위대한 질문』, 21세기북스, 2015, 341쪽.

요인으로는 국가 간의 핵전쟁 가능성이나 테러리스트의 핵공격 가능성이며, 실제로 일어날 가능성과 그렇지 않을 가능성은 반반입니다."[50]

인류역사에서 최고의 문명을 구가하고 있다는 서구과학기술문명과 제국-패권주의는 결과적으로 인간 자신에 대한 극도의 허무주의를 감춘 채 언제라도 자멸의 길로 들어갈 수 있는 위기에 있다. 제레드 다이아몬드는 문명의 테러와 폭동의 악순환을 이렇게 설명하고 있다.

"이 모든 것, 즉 질병과 이민과 테러는 국가 간의 불평등에서 비롯되는 직접적인 결과입니다. 질병은 끊임없이 확산되고 이민은 근본적으로 막는 게 불가능합니다. 테러는 중단시키는 게 어렵고 비용도 많이 듭니다. 국가 간의 빈부격차가 줄어들지 않는 한, 가난한 국가의 시민들은 계속 병에 걸릴 것이고, 부유한 국가로 이민할 방법을 끊임없이 모색할 것이며, 직접 테러리스트가 되거나 테러리스트가 되려는 사람을 지원할 것입니다. 국가 간에만 불평등이 존재하는 게 아니라, 한 국가 내에서도 불평등이 존재합니다. 이런 불평등은 미국에서 여간 큰 문제가 아닙니다. 국부에서 상위 1퍼센트가 소유하는 몫이 점점 증가하는 추세입니다. 유럽의 경우에는 이런 빈부의 차이가 미국보다는 덜 심각하지만, 유럽에서도 적잖은 문젯거리입니다. 부유한 국가의 시민들이 질투하고 분노하며 절망하면, 폭동 이외에 달리 해결할 방법이 없다고 생각하기 십상입니다."[51]

인류문명은 이제 거꾸로 원주민사회에서 여러 가지 교훈과 대안을 찾지 않으면 안 될 위기에 처해 있다. 자연과 균형을 이루면서 살아가던 그들의 지혜를 배우지 않으면 안 된다.

---

50 Jared Diamond, 『제레드 다이아몬드의 나와 세계』, 강주헌 옮김, 김영사, 2016, 210쪽.

51 Jared Diamond, 같은 책, 강주헌 옮김, 196쪽.

파시즘(fascism)과 피시즘(peacism)

유대기독교의 '파시즘'과 한민족단군교의 '피시즘'

나치즘은 2차 세계대전과 함께 종식되었지만, 볼셰비즘의 전통은 여러 형태의 공산사회주의를 파생시키면서 21세기에도 아직 건재하고 있는 전체주의이다. 중국과 북한은 그 대표적인 경우이다.

특정 개인이나 집단을 '적' 혹은 '악'으로 규정하는 것은 아직도 인간의 삶의 생존원리로 작동하고 있다. 철학적으로 인간을 선과 악으로 이원화하는 것이 설득력을 잃었지만 아직도 인간은 손쉽게 상대방을 '악'으로 규정하면서 자신의 정체성을 확립하고 삶의 투쟁력을 키우고 있는 지도 모른다.

고정된, 결정된 선과 악은 없는 것이다. 선과 악은 인간이 만들어낸 산물이며, 도리어 상대방을 '악'으로 규정하는 것은 권력을 가진 자가 벌이는 행태이고, 그럼으로써 권력을 가진 자가 '악'에 더 가까운지도 모른다. 인간이 살아오면서 누구나 겪게 되는 것으로, '필요악(必要惡)'의 '필요'가 바로 '악'을 발생시킨다. 필요가 있는 곳에 악이 있다.[52]

필요는 또한 도구를 발생시킨다. 어쩌면 도구와 파시즘이 밀접한 관련이 있는지도 모른다. 개인이든 집단이든 도구로 생각하면 그것은 추

---

52 박정진, 『일반성의 철학과 포노로지』, 소나무, 2014, 60~69쪽.

상화되고, 추상화는 기계처럼 아무런 죄의식을 느끼게 하지 않는다. 흔히 도구는 가치중립적이라고 생각하는데 실은 도구야말로 언젠가는 일어날 '파시즘의 가능성'이다. 악은 인간의 삶에서 그리 먼 거리에 있지 않다.

인간은 어쩌면 자신에게 '좋은 것'은 선(善)이라고 말하고 자신에게 '나쁜 것'은 악(惡)이라고 말하고 있는지 모른다. 그런 점에서 고정된 악은 있을 수 없을 뿐만 아니라 모두 어떤 관점에서의 악일뿐이다. 선(善)도 마찬가지이다. 선은 일종의 심리적 환원주의인지 모른다. 선악의 문제는, 어떤 것을 '악'이라고 규정하는 자에게 권력이 소재하고 있음을 확인할 뿐이다. 그런 점에서 '힘에의 의지'는 '악에의 의지'와 통한다.

가부장사회가 발달하고, 이에 따라 남자들의 소유의 경쟁이 치열해지고, 전쟁이 일어나는 곳에는 항상 파시즘적 성향이 드러나게 된다. 말하자면 군대집단의 규율과 훈련, 그리고 경직된 상의하달식의 일방통행적 명령체계는 어떤 의미에서는 일상의 파시즘에 해당한다.

가부장-국가사회체계, 남성의 권력주의, 파더주의(fatherism)는 잘못될 경우, 바로 파시즘(fascism)으로 달려갈 수 있는 성향이 있는 것이다. 다시 말하면 파더주의의 최악의 역사적 연출이 파시즘인 것이다.

서양문명은 지금 '작은 파시즘' 대 '큰 파시즘'의 대결상태에 있다. 파시즘을 벗어나려면 여성의 평화주의, 마더주의(motherism), 피시즘(peacism)으로 나아가지 않으면 안 된다.[53] 피시즘·마더주의는 평화주의, 평등주의, 박애주의로 통하는 길목이다. '파시즘'을 완전히 벗어나려면 '피시즘'으로 돌아가야 한다.

---

53 여성주의나 마더주의를 '피시즘'이라고 하는 데는 여성의 성기를 나타내는 속어로 '포지(pussy)'라는 말이 있다. '포지'라는 말과 '피스'라는 말은 발음이 닮았기 때문이다.

히틀러의 국가사회주의(우익)와 마르크시즘의 공산사회주의(좌익)는 둘 다 사회주의로서 전자는 극단적인 부성(父性)을, 후자는 극단적인 모성(母性)을 기조로 하는 사회주의였다. 이들은 사회를 전체주의로 운명하지 않으면 안 되는 막다른 골목에 처한, 지극히 이상적이지만 동시에 지극히 위선적인, 또한 부성의 위선과 모성의 위선을 대표하는 서구의 마지막 근대적 이데올로기였다.

서구문명이 근대에 이룩한 이데올로기로는 아직 자유자본주의가 남아있지만 이것도 파시즘(전체주의)가 될 위험에 처해있다. 욕망의 무한대는 위선은 아니지만 과학만능주의와 결합한다면 스스로의 욕망의 제물이 될 공산이 크다. 악마는 이제 힘 있는 기계가 되고 있다. 자본주의는 기계천국이 되고, 성적 욕망은 기계적 욕망이 될 공산이 크다. 기계야말로 가장 강력한 파시즘이다.

파시즘은 가부장-국가사회의 심각한 권력경쟁에서 '삶의 전체성'(자연의 전체성, 여성의 전체성)을 읽어버린 남성위주의 인간집단이 갑자기 그것을 회복하려는 데서 발생한 '잘못된 전체성'이 '전체주의'이다.[54]

전체주의는 가장 경직된 '잘못된 동일성'이고 '잘못된 전체성'이다. 인간의 권력은 종종 자연의 '자연스럽게 이루어지는(생멸을 통해 이루어지는) 전체성'을 '인위적인(전쟁 혹은 강제로 달성하는) 전체주의'로 오인한다. 이것은 인간과 인간문명의 자기도착적 성격을 잘 드러낸다. 특히 서양문명 혹은 대중사회, 혹은 현대산업문명에서 그러한 특성이 잘 드러난다.

세계가 하나라는 인식을 함에 있어서 '가부장-남성 중심적-하늘 중심적 사고-수직적 사고'를 하면 결국 비대칭적 사고와 이원대립의 세계로 빠지게 된다. 그렇게 되면 권력경쟁으로 인해 전쟁을 피할 수 없게

---

54 박정진, 『일반성의 철학과 포노로지』, 소나무, 2014, 771~783쪽.

되고, '모계–여성 중심적– 땅 중심적 사고–수평적 사고'를 하면 권력 경쟁보다는 함께 사는 평화공동체를 지향하게 된다.

유대교의 선민(選民)사상은 세계를 선(善)과 악(惡)으로 나누게 되고, 그러한 유대교의 정신은 예수라는 성인의 출현에 의해 '사랑의 기독교'로 거듭났지만, 유대교의 이분법은 기독교에 그대로 계승되고, 기독교는 이단을 생산하는 종교가 되었다. 유대교의 정신은 오늘날 서구 제국주의에 고스란히 전수되어 있다.

근대에 형성된 서구 제국주의가 가장 무서운 것은 바로 과학적 제국주의이기 때문이다. 여기에 자본주의의 위력을 플러스 알파하면 '과학적 자본주의 제국주의'가 된다. 과학적 자본주의 제국주의는 과학이라는 고도의 동일성을 추구하는 과학적 최첨단무기와, 마찬가지로 고도의 동일성을 추구하는 화폐라는 유가증권을 신으로 섬기는 자본주의를 양대 통치수단으로 하고 있는 제국주의다.

"근대 초기에 유럽은 어떤 잠재력을 개발했기에 근대 후반 세계를 지배할 수 있었을까? 이 질문에는 서로 보완적인 두 가지 답이 존재하는데, 바로 현대 과학과 자본주의다. 유럽인은 기술적인 우위를 누리기 전부터도 과학적이고 자본주의적인 방식으로 생각하고 행동하는 습관이 있었다. 그러다가 기술의 노다지가 쏟아지기 시작하자, 유럽인들은 다른 누구보다 그것을 잘 부릴 수 있었다. 따라서 과학적 자본주의가 유럽 제국주의가 21세기 유럽 이후 세상에 남긴 가장 중대한 유산이라는 사실은 결코 우연이 아니다. 유럽과 유럽인은 더 이상 세상을 지배하지 않지만, 과학과 자본의 힘은 나날이 강력해지고 있다."[55]

서구문명은 오늘날 종교적(기독교적) 절대주의, 과학적(물리학적) 절대주

---

55 유발 하라리, 같은 책, 조현욱 옮김, 399~400쪽.

의, 경제적(자본주의적·화폐적) 절대주의 체제로 움직이고 있다. 절대주의는 항상 전체주의로 돌변할 가능성을 잠재하고 있다. 절대주의와 전체주의는 동일성을 바탕으로 하고 있기 때문이다. 절대주의가 문화적 잠재력(문화능력)을 갖추었을 때는 자체 정화적인 힘(자기 조직적이고 자기 조율적인 힘)을 내포하고 있지만, 그렇지 못할 경우에는 항상 전체주의로 돌변하게 된다. 세계는 그러한 파시즘의 위험에 노출되어 있는 것이다.

선발 제국주의 세력인 연합국과 후발 제국주의 세력인 동맹국들이 맞붙은 1, 2차 세계대전에서 후발 제국주의 세력들은 하나같이 전체주의, 즉 파시즘을 행한 공통성을 가지고 있다. 독일의 나치즘, 일본의 군국주의, 소련의 소비에트체제 등은 패권의 욕망에 비해 국력이 떨어지면 저절로 전체주의가 되는 것을 증명하고 있다.

한나 아렌트(Hannah Arendt, 1906~1975)는 전체주의를 항상 '자유'와 더불어 대척점에서 생각한다.

"전체주의가 우리 사회를 총체적으로 정치화함으로써 인간의 자유를 파괴했다면, 전체주의 이후의 현대사회는 정치 자체를 진부하게 만듦으로써 자유의 문제를 왜곡시킨다. 아렌트는 정치와 자유의 관점에서 전체주의를 해부하고 그 조건들을 비판적으로 재구성했다. 간단하게 말해서 아렌트는 정치와 자유를 분리시키는 사회적, 역사적 조건들을 전체주의의 요소로 파악했던 것이다."[56]

한나 아렌트에 따르면 자유야말로 전체주의와 대결할 수 있는 막다른 골목의 의지이며, 선택이다. 그러나 필자는 자유에도 동일성의 유혹이 있다고 생각하는 편이다. 자유야말로 평등에 비해서는 원천적으로 차이성을 기반으로 하고 있지만, 때로는 강대국들이나 제국들이 자신

---

56 한나 아렌트, 『전체주의의 기원 1』, 이준우·박미애 옮김, 한길사, 2006, 15쪽.

의 자유를 후진국이나 식민지에 강요할 수도 있기 때문이다.

따라서 필자는 전체주의를 항상 '여성성'과 '평화주의'의 대척점에서 생각한다. 전체주의라는 것은 인류의 특정시기, 즉 19~20세기 파시즘이 탄생한 시기의 역사적 오류가 아니라 권력의 원천에는 폭력성이 있고, 그 폭력성을 순화시키는 문화적·제도적 장치가 힘을 발휘하지 못한 가운데 거칠게 노출된 것이라는 입장 때문이다.

따라서 인류는 조금만 방심하면 전체주의에 노출될 위험에 살고 있다고 해도 과언이 아니다. 전체주의란 동일성을 추구하는 문명이 가장 야만적으로 권력을 행사할 때 일어나는 것이다. 전체주의가 특정 종교나 이데올로기, 인종주의나 민족주의를 바탕으로 할 때는 그것이 더욱 폭력성을 드러낼 뿐이다

전체주의를 인류사 전체로 전망해보면, 권력경쟁을 무기로 하는 가부장사회의 가장 잘못된 모습이 전체주의인 것이고, 혹은 가부장-국가사회의 종말의 모습이 전체주의인 셈이다. 요컨대 필자의 생각에는 오늘날 인류문명의 전체주의의 모습은 과학기술사회에 있다고 해도 과언이 아니다.

한나 아렌트와 필자의 전체주의에 대한 관점과 평가가 다른 것은 두 사람이 산 시대와 지역과 문화권이 다르기 때문이다. 아렌트는 19~20세기를 살았고, 필자는 20~21세기에 걸쳐 살았다. 아렌트는 또한 유대인으로 독일국민·미국국민으로 살았고, 필자는 한국인으로 남북분단국의 남한(대한민국)에서 살고 있다.

그런데 재미있는 것은 아렌트가 소속된 유대인은 유대교 경전 '구약'과 '탈무드'를 통해 여호와 하나님을 믿고, 필자가 소속된 한국인은 예부터 '천부경(天符經)'을 통해 하늘신앙을 가지고 있는 지구상에서도 보기 드문 두 민족이라는 점이다.

유대인은 전통 민족종교인 유대교를 믿는다. 바빌론 유수 이후 세계로 흩어지면서 유대인의 제사의식과 모세의 율법을 준수하면서 국가 없는 삶을 살아왔는데 예수를 메시아로 인정치 않으며, '신약성서'를 보지 않는다. 그러다가 근대에 들어 히틀러의 전체주의에 수많은 인명이 희생을 당했다.

이에 비해 한민족은 수많은 외침을 통해 희생의 역사를 전개해오다가 구한말에 일제의 식민지가 되어 36년간 식민통치를 받다가 1945년에 해방되었지만 아직도 남북분단 상태에 있다.

유대인은 나라가 없었고, 남의 나라에서 오랫동안 유대인의 정체성을 유지하면서 살아온 반면, 한민족은 나라는 있었지만, 항상 외침에 시달려왔다.

유대인의 신앙은 철저하게 하나님 아버지(여호와)라는 인격신, 인격적인 실체를 믿는 실체신앙이다. 그래서 절대적이고 실체적이다. 유대인의 이러한 전통을 실은 예수 이후에 성립된 기독교에서도 그대로 계승된다. 그래서 서양의 문명은 바로 실체의 문명이라고 해도 과언이 아니다.

유대교와 기독교의 차이점은 유대교가 기독교를 인정하지 않는다는 점이고, 말하자면 여호와 하나님의 실체 이외에는 다른 어떠한 신과 메시아도 믿지 않는다는 뜻이다. 그래서 마지막 최후의 심판의 날 메시아가 와서 그들을 천국으로 데려간다는 신앙이다.

이는 철학적으로 볼 때 시작과 끝의 동일성에 다름 아니다. 이는 원인과 결과의 이분법적 사고방식이고, 천지창조–종말의 사고방식이다. 동일성과 실체를 추구하는 절대주의 문명은 그 역동성을 상실할 때는 반드시 전체주의를 발생시킨다.

비록 기독교는 유대교로부터 같은 '하나님 종교'로 인정받지 못하지만, 기독교는 또한 다른 종교나 기독교의 다른 종파에 대해서 유대교가 기독교를 대하는 듯한 태도를 취한다.

유대-기독교를 관통하는 정신은 바로 절대-실체성이다. 이는 서양의 종교뿐만 아니라 과학과 형이상학에도 그대로 이어져서 결국 서양문명은 실체의 문명, 혹은 실체의 증대의 문명이 되었다.

전체주의는 서구문명 자체가 안고 있는 고질병인지 모른다. 가부장-국가-실체의 문명의 잘못된 결과이다. 남성의 가상실재의 사고가 실체의 증대만을 추구하였고, 실체의 증대, '힘의 증대'를 높이려고 하면 결국 인류는 전쟁으로 인해 멸망하고 말 것이다.

필자가 인류역사와 문명의 관점에서 전체주의에 대한 이해를 달리하면서 이해의 폭을 넓히려고 하는 것은 한국인의 경험 때문일 것이다. 인류의 역사라는 것은 참으로 '힘의 역사'였다. 이 힘의 역사는 자연계의 약육강식과는 비교가 안 될 정도로 폭력적이고 무자비하였으며, 오죽하면 인간이 '비인간적'이라고 말할 정도로 야만적인 파시즘을 생산하였을까.

한나 아렌트는 "모든 것이 가능하다"는 믿음으로부터 출발한 전체주의적 운동이 결국 "모든 것은 파괴될 수 있다"는 것만을 보여주었다면, 전체주의는 우리에게 항상 자유에 관한 근본적인 성찰을 요구한다.[57]

이에 대해 필자는 전체주의는 가부장-국가사회에서 통치권(가부장권)이 서로 실체의 증대만을 추구하였기 때문에 발생한, 다시 말하면 자연의 전체성(여성성) 상실에서 오는 가부장사회의 집단히스테리로 본다.

그래서 파시즘은 히틀러와 볼셰비키의 치하에서만 있는 것이 아니라 앞으로 인류문명에서 여러 형태의 파시즘이 양산될 것이라는 예감을

---

57 한나 아렌트, 같은 책, 이진우·박미애 옮김, 24쪽.

갖기에 충분하다. 니체와 마르크스, 그리고 그들에게 영향을 받은 파시즘도 역시 유대기독교 문명의 산물이다. 유대인은 그들 자신 속에 파시즘의 희생이 될 것을 내재(예언)하고 있었던 셈이다.

한국인은 파시즘의 정 반대편에 서 있다. 그래서 '국가만들기(nation-building)'조차[58] 파시즘으로 생각하는 것이다. 한국문화의 특징이자 내홍은 말하자면 바로 여성성이다. 그 여성성으로 말미암아 종교적 특성의 문화가 되고, 계속 외세침략을 당하면서도 평화민족임을 천명해왔던 것이다.

바로 여성성의 입장에서 보면 가부장-국가 사회로 진입 이후의 인류문명은 모두 파시즘적 요소가 있음을 알게 된 셈이다. 파시즘적 요소가 반드시 파시즘으로 결정되는 것은 아니지만 항상 파시즘으로 치달을 위험성을 내포하고 있다.

유대인과 한국인은 참으로 닮은 점이 많다. 어쩌면 지구적으로 평행관계에 있는지도 모른다. 같으면서도 다르고 다르면서도 같다. 유대인과 한민족은 유난히 민족적 정체성을 가지고 있다. 이는 역사 전개에서 남의 나라(민족)의 수많은 침략을 받거나 아니면 나라 없는 설움을 가진 유랑민족이 가지는 특성과 관련이 있다.

유대인은 아예 나라가 없었고, 한국인은 작은 나라를 경영해온 점이 다르긴 하지만 민족의 생존적 차원에서 하늘신앙을 고집하지 않으면 안 되는 본능 같은 것이 잠재해 있는 것 같다.

유대인은 선민(選民)사상에 빠져있고, 한국인은 천손족(天孫族) 의식에 빠져있다.[59] 선민사상과 천손사상은 원천적으로 좀 다르다. 선민은 하

---

58 박정진, 『박정희의 실상, 이영희의 허상』, 이담북스, 2011, 305~312쪽.

59 박정진, 『미친 시인의 사회, 죽은 귀신의 사회』, 신세림, 2004, 22~25쪽.

나님의 선택을 받은 민족이라는 뜻이고, 천손은 하나님의 혈통이라는 뜻이다. '선민(選民)'의 선택주의는 항상 선택을 하는 주체와 대상이 있기 때문에 절대주의와 통한다.

이에 비해 '천손(天孫)'의 하나님의 혈통이라고 하는 쪽은 그것을 절대적으로 강조하지 않는다면('천손=하늘의 손자'는 '천자=하늘의 아들'보다 훨씬 덜 권력적이다) 더 자연스럽고 당당한 편이다. 왜냐하면 다시 선택을 받지 않아도 되기 때문이다.

유대인이 사는 곳은 사막이고, 한민족이 사는 곳은 소위 삼천리 금수강산이라고 하는 산 좋고 물 맑은 곳이다. 유대인은 유목생활을 하고, 한민족은 농경생활을 해왔다. 유대인은 유목으로 생존하기 위해서 좀 더 가부장적이 되지 않을 수 없었고, 한민족은 농업적 환경으로 인해 모성성을 오래 유지했던 것 같다.

유대인의 민족종교인 유대교는 오늘날 '여호와(하나님 아버지)'라는 유일절대신을 믿고 있고, 한국인의 '단군(할아버지)신앙'은 그 절대성이 약하다. 더욱이 단군신앙 속에는 삼신할머니 신앙도 숨어 있다. 말하자면 한국의 단군신앙은 겉으로는 남성성이지만 속으로는 여성성을 동시에 가지고 있는 것이다.

그런 점에서 유대교와 단군신앙을 비교하면 상대적으로 유대교는 남성성, 단군신앙은 여성성을 대변한다고 볼 수 있다. 유대교-유대인의 하나님은 존재적 하나님이고, 단군신앙-한민족의 하나님은 생성적 하나님이다.

서양(유대기독교)은 하늘과 땅이 이분화 되어 양자가 서로 대립-지배의 관계였다면, 동양(단군샤머니즘)은 하늘과 땅이 하나로 서로 생성-순환적 관계에 있다. 전자는 부성적(父性的) 문화문명이고, 후자는 모성적(母性的) 문화문명이다.

유대교는 예수의 등장과 더불어 세계적인 기독교가 되었고, 유대교의 유일신의 절대신앙-절대정신은 오늘날 그리스로마 문명의 이데아(idea)·이성(ration)과의 융합을 통해 서구문명의 핵심을 이루고 있다. 다시 말하면 서양의 '절대'정신은 종교와 철학과 과학과 경제에까지 범문화적으로 영향을 미치고 있다.

이는 간단하게 말하면 유대사상의 확대재생산이라고 말할 수 있다. 어쩌면 유대기독교의 절대사상 속에 이미 파시즘이 내재해 있는 지도 모른다. 그 속에는 가부장적 남성 혈통주의(권력주의)-이성주의가 있고, 실체적(인격적) 하나님 속에는 소유적 존재와 그것의 증대가 있고, 인류로 하여금 전쟁을 일으키게 하고 있는 지도 모른다.

이에 비하면 한국의 '단군(檀君)-마고(麻姑)주의'[60]는 하나님의 남성성(아버지)과 여성성(어머니)이 공존하는 관계로 천지의 평화, 남녀의 평등을 통해 세계평화주의를 지향하고 있는 지도 모른다.

인류의 진정한 혈통은 여성에 의해서 확인될 수 있고, 보장된다. 이는 여성이 끊어지지 않는 '미토콘드리아 이브'라는 유전적 DNA을 가진 것에서도 확인할 수 있다. 유대인도 자신의 혈통을 확인하려면 어머니의 혈통을 통해 추적할 수 있을 뿐이다.

한반도에 머물면서 오랫동안 한민족의 여성적 혈통을 유지해온 한민족에게서 지구인은 인류의 평화와 평등을 이루는 인류대사업을 성취할 수 있는 단초를 찾을 수 있다. 한민족은 실은 여성적 혈통의 단일민족이다.

한국인이 얼마나 국가건설이나 유지에 부족한 민족인가 하면, 2차 세계 대전 이후 식민지에서 갓 독립하였으면서도(그것도 남의 힘에 의

---

60 박정진, 『지구어머니 마고』, 2014, 마고북스 참조.

해 이룬 반쪽 독립이면서) 60년대 이후 근대국가 건설의 '국가 만들기(nation building)'을 파시즘으로 보는 데서 확인할 수 있다.[61]

근대국가건설에 따르는 권력의 이동과 재편이 한국인에게 파시즘으로 보이는 까닭은 남북분단을 비롯하여 한국의 오랜 사대주의적 명분주의(名分主義), 그리고 문민-민주세력들의 비자주적·비주체적 태도에 따르는 것이었지만 어쨌든 그 속에는 여성주의와 평화주의가 깔려있었던 것이다.

한국문화의 심층에 깔려 있는 자기부정적인 의식이 역사 속에서 어떻게 반체제적·체제부정적·무정부주의적인 특성으로 변형되는가를 지켜보면서 그 속에서 근본적인 여성주의와 평화주의를 발견한 필자는 인류문명의 국가-제국으로 이어지는 패권경쟁 속에 파시즘적 속성이 내재하고 있음을 역설적으로 발견하게 된 것이다.

유대인	하나님의 선민(選民) 전투적-남성적 이원론(二元論)	유대기독교주의 절대사상 인간중심주의	하나님 아버지 실체적 하나님 **존재적 하나님**	실체(소유)의 증대/ 남성주의/현상학적 차원
한국인	천손족(天孫族) 공생적-여성적 일원론(一元論)	단군(檀君)- 마고(麻姑)주의 자연주의	하나님 아버지 하나님 어머니 **생성적 하느님**	평화주의(비소유)/ 여성주의/존재론적 차원

한국인에게 조선조 이후에 특히 두드러졌던, 사대주의의 연장선상에 있는 여성주의-평화주의는 비록 민족의 심층심리에 평화에 대한 심리적 원형 같은 것이 있었다고 하더라도 주체적인 것이었다고 말할 수 없다. 이것을 주체화하는 것이 필요하다. 이는 대상을 설정함에 따

---

61 박정진, 『박정희의 실상, 이영희의 허상』, 한국학술정보, 2011 참조.

른 이분법적 주체(현상학적)가 아니라 존재론적(생성론적) 차원의 주체인 것이다.

세계적인 평화사상을 이끌고 나가기 위해서는 세계를 선도할 만한 평화에 대한 철학과 사상이 필요하고, 실질적으로 그것에 대한 국민적 신뢰와 이해의 공감대와 성원이 필요한 것이다. 마치 한국이 국력이 약하기 때문에 어쩔 수 없이 평화주의를 주장한다는 인상을 주어서는 안 된다.

유대인과 한국인은 같은 '하늘신앙'을 가졌지만, 유대인은 절대유일신으로서 '여호와'의 하늘을 숭상한 반면 한국인은 하늘을 숭상하지만 땅도 소중히 여기는 점이 다르다. 말하자면 한국인은 하늘과 땅을 서로 감응하는 존재로 숭상한다. 유대인과의 차이점을 강조하자면 한국인은 땅을 숭상하는 특징이 있다.

한국인은 자신의 땅(고향)을 사랑하는 민족이다. 그래서 한국인은 누구나 시인이다. 한국인은 천리(天理)보다는 지기(地氣)를 중시하는 민족이라고 말할 수 있다. 이를 두고 원리(原理, 原則, Text)보다는 심정(心情, 狀況, Context)을 중시하는 민족이라고 말해도 크게 틀리지 않는다. 유대인은 나라를 잃어버리고 세계의 유랑민족이 되었으나 현재는 세계를 지배하고 있는 미국문화문명을 실질적으로 지배하고 있다고 해도 과언이 아니다.

이에 비해 한국인은 나라의 땅은 비록 과거(동북아시아를 지배하던 시대)보다 작아졌지만 그래도 나라의 땅(금수강산)을 지키면서 한반도에서 남북이 분단된 채로 살아가고 있다. 그렇지만 한국인이 인류 최초의 여성신인 마고(麻姑)신화를 보유하고 있다는 것은 미래 여성시대, 평화시대의 주역이 될 가능성이 높다는 것을 의미한다.

다음은 필자가 세계일보 개인칼럼 「박정진의 청심청담」(2015년 12월

28일, 26면)에 쓴 글이다.

유대인의 디아스포라와 한민족의 반체제정서

한민족의 웅비의 날이 다가오는가. 을미년을 보내고 병신년을 맞으면서 이상하게도 우리 민족의 기원문화를 생각하게 되고, 유대민족과 비교를 하게 된다. 한민족과 유대민족은 여러 면에서 매우 대조적이면서도 같은 하늘신앙을 가지고 있는 민족이다.

유대민족은 스스로를 '선민(選民)'이라고 한다. 하나님(여호와)으로부터 선택된 민족이라는 뜻이다. 이에 비해 한민족은 스스로를 '천손족(天孫族)'이라고 한다. 하늘(하나님)의 정통자손이라는 뜻이다.

유대민족은 아시다시피 구약(토라)을 믿는 민족이다. 유대민족은 일찍이 나라를 잃고, 세계각지로 흩어져서 살아왔다. 그래서 스스로의 처지를 '디아스포라'라고 말한다. 다른 나라에 흩어져 살다보니 믿을 것은 '돈' 밖에 없었지만, 그들의 정신과 영혼은 구약에 의해 유지되었다.

이에 비해 한민족은 광활한 만주 땅을 잃어버리고 일부는 중국에 동화되고, 나머지는 한반도로 이주해 살았지만 작은 영토는 유지했다. 한민족은 작은 땅에서 잦은 외침에 시달리면서 외래사상에 사대하면서 살아왔다.

서로 다른 역사과정에서 유대인은 '불의 신화'와 가부장의 전통 속에서 '실체적 사고'를 통해 살아왔고, 한민족은 '물의 신화'와 끈질긴 여성성에 의지해 '심정적'으로 살아왔다. 유대그리스도 문화

전통은 밖으로 나가 지금 세계적 지배문화가 되어있고, 한민족은 분단된 조국의 통일을 위해 세계평화를 안에서 꿈꾸고 있다. 두 민족문화의 남성성과 여성성이 대조적이다.

유대인은 지금 실질적으로 세계를 움직이고 있다. 유대인들의 머리가 좋다는 것은 잘 알려져 있고, 현대사상을 이끌고 있는 주요인물인 마르크스, 프로이트가 유대인이고, 현대과학의 상징인 아인슈타인도 유대인이다. 노벨상을 수상한 역대인물을 보면 유대인이 약 27%(노벨경제학상은 42%)를 차지한다고 한다.

오늘날 세계금융시장과 석유·곡물시장의 메이저들도 유대인이다. 석유결제통화를 달러로 제한함으로써 미국의 달러본위제를 실질적으로 정착시킨 인물인 키신저, 컴퓨터와 스마트폰 시대를 연 빌 게이츠와 스티브 잡스, 그리고 세계적인 영화감독 스필버그도 유대인이 아닌가.

디아스포라 당한 유대인은 세계에 흩어져 살면서도 정치·경제는 물론이고, 과학기술·문화예술 등 문화 권력을 다 잡고 있다. 그 힘으로 1차 세계대전 후 이스라엘을 중동 땅에 다시 세웠을 것이다. 유대인의 힘은 구약에 있다고 한다. 유대인은 구약을 끊임없이 읽고 써왔다.

이에 비해 한민족은 어떤가. 한민족은 좁은 땅에 살면서 유대인의 여호와에 해당하는 '환인', 그리고 환웅과 국조단군을 두고 있지만, 우리의 성경인 '천부삼경(天符三經)'은 잊어버린 채 외래종교와 사상에 의지해 살아왔다.

한민족도 유대인만큼 머리가 좋아 '아시아의 유대인'이라는 별

명도 얻고 있지만 유대인이 이룬 세계문화사적 업적에 비할 수는 없다. 세종대왕이 창제한 '한글(훈민정음)'과 '금속활자'가 있었지만 이들이 한민족의 사상을 정리하고 펼치는 데 이용되지 못했다. 급기야 외래이데올로기에 종속된 탓으로 현대에 이르러 동족상잔의 6·25전쟁을 벌였으며, 지금도 그 이념에 따라 남북대치 중이다.

한민족도 일제식민 기간 중 해외각지로 흩어져 살았고, 겉으로는 유대인의 디아스포라처럼 보이지만, 통일을 이루기는커녕 도리어 극심한 체제경쟁과 반체제 정서 속에 살고 있다. 유대인의 자기긍정과 민족정체성과 달리, 한민족은 아직도 자기부정과 사대사상에 젖어 있다. 한국인만이 한국의 근대발전상을 모르고 있다고 한다.

그 원인은 무엇일까. 결국 자신의 경전(신화)과 법전과 역사를 스스로 쓸 줄 모르는 탓이다. 유대인에게는 유대사상이 있지만 한국인에게는 한국사상이 없다. 유대인에겐 구약이라는 구심점이 있지만 한민족에게는 알맹이가 없다.

신화와 역사가 없는 민족, 남의 신화와 남의 역사에 의해 사는 민족은 경제가 아무리 성장한다고 해도 언젠가는 역사 앞에 굴복하고 만다. 역사는 과거가 아니다. 역사는 현재적으로 써가고 있는 민족의 영원한 신화이면서 고향이다. 주체적 글쓰기를 하지 못하는 민족은 역사의 미아가 된다.

역사적 식민지란 남(이웃나라)이 써놓은 텍스트(역사)에 의존하는 민족을 두고 하는 말이다. 과거에 한때 식민지였던 것이 문제가 아니라 지금의 문화식민지가 문제인 것이다.

다가오는 2016년에는 무엇보다 우리 역사를 스스로 쓸 줄 아는 국민이 되는 것이 선결과제인 것 같다. 주체적으로 역사를 쓰는 일은 자신감과 자긍심으로 미래를 열어가는 역사를 쓰는 것을 말한다. 세계적으로 한국의 경제위상에 맞는 역사와 문화예술의 인프라를 구축하는 것이 우리시대의 역사적 과제이다.

문화에는 누구도 거스를 수 없는 큰 법칙이 있다. 자신의 문화를 확대재생산해 나가는 민족과 국민은 흥하고, 그렇지 못한 민족과 국민은 망한다는 사실이다. 지금 내가 하고 있는 비판과 반대가 확대재생산에 도움이 되는가, 방해가 되는가를 시금석으로 삼아야 한다.

고대에 인류문화의 찬란한 등불이 되었던 한민족에게 신(神)은 다시 인류평화를 구현하라는 사명을 주었을 지도 모른다는 생각을 2016년을 앞두고 해본다.

7

폭력과 평화의 이중성과 상징성

—폭력의 근원에 대한 철학인류학적 해석—

폭력에 대한 연구는 여러 갈래와 수준이 있을 것이다. 인류학적으로 볼 때 폭력은 자연으로부터 물려받은 본능이며, 생존의 필요에 대응하는 수단에서 출발하였다. 폭력이 문제가 되는 것은 사회적 혹은 문화적으로 필요 없는 때에, 다시 말하면 반사회적으로 발생하기 때문이다. 전쟁에 참여한 군인의 경우, 폭력적이 될수록 좋은 것이다.

인류학적으로 볼 때 인구의 증가는 가부장사회를 불러왔고, 가부장사회는 바로 국가의 성립으로 발전하였다. 국가의 성립, 예컨대 왕조사회(kingdom), 제국(empire)의 등장은 수많은 폭력과 전쟁을 거친 결과이다. 남성들에게 부여된 무사로서의 역할과 연령집단(age group)은 바로 폭력적 본능과 관련이 있다.

국가는 폭력의 정당화를 통해서 구축되었고, 국가 간의 전쟁은 무기의 발달을 초래하고, 무기의 발달은 과학의 발달로 이어졌다. 인간이 매우 편리하게 사용하는 과학이라는 것도 실은 폭력의 강화 혹은 진화에 한몫했으며, 심지어 그것의 결과이기도 하다.

다시 말하면 폭력에는 전쟁과 여기에 동조한 철학과 과학의 협력, 사물에 대한 전반적인 대상화와 수단화, 그리고 무기와 폭력의 피드백적인 상관관계가 내재해 있다. 무기의 존재가 폭력을 야기하기도 한다. 또 역설적으로 사회의 정의(justice)라고 하는 것도 형이상학적 폭력의 협의가 있다.

폭력은 성(sex)과도 관련이 있다. 예컨대 남성은 폭력적이라고 한다면 여성은 유혹적이다. 그러한 점에서 남성은 여성에 비해 폭력에 더 쉽게 근접(access)되어 있다. 폭력은 집단의 번식과 영속을 담당하는 여성의 재생산(reproduction)에 필적하는 남성의 역할이었다. 남성의 일에는 항상 성관계에 있어서나 사냥, 생산(산업), 권력경쟁, 전쟁 등에서 폭력을 내재하고 있거나 그것을 행사한 혐의가 짙다.

약육강식의 에콜로지와 폭력

인간은 자연과 문화의 산물이라는 것에 동의하지 않을 사람은 없을 것이다. 문화를 제2의 자연이라고도 말한다. 폭력은 자연계에선 본래 물리적이지만 문화적으로 변형되면서 권력으로 변한다. 오늘날 폭력은 형이상학적 폭력이라는 말이 생길 정도로 추상화되고, 인간은 보편성이라는 이름으로 과학의 폭력성을 감춘다.

그럼에도 불구하고 원시적인 폭력은 인간의 본능처럼 여전히 사회에 군림하고 있다. 폭력은 마치 섹스처럼 인간성 자체로 여겨진다. 후기근대에 들어 인류사회는 본능에 대한 새로운 접근을 시도하고 있고, 본능은 마치 동물의 것인 것처럼 비하하던 태도도 사회의 숨어있는 폭력성에 대한 고발과 드러냄으로 인하여 수그러들고, 폭력은 때로는 치유 불가능한 존재처럼 다가온다.

종의 번식과 관련되는 종(種) 내부의 섹스와 종(집단) 외부에 대한 폭력성은 역동적인 안팎관계를 이루면서 우리들에게 많은 질문과 대답을 요구하고 있다. 이때 가장 두드러지는 특징은 폭력이나 섹스가 권력이나 자유와 명확하게 구분되는 것이 아니라 마치 한 집에서 공동거주하고 있는 것처럼 보이는 점이다.

다시 말하면 본질적으로 구분(분별)되지 않는 것들을 사회적 맥락에서 그때그때 중간적인 타협을 통해 잠정적으로 해결하는 어떤 경계선을 설정하는 방식으로 대처하고 있다는 생각이 든다. 폭력도 섹스처럼 본질적으로 억압할 수 없는 어떤 것(something)이다.

어쨌든 인간문제로서의 폭력의 근원은 에콜로지에서 찾아야 한다는 주장은 설득력을 갖게 된다. 그렇다고 약육강식의 에콜로지를 폭력의 메커니즘이라고 단순화는 것은 자연의 거대한 먹이사슬 체계 내에 숨어 있는 종의 번식과 종 사이의 희생과 순환체계에 대한 모독이다. 자연은 자아가 없는 거대한 희생(犧牲)과 선물과 시혜의 체계와 같은 것이기 때문이다.

에콜로지(ecology)는 인간이 건설한 경제(economy)처럼 냉정한 시장등식의 거래나 교환도 아니고, 차라리 부등식의 선물(희생)체계라고 할 수 있다. 자연을 한 마디로 규정한다는 것은 금물에 속한다. 자연은 겉으로 보면 약육강식 체계이지만, 만족할 줄 아는 욕망체계이다. 그러나 인간은 만족할 줄 모르는 욕망체계이다. 문명화될수록 욕망은 끝이 없다. 끝없는 욕망이 폭력을 수단화한다.

자연은 폭력과 희생을 동시에 지니고 있다. 자연은 항상 두 얼굴, 이중성, 양면성, 불확실성을 가지고 있다. 이것이 자연의 자기완결성인지도 모른다. 인간은 괜히 선악(善惡)과 정의(正義)와 불의(不義), 가부(可否)를 설정하고 그것을 제도화하고, 다시 그 시효가 지난 제도를 바꾸기 위해 도로(徒勞)하고 있는 지도 모른다.

인류문명은 정확성과 확실성을 무기로 하지만 생태학은 확실성을 도리어 적응에 불리한 요소로 문제 삼기도 한다. 인류의 진화의 과정을 보면 완벽한 적응은 도리어 환경의 갑작스런 변화에 멸종으로 이어질 위험을 내재하고 있음을 보여준다. 이제 폭력이라는 것이 죄악이라고 단정하기보다는 그러한 숨은 폭력성과 본능을 시대에 긍정적인 작용을 하도록 유도하는 것이 더 현명한 것처럼 보이게 한다.

자연은 폭력성이 강하다고 해서 반드시 생존에 유리하다고 말할 수 없다. 생태환경의 먹이피라미드는 가장 넓은 아래쪽에는 수많은 개체군의 풀에서부터 가장 위쪽에 소수의 맹수와 인간이 군림하고 있다. 위로 갈수록 개체수는 적어지는 것이 특징이다. 그런데 인간에 이르러 인간은 다른 맹수들보다 비교도 안 될 정도로 개체군(인구)을 늘려놓고 있다. 이 때문에 오늘날 인간사회는 폭력을 불가피하게 받아들이지 않으면 안 될 삶의 조건 속에 있는 지도 모른다.

말하자면 70억이라는 인구수가 정작 폭력의 원인이거나 주범일 수도 있다는 점이다. 여기에 이르면 문제해결이라는 것은 더욱더 난망해 보인다. 현대인이 직면하고 있는 스트레스라는 것도 실은 삶의 환경의 폭력성과 관련이 있어 보인다. 자연의 입장에서 보면 인간의 욕망은 마치 자연의 균형을 깨뜨리는, 자연을 파괴하는 어떤 폭군, 혹은 바이러스와 같은 것일 수도 있다.

호모 사피엔스 사피엔스는 물론 먹이사슬의 가장 위쪽의 꼭지점에 있다. 인간은 몸집이 큰 동물에 속하지만, 신체적으로 강하기 때문에 만물의 영장이 된 것은 아니다. 몸집이 크고 강하기 때문에 생태계를 지배하게 된 것은 약 6만5천 년 전의 중생대 공룡시대로 끝났다. 인간은 공룡시대에 낮에는 겁이 나서 지상에 나오지도 못하고 밤에만 지상으로 올라오는, 어두운 구멍에서 살던 설치류(쥐목 포유류)를 진화의 조상으로 한다. 오늘의 입장에서 보면 공룡의 자리에 작은 설치류가 대체되고, 포유류, 영장류, 인간으로 진화한 셈이다.

"많은 사람이 이런 과정을 '자연 파괴'라 부른다. 하지만 사실 이것은 파괴가 아니라 변형이다. 자연은 파괴되지 않는다. 6,500만 년 전, 소행성이 공룡을 휩쓸어버렸지만, 그럼으로써 포유류가 번성할 길이 열렸다. 오늘날 인류는 많은 종을 멸종으로 몰아넣고 있으며 심지어 자신조차 멸종시킬지 모른다."[1]

인간이 처한 생태학적 상황을 좀 더 긴 안목에서 기술하면 다음과 같다.

"가령 들쥐와 바퀴벌레는 전성기를 누리고 있다. 이 끈질긴 생명체들은 아마도 핵무기로 인한 아마겟돈의 폐허의 바닥을 헤치고 기어나올 공산이 크다. 자신들의 유전자를 퍼뜨릴 능력과 준비를 갖춘 상태로 어쩌면 지금부터 6,500만 년 후 지능 높은 쥐들은 인류가 일으킨 대량 살해를 감사하는 마음으로 돌이켜볼 지도 모른다. 오늘날 우리가 공룡을 멸종시킨 소행성에 감사하는 것과 마찬가지로 말이다. 그럼에도 우리 종이 멸종할 것이라는 소문은 성급한 것이다. 산업혁명 이래 세계 인구는 사상 유례없이 급증했다. 1700년 세계 인구는 약 7억 명이었다. 1800년에는 9억 5천만 명이었다. 1900년이 되자 거의 두 배로 늘어 16억 명이 되었다. 2000년에는 네 배로 늘어 60억 명이 되었다. 오늘날 사피엔스의 숫자는 70억 명을 약간 넘는다."[2]

인간의 생존의 무기는 다른 동물과 달리 신체적인 것이 아니라 지능적인 것으로 변했다. 군집생활을 하는 인간은 자기집단 외부의 존재를 적으로 삼고 때로는 생사를 거는 싸움과 경쟁을 통해 자신의 종의 번영을 실현해왔다. 폭력은 집단 외부뿐만 아니라 집단 내부에도 필요하다. 전자는 종의 번식, 후자의 경우는 내부의 질서와 평화를 유지하기 위해서 필요하다. 이때의 폭력은 폭력이라고 하지 않고 사회적으로 정당화된 권력이라고 부른다.

폭력은 집단외부에 가해질 때는 그것 자체가 정당화되기도 하고, 그

---

1 유발 하라리, 같은 책, 조현욱 옮김, 497쪽.

2 유발 하라리, 같은 책, 조현욱 옮김, 497쪽.

것이 집단내부로 투사될 때는 권력이라는 이름으로 포장을 하거나 정당화된다. 어쩌면 폭력은 생존과 사회체계의 유지를 위한 불가피한 것일 수도 있다. 단지 그것을 폭력이라고 하지 않을 따름이다. 예컨대 어떤 강제력은 폭력을 수반한다. 인간의 폭력은 더욱이 언어적, 추상적, 형이상학적이 될 수도 있다.

인간은 존재의 가능성이 넓은 만큼 폭력의 가능성도 넓어진다. 근대문명의 가장 현저한 특징인 자연과학과 그것의 발달에 의한 가공할 무기체계는 폭력의 가장 정상에 인간을 두게 한 셈이다. 물리적 강제력을 동원할 수 있는 것을 모두 폭력이라는 개념에 넣는다면 폭력이 아닌 것도 없는 것이 인류의 문명이다.

폭력은 또한 인간의 소유적 욕망과 관련이 크다. 인간의 욕망과 본능은 중세를 거치는 동안 죄악시 되었다가 근현대에 들어서 다시 재조명을 받기 시작했다. 그 동안 인류는 지나친 도덕적 엄격주의, 혹은 위선적 문화주의로 폭력을 감추어왔다. 정의보다는 폭력이 더 근원적이다. 폭력과 정의는 실은 존재론적으로 공동거주하고 있다. 그러한 점에서 폭력에 대해 인간은 위선적일 수밖에 없다.

르네 지라르(Rene Girard)는 권력의 문제를 폭력의 문제로 보고 권력을 폭력을 숨기거나 신화화한 것으로 본다. 문화와 관련하여 폭력을 보다 적극적으로 보면 문화야말로 어떤 폭력, 물리적 강제력을 정당화 혹은 합리화하는 집단적 노력의 산물이고 약속이다. 권력이라는 것은 프로그램화된 폭력인 지도 모른다. 자연과학조차도 실은 가치중립적인 선언아래 폭력을 감추거나 정당화하는 것인지도 모른다. 과학은 가치지향적인 도덕보다는 훨씬 더 지리적으로 광범위한 지역을 관장할 수 있다.

폭력은 분명히 욕망과 관련이 있다. 지라르는 인간은 항상 무엇을 욕망하지만, 그것은 혼자서는 이룰 수 없고, 욕망은 대상을 지시하는 제3

자(중개자)가 필요하다. 욕망하는 주체와 바라는 대상, 그리고 중재자 사이에는 관계가 형성되고, 이는 '욕망의 삼각형'이라 불리는 구조를 갖는다고 한다.

"모든 욕망은 타자에 의해 매개되고 촉발된 욕망이다. 그것은 자발적인 것이 아니다. 어떤 것을 욕망한다는 것은 어떤 것을 욕망하게끔 촉발되었다는 것을 뜻한다. 그 타자에 의한 욕망은 겉으로 명확하게 드러나 있거나 아니면 숨어있다. 그의 욕망을 촉발시킨 타자, 전범(典範)으로서의 타자는 상상속의 인물일 수도 있으며 실재의 인물일 수도 있다. 그 욕망의 중개현상에는 두 가지가 있다. 하나는 욕망의 매개자와 주체 사이의 거리가 뛰어넘을 수 없을 정도로 커서, 그 욕망이 모방욕구라는 것이 분명히 드러나는 현상이고, 또 하나는 그 거리가 아주 적어 그 욕망이 모방욕구라는 것이 분명히 드러나지 않는 현상이다."[3]

지라르의 욕망이론에 따르면 문화라는 것은 인간이라는 주체가 욕망하는 대상을 얻기 위한 중개방식이라고 할 수 있다. 이에 대해 라캉은 욕망의 대상으로서의 주체를 역설한 바 있다. 라캉의 화두(話頭)는 '주체는 결핍이요, 욕망은 환유(歡遊)'이다. 라캉은 주체가 실재계(the real)에 이르는 과정을 '상상계(the imaginary)'→'상징계(the symbol)'로 보고 이것이 뫼비우스의 띠처럼 변증법적으로 연결되었다고 본다.[4] 주체와 대상은 욕망으로 인해 결국 권력의 파라미드를 구성한다.

지라르는 문명의 기원을 폭력에 두고 일종의 폭력환원주의 혹은 폭력결정론으로 그의 근본주의 인류학(anthropologie fondamentale)을 전개하

---

3 김현, 『르네 지라르 혹은 폭력의 구조』, 나남, 1987, 29~30쪽.

4 자크 라캉, 『욕망이론』, 권택영 엮음, 문예출판사, 1994, 15~16쪽.

고 있다.[5]

지라르의 폭력이론은 마치 프로이트가 리비도 결정론에 빠진 것이나 다름없다. 폭력은 생욕뿐만 아니라 성욕과도 관련이 깊다. 인간에 이르러 성욕은 재생산 메커니즘보다는 쾌락의 메커니즘으로 변질되었다. 성욕이 번식과 무관한 쾌락으로 분리되듯이 폭력도 생존과 무관한 폭력 자체로 분리되어 있는지도 모른다.

인간은 지상에서는 권력의지를, 지하에서는 성적 쾌락을 추구하고 있고, 이 둘이 함께 작용하는 성폭력이 문제가 된 것은 어제 오늘의 일이 아니다. 인간의 본질적 폭력성에 대해서는 근본적인 단절이 불가능하겠지만 적어도 사회유지와 안정과 평화와 행복을 위해서 폭력을 제어하지 않을 수 없는 것이 또한 인간사회이다.

---

5 김현, 같은 책, 55~60쪽.

인류문화의 전쟁영웅과 평화영웅

인류문명은 전쟁영웅과 평화영웅의 이중성, 혹은 공동거주의 역사라고 할 수 있다. 이 가운데 가장 대표적인 것이 바로 왕(king)과 성인(saint)이다. 다시 말하면 문명이라는 것은 상징적으로 말하면 왕과 성인의 균형잡기라고 말할 수 있다. 물론 왕이 폭력의 편에 서 있고, 성인은 평화의 편에 서 있다. 그러나 때로는 양자의 위치가 바뀔 수도 있다. 왕이 평화를 천명하는 것은 보기 드문 경우가 아니고, 종교가 전쟁의 큰 원인이 되는 경우도 빈번하였다. 폭력(전쟁)과 권력은 매우 이중적이고 가변적이다.

필자는 인류문화의 여섯 가지 권력유형을, 성(sex) 혹은 성력(sexual power), 샤머니즘(shamanism), 부족사회(surname), 왕조사회(sovereign), 고등종교(saint), 과학(science)으로 논한 바 있다[6]. 이를 '문명의 여섯 가지 변주곡'이라고 하였다. 이들은 성(sex)과의 관계에서 원형과 변형의 관계에 있다. 이들은 동시에 각 시대마다 권력(power)의 보편적 유형이기도 하다. 이들 6S의 관계는 서로 가역적이면서 동시에 순환관계에 있다.

종의 번식과 생존은 성력숭배와 함께 샤먼(shaman), 샤먼 킹(shaman-king), 왕(king), 제왕(emperor), 성인(saint)들을 차례로 탄생시켰다. 특히 왕

---

6 박정진, 『성(性)인류학』, 이담북스, 2010 참조.

과 제왕들은 전쟁영웅들이고, 여러 성인들은 평화영웅이다. 전쟁영웅과 평화영웅은 인간의 문화를 이루는 이원대립 항(binary opposition)이다. 전쟁영웅은 폭력적일수록 더욱더 영웅의 강도가 높고, 평화영웅은 더욱더 희생적일수록 성인의 강도가 높다.

전쟁영웅들은 가부장사회로의 전환과 더불어 소위 왕조사회(kingdom), 국가(nation)를 만든 장본인들이거나 제국(imperial)의 탄생을 도모한 문무(文武)세력들이다. 평화영웅들은 종교적 성인들이라고 할 수 있다. 세계 4대 성인들인 소크라테스, 공자, 석가, 예수가 그 대표적인 예이다.

인류문명사는 여러 문명단계와 문화영웅들의 역사이다. 다시 말하면 이들 문화영웅 혹은 문화희생들은 억압의 대표적인 예이며 동시에 억

〈도표1〉 인류문화의 종류와 단계

발전단계 / 문화의 종류	1단계	2단계	3단계	4단계	5단계
권력의 원형과 변형	성(性:sex, 人性)/ 쾌락 · 절정 (재생산>생산)	무교(巫敎: shamanism)/ 무아경 · 황홀 (재생산>생산	성(姓:sur name:권력)/ 패도 · 왕도 (생산>재생산)	성(聖:saint: 종교)/ 도락 · 법열 (생산>재생산)	성(性:science 物性:과학)/ 창조 · 희열 (생산>재생산)
원시-문명	야성성력시대 여성우위 성해방	원시신화시대 여성우위 성해방	고대왕권시대 남성우위 성억압	중세교권시대 남성우위 성억압	근대과학시대 남성우위 성억압
신앙-종교	정령숭배 · 토테미즘	무교(巫敎: shamanism)	고대고등종교 시대	중세고등종교 시대	근대과학종교 시대
집단-국가	씨족사회	부족 및 부족연맹시대	부족연맹 및 고대국가 시대	국가 및 제국 시대	제국 및 세계 국가 시대
출계-가족	모계(부계) 사회	모계 혹은 부계사회	부계사회-가부장사회	부계-가부장 확대사회	집합가족사회

압을 극복하고 승화시킨 예라는 것이다. 이는 상징의 이중성과 가역성을 대표적으로 드러내는 것이다. 이들 상징은 당시마다 집단적 필요와 그 집단의 구성원인 창조적 개인의 문화적 창조물—프로그램들의 최첨단에 속하는 것들이었다.

인류는 완전히 권력의 억압에서 벗어날 수 없다. 왜냐하면 권력은 인류가 집단적 전략으로 다른 여러 종들과의 생존경쟁에서 승리한 뒤 그 집단을 유지하기 위한 최소한의 질서유지를 위한 문화장치이기 때문이다. 물론 그 권력이 최대한이 되고 폭력이 되는 것은 막으려하겠지만 권력자체를 완전히 없애버리면 동시에 문화도 없는 것이 된다.

권력은 환경과 생명과의 역동적 상호관계의 산물이기 때문이다. 적당한 억압이 없으면 신체적 건강이나 사회적 건강이 유지되기 힘들며 동시에 억압이 너무 심하면 신체는 병이 들고 사회는 모순을 심화시키게 된다. 그래서 시대마다 적당한, 균형 잡힌 권력과 성과의 관계를 설정해 가는 노력을 사회는 하는 것이다.

인간은 어떠한 사회에서도 재생산과 생산의 균형을 잡아야 하며 그렇기 위해서 나름대로 문화적 프로그램을 짜야 한다. 또 그렇게 살아왔다. 바로 이러한 맥락 위에서 성(性)과 과학(science)이 만나는 것이다. 오늘날 과학 없이 생산을 생각할 수 없고 먹어야 사는 동물인 인간을 유지할 수 없다는 것을 우리는 알고 있다. 그런 점에서 과학이야말로 최선의 프로그램인 것이다.

다행히 과학은 성(性)을 제대로 보게 하는 역할을 하고 있다. 이것은 우주가 순환한다는 것을 증명하는 것이기도 하다. 억압을 벗어나기 위해서 프로그램을 생산하다 보니 거꾸로 성(性) 자체에 대한 이해를 넓히게 된 셈이다.

제사(종교)와 정치는 닮은 데가 있다. 제사는 신(혹은 귀신)에게 제물(혹은 봉헌)을 바치는 것이고 정치는 왕(혹은 치자)에게 제물(혹은 세금)을 바치는 것이다. 그런데 제사와 정치의 다른 점은 제사는 신에게 일방통행이고 정치는 쌍방통행이라는 점이다. 제사는 신에게 기원한 것의 성패 및 그 책임이 신이 아닌 인간에게 달려 있고(실패의 경우에도 인간의 제물 혹은 정성 부족 탓이다), 정치는 때로는 왕(치자) 혹은 백성(피치자)에게 달려 있다. 따라서 왕이 제물이 될 수도 있고 백성이 제물이 될 수도 있다.

왕의 살해는 이 때문이다. 민주주의라는 것은 근대에 들어 왕과 백성의 합의에 의해 선거(백성의 참여)를 통해 왕(혹은 대통령)의 죽음이 아니라 왕의 교체로 살해를 변형시킨 것에 지나지 않는다. 제사와 정치는 결국 생존의 문제, 에콜로지의 문제를 우주론으로 확대한 것이거나 권력의 문제로 변형시킨 것이고 경제는 권력의 문제가 사회에 반영된 것이다.

경제는 인간의 에콜로지이며 먹이삼각형의 인간집단 내 변형 혹은 부(富)의 재편성이라고 할 수 있는 계층(층위)을 형성하는 것이다. 사회는 경제적 계층(혹은 계급)의 고착화 혹은 보수화에 속한다. 이것을 권력의 보수화라고 할 수 있을 것이다. 물론 사회는 계층이나 계급의 이동 혹은 급진적 재편성 혹은 전복이라고 할 수 있는 혁명을 내포하고 있다. 이와 같이 제사, 정치, 경제, 사회는 서로를 반영(혹은 투영)하고 있다. 권력이란 일단 한 번 잡으면 내놓지 않으려고 하거나 빼앗기지 않으려고 노력을 하게 된다. 그래서 권력의 이동과정은 순탄치 않다. 권력경쟁과 전쟁은 이 때문에 발생한다.

인간은 크게 보면 문무균형을 통해 국가와 사회를 이끌어온 생물종이라고 할 수 있다. 가부장사회는 인구증가와 더불어 통치의 강제력을 요구되었고, 삶의 전략의 하나로 도래하였다고 말할 수 있다. 가부장사회과 국가의 성립 이면에는 폭력성이 감추어져 있다고 말할 수 있다. 인류역사상 벌어진 크고 작은 수많은 전쟁과 갈등은 좋은 예이다.

폭력을 행할 수 있는 DNA가 인간의 신체 속에 내장되어 전해진다고 할 수 있다. 다시 말하면 폭력성은 인간에 있어서 감추어진 자연적, 문화적 인자라고 할 수 있다. 그런데 그 폭력성은 평화 시에 사회적 불안과 무질서를 조장하고, 네거티브로 작용할 따름이다. 폭력성이 필요이상으로 강화될 때에는 평화주의와 비폭력주의를 그 대안과 처방으로 제시한 것이 인류사라고 할 수 있다. 전쟁과 평화, 폭력과 비폭력은 마치 양성동체처럼 공동거주하고 있다고 하는 편이 옳다.

합법화된 폭력으로서의 권력, 그리고 말(language)

권력은 무엇일까? 흔히 권력은 합법화된 강제력 혹은 폭력이라고 한다. 여기서 강제력이란 상대의 동의를 구하지 않고, 물리적 힘을 가해서 신체 혹은 말을 강제할 수 있는 것을 말한다. 이때 강제력을 행사하는 방법이 절차와 과정을 무시할 때는 바로 폭력이 된다. 폭력이 된 권력의 예는 많다. 그 대표적인 것이 바로 파시즘일 것이다.

권력을 폭력이라고 하면 상식적으로는 받아들이기 어렵다. 그러나 권력은 항상 폭력으로 변할 수 있는 가변적 인자이다. 그래서 권력에 대한 감시는 필요하게 된다. 권력도 자신의 권력을 유지하기 위해서 끊임없이 권력이 나온 근원을 예의주시하거나 감시하거나 관찰하겠지만 권력을 양도하거나 부여한 다수나 다중들도 권력을 감시하지 않으면 안 된다.

인간이 안다고 하는 것, 지식 자체도 권력이다. 그러나 지식이라는 것은 항상 부족하다. 어떤 점에서는 지식과 권력이라는 것 자체가 우주의 전체상을 알지 못하고 부분에 매달리는 모순을 안고 있는지도 모른다. 그래서 비권력주의나 비폭력무저항주의는 기존의 사회적 법이나 정의에 대해 저항하기 일쑤이다.

권력을 뒷받침한 것이 또한 이성이다. 그러한 점에서 이성은 결국 형이상학적 폭력을 발생한 지도 모른다. 역설적으로 차라리 모르는 것이야말로 가장 많이 아는 것이고 무의식이야말로 가장 큰 의식이며 몸이야말로 가장 큰 말일지도 모른다. 물이 흐르는 곳에 자연스럽게 물길이 생기는 것을 기(氣)라고 하고 물길을 낸 곳에 물이 흐르는 것을 이(理)라고 말한다면 권력은 처음부터 인위가 되고 억지가 되고 부분이 되고 만다. 지금까지 이(理)는 강요되었지만 이제 기(氣)에 위배되는 이(理)는 설득력을 잃어가고 있다.

우리는 흔히 마음이 몸을 다스린다고 생각한다. 결코 몸에서부터 문명을 바라보는 것에 익숙하지 못하며 그 결과 결코 우리 몸, 우주의 몸에 대한 비밀을 알 수가 없다. 몸은 인간과 우주의 전부이다. 몸은 부분이면서 동시에 전체인 것이다. 인간을 우주와 하나 되게 하고 교감하게 하는 것은 몸이다. 몸을 벗어나면 천당이나 극락으로 가는 것이 아니라 다른 몸으로, 존재의 변형을 통해 이동하는 것이다.

권력은 우주를 수직적으로 배열한 첫 단추가 된다. 인간의 입장에서 보면, 자신의 종의 영속과 생산을 늘려서 이를 감당하여야 하는 생물적 특성으로 볼 때는, 인간은 처음부터 〈권력적 인간〉이 되지 않을 수 없었을 것이라는 점에는 이해가 간다. 인간은 어떻게, 어떤 전략으로 만물의 영장의 위치에 올라서고 우주와 자연을 자신의 마음대로 재배열하고 재생산과 생산의 공장으로 만들었을까? 문명의 권력화의 전개과정을 살펴보자.

인간 개체를 위해서 마음은 안심입명을 하는 것이 목적이 될 수 있다. 그러나 인간 개체군을 위해서는 마음은 욕심을 내고 대상을 만들고 대상을 생산 혹은 재생산으로 바꾸는 것이 중요하다. 안심입명이란 한마디로 재생산과 생산에 아무런 도움이 되지 않는다. 대상을 만드는 것--이것은 바로 마음을 권력자로 만드는 첫 출발이다. 마음은 다스리는 것, 즉 대상을 만들어야 했다. 대상을 만들기 위해서 세계를 둘로 분리하는 것이 필요했다. 마음이야말로 최초의 권력이 되는 셈이다. 이렇게 하나인 세계를 둘로 분리하는 바람에, 또 둘 중 하나에 권력(상대방을 다스리는 힘)을 주는 바람에 하나는 우등한 것이 되고 다른 하나는 열등한 것이 되고 하나는 지배하는 것이 되고 다른 하나는 지배당하는 것이 된다. '권력'의 속성은 이런 것이다.

권력의 속성은 동시에 '말'의 속성이다. 말에는 주어(주부)가 있고 술어(술부)가 있다. 이것은 또 '문화'의 속성이다. 문화에는 중심(주류)이 있고 주변(비주류)이 있다. 말하자면 모든 문화현상에는 이런 권력이라는 것이 내재해 있다고 할 수 있다. 문화적 존재로서의 인간은 여기에 구속되지 않을 수 없다.

말이라는 것은 본질적으로 하나의 세계로 잘 돌아가고 있는 유기적인 세계, 유기체의 세계를 둘로 나눈 뒤 다시 그것을 하나로 만들기 위해 수고하는 특성이 있다. 이런 특성은 어리석음인지, 지혜로운 것인지 알 수 없지만 말을 사용하는 인간을 두고 호모 사피엔스(지혜의 인간)라고 하는 것을 보면 인간은 이를 지혜로운 것으로 인정하고 있는 셈이다. 이것은 자가당착이라고 할 수 있지만 이렇게 분리하고 재조합함으로써 인간의 생산활동이 있는 것이고 보면 인간 스스로 그렇게 자가발전 혹은 마스터베이션을 하지 않을 수 없다.

인간의 생산이라는 것은 거시적으로 보면 세상에 없던 것을 생산하는 것이 하나도 없다. 모두가 '주어진 것'(the givenness)을 가지고 재조합(재가공)하는 것에 불과하다. 이러한 재가공의 비결은 바로 '말'에 있으며 네안데르탈인 이후 '말'을 본격적으로 도구로 쓰기 시작한, 큰 원숭이(ape)에 속하는 인간의 진화과정의 결과이다. 성서에도 하느님이 "들짐승과 공중의 새를 하나하나 진흙으로 빚어 만드시고, 아담에게 데려다 주시고는 그가 무슨 이름을 붙이는가 보고 계셨다. 아담이 동물 하나하나에 붙여준 것이 그대로 그 동물의 이름이 되었다."고 적혀있다.

하느님은 아담에게 이름을 붙일 권한을 주신 것인데 이 대목의 내용이 '말을 사용하는 인간'이, 특히 남자가 역으로 자신의 권력을 합리화하기 위해 만들어낸 담론이라고 하더라도 '말을 사용하는 인간'에 대한 일찍부터의 인식이라고 해도 과언이 아니다. 인간이 동물과 다른 점은 분명히 '말의 사용'에 있다.

기억하는 용량, 두개골의 용량이 늘어난 이 영장류는 자신의 기억을 토대로 생각(기억하는 입자의 연합 혹은 충돌) 하면서 드디어 '나는 생각한다, 고로 존재한다'고 선언하기에 이른다. 이것이 근대의 선언이다. 그러나 이 선언은 생각하지 않고도 잘 살아온 수많은 생물의 역사를 한꺼번에 뒤엎은 것이며, 괄호 안에 집어넣는 것이며, 동시에 유기체의 세계를 자신의 생각대로 재구성해 보겠다는 혁명적 선언이기도 하다.

자신이 스스로 생각하는 존재라는 깨달음은 데카르트에 이르러 시작된 것은 아니다. 데카르트가 철학적으로 이를 체계화하여 보여주었을 뿐이다. 데카르트는 바로 근대철학의 아버지이고, 바로 그 근대철학은 인류가 오래 동안 직접해온 기술체계 위에 과학기술체계를 정립하고, 이미 오늘날의 과학적인 세계, 기계적인 세계를 상상하고 있었던 것이다.

인간은 오래 전부터 생각하는 것을 무기(수단)로 만물의 영장이 되는 영광스런 자리에 등극했다. '말'을 발명하고부터 그 '말'로 세계를 구성하고 해석했던 것이며 드디어 세계를 자신이 구성하고 해석한 대로 존재하게 했다. 인류의 모든 신화도 그런 것의 산물이며 종교도 그런 것의 산물이다. 또 정치제도도 그런 것의 산물이며 물론 과학조차도 그런 것의 산물이다.

상징적 인간은 언어와 제도와 기술과 경험을 바탕으로 오늘의 세계를 이루었다. 모든 문화는 자신의 삶의 경험을 바탕으로 계속적으로 프로그래밍-업 된 것이다. 문화는 오늘날 인간에게 전지전능의 권력을 부여하고 인간신(人間神)이 되게 하였으며, 드디어 권력을 자칫 잘못하면 폭력으로 돌변할 수도 있는 위험천만한 권력이 되었다.

가족제도로 본 권력과 폭력

권력을 좀 더 구체적으로 설명해 보자. 인류의 문화현상 가운데 가장 원초적인 형태에 속하는 것으로 출계(出系: descent: 혈통을 따지는 방법)라는 것이 있다. 그런데 이 출계, 즉 성인 남녀가 만나서 자식을 낳았을 때 누구의 자식이라고 하느냐의 문제, 혈통을 찾는 것은 이상하게도 대체로 아버지든, 어머니든 어느 한 쪽을 택하도록 되어 있다.

분명히 자식은 아버지와 어머니의 공동의 자식임에도 불구하고 그렇게 하고 있다. 왜 그럴까. 왜 어느 하나에 힘을 실어주는 것일까. 이것은 분명 공평한 것은 아니고 해석 여하에 따라서는 편파적인 것이고 편견적인 것이다. 그러나 인간의 삶은 공평한 것만은 아니다. 인간의 삶의 대전제는 역시 공평이나 합리의 문제가 아니라 생존(survival)의 문제이다. 다시 말하면 생존을 위해서 출계도 있다고 보는 편이 옳다.

그렇더라도 모계는 어딘가 여자가 아이를 낳는다는 자궁에 기초한 자연스러움이 있다. 굳이 모계를 주장하지 않더라도 저절로 모계인 것이다. 그러나 부계는 그렇지 않다. 부계는 부단히 강조하고 도모하고 인위적으로 각인시켜야 하는 그 무엇이다. 이는 국가라는 것이 인위적으로 도모하여야 하는 것과 유사하다.

다시 말하면 출계라는 것은 모계와 부계, 그리고 단계출계가 분명치 않거나 보다 복잡한 양상을 띠는 양계출계(兩系出系: ambilineal descent), 혹은 공유출계(公有出系: cognatic descent, 未分化出系), 이중출계(二重出系: double descent) 등이 있지만 그 중심은 역시 모계로 보인다.

단계출계가 아닌 것은 실은 모계를 중심으로 하여 부계로의 이동정도를 나타내는 연속선상에 있는 것처럼 보인다. 다시 말하면 모계가 아니고 부계가 아닌 것은 모계에서 부계로의 진행과정에서 정도의 차이에 불과한 것처럼 보인다. 강력한 권력과 강제력을 기반으로 하는 국가사회로의 진행을 위해서는 부계-가부장제가 필수적이지만 그럴 필요가 없는 집단이나 부족에서는 그 가운데 어느 지점에 있어도 별 문제는 없다. 도리어 그 가운데에 있으면서 때로는 모계에서, 때로는 부계에서, 때로는 양쪽에서 자신(Ego)의 삶에 유리한 것을 택하면 된다.

모계에서 부계로의 선상에 배열되어 있는 여러 종류의 출계제도는 마치 출계의 풀(pool)처럼 선택할 수도 있고, 그렇지 않을 수도 있는 그런 것처럼 보인다. 다시 말하면 모계를 비롯하여 그 중간물들은 강요되지 않는 성격이 강하다. 그러나 부계는 강요되는 것이고 강제되는 것이고 경우에 따라서는 지키지 않으면 처벌이 강제되는 것이다. 이렇게 보면 권위는 부계나 모계가 다 가지지만 권력은 부계만이 갖는 것인지도 모른다. 그래서 모계가 자연적인 것이라면 부계에는 초자연적인 힘이 부과되는 것 같다. 이것은 출계뿐만 아니라 우주관에도 투영되는 것이다.

국가가 필요한 것인가를 묻는 것은 가부장제가 필요한 것인가를 묻는 것이나 같다. 만약 가부장제의 필요성이 줄어들고 모계성향 혹은 모중심 성향이 점차 강화된다면 대체로 국가의 필요성이 줄어들고, 따라서 권력의 필요성도 줄어들고 사회는 비교적 더 평화롭게 될 것이다.

마르크시즘의 등장은 분명 부계-국가제도에 큰 경고음을 보내고 있다. 물질-민중-여성은 본질적 연대를 가지고 있다. 그러나 이들이 연대를 가진다고 해서 반드시 평화롭다는 것은 아니다. 도리어 정신-귀족-남성의 위계구조(계급 혹은 계층)를 버려서는 보다 큰 국가나 큰 규모의 사회를 형성하고 운영하기 어렵다는 전제를 받아들이지 않을 수 없다. 그래서 급진적이고 이상적인 마르크시즘—근대 공산주의 운동—은 도리어 계급투쟁과 전쟁을 불러오고 빈곤을 생산하고 더욱더 추악한 적대 적의 사회로 떨어질 위험이 있음을 인류로 하여금 경험하게 하였다.

이상적 마르크시즘은 현실적으로 전체주의적 레닌스탈린주의를 만들었다. 마르크스는 가부장제와 국가의 출발이 깊은 연관성이 있음을 간과하였거나 중요하게 다루지 않는 큰 실수를 범했다. 다시 말하면 공산사회라는 것은 가부장사회의 연장선상에서는 불가능하다는 말이다. 마르크스는 원시공산사회가 모계사회적 특성을 가졌으며 여성의 성을 공유하지 않으면 공산사회도 되지 않는다는 것을 간과하였다.

여성의 성은 가부장사회의 시작과 더불어 남성의 사유재산의 성격을 가지게 되었다. 이것은 단지 부도덕의 문제가 아니라 근본적으로 국가의 발생과 결부된 문제이다. 개별국가로 나누어진 세계(지구촌)가 하나의 나라가 되지 않으면, 또한 가부장-국가사회가 여성중심의 사회가 실현되지 않으면 마르크스의 이상인 공산사회는 실현되지 않는다. 공산전체주의가 멸망한 것에서 인류는 교훈을 끌어내지 않으면 안 된다.

공산주의 사회는 인류가 만들어낸 어떤 전제주의나 여타의 독재주의보다 더 처참한 전체주의였다. 이는 가장 순수한 이상에게 가장 악랄한 악마가 붙은 셈이다. 공산(共産)이라는 이상은 인류의 공생·공영(共生共榮)으로 보완되어야할 필요가 있다.

모계는 실지로 출계로서 굳이 모계라고 말할 필요가 없다. 모계는 실지로 출계라는 개념이 없는 것이다. 모계는 그저 한 자궁으로 낳은 인간의 모임, 즉 자궁가족 정도의 의미이다. 모계는 부계사회가 등장하면서 반사적으로 이름 붙여진, 부계 이전의 이름이다. 권력의 모습을 갖추게 된 것은 부계부터이다. 원시공산사회는 여자의 자궁에서 낳은 아이에 대해 남자가 소유권을 주장하지 않는, 누구의 아이냐고 묻지도 않는, 남자의 감시가 없는 사회를 말한다. 여자와 그 여자가 낳은 자식에 대해 소유와 감시가 없는 사회를 말한다.

원시공산사회는 마르크스가 잘 몰랐지만, 바로 권력이 없는 모계사회를 말한다. 아니면 적어도 권력이 크게 구성원을 억압하지 않는 사회를 말한다. 이것이 어떻게 가능하겠는가. 차라리 모계적 특성이 강화되는 사회가 가장 공산사회에 가깝게 다가가는 사회일 것이다. 모계적 특성이 강화되려면 경제적 부의 증대와 평화가 유지되고 복지국가를 지향하여야 한다.

이것이 역설적으로 마르크스의 이상을 조금이라도 가깝게 실현하는 일이 될 것이다. 유럽의 사회민주주의, 혹은 민주사회주의가 그것이다. 국가의 권력이 최소화되고 국민의 복지는 최대화하는 국가의 출현, 이것이 바로 복지국가이다. 복지국가는 여성성, 더 정확하게는 모계의 특성을 구현하는 사회이다.

어떤 사회라도 구성원들은 자의든, 타의든(강제든, 폭력이든) 누릴 수 있는 자유를 조금씩 내놓고 속박을 용인하지 않으면 안 된다. 그게 권력의 출발이다. 공산사회는 바로 마르크시즘이 아니라 복지국가에서 실현될 것이다. 그러나 복지국가는 계속적으로 생산을 늘려야 하는 부담이 있다. 그래야 구성원이 공유할 파이가 커지기 때문이다. 파이가 없으면 어떻게 나눌 수 있겠는가. 급진적 사회주의는 반드시 실패한다. 급진적 사회주의는 급진적으로 망한다. 왜냐하면 계급투쟁을 하는 동안 생산성은 줄어들기 때문이다.

권력은 완전히 부정하면 도리어 더욱더 악독한 권력으로 보상(보복)한다. 권력체계를 부정하기에는 인류는 너무 멀리 나아갔다. 그것을 최소화하는 것이 현명하다. 사회주의는 이상으로 다가가는 것으로 만족하여야 한다. 이상으로 거리를 두고 있을 때는 행복에 보탬이 되는데 현실로 꽉 잡으려고 하면 불행으로 돌변하고 만다.

성과 폭력의 메커니즘의 닮은꼴: 가부장제와 국가

"자연은 모계(모성)이지만 문명은 부계(부권)이다."

이 말은 화두이다. 아마도 이 글은 앞에 제시된 화두에 대한 답을 좀 장황하게 하는 것이 될 것이다. 가부장제가 왜 필연적인 선택이었는가를 밝히려는 대장정의 출발점에 서서 던지는 물음이자 스스로에 대한 답변이다.

인간사회에서 권력이라는 것이 보편적인 이유는 여러 답변이 있을 수 있겠지만 집단생활을 하는 인간에게 자신을 어느 집단에 소속시키는, 다시 말하면 자신을 동일시하는 정체성(identification) 확립이 필요하기 때문이다. 인간은 자신을 어느 집단에 소속시키지 않고는 살아갈 수 없다.

집단에 소속시키는 방법 중에도 대표적인 것이 바로 출계(出系: 자기가 태어난 계통을 따지는 것, descent)라는 것이고 그러한 출계를 집단을 구성하는 원리로 사용한 사회를 씨족(clan)사회, 혹은 부족(tribe)사회라고 부른다.

오늘날 국가라고 부르는 것도 바로 이러한 사회의 확대재생산된 것에 속한다. 인류의 대부분의 사회는 먼저 출계를 따지는 것을 통해서 집단을 구성하였고 그러한 길고 긴 전통 위에서 오늘날 다른 원리에 의해서 집단을 구성하기도 한다. 예컨대 클럽(club)과 같은 것이 대표적이고 그밖에도 여러 영속집단(corporation)을 가지고 있다. 집단을 출계에 의해 구성하는 원리에도 부계(父系, patrilineal descent)가 아닌, 모계(母系, matrilineal descent) 등 여러 가지가 있다. 그 중간의 형태로 양계출계(bilateral descent)의 종류로 공유출계(cognatic descent: 共有出系 혹은 同祖集團, 미분화출계라고도 한다), 이중출계(double descent)의 사회도 있을 수 있다. 그러나 이런 출계는 그 불확실성 때문에 크게 확산되지는 못했다.

문제는 출계가 확실한 부계와 모계 가운데서 왜 부계가 선택되었는지를 논하는 것이 중요하다. 물론 모계도 부계와 함께 전혀 손색이 없는 제도였다. 또 모계야말로 가장 자연스러운, 예컨대 임신과 수유와 양육기간이 긴 인간이 어머니와 함께 출생 이후, 어머니가 거처하는 곳에서 오래 사는 것은 출계를 따지기 전에 당연하다. 그러나 큰 규모의 집단을 이룬, 혹은 끊임없이 생존의 위협을 받는 집단은 다소 인위적이고 부자연스러운 부계를 택하게 된다. 이것은 남자에게 권력을 주기 위한 것이 아니라 여자와 아이를 보호하여 삶과 종족보존을 위한 절체절명의 선택이었다. 물론 출계 자체는 나중에 권력의 모습이 된다. 그런 권력이 나중에는 성(性), 특히 여성을 억압하는 기제로 작용하게 되었다.

이런 권력의 발생 메커니즘을 부연 설명하면 처음에는 남성과 여성이 주체적이고 독립적인 것이었는데 여성이 남성으로부터 아이와 함께 보호를 받아야 하는 필요성으로 인해 남성은 권력을 가지게 되고(이는 여성이 남성을 유인하였다고 표현할 수도 있다) 이때부터 여성은 남성에게 '대상으로서의 성'이 되게 된다. 대상으로서의 성이 된 여성은 그 후 남성의 권력에 보호되는 대신 권력으로부터 감시와 관리를 받게 되고 이것의 구체적인 제도적 확립이 부계-가부장제 사회인 것이다. 부계-가부장사회는 남성이 여성을 억압하는 것이지만 보다 본질적인 것은 '권력을 가진 자'가 '지배를 당하는 자'의 성(性)을 억압하는 것이다. 만약 여성이 권력을 가진다면 그것의 대상이 되는 남성의 성이 억압을 당할 것이다.

여성의 성은 처음부터 권력경쟁의 무대에서 유인 혹은 유혹을 하는 특성을 보인다. 대체로 동물계에서는 수컷이 암컷을 유혹하는 데 비해 인간에 이르러 이것은 역전된다. 암컷이 수컷을 유혹하게 된 것이다. 이는 고등동물로 갈수록 암컷이 수태와 임신하는 기간이 길어지고 인간에 이르러 출산 후 양육하는 기간이 더욱 길어짐에 따라 자연히 수컷(남자)의 보호를 받지 않으면 안 되는 상황과도 깊은 관련이 있을 것이다.

그래서 암컷(여자)은 훌륭한 수컷을 찾지 않으면 안 된다. 훌륭한 수컷을 찾는 것은 임신과 양육, 그리고 자신과 후손의 행복과 번영에도 결정적 영향을 미치기 때문이다. 유혹은 양성 생물체에서 본격화된 것으로 동물적 본능이 제도적인 틀에서 발현되는 것인데 색(가르티노이드)과 향기(페르몬) 등 자연적인 것에 의존하던 동식물과 달리 인공적인 것으로 치장하여야 하는 인간에 이르러 더욱 더 기승을 부린다.

아무튼 여성의 유혹은 정면적이고 직접적이고 공식적이고 독립적이라기보다는 후면적이고 간접적이고 비공식적이고 의존적인 특성을 보인다. 이것은 성적 매력을 통해 우선 안정적인 재생산을 확보해놓고 그 다음 성적 유희를 위해서는 암컷(여성)은 다른 암컷(여성)보다 남성으로부터 선택되기 위해 온갖 치장을 하게 된다.

이러한 유혹은 재생산이나 성적 유희를 떠나서 권력과의 게임에 참여하기도 한다. 권력을 가진 남자는 또한 성적 매력이 있는 여성을 찾기 때문이다. 여성은 결국 자신의 몸을 남성에게 주고 운이 좋으면 권력마저도 손에 넣은 일석이조의 효과를 얻게 된다. 여성은 대체로 남성(남편)을 통해서 권력에 접근하는 기회를 얻고 권력을 얻었다. 이는 성(性: sex)을 주고 권력(權力: 巫敎 shamanism 혹은 姓 surname 혹은 聖 saint 혹은 性 science)을 산 것이라고 볼 수도 있고, 성과 권력이라는 재화를 교환한 것이라고 볼 수도 있다.

피그미 침팬지는 자신에게 고기를 주는 수컷에게 자신의 성을 내준다. 자연선택의 오래 기간 동안 발정기는 생식에서 없어서는 안 될 메커니즘이었고, 그 발정기 동안 수컷은 암컷에게 고기를 주고 암컷은 수컷에게 성을 제공하였는데 이는 '수컷이 사냥을 통해 잡은 고기를 암컷에게 주는 대신 암컷은 자신의 고기(性=食)를 수컷에게 주는 교환의 형태'가 된다. 평균보다 발정기가 긴 암컷에게 유리하던 발정-생식의 메커니즘은 인간에 이르러 발정기가 더욱 길어지다 보니 발정기라는 기간이 별 의미가 없어지고 그래서 발정기가 원시인류에게 없어지게 되는데 이는 일종의 돌연변이적 진화인지도 모른다.

성(聖)=천(天)=제(祭), 성(姓)=인(人)=정(政), 성(性)=지(地)=성숭배(性崇拜)는 상호 가역반응 하는 문명적 상징이다. 그리고 여자는 역시 고기에 해당하고, 남자는 머리에 해당한다. 또 여자는 무의식에 해당하고, 남자는 의식에 해당한다. 인간은 양성동체적 성격을 가지고 있고, 남성과 여성을 대립적으로 보는가, 대칭적으로 보는가는 가부(可否)나 선악(善惡)의 문제가 아니라 역시 하나의 관점이고, 나아가서 세계관일 수밖에 없다.

〈천지인, 性·姓·聖〉

聖	天	祭
姓	人	政
性	地	性 崇拜

〈몸 혹은 고기, 말의 순환〉

남자	食人 (天: 政)	머리, 말 입(口),
인간	增殖 (人: 몸)	입(口) 자궁(子宮)
여자	被食 (地: 性)	몸, 고기, 빵, 떡, 밥, 자궁(子宮)

〈천지인, 남자·여자·인간〉

남자 父系	天一一 초의식	머리, 말 單性
인간 兩系	人一三 의식	남자(여성성), 여자(남성성)
여자 母系	地一二 무의식	口, 子宮 兩性

성욕과 권력은 매우 동질적이다. 이는 자유와 억압이라는 문제와 연결시켜볼 때 더욱 두드러진다. 권력은 성의 다른 면이다. 암컷 인류에게 발정기가 사라지면서 성행위와 생식이 분리되었다. 이것은 바로 유희로서의 성, 오락으로서의 성, 말하자면 생식과 전혀 관련 없는 성행위가 시작되는 분기점이기도 하다. 인간에게 성행위를 반드시 생식과 결

부시키는 일이 무의미하고 어리석은 일이 되었다. 아무리 도덕적인 사회에 있어서도 그렇다. 성행위는 더 이상 자손을 얻기 위한 교접행위만은 아닌 셈이다. 물론 성의 결과로서 자손을 얻으려는 것은 생물의 당연한 욕구이겠지만 말이다. 그렇다면 자유로운 섹스야말로 사랑의 원천이고 자유의 원천이다. 인간의 아가페적인 사랑까지도 이러한 섹스의 자유에서 비롯된 것인지도 모른다.

성(性)은 권력과 유비 관계에 있다. 권력은 폭력을 정당화하는 힘이며 권력의 원형은 폭력(생존경쟁=약육강식)이다. 그 폭력은 생존경쟁의 진화의 역사에서 물려받은 것으로 개체에게는 그것도 일종의 환경으로부터 받는 스트레스(stress)이며 그 스트레스를 해소하고 필요(need)에 대응하는 메커니즘의 하나가 바로 여자의 재생산(reproduction)이고 남성의 생산(production)이다.

인간은 최근 자본주의의 발전과 개인주의의 증대로 인해 욕망마저도 매우 개인적인 취향으로 바라보는 데에 익숙해지고 있다. 그러나 인간은 어디까지나 생존경쟁에서 집단적 성취를 이룬 동물이다. 바로 그 집단 때문에 우리는 아무리 개인주의가 되고 파편화되고 핵가족화되어도 권력을 버릴 수 없다. 권력이란 그것이 가벼운 짐이든, 무거운 짐이든 숙명적인 것이다. 아마도 인간이 권력에서 벗어나려고 했다면 처음부터 집단적 생활전략으로 자연선택에서 승리하지 말았어야 한다. 아마도 그랬다면 인간이라는 호모사피엔스 사피엔스는 이 지구상에서 이미 멸종했을 지도 모른다. 다시 말하면 권력이란 삶의 반대급부라는 말이다.

문명을 스트레스와 필요의 메커니즘으로 보면, 문명이라는 것이 매우 억압적으로 다가온다. 그러나 그 억압을 푸는 방식도 문명은 가지고 있다. 예컨대 성이라는 것도 재생산을 위한 것이라고 하지만 인간에 이르러 그러한 기능보다는 훨씬 더 쾌락으로서 기능하고 있다고 하면 좀 지나친 표현일까. 나는 사람들에게 묻고 싶다. '그대는 자식을 낳기 위해 섹스를 하느냐고?' 그보다는 '섹스를 하니까' 혹은 '재미있게 섹스를 하니까' '섹스의 놀이에 탐닉하니까' 자식을 부수적으로 얻은 것이라고 하는 편이 훨씬 솔직한 고백일 것이다. 자연이 결코 힘겨운 짐만을 주지 않듯이 문명도 결코 들지 못할 무거운 짐만을 주는 것은 아니다. 인간의 삶은 혹은 문명은 보기에 따라서는 '일이기도 하지만 놀이'이기도 하다. 일과 놀이는 분석적으로 보면 둘이지만 역동적으로 보면 하나다.

성이야말로 '일=재생산' 이외에도 '쾌락과 놀이'를 동반하고 있다. '쾌락으로서의 성'은 인간의 놀이(퍼포먼스)에 스며들어 각종 변형을 만들어낸다. 물론 전쟁은 권력과 폭력 놀이의 가장 극단적인 예에 속하며 의례와 게임은 전쟁을 모방한 것이다. 성(性)은 권력과 유비 관계이면서 동시에 상호 거래관계에 있다. 이것을 성은 권력과 동종주술(모방주술)과 감염주술(접촉주술)의 관계에 있다고 말할 수 있다. 성은 바로 상징이면서 구조(동종주술)이고 구조이면서 사건이며 사건이면서 역사가 된다(감염주술). 만약 인간에게 보편성이 있다면 바로 권력(폭력)과 주술에서 출발하거나 그곳에 도착하여야 한다. 만약 권력(폭력)과 주술을 포함하지 못하면 보편성이 아니다.

왜 성(性)은 여러 형태로 변형되었는지, 그것이 오늘날 과학적으로 밝혀져 성(性) 본래의 모습이나 위치를 되찾아가고 있는 사정을 문명적 차원에서 밝히는 것이 이 글의 목적이다. '섹스로서의 성(性)'은 오늘날 '과학으로서의 성(性)'이 되었다. 섹스로서의 성은 규제의 대상이 되었지만 과학으로서의 성은 규제할 수가 없다. 섹스로서의 성은 도덕으로 규제되었지만 과학으로서의 성은 도덕으로 규제할 수가 없게 됐다.

'쾌락으로서의 성'은 자기조절이 필요하긴 하지만 사악한 것이 아니고 당연히 자유와 행복을 위해서는 즐겨야 하는 것으로 되고 있다. 이제

성은 즐기는 자가 잘못된 것이 아니라 즐길 수 없는 자가 병적인 것으로 분류되고 있다. 이제 인성(人性)은 물성(物性)과 같은 것이 되고 있다. 인성은 물성과 다른 특별한 것이 아니라 물성의 일부이며 물성 그 자체인 셈이다. 물론 인간의 물성은 '무기물로서의 물성'이 아니라 유기물로서의, 나아가서는 '고등동물로서의 물성'이긴 하지만 그렇다고 물성이 아닌 것은 아니다. 인성과 물성이 하나가 됨으로써 우주는 진정으로 하나가 되며 대우주가 바로 소우주고 소우주가 바로 대우주인 것이다.

인성과 물성의 문제뿐만 아니라 동시에 우리는 가족의 차원에서 가부장제 신화를 확인하고 그것이 왜 여성을 억압하였는지를 알아보는 소박하고 단순한 목적을 향하여 가기 위한 장정의 출발점에 서 있는 셈이다. 이 둘의 차원은 하나는 문명적 차원, 다른 하나는 가족의 차원이지만 결국 서로의 목적에 도달하기 위하여 종종 같은 길을 가게 될 것이고 결국 둘의 문제는 동전의 양면과 같다는 것을 알게 될 것이다. 큰 우주는 작은 우주와 같다는 사실을 확인하게 될 것이다. 권력경쟁은 생존을 위해서 출발한 것이지만 이것은 자연스럽게 집단의 성원으로서 정체성을 가지는 표상으로 작용한다. 쉽게 말하면 나는 누구(어느 姓氏)의 자손이라던가, 나는 어느 나라의 국민이라던가 하는 등속이다. 이것은 바로 부계-가부장제의 처음이자 끝이다.

자신(ego)의 정체성 확인은 집합표상을 통해 실현되는데 여기에는 여러 단계, 여러 종류가 있겠지만 이 가운데서 어느 나라, 어느 마을, 혹은 어느 회사, 어느 집안, 어느 가정에 소속시키는, 말하자면 크고 작은 준거집단 중 어느 것의 구성원이 되느냐가 중요하다. 권력의 피라미드에서 어느 한 지점에 자신을 소속시키는 것은 인간에게 피할 수 없는 것이다. 이와 동시에 인간에게 성(性)은 보편적인 것이다. 인간이면 누구나 남성, 아니면 여성이다(물론 양성적인 불완전한 존재도 있긴 하다). 그래서 권력과 성(性)은 함께 있기 마련이다. 함께 있다는 것은 어떤 관계 혹은 거래의 메커니즘이 성립되는 것을 의미한다.

성(性)은 생물 일반이 가지고 있는 재생산(reproduction)의 능력인데 이것을 문화는 도덕적인 의미로서의 성, 예컨대 성선설이나 성악설 등으로 쓰이게 하는 역전(inversion)을 감행했다. 기독교는 그 대표적인 것이다. 기독교는 생물 본래의 성과 욕망이나 악한 것으로까지 경계의 대상이 되게 된다. 생물의 성(性)을 악(惡)으로 규정한다. 공맹학도 맹자에 이르러 '도덕으로서의 성(性)'을 선(善)으로 규정하는 성선설(性善說)을 주장했다.

기독교 성경에 따르면 천사장이 악마로 변하고 악마의 사주를 받은 뱀이 이브를 유혹하여 선악과를 따먹게 하고 그로 인하여 인간이 성(性)을 알게 되고 낙원에서 추방되는 것으로 되어있다. 이는 하느님과 천사를 주인으로 생물학의 발생학과는 반대 방향으로, 역설적으로 신화를 재구성한 것이다.

인간은 신을 발명하여 세계를 정복하였다. 그러나 세계를 정복한 인간은 이제 스스로 악마가 되어 세계를 멸망시키려 하고 있다. 신과 악마는 동거하는 사이(현상학적 대립·대칭관계에 있는 이중성의 존재)다. 악마가 된 인간을 다시 '본래의 존재', '본래의 신', '본래의 부처'로 되돌리는 것이 인류가 살길이다. 이것이 인류평화를 달성하는 지혜이고 지름길이다.

육식과 폭력 — 고기를 둘러싼 모순과 위선

인류학적으로 육식을 논하는 가운데서도 인간의 식인풍습, 카니발리즘(cannibalism)은 논하기도 꺼리는 대목이고 오늘날의 관점에서 보면 끔찍한 것이다. 그러나 약육강식의 적자생존의 법칙은 다른 생물 종과 종 간에만 있었던 것은 아니고 인간 종 내부에서도 있었다.

인간이 기본적으로 먹을 수 있는 송장을 얻는 데는 두 가지 방법이 존재한다. 먹는 자들이 먹히는 자들을 강제로 사냥하고 서로 잡아 죽이거나(족외식인), 자연사한 친척의 시체를 평화적으로 얻는 것이다(족내식인). 후자의 평화적으로 얻는 것은 일종의 슬퍼하는 상례(喪禮)의 일부이고 전자의 폭력적으로 얻는 것은 전쟁(戰爭)의 일부이다. 생존경쟁은 권력경쟁이 되고 이는 수많은 전쟁을 야기하였다. 전쟁에는 죽은 시체가 있었고 포로가 있었다.

전쟁 식인풍습은 예컨대 브라질의 투피남바족, 이로코이족, 후론족 등에서 목격담이 전해지고 있고 폴리네시아와 아즈텍문명, 마야문명에서 있었던 것으로 보고되고 있다. 특히 아즈텍문명에서 대량의 인골발견은 한때 충격으로 다가왔다. 이들의 식인은 전투욕을 고취시키고 전장에서 부족한 영양공급원으로 이용한 것으로 보인다.

이것이 점차 사라지게 된 이유에 대해서는 여러 가지 설이 있지만 인간의 생산력이 확대되면서 고기로서의 가치보다 노동력이 더 중요시되었기 때문으로 해석하는 학자도 있다(마빈 해리스). 물론 여기에는 기독교를 비롯하여 고등종교들의 선교에 의한 '문명화'도 영향을 미쳤을 것으로 보인다. 식인풍습이란 극한 상황에서 인간의 고기를 먹는 것은 제외된다. 인간은 동물성 단백질을 요구하는 존재이면서 또한 그러한 생태학적 기반 위에 탄생한 생물종이라는 것을 염두에 둘 필요가 있다. 식인풍습과 달리 '식인'(食人)이라는 말에는 상징적인 정치적·종교적 의미가 담겨있다. 훌륭한 전사란 강력한 '식인'을 의미하기도 한다. "제의와 전쟁은 매우 유사한 행위라는 것은 익히 알려져 있다. 둘 다 일상에서 벗어나서 보통상태에서는 불가능한 힘을 발휘하는 것이며 파괴와 소비가 거대해지는 점까지도 똑같다."[7]

'식인'의 의미엔 왕이나 초인 등 초월적인 힘을 담고 있다. 생물의 '먹이연쇄'에서 '제정(祭政)체계'로 전환한 것이 인간이라고 하지만 이것을 생태체계로 다시 바꾸면 바로 '식인의 체계'가 되는 셈이다. 말하자면 정치적 혹은 종교적 권력자는 '식인'의 의미를 가지고 있다.

먹고 먹히는 것, 그리고 바치는 것 등 제의에서는 없어서는 안 되는 항목이다. 제의는 항상 제주, 제물, 제물을 받는 자로 구성된다. 제의의 이면에는 항상 '식(食)=먹는다'의 개념이 있다. 기독교의 경우 영육이원론에 의해 철저하게 영혼을 '고귀한 것'='하늘의 것' 육체를 '비천한 것'='땅의 것'으로 나누어 영혼의 구원을 일생일대의 목표로 삼고 있지만 성경 속에서 옛 공희의 흔적과 전통이 고스란히 남아있다. 어린 양 예수를 바치는 것이 그 대목이다. 예수를 마치 옛 의례에서 어린 양을 제물로 바치는 것에 은유하였다. 기독교 성찬 때는 면병과 포도주를 들고 사제는 이렇게 말한다. "이는 내 피요, 살이니 이 성찬에 초대받은 이는 복되

---

7 나카자와 신이치, 『곰에서 왕으로』, 김옥희 옮김, 동아시아, 2003, 206~207쪽.

도다."라고 말한다.

술을 포함하여 고기를 바치고 고기를 먹는 것은 제사에 숨어 있는 자연의 증여관계, 혹은 육체의 순환을 의미한다. 네안데르탈인들은 제사의 제물로 고기를 바쳤으며, 경우에 따라서는 사람도 제물로 바쳐졌다. 신화와 제의는 불가분의 관계가 있다. 상징-언어체계인 신화와 달리 제의와 축제는 반드시 신체성과 퍼포먼스(performance)를 동반한다. '내 피요, 살이다'는 것은 바로 기독교 신화체계인 성경과 더불어 제의가 종교의 핵심임을 말하는 것이다.

고대 신화-종교시대를 거치면서 사람 대신에 희생(犧牲)의 대용물이 등장한 것은 인류의 문화가 점차 상징성을 도입함으로써 문화적 정교화와 세련미를 구비함을 의미한다. 기독교 성찬의식을 통해서 '신자들은 신을 먹는 것'이다. 영육일원론의 파편들이 남아있는 셈이다. 영혼과 육체는 현실계와 상상계를 오가면서 일종의 거래를 하는 셈이다.

모든 종류의 동물성 식품에 대한 편견을 가진 자는 극히 소수의 사제, 승려, 수도자, 신비주의자, 그리고 극단적인 채식주의자들일 것이다. 건강과 영양의 균형을 위한 결론은 간단하다. 음식의 편견에 앞장서는 사람들은 특히 특정 종교에 빠진 종교주의자들이다. 육식을 먹는 것을 두고 동물적이라고 비하하거나 비인도적, 혹은 동물학대라고 매도하는 것은 인간의 탄생과 진화의 과정을 무시하는 말이다.

인간은 동물이다. 동물은 동물성 먹이를 기반으로 탄생한 동물이고 따라서 동물성 식품을 필요로 한다. 동물은 또한 식물을 바탕으로 진화한 것이다. 따라서 식생활에 있어서 인간이 동식물을 골고루 먹는 것은 생물의 권리로서 당연한 것이다. 가장 훌륭한 식단은 육식과 채식을 골고루 먹는 것이다. 인간은 잡식동물이라는 것을 잊지 말아야 한다.

건강한 식생활이라는 관점과 달리 특정 종교들이 육식에 대해 경계와 거부감을 갖는 것은 육식이 욕망을 채식보다 더 끓어오르게 한다는 점이다. 이는 육식이 채식보다 에너지가 많기 때문이기도 하다. 예컨대 수도하는 사람들이 육식을 많이 하면 욕망을 다스리기가 어렵기 때문이다. 물론 술도 같은 이유로 금기와 절제의 대상이다. 그러나 술과 육식을 전혀 하지 말아야 한다는 것은 아니다.

"보편적으로 사람들이 동물성식품을 선호한다는 사실을 진정한 채식주의자들이 반박하지 않는 것은, 사람들이 굶는 것보다는 먹는 것을 좋아한다는 것을 단식을 하고 있는 성인(聖人)이 반박하지 않는 것과 마찬가지이다."[8]

세계의 어떤 주요한 종교도 신자들에게 극단적 채식주의를 강요하지 않았고, 보통 사람들의 식단에서 계란이나 동물의 고기를 완전히 금하지도 않았다. 대부분의 힌두교도들도 양고기, 염소고기, 닭고기류를 맛있는 음식으로 생각한다. 어떤 고기를 금하거나 먹지 않는다거나 적게 먹는 것은 환경과의 관계에서 구하는 데에 비용이 많이 들고 그러한 것이 전통화되었기 때문인 것이다. 불교의 채식선호를 극단적 채식주의자와 혼동하는 것은 자주 있는 일이지만 잘못된 것이다.

불교도들은 동물을 죽이거나 죽이는 것을 봐서는 안 된다. 그러나 동물의 고기를 먹어도 된다. 부처님도 동물성 고기를 포기한 적이 없다. 단지 살생은 금하였을 뿐이다. 고기를 먹기 위해서는 누군가는 살생을 하지 않을 수 없다는 점에서 간접적으로 고기를 탐닉하지 말라는 메시지는 될 지도 모르겠다.

고등종교들이 공통적으로 노리는 바는 인간의 욕망에 대한 절제와 견제이다. 불교의 10악(惡)에 살생을 하지 말라, 간음을 하지 말라, 도둑

---

8 마빈 해리스, 『음식문화의 수수께끼』, 서진영 옮김, 한길사, 1992, 25쪽.

질을 하지 말라는 구절이 있다. 기독교의 10계명에도 살인을 하지 말라, 간음을 하지 말라, 도둑질을 하지 말라는 구절이 있다.

물론 기독교 십계명은 "나 이외의 다른 신을 섬기지 말라"는 것이 첫째 구절로 있지만 대체로 인간에게 경계하게 하고 계율로 지키게 한 것은 비슷하다. 살생(살인)과 간음과 도둑질은 어쩌면 연관된 개념일 수도 있다. 이를 고기라는 말을 넣어 번안하면 살생은 고기 잡기, 간음은 고기 먹기, 도둑질은 고기 훔치기로 말이다.

고등종교들이 하나같이 이를 경계한 것은 아마도 이를 두고 서로 심하게 경쟁하고 다투는 바람에 사회질서가 깨지고 혼란을 야기하기 때문일 것이다. 그러나 고등종교는 겉으로는 고기를 금욕하게 하면서 속으로는 고기를 바치기를 원하는 이율배반 속에 있는 지도 모른다. 이는 인간의 위선자적 특성이다.

흔히 물질이라고 하면 물질 덩어리, 육체하면 고기 덩어리라고 생각하기 쉽다. 물질과 육체도 단순히 부피로서의 덩어리만 있는 것이 아니라 그 속에는 나름대로 성질과 법칙이 내재되어 있다. 그리고 육체는 물질의 오랜 진화과정의 산물이다. 물질과 육체의 복권이 필요하다. 이는 물론 여성의 지위상승, 여성의 권위회복을 불러올 것이다.

육식의 문제는 단순히 육식의 문제만이 아니고 육체의 문제이면서 동시에 정신의 문제이고 또한 세계의 일원화의 문제이다. 육체는 페미니즘(Feminism)과 인민주의(Populism, 본래적인 의미의) 혹은 민주주의(Democracy)와 에콜로지(Ecology) 등과 긴밀하게 연관된다. 크게 보면 자연의 회복운동이라고 할 수 있다. 문제는 육식 여부가 아니라 육식을 하더라도 균형 있게 하여야 하고 인간도 여전히 다른 동식물과 마찬가지로 에콜로지에 민감하게 적응하여야 하는 생물이라는 점을 인식하는 일이다.

물질은 더 이상 단순한 물질의 감각적 덩어리가 아니다. 물(物)은 신(神)이다. 정령(精靈)에서 시작한 정신과 물질의 이원화는 이제 신물(神物)로 통합되어야 한다. 신물(神物)숭배는 물신(物神)숭배와는 정반대이다. 소문자 페티시즘(fetishism)은 물신숭배이고, 대문자 페티시즘(Fetishism)은 신물숭배이다.[9]

오늘날과 같이 세계가 일일생활권으로 되어 점차 하나의 마을로 되어가는 마당에 이제 다른 문화에 대한 이해는 필수적이다. 만약 그렇지 못하면 인간은 결국 싸워야 하고 불화는 그치지 않을 것이다. 한국 사람들이 개고기를 좋아하고 프랑스와 일본 사람들이 말고기를 좋아하는 것을 나무랄 수는 없는 것이다. 나라마다 사정이 있고 서로 다른 역사와 문화전통이 있다. 인간은 보기보다 심하게 편견에 차 있는 경우가 많다.

최근에는 동물성 지방과 콜레스테롤 등이 퇴행성 질환인 비만, 고혈압 등의 원인이 된다는 보도로 육식에 대한 편견이 되살아나고 있다. 채식만이 그것으로부터 해방될 수 있는 전가의 보도처럼 여기는 채식주의자들도 많이 생겨나고 있다. 그러나 육식이라는 것이 요즘처럼 너무 과도해지면 문제가 될지 몰라도 일방적으로 그렇게 매도될 일은 아니다.

---

9 박정진, 『굿으로 보는 백남준 비디오아트 읽기』, 한국학술정보, 2010, 274~275쪽.

인류의 과제: 평화와 비폭력

인류문명은 가부장사회, 국가의 발생과 더불어 더욱더 지능적인 폭력, 혹은 권력을 향하여 왔다고 해도 과언이 아니다. 인간의 개체군, 즉 인구를 급증시킨 생태계는 인간의 자원의 낭비, 권력의 추구 등에 다른 불필요한 폭력성에 의해 지금 유린되어 있다. 수많은 전쟁과 폭력, 심지어 평화를 표방하는 종교는 더욱 더 치열한 전쟁을 수행해왔다.

오늘날 정치와 경제, 문화와 과학이라는 것도 폭력이라는 관점에서 검토해야할 때가 되었다. 그러기 위해서는 적당한 인구조절, 환경과의 상생관계의 회복, 그리고 철학과 과학이라는 것도 자연으로 회귀하거나 자연과의 친연성(親緣性)을 회복하는 방향설정이 요구되고 있다. 동양의 불교철학과 서양의 존재론 철학은 인간중심주의를 벗어나거나 극복한 형태로 자연 자체를 존중한다는 점에서 인류의 미래의 철학으로 더욱더 기대가 되고 있다. 인간은 여전히 자연의 일부이고, 자연의 전체성이다.

인류문명사는 제국의 역사이다. 심지어 문명은 제국의 완성으로 꽃을 피운다고 할 수도 있다. 제국은 수많은 전쟁으로 인해 폭력을 수단으로 삼지 않을 수 없었으며, 동시에 통치를 위해서는 자신의 정의(正義)와 종교를 강요하지 않을 수 없었다. 제국주의의 횡포와 더불어 여러 식민지 국가에서는 독립을 위한 비폭력운동을 전개해왔다. 비폭력운동은 국가 단위에서 전개될 것이 아니라 인류공동의 자산인 자연환경과 생태의 보호라는 관점에서 전 지구적으로 전개할 것을 요구하고 있고, 이미 그것을 실천하고 있다.

생태철학의 등장이나 소유가 아닌 존재론의 등장은 이에 대한 부응이라고 여겨진다. 이를 위해서는 어떤 것을 성취하려는 욕구보다 욕구 자체를 놓는 일이 더 중요하게 보인다. 정의를 추구하는 것보다 함께 사는 일, 인간중심의 모든 일보다 자연을 호흡하는 일이 중요하다. 그러기 위해서 인간은 보다 더 자연으로 돌아가야 하며, 다른 것을 존중하는 자연에 대한 이해와 수용이 절실하다.

자연은 소유가 아니라 존재이다. 인간의 욕망은 끝이 없다. 이에 비해 자연은 욕망하지만 절제한다. 그러한 점에서 자연히 훨씬 자제적(自制的)이고 균형적이다. 평화는 인류의 영원한 이상이고 희망이다. 평화는 그것의 실현여부와는 상관없이 그것을 추구하는 것만으로도 제 기능을 하고 있는지도 모른다. 폭력이 있는 곳에서는 평화가 이룩될 수 없다. 설사 있다고 하더라도 한시적인 것에 지나지 않는다. 폭력과 평화라는 이율배반을 인간은 동시에 안고 살아야하는 존재인지도 모른다.

진정한 평화와 비폭력은 무엇을 추구하고 강요하는 것이 아니라 있는 그대로를 인정하고, 놓아버리고, 바라보는 것인지도 모른다. 따라서 폭력을 추방하는 것을 목적(대상)으로 하기보다는, 이것은 또 다른 폭력을 필요로 하기 때문에, 자연을 전반적으로 여성성으로 보는 에코페미니즘(eco-feminism)의 시각이나 무아(無我)를 지향하는 불교적 접근이나 소유(所有)를 비판하는 존재론적 접근이 필요하다.

철학인류학으로 본 종교와 성(性)

제사와 섹스의 유비(類比)에 대하여

인간은 다른 영장류에 비해 신체적으로 뇌와 생식기가 상대적으로 크다고 한다. 영국의 동물학자 모리스(Desmond Morris)는 그의 저서 『발가벗은 원숭이』(1961년)에서 "인간은 모든 영장류(靈長類) 가운데서 그들의 두뇌가 가장 크다는 것만 자랑으로 삼아왔을 뿐 남성(男性)의 성기(性器)가 가장 크다는 사실은 숨기고 있다."고 말했다.

미래학자들은 인간이 결국 뇌와 생식기 때문에 망할 것으로 예언하기도 한다. 생식기는 성적 욕망과 함께 이성(異性)에 대한 성적 소유를 불러일으키고, 뇌는 생각과 함께 사물에 대한 소유를 불러일으킨다.

"페미니스트들의 결론과 진화생물학자들의 결론은 남성이 여성의 성애를 통제하려는 노력이 전반적인 남성의 여성에 대한 통제의 핵심을 이룬다고 내포한다는 점에서 일치하는 부분이 있다. 우리의 진화된 성전략을 왜 이런 일이 일어나는지, 왜 여성의 성애를 통제하는 것에 남성들이 그토록 몰두하는지 설명해 준다. 인간의 진화역사를 통해서 여성의 성애를 통제하지 못한 남성, 예컨대 배우자를 유혹하지 못했거나, 아내의 간통을 막지 못했거나, 배우자를 간수하지 못한 남성은 여성의 성애를 잘 통제했던 남성들보다 낮은 번식성공도를 거두었다. 우리는 배우자를 얻고, 배우자의 외도를 막고, 배우자가 떠나지 못하게끔 충분한 이득을 제공하는 일을 성공적으로 완수했던 조상 남성들의 길고 끊이지 않는 행렬로부터 왔다. 우리는 또한 이로운 자원을 제공하는 남성들에게 성적 접근을 허락했던 조상 여성들의 기나긴 행렬로부터 왔다."[10]

성적 욕망이나 생각은 모두 인간의 소유적 삶과 관련이 있다. 인간이 성적 욕망 함께 생각을 통해서 가장 먼저 상상한 것은 신(神)인 것 같다. 그래서 인간은 '종교적 인간(Homo religiosus)'이다. 원시고대의 인간은 종교를 통해서 삶을 영위해왔다고 해도 과언이 아니다. 신과 종교는 인간에게 상징체계와 함께 의례(ritual)를 수반하게 했다.

진화생물학적으로 보면 영장류가 호모 사피엔스 사피엔스에 이르러 욕망이 크게 비약했다고 한다. 물론 인간 개체군인 인구의 폭발적인 증가도 이와 관련이 있을 것임에 틀림없다. 그러한 점에서 호모 사피엔스의 직립보행(Bipedalism)은 큰 의미를 지닌다.

직립보행으로 앞발은 손으로 변모하고 그 손은 사물을 자유자재로 잡으면서 생각의 중추인 대뇌와 끊임없는 욕망의 포지티브 피드백(positive feedback) 작용을 했을 것이다. 이는 욕망의 확대재생산으로 이어진다. 말하자면 욕망의 확대재생산의 결과가 사물을 대상으로 다루게 하는 두개골용량을 증가시키고, 결국 추상적인 시공간 개념을 창출하게 하였을 것으로 볼 수도 있을 것이다.

인간은 두개골 용량의 증가로 인해 자연을 자연 그 자체로 보지 못하고, 자신의 머릿속에서 재구성한 환상으로 보는, '환상적 동물'이 되어버렸다. 종교적 환상, 도덕적 환상, 예술적 환상, 제도적 환상, 과학적 환상 등의 '환상적 존재'로 변해버렸다. 그런 점에서 '존재가 환상(가상실재)'이다.

인간의 삶을 철학적·형이상학적으로 바라보면 환상, 즉 가상실재라

---

10 데이비드 버스, 『욕망의 진화』, 전중환 옮김, 사이언스북스, 2007, 413쪽.

는 관점에서 바라볼 수도 있지만 이를 생물학적으로 설명하면 '섹스프리(sex-free)에서 프리섹스(free-sex)'로 나아간 삶이라고 말할 수 있다. 말하자면 섹스프리가 인간에게 자유를 선물하였고, 자유는 소유를 불러일으키고, 소유는 평등을 일깨웠고, 섹스는 또한 사랑으로 승화되거나 변형되었다고 말할 수 있을 것이다.

원시고대인들은 성기(性器)숭배에 빠졌던 것 같다. 지금은 고도로 추상화된 형이상학과 과학의 시대를 살고 있고, 고도로 승화된 종교체계를 가지고 있지만, 그 원류로 돌아가면 매우 단순한 삶, 동물들과 거의 다를 바 없는 생활을 하였을 것이다. 보기에 따라서는 성기숭배가 인간의 대뇌의 상상력을 통해 그 외연을 확장하고 상징성과 현상성을 달성한 것이 오늘날 현대인의 복잡한 삶인지도 모른다.

오늘날 현실에서 일어나고 있는, 매스컴에 등장하고 있는 온갖 일들, 예컨대 도덕적으로 크게 비난을 받는 살인과 도둑질과 창녀질, 그리고 전쟁과 온갖 방탕들이 선악이라는 가치판단을 떠나서 '존재 그 자체'(존재하고 있는 엄연한 사실)라고 한다면, 그것은 남자의 여자에 대한 소유욕에서 발생한 것은 아닐까 하는 생각이 든다. 그런 점에서 오늘의 외설과 포르노는 인간의 진면목이 아닐까 하는 생각이 든다. 거칠게 말하면 문명은 섹스의 변형(변태)인지도 모른다. 문명은 섹스의 변형이고, 섹스는 변태에 이른 것이 현대인인지 모른다. 건강한 삶과 건강한(소박한) 성과 가족은 실종된 지 오래다.

오늘의 진정한 철학은 포르노를 고상하게 가짜로(형이상학적으로) 설명하는 '그라마톨로지'가 아닌, 진정한 '포르노로지'가 되어야하는 것인지 모른다. 그 진정한 포르노로지야말로 바로 '포노로지(소리철학)'일지도 모른다. 인간은 스스로를 대단한 존재, 요컨대 '자연의 밖에 있는 존재'인 것처럼 잠시 착각한다. 그러한 착각 자체가 환상이지만, 인간은 결국 자연적 존재일 뿐이다.

오늘의 '욕망의 인간'을 이렇게 설명하면 어떨까. 입술에 빨간 립스틱을 바르고 가슴을 엉덩이 크기로 만들어 입술을 음부로 은유하면서 남자(수컷)의 욕망을 자극하는 여자와, 스스로의 힘을 과시하기 위해 기계를 만들어 인공지능의 전사(戰士)를 내세워 패권경쟁을 위한 전쟁을 일삼는 남자로 구성된 동물종이라고 말이다.

신(神)과 연결되는 버튼은 인간 안에 있고, 사이보그는 인간 밖에 있다. 여자는 남자(생명)를 낳고 남자는 기계(인공지능, 사이보그)를 낳는 형국이 오늘의 현대 인류의 상황이다. 인공지능과 인조인간이 인간을 멸종시킬지도 모르는 위기의 상황이다.

프랑스 혁명(1789)은 서양문명의 근대적 패러다임을 완성했다. 맬서스는 인구론(1798)를 발표하면서 식량의 산술급수적인 증가와 인구의 기하급수적 증가로 인해 전쟁이 불가피함을 역설했다. 그러나 식량의 문제는 과학으로 해결하였고, 세계 인구는 70억 명을 넘고 있고, 지구의 인구부양 능력은 100억 명 정도라고 한다. 머지않아 지구는 인간의 포화상태에 이를 것이다.

인구야말로 인간의 힘의 증대가 아니고 무엇인가. 지구상의 수많은 동식물 중에서 인간만큼 힘을 증대시킨 생물 종이 있었던가. 힘에의 의지도 실은 인간을 중심으로 하는 자연의 종적 줄 세우기, 계급화·분류학의 다른 표현이 아닌가.

힘에의 의지도 진화론이나 에너지 불변의 법칙과 같은 차원의 형이상학적 발맞춤과 해석학에 지나지 않는 인간의 자화자찬이 아닌가! 초인은 또 무엇이고, 영원회귀란 또 무엇이라는 말인가. 이것이 종래의 실재를 실체로 전도한 형이상학적 개념들과 다른 것이 무엇인가.

문명이나 문화라는 것도 실은 섹스의 변형일지도 모른다. 섹스야말로 생물로서의 인간에게 종의 번식을 가능하게 하는 자연적-본능적 행위이다.

남자의 섹스는 정복의 섹스이고 권력의 섹스다. 여자의 섹스는 사랑을 위한 섹스이고 기쁨을 위한 섹스이다. 남자의 섹스는 주체의 섹스이고 원인의 섹스이다. 여자의 섹스는 객체의 섹스이고 결과의 섹스다. 남자는 섹스의 기쁨이 없어도 정복욕 그 자체로 만족하지만 여자는 섹스의 기쁨이 없으면 만족하지 못한다. 섹스에 모든 진리가 다 들어있다.

인간사회의 모든 출발은 남녀부부관계로부터 시작된다. 남녀부부의 만남으로 이루어지는 가족의 부모자식관계는 최소한의 사회적 질서를 이루는 관계이다. 남녀부부, 부모자식관계는 무엇보다 사회적 질서유지를 위해 권력관계 혹은 상징적 권력관계를 근간으로 한다.

가족관계는 다음과 같이 서로 다른 차원에서 움직이고 있는 관계양상이다. 남녀부부관계는 섹스-사랑관계이고, 혼돈(시작-끝)의 특징과 양상이 있다. 부모자식관계는 질서-권력관계이고, 문화-사회체계적인 특징과 기능이 있다. 모자관계는 번식-희생관계이고, 생명재생산의 특징과 기능이 있다.

	관계의 양상	특징과 기능	성격
남녀부부관계	섹스-사랑관계	혼돈(시작-끝)	신화가 아닌 생물의 결합이다
부모자식관계	질서-권력관계	문화-사회체계	문명은 가부장사회이다
모자관계	번식-희생관계	생명재생산	자연은 모계사회이다

섹스프리(sex-free)에서 프리섹스(free-sex)로의 여정

인간은 다른 동물에 비해 상대적으로 뇌와 성기가 큰 생물종이다. 만약 인간이 망한다면(멸종한다면) 바로 뇌와 성기 때문이거나, 혹은 둘 중에 하나 때문일 것이라고 주장하는 진화생물학자도 있다. 이상을 정리하면 직립보행–두개골 용량의 증가–성기의 크기의 확대–섹스프리(sex–free)의 연쇄관계를 읽을 수 있다.

인간의 섹스프리(sex–free)한 특징과 대뇌(大腦)가 서로 상승작용을 하여 인간으로 하여금 자유(freedom)를 상상하게 하고, 시간과 공간이라는 추상을 만들게 하고, 오늘의 과학을 만들게 하였지만 동시에 오늘날의 프리섹스(free–sex)를 만들었을지도 모른다.

결국 인간은 섹스프리에서 프리섹스 사이에 있다. 그런데 인간의 욕망이 무한대이기 때문에 도리어 욕망을 제어하는 금욕을 생각할 수 있는 게 인간의 대뇌이다. 종교의 금욕이라는 것도 실은 섹스프리(sex–free)한 특징에서 반전·비약하였을지도 모른다. 말하자면 욕망과 대뇌가 서로 길항작용을 할 수도 있다.

다시 말하지만 프리(free)라는 것은 자유(自由, freedom)가 될 수도 있고, 동시에 무(無)가 될 수도 있다. 서양에서는 무(無)보다는 무한대(無限大)라는 개념(개념–실체)을 좋아하는데 무한대와 무는 서로 다를 것 같지만, 같은 뿌리에서 나온 것이다. '무한대'는 '무'의 현상학이다. 이는 '시간(時間)'이 '시(時)'의 현상학인 것과 같다.

인간은 사물로의 환원을 거부하는 존재이다. 인간은 의식의 동물인 대자적 존재이다. 따라서 의식이 없는 즉자적 사물화를 끝없이 거부하는 존재이다. 이는 샤르트르의 실존주의적 존재론에 의해 크게 거론된 바 있다.

한편 인간은 섹스의 자유 혹은 섹스프리를 즐기면서 종국에는 사물화인 죽음에 저항하는 수단으로 추상 혹은 추상–기계를 만들어 저항해 왔는지도 모른다. 그 추상 가운데는 종교적(초월적) 천국과 극락도 있다.

아무튼 인간은 대뇌의 도움을 받아 자연을 물리적(기계적) 우주로 바꾸어 놓고 끝없는 우주정복에 나섰다. 인간은 두 가지 초월, 종교적·과학적 초월을 도모해온 셈이다. 이는 물론 언어가 전제되지 않으면 안 된다.

인간은 자연의 존재적 불연속(엄격하게 말하면 불연속도 연속도 아닌데 자아의 연속을 위해서 불연속이라고 한다)을 자아의 연속(이것은 인위적 연속이다)으로 바꾼 동물이다. 말하자면 생물학적 불연속과 존재적 느낌을 문화적 의식과 시공간적 연장을 통해서 연속으로 바꾼 동물이다. 그 의식이 이성이고 권력이고 과학인 것이다.

기독교 성경은 역설적으로 인간의 종말을 종말론으로 극적으로 보여준다. 종말론에서 구원론을 제기한 것은 대뇌의 초월적 사고의 합리화였으니 '성의 원죄적 성격'과 원죄로 인한 '분별식의 발생'을 연결한 것은 참으로 인간의 철저한 자기반성이라고 하지 않을 수 없다.

성경은 분명히 인간의 '성적 능력'과 '대뇌 분별식'의 상관관계를 드러내고 있다.

"그러자 뱀이 여자를 꾀었다. 절대로 죽지 않는다. 그 나무 열매를 따먹기만 하면 너희의 눈이 밝아져서 하느님처럼 선과 악을 알게 될 줄을 하나님이 아시고 그렇게 말하신 것이다. 여자가 그 나무를 쳐다보니 과연 먹음직하고 보기에 탐스러울뿐더러 사람을 영리하게 해 줄 것 같아서 그 열매를 따 먹고 같이 사는 남편에게도 따 주었다. 남편도 받아먹었다. 그러자 그 두 사람은 눈이 밝아져 자기들이 알몸인 것을 알고 무화과나무 잎을 엮어 앞을 가렸다."(국제가톨릭 성서공회 공동번역성서 3: 4~7)

"야훼 하느님께서는 '이제 이 사람이 우리들처럼 선과 악을 알게 되었으니, 손을 내밀어 생명나무 열매까지 따먹고 끝없이 살게 되어서는 안 되겠다'고 생각하시고 에덴동산에서 내쫓으시었다. 그리고 땅에서 나왔으므로 땅을 갈아 농사를 짓게 하셨다."(국제 가톨릭 성서공회 공동번역성서

3: 22~23)

성경은 적어도 인간의 원죄와 이로 인한 종말을 예언하고 있다. 성(性)과 대뇌(大腦), 그리고 종말(終末)의 커넥션을 연결시키고 있다. 성경은 참으로 천지창조와 종말을 다루는 인간중심의 경전이라고 말할 수 있다.[11]

	sex-free에서 free-sex까지	
sex와 free (현상학적 전개)	제한(制限) 없는 섹스	욕망의 무한대
	금욕주의(asceticism)	섹스 억제, 섹스 無(not, nothing)
	자유(自由, freedom)	자유라는 개념의 형성
	무(無, nothingless)	동양적 무(無)사상의 탄생
	권력(power)	섹스의 변형, 다양한 권력의 의지

sex-free가 금욕주의를 만들어내는 것은 매우 역설적이다. 금욕주의야말로 광기이고 역설이다. 역설이야말로 인간의 철학적 특징이다. 금욕주의에 대한 베르그송의 설명을 보자. 베르그송은 금욕주의도 광란의 일종으로 보고 있다.

"인간은 자연적 사회적 존재이면서 동시에 정신적인 존재다. 〈물질적 향락의 광란〉은 본능과 지능에 의하여 싹이 튼다. 그러나 〈금욕주의의 광란〉은 정신적 존재로서 인간이 지니고 있는 직관, 공평무사해서 이해관계를 초월하고자 하는 신비주의적 직관과 밀접한 관계를 지니고 있다. 이 〈금욕주의적 광란〉이란 개념은 이 세상에 오로지 금욕적 생활밖에 없고 다른 세속적 생활방식을 극도로 부정하는 정신적 태도의 극단

11 박정진, 『일반성의 철학과 포노로지』, 소나무, 2014, 588~589쪽 재수록.

성을 뜻한다."[12]

그러나 sex-free가 자유(freedom)를 만들어내는 것은 금욕주의를 만들어내는 것보다는 자연스럽다. 제한이 없어진다는 것은 바로 자유와 통하기 때문이다. sex-free가 'sex'라는 개념을 떼어버리고 '무'(無, nothing)라는 개념을 만들어내는 것은 무한대적 욕망의 현상학적인 결과이다. 욕망은 허무함을 알게 하고, 허무함이야말로 욕망의 인간으로 하여금 무(無)를 깨닫게 하는 첩경이기 때문이다.

욕망의 무는 '유(有)의 무(無)'이지만 인간은 여기서도 역설적 권능을 발휘하여 새로운 의미의 정반대의 '무'(無, nothingless), '불교적 무'를 발견해낸다. 그런 점에서 불교적 무도 현상학과 무관한 것은 아니다. 현상학이야말로 존재론과 음양상생의 관계에 있기 때문이다. 현상이 없으면 존재를 말할 수 없고, 존재를 발견할 수도 없기 때문이다.

인간은 이상하게도 어떤 비약이나 역전을 통해 현상학적 차원에서 존재의 궁극, '보이지 않는 세계'(invisible world)에 도달하고자 하는 욕망을 갖는다. 역설적이게도 이 욕망은 욕망을 거부하는 욕망인 것이다. 이것은 금욕이면서 내적 평정(內的 平靜, la recueillement)이다. 여기서 존재론적인 차원의 무(無, nothingless)라는 개념도 만들어낸다. 이는 '무(無)의 유(有)'이다.

인간의 가족은 처음엔 자연스럽게 모계사회를 형성했다. 모계사회에서는 권력이 없었다. 그러나 부계-가부장사회가 되면서 남자는 권력을 가지게 되었고, 이로부터 성(sex)에 권력의 의미가 부가되었다. 이것은 남자의 성이 권력이라는 의미였다.

가부장사회의 도덕과 종교는 'sex-free'에서 'sex'를 악(惡)으로 규정하

---

12 김형효, 『베르그송의 철학』, 민음사, 1991, 274쪽, 1991.

고, 'free'를 신이 인간에게 준 '선악 선택의 자유(freedom)'로 탈바꿈 시키면서 지배의 원리를 만들어왔는지도 모른다. 이를 위해서 여성을 '원죄의 주인공', 혹은 '타락할 위험이 많은 존재'로, 마녀사냥의 희생양으로 만들면서 남자의 소유물로 전락시켰다. 이것이 지배의 논리였다.

자연의 인간은 선하다. 그러나 문명의 인간은 악하다. 그래서 인간은 선하면서 동시에 악한 이중적 존재이다. 자연을 악으로 본 것은 인간의 자기투사에 지나지 않는다. 악은 소유 혹은 지배와 관련이 있을 수밖에 없다. 어떤 점에서 인간이 있기 이전에는 악이 없었다. 자연이 악일 수는 없는 것이다. 신체적으로 나약했던 인간은 인간보다 신체적으로 강한 포유동물을 대상으로 악을 만들어냈고, 악은 힘의 다른 말이다.

인간은 어떤 점에서는 힘 있는 악을 미워하면서도 추구(부러워)했는지도 모른다. 그런 점에서 절대적 존재인 신과 악은 이중적인 관계에 있을 수밖에 없다. 절대유일신이 있는 곳에는 반드시 악이 있다. 문명화의 과정이 바로 힘(권력)의 증대과정이었기 때문이다. 그런 점에서 신과 악과 죄는 동시에 해방되지 않으면 둘 다 해방되었다고 할 수 없다.

자연의 본능과 통하는 원초적 동사를 보면 먹다, 입다, 씹다, 조지다, 살다 등이 있다. 식욕과 성욕은 '먹다'로 대표되는 본능이라는 점에서 선후를 가릴 수 없다. '입다'는 '먹다' 다음의 본능이라는 점에서 '먹다'보다는 문화적이다. 무엇을 입는 것이 문화이다. '먹다'에서 성욕과 통하는 동사인 '씹다(씹=씨+입=씹는 행위)'와 '조지다(좆=조지는 행위)'는 '먹다'에 비해 좀 강해진 동사이다. 말하자면 권력의 의미를 더 느끼게 된다. '살다'는 '살'은 가진 존재의 존재적 사건이다. '살다'가 존재적 사건인데 비해 '알다'는 존재자적 사물이다. 그래서 언어는 정지된 사물이다.

기독교와 칸트철학은 똑같이 인간에게 '자유의지'를 줌으로써 나중에 인간에 대한 신의 지배와 정언명령을 정당화하는 한편 인간에게 원죄와 책임을 물을 수 있는 길을 열어놓게 된다. 아마도 이때의 자유의지란 바로 생물학적인 'sex-free'와 관련성이 있을 것으로 유추된다.

철학과 인류학의 만남, 인류학과 철학의 만남은 종래 철학과는 다른 면을 보여줄 가능성이 높다. 인류학은 인간의 생활을 떠나서는 철학을 하지 않기 때문이다. 그런 점에서 인류학은 철학의 가능성이다. 철학은 어쨌든 생활을 언어로 환원하는 작업이다. 그래서 언어로 결코 환원되지 않는 용어를 개발할 필요가 있다. 이는 결코 대상(언어=대상)이 되지 않는 개념이다. 그것이 바로 기(氣)라는 개념이다. 기(氣)는 서양과학에서는 에너지에 해당한다. 에너지는 인간이 사용할 수는 있지만 소유할 수는 없다.

철학은 어떤 경우에도 언어로 구성되지 않으면 안 된다. 그러나 언어로 구성된다는 것은 결코 자연을, 자연적 존재를 온전하게 설명할 수 없다. 여기에 철학의 결정적(운명적) 딜레마가 있는 것이다. 특히 사물을 지칭하기 위한 언어의 명사는 결정적으로 자연의 사물을 배반하고 만다. 명사는 사물을 정지 상태로 만들어버리기 때문이다. 언어는 명사를 통해 주체나 정체성을 정하고, 그 주체가 동사를 통해 움직이는 방식을 취한다. 그래서 주어(주부)와 동사(술부)는 구조적으로 이원화되고 만다. 예컨대 "신은 만물을 창조했다."라고 할 경우 신과 만물은 이원화된다. 신은 만물과 결코 떨어져있는 것이 아닌데도 말이다.

인간은 언어를 통해 생각한다. 그런 점에서 생각 자체가 이미 세계를 분열시키고 있는 셈이다. 이것은 인간이 사용하는 언어의 구문과 문법의 문제이다. 인간문법을 무의식의 단계에서 설명하는 변형생성문법의 경우도 주어와 목적어의 위치 바꿈이나 평서문을 의문문으로 말함으로써 의미전환을 변형생성적(變形生成的)으로 설명할 수는 있지만 자연의 생성(生成) 자체를 설명하는 것은 아니다.

자연에서는 결코 움직이는 것이 이원화되지 않는다. 따라서 이원화되는 세계의 주범은 언어임을 알 수 있다. 인간은 언어를 사용하는 '생각하는 동물'이다. 그러나 인간은 동시에 자연의 일부로서 자연의 총체성을 지니고(부여받고) 있다. 그 총체성에는 무생물에서 식물, 동물까지를 망라하고 있다. 인간은 생각하는 존재로서 '두뇌'와 자연의 총체성과 연결되는 '몸'을 동시에 가지고 있다.

이를 설명하는 것이 반인반수(半人半獸), 혹은 반신반인(半神半人), 혹은 인면수심(人面獸心) 등의 이중성의 용어이다. 인간의 이중성은 오래 전부터 이해되었던 듯하다. 그것이 제정일치시대의 신화이고, 종교이고, 정치이다. 신화와 종교는 인간의 모든 문명의 원형성(原形性), 혹은 원형상(原形象)을 내포하고 있다.

인간의 초월적 사고가 가장 잘 드러나는 것이 신(神) 혹은 천(天)이라는 용어이다. '신'과 '천'은 결국 자연(총체성)을 말하는 것이고, 그 속에는 동물, 식물, 무생물이 포함된다. 신화는 초월적 사고가 드러나는 이야기이지만 그래도 자연의 총체성에 무게를 두고 있다. 이에 비하면 종교는 진정한 초월적 사고의 시작이다.

종교의 초월적 사고는 인구증가와 더불어 그대로 정치에 반영되고, 확대과정을 거쳐 국가를 탄생시켰다. 초월적 사고는 이어 정치의 지배관념을 자연에 투사하여 결국 생태(ecology)로부터 분리된 경제(economy)와 자연과학(science)을 탄생시켰다. 결국 종교와 정치와 경제와 과학은 모두 초월적 사고의 산물이며, 그 변형이다.

진정한 초월의 신(神)은 가부장제와 더불어 시작되었다고 보는 것이 옳을 것 같다. 그 이전의 모계사회의 여신은 자연과 함께 하는 내재성의 신이었으며, 자연 그 자체인 경우가 많았다. 신이 자연으로부터 독립하여 절대성을 가진 것은 가부장사회의 요구(자연으로부터의)와 인간의 필요와 깊은 관련이 있다. 그렇게 보면 가부장제의 권력자인 남성적 특징이 초월성의 진정한 요체이다. 그 요체를 단적으로 말하면 '시각과 페니스'이다.

신(神)이라는 어원의 발생과정을 보면 애니미즘(animism)에서 샤머니즘(shamanism), 그리고 고등종교로 발전한 것 같다. 절대유일신(絶對唯一神)의 등장은 상대(相對)의 세계를 벗어난 '자연의 순간(자연을 자른 단면)'이거나 아니면 '자연 밖에 존재하는 어떤 것'이다. 이것은 존재할 수 없는, 이미 추상(抽象)의 세계이다. 인간이 보편성이라고 하는 것은 추상의 세계이고, 추상의 산물이다. 추상은 결국 기계로 통한다.

자연의 구체(具體)는 전체로서 움직이는 어떤 것이다. 그러한 점에서 자연은 총체성이다. 자연의 존재를 지칭하면 바로 존재자가 된다. 지칭하는 것은 추상의 세계이다. 인간의 언어에 의해 자연은 존재에서 존재자가 되었다. 철학의 역사는 그런 것이었다. 이런 사실이 밝혀진 것도 하이데거의 존재론의 등장 이후 최근의 일이다.

서양철학사에서 이성(理性)이란 대상(對象)과 동시에 성립되는 것이다. 주체와 대상은 같은 말이다. 그 대상은 언어에 의해서 성립되는 것이다. 만약 언어가 없었다면 자연은 결코 자연의 총체성으로부터 분리되어 대상이 되지 않았을 것이다. 그런 점에서 서양의 이성(理性)과 대상(對象)의 관계는 이분법적(二分法的)이며, 동양의 이기(理氣)의 관계와는 다른 것이다. 이기(理氣)는 양자가 함께 있으며 서로 가역하고 왕래하는 동봉적(同封的)인 것이다.

자연의 차원에서 보면 자연은 존재이고, 인간은 존재자이다. 그런데 하이데거는 인간이라는 존재자를 특별히 현존재(Dasein)라고 부른다. 이는 존재자이면서 동시에 존재를 드러내기 때문이다. 현존재라는 뜻은 '언어를 사용하는 존재'라는 뜻이라고 해도 과언이 아니다.

결국 인간의 언어 중에는 인간적인 것도 있고, 인간 이전의 것도 있다. 전자가 인간의 언어라고 할 수 있고, 후자는 자연과 교감하는 언어라고 할 수 있다. 인간은 반인반수(半人半獸), 혹은 반신반인(半神半人)으로 신화에 등장한다. 반인반수는 인간의 무의식, 잠재의식과 관련이 있는 것 같고, 반신반인은 초의식, 초월과 관련이 있는 것 같다.

언어의 초월의 문제는 바로 반신반인에서 출발하는 것 같다. 인간이 언어를 사용하면서 초월(超越: transcendence)이나 선험(先驗: transcendental, a priori)의 개념이 등장하게 된다. 초월은 공간적인 것 같고, 선험은 시간적인 것 같지만 둘은 결국 같은 것이다. 어쩌면 인간이 사물에 언어를 입히는 것 자체가 이미 초월의 출발인지도 모른다. 철학에서 현상학의 공적은 바로 초월적 이념성을 밝힌 데에 있다.

현상학을 극복하고 존재론에 도달한 하이데거조차도 인간이 존재에 도달하기 위해서는 마치 초월의 언어를 사용해야 하는 것처럼 주장하고 있는데 이는 아직 칸트적 존재로부터 완전히 탈출한 것은 아니라는 증거이다. 초월의 언어를 사용할 것이 아니라 언어를 포기(抛棄: 일종의 자포자기이다)해야 도리어 존재의 일반성에 도달할 수 있게 된다. 여기서 포기란 영원(永遠)이나 생각의 구성(構成)자체를 포기해야 함을 말한다.

이는 결국 하늘(天)이나 하늘의 태양(太陽), 남성적(이성적) 사고 자체를 포기하여야 하는 것이고, 이는 결국 서양철학이 그동안 '눈(眼)의 구성'을 통해 쌓아왔던 말의 바벨탑을 포기하여야 함을 말한다. 말의 구성이나 바벨탑을 포기하는 것은 바로 철학의 보편성을 포기하는 것을 말한다. 여기에 이르면 그동안 서양철학이라는 것이 바로 가부장제의 산물이라는 것을 알게 된다.

인류의 삶의 차원에서 보면 여자(여성성), 혹은 모계-모계사회는 존재의 역사에 해당하고, 남자(남성성), 혹은 부계-가부장사회는 존재자의 역사에 해당한다. 철학은 그동안 인간의 '생각의 산물' 혹은 '합리성의 경쟁'이었다고 보는 견해가 지배적이었다. 그러나 철학은 삶의 생태와 깊은 관련성을 가진, 예컨대 가부장사회나 모계사회와 같은 사회제도와 상호관련성 속에 성립되었다는 것을 인정할 필요가 있다. 여기에 철학인류학의 영역이 새롭게 등장한다.

인간의 삶은 인구증가와 더불어 결국 문명사회의 대부분이 부계-가부장사회로 되는데 이것이 제국의 역사이다. 제국의 역사에서 작은 나라 혹은 여성적 특성의 나라, 평화지향적인 나라는 결국 멸망하거나 사대(事大)국가나 종속(從屬)국가로 살아가지 않으면 안 된다.

역사의 차원에서 보면 인간의 역사는 자연을 인간에게 귀속시킨다. 이는 역사(시간)에서 존재가 현존재에 귀속되는 것과 같다. 여자는 가부장사회-국가사회에서는 남자에게 귀속된다. 나아가서 피정복국가는 정복국가 혹은 제국에게 귀속된다. 역사철학과 남성은 자연과 여성을 소유한다.

결혼의 차원에서 보면 여자-모계사회는 공유적(共有的) 존재(비소유적 존재)·공유적 사회인데 반해 남자-부계사회의 경우 소유적(所有的) 존재·소유적 사회가 되고 '결혼=여자의 교환'이라는 특성을 보인다. 공유적 사회는 재생산을 높이 평가하지만, 소유적 사회에서는 생산을 재생산보다 높게 평가한다.

일상생활의 차원에서 보면 존재의 사회는 자연에 가까운 생태적응(자연의 선물, 교환)의 사회인데 반해 존재자의 사회는 문명에 가까운 경제생활(노동, 경제행위)의 사회가 된다.

이를 좀 더 기계화된 사회를 기준으로 기계와 자연의 차원에서 보면 존재의 사회는 자연의 재생산(약육강식, 축제)을 중심한 사회이고, 존재자의 사회는 기계적 생산(능률, 노동)을 중심한 사회이다. 전자는 원주민사회를 말하고 후자는 문명사회, 가부장사회를 말한다.

철학은 언어의 놀이이다. 철학의 존재론은 철학적 용어가 존재론의 레벨에서는 놀이적 성격이 있음을 밝혀냈다. 존재론적 사건은 바로 드러남과 감춤의 유희이다. 이는 비대칭적 대립이 아니라 대칭적 대립이기 때문이다.

"하이데거의 대립은 동일한 존재 안에서 벌어지는 존재방식의 차이를 뜻한다. 따라서 드러난 것은 다시 감추어질 수 있고 감추어진 것은 또다시 드러날 수 있다. 이런 의미에서 하이데거는 '대립'이라는 개념을 탈취, 투쟁 혹은 유희라는 개념을 통해 해명하고 있다. 하이데거의 경우 드러남과 감춤의 투쟁은 윤리적, 현실적 심각성이 아니라 유희라는 특징을 띤다. 그에 의하면 존재의 진리는 비진리의 반대가 아니다. 오히려 진리는 옳음/틀림이라는 전통적 구분을 벗어난다. 하이데거의 경우 존재의 개방성 혹은 존재에 개방적으로 들어섬이란 표현은 반드시 밝은 빛 안에 들어서는 것을 뜻하지는 않는다. 왜냐하면 그의 경우 어두움 자체가 곧바로 빛의 대립 개념은 아니기 때문이다."[13]

철학은 언어의 메타포를 메토니미(개념메타포)로 만들어 개념화함으로써 세계를 재구성하는 것이다. 시(詩)의 메타포는 존재론적으로 말하면 존재론적 메타포이고, 메토니미는 존재자적 메타포가 된다. 메타포는 세계를 여러 층으로 겹치게 하면서 의미전환을 통해 세계의 총체성을 보여주는 것인데 이를 메토니미(개념)로 바꾼 것이 철학이라는 것이다. 존재론은 메토니미로 바뀐 철학에게 다시 메타포를 돌려주는 철학이다.

메토니미(존재자)가 된 철학적 언어를 메타포(존재)로 돌리는 근본적인

---

13 최상욱, 『하이데거와 여성적 진리』, 철학과 현실사, 2006, 417쪽.

힘은 어디서 오는 것일까. 그것을 필자는 기(氣)에서 찾고 있다. 기(氣)는 사물(事物, Thing)과는 다르다. 사물이 인간의 시각적 대상이 된 것이고, 기(氣)는 결코 대상이 되지 않는 사물이다. 이러한 기(氣)를 부연 설명하면 결코 정지하지 않는 것이고, 결코 자를 수 없는 것이고, 결코 계사할 수 없는 것이다. 기(氣)는 일반성의 철학을 가능하게 한, 개념 아닌 개념인 것이다.

이성중심주의 철학은 세계를 이성(理性)로 환원시킴으로써 이기(理氣)의 상호작용을 차단하고 기(氣)를 세계 속에 깊숙한 곳에 은폐(은적)시켰다. 그런데 존재론이 그것을 끄집어낸 것이다. 서양철학에는 기(氣)라는 개념이 없다. 그래서 칸트는 '사물 자체'(Thing itself)라고 했고, 하이데거는 '존재'(Being)라고 했다. 그런데 동양의 기(氣)라는 개념과 '사물 자체' '존재'는 좀 다르다.

서양철학의 '사물 자체', '존재'라는 개념에는 사물을 대상(물질)으로 보는 선입견이 있다. 그래서 그것을 대신하는 용어로 '그것'(It)라는 3인칭 단수 지시대명사를 쓴다. 예컨대 "Es gibt(there is)" "Ding an sich(Thing in itself)"라고 말한다. 정확하게 말하면 "Es gibt"는 "there is"와도 다른, 사태 자체(gibt에는 자연의 선물의 개념이 포함되어 있다)를 강조하고 있다. 이는 존재자적 지평에서 존재론적 지평으로 되돌아감을 의미한다. 그러나 '그것(It)'에는 아직 사물(Thing)의 흔적이 있다.

그러나 동양의 기(氣)라는 개념에는 살아있는 '근본적인 움직임(운동)'이 있다. 그 운동이 바로 기(氣)라는 파동(입자가 아니라)이다. 동양의 기(氣)라는 개념에는 사물(Thing, Object)의 개념이 없다. 동양의 기(氣)에는 본질적으로 양기(陽氣)와 음기(陰氣)가 있다. 이는 마치 전기(電氣)의 운동에 비유할 수 있다. 세계에는 보이지 않는 플러그가 있어서 음양전기를 통하게 한다. 이것은 차라리 네트워크(Network) 혹은 연결망(網: Web)이다. 네트워크와 망(Web)은 차라리 원주민사회의 우리(We)라는 개념과 통한다.

양기와 음기는 서로 유희나 놀이를 하고 있다. 기(氣)철학적 세계는 세계를 파동의 세계로 만든다. 일반성의 철학이 기(氣)철학을 토대로 하는 것은 이 때문이다. 물리화학의 전기(電氣)를 인문철학으로 말하면 바로 파동(波動), 음파(音波), 즉 '소리철학'인 것이다.

결국 철학과 삶이 놀이가 되는 것은 기(氣)가 파동(波動)이기 때문이다. 세계는 처음부터 놀이의 세계이고, 축제의 세계이다. 인간은 상상의 공간에 삶의 시간을 그리면서(흩뿌리면서) 살아가는 '놀이의 존재'이다. 그 놀이의 종목만 다를 따름이다. 존재의 실재는 바로 인간의 의지와 관계없는 놀이인지도 모른다. 심하게는 축제도 삶의 놀이이고, 섹스도 양성생물의 등장 이후에 벌어지는 생물의 질펀한 놀이이다.

이성(理性)은 노동과 같은 것이고, 노동은 이성(理性)과 같은 것이다. 이에 비해 축제는 놀이와 같은 것이고, 놀이는 축제이다. 일상의 놀이는 일상의 축제이다. 놀이하는 순간 인간은 축제로 들어가는 것이다. 인간은 본능적으로 놀이의 존재이다.

인간이 노동을 싫어하는 것은 바로 창조적 존재이기 때문이다. 창조적이라는 말의 진정한 의미는 놀이라는 개념 속에 있다. 노동은 인간의 의식과 관련이 있고, 축제와 놀이는 인간의 무의식과 관련이 있다. 그런 점에서 놀이와 축제 속에서 이루어지는 일(노동)이야말로 가장 바람직한 일이고 노동이다.

인류의 축제에서 주인과 노예가 서로 뒤바뀌는 것이 광범위하게 허용되고 일상의 얼굴이 아닌 가면이 허용됨으로써 삶의 노동에서 오는 스트레스와 피로를 풀게 하고 재창조(recreation)하는 힘(에너지)를 되찾게 하는 것은 바로 '놀이의 인간'을 이해하는 단초가 된다.

인간의 성행위가 자손을 재생산하는 메커니즘에서 벗어나 놀이와 쾌락의 수단이 되는 것은 바로 놀이의 인간을 이해하지 않고서는 도저히 설명할 수 없을 것이다. 이것을 윤리적인 잣대로, 선악(善惡)으로 재단하여서는 결코 해결할 수 없을 것이다. 선악은 인간이 만든 것이기 때문에 절대적인 기준이 될 수 없을 뿐만 아니라 인간은 선과 악을 왕래하는 존재일 뿐이다.

선악(善惡)과 진위(眞僞)와 미추(美醜)는 절대적인 것이 아니고, 상대적인 것이며, 인간의 자기중심주의를 나타내는 것에 불과하다. 그러나 인류의 각 문화권의 구성원들은 문화권별로 기준을 마련하여 매우 상황적으로(contextually) 진선미(眞善美)의 도덕질서(text)를 잡아간다.

주인과 노예의 역설적 상황과 뒤바꿈이야말로 삶의 딜레마가 아니라 삶의 숨구멍이며, 기운생동으로의 길로 나아가는 것이다. 인류의 수많은 축제와 놀이는 바로 삶의 보수적 질서와 절대성에 대항하는 인간의 놀이 의식의 소산이다.

헤겔은 그의 주저 『정신현상학』 '주인과 노예의 변증법'에서 주인과 노예의 역설적인 상황을 연출한다. 그 까닭은 인간의 의식은 본래부터 '자기의식'이기 때문이다.

"자기의식으로서의 인간은 다른 자기의식을 필요로 하지만 동시에 그를 철저하게 배척해야 한다. 왜냐하면 인간은 누구나 자신이 자유롭기를 원하기 때문이다. 인간은 다른 누군가를 필요로 한다는 점에서 그에게 종속될 수밖에 없지만, 동시에 그로부터 완전하게 벗어나기를 바라는 것, 이것이 본래부터 인간이 처한 역설적인 상황인 것이다. 헤겔이 보기에 인간의 자기의식은 바로 이와 같은 딜레마에 빠져 있다."[14]

"헤겔은 인간이 이러한 딜레마 상황에서 빠져나올 수 있는 극단적인

---

14 박영욱, 『데리다 & 들뢰즈, 의미와 무의미의 경계에서』, 김영사, 2009, 137~138쪽.

방법을 두 가지로 가정한다. 다른 자기의식을 완전히 무시하든지, 아니면 자신을 무시하든지 하는 것이다. (중략) 헤겔은 전자의 유형에 해당하는 인간을 주인이라고 부르며, 후자에 해당하는 인간을 노예라고 부른다. (중략) 주인과 노예는 이미 갈등의 관계인데, 누가 주인이 되고 노예가 되는 지는 어느 누가 더 주인이 되고자 하는 강력한 의지를 지니는가에 의해 결정된다. (중략) 자신의 죽음까지도 불사하는 사람이 주인이 되는 것이다. 반면 죽음 앞에 공포를 느끼고 타협하는 인간은 노예가 된다."[15]

그런데 헤겔의 '주인과 노예의 변증법'에서 주인이 승리하고 노예가 실패하는 것이 아니다.

"노예는 주인과의 싸움에서 졌지만, 죽음을 자각함으로서 자신의 현존재를 넘어서고자 한다. 그리하여 노예는 주인보다 더 우월한 위치에 설 수 있게 된다. 이에 반해 주인은 자신의 죽음을 절대 부정했으므로 죽음에 대한 공포를 느낄 가능성을 상실했다. 그는 이제 자신이 하고 싶은 모든 것을 노예에게 명령하기만 하면 된다. 하지만 이렇게 노예에게 모든 것을 명령하기만 하면 된다는 점에서 주인은 노예 없이는 못 사는 존재가 되며 노예에 의존하는 존재가 된다. 약간 빗나간 예가 될 수 있지만, 가부장사회에서는 남자가 여자보다 훨씬 더 의존적이라는 역설이 나타난다."[16]

주인과 노예의 변증법에서 전도 현상은 헤겔철학의 정수이다. 그러나 헤겔철학이 노예의 편에 서는 것이야말로 이성주의의 엄숙주의나 경제주의와 과학주의에 빠지게 된다.

---

15 박영욱, 같은 책, 138~139쪽.

16 박영욱, 같은 책, 139쪽.

"헤겔의 철학은 죽음을 비웃는 주인의 태도를 비난하며, 노예의 자각에서 진정한 삶의 모습을 찾는다. 노예는 죽음에 대한 두려움을 느끼고 그 대가로 노동을 해야 하지만, 노예의 무(無)에 대한 자각과 노동을 통한 끊임없는 자기개발과 변화야말로 궁극적인 인간적 삶의 모습이라는 것이다. 바타유는 이러한 헤겔철학을 '진지함'의 철학이며, '경제적인 철학'이라고 표현했다."[17]

헤겔철학에 대해 '일반경제학'(l'économie générale)을 주장하는 바타유(Georges Bataille, 1897~1962)는 헤겔의 반대 입장에 선다. 바타유와 같은 편에 있는 데리다는 헤겔의 입장을 '제한경제학'(l'economie restreinte)이라고 부른다.

"바타유는 헤겔의 철학이 궁극적으로 체계나 의미에 포섭되지 않는 무의미한 찌꺼기를 무조건 거부하는 철저하게 경제적인 철학이라고 비난한다. (중략) 비경제적인 것, 혹은 무의미한 것이 인간의 삶을 더욱 풍요롭게 만들 수 있다는 생각이 깔려 있다. 사실, 인간의 삶은 헤겔의 철학적인 기대와는 달리 '무의미한 찌꺼기'들로 가득 차 있다. (중략) 낭비로 이루어진 것이 바로 삶인 것이다. (중략) 바타유는 진짜 경제적인 것이란 오히려 낭비하는 데 있다고 본다. 왜냐하면 인간 행동의 궁극적인 목표는 행복해지는 것이며, 행복은 어떠한 방식으로든 자신의 에너지를 방출시키는 행위와 관련이 있기 때문이다. (중략) 헤겔이 가장 소박하고 유치한 상태로 간주했던 바로 '지금 여기'에서부터 즐거움이 존재하는 것이다. (중략) 바타유는 이러한 비경제적인 모델의 경제학을 오히려 '일반경제학'(l'économie générale)이라고 부른다."[18]

---

17 박영욱, 같은 책, 140쪽.

18 박영욱, 같은 책, 142쪽.

지금까지 웃음과 놀이는 철학에서 다루기보다는 예술이나 오락 및 예능에서 다루어온 분야이다. 고도의 복잡다단한 철학도 실은 철학자 자신의 언어로 게임을 하는 '언어의 놀이'이다.

바타유는 '무지(無知)의 철학'(philosophy of non-savoir: philosophy of non-knowing)을 주장하여 '애지(愛知)(philosophy)'의 철학을 완전히 역전시킨 인물이다. 데리다에게 크게 영향을 끼친 프랑스 철학자 바타유는 하이데거처럼 죽음을 삶에서 가장 본질적인 것처럼 보지도 않고, 헤겔처럼 노동을 통해 극복해야 할 심오한 것으로 보지 않는다.

바타유는 고대의 제사와 성교의 공통점에 대해 이렇게 말한다.

"제사는 의도적 위반이며 자기에 희생당하는 존재의 돌연한 변화를 지켜보기 위한 고의적 행위이다. 존재가 죽음을 맞는다. 그는 죽기 전까지는 개체성에 갇혀 있다. (중략) 그의 존재는 아직은 불연속적인 것이다. 그런데 죽음에 의해 그는 돌연 존재의 연속성에 이르며, 그의 개별성은 사라진다. 이 난폭한 행동은 제물의 한계 특성을 빼앗아가는 대신 그에게 무한정, 영원을 부여해서 그가 신성의 세계에 돌입하도록 하는데, 자 이 격렬한 행동을 어떻게 의도된 행위가 아니라고 말할 수 있겠는가."[19]

바타유는 제사에 이어 성교도 같은 관점으로 바라본다.

"욕망하는 대상(희생물)의 옷을 벗기고, 그 안에 깊숙이 파고 들어가고 싶은 사람의 행위가 의도적인 것이듯이 위의 행위도 의도적인 것이다. 피의 제사장이 제물로서의 인간 또는 동물을 해체시키듯이 사랑하는 남자는 사랑의 대상인 여자를 해체시킨다. 여자는 그녀를 덮치는 남자의 손아귀에 그녀의 존재를 빼앗긴다. 여자는 타인과 거리를 두고 지키

---

19 조르주 바타유, 『에로티즘』, 조한정 옮김, 민음사, 2006, 102~103쪽.

던 그녀의 단단한 요새가 일단 무너지면 수치심도 잃는다. 그녀는 갑자기 생식 기관에서 터져 나오는 성적 유희에 몸을 맡기며, 마구 파고들어 그녀를 넘치게 하는 비인격적 폭력에 그녀를 연다."[20]

희생물을 바치는 제사에서 삶의 절정과 경건을 동시에 느끼는 것과 섹스의 절정에서 폭력과 죽음을 연상하는 것은 왜일까. 섹스를 통해 삶의 절정과 죽음, 즉 생멸이 함께 있는 것을 느끼는 것은 일상적 공간이 아니라 일탈의 공간이다. 일상의 공간에서는 대립되고 구별되는 것이 제사에 섹스에서는 대칭으로 함께 있다. 삶과 죽음은 이중성이고 애매모호하고, 가역적이다.

"애정행위와 제사가 드러내는 것은 육신이다. 제사는 동물의 질서 잡힌 삶 대신 기관들의 맹목적 충동을 들어서게 한다. 성적 발작도 마찬가지다. 성적 발작은 성기를 팽창시키며, 맹목적인 유희는 마침내 연인들의 의지를 초월한다. 성찰의 의지 대신 피로 부푼 기관의 동물적 충동이 자리 잡는다. 이성으로는 도저히 억제할 수 없는 폭력은 성기를 자극하여 폭발 직전까지 몰아가며, 그러다가 갑자기 희열이 오고, 폭풍우는 극복된다. 의지가 자리를 비우면 육신의 충동은 한계를 넘는다. 육신은 예의의 규칙과는 대립된 과잉으로 우리 안에 있다. 육신은 기독교적 금기에 사로잡힌 사람들의 타고난 적인데, 그러나 시간과 장소에 따라 다른 형태로 성적 자유를 억압하는 막연하면서도 보편적인 어떤 금기가 있다면, 내 생각에, 육신은 위협받는 그 자유의 회귀를 구현한다."[21]

죽기 직전까지 죽음은 가상(假想)일 뿐이다. 죽음은 시간의 과거와 미래의 연상 작용에 의한 것이다. 살아있는 어떤 사람도 죽음을 경험하지

---

20 조르주 바타유, 같은 책, 조한정 옮김, 103쪽.

21 조르주 바타유, 같은 책, 조한정 옮김, 105쪽.

못했다. 죽음은 경험의 대상이 아니다. 삶과 죽음은 연속이 아니라 불연속이다. 바로 불연속이기 때문에 모든 종교들은 그것을 연속시키기 위해 온갖 경전적(經典的) 노력을 기울인다.

"죽음은 죽음일 뿐이고, 삶에 대한 절대적 부정이며, 어찌 보면 무의미다. 하지만 바로 그러한 이유에서 죽음은 철저한 위반이며, 의미체계의 프레임으로부터 벗어날 수 있는 가장 극적인 행위인 셈이다. 바타유는 죽음을 가장 무의미한 낭비로 본다. 그렇기 때문에 죽음은 일반경제학 최고의 행위다. 사실 죽음 자체는 변증법이니 체계니 의미니 하는 모든 것들을 궁극적으로 초월하고 있기 때문이다."[22]

존재의 사회에서는 자연적 재생산과 축제로서 생활을 영위해 나가는데 반해 존재자의 사회에서는 이제 기계적 생산과 능률로 생활을 영위해나가게 된다.

이상을 바타유 식의 일반경제학의 눈으로 보면, 존재의 편에서는 생태균형(먹이연쇄, 충분한 음식)을 이루는 일반경제인데 반해 존재자의 편에서는 수지균형(收支均衡: 공급과 수요, 가격의 결정, 시장)으로 대변되는 제한경제가 된다.

인간의 종교의식(儀式)과 초월의식(意識)은 성행위의 변형이거나 재현일 가능성이 높다. 여성의 성기야말로 무(無)이고 무의식(無意識)이고, 무위자연(無爲自然)의 상징이고 자연으로 돌아가는 '출구이자 입구'이다. 이에 비해 남성의 성기는 유(有)이고 유의식(有意識)이고 인위(人爲)이다.

인간의 삶은 여러 차원(level)에서 볼 수 있다. 여러 차원을 편의상 존재와 존재자로 구분하면 아래의 표와 같다.

---

22 박영욱, 같은 책, 143쪽.

이(理)/ 기(氣)	이(理):보편성의 철학 언어/이성(理性)/사물/대상(對象)	기(氣): 일반성의 철학 기운생동(氣運生動)/운동성/파동/음파
존재자/ 존재	존재자(언어): 남자(Man)는 지각 (sense-perception)하고 산다	존재(신체): 여자(nature)는 센스(sense) 하고 산다
자연/문명	인간(현존재: 언어를 사용하는 존재), 문명(陽, 一, 陽陰)	자연은 존재이며 음이다. 자연(陰,—, 陰陽)
인류의 삶/ 가족-사회	남자(남성성) 부계-가부장제	여자(여성성) 모계-모계사회
역사	제국(帝國)	한국(약소국, 피정복국, 피식민국)
인류문명의 공통적 특징	존재는 현존재(인간)에 귀속된다. 남자는 여자를 소유한다(소유의 징표: 반지, 목걸이). 정복국가는 피정복국가를 소유한다(국가-제국의 등장).	
결혼	소유적 존재(여자의 교환)-소유적 사회/남자는 생산을 한다.	공유적 존재(비소유적)-공유적 사회/ 여자는 재생산을 한다.
일상생활	경제생활(노동, 경제행위)	생태적응(자연의 선물, 교환)
기계/자연	기계적 생산(능률, 노동)	자연적 재생산(약육강식, 축제)
경제	수지균형(제한경제학)	생태균형(일반경제학)

여자는 센스(sense)하고, 남자는 지각(sense-perception)한다. 센스 하는 여자는 존재적 삶을 살고, 지각하는 남자는 존재자적 앎을 산다. 지각의 최종 결론이 기계라면 지각하지 않고 센스 하는 여성이 좋다. 남성(man)은 인간(Man)을 대표한다고 거들먹거리지만 여성보다 지혜롭지 못하다. 여성은 자연(nature)의 상속자이고, 자연을 닮았기 때문에 지혜롭다.

인간이 그동안 무시해온, 본능적으로 사는 동물은 존재적으로 살고, 동물을 무시한 인간은 환상(가상실재)을 가지고 존재자적으로 살았다. 환상(상상력)은 인간의 힘이지만, 만약 인간이 '자연의 도착적 존재'에 지나지 않는다면 인간의 미래는 없다.

인간이 선하다는 말은 인간에게 긍지를 심어주기 위한, 따라서 남(나외의 모든 것)을 적과 악으로 몰아가는 전형적인 공격수법에 지나지 않는다면 인간의 미래는 보장할 수 없다. 도덕과 보편성이라는 것이 '도덕의 안' '보편성의 안'을 정당화하고, '도덕의 밖' '보편성의 밖'을 지배하기 위한 것이라면 더 이상 인간은 구제받을 수 없다.

사랑(섹스)이라는 것도 그렇다. 사랑의 소유인가, 소유의 사랑인가. 인간은 소유함으로써 사랑하는가, 사랑함으로써 소유하는가. 인간을 멸종시키지 않기 위해서는 소유함으로써 사랑하는 것이 아니라 사랑함으로써 소유하는 것이 필요하고, 나아가서 사랑하고 소유하지 않는 사랑이 필요하다. 그런데 그것이 필요로서 얻어지는 것이 아닌 것이 문제이다.

전쟁(경쟁)의 사랑인가, 사랑의 전쟁인가. 인간은 전쟁함으로서 사랑하는가, 사랑함으로서 전쟁하는가. 인간을 멸종시키지 않기 위해서는 전쟁함으로써 사랑하는 것이 아니라 사랑함으로써 전쟁하는 것이 필요하고, 나아가서 사랑하고 전쟁하지 않는 사랑이 필요하다. 전쟁이 없는 인류사회는 불가능한 것인가.

인간은 이제 '너무나 인간적인, 인간적인 존재'가 되어서는 안 된다. 인간은 '본래존재', '자연적 존재'가 되어야 한다. 인간을 멸종시키지 않으려면, 인간의 자궁이고 이웃인 자연을 회복해야 한다. 인간의 마지막이 '기계인간'이라면 이보다 더한 문명적 위기와 불행과 허무는 없다. 참으로 허무주의에 빠질 만하다.

철학의 '현상학'에서 삶의 '상징학'으로 인간은 넘어가지 않으면 안 된다. 또한 상징학은 기운생동 하는 우주의 징조(徵兆, 徵候)에 불과하다. 즉 현상(現象)에서 상징(象徵)으로, 상징에서 징조(徵兆)로 나아가는 것이 본래존재인 자연을 회복하는 길이다.

흔히 우리는 인간의 신체를 육체라고 한다. 육체라고 하는 것은 정신의 대상으로서 규정된 존재를 말한다. 현상학의 결론에 의하면 '정신-육체(물질)'은 한 세트이다. 그런 점에서 육체라는 말보다는 신체라고 하는 편이 옳다. 신체는 '몸'을 의미하고, '몸'은 '마음'과 하나(몸)이다. 그런 점에서 우주는 몸이다.

신체야말로 생명을 지니고 있는 본래존재가 아닌가. 그동안 우리는 종교적 엄숙주의에 의해 신체를 육체라고 명명하면서 등한시하거나 비하했다. 육체라는 말에는 이미 정신에 주인(주체)의 자리를 내주는 것이 전제되어 있다. 우주의 진정한 실재는 몸이다.

한국인은 길을 떠나는 가족과 친지에게 "항상 몸조심해라."라고 당부한다. 또 '몸 성히 돌아오기'를 기도한다. 이보다 더 소박하고 실재적인 철학, 삶의 철학이 어디에 있겠는가. 우주는 '몸의 집'이다.

◇心中 朴正鎭선생 주요 저서·시집 목록

ㅇ저서(47권)

〈한국문화 심정문화〉(90년 미래문화사)

〈무당시대의 문화무당〉(90년, 지식산업사)

〈사람이 되고자 하는 신들〉(90년, 문학아카데미)

〈한국문화와 예술인류학〉(92년, 미래문화사)

〈잃어버린 仙脈을 찾아서〉(92년, 일빛출판사)

〈선도와 증산교〉(92년, 일빛출판사)

〈천지인 사상으로 본―서울올림픽〉(92년, 아카데미서적)

〈아직도 사대주의에〉(94년, 전통문화연구회)

〈발가벗고 춤추는 기자〉(98년, 도서출판 화담)

〈어릿광대의 나라 한국〉(98년, 도서출판 화담)

〈단군은 이렇게 말했다〉(98년, 도서출판 화담)

〈생각을 벗어야 살맛이 난다〉(99년, 책섬)

〈여자의 아이를 키우는 남자〉(2000년, 불교춘추사)

〈도올 김용옥〉(전 2권)(2001년, 불교춘추사)

〈정범태(열화당 사진문고)〉(2003, 열화당)

〈붉은 악마와 한국문화〉(2004년, 세진사)

〈미친 시인의 사회, 죽은 귀신의 사회〉(2004년, 신세림)

〈대한민국, 지랄하고 놀고 자빠졌네〉(2005년 서울언론인클럽)

〈여자〉(2006년, 신세림)

〈불교인류학〉(2007년, 불교춘추사)

〈종교인류학〉(2007년 불교춘추사)

〈玄妙經-女子〉(2007년, 신세림)

〈성(性)인류학〉(2010, 이담)

〈예술인류학, 예술의 인류학〉(2010, 이담)

〈예술인류학으로 본 풍류도〉(2010, 이담)

〈단군신화에 대한 신연구〉(2010, 한국학술정보)

〈굿으로 보는 백남준 비디오아트 읽기〉(2010, 한국학술정보)

〈박정희의 실상, 이영희의 허상〉(이담북스, 2011)

〈철학의 선물, 선물의 철학〉(2012, 소나무)

〈소리의 철학, 포노로지〉(2012, 소나무)

〈빛의 철학, 소리철학〉(2013, 소나무)

〈니체야 놀자〉(2013, 소나무)

〈일반성의 철학, 포노로지〉(2014, 소나무)

〈지구 어머니, 마고〉(2014, 마고북스)

〈니체, 동양에서 완성되다〉(2015, 소나무)

〈메시아는 더 이상 오지 않는다〉(2014, 미래문화사)

〈메시아는 더 이상 오지 않는다(개정증보판)〉(2016, 행복한에너지)

〈평화는 동방으로부터〉(2016, 행복한에너지)

〈평화의 여정으로 본 한국문화〉(2016, 행복한에너지)

〈다선(茶仙) 매월당(梅月堂)〉(2016, 차의 세계)

○ 전자책(e−북) 저서

〈세습당골-명인, 명창, 명무〉(2000년, 바로북닷컴)

〈문화의 주체화와 세계화〉(2000년, 바로북닷컴)

〈문화의 세기, 문화전쟁〉(2000년, 바로북닷컴)

〈오래 사는 법, 죽지 않는 법〉(2000년, 바로북닷컴)

〈마키아벨리스트 박정희〉(2000년, 바로북닷컴)

〈붓을 칼처럼 쓰며〉(2000년, 바로북닷컴)

○ 시집(10권, 1000여 편)

〈해원상생, 해원상생〉(90년, 지식산업사)

〈시를 파는 가게〉(94년, 고려원)

〈대모산〉(2004년, 신세림)

〈먼지, 아니 빛깔, 아니 허공〉(2004년, 신세림)

〈청계천〉(2004년, 신세림〉

〈독도〉(2007년, 신세림〉

〈한강교향시〉(2008년, 신세림)

전자책(e–북) 시집:

한강은 바다다(2000년, 바로북닷컴)

바람난 꽃(2000년, 바로북닷컴)

앵무새 왕국(2000년, 바로북닷컴)

○ 소설(7권)

〈왕과 건달〉(전 3권)(97년, 도서출판 화담)

〈창을 가진 여자〉(전 2권)(97년, 도서출판 화담)

전자책(e–북) 소설:

〈파리에서의 프리섹스〉(전 2권)(2001년, 바로북닷컴)

○ 전자책(e–북) 아포리즘(36권)

〈생각하는 나무: 여성과 남성에 대한 명상〉 등 명상집(전 36권)(2000년, 바로북닷컴)